事例で学ぶ独占禁止法

COMPETITION LAW → AND → CASE STUDIES IN JAPAN

鈴木孝之・河谷清文

YUHIKAKU

本書のコピー, スキャン, デジタル化等の無断複製は著作権法上での例外を除き禁じられています。本書を代行業者等の第三者に依頼してスキャンやデジタル化することは, たとえ個人や家庭内での利用でも著作権法違反です。

はしがき

　本年（2017年）で制定70周年を迎える独占禁止法（私的独占の禁止及び公正取引の確保に関する法律）は，わが国における自由市場経済体制の基本法として，かつ，他の国々の競争法とともに，企業間の国際取引における共通ルールとして，その重要度は増す一方である。今日では，司法試験の選択科目の一つ（経済法）にも掲げられている。企業人にとっても学生にとっても，学んでいることが期待されている法律であるが，独占禁止法は，実体規定に私的独占や不当な取引制限など固有の用語が用いられ，抽象度が相対的に高い規定振りとなっている点に特徴があり，現実の事例に対する公正取引委員会の判断や裁判所の判例の積み重ねにより具体的な理解を深めることが必須である。

　本書のねらいは，自由市場経済の基本法である独占禁止法について，法令概説書と判例等解説書を1冊で効率的に兼ねて，判例等の中の重要な文章にそのままあたって学習できるようにしたところにある。判例・審決・排除措置命令のほかガイドライン等の資料も適宜収録し，法令概説部分と判例等解説部分を連携させて構成し，円滑に通読できるように工夫してみた。また，独占禁止法の周辺にある応用領域についても取り上げ，発展的な理解ができるようにした。加えて，全体を6部24章に分け，各章に複数のテーマの問題意識を提示し，内容の正確な理解を容易にするように図ってみた。これによって，授業用，演習用，自学自習用，受験用，企業研修用などの多方面の用途に合う教材として，さらに，独占禁止法の運用に関係する法曹関係者や行政庁公務員の方々の執務用にも使えるようにしたつもりである。

　執筆者は，公正取引委員会事務総局に長く勤務した後に東北大学・白鷗大学の法学部および法科大学院の教員に転じたベテランと，経済法専攻で中央大学の法学部および法科大学院で授業と研究活動を展開している中堅の二人の組み合わせである。二人は，2008年から本書の構成企画・分担執筆にあたり，これまで9年間のうちに出来上がった原稿を少しずつ持参して20回近い検討会合をもち，お互いに遠慮のない議論と推敲を積み重ねた。したがって，本書に

は二人の知見も込められており，拙いものながら体系書として批判していただくことを願う気持ちもある。

　本書の刊行にあたっては，株式会社有斐閣法律編集局の高橋俊文氏と藤木雄一氏に，企画段階からすべての検討会合に出席していただき，長い年月を根気よくサポートしてくださり，編集上の的確なアドバイスを頂戴した。その後の校正・校閲等を含め，両氏の粘り強い支援がなければ，本書の完成はなかったもので，お二人のご尽力に心からの感謝を申し上げたい。

　2017 年 3 月

　　　　　　　　　　　　　　　　　　　　　　　　　　　　鈴 木 孝 之
　　　　　　　　　　　　　　　　　　　　　　　　　　　　河 谷 清 文

著者紹介（[　]内は，担当章）

鈴木孝之（すずき・たかゆき）[1, 2, 4, 7, 8, 16, 17, 18, 21, 23, 24]
　　白鷗大学法学部 教授
　　　〈主要著作〉
　　　「私的独占の行為概念と構成要件の解釈」『正田彬教授還暦記念論文集・国際化時代の独占禁止法の課題』（日本評論社，1993年）387-409頁
　　　「公正取引委員会と審判制度」日本経済法学会年報31号13-32頁（2010年）
　　　「独占禁止法における競争の二つの意味と関係」白鷗大学法科大学院紀要7号81-108頁（2013年）
　　　「不公正取引規制に期待される政策的役割」金井貴嗣・土田和博・東條吉純編『舟田正之先生古稀祝賀・経済法の現代的課題』（有斐閣，2017年）

河谷清文（こうたに・きよふみ）[3, 5, 6, 9, 10, 11, 12, 13, 14, 15, 19, 20, 22]
　　中央大学大学院法務研究科 教授
　　　〈主要著作〉
　　　「共同の取引拒絶の行為と違法性」日本経済法学会年報26号147-160頁（2005年）
　　　「ネットワーク分野における拒絶とアクセス——ボトルネックの存在と競争法」比較法雑誌42巻2号221-234頁（2008年）
　　　「情報通信産業における事業法と競争法」依田高典・根岸哲・林敏彦編『情報通信の政策分析——ブロードバンド・メディア・コンテンツ』（NTT出版，2009年）135-159頁
　　　「自由競争減殺の位置づけと若干の論点について」日本経済法学会年報30号53-66頁（2009年）
　　　「エッセンシャル・ファシリティの意義と供用」金井貴嗣・土田和博・東條吉純編『舟田正之先生古稀祝賀・経済法の現代的課題』（有斐閣，2017年）

目　次

第Ⅰ部　独占禁止法の基礎（序論）　*1*

第*1*章　目的と概要―――――――――――――*3*

テーマ1　独占禁止法の目的 …………………………… *3*
(1) 独占禁止法の立法事実 ………………………………… *3*
(2) 憲法と独占禁止法 ……………………………………… *4*
(3) 民法と独占禁止法 ……………………………………… *5*
(4) 経済法としての独占禁止法 …………………………… *6*
(5) 経済学と独占禁止法 …………………………………… *7*
(6) 独占禁止法の目的 ……………………………………… *8*

テーマ2　独占禁止法の歴史 …………………………… *10*
(1) 独占禁止法の前史 ……………………………………… *10*
(2) 独占禁止法の制定 ……………………………………… *13*
(3) 独占禁止法の冬の時代 ………………………………… *14*
(4) 独占禁止法の復活と発展 ……………………………… *16*

テーマ3　独占禁止法の概要 …………………………… *18*
(1) 行為規制と構造規制 …………………………………… *18*
(2) 実体規定の体系 ………………………………………… *20*
(3) 手続規定の構成 ………………………………………… *21*

第*2*章　基礎概念―――――――――――――*23*

テーマ1　競　争 ………………………………………… *23*
(1) 事業者間の競争と市場のメカニズムとしての競争 … *23*
(2) 競争を成り立たせる事業者の事業活動 ……………… *25*
(3) 競争に関する独禁法の射程 …………………………… *27*

| テーマ2 | 事業者と事業者団体 …………………………………… 29
- (1) 事 業 者 ……………………………………………… 29
- (2) 事業者団体 …………………………………………… 32

| テーマ3 | 実体規定の構成要件 …………………………………… 34
- (1) 構成要件の組立て …………………………………… 34
- (2) 行 為 主 体 …………………………………………… 34
- (3) 行 為 要 件 …………………………………………… 36
- (4) 弊 害 要 件 …………………………………………… 37

| テーマ4 | 正当化事由と適用除外 ………………………………… 40
- (1) 正 当 化 事 由 ………………………………………… 40
- (2) 適 用 除 外 …………………………………………… 41

第Ⅱ部 私的独占・不当な取引制限の禁止,事業者団体の違反行為　43

第3章 競争の実質的制限,反公益性 ── 45

| テーマ1 | 一定の取引分野における競争の実質的制限 ……………… 45
- (1) 一定の取引分野 ……………………………………… 45
- (2) 競争の実質的制限 …………………………………… 47
- (3) 競争の制限を規制する理由 ………………………… 49
- (4) 法制度への応用 ……………………………………… 51
- (5) 事例への応用 ………………………………………… 55
- (6) 価格支配力と競争排除力 …………………………… 59

| テーマ2 | 反 公 益 性 ……………………………………………… 60
- (1) 公益性の考慮と「公共の利益に反して」…………… 60
- (2) 「保護に値する競争」論 ……………………………… 64
- (3) 公正競争阻害性における考慮 ……………………… 67
- (4) 小　　括 ……………………………………………… 69
- (5) 公益性の主張の例 …………………………………… 69

第 *4* 章　排除・支配による私的独占 ——————————— 75

テーマ1　私的独占の構成要件 …………………………………… 75
(1) 行　為　主　体 …………………………………………………… 75
(2) 行為要件と弊害要件 ……………………………………………… 77
(3) 共同行為と単独行為 ……………………………………………… 81

テーマ2　排除型私的独占 ………………………………………… 82
(1) 競争相手の費用を引き上げる排除行為 ………………………… 82
(2) 効率性を反映しない排除行為 …………………………………… 85
(3) 競争事業者が対抗できない価格圧搾による排除行為 ………… 86

テーマ3　支配型私的独占 ………………………………………… 89
(1) 支配の意味 ………………………………………………………… 89
(2) 支配行為と企業結合 ……………………………………………… 92
(3) 間　接　支　配 …………………………………………………… 94

テーマ4　私的独占の競争制限効果 ……………………………… 96
(1) 排除行為と競争の実質的制限 …………………………………… 96
(2) 市場支配力の形成 ………………………………………………… 98
(3) 市場支配力の維持・強化 ………………………………………… 99

第 *5* 章　不当な取引制限 ———————————————————— 102

テーマ1　規制対象と要件 ………………………………………… 102
(1) 規　制　対　象 …………………………………………………… 102
(2) 条　文　構　成 …………………………………………………… 106

テーマ2　行　為　主　体 ………………………………………… 107
(1) 共　同　性 ………………………………………………………… 107
(2) 競　争　者　性 …………………………………………………… 109

テーマ3　行　為　要　件 ………………………………………… 114
(1) 共　同　性 ………………………………………………………… 114
(2) 拘束の存在 ………………………………………………………… 118
(3) 拘束の相互性 ……………………………………………………… 120

(4) 拘束の共通性 ………………………………………………… *122*
　　(5) 小　　括 …………………………………………………… *123*
　テーマ4　弊害要件 ………………………………………………… *124*
　　(1) ハードコア・カルテル ……………………………………… *124*
　　(2) 競争制限効果と競争促進効果 ……………………………… *126*
　　(3) 共同ボイコット ……………………………………………… *133*
　　(4) 違反の成立時期 ……………………………………………… *134*
　　(5) 違反行為からの離脱 ………………………………………… *135*

第 *6* 章　事業者団体の違反行為 ―――――――――― *137*

　テーマ1　行為主体と位置づけ …………………………………… *137*
　　(1) 事業者団体に対する規制の意義 …………………………… *137*
　　(2) 事業者団体の行為と事業者の共同行為 …………………… *138*
　テーマ2　違　反　行　為 ………………………………………… *139*
　　(1) 8条1号 ……………………………………………………… *140*
　　(2) 8条3号 ……………………………………………………… *141*
　　(3) 8条4号 ……………………………………………………… *143*
　　(4) 8条5号 ……………………………………………………… *145*

第Ⅲ部　不公正な取引方法の禁止　*147*

第 *7* 章　規制の意義とコンセプト ―――――――――― *149*

　テーマ1　不公正な取引方法規制の意義 ………………………… *149*
　　(1) 不公正な取引方法の3つの法源 …………………………… *149*
　　(2) 不公正な取引方法の制度的特徴と役割 …………………… *152*
　　(3) 不公正な取引方法と私的独占・不当な取引制限の関係 … *154*
　　(4) 不公正な取引方法が独自に受け持つ規制領域 …………… *155*
　テーマ2　不公正な取引方法のコンセプト ……………………… *156*
　　(1) 行為の態様 …………………………………………………… *156*
　　(2) 指定制度 ……………………………………………………… *157*

| (3) 規制のコンセプト ··· *158*

| テーマ3 | **弊害要件の公正競争阻害性** ·· *159*
| (1) 公正競争阻害性の特徴 ··· *159*
| (2) 公正な競争とその阻害の意味内容 ·· *161*

| テーマ4 | **公正競争阻害性の判断基準** ·· *163*
| (1) 判断基準の工夫 ··· *163*
| (2) 正当化事由の検討 ·· *168*

第*8*章　不当な差別行為 ──────────────────── *170*

| テーマ1 | **共同の取引拒絶** ·· *170*
| (1) 不当な差別行為の区分け ·· *170*
| (2) 共同の取引拒絶の態様 ··· *171*
| (3) 競争者と共同 ·· *172*
| (4) 共同の直接の取引拒絶 ··· *173*
| (5) 共同の間接の取引拒絶 ··· *174*
| (6) 公正競争阻害性 ··· *175*
| (7) 正当化事由 ··· *177*
| (8) 共同の取引拒絶と私的独占・不当な取引制限 ······························· *179*

| テーマ2 | **その他の取引拒絶** ··· *179*
| (1) その他の取引拒絶の態様 ·· *179*
| (2) 単独の取引拒絶 ·· *184*

| テーマ3 | **差　別　対　価** ·· *186*
| (1) 差別対価の規定 ·· *186*
| (2) 地域的差別対価 ·· *187*
| (3) 相手方による差別対価 ··· *189*

| テーマ4 | **その他の差別取扱い** ·· *192*
| (1) 取引条件等の差別取扱い ·· *192*
| (2) 事業者団体・共同行為における差別取扱い ·································· *194*

第 9 章　不当廉売等 ──────────────── 197

テーマ1　著しい費用割れ販売 ································ 197
(1) 不当廉売規制の概要 ································ 197
(2) 供給に要する費用を著しく下回る対価 ············ 199
(3) 費用算定の例 ······································· 203
(4) 公的サービス・公的補助 ·························· 205
(5) 警告事例 ·· 210

テーマ2　その他の不当廉売 ····························· 214
(1) 対象となる行為 ···································· 214
(2) 事　例 ··· 215

テーマ3　不当高価購入 ···································· 216

第 10 章　不当な顧客誘引・取引強制 ──────── 217

テーマ1　ぎまん的顧客誘引 ····························· 217
(1) 公正な競争と正しい情報 ·························· 217
(2) 事　例 ··· 218

テーマ2　不当な利益による顧客誘引 ················· 220
(1) 考え方 ··· 220
(2) 事　例 ··· 220

テーマ3　抱き合わせ販売 ································ 221
(1) 抱き合わせ販売の態様 ···························· 221
(2) 競争手段の不公正 ································· 224
(3) 自由競争の減殺（競争排除） ···················· 225
(4) 抱き合わせと安全性確保 ·························· 228

第 11 章　不当な拘束条件付取引 ──────────── 230

テーマ1　取引と拘束 ······································ 230
(1) 縦の拘束 ·· 230
(2) 行為類型と規定 ···································· 231

(3)「拘束」の程度 ··· 232

テーマ2　排他条件付取引 ··· 235
　(1)　行　為　要　件 ··· 235
　(2)　公正競争阻害性と事例 ··· 236
　(3)　並行的な実施 ··· 238

テーマ3　再販売価格拘束 ··· 239
　(1)　価格拘束の利益と不利益 ··· 240
　(2)　行　為　要　件 ··· 241
　(3)　再販売価格拘束の公正競争阻害性 ································· 243
　(4)　フリーライダー問題解消と「正当な理由」 ····················· 245
　(5)　その他の「正当な理由」 ··· 247
　(6)　適　用　除　外 ··· 248

テーマ4　その他の拘束条件付取引 ·· 249
　(1)　対象となる行為 ··· 249
　(2)　再販売ではない価格拘束 ··· 250
　(3)　価格表示・値引表示の制限 ·· 251
　(4)　取引先制限 ·· 252
　(5)　地　域　制　限 ··· 254
　(6)　販売方法の制限 ··· 256
　(7)　競争排除型の事例 ·· 258

第 *12* 章　取引上の地位の不当利用 ─────────── 261

テーマ1　優越的地位の濫用の規制の意義 ································· 261
　(1)　位　置　づ　け ··· 261
　(2)　公正競争阻害性 ··· 264

テーマ2　優越的地位 ··· 266
　(1)　優越的地位の意義 ·· 266
　(2)　優越的地位の認定方法 ··· 267

テーマ3　濫　用　行　為 ·· 268
　(1)　百貨店による濫用 ·· 268

(2)　フランチャイズ本部による濫用 …………………………… *269*
　　(3)　金融機関による濫用 …………………………………………… *271*
　　(4)　課徴金制度 ……………………………………………………… *272*

　テーマ4　特 殊 指 定 …………………………………………………… *273*
　　(1)　2条9項5号との関係 ………………………………………… *273*
　　(2)　大規模小売業者 ………………………………………………… *273*
　　(3)　新 聞 業 ………………………………………………………… *276*
　　(4)　特定荷主（物流指定） ………………………………………… *276*

第 *13* 章　不当な取引妨害等 ──────────────── *278*

　テーマ1　妨害行為と公正競争阻害性 ………………………………… *278*
　　(1)　妨害行為と競争 ………………………………………………… *278*
　　(2)　公正競争阻害性 ………………………………………………… *278*

　テーマ2　競争手段の不公正 …………………………………………… *280*
　　(1)　威圧・脅迫，物理的妨害，誹謗・中傷 …………………… *280*
　　(2)　契約の奪取 ……………………………………………………… *282*

　テーマ3　自由競争の減殺（競争排除型） …………………………… *283*
　　(1)　交換部品による排除 …………………………………………… *283*
　　(2)　輸入品の排除 …………………………………………………… *285*

　テーマ4　自由競争の減殺（競争回避型） …………………………… *287*
　　(1)　廉価な並行輸入品の排除による価格維持 ………………… *287*
　　(2)　並行輸入の妨害の方法 ………………………………………… *289*

第Ⅳ部　企業結合規制　*293*

第 *14* 章　競争制限的企業結合の規制（市場集中規制） ─────── *295*

　テーマ1　市場集中規制の対象 ………………………………………… *295*
　　(1)　結 合 関 係 ……………………………………………………… *295*
　　(2)　弊害要件の考え方と審査 ……………………………………… *296*

| テーマ2 | 市場画定 ··· 301

(1) 市場の考え方 ··· 301
(2) 市場画定の例 ··· 303

| テーマ3 | 競争の実質的制限（水平型・単独行動）············· 307

(1) 考　え　方 ··· 307
(2) 判　断　要　素 ··· 308
(3) 事　　　例 ··· 311

| テーマ4 | 競争の実質的制限（水平型・協調的行動）············· 313

(1) 考　え　方 ··· 313
(2) 事　　　例 ··· 315
(3) セーフハーバー ··· 316

| テーマ5 | 競争の実質的制限（垂直・混合型）················· 318

(1) 考　え　方 ··· 318
(2) 事　　　例 ··· 319
(3) セーフハーバー ··· 322

| テーマ6 | 事前届出・審査制 ································· 323

(1) 届　出　対　象 ··· 323
(2) 手　　　続 ··· 324
(3) 届出対象外の結合 ··· 324

| テーマ7 | 独占的状態に対する規制 ························· 325

(1) 要　　　件 ··· 325
(2) 措　　　置 ··· 326

第15章　事業支配力過度集中の規制（一般集中規制）──── 327

| テーマ1 | 事業支配力の過度の集中 ························· 327

(1) 規制の意義と経緯 ··· 327
(2) 事業支配力の過度な集中のイメージ ························· 328

| テーマ2 | 銀行・保険会社の議決権保有規制 ················· 330

(1) 規制の意義 ··· 330
(2) 規制基準 ··· 331

第V部　手続・サンクション　333

第16章　公正取引委員会・排除措置命令・課徴金納付命令 —— 335

テーマ1　公正取引委員会の組織と権限 …… 335
　(1)　公正取引委員会の設置意義 …… 335
　(2)　職権行使の独立性 …… 337
　(3)　独禁法の政策展開 …… 339

テーマ2　違反事件の審査手続と排除措置命令 …… 341
　(1)　審査手続 …… 342
　(2)　行政調査権限 …… 343
　(3)　排除措置命令と意見聴取手続 …… 346

テーマ3　課徴金納付命令と課徴金減免制度 …… 350
　(1)　課徴金対象の違反行為と算定方法 …… 350
　(2)　課徴金の法的性格 …… 356
　(3)　課徴金減免制度 …… 358

テーマ4　司法審査と緊急停止命令 …… 359
　(1)　司法審査 …… 359
　(2)　緊急停止命令 …… 363

第17章　刑事罰 —— 366

テーマ1　罰則規定と犯則調査手続 …… 366
　(1)　刑事罰の適用 …… 366
　(2)　罰金と課徴金 …… 368
　(3)　犯則調査手続 …… 369

テーマ2　実行行為と違法性・責任 …… 371
　(1)　合意の成立時期 …… 371
　(2)　罪数 …… 373
　(3)　継続犯 …… 375
　(4)　違法性・責任 …… 377

テーマ3　実行行為者と両罰規定・三罰規定 …… 379

(1) 実行行為者 ……………………………………………………… 379
　　(2) 両罰規定 ………………………………………………………… 380
　　(3) 三罰規定 ………………………………………………………… 381
　　(4) コンプライアンス・プログラム ……………………………… 381
　テーマ4　専属告発制度と裁判管轄 ……………………………………… 382
　　(1) 専属告発 ………………………………………………………… 382
　　(2) 裁判管轄 ………………………………………………………… 384

第18章　民事上のサンクション ―――――――――――――― 386

　テーマ1　損害賠償責任 …………………………………………………… 386
　　(1) 独禁法25条訴訟（無過失損害賠償請求訴訟）……………… 386
　　(2) 民法709条訴訟（不法行為損害賠償請求訴訟）…………… 388
　　(3) 不当利得返還請求訴訟 ………………………………………… 390
　　(4) 住民訴訟による損害賠償請求訴訟 …………………………… 391
　　(5) 株主代表訴訟 …………………………………………………… 393
　テーマ2　損害額の算定 …………………………………………………… 395
　　(1) 違法行為の存在の立証 ………………………………………… 395
　　(2) 違反行為と損害発生の相当因果関係 ………………………… 396
　　(3) 損害額の算定 …………………………………………………… 399
　テーマ3　差止請求制度 …………………………………………………… 403
　　(1) 差止請求制度の特徴 …………………………………………… 403
　　(2) 原告適格 ………………………………………………………… 404
　　(3) 著しい損害 ……………………………………………………… 405
　　(4) 差止めの内容 …………………………………………………… 409
　テーマ4　違反行為の私法上の効力 ……………………………………… 411
　　(1) 民法と独禁法違反の法律行為の効力 ………………………… 411
　　(2) 独禁法違反の契約解除の効力 ………………………………… 413
　　(3) 独禁法違反行為に基づく法律行為の効力 …………………… 415

第VI部　経済社会と独占禁止法（応用領域）　417

第19章　消費者（景表法) ――――――― 419

テーマ1　消費者と景表法 ……………………………………………… 419
(1) 消費者と競争政策 …………………………………………… 419
(2) 景表法の制定 ………………………………………………… 420

テーマ2　不当表示 ……………………………………………………… 421
(1) 優良誤認表示 ………………………………………………… 421
(2) 有利誤認表示 ………………………………………………… 422
(3) その他の誤認されるおそれのある表示 …………………… 423

テーマ3　不当な景品 …………………………………………………… 425
(1) 景品と懸賞 …………………………………………………… 425
(2) 景表法による規制 …………………………………………… 426

テーマ4　法執行 ………………………………………………………… 429
(1) 措置命令 ……………………………………………………… 430
(2) 課徴金納付命令 ……………………………………………… 430
(3) 適格消費者団体 ……………………………………………… 431
(4) 公正競争規約 ………………………………………………… 432

第20章　中小企業 ――――――――――― 434

テーマ1　下請法 ………………………………………………………… 434
(1) 下請法の役割 ………………………………………………… 434
(2) 規制対象と内容 ……………………………………………… 435
(3) 書類作成・交付義務 ………………………………………… 437
(4) 契約通りの履行の確保 ……………………………………… 439
(5) 契約内容の適正さの確保 …………………………………… 441
(6) 不当な要求の禁止 …………………………………………… 442
(7) その他 ………………………………………………………… 444

テーマ2　協同組合の行為に対する適用除外 ………………………… 444
(1) 適用除外制度の趣旨 ………………………………………… 444

(2) 適用除外とならない行為 ……………………………………………… 445

第21章　入札談合（官製談合防止法）———————————— 448

テーマ1　不当な取引制限としての入札談合 ……………………… 448
(1) 入札談合の基本合意と個別調整行為 …………………………… 448
(2) 基本合意の拘束性 ………………………………………………… 451
(3) 基本合意の拘束の相互性 ………………………………………… 452

テーマ2　不当な取引制限の罪と談合罪 …………………………… 453
(1) 不当な取引制限の罪と談合罪の関係 …………………………… 453
(2) 発注担当者側の刑事責任 ………………………………………… 454

テーマ3　発注機関と入札談合 ……………………………………… 457
(1) 入札制度の在り方 ………………………………………………… 458
(2) 発注者側が入札談合に関与する理由 …………………………… 459
(3) 入札談合防止のための施策 ……………………………………… 460

テーマ4　入札談合等関与行為と公契約関係競売等妨害罪 ……… 461
(1) 官製談合防止法制定の経緯 ……………………………………… 461
(2) 公正取引委員会から発注機関への改善要求 …………………… 463
(3) 発注機関側の取組み ……………………………………………… 464

第22章　規　制　産　業————————————————————— 467

テーマ1　電　気　通　信 …………………………………………… 467
(1) 規制産業と競争 …………………………………………………… 467
(2) 電気通信事業の特性と規制 ……………………………………… 468
(3) 電気通信と独禁法 ………………………………………………… 469

テーマ2　電気・ガス ………………………………………………… 473
(1) 電気（電力）事業の規制と競争 ………………………………… 473
(2) 電力会社と優越的地位の濫用 …………………………………… 477
(3) ガス事業の規制と競争 …………………………………………… 478
(4) 電気とガスの競争 ………………………………………………… 479

テーマ3　航　　　空 ………………………………………………… 480

(1) 航空旅客の規制と競争 …………………………………………… *481*
　(2) 構造的問題点 …………………………………………………… *482*

テーマ4　タクシー　　　　　　　　　　　　　　　　　　　　　*485*

　(1) 運賃の認可制度 ………………………………………………… *485*
　(2) 独禁法の適用 …………………………………………………… *486*
　(3) 増車・参入の自由化と再規制 ………………………………… *488*
　(4) 公定幅運賃と価格競争 ………………………………………… *489*

第23章　知的財産権 ─────────────── 492

テーマ1　知的財産権と独占禁止法の関係　　　　　　　　　　　*492*

　(1) 独禁法から見た知的財産権 …………………………………… *492*
　(2) 知的財産権と独禁法適用の可能性 …………………………… *494*
　(3) 知的財産権と独禁法の限界領域 ……………………………… *496*

テーマ2　知的財産権の権利行使と濫用　　　　　　　　　　　　*499*

　(1) 知的財産権の権利行使と独禁法適用の考え方 ……………… *499*
　(2) 知的財産権の権利行使と内在的制約 ………………………… *502*
　(3) 知的財産権の権利行使と外在的制約 ………………………… *504*

テーマ3　知的財産権と競争制限行為　　　　　　　　　　　　　*506*

　(1) 知的財産権と私的独占 ………………………………………… *506*
　(2) 知的財産権と不当な取引制限 ………………………………… *508*
　(3) 知的財産権と不公正な取引方法 ……………………………… *510*

テーマ4　知的財産権のライセンス契約と事業活動の拘束　　　*513*

　(1) 知的財産権のライセンスと抱き合わせ販売 ………………… *513*
　(2) 知的財産権のライセンスと価格拘束 ………………………… *513*
　(3) 知的財産権のライセンスと非価格拘束 ……………………… *515*

第24章　国際関係 ─────────────── 517

テーマ1　実体管轄権と手続管轄権　　　　　　　　　　　　　　*517*

　(1) 国家主権の抵触 ………………………………………………… *517*
　(2) 実体管轄権 ……………………………………………………… *517*

- (3) 手続管轄権 …………………………………………………… *518*
- (4) 渉外事件の例 ………………………………………………… *521*

テーマ2　国際的競争制限事件 ……………………………………… *522*
- (1) 独禁法6条と不公正な取引方法 …………………………… *522*
- (2) 独禁法6条と国際カルテル ………………………………… *524*
- (3) 独禁法3条と国際カルテル ………………………………… *526*

テーマ3　各国競争当局の国際協力 ………………………………… *529*
- (1) 国際独禁法の構想 …………………………………………… *529*
- (2) 各国競争当局の協力 ………………………………………… *530*

事項索引 …………………………………………………………………… *537*
事例索引 …………………………………………………………………… *543*

事例・資料目次

第 *1* 章 目的と概要

〔1-1〕 社会保険庁シール談合刑事事件〔東京高判平 5・12・14 高刑集 46 巻 3 号 322 頁〕……*5*

〔1-2〕 民法の限界〔川島武宜著『所有権法の理論』(岩波書店・1949 年) 329 頁・330 頁〕……*5*

〔1-3〕 「競争」という用語の出現〔福澤諭吉著『福翁自伝』初出は 1898 年・1899 年に時事新報に連載〕……*11*

〔1-4〕 醬油価格カルテル事件〔公取委審判審決昭 27・4・4 審決集 4 巻 1 頁〕……*15*

〔1-5〕 新聞販路協定審決取消請求事件〔東京高判昭 28・3・9 高民集 6 巻 9 号 435 頁〕……*16*

第 *2* 章 基礎概念

〔2-1〕 協和エクシオ審決取消請求事件〔東京高判平 8・3・29 審決集 42 巻 424 頁〕……*25*

〔2-2〕 ニプロ事件〔公取委審判審決平 18・6・5 審決集 53 巻 195 頁〕……*27*

〔2-3〕 都立芝浦と蓄場事件〔最判平元・12・14 民集 43 巻 12 号 2078 頁〕……*30*

〔2-4〕 豊田商事国家賠償請求大阪訴訟事件〔大阪高判平 10・1・29 審決集 44 巻 555 頁〕……*31*

〔2-5〕 滋賀県薬剤師会事件〔公取委排除措置命令平 19・6・18 審決集 54 巻 474 頁〕……*33*

〔2-6〕 石油価格カルテル刑事事件〔東京高判昭 55・9・26 高刑集 33 巻 5 号 511 頁〕……*35*

〔2-7〕 石油価格カルテル刑事事件〔石油価格カルテル刑事事件=東京高判昭 55・9・26 高刑集 33 巻 5 号 511 頁〕〔石油連盟生産調整刑事事件=東京高判昭 55・9・26 高刑集 33 巻 5 号 359 頁〕〔石油価格カルテル刑事事件=最判昭 59・2・24 刑集 38 巻 4 号 1287 頁〕……*37*

〔2-8〕 適用除外法令一覧〔平成 27 年度公取委年次報告書 269 頁・270 頁から。2016 年 3 月末現在〕……*42*

第 *3* 章 競争の実質的制限，反公益性

〔3-1〕 企業結合ガイドライン・第 2・1……*46*

〔3-2〕 東宝・スバル事件〔東京高判昭 26・9・19 高民集 4 巻 14 号 497 頁〕……*47*

〔3-3〕 東宝・新東宝事件〔東京高判昭 28・12・7 審決集 5 巻 118 頁〕……*55*

〔3-4〕 中央食品事件〔公取委勧告審決昭 43・11・29 審決集 15 巻 135 頁〕……*57*

〔3-5〕 石油価格カルテル刑事事件〔最判昭 59・2・24 刑集 38 巻 4 号 1287 頁〕…… *62*

〔3-6〕 東京都水道メーター談合（第一次）刑事事件〔最判平 12・9・25 刑集 54 巻 7 号 689 頁〕…… *63*

〔3-7〕 大阪バス協会事件〔公取委審判審決平 7・7・10 審決集 42 巻 3 頁〕…… *64*

〔3-8〕 排除型私的独占ガイドライン・第 3・2(2)オ …… *66*

〔3-9〕 都立芝浦と畜場事件〔最判平元・12・14 民集 43 巻 12 号 2078 頁〕…… *68*

〔3-10〕 日本遊戯銃協同組合事件〔東京地判平 9・4・9 審決集 44 巻 635 頁〕…… *70*

第 *4* 章　排除・支配による私的独占

〔4-1〕 ぱちんこ機パテントプール事件〔公取委勧告審決平 9・8・6 審決集 44 巻 238 頁〕…… *76*

〔4-2〕 日本音楽著作権協会私的独占取消審決事件〔公取委審判審決平 24・6・12 審決集 59 巻第 1 分冊 59 頁〕…… *77*

〔4-3〕 日本音楽著作権協会私的独占審決取消告審事件〔最判平 27・4・28 民集 69 巻 3 号 518 頁〕…… *79*

〔4-4〕 農林中金事件〔公取委審判審決昭 31・7・28 審決集 8 巻 12 頁〕…… *81*

〔4-5〕 北海道新聞社事件〔公取委同意審決平 12・2・28 審決集 46 巻 144 頁〕…… *83*

〔4-6〕 インテル事件〔公取委勧告審決平 17・4・13 審決集 52 巻 341 頁〕…… *85*

〔4-7〕 NTT 東日本事件〔最判平 22・12・17 民集 64 巻 8 号 2067 頁〕…… *86*

〔4-8〕 日本医療食協会事件〔公取委勧告審決平 8・5・8 審決集 43 巻 209 頁〕…… *89*

〔4-9〕 福井県経済農業協同組合連合会事件〔公取委排除措置命令平 27・1・16 審決集 61 巻 142 頁〕…… *91*

〔4-10〕 東洋製罐事件〔公取委勧告審決昭 47・9・18 審決集 19 巻 87 頁〕…… *92*

〔4-11〕 野田醤油事件〔東京高判昭 32・12・25 高民集 10 巻 12 号 743 頁〕…… *94*

〔4-12〕 有線ブロードネットワークス事件〔公取委勧告審決平 16・10・13 審決集 51 巻 518 頁〕…… *97*

〔4-13〕 パラマウントベッド事件〔公取委勧告審決平 10・3・31 審決集 44 巻 362 頁〕…… *98*

〔4-14〕 NTT 東日本事件〔最判平 22・12・17 民集 64 巻 8 号 2067 頁〕…… *99*

第 *5* 章　不当な取引制限

〔5-1〕 LP ガス供給機器カルテル事件〔公取委排除措置命令平 23・12・20 審決集 58 巻第 1 分冊 247 頁〕…… *103*

〔5-2〕 ビールの同調的価格引上げ〔公取委「年次報告・平成5年度」第6章・第3・3〕……107

〔5-3〕 新聞販路協定審決取消請求事件〔東京高判昭28・3・9高民集6巻9号435頁〕……109

〔5-4〕 社会保険庁シール談合刑事事件〔東京高判平5・12・14高刑集46巻3号322頁〕……112

〔5-5〕 東芝ケミカル事件〔東京高判平7・9・25審決集42巻393頁〕……114

〔5-6〕 郵便区分機談合審決取消請求事件（差戻審）〔東京高判平20・12・19審決集55巻974頁〕……116

〔5-7〕 石油価格カルテル刑事事件〔最判昭59・2・24刑集38巻4号1287頁〕……119

〔5-8〕 多摩談合事件〔最判平24・2・20民集66巻2号796頁〕……120

〔5-9〕 四国ロードサービス事件〔公取委勧告審平14・12・4審決集49巻243頁〕……120

〔5-10〕 流通・取引慣行ガイドライン・第1部第2・3(1)（注3）……123

〔5-11〕 共同の販売促進活動〔公取委「独占禁止法に関する相談事例集・平成14・15年度」事例8〕……126

〔5-12〕 共同の営業活動〔公取委「独占禁止法に関する相談事例集・平成22年度」事例4〕……127

〔5-13〕 ソーダ灰輸入カルテル事件〔公取委勧告審決昭58・3・31審決集29巻104頁〕……130

〔5-14〕 家電メーカーによるリサイクル・システムの構築〔リサイクルガイドライン・事例1〕……131

〔5-15〕 流通・取引慣行ガイドライン・第1部第2・2（注2）……133

〔5-16〕 岡崎管工事件〔東京高判平15・3・7審決集49巻624頁〕……135

第6章 事業者団体の違反行為

〔6-1〕 石油価格カルテル刑事事件〔最判昭59・2・24刑集38巻4号1287頁〕……138

〔6-2〕 所沢市牛乳販売店組合事件〔公取委勧告審決昭44・10・31審決集16巻109頁〕……140

〔6-3〕 観音寺市三豊郡医師会事件〔東京高判平13・2・16判時1740号13頁〕……142

〔6-4〕 日本冷蔵倉庫協会事件〔公取委審判審決平12・4・19審決集47巻3頁〕……143

〔6-5〕 日本遊戯銃協同組合事件〔東京地判平9・4・9審決集44巻635頁〕……145

第 7 章　規制の意義とコンセプト

〔7-1〕　新聞販路協定審決取消請求事件〔東京高判昭 28・3・9 高民集 6 巻 9 号 435 頁〕
　　……153

〔7-2〕　第一次育児用粉ミルク（和光堂）事件〔最判昭 50・7・10 民集 29 巻 6 号 888 頁〕
　　……157

〔7-3〕　マイクロソフト非係争条項事件〔公取委審判審決平 20・9・16 審決集 55 巻 380 頁〕
　　……160

〔7-4〕　ビル管理契約の継続拒絶等差止請求控訴事件〔東京高判平 19・1・31 審決集 53 巻 1046 頁〕……161

〔7-5〕　日本トイザらス事件〔公取委審判審決平 27・6・4 審決集 62 巻 119 頁〕……162

〔7-6〕　第一次育児用粉ミルク（明治商事）事件〔最判昭 50・7・11 民集 29 巻 6 号 951 頁〕
　　……164

〔7-7〕　ハマナカ毛糸再販事件〔公取委審判審決平 22・6・9 審決集 57 巻第 1 分冊 28 頁〕
　　……165

〔7-8〕　着うた事件〔公取委審判審決平 20・7・24 審決集 55 巻 294 頁〕……166

〔7-9〕　日本トイザらス事件〔公取委審判審決平 27・6・4 審決集 62 巻 119 頁〕……167

〔7-10〕　マイクロソフト非係争条項事件〔公取委審判審決平 20・9・16 審決集 55 巻 380 頁〕
　　……168

第 8 章　不当な差別行為

〔8-1〕　着うた事件〔公取委審判審決平 20・7・24 審決集 55 巻 294 頁〕……173

〔8-2〕　家電電気器具市場安定協議会事件〔公取委勧告審決昭 32・10・17 審決集 9 巻 11 頁〕
　　……174

〔8-3〕　新潟市タクシーチケット取引拒絶事件〔公取委排除措置命令平 19・6・25 審決集 54 巻 485 頁〕……174

〔8-4〕　関西国際空港新聞販売取引拒絶事件〔大阪高判平 17・7・5 審決集 52 巻 856 頁〕
　　……175

〔8-5〕　着うた事件〔公取委審判審決平 20・7・24 審決集 55 巻 294 頁〕……176

〔8-6〕　伊勢新聞社事件〔公取委勧告審決昭 51・5・13 審決集 23 巻 25 頁〕……177

〔8-7〕　東京手形交換所事件〔東京高判昭 58・11・17 審決集 30 巻 161 頁〕……178

〔8-8〕　全国農業協同組合連合会事件〔公取委勧告審決平 2・2・20 審決集 36 巻 53 頁〕
　　……180

目　次　**xxiii**

〔8-9〕　岡山県南生コンクリート協同組合事件〔公取委勧告審決昭56・2・18審決集27巻112頁〕…… *180*

〔8-10〕　ロックマン工法事件〔公取委勧告審決平12・10・31審決集47巻317頁〕…… *182*

〔8-11〕　松下電器産業事件〔公取委勧告審決平13・7・27審決集48巻187頁〕…… *182*

〔8-12〕　サギサカ事件〔公取委勧告審決平12・5・16審決集47巻267頁〕…… *183*

〔8-13〕　第二次大正製薬事件〔公取委勧告審決昭30・12・10審決集7巻99頁〕…… *184*

〔8-14〕　第二次北国新聞社事件〔東京高判昭32・3・18審決集8巻82頁〕…… *187*

〔8-15〕　LPガス販売差別対価差止請求（日本瓦斯）事件〔東京高判平17・5・31審決集52巻818頁〕…… *189*

〔8-16〕　LPガス販売差別対価差止請求（ザ・トーカイ）事件〔東京高判平17・4・27審決集52巻789頁〕…… *190*

〔8-17〕　東洋リノリューム事件〔公取委勧告審決昭55・2・7審決集26巻85頁〕…… *191*

〔8-18〕　オートグラス東日本事件〔公取委勧告審決平12・2・2審決集46巻394頁〕…… *193*

〔8-19〕　除虫菊事件〔公取委勧告審決昭39・1・16審決集12巻73頁〕…… *194*

〔8-20〕　浜中村主畜農業協同組合事件〔公取委勧告審決昭32・3・7審決集8巻54頁〕…… *195*

第9章　不当廉売等

〔9-1〕　「『不当廉売に関する独占禁止法上の考え方』等の改定について」〔公取委報道発表資料・平21・12・18・資料1〕…… *200*

〔9-2〕　不当廉売ガイドライン・3(1)…… *200*

〔9-3〕　シンエネコーポレーション等事件〔公取委排除措置命令平19・11・27審決集54巻502頁〕…… *203*

〔9-4〕　中部読売新聞社事件〔東京高決昭50・4・30審決集22巻301頁〕…… *204*

〔9-5〕　お年玉付年賀葉書事件〔大阪高判平6・10・14判時1548号63頁〕…… *206*

〔9-6〕　下関市福祉バス事件〔山口地下関支判平18・1・16審決集52巻918頁〕…… *207*

〔9-7〕　都立芝浦と畜場事件〔最判平元・12・14民集43巻12号2078頁〕…… *208*

〔9-8〕　ヤマト運輸対日本郵政公社事件〔東京高判平19・11・28審決集54巻699頁〕…… *209*

〔9-9〕　酒類卸売業者警告事例〔公取委報道発表資料・平24・8・1〕…… *210*

〔9-10〕　日立製作所警告事例〔公取委報道発表資料・平13・11・22〕…… *211*

〔9-11〕　林野庁衛星携帯端末事件〔公取委報道発表資料・平25・4・24〕…… *213*

〔9-12〕 マルエツ事件・ハローマート事件〔公取委勧告審決昭57・5・28審決集29巻13頁・18頁〕……*215*

〔9-13〕 独占禁止法研究会報告書「不公正な取引方法に関する基本的な考え方」（昭57・7・8）第二部・四(2)……*216*

第*10*章　不当な顧客誘引・取引強制

〔10-1〕 ホリディ・マジック事件〔公取委勧告審決昭50・6・13審決集22巻11頁〕……*218*

〔10-2〕 野村證券事件〔公取委勧告審決平3・12・2審決集38巻134頁〕……*221*

〔10-3〕 藤田屋事件〔公取委審判審決平4・1・20審決集38巻41頁〕……*222*

〔10-4〕 藤田屋事件〔公取委審判審決平4・1・20審決集38巻41頁〕……*224*

〔10-5〕 日本マイクロソフト事件〔公取委勧告審決平10・12・14審決集45巻153頁〕……*226*

〔10-6〕 東芝昇降機サービス事件〔大阪高判平5・7・30審決集40巻651頁〕……*228*

第*11*章　不当な拘束条件付取引

〔11-1〕 流通・取引慣行ガイドライン・第2部・2……*231*

〔11-2〕 第一次育児用粉ミルク（和光堂）事件〔最判昭50・7・10民集29巻6号888頁〕……*232*

〔11-3〕 資生堂事件〔公取委同意審決平7・11・30審決集42巻97頁〕……*233*

〔11-4〕 東洋精米機事件〔東京高判昭59・2・17審決集30巻136頁〕……*236*

〔11-5〕 東洋精米機事件〔東京高判昭59・2・17審決集30巻136頁〕……*238*

〔11-6〕 日産化学除草剤再販売価格維持行為事件〔公取委排除措置命令平18・5・22審決集53巻869頁〕……*242*

〔11-7〕 第一次育児用粉ミルク（和光堂）事件〔最判昭50・7・10民集29巻6号888頁〕……*244*

〔11-8〕 流通・取引慣行ガイドライン・第2部・3(2)ア……*245*

〔11-9〕 流通・取引慣行ガイドライン・第2部第1・2(2)……*246*

〔11-10〕 小林コーセー事件〔公取委勧告審決昭58・7・6審決集30巻47頁〕……*250*

〔11-11〕 ジョンソン・エンド・ジョンソン事件〔公取委排除措置命令平22・12・1審決集57巻第2分冊50頁〕……*251*

〔11-12〕 ソニー・コンピュータエンタテインメント事件〔公取委審判審決平13・8・1審決集48巻3頁〕……*252*

〔11-13〕 流通・取引慣行ガイドライン・第2部第2・5……254
〔11-14〕 流通・取引慣行ガイドライン・第2部第2・3……254
〔11-15〕 資生堂東京販売事件〔最判平10・12・18民集52巻9号1866頁〕……256
〔11-16〕 大山農協事件〔公取委排除措置命令平21・12・10審決集56巻第2分冊79頁〕……258

第12章　取引上の地位の不当利用

〔12-1〕 優越的地位濫用ガイドライン……263
〔12-2〕 独占禁止法研究会報告書「不公正な取引方法に関する基本的な考え方」(昭57・7・8)……264
〔12-3〕 優越的地位濫用ガイドライン……266
〔12-4〕 三越事件〔公取委審判審決昭57・6・17審決集29巻31頁〕……268
〔12-5〕 セブン-イレブン・ジャパン事件〔公取委排除措置命令平21・6・22審決集56巻第2分冊6頁〕……270
〔12-6〕 岐阜商工信用組合事件〔最判昭52・6・20民集31巻4号449頁〕……271
〔12-7〕 大規模小売業者に対する特殊指定の概要〔公取委資料より抜粋〕……274
〔12-8〕 ロイヤルホームセンター事件〔公取委排除措置命令平22・7・30審決集57巻第2分冊35頁〕……275
〔12-9〕 特定荷主に対する特殊指定の概要〔公取委資料より抜粋〕……277

第13章　不当な取引妨害等

〔13-1〕 独占禁止法研究会報告書「不公正な取引方法に関する基本的な考え方」(昭57・7・8)……279
〔13-2〕 熊本魚事件〔公取委勧告審決昭35・2・9審決集10巻17頁〕……280
〔13-3〕 東京重機工業事件〔公取委勧告審決昭38・1・9審決集11巻41頁〕……282
〔13-4〕 三菱電機ビルテクノサービス事件〔公取委勧告審決平14・7・26審決集49巻168頁〕……284
〔13-5〕 ヨネックス事件〔公取委勧告審決平15・11・27審決集50巻398頁〕……285
〔13-6〕 星商事事件〔公取委勧告審決平8・3・22審決集42巻195頁〕……288
〔13-7〕 流通・取引慣行ガイドライン・第3部第3・2……290
〔13-8〕 流通・取引慣行ガイドライン・第3部第3・2……291

第 14 章　競争制限的企業結合の規制（市場集中規制）

〔14-1〕　企業結合ガイドライン・第 3・1(2)……*296*

〔14-2〕　企業結合ガイドライン・第 3・2……*298*

〔14-3〕　企業結合審査のフローチャート〔企業結合ガイドライン〕……*300*

〔14-4〕　企業結合ガイドライン・第 2・1……*301*

〔14-5〕　八幡・富士製鉄合併事件〔公取委同意審決昭 44・10・30 審決集 16 巻 46 頁〕……*303*

〔14-6〕　東宝・スバル事件〔東京高判昭 26・9・19 高民集 4 巻 14 号 497 頁〕……*304*

〔14-7〕　JAL・JAS 事業統合事例〔公取委報道発表資料・平 14・3・15〕……*305*

〔14-8〕　企業結合審査の考慮要素〔企業結合ガイドライン・第 4・2 より見出し等を抜粋〕……*309*

〔14-9〕　新日本製鐵・住友金属合併事例〔公取委「平成 23 年度における主要な企業結合事例」事例 2〕……*311*

〔14-10〕　企業結合ガイドライン・第 4・1(2)……*314*

〔14-11〕　新日本製鐵・住友金属合併事例〔公取委「平成 23 年度における主要な企業結合事例」事例 2〕……*315*

〔14-12〕　企業結合ガイドライン・第 4・1(3)……*316*

〔14-13〕　企業結合ガイドライン・第 5・1(1)……*318*

〔14-14〕　日本石油運送事件〔公取委審判審決昭 26・6・25 審決集 3 巻 73 頁〕……*320*

〔14-15〕　ASML・サイマー垂直統合事例〔公取委「平成 24 年度における主要な企業結合事例」事例 4〕……*321*

〔14-16〕　企業結合ガイドライン・第 5・1(3)……*322*

第 15 章　事業支配力過度集中の規制（一般集中規制）

〔15-1〕　事業支配力過度集中の類型〔公取委「事業支配力が過度に集中することとなる会社の考え方」より抜粋〕……*328*

第 16 章　公正取引委員会・排除措置命令・課徴金納付命令

〔16-1〕　橋本龍伍著『独占禁止法と我が国民経済』〔（日本経済新聞社・1947 年）161〜162 頁〕……*335*

〔16-2〕　第 75 回国会参議院本会議（昭 50・6・27）における吉國一郎内閣法制局長官答弁〔第 75 回国会参議院本会議・会議録 18 号 34 頁〕……*338*

目　次　xxxi

〔23-2〕　日之出水道機器損害賠償請求事件〔知財高判平18・7・20判例集未登載〕……*495*

〔23-3〕　知的財産ガイドライン・第3・1(1)……*497*

〔23-4〕　パチスロ機パテントプール事件〔東京高判平15・6・4判例集未登載〕……*500*

〔23-5〕　旭電化工業事件・オキシラン化学事件〔公取委勧告審決平7・10・13審決集42巻163頁・166頁〕……*503*

〔23-6〕　北海道新聞社商標登録拒絶事件〔特許庁審判部審決平11・3・10特許ニュース10080号6頁〕……*505*

〔23-7〕　ぱちんこ機パテントプール事件〔公取委勧告審決平9・8・6審決集44巻238頁〕……*507*

〔23-8〕　コンクリートパイル事件〔公取委勧告審決昭45・8・5審決集17巻86頁〕……*508*

〔23-9〕　公共下水道用鉄蓋事件（福岡地区，北九州地区）〔（福岡地区）＝公取委審判審決平5・9・10審決集40巻3頁〕〔（北九州地区）＝公取委審判審決平5・9・10審決集40巻29頁〕……*509*

〔23-10〕　着うた審決取消請求事件〔東京高判平22・1・29審決集56巻第2分冊498頁〕……*511*

〔23-11〕　第一興商事件〔公取委審判審決平21・2・16審決集55巻500頁〕……*512*

〔23-12〕　ヤクルト本社事件〔公取委勧告審決昭40・9・13審決集13巻72頁〕……*514*

〔23-13〕　マイクロソフト非係争条項事件〔公取委審判審決平20・9・16審決集55巻380頁〕……*515*

第*24*章　国際関係

〔24-1〕　第一次日本光学（オーバーシーズ）事件〔公取委審判審決昭27・9・3審決集4巻30頁〕……*518*

〔24-2〕　三重運賃（外国企業）事件〔公取委決定昭47・8・18審決集19巻197頁〕……*519*

〔24-3〕　ノーディオン事件〔公取委勧告審決平10・9・3審決集45巻148頁〕……*521*

〔24-4〕　ノボ・インダストリー事件〔最判昭50・11・28民集29巻10号1592頁〕……*523*

〔24-5〕　レーヨン糸国際カルテル事件〔公取委勧告審決昭47・12・27審決集19巻124頁〕……*524*

〔24-6〕　マリンホース国際カルテル事件〔公取委排除措置命令平20・2・20審決集54巻512頁〕……*526*

〔24-7〕　テレビ用ブラウン管国際カルテル審決取消請求（サムスンSDI（マレーシア））事件〔東京高判平28・1・29審決集62巻419頁〕……*528*

〔24-8〕 ハバナ憲章（国際貿易憲章） 第5章 制限的商慣行……*529*
〔24-9〕 反競争的行為に係る協力に関する日本国政府とアメリカ合衆国政府との間の協定……*531*
〔24-10〕 経済上の連携に関する日本国とインドネシア共和国との協定……*534*

凡　例

〈法　令〉

1　私的独占の禁止及び公正取引の確保に関する法律（昭和22〔1947〕年法律54号）
　　単に条数のみをもって示した。ただし，文脈により，独占禁止法，独禁法，法と表記した箇所もある。
2　不公正な取引方法（昭和57〔1982〕年公取委告示15号）
　　「一般指定」と表記した。なお，平成21〔2009〕年公取委告示18号による改正前の一般指定を示す場合には，「旧一般指定」と表記した箇所もある。
3　その他の法令については，一般に用いられる略称のほか，主として有斐閣版六法全書の略語を用いて表記した。

〈主要ガイドライン〉

医師会ガイドライン　　医師会の活動に関する独占禁止法上の指針（昭和56・8・8公取委）

役務の委託取引に関するガイドライン　　役務の委託取引における優越的地位の濫用に関する独占禁止法上の指針（平成10・3・17公取委）

企業結合ガイドライン　　企業結合審査に関する独占禁止法の運用指針（平成16・5・31公取委）

行政指導ガイドライン　　行政指導に関する独占禁止法上の考え方（平成6・6・30公取委）

共同研究開発ガイドライン　　共同研究開発に関する独占禁止法上の指針（平成5・4・20公取委）

(旧)金融会社ガイドライン　　独占禁止法第11条の規定による金融会社の株式保有の認可についての考え方（平成9・12・8公取委）

銀行・保険会社ガイドライン　　独占禁止法第11条の規定による銀行又は保険会社の議決権の保有等の認可についての考え方（平成14・11・12公取委）

公共的入札ガイドライン　　公共的な入札に係る事業者及び事業者団体の活動に関する独占禁止法上の指針（平成6・7・5公取委）

債務の株式化ガイドライン　　債務の株式化に係る独占禁止法第11条の規定による認可についての考え方（平成14・11・12公取委）

資格者団体ガイドライン　　資格者団体の活動に関する独占禁止法上の考え方（平成13・

10・24 公取委）

事業支配力過度集中ガイドライン　事業支配力が過度に集中することとなる会社の考え方（平成14・11・12 公取委）

事業者団体ガイドライン　事業者団体の活動に関する独占禁止法上の指針（平成7・10・30 公取委）

知的財産ガイドライン　知的財産の利用に関する独占禁止法上の指針（平成19・9・28 公取委）

独占禁止法審査手続ガイドライン　独占禁止法審査手続に関する指針（平成27・12・25 公取委決定）

排除型私的独占ガイドライン　排除型私的独占に係る独占禁止法上の指針（平成21・10・28 公取委）

標準化ガイドライン　標準化に伴うパテントプールの形成等に関する独占禁止法上の考え方（平成17・6・29 公取委）

不当廉売ガイドライン　不当廉売に関する独占禁止法上の考え方（平成21・12・18 公取委）

フランチャイズ・ガイドライン　フランチャイズ・システムに関する独占禁止法上の考え方について（平成14・4・24 公取委事務局）

優越的地位濫用ガイドライン　優越的地位の濫用に関する独占禁止法上の考え方（平成22・11・30 公取委）

リサイクルガイドライン　リサイクル等に係る共同の取組に関する独占禁止法上の指針（平成13・6・26 公取委）

流通・取引ガイドライン　流通・取引慣行に関する独占禁止法上の指針（平成3・7・11 公取委事務局）

第Ⅰ部
独占禁止法の基礎（序論）

　独占禁止法（独禁法）と略称される1947年の制定で現在本則118条から成る法律は，正式名称を「私的独占の禁止及び公正取引の確保に関する法律」といい，六法全書の経済法編の筆頭に掲げられる市場秩序に関する最も重要な実定法である。

　独禁法が重要である理由は，わが国が基本とする経済体制から見ていかなければならない。国民は，公共の福祉に反しない限りで，事業を営む自由（営業の自由）を得て，お互いに取引を求めて，市場に乗り出す。市場では，契約自由の原則によって，誰とどのような取引をするか選択でき（取引先選択の自由），そこから市場参加者（事業者〔企業〕，消費者）の間で，選び，選ばれたいとする競い合いが生まれる。自由私企業体制あるいは自由市場経済と呼ばれる経済システムで，政府が直接に企業活動をコントロールする統制経済や計画経済の対極にあり，1989年のベルリンの壁の崩壊を経て，世界の大多数の国々が採用するシステムである。そこでは，市場で展開する無数の取引（競い合う現象）の集積から生産販売情報をフィードバックする市場の機能が，政府によることなく，競争メカニズムという「見えざる手」となって経済活動を調整してくれる。

　しかし，経済活動が発展するにつれて，複数の事業者が連合したり，大規模な事業者が出現したりして，市場での取引を自由な競い合いではないものとすることにより，競争メカニズムが有効に働かなくなるようにする事態が生じるようになる。このような事態は，複数の事業者の連合や大規模な事業者の力によるものであるので，市場参加者が民事的解決を図ることには限界があり，政府が乗り出して改善を図らなければならなくなる。そのための法制として，独禁法を制定する必要が見えてくる。したがって，独禁法は，競争メカニズムを損なうような事業者の競争制限行為や競争阻害行為を定義し，公正取引委員会という合議制行政機関を設置して，規制する法規である。

　ここまでの説明では，独禁法は何か私たちとはちょっと縁が薄い法律のように見えるが，実は，私たち自身が買い物をし，サービスを受けるたびに，それは市場に参加していることであり，競争メカニズムを動かしていることでもある。そのシステムを守る独禁法は，事業者やビジネスマンにとってだけではなく，私たちにとっても身近な法律である。

　このような視点から独禁法をより良く理解するフォーマット設定のために，「第1章　目的と概要」では，制定や運用の歴史も一覧し，さらに，条文構成も体系化してみて，どこを学んでいるのか，常に分かるようにしてみたい。

　「第2章　基礎概念」では，独禁法を学ぶために共通して用いる道具概念を検討する

場になる。競争，事業者と事業者団体，実体規定の構成要件，そして正当化事由と適用除外の関係まで議論を進めて，事例を分析的に見る基礎をしっかりと築くことにする。

第1章

目的と概要

テーマ1　独占禁止法の目的

　すべての法律が集合して，わが国の全法体系を形成している。法律は，やみくもに創ってよいものではない。法律は，社会の中で現実に生成する問題を解決する手段・方策として創られる。独占禁止法も，同法によって解決を必要とする立法事実があって創られ，それは他の法律では果たせない独自の目的があるはずである。

(1) 独占禁止法の立法事実

　法律はむやみに制定すべきものではなく，その法律をもって解決すべき立法事実の存在がなければ，実定法としての位置付けを得られない。わが国の全法体系のなかで，独禁法を必要とする立法事実は何であろうか。

　憲法が保障する営業の自由と私有財産制の下で，民法の原則である①権利能力平等の原則，②所有権絶対の原則，③契約自由の原則は，それぞれ市場と競争の成り立ちを説明する。①からは市場に取引の主体として参加できること，②からは市場の中で取引の客体である商品のこと，③からは市場での活動として取引の主体が何をいかなる条件で誰と取引するか選択の自由があり，そこから売り手・買い手として選ばれるための競争が始まる。

　憲法と民法が市場における自由な競争を保障し，公の秩序としているのであるから，その競争を制限するようなカルテル契約が競争事業者間で結ばれた場合，民法90条で公序良俗違反として裁判所で無効の判断をしてもらえば足りるように見える。

　しかし，エネルギー革命や情報革命に支えられて現代に至る急速な産業発展

の過程の中で，自由の中に隠れた事業者間の競争制限的共謀や独占的な大規模事業者の横暴が現れてくることは必然の成り行きであった。そして，市場における公正で自由な競争秩序を恒久的に維持していくためには，民法の一般条項により被害事業者や消費者からの訴えを待って裁判所が受動的に判断するようなシステムでは到底不十分なことは，自明のことであった。これらのことが立法事実に相当し，それを継続して解決していくために，政府が規制すべき競争制限行為を明らかにし，専門行政機関を設けて能動的に競争制限行為を規制し，支援を求める制度として独禁法の存在が必要不可欠となる。独禁法が，自由市場経済体制を採用し，維持する多くの現代国家にとって，競争メカニズムを有効に機能させるために必須の法律であることを意味する。わが国にも当然当てはまることであった。

(2) 憲法と独占禁止法

日本国憲法は，経済的自由について，職業選択の自由（憲22条1項）と財産権の不可侵（憲29条1項）を規定する。両規定から，事業活動を開始する自由と私的財産を活用して価値を高める事業活動を継続し発展させる自由を導き出すことができる。市場への参入の自由と市場内での取引の自由である。

営業の自由と総称されるが，この自由を形式的に無制限に考えると，一部の事業者の利潤を増大させるために，協調し合う自由や市場を独占する自由もあることになってしまう。自由市場経済体制の中では競争メカニズムを生かしてこそ，経済発展が望めるものであるから，自由放任（レッセ・フェール）では自壊するおそれがあり，公共の福祉を守る観点から，国が市場を監視して競争阻害要因を除去していることが必要となる。独禁法は，この必要を具体化した法律である。

また，実質的にみると，他の事業者の営業の自由を不当に妨げてまで，それぞれの営業の自由が保障されるものではない。このような場合，それぞれの営業の自由があって進展する競争が歪曲されることになるから，事業者間の競争のルールとしても，独禁法が必要となる。独禁法は，経済活動に関する基本法と位置付けられている。

事　例〔1-1〕　社会保険庁シール談合刑事事件

　社会保険庁に納入する支払通知書等貼付用シールの入札談合刑事事件において，量刑理由の中で，「独禁法は，我が国の事業活動について，『公正かつ自由な競争を促進し』『国民経済の民主的で健全な発達を促進することを目的』として，国内における自由経済秩序を維持・促進するために制定された経済活動に関する基本法である。国内外において右理念の遵守が強く叫ばれている現下の社会・経済情勢下において，同法は経済活動に携わる事業関係者に等しく守られなければならないものである」。

〔東京高判平 5・12・14 高刑集 46 巻 3 号 322 頁〕

(3)　民法と独占禁止法

　市場と自由な取引，そして競い合う基本のルールを定めているのは，民法である。民法は，市民社会の原理として，対等の当事者である法人格者「人」による取引を措定する。しかし，現代社会において，大規模事業者と中小事業者の格差，複数事業者の協調による力の形成，事業者と消費者の間の格差など，一方が他方を圧する力を有する非対等の当事者間の取引は普通にありうることで，民法が考える自由な取引から生じる競争市場が損なわれる危険も普通にありうることになる。

資　料〔1-2〕　民法の限界

　「私的性質と自由性とをもつところの所有権が資本・資本制経済の終局の基礎であるということ，および所有権の私的性質と自由性とは，互いに矛盾するところの二重の意義をもつということ。一方で，それらの性質は，抽象的普遍的な平等者の自由な世界を指示すると同時に，他方では，具体的特殊的な不平等な関係とそこにおける支配と強制の世界を指示する。後者は前者によって必然的に産出せられ，後者は前者を媒介として自己を実現する。前者は後者の単なる現象形態でしかない。しかるに，民法の世界においては前者が前面にあらわれ，そこでは後者は捨象され背後に隠蔽される」。

〔川島武宜著『所有権法の理論』（岩波書店・1949 年）329 頁・330 頁〕

このような事態に対処するために，取引当事者間の力の格差を前提として組み立てられた独禁法が民法と協働して機能することが必要である。民法と独禁法は，異なった原理から組み立てられて適用領域を異にするのではなく，自由市場経済体制の中で相互に補完し合う関係にある。例えば，独禁法違反行為に対する損害賠償請求が独禁法25条のみならず民法709条に基づいても提起できること（**事例〔18-2〕**参照），かつ，独禁法違反行為に相当する契約が法律行為として無効であることを民法90条の公序良俗違反で導き出すこと（**事例〔18-16〕**参照）も，民法と独禁法が接続する関係にあることを示している。

(4) 経済法としての独占禁止法

経済に関する法律というと，特許法や著作権法などの知的財産権法も，産業技術や文化作品を市場における取引の対象とする機能があるように，ほとんどの法律が経済活動に関係してくるが，法分野の経済法で限定すると，政府が経済政策において事業者の事業活動に介入することを可能とする法令の分野を経済法と総称する。政府による介入の態様には，2通りある。一つは，事業者の事業活動が競争メカニズムの下で展開されることを基本として，その競争メカニズムを損い，そこから外れようとする行為を事業者が行うときに，政府が介入して，競争メカニズムの下に戻すことである。競争メカニズムを通じた間接的手法であって，独禁法が該当する。もう一つは，価格，生産等について認可制などの直接的手法により，政府が事業者の事業活動に介入することである。これを可能にする法律はいわゆる事業法（鉄道事業法，道路運送法，電気事業法，ガス事業法，電気通信事業法など）と呼ばれる法律が典型的なものである。

経済法の2つのタイプは，競争法（競争秩序維持法）と経済統制法と表現することもできる。自由市場経済体制を基本とするわが国では，競争法である独禁法が基本法であり，経済統制法は特例ということになる。事業法がある産業分野で，政府規制を緩和して競争によって事業活動を律しようとする規制改革の努力が政策的に進められてきたことでも見て取れる。したがって，司法試験科目や大学授業科目となっている「経済法」においても，独禁法を中心として専ら扱われる。

なお，事業法がある産業分野においても，事業法が特別法となって，一般法

となる独禁法を一律に排除して適用されるのではなく，当該産業における競争と事業者の事業活動の実態によって両方の適用関係が考えられるものである（**事例〔3-7〕**参照）。

(5) 経済学と独占禁止法

　独禁法は，自由市場経済体制を維持するために必須な競争を損なうような事業者の活動を規制する法律である。独禁法も法律一般の通例を免れず，現実の社会で目に見える不都合な社会現象（物価上昇を一方的にもたらす価格カルテルであったり，独占的事業者の濫用行為であったりする立法事実に相当すること）を対象とすることで，ともかくも成り立ってしまい，感覚的な適用もできてしまう。

　しかし，競争維持のために自由な事業活動を損なう競争制限行為等を規制する独禁法も，競争制限行為等の規制という名目で経済活動に介入する法律であるから，その法運用の在り方によっては，過剰規制や過少規制に陥ることもありうる。その場合，経済現象を分析しながら，適切な法運用の在り方を考えることが必要である。そのための方法論を提供するのが経済学である。市場と競争をめぐっては，「ミクロ経済学」，「産業組織論」，「ゲームの理論」，そして法現象に特化してこれらを包括する「法と経済学」などの各学問分野における知見が重要である。独禁法を事例で学ぶ場合に，経済学の知見を活かせる場面は多い。

　経済学の方法論の有用性を確認する意味で，最初に，競争の利点と独占の弊害の経済理論を見ておこう。

　次頁の図は，完全競争市場と独占市場のそれぞれの市場成果を重ね合わせて比較したものである。完全競争市場の場合は，多数の事業者がすべての市場情報を取得し，販売価格が限界費用と一致するC点まで生産販売するから，供給量はQ_c点まで伸び，価格はP_c点まで下がり，消費者はその分の消費者余剰（consumer surplus）を享受することができる。

　しかし，独占市場では，独占事業者は，競争事業者がいないことによって，自分で販売価格を管理することができる。独占事業者は，最も利潤が最大化するところまでしか生産販売しない。それは限界収入と限界費用が一致するB点である。供給量はQ_m点に止まり，価格はP_m点まで上昇する。

図1 完全競争市場と独占市場の経済理論

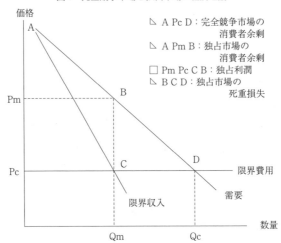

　競争がない独占市場で消費者が被る不利益は，①少ない供給量を高い価格で購入せざるをえないこと（消費者余剰の減少），②完全競争市場では実現した供給量のうち，Qc−Qmは全く生産されなかったことによって，どんなに必要でも手に入れられないこと（死重損失〔dead weight loss〕）である（詳しくは，第3章テーマ1参照）。

　このように，上図は，独禁法が促進する競争の効用を経済学の方法論によって説明できる基本的なケースである。

(6) 独占禁止法の目的

　わが国の実定法の一つとして独禁法の世界を創り出す原理・原則は，第1条の目的規定に結実する。目的規定は，独禁法が果たすべき目的を簡潔に述べ，独禁法の各条項を一貫して解釈する指針ともなる。

　第1条は，手段方法＋直接目的＋究極目的の3段階で組み立てられている。

　① 手段方法は，(i)「私的独占，不当な取引制限及び不公正な取引方法を禁止し，事業支配力の過度の集中を防止して」，(ii)「結合，協定等の方法による生産，販売，価格，技術等の不当な制限その他一切の事業活動の不当な拘束を排除することにより」で示される。市場における競争は，各事業者がそれぞれ

に独自に判断することから生じるものであって，それゆえ事業活動に対する不当な拘束を排除することが必要となり，そのために独禁法上に設けた実体規定が私的独占の禁止＋不当な取引制限の禁止（3条），不公正な取引方法の禁止（19条），事業支配力の過度集中の防止（9条以下）である。

② 直接目的は，①の手段方法で直接に実現しようとする目的である。(i)「公正且つ自由な競争を促進し」，(ii)「事業活動を盛んにし」，(iii)「雇傭及び国民実所得の水準を高め」で示される。このうち，(i)の公正・自由な競争の促進が①の手段方法による直接目的であり，(ii)と(iii)は(i)が手段方法となって達成される連続した効用である。

③ 究極目的は，(i)「一般消費者の利益を確保する」とともに，(ii)「国民経済の民主的で健全な発達を促進すること」である。一般消費者とはすべての国民のことであり，競争促進によって事業者の事業活動を盛んにすることから連続して最終的に国民一般にまでその効用が及ぶことを示している。また，自由市場経済体制は，競争メカニズムを通じた国民の選択が生産・流通・需要の在り方を決定することで，民主的で健全と評価される。国民の購買行動は政治の方向を決める選挙における投票行動と類似していて，民主的とのイメージにふさわしい。さらに，国家や権力機構が管理する計画経済や統制経済が生産活動を国民の期待と掛け離れた特定の政策目的や一部の事業者に誘導することではなく，公正・自由な競争を経て，国民自身の選択により国民自身の厚生の増進を図ることを健全な発達と評価するものである。

上記の①〜③を組み直すと，②(i)の公正・自由な競争の促進を中核として，①はその実現のための手段方法，②(ii)以降は公正・自由な競争がもたらす連続した効用とみることができる。公正・自由な競争は，私益追求を公益実現に転換するシステムである。したがって，むやみにその連続性を切り離して，第1条に掲げられた目的や効用の優劣を判じて，独禁法の解釈・運用を図ることは控えなければならない（**事例〔3-5〕**参照）。ただし，違法薬物のような反社会的な製品について，競争を促進することが一般消費者の利益につながることにはならないように，公正・自由な競争が社会的効用に連続しない例外的な場合がある（詳しくは「保護に値する競争」論・第3章テーマ2参照）。

テーマ2　独占禁止法の歴史

　昭和22年に制定された独占禁止法は，すでに70年近い歴史をもつ。独占禁止法の法制度概念は，何に由来するのか。第2次世界大戦後にわが国社会に実定法として現れた独占禁止法は，すぐに受容されたのだろうか。独占禁止法がわが国の自由経済社会を支える基本法との社会的認識が得られるようになったのは，いつからであろうか。

(1)　独占禁止法の前史

　人間社会は，他の動物社会では見られない特性をもって発展してきた。その一つが分業と交換の性向である。交換の場が「市場」であり，そこでの選択を通じて，「競争」が生まれて，生産と消費が活発になることも，経験的に理解されてきた。日本の歴史でも，織田信長の経済政策として想起される楽市楽座が象徴的な出来事である。

　逆に，競争の反対概念である「独占」が過大な利潤をもたらすことも，経験的に感じられてきたことである。楽市楽座自体が，中世の貴族・寺社による生産・流通への封建的な囲い込み（独占化）に対する反対概念であった。時の権力者と有力商人が結託して，生産・流通・貿易を独占し，不当な利益を獲得しようとする試みは，世界の各地で繰り返されてきたことであった。

　独占 vs. 競争の対置は，特権 vs. 自由で置き換えることもできる。同業者と共同したり，あるいは時の権力から援助を得た特権を濫用して，商品の流通を制限したり，価格を引き上げたり，競争業者を排除したりすることと，これに対抗して，自由な商業活動と需要者・消費者の利益の保護を主張する勢力の対立である。

　紀元前から地中海沿岸貿易の商業活動で発展したローマ帝国の時代にすでに独占規制法に該当する立法があり，17世紀の英国で勃興する市民階級が営業の自由を主張して，コモン・ローの判例で王権に基づく独占や競業を回避する取引制限を違法とする考え方が確立してきた。

　このように，競争と独占が対抗する関係は，現代の自由市場経済を基本とす

るわが国を含む多くの先進諸国の経済政策における競争促進と規制改革の課題にまでつながっており，その間，競争政策が志向されたか，あるいは，独占につながる統制経済・計画経済の色合いが強かったかは，時代により様々な変遷を経てきたが，基本的な考え方として，競争政策（反独占政策）が経済発展のために優れていることは，経済学では，イギリスにおいて1776年刊のアダム・スミス著『国富論』（諸国民の富の性質と原因の研究）に結実していたことである。

わが国でも，競争へのイメージは様々であるが，日本語になかった競争という訳語を創出した福澤諭吉は，1899年刊の著書『福翁自伝』で，次のように回顧しながら，競争政策の意義を理解しない徳川幕府を断念して，明治維新後に期待をかけたことを示唆した。

資　料〔1-3〕「競争」という用語の出現

競争の2字を消す　まずそのときの徳川政府のがんこな一例を申せば，こういうことがある。私がチェーンバーの経済論を一冊持っていて，何か話のついでにご勘定方の有力な人すなわち今で申せば大蔵省中の重要の職にいる人に，その経済書のことを語ると，大層喜んで，どうか目録だけでもいいからぜひ見たいと所望するから，早速翻訳するうちに，コンペチション（competition）という原語に出会い，いろいろ考えた末，競争という訳字を作り出してこれにあてはめ，前後二十条ばかりの目録を翻訳してこれを見せたところが，その人がこれを見てしきりに感心していたようだが，「いやここに争いという字がある，どうもこれが穏やかでない，どんなことであるか」「どんなことってこれはなにも珍しいことはない，日本の商人のしているとおり，隣で物を安く売るといえばこっちの店ではそれよりも安くしよう，また甲の商人が品物を良くするといえば乙はそれよりも一層良くして客を呼ぼうと，こういうので，またある金貸しが利息を下げれば，隣の金貸しも割合を安くして店の繁盛を図るというようなことで，互いに競い争うて，それでもってちゃんと物価も決まれば金利も決まる，これを名づけて競争というのでござる」「なるほど，そうか，西洋の流儀はきついものだね」「何もきついことはない，それですべて商売世界の大本が決まるのである」「なるほど，そういえば分からないことはないが，なにぶんどうも争いという文字が穏やかならぬ。これではどうもご老中方へご覧に入れることができない」と妙なことをい

> う．その様子を見るに，経済書の中に人間互いに相譲るとかいうような文字が見たいのであろう．例えば商売をしながらも忠君愛国，国家のためには無代価でも売るとかいうような意味がしるしてあったらば気に入るであろうが，それはできないから，「どうも争いという字がおさしつかえならば，ほかに翻訳のいたしようもないから，まるでこれは削りましょう」と言って，競争の文字を真っ黒に消して目録書を渡したことがある．この一事でも幕府全体の気風は推察ができましょう．
>
> 〔福澤諭吉著『福翁自伝』初出は 1898 年・1899 年に時事新報に連載〕

　福澤諭吉の気迫が伝わるとともに，近代日本で競争政策を受け入れる素地があったことをうかがわせる．

　そして，法制度で，明確な体系をもって独禁法に相当する法律が現れたのは米国で，1890 年制定のシャーマン法（The Sherman Act）である．同法の実体規定は，次の 2 条からなる（条文は現時点のもの）．

　第 1 条　数州間若しくは外国との取引又は通商を制限するすべての契約，トラストその他の形態による結合又は共謀は，違法とする．本条で違法とする契約を締結し，結合又は共謀に関わる者は，重罪を犯したものとし，有罪の場合は，法人を 1 億ドル以下の罰金に，その他の者を 100 万ドル以下の罰金又は 10 年以下の禁固刑に処し，若しくは裁判所の裁量によりこれを併科する．

　第 2 条　数州間若しくは外国との取引又は通商のいかなる部分も，独占化し，独占化を企図し，又は独占化するために他の者と結合又は共謀する者は，重罪を犯したものとし，有罪の場合は，法人を 1 億ドル以下の罰金に，その他の者を 100 万ドル以下の罰金又は 10 年以下の禁固刑に処し，若しくは裁判所の裁量によりこれを併科する．

　この 2 つの条文は，現在までに判例による解釈が加えられて，洗練された 2 本立ての行為規制の体系を示している．すなわち，第 1 条が共同行為規制，第 2 条が単独行為規制（独占化行為規制）である．第 1 条は複数の事業者が共同して競争を制限できる力を形成して，競争制限行為を行うことを規制対象とするものである．第 2 条は，第 1 条をカバーして，独占力またはそれに近い市場力

を有する事業者が不適切に独占力を強化または形成する行為を行うことを規制対象とするものである。この2本立ての行為規制に，企業結合規制という構造規制が加わって，3本立ての実体規定を有することが，今日の世界各国（EUを含む）の独占禁止法制の基本形となっているという意味で，シャーマン法は現代の独占禁止法制の起点かつ基点となっている。

なお，米国では，シャーマン法に1914年制定のクレイトン法と連邦取引委員会法を加えて，独占禁止法制を反トラスト法と総称する。シャーマン法の立法当時，カルテルがコモン・ロー上違法とされる状況にもかかわらず，複数の事業者が単一の経営体にそれぞれの委託するトラストの方式で潜脱することに対処するために新たな立法がなされたという事情に由来する。

(2) 独占禁止法の制定

悲惨な第2次世界大戦は，わが国がポツダム宣言を受諾することにより，1945年8月，終結した。敗戦後のわが国は，占領下で連合国軍総司令部から産業民主化の施策を求められ，同年11月，財閥解体，経済力集中排除，統制団体の除去とともに，「私的独占および商業の制限，好ましからざる連鎖的経営陣，好ましからざる法人相互間の証券所有を除去ならびに防止し，商業，工業および農業よりの銀行の分離を確保し，民主主義的基礎に立ち，工業，商業，金融および農業における競争の平等な機会を商社および個人に供与するごとき法律の制定計画」を速やかに提出すべきことが指令された（メモランダム「持株会社の解体に関する件」第6項）。

これを受けて日本政府は商工省を中心に弊害規制的立法を考えたが，1946年8月に総司令部から米国反トラスト法に範をとった試案が提示されて，独占禁止法準備調査会で立案作業が進むことになり，成案を1947年3月22日に旧憲法下の最後の帝国議会へ提出し，3月31日に可決・成立，4月14日公布，7月20日に全面的に施行された。そして，独禁法の運用の任に当たる専門行政機関として，公正取引委員会（公取委）が7月1日に発足していた。

制定時の独禁法（原始独禁法）の内容は，母法となった米国反トラスト法よりも厳格で理想主義的な内容が盛り込まれていた。すでに廃止されて含まれていない①特定の共同行為・私的統制団体の禁止（旧4条・5条），②不当な事業

能力の較差の排除措置（旧2条5項・8条），③国際的協定・契約の認可制（旧6条），④持株会社の禁止（旧9条），⑤会社間の株式保有の原則禁止（旧10条），⑥合併の認可制（旧15条）などである。

　独禁法は，戦後の日本経済の民主化と自由市場経済体制を支える恒久法として制定され，米国反トラスト法の継受法という経緯を有するが，単純なコピーではなく，原始独禁法の立法担当者は，当時の米国トラスト法の最新の判例状況を研究し，かつ，日本の法体系に合うように精密な検討を重ねており，独自の論理的構造を含むに至っている努力は評価すべきことである。例えば，シャーマン法2条に相当する私的独占を先に掲げ，1条に相当する不当な取引制限を後にし，行為要件（他の事業者の事業活動の排除・支配，相互の事業活動の拘束・遂行）を明文化し，かつ，その違いで私的独占と不当な取引制限を区別し，対事業活動で共通することから禁止規定（3条）を2本立てにしなかった。また，弊害要件も明文化し，「一定の取引分野における競争を実質的に制限すること」と「公正な競争を阻害するおそれ」の2つの規制基準を提示した。

(3) 独占禁止法の冬の時代

　厳格すぎる原始独禁法から，日本経済への抑圧あるいは企業活動に対する過度の制約と受け止められる傾向が生じ，朝鮮半島情勢や国際情勢における東西冷戦構造が顕著になるにつれて，日本経済の強化と外資導入が西側諸国からも求められるようになった。占領期の1949年に総司令部からの後押しもあって，①国際的協定・契約の認可制から事後届出制への変更，②会社間の株式保有の原則禁止の廃止，合併の認可制から事前届出制への変更などの企業結合規制の緩和を内容とする独禁法改正が成立した。

　1952年にサンフランシスコ講和条約を経て占領期が終結すると，翌1953年には，過当競争の弊害を主張する産業界の要望を受け入れて，独禁法の緩和改正が行われた。

　1953年改正の主な内容は，①特定の共同行為・私的統制団体の禁止の廃止，不況カルテル（旧24条の3）・合理化カルテル（旧24条の4）の導入，②不当な事業能力の較差の排除措置の廃止，③金融会社による事業会社の株式保有制限比率を5％から10％にするなどの事業支配力過度集中規制の緩和，④指定商

品・著作物の再販売価格維持契約の適用除外（旧24条2項）の新設，⑤事業者団体法の廃止と独禁法への組み込み（8条），⑥取引上優越的地位濫用規制の導入によって不公正な競争方法を不公正な取引方法に名称変更などである。

その後，各種適用除外法の制定や公取委による違反事件摘発件数の低迷など，公取委と競争政策は冬の時代を迎える。日本経済の高度成長期への発展過程で顕在化してきた大企業と零細中小企業の二重構造に起因する下請事業者保護の要請と，物価上昇や過大景品や不当表示に象徴される消費者保護の要請が，公取委と競争政策に再び期待を寄せられる契機となった。独禁法の付属法として，1956年に下請代金支払遅延等防止法（下請法），1962年に不当景品類及び不当表示防止法（景表法。2009年に消費者庁へ移管）が，それぞれ制定された。また，物価対策として，価格カルテルや再販売価格維持行為などの違反事件の審査活動が活発になってきた。

冬の時代にあっても，公取委や裁判所は，公正・自由な競争と独禁法の意義と重要性について，説明していた。

事 例〔1-4〕 醤油価格カルテル事件

　1950年当時，大手の醤油製造業者4社と全国の醤油製造業者によって組織された事業者団体が，醤油の統制価格の適用停止時に物価庁の指導を契機として，生産者価格，卸売価格，小売価格について，首位事業者に質問して同調したことが，3条（不当な取引制限の禁止）等に違反するとされた審判事件において，被審人4社等が，行政庁の指導を受けたものであり，かつ，価格抑制のためで消費者の利益になるとの主張をしたことについて，「私的独占禁止法及び事業者団体法の運用のためには公正取引委員会なる独立の官庁が設けられているのであり，これを裁判所の再審査を条件として唯一の公権的解釈及び適用の機関となしている。たとえ政府の機関と雖も，その他の行政官庁が恣ままに本法を解釈することは許されない。故に多数行政官庁当局者中たまたま本法の精神を理解せず誤つた指導を為すものがあつたとしても，事業者又はその団体は各自法の命ずる所が何であるかを判断してこれに従う責任があるものであることは言を俟たない。官庁の指導の有無は或は罰則適用の際斟酌すべき情状となることはありうるかも知れないが違法の状態を排除するに必要な措置をとるべき事業者又はその団体の責任を軽減するものでない。〔中略〕私的独占禁止法等が事業者が共同して価格を左右す

ることを禁じたのは，私的企業が恣意的に価格を支配する力を有することそれ自体が結局消費者にとり不利であるとの見解に基き一律かかる力を振うことを禁じたのであつて，特定の場合にたまたまかかる力が消費者に有利なように用いられたということはかかる危険な力の存在を容認する理由とはならない」。

〔公取委審判審決昭27・4・4審決集4巻1頁〕

事 例〔1-5〕 新聞販路協定審決取消請求事件

事例〔5-3〕の事件において，「本件地域協定の結果，この地域の新聞読者は好むと好まざるとに拘らず，当該地域の一定の販売店から新聞を購読するの外はなく，読者の販売店選択の自由は全く失われ，これによつて販売店の読者に対するサービスの改善の望み難いことはおのずから明らかであるから，原告らの行為が公共の利益に反しないとすることはできない。〔中略〕原告らは審判手続において地域を撤廃するときは新聞販売に関する無軌道な競争が行われ，その結果配達費，拡張費，宣伝費等の増大により販売店の経営は破綻に瀕するのみでなく，読者の争奪戦は激化して遂には押売等の不公正競争方法に発展する危険性があり，かつ遠隔の地には配達の放棄が行われる等種々の弊害を生ずるおそれがあると主張しているが，これは必ずしも地域協定撤廃の結果とは解し難いのみでなく，自由競争のあるところ優勝劣敗の分れることは免れ難い数であり，販売店の経営が存立するか否かはもつぱら市場の法則に委すべきものである。かかる事態をさけんがために人為的な競争制限を行うことは本来独占禁止法の許さないところなのである」。

〔東京高判昭28・3・9高民集6巻9号435頁〕

---

(4) 独占禁止法の復活と発展

1969年の八幡・富士製鉄合併事件（**事例〔14-5〕**）に対する公取委の審査は，寡占産業や競争市場に関する独禁法本来の関心を喚起することになり，1973年の第1次石油危機における便乗値上げカルテル，買い占め・売り惜しみ現象による物資不足，さらに石油元売り会社そのものによる価格カルテル・生産調整カルテルの発覚と独禁法違反による刑事告発は，独禁法の初めての強化改正となる1977年改正につながることになった。

1977年改正の主な内容は，①独占的状態に対する措置の新設（2条7項・8条

の4),②カルテルに対する課徴金制度の新設（7条の2),③大規模事業会社の株式保有の総額規制（旧9条の2),④金融会社による事業会社の株式保有制限比率が10％から5％へ引下げ,⑤同調的価格引上げの理由の報告徴収制度（旧18条の2）などであった。

　1982年には，不公正な取引方法の一般指定を分かりやすくするための改正が行われた。

　1989年のベルリンの壁の崩壊を契機とする東西冷戦構造の崩壊は，自由市場経済の東側諸国への浸透をもたらし，それは同時に自由市場経済を維持するために必須の独禁法が各国で標準装備される過程でもあった。わが国においても，独禁法が正統性をもって受け止められるようになった。1993年からのゼネコン汚職事件は，入札談合事件への独禁法適用を活発化させる契機になった。さらに，国内においては規制改革の一環として，各種適用除外法の廃止・縮小が求められて，1997年と1999年の2度にわたって行われた。国際的には，1989年以降の日米構造協議を契機とする日本市場の開放性の観点から，独禁法の強化が強く求められるようになった。1999年には，初めての日米独禁協力協定が結ばれた。

　現在に至る独禁法の改正内容を見ていくと，1991年・課徴金の算定率を4倍に引き上げ，1992年・刑事罰の引上げと法人重科（上限500万円から1億円に引上げ），1996年・公取委事務局を事務総局に強化，1997年・持株会社の禁止の廃止と事業支配力過度集中防止規定の導入，1998年・企業結合規制の整備，2000年・不公正な取引方法に対する民事上の差止請求制度の新設（24条），2002年・事業支配力過度集中防止規定の整備と刑事罰の強化（法人上限5億円に引上げ），2005年・課徴金の算定率の引上げと課徴金減免制度（リニエンシー）の導入，審判手続の事後手続化，犯則調査権限の導入，2009年・課徴金の対象を排除型私的独占や一定の不公正な取引方法の一部にも拡大，不当な取引制限において主導的役割を果たした事業者に対する課徴金の割増し，不当な取引制限等の罪に対する懲役刑の引上げ（上限3年から5年へ），2013年・審判手続の廃止と続いてきている。

テーマ3　独占禁止法の概要

　独占禁止法は，100条を超える条文数から成る中規模の法律である。実体規定と手続規定を併せもつ完結した法制を構成している。実体規定は，行為規制と構造規制から成る。手続規定は，執行機関のほか，違反行為に対する行政処分，刑事処分および民事的措置というサンクションと，それぞれに至る手続を定める。これらの規定を体系的に整理してみよう。

(1)　行為規制と構造規制

　独禁法という略称の元になる「私的独占の禁止」にしても「独占禁止法」にしても，誤解を生みやすい用語である。独占という状態あるいは競争がないという状態を，独禁法は直接禁止するものではないからである。公正で自由な競争過程を経て，1事業者だけが勝ち残ることはありうる。それが独占であるからといって禁止することになれば，優れた者が選び出す機能をもつ競争の意義を認めないことになり，競争促進法である独禁法の自己否定になってしまう。

　独禁法は，独占を形成・維持・強化する原因が公正で自由な競争とは区別される不適切なものとなっていないかどうかに着目する。独占とは，競争メカニズムが機能していないことであり，競争メカニズムが機能しないとは，複数の競争事業者間で現実にまたは潜在的に競い合いがないことが原因となる。したがって，人為的に競争をなくして独占を形成するためには，競い合いをしないように，あるいはできないようにすればよいことになる。そのことを独禁法は，「事業者の事業活動」を排除，支配または拘束などと表現している。要するに，事業者の事業活動を自由にさせないようにする何らかの行為を行えば，それが独禁法の直接の規制対象となり，これを行為規制という。

　行為規制の組み立て方は，2通りある。一つは，独禁法が採っている事業活動の拘束の仕方（行為要件）で区別を設けてみることである。他の事業者の事業活動を一方的に排除・支配する行為を私的独占とし，複数の事業者がお互いの事業活動を相互に拘束し合う行為を不当な取引制限とする2本立ての体系である。反競争効果の態様の違いに着目して，前者を競争排除型（他者排除型。

他の事業者が競い合えないようにすること），後者を競争回避型（お互いに競い合わないようにすること）ということがある。そして，これらを補完する役割を担う不公正な取引方法がある。

　もう一つは，米国反トラスト法（シャーマン法1条・2条）や EU 競争法（EU 機能条約 101 条 1 項・102 条）などのように，競い合いをなくすことができるためには，ある程度の力が必要であり，その力を複数の事業者が連絡をとって共同して形成するか，あるいはそもそも市場で大きなシェアを有して力のある事業者であるかという，行為主体となる事業者の在り方に着目するものである。そこで共同行為規制と単独行為規制に区別する 2 本立ての体系になる。その場合，行為要件に当たる事業活動を拘束する態様のところは区別や限定を設けておかずに，多くの行為類型を包含できるようにしておくやり方である。

　前出のシャーマン法 1 条・2 条とともに，1958 年施行の EU 競争法（EU 機能条約）の条文を参考にして，共同行為規制と単独行為規制（EU では市場支配的事業者による妨害的・搾取的濫用行為の規制）の立て方を再確認してみよう。

　第 101 条 1 項　加盟国間の取引を阻害するおそれがあり，かつ，域内市場内の競争を妨害し，制限し，若しくは歪曲する目的又はかかる効果を有する事業者間のすべての協定，事業者団体のすべての決定及びすべての協調行為であって，特に次の各号の一に該当する事項を内容とするものは，域内市場と両立しないものとし，禁止する。
　　　〔1 項各号略，2 項および 3 項略〕
　第 102 条　域内市場又はその実質的部分における支配的地位を有する一又は複数の事業者による濫用行為は，それにより加盟国間の取引が影響を受けるおそれがある場合には，域内市場と両立しないものとし，禁止する。
　　　〔各号略〕

　独禁法の実体規定を考える場合，外国の事例を参考にするときは，その要件の組み立て方の違いに注意する必要がある。

　行為規制とは，競い合いをしなくなるようにする行為があって始まることであるが，そのような行為がなくとも，競い合いが不活発になることがある。大きな首位事業者が他を圧倒するような独占的市場や事業者数の少ない高度寡占

市場におけることである。このような市場では，首位事業者の動向に追随したり，相互の動向を気にして同じ行動をとったりして，競い合いをしようとしなくなる。非競争的な独占的市場や高度寡占市場を人為的に創り出すことになる場合は，独禁法でチェックしようとすることを構造規制という。

構造規制の場合も，公正で自由な競争過程を経て，首位企業のシェアが大きくなり（内部成長），事業者数が少なくなっても，そのことを独禁法はチェックしようとするものではない。合併や他の事業者の株式を保有するなどして取り込む（外部成長）人為的方法によって，独占的市場や高度寡占市場を創り出す場合に独禁法のチェックがかかるもので，企業結合規制が相当する。構造規制は，市場構造が非競争的に変化するかどうかをチェックするものであるので，私的独占や不当な取引制限等の行為規制では違反としえない非競争的行動といわれる首位企業に他の企業が事実上追随するプライス・リーダーシップや寡占事業者間で意思の連絡をとらずに得た情報で事実上同形の行動をとる意識的並行行為が採りやすくなる変化かどうかをチェックできることで視野を広げる特徴がある。

(2) 実体規定の体系

行為規制に係る独禁法の実体規定は，まず，3条（私的独占・不当な取引制限〔カルテル等〕の禁止）と19条（不公正な取引方法の禁止）が中心となる規定である。この2つの条文は全く別の行為を禁止しているわけでなく，弊害要件の表現が前者は「一定の取引分野における競争を実質的に制限すること」（2条5項・6項），後者は前者よりも競争制限効果の程度が低いとされる「公正な競争を阻害するおそれ」（2条9項6号）に設定され，行為要件は重複するところが多い。したがって，19条は，3条をバックアップし，かつ，対象領域が広い部分もあるとみることができる。また，不公正な取引方法の対象領域の広い部分からは，下請代金支払遅延等防止法や不当景品類及び不当表示防止法が派生して，中小企業保護政策や消費者保護政策と関連した重要な意義を持つに至っている。3条・19条を補助して，6条（不当な取引制限・不公正な取引方法を内容とする国際的協定の禁止）がある。

次に，3条・19条・6条は行為主体が事業者であるので，事業者団体が行う

図2 独占禁止法の実体規定の構成

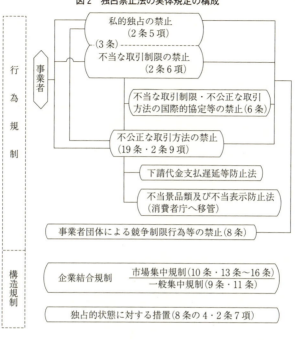

場合の禁止規定として，8条がある。同条1号は3条に相当し，同条3号・4号は1号の予防規定の地位にある。2号は6条に，5号は19条にそれぞれ相当する。

　さらに，構造規制（企業結合規制）の実体規定には，第4章のうち，10条，13条～16条が「一定の取引分野における競争を実質的に制限することとなる場合」を弊害要件とする市場集中規制として，3条と相関する位置付けになる。

　以上の行為規制および構造規制と体系的に区別して位置付けられる実体規定が，一般集中規制（9条〔事業支配力過度集中の防止〕・11条〔金融会社の株式保有比率制限〕）と独占的状態に対する措置（8条の4・2条7項）である。

(3) 手続規定の構成

　手続規定は，実体規定に違反する状況が生じた場合，どのように対処することが規定されているかという執行方法の意味で考えることにしたい。その意味

で手続規定の構成は，①執行機関，②違反に対する措置，③執行手続の3つに分けることができる。

　主担当の執行機関には，専門行政庁として合議制の独立行政委員会である公正取引委員会が設けられ，違反事件の審査および行政処分の役割を果たすとともに，独禁法運用に係る政策の調査・企画・立案を担う（27条～44条）。また，裁判所が公取委の行政処分の司法審査，違反行為の損害賠償事件，差止請求事件および刑事事件，加えて緊急停止命令の裁定機関として機能する。さらに，違反事件の刑事訴追にあたって，検察庁が公取委と協働して捜査を担当し，公判を維持する。

　違反に対する措置は，行政処分，刑事処分および民事上の措置と3つの方向からみることができる。行政処分は，排除措置命令と特定の違反行為には課徴金納付命令を公取委は発出することができる。刑事処分は，実行行為者に懲役刑・罰金刑が規定されているほか，法人重科の両罰規定と代表者処罰の三罰規定が用意されている。ただし，不公正な取引方法は刑事罰の対象とはならない。民事上の措置には，被害者による無過失損害賠償請求と不公正な取引方法には差止請求ができる。不法行為として，民法709条に基づく損害賠償請求も可能である。

　執行手続は，行政処分については，公取委の行政調査手続である審査手続（意見聴取手続）が規定されている。刑事処分については，公取委の専属告発制度と公取委職員に犯則調査権限が用意されている。

　なお，2013年改正で，公取委における事実審に相当する審判制度が廃止され，公取委の事実認定が裁判所を拘束する実質的証拠法則も廃止された。公取委の行政処分の取消訴訟は従前の東京高裁が第一審となるのではなく，東京地裁から争われることになり，事実審機能も東京地裁に移ったので，公取委の独禁法専門行政機関としての地位は制度的には低下した。

第2章

基礎概念

テーマ1 競　争

　独禁法が守ろうとする法益は，商品役務の取引をめぐって市場で展開される競争というメカニズムである。独禁法は，どのように機能する競争を期待しているのだろうか。期待される機能は，どのような競争状態からもたらされるのだろうか。市場における競争の機能を損なう事実に対して，独禁法は，何ができて，何ができないのだろうか。

(1) 事業者間の競争と市場のメカニズムとしての競争

　独禁法は，2条4項に競争の定義規定を置く。競争とは，「2以上の事業者がその通常の事業活動の範囲内において，かつ，当該事業活動の施設または態様に重要な変更を加えることなく，同一の需要者に同種または類似の商品役務を供給し，または供給することができる状態，もしくは同一の供給者から同種または類似の商品役務の供給を受け，または受けることができる状態をいう」というものである。2以上の事業者の間に同種または類似の商品役務の販売または購入について現実の競争関係または潜在的競争関係があって競争が生じることを意味する。

　この定義から，競争が，複数の事業者がそれぞれに自らとの取引の成立を求めて事業活動を展開し，競い合うことであることは読みとれる。しかし，この定義は，複数の事業者が相互に競争関係にあるか否かの判定基準に使えても，そこから生じる各事業者の事業活動がどのようなものであったら市場における競争が活発になり，かつ，それぞれの事業活動を「事業者の創意を発揮させ，

事業活動を盛んにし，雇傭及び国民実所得の水準を高め，以て，一般消費者の利益を確保するとともに，国民経済の民主的で健全な発達を促進すること」(1条) に変換する機能を果たすメカニズムとしての競争とはどのようなものかを判断することには役立たない。

このように見てくると，競争には，2つの意味があることが分かってくる。1つは，複数の事業者が商品役務の取引相手を求めて競い合うことであり，もう1つは，競い合う複数の事業者の事業活動が集積して経済的効用を産み出す競争メカニズムのことである。**資料〔1-3〕**で福澤諭吉が「互いに競い争うて，それでもってちゃんと物価も決まれば金利も決まる」とすでに簡潔に指摘している。独禁法の中では（あるいは本書の中でも），この2つの意味が，同じ「競争」という用語の中で，どちらか一方の意味で用いられたり，並存して用いられたりしているので，注意が必要である。「競争者」や「競争関係」という場合には，前者の意味であり，「一定の取引分野における競争を実質的に制限すること」という場合には，後者の意味になり，「公正かつ自由な競争を促進」や「公正な競争を阻害するおそれ」では，2つの意味が並存している。

このように，競争は多義的であるので，結局，諸外国の独禁法制にも法文上に競争の定義規定をみない不確定概念であるのと同様に，わが国の独禁法も競争の完全な定義規定を持たないことになって，制定後の解釈・判例に委ねている。しかし，そのことは，競争がどのように解釈されてもよいことを意味しない。独禁法が守ろうとする競争の機能として期待されているものが，消費者・需要者がより有用な商品役務を適正に選択することが繰り返されることにより，社会の構成員のために努力が報われるチャンスを保障する公平性と有限の資源を有効に活用する効率性を達成する公共の秩序であることは，普遍的に理解しうることである。競争市場に比べ，独占市場では，高価格になり，かつ，少ない供給量となるので，独占利潤が生じ，消費者余剰は減少し，死重損失（第1章テーマ1(5)図1参照）が隠れて存在することになる。競争の機能は明らかであるが，それでも競争を定義しないのは，現代産業社会の中で，経済理論上の完全競争概念に依拠することが非現実的である以上，現実に存在しうるメカニズムとしての競争の質と量を考慮することを必要とし，一義的に定義できる事柄ではないからである。そのことは，第Ⅱ部における競争の実質的制限，第Ⅲ部

における公正競争阻害性，そして第Ⅳ部の競争制限的企業集中で順次検討することになる。

　独禁法が競争をメカニズムであり公共の秩序としてみていることは，競争を継続して機能していくものとみていることでもある。したがって，一時的に競争を制限することが一般消費者の利益になるようにみえても，競争を継続的に損なうことになるものであるとき，独禁法違反になることを免れないし，長期的にみて一般消費者の利益にもならない（**事例〔1-4〕参照**）。

(2) 競争を成り立たせる事業者の事業活動

　競争（事業者間の競い合い）は，事業者がそれぞれの事業活動を各自の意思決定に基づいて行い，かつ，競争相手の事業者がどのような意思決定を行うかを予測できないところに成立すると考えられている。囚人のジレンマの理論（第5章テーマ1(1)参照）が説明するように，競争相手が協調してくる場合でも，競争を仕掛けてくる場合でも，いずれの場合でも，競争することで対抗する方が最善の選択になるからであり，相手方もまた同様である。逆に，競争相手の出方に予測がつけば，ということはお互いに協調することで確信がもてれば，競争を回避することがお互いに最善の選択となる。

　したがって，独禁法では，事業者の間で人為的に情報の交換がなされて，相手方事業者の出方について確信がもてるようにすることについては，不当な取引制限に代表されるように重大な違反行為とみなしている。市場における価格等の競争のシグナルとなる情報は透明であるよりも不透明な方が競争は活発になるとみられる。透明であることは競争相手に速やかな対抗措置を可能とするから，競争を仕掛けてもあまり益のないことになる。例えば，競争相手の顧客に廉価を示しても，競争相手がそれをすぐに知りえて同じように廉価を示せば，顧客は動かないことになり，そのような無駄なことはしない方がよいことになって，活発な価格競争が抑制されてしまうことも考えられる。

事　例〔2-1〕　協和エクシオ審決取消請求事件

　米国空軍契約センターが発注する電気通信設備の運用保守業務について，日電

> インテク（X）と協和エクシオ（Y）を含む1級9社とでかぶと会を発足させ，後から加わった2社とともに，12社で入札談合を行ったことで課徴金納付審決を受けたYが，12社のうち9社は受注能力がなく，その間での合意は成立しないと主張したことに対し，「仮に客観的には本件基本合意が成立した時点においては，運用保守の業務を受注することができない状態にある業者がいたとしても，その思惑を当然には知り得ない他社としては，契約センター発注物件が金額も大きく，継続性もあり，仕事として相当魅力があると考えられていた状況にあり，このような状況のもとでは，そこに受注競争の発生の可能性があると認め，互いに，他社がその程度に差はあれ，単独で又は別の会社と協力して受注する能力を備えているかも知れないと予測して臨むほかないわけである。《証拠略》によれば，実際にも，1級9社が相次いで業者登録をしたことに対し，Xの側でも競争激化による受注価格の低下の危険を予想し，受注調整を図る必要があると考えていたことが認められる。また，原告の主張するとおり，実際には従前から受注していない会社は現場説明会に技術者を同行しない例が多かったとしても，それは当該物件に関する限り，その会社が受注意欲をもたなかったことを意味するにとどまるというべきであるし，一応入札説明会や現場説明会に顔を見せていることは，状況いかんで次の機会には受注意思を固めてくる可能性を示すものとも考えられ，そうであるからこそ，実際にも，受注意思の強い者，本件では多くの場合にXは，現場説明会等に参加した会員らに対し，常になんらかの形で意見の聴取を行い，その意向の打診を怠らなかったものと考えられる」。
>
> 〔東京高判平8・3・29審決集42巻424頁〕

　上記事例にみるように，ある時点で受注能力がない事業者であっても，いずれかの時点で受注能力を有するようになることは可能であり，そのことが予測できなければ，潜在的競争関係に立つ事業者の間でも，競争行動に出る選択をせざるをえないもので，逆にいえば，受注能力のないとされる事業者についても，いつ受注能力を有したかが分からないことがある以上，入札の都度，当該事業者の出方を確認して調整することには実際に競争制限効果がある。潜在的競争関係においても，それぞれ独立して意思決定が行われる状態があれば，有効な競争が期待できるもので，コンテスタブル・マーケット（contestable market）の理論（潜在的に新規参入の機会が容易な市場であれば，当該市場の独占的事業者も新規参入を阻止する程度に競争行動をせざるをえないとの考え方）に通じる。

(3) 競争に関する独禁法の射程

競争それ自体の過程は、顧客との取引機会が自らに向かうように事業者間で競い合うことであり、すなわち、取引機会が他の事業者でなく、自らに向かうようにすることである。言い換えれば、他の事業者の取引機会を排除し、自らが独占化する方向で努めることでもある。この競争過程を否定しては、競争自体が成り立たないことになる。したがって、公正で自由な競争に反しない事業活動の結果、他の事業者を退けて、独占的地位を築いた事業者について、当該独占的地位を濫用することがない限り、独禁法違反に問われることはない。押し付けられた独占の抗弁（"thrust-upon monopoly" defense）として引用される事柄である。正当な競争の結果で得られた地位まであらかじめ否定することは、事業者の競争意欲を減退させることになるからである。独禁法が独占という状態を禁止するのではなく、独占化という行為を禁止する法律であるといわれるゆえんであり、独禁法の射程が画されるところである。

独立の事業者の間で人為的に意思の連絡が図られて行われる行為が独禁法の射程を外れることはなく、独禁法の射程の内か外かが問題になるのは、専ら事業者が単独で行う行為についてである。それが通常の事業活動や競争手段と区別される不適切さを有する場合に、独禁法の射程内の事案となる。

事　例〔2-2〕 ニプロ事件

日本電気硝子（A）が製造するアンプル用生地管の販売業者であるニプロ（Y）が、生地管の輸入もするナイガイ（親会社でアンプル加工業者の内外硝子工業とともにナイガイグループと総称する）に販売価格の引上げや取引拒絶を行ったことを私的独占の排除行為に該当するとしたことについて、「生地管は我が国ではAのみが生産販売しており、Y〔被審人〕がAの代理店として、同生地管の西日本地区における独占的な供給者であり、また、アンプルの需要者である製薬会社はA製生地管の使用を望むものが多く、アンプル加工業者にとって、A製生地管を仕入れることが事業を継続する上で必要不可欠な状況において、Yの本件行為は、ナイガイグループの輸入生地管の取扱いの継続又は拡大を牽制し、これに対して制裁を加える目的で企図され、実行されたものであり、Yの本件行為がナイガイグループの事業の継続を困難にする蓋然性の高い行為であった〔中略〕。して

> みると、かかるYの本件行為は、唯一輸入生地管を原材料として相当量仕入れ、これを加工したアンプルの販路を有するナイガイグループはもとより、潜在的な輸入者又は輸入生地管の需要者となり得る他のアンプル加工業者に対しても、輸入生地管を取り扱うことを萎縮、抑制させる効果を有するものと認められ、かかる行為によって、Yの競争者である外国の生地管製造業者の事業活動を排除する蓋然性が極めて高く、その実効性を有するものである。〔中略〕Yの本件行為は、上記のとおり、西日本地区における生地管の供給市場において支配的地位(需要者であるアンプル加工業者にとってA製生地管の仕入れが必要不可欠である市場において当該生地管の供給を独占する地位)を占めるYが、ナイガイグループの行う生地管輸入の排除の意図・目的をもって、ナイガイグループの輸入生地管に係る事業活動を排除し、また、他のアンプル加工業者に輸入生地管を取り扱うことを萎縮させ、ひいてはYの競争者の事業活動を排除する蓋然性の極めて高いものであり、独占禁止法第2条第5項の『他の事業者の事業活動を排除する』行為に該当するものというべきである」。
>
> 〔公取委審判審決平18・6・5審決集53巻195頁〕

　販売価格の引上げや取引拒絶は通常の事業活動として行いうることであり、その元にある自己の販売価格決定の自由や取引先選択の自由は、競争を支える事業活動の自由でもある。したがって、その行為自体で独禁法の射程に入るものではなく、その行為に通常の事業活動と区別される不適切さが加わった場合に独禁法上の問題となる。上記事例の場合、Yが①生地管輸入に制裁を加える目的で、生地管輸入を排除する意図をもって行ったことと、②西日本地区における生地管の供給市場において支配的地位を有することから③生地管輸入の排除を実効性をもって行いうることが、不適切さを指摘する事情として挙げられている。

　なお、他の事業者と人為的に意思の連絡を図って行う共同の価格引上げや共同の取引拒絶は、それ自体で通常の事業活動とは区別される不適切さがあるもので、それだけで独禁法の射程に入ることになる。独禁法の射程に入るとは、競争制限効果を生じさせることになれば、独禁法違反に問われるおそれがある行為であるという意味で、逆に、独禁法の射程に入らないとは、競争制限効果を生じさせても、独禁法違反には問われない行為という意味である。共同行為

は独禁法の射程に入るが，独禁法違反に問われる可能性がありうるというだけであるから，特許プールに例をとれば，新規参入排除の方針をもった特許プールが独禁法違反となること（**事例〔4-1〕**参照）はあっても，競争制限的な内部規制や新規参入防止の方針のない特許プールが独禁法違反になるわけではない（パチスロ機特許プール事件＝東京地判平 14・6・25 判時 1819 号 137 頁，東京高判平 15・6・4 判例集未登載）。

　市場における競争メカニズムの意味の競争は，第 3 章テーマ 1 で検討することになる。

テーマ2　事業者と事業者団体

　独占禁止法は，事業者・事業者団体が競争制限行為を行うことを禁止する。事業者・事業者団体でなければ，独占禁止法を適用されないということでもある。事業者と事業者団体の概念は，独占禁止法の適用範囲を画定する。事業者とは事業を行う者である。現代経済社会で市場での競争を期待する事業と独占禁止法の対象としない分野は，どのように区分されるべきであろうか。

(1) 事業者

　事業者は，商品役務の販売および購入活動を行うことで，市場において競争する主体である。競争する主体が競争を制限する行為を行うとき，これらを規制することを独禁法は主たる任務としている。競争を制限する行為は，事業者でなくとも，例えば，国や地方公共団体が，立法や行政上の措置によって，政策的に参入を制限する制度を設けたり，事業活動に制約を加える措置をとることによっても可能である。しかし，競争制限的な立法や行政措置も独禁法の関心事（44 条 2 項に基づく公取委の国会への意見提出権，40 条に基づく公取委による公務所を含めた一般調査権限など）ではあるが，違反行為として規制される行為主体には，専ら事業者が措定される。したがって，事業者の概念は，独禁法の適用範囲を画定する機能をもつ。ただし，独禁法 2 条 1 項は，「事業者」とは，商業，工業，金融業その他の事業を行う者をいうと定義するから，正確には，

事業の概念が独禁法の適用範囲を画定する。

　事業とは，端的にいえば，競争の機能が発揮されることが少しでも期待される商品役務，いわゆる市場財（市場メカニズムが働く財で，公共財や外部経済・外部不経済と対置される概念。絶対的な概念ではなく，例えば，CO_2排出権取引のように内部化されれば，市場財となる）の取引交換活動を継続して行うことである。

事　例〔2-3〕　都立芝浦と畜場事件

　地方公共団体（都立と畜場の設置管理者としての東京都）が事業者に該当するかが論点となった事件（**事例**〔9-7〕）において，「〔と畜場法〕の趣旨とするところは，と畜場が公共的性格を有し，独占ないし寡占に陥り易い性格の業態であって，顧客保護の必要があるため，申請に係ると場料が高額に過ぎないか否かの判断を認可行政庁に委ねることとしたものであり，その限りで事業者の自由な価格決定は制限を受けることとなるが，と場料の認可額は個々のと畜場ごとに異なるばかりでなく，その額の設定及び変更の申請に当たり各事業者による自主的，裁量的判断の働く余地もあることは明らかである。また，独占禁止法2条1項は，事業者とは，商業，工業，金融業その他の事業を行う者をいうと規定しており，この事業はなんらかの経済的利益の供給に対応し反対給付を反覆継続して受ける経済活動を指し，その主体の法的性格は問うところではないから，地方公共団体も，同法の適用除外規定がない以上，かかる経済活動の主体たる関係において事業者に当たると解すべきである。したがって，地方公共団体がと場料を徴収してと畜場事業を経営する場合には，と畜場法による料金認可制度の下においても不当廉売規制を受けるものというべきである」。

〔最判平元・12・14民集43巻12号2078頁〕

　上記事例で，最高裁は，と畜場の利用料金についてと畜場ごとに異なり，各事業者の自主的，裁量的判断が働く余地もあるとして，競争が機能することが可能な分野であることを明らかにした後，と畜という役務と利用料金の取引交換活動を継続して行うことが事業に当たるという意味で，「なんらかの経済的利益の供給に対応し反対給付を反覆継続して受ける経済活動」と定義した。事業を行う者は，競争する者であり，地方公共団体も国（**事例**〔9-5〕お年玉付年賀葉書事件）も事業を行う限りで，独禁法上の事業者である。

事業は，営利事業である必要はなく，授業料等を収受して教育事業を行う学校も事業者であるが，反対給付を受けない慈善事業は含まれない。自然人も事業を行う者は事業者であり，医師，弁護士等の自由業も事業者であるが，消費者，労働者は事業を行う者に該当しない。

競争に参加すべきでないような反社会的・詐欺的な販売方法を専ら行う者も事業者に当たるか否かは，事業者ではないとすることが独禁法の適用を免れさせることにほかならないことから，社会的に公平であるか否かによって判断すべきで，そのような利益をかかる者に与えることは妥当とはいえない。独禁法には，公正・自由な競争秩序を維持する見地から不公正な取引方法を用いる者を競争の場である市場から排除する役割もあるからである。

事　例〔2-4〕豊田商事国家賠償請求大阪訴訟事件

　純金の取引について専ら詐欺的な販売方法を行った豊田商事（A）について，被害者が国（X）に国家賠償法に基づく賠償を請求した事件で，その事業者性が争点となったことについて，「Xは，独禁法及び景表法の規制の対象となる『事業者』は，反復継続して経済的利益の交換を行う者というだけでなく，公正且つ自由な競争の主体たりうる者，すなわち，事業内容が独禁法の目的である公正かつ自由な競争の促進を図る余地のあるものを行う者でなければならないところ，Aは，極めて，反社会性の強い違法不当な手段を用て一貫して虚業を営んでいたのであるから，およそ，独禁法等が予定する経済事業を行っていたものとは認められず，したがって，Aは独禁法等が規制の対象とする『事業者』に該当しない旨主張する。

　しかしながら，……独禁法等が公正かつ自由な競争秩序の維持を直接目的にしたのは，経済的な支配従属関係による不当な拘束を排除し，右のような関係から生まれる資本主義社会の弊害を除去することにあるから，『事業者』の意義や範囲を確定するに当たっては，専ら，競争秩序に影響を及ぼす経済的支配従属関係が生じうる経済的活動の主体であるかどうか，すなわち，反復継続して経済的利益の交換を行っているか否かを基準にすべきであって，その主体の法的性格はもとより，主観的な目的も問わないというべきである。

　そうすると，……Aは，金地金の裏付けがなく，また，契約どおりに償還することができないにもかかわらず，反社会的なセールストークを駆使して，これ

があるかのように装い，顧客に金銭を交付させる詐欺的商法を行っていたものであることが明らかであるが，……顧客との間で経済的利益の交換を行い，その経済活動が競争秩序に影響を及ぼす者である以上，独禁法及び景表法の規制対象である『事業者』に該当するというべきであって，Aの主観的目的を問題にするXの主張は，独自の見解であって採用できない」。

〔大阪高判平10・1・29審決集44巻555頁〕

　上記事例では，主観的目的を問わず，反復継続して経済的利益の交換を行っていれば事業を行う者であるとして，事業の内実まで踏み込んで，独禁法の適用の可否を判断しないことを明らかにしている。豊田商事事件については，東京地裁も，「専ら詐欺取引を行うなど公正かつ自由な競争の促進を図る余地のない取引活動を行う者は，独禁法及び景表法の適用対象である事業者には当たらないものといわざるを得ない」としつつも，「経済的利益の供給に対して，それに対応する経済的利益の反対給付を受ける行為を反復継続して行う形式をとっているから，少なくとも外形上は，独禁法及び景表法の事業者性の前提となる事業に該当するものということができる」として，Aが事業者であることを否定しなかった（豊田商事東京訴訟事件＝東京地判平4・4・22判時1431号72頁）。

(2) 事業者団体

　独禁法は，8条で事業者団体が競争に悪影響を与える行為を行うことを禁止する。事業者団体に対する規制は，複数の事業者が継続して集合する組織がもつことになる集団的存在や統制力を濫用する可能性に着目したものである。したがって，事業者団体に参加する構成事業者の事業活動上の力が結集する方向で組織された団体であるということが，独禁法の平面に現れる事業者団体の特質となる。事業者団体の定義規定（2条2項）では，この点を「『事業者としての共通の利益を増進することを主たる目的とする』2以上の事業者の結合体又はその連合体」と表現している。事業者としての共通の利益の増進を目的に含まない学術団体，社会事業団体，宗教団体等は事業者団体に当たらない。ただし，団体も事業を行う限りでは事業者となる（同条同項ただし書）。

構成事業者の力を結集する効果がある集団が組織されることに着目するのであるから，各事業者の役員や従業員が集まる団体についても，かかる効果をもつ場合には，独禁法の規制を受ける事業者団体となる。2条1項後段が「事業者の利益のためにする行為を行う役員，従業員，代理人その他の者は，次項〔事業者団体の定義〕又は第3章〔事業者団体の規制〕の規定の適用については，これを事業者とみなす」とするのは，実態に即してみるとの趣旨である。

事 例〔2-5〕 滋賀県薬剤師会事件

　医薬品販売業者の店舗で従事する薬剤師で構成する薬剤師会が事業者団体に該当することについて，「社団法人滋賀県薬剤師会（Y県薬剤師会）は，肩書地に事務所を置き，Y県の区域を地区とし，地区内に就業所又は住所を有する薬剤師を正会員とし，公衆の厚生福祉の増進に寄与するため，薬剤師の倫理及び学術的水準を高め，薬学及び薬業の進歩発達を図ることを目的として，昭和23年10月14日に設立された社団法人である。〔中略〕

　Y県内において医薬品の販売事業を営む薬局開設者等（薬事法（昭和35年法律第145号）第4条第1項に基づく薬局開設の許可を受けた者又は同法第26条第1項に基づく一般販売業の許可を受けた者をいう。以下同じ。）であって薬剤師でない者は，Y県薬剤師会の正会員資格が薬剤師に限られることから自らその正会員になることはできないところ，自己の医薬品の販売事業の円滑な運営を考慮して，そのほとんどは，自己の代表者若しくは役員の地位にある管理薬剤師又は自己が雇用する管理薬剤師をY県薬剤師会に加入させている。法人の薬局開設者等において代表者又は役員の地位にある管理薬剤師及び法人又は個人の薬局開設者等に雇用される管理薬剤師は，自ら業として医薬品の販売を行っているものではなく当該薬局開設者等の医薬品の販売事業に従事しているものであって，かつ，自らがY県薬剤師会の正会員であることにより受ける便宜を当該薬局開設者等の利益のために供している。〔中略〕

　前記……の事実によれば，〔個人で自ら業として医薬品の販売を行う薬局開設者等の管理薬剤師である〕正会員は，……独占禁止法第2条第1項前段に規定する事業者に該当し，〔薬局開設者等の代表者若しくは役員の地位にある管理薬剤師又は薬局開設者等に雇用される管理薬剤師である〕正会員は，業として医薬品の販売を行う法人又は個人である薬局開設者等の利益のためにする行為を行うものであり，同条第2項の適用については，同条第1項後段の規定により事業者とみなされる者である。

> よって，Y県薬剤師会は，……正会員である事業者の結合体であり，かつ，前記……の事実によれば，事業者としての共通の利益を増進することを主たる目的とするものであるから，独占禁止法第2条第2項に規定する事業者団体に該当する」。
>
> 〔公取委排除措置命令平19・6・18審決集54巻474頁〕

テーマ3　実体規定の構成要件

　独占禁止法に違反する競争制限行為の構成要件は，不当な取引制限に例をとれば，①〔行為主体〕事業者が他の事業者と共同して，②〔行為要件〕相互にその事業活動を拘束し，または遂行することにより，③〔弊害要件〕公共の利益に反して，一定の取引分野における競争を実質的に制限することと組み立てられる。各構成要件は，それぞれどのような関係にあるのだろうか。

(1)　構成要件の組立て

　〔弊害要件〕競争制限効果（有効な競争が存在することとは逆に，市場において競争メカニズムを機能させなくする市場支配力を有する事業者または事業者集団が存在すること）をもたらすことを複数の構成要件で組み立てると，①〔行為主体〕競争制限できる力を有する事業者または事業者集団（単独行為または共同行為）が，②〔行為要件〕競い合うにあたって(a)他の事業者の事業活動を妨害したり，(b)相互に事業活動を同調させることにより，③〔弊害要件〕を生じさせることとなる。これを，(a)と(b)の行為要件から弊害要件への因果関係の態様に着目して，「競争排除型」「競争回避型」あるいは「(市場)閉鎖型市場支配」「(市場)統合型市場支配」という表現を参考にしながら，考えてみよう。

(2)　行　為　主　体

　独禁法違反行為を行う行為者として規定されているのは，事業者または事業者団体である（例外として，企業結合規制〔第4章〕において，役員兼任の制限〔13条〕や会社以外の者の株式保有の制限〔14条〕で，事業者以外の自然人が行為者になり

うる規定がある）。ただし，精密に考えると，事業者であるからといって，無条件に独禁法違反行為の行為主体に措定できるわけではない。違反行為類型ごとに，当該違反行為を行いうる地位または力が必要であり，その地位または力を備えることになる者が違反行為の行為主体となる。

その意味で，事業者団体は，複数の事業者の力が集結した組織であるから，それ自体，違反行為を行う力を備えていることになる。したがって，特に考察が必要なのは，事業者についてである。

私的独占では，「事業者が，単独に，又は他の事業者と結合し，若しくは通謀し，その他いかなる方法をもつてするかを問わず」（2条5項）とあるように，単独でリードしうる地位にあるか，あるいは他の事業者を協力させて同様の力を形成した事業者が行為主体となる。排除型私的独占ガイドラインでは，行為開始後において行為主体となる事業者のシェアが50％超となる事案について，公取委は優先的に審査を行うことを明らかにしている。

不当な取引制限では，「事業者が，契約，協定その他何らの名義をもつてするかを問わず，他の事業者と共同して」（2条6項）とあるように，他の事業者と人為的に意思の連絡をすることにより力を付加した事業者が行為主体となる。

不公正な取引方法では，「競争者と共同し」（2条9項1号・共同の供給拒絶）た事業者や「自己の取引上の地位が相手方に優越している」（2条9項5号・取引上の優越的地位の濫用）事業者，さらには，市場における有力な事業者（「シェアが20％を超えることが一応の目安となる」流通・取引慣行ガイドライン）などが行為主体となる。

事　例〔2-6〕　石油価格カルテル刑事事件

1974年2月に刑事告発された石油元売り会社による石油製品の価格協定事件について，「業界における石油製品の値上げの協議は，昭和46年4月の値上げの際は営業委員会において行なつたが，その協議について公正取引委員会の審査を受けたことにかんがみ，昭和47年4月の値上げのときからは，営業委員長主宰の下に，価格問題の話合いに参加しないことになつたエッソ・スタンダード石油（株）及びモービル石油（株）を除く全元売り会社，すなわち被告会社らの営業委員ら各社の代表が集つて行なうことにした」。

〔東京高判昭 55・9・26 高刑集 33 巻 5 号 511 頁〕

　上記事例は，不当な取引制限に該当する事件である。石油元売り各社は，会合を重ねて，他社と人為的に意思の連絡をとりあっている。法文上「他の事業者と共同して」と表現される事柄であるが，「共同して」は，行為主体と行為要件の双方にかかる。行為要件としては，意思の連絡を図った結果が合意まで達することであり，行為主体としては，他の事業者と連絡をとりあったことが当該事業者について，他の事業者とともに違法な競争制限行為を行った者として刑責を問われる行為主体となる。逆に，会合に参加しなかった 2 社は，他の事業者と意思の連絡をとっていない者であり，その後，会合に参加した事業者の行動をみながら，事実上共通の認識をもって同様の値上げを図ったとしても，そこに参加事業者と連絡をとる行為が新たに見られない限り，当該不当な取引制限の行為主体とされることはない。

(3) 行為要件

　独禁法では，市場における競争は各事業者が自由な事業活動を展開して，競い合うことから生じると考えている。競い合おうとするかしないかは，個々の事業者の自由であるにしても，個々の事業者の事業活動に関する意思決定を自由にしておけば，すなわち，自己のリスクで自律的に判断できるようにしておけば，競争的に事業活動を遂行するようになるものと期待されている。したがって，行為主体となる事業者は，自他の事業活動を制約することを手段・方法として，市場における競争を制限する。この手段となるところが直接行われる行為であり，行為要件と称されるゆえんであり，市場における競争を制限する原因でもある。

　私的独占では「他の事業者の事業活動を排除し，又は支配すること」（2 条 5 項）が，不当な取引制限では「他の事業者と共同して……相互にその事業活動を拘束し，又は遂行すること」（2 条 6 項）が，それぞれ行為要件にあたる。不公正な取引方法では，他の事業者の事業活動を制約しそうなあるいは悪影響を与えそうな行為類型が列挙されて，それぞれが行為要件に相当する。行為要件

で見るべきことは，行為主体となる事業者が何らかの人為的作用を行い，それが事業活動の排除，支配，拘束等に相当する程度に，そして，弊害要件である競争制限効果や公正競争阻害性に至る程度に，自他の事業活動を制約したかどうかで，そのことが各違反行為の行為要件の解釈として論じられることになる。

例えば，不当な取引制限の行為要件である事業活動の相互拘束については，事業活動を制約するレベルが意思の連絡によりお互いに同調することにそれぞれ確信をもつまでに高まったものをいい，合意あるいは協定というべきものになる（事例〔5-7〕参照）。

制約される事業活動は，価格行動について同調することであり，上記事例では「石油製品価格を各社いっせいに一定の幅で引き上げる」ことであり，確信は「その内容の実施に向けて努力する意思をもち，かつ，他の被告会社もこれに従うものと考え」たことと認定した。確信をもつに至れば行為要件を充足するに十分であり，言い換えれば，その後の石油製品市場における競争を制限する効果をもたらす手段・原因となるに十分であり，それ以上に裏切りを防止するなどの定めを必要とするものではない。

(4) 弊害要件

弊害要件（対市場効果要件，効果要件，違法要件などと同じ意味）として規定される事柄は，行為主体のもつ地位または力とともに，行為要件に該当する事業活動に影響を与える人為的作用が原因となって，競争メカニズムとしての競争に悪影響を与える弊害効果である。この対市場効果あるいは対競争秩序効果を，独占禁止法は，「一定の取引分野における競争を実質的に制限する」とか「公正な競争を阻害するおそれがある」などと表現している。行為要件と弊害要件の間の因果関係をこれまで引用してきた石油価格カルテル事件に関係する判決でみてみることにする。

事 例〔2-7〕 石油価格カルテル刑事事件

① 「独禁法第2条第6項所定の拘束力ある共同行為は本来競争制限的効果をもつものであるところ，同規定は，不当な取引制限の成立要件としての共同行為

を『一定の取引分野における競争を実質的に制限する』内容のものに限定したものであり，換言すれば，公共の利益に反して，一定の取引分野における競争を実質的に制限する内容の拘束力ある共同行為が行なわれれば，直ちに不当な取引制限が成立することを規定しているものであつて，不当な取引制限の罪は，共同行為によつてもたらされる競争の実質的制限の外部的表現である共同行為の内容の実施をその成立要件とするものではないと解するのを相当とする」。

〔石油価格カルテル刑事事件＝東京高判昭55・9・26高刑集33巻5号511頁〕

② 「前記罰則は『一定の取引分野における競争を実質的に制限する』ことを構成要件としているが，この行為は，具体的態様としては前述のとおり事業活動を拘束する行為（本件では原油処理量の制限行為）によつて行なわれる。したがつて，一定の取引分野における競争の実質的制限は，右具体的行為との関係においては結果であるが，その結果は，いわば右具体的行為自体に包蔵され，その拘束力の発生により直ちに生ずる性質のものである。その意味で，これを効果ということもできる。

このように事業活動を拘束する行為のもつ効果としての競争の実質的制限とは，一定の取引分野における競争を全体として見て，その取引分野における有効な競争を期待することがほとんど不可能な状態をもたらすことをいうものと解するのが相当である。

石油製品の市場においては，石油業法による規制及び同法の運用として又は同法を背景として行なわれる行政指導等により既に広汎な競争制限措置がとられていたことは前記認定〔略〕のとおりであるが，その制限の下でなお有効な競争が行なわれていたものと認められる。本件各行為が，このような状態にある前記取引分野において，元売業者間における一般内需用各石油製品の販売競争の競争機能を減退させ，右の意味においてその競争を実質的に制限したものであることは，既に認定した〔略〕とおりである」。

〔石油連盟生産調整刑事事件＝東京高判昭55・9・26高刑集33巻5号359頁〕

③ 「事業者が他の事業者と共同して対価を協議・決定する等相互にその事業活動を拘束すべき合意をした場合において，右合意により，公共の利益に反して，一定の取引分野における競争が実質的に制限されたものと認められるときは，独禁法89条1項1号の罪は直ちに既遂に達し，右決定された内容が各事業者によつて実施に移されることや決定された実施時期が現実に到来することなどは，同罪の成立に必要でないと解すべきである」。

〔石油価格カルテル刑事事件＝最判昭59・2・24刑集38巻4号1287頁〕

不当な取引制限の行為要件である相互拘束は，事業活動を同調して遂行することの合意であるから，事業活動を同調して遂行するという実施行為があって，市場における競争を制限する対市場効果が現実化することになる。しかし，上記事例では，まず①においては実施行為を外部的表現として，それがなくとも，共同行為と表現している合意それ自体から市場における競争制限効果を認定できるとする。次に②においては，かかる因果関係を「一定の取引分野における競争の実質的制限は，右具体的行為との関係においては結果であるが，その結果は，いわば右具体的行為自体に包蔵され，その拘束力の発生により直ちに生ずる性質のものである。その意味で，これを効果ということもできる」とより直截な書き表し方をしている。③は，最高裁もこの考え方を是認したことを表すものである。

ただし，上記の事例は，価格制限カルテルや数量制限カルテルのように最も競争制限効果の強い行為類型について論じられたもので，行為要件に該当する行為があれば，それ自体から直ちに弊害要件に該当する対市場効果も認定できるとすることは，すべての行為類型に一般化できない。市場構造や対象商品の性質等のいかんによって，同じ行為が行われても有意な対市場効果が出現するか否かが左右されるような行為類型もあるからである。単純な例を挙げると，規格統一カルテルが行われた場合，規格統一の内容によって，商品の互換性を向上させて競争促進効果が認められるものと，新機軸の商品の出現を抑止する競争制限効果が認められるものとがあり，規格統一を合意したことそれ自体に競争制限効果が包蔵されているとはいい難い。米国反トラスト法における当然違法（per se illegal）と合理の原則（rule of reason）の考え方に通じる事柄である。

弊害要件は，競争という公的秩序への侵害効果であり，それが認められて違法行為が成立するということは，独禁法および公正取引委員会という行政庁が事業者や事業者団体の活動に介入する根拠でもある。弊害要件をどのように解釈し，また，それに応じて行為主体と行為要件をどのように解釈するかは，独禁法による規制レベルを決定することである。その規制レベルは，緩すぎてもよくなく（過少規制, false negative），厳し過ぎてもかえって角を矯めて牛を殺すことになりかねない（過剰規制, false positive）。それぞれをどのように考えていくべきかについても，第Ⅱ部以降で順次検討することになる。

テーマ4 正当化事由と適用除外

> 現代経済社会の中で，事業者は，より優れた商品役務の供給をめぐって競争する一方で，例えば，新しい研究開発をしたり，環境や安全を損なう商品を防止したりするために協調する。競争が必要な分野と協調が必要な分野を区別することができるだろうか。競争よりも協調が優先する例外的な場合に，独占禁止法制は，正当化事由と適用除外をどのように位置付けているか。

(1) 正当化事由

　独禁法の違反行為は，①〔行為主体〕事業者が，②〔行為要件〕自他の自由な事業活動を制約し，③〔弊害要件〕市場で期待される競争にそれによって悪影響を与えるときに，これを禁止することで組み立てられている。この構成に例外が考えられれば，形式的に違反行為の構成要件に該当しても，かかる行為が実質的には禁止すべきものではないとして，違反行為として問われることはないことになる。正当化事由（違法性阻却事由）の存否の問題である。

　正当化事由としてありうる第1のパターンは，事業者のある行為により，一部で競争制限効果が生じても，全体としてはより大きな競争促進効果が生じる場合，あるいは短期的に競争制限効果のおそれがあっても，長期的にはより大きな競争促進効果が期待できる場合などには，比較衡量して，競争を制限することにはならないとするものである。例えば，大企業に対抗して複数の小企業が共同生産事業を始め，その製品の販売価格が結果として同じになっても，共同生産事業が大企業に対する有効な競争単位を創ることで，競争促進的と評価されるもので，小企業側の販売価格が統一されても付随的制限（ancillary restraint）として許容されよう。また，投資費用がかさみ1社ではリスクも大きい研究開発について，複数の競争事業者が共同して研究開発を行った場合，競争制限効果を少なくし，将来的に競争促進効果が増進する方法で行われるとき，競争促進的と評価して，違法な共同行為としないことがむしろ事業者の創意の発揮と事業活動を盛んにすると考えることができる。

　第2のパターンは，事業者のある行為により，競争制限効果が生じることとなっても，期待される競争を制限したものではなく，保護に値しない競争を制

限したものであるから，独禁法違反行為には当たらないというものである。期待されない競争とは，環境問題を悪化させたり，安全を損なったり，法禁の商品役務を扱ったりする競争である。このような競争を制限して，社会秩序の維持に役立つことは，違法としない考え方は可能であるが，そのような名目で偽装した競争制限行為が行われることのないようにすることは当然であるとともに，競争制限的な弊害が上回ることのないように注意が必要である。

第1のパターン（内部的考慮）と第2のパターン（外部的考慮）の考え方は，第Ⅱ部以降の各違反行為類型の違法性や反公益性の判断のところで，さらに具体的に考察することになる。

(2) 適 用 除 外

日本の独禁法制には，カルテルの禁止規定がありながら，1950年代に企業経営を安定させるとの産業保護目的で競争を回避させるべく，当該産業の所管大臣が認可する適用除外カルテル制度をもつ個別事業法が制定された経緯があるほか，独禁法自体にも公取委の認可に係る適用除外カルテル制度である不況カルテル（旧24条の3）と合理化カルテル（旧24条の4）があった（いずれも1999年廃止）。このような適用除外カルテルの件数は，産業所管大臣から公取委に同意を求め，または協議・通知がなされたものを含めて，1965年度末に最多の1079件に上った。その後，わが国経済の発展とともに，適用除外制度が限界企業の温存と市場の閉鎖性をもたらし，産業の活力をかえって弱めるとの認識と国際的批判から，制度自体も，2度にわたる「私的独占の禁止及び公正取引の確保に関する法律の適用除外制度の整理等に関する法律」の成立（1997年，1999年施行）もあって，1995年度末で30法律89制度あった適用除外制度は，現在17法律24制度まで縮減され，適用除外カルテルの件数も48件（2016年3月）に減少した。独禁法に基づく3制度（知的財産権の行使，小規模事業者等の組合の行為，著作物の再販売価格維持契約）以外の個別法16法律に基づく21制度は，次表**資料〔2-8〕**のとおりである。

資料〔2-8〕 適用除外法令一覧

所管官庁	法律名	制度名
金融庁	保険業法 損害保険料率算出団体に関する法律	保険カルテル 基準料率の算出（自賠責・地震）
法務省	会社更生法	更生会社の株式取得
財務省	酒税の保全及び酒類業組合等に関する法律	合理化カルテル
文部科学省	著作権法	商業用レコードの二次使用料等に関する取決め
厚生労働省	生活衛生関係営業の運営の適正化及び振興に関する法律	過度競争防止カルテル
農林水産省	農業協同組合法	農業協同組合中央会が行う一定の事業 農事組合法人が行う一定の事業
経済産業省	輸出入取引法 中小企業団体の組織に関する法律 中小企業等協同組合法	輸出カルテル 共同経済事業 中小企業団体中央会が行う一定の事業
国土交通省	海上運送法 道路運送法 航空法 内航海運組合法 特定地域及び準特定地域における一般乗用旅客自動車運送事業の適正化及び活性化に関する特別措置法	海運カルテル（内航・外航） 運輸カルテル 航空カルテル（国内・国際） 内航海運カルテル 共同海運事業 供給輸送力削減カルテル
公正取引委員会	消費税の円滑かつ適正な転嫁の確保のための消費税の転嫁を阻害する行為の是正等に関する特別措置法	転嫁カルテル 表示カルテル

〔平成27年度公取委年次報告書269頁・270頁から。2016年3月末現在〕

　外航海運の適用除外制度に適合させていない運賃カルテルを，外国の船舶運航事業者を含むわが国の船舶運航事業者が北米航路や欧州航路について実施したことが，公取委の排除措置命令（平26・3・18審決集60巻第1分冊413頁・417頁）を受けたように，経済実態の変化に応じた適用除外制度の見直しは，常に必要とされる。

第 II 部
私的独占・不当な取引制限の禁止，事業者団体の違反行為

 3条は，私的独占と不当な取引制限の禁止を定めている。1つの条文で2つの行為を禁止しているので，私的独占の禁止は3条前段，不当な取引制限の禁止は3条後段，と条文を読み分けている。2条に，それぞれの定義規定がある。私的独占は2条5項，不当な取引制限は2条6項に定義されている。

 独禁法により事業者の行為を禁止するためには，その行為が，法の定めた要件を充足する必要がある。独禁法では，大きく分けると，行為要件と弊害要件により，禁止対象となる行為を定めている。

 弊害要件は，個別具体的に行われた行為が，どの程度，競争に対して悪影響を与えるものか，独禁法で禁止すべき水準の違法性を有する行為であるか，といった実質的な観点から判断する要件である。2条5項と6項では共通の弊害要件として，「一定の取引分野における競争を実質的に制限する」という文言で要件が示されている。第3章では，両方に共通する弊害要件として，どのような考え方が背景にあり，どこに着目すべきか，について取り上げる（19条で禁止され2条9項で定義される不公正な取引方法については，「公正な競争を阻害するおそれ」という弊害要件が定められている。これについては，第8章参照）。同じ「競争の実質的制限」という効果が生じるとしても，どのような行為によって，それが生じるか，どのような形で生じるか，は異なってくる。具体的な事例における弊害要件の分析については，第4章で私的独占，第5章で不当な取引制限についてそれぞれ取り上げる。

 行為要件は，その行為の外形にかかる要件である。2条5項（私的独占）では，他の事業者に対する「支配」または「排除」する行為，2条6項（不当な取引制限）では，行為者間で「共同して」「相互に」「拘束」する行為など，禁止対象となる行為を選別するために必要な特徴を，ある程度形式的に示す諸要件がそれぞれ定められている。私的独占と不当な取引制限の違いは，独禁法起草者の解説によると，「強者による弱者の支配が，私的独占の特徴」であるのに対して，不当な取引制限の場合は，「加盟事業者の地位は，支配と従属の関係ではなく，対等の相互関係である」（石井良三『獨占禁止法』（海口書店，1947））とされた。行為要件は，このような理解の下に，それぞれ定められたものと考えられる。後の通説的見解では，私的独占を競争制圧的行為，不当な取引制限を競争回避的行為として整理された。とはいえ，私的独占と不当な取引制限は，弊害要件が共通しており，両方の行為要件を同時に満たす事例もないわけではないことから，その守備範囲が一部重なることもある。実際に，公取委による初期の事件処理では，両方が適用された事例があった。もっとも，近年では，よりふさわしい方だけを1つ選択して適用

しているようである。

　母法である米国反トラスト法では、独占化行為（シャーマン法2条）と共同行為（同1条）があり、これが独禁法における私的独占と不当な取引制限のモデルとされた。シャーマン法1条の共同行為は、競争者間の水平的制限だけでなく、取引先との合意による垂直的制限も適用対象としている。EU競争法（EU機能条約102条および101条）においても、ほぼ同様の体系となっている。他方、独禁法においては、判例により、3条後段は「競争者間」の水平的制限に限定して適用できるものとし、公取委もこの判例に従った運用をしてきた（詳しくは、第5章参照）。このように、国際的に比較してみると、日本の独禁法の体系は独自の変貌を遂げている。また、不公正な取引方法の禁止（19条）の規定の存在も、体系の独自性を示している。しかし、各国とも、公正かつ自由な競争の維持・促進という同様の価値観の下に解釈・運用されており、ほぼ同様の行為が規制対象となっているものと考えられ、比較研究の対象となっている。

　8条は事業者団体に対する規制である。8条1号は、私的独占（3条前段・2条5項）および不当な取引制限（3条後段・2条6項）と共通する弊害要件を定めている。行為要件は定められておらず、事業者団体による行為であることだけである。事業者団体が、私的独占または不当な取引制限と同様の効果を持つ行為を行った場合に適用される。過去の事例は、不当な取引制限の類型の行為がほとんどである。8条5号は、不公正な取引方法（19条・2条9項）に該当する行為をさせることを禁じている。8条3号と4号は、事業者団体に対する特別の規制である。これらについては、まとめて第6章で扱う。

　3条前段・後段、8条1号に違反する行為は、刑事罰の対象となる可能性がある（89条・95条・95条の2・95条の3）。「一定の取引分野における競争を実質的に制限する」行為が、「公正な競争を阻害するおそれ」のある行為（19条・8条5号）よりも違法性が強い行為として位置づけられていることがわかる（刑事罰については、第17章参照）。

　不当な取引制限または不公正な取引方法を内容とする国際的協定または国際的契約は、事業者の場合には6条、事業者団体の場合には8条2号により禁止される（第24章参照）。

第3章

競争の実質的制限，反公益性

テーマ1　一定の取引分野における競争の実質的制限

　独禁法により禁止するための弊害要件として，「一定の取引分野における競争を実質的に制限する」という要件が定められている。「一定の取引分野」とは何だろうか。「競争を実質的に制限する」とは，どのような状態をいうのであろうか。そして，なぜ，このような弊害要件を定めたのであろうか。

(1)　一定の取引分野

　私的独占の禁止（3条前段・2条5項），不当な取引制限の禁止（3条後段・2条6項），事業者団体規制（8条1号）には，一定の取引分野における競争を実質的に制限する，という要件がある。また，企業結合規制（10条・13条～16条）には，一定の取引分野における競争を実質的に制限することとなる，との要件がある。単なる「競争」ではなく，「一定の取引分野における競争」という表現を用いている。ここにいう「一定の取引分野」とは，競争が行われる場のことであり，一定の需要者群と一定の供給者群とが自由な競争により商品・役務の取引をする場，すなわち「市場」を意味する，と考えられている。常に「市場」と「一定の取引分野」を同一と考えるべきかについては，学問的には疑問がなくはないが，実際上ほぼ一致すると考えられ，「一定の取引分野」と「市場」は，ほぼ同義で用いられている。
　一定の取引分野の範囲を決めることを，市場画定という。なぜ市場画定をすることが必要か，というと，行為者の行為により競争が制限されるかどうかを分析・評価し，判断するためである。

> **資　料〔3-1〕　企業結合ガイドライン・第2・1**
>
> 「一定の取引分野は，……競争が制限されることとなるか否かを判断するための範囲を示すものであり，一定の取引の対象となる商品の範囲（役務を含む。以下同じ。），取引の地域の範囲（以下「地理的範囲」という。）等に関して，基本的には，需要者にとっての代替性という観点から判断される。また，必要に応じて供給者にとっての代替性という観点も考慮される」。

　一定の取引分野（市場）は，商品の範囲（商品市場）と地理的範囲（地理的市場）により画定される。市場は，競争者らが競争する場であり，取引相手をお互いに奪いあって競争している場である。取引相手すなわち需要者の視点から，どの商品なら代替的に許容できる範囲と見ているか，どのくらい遠くでなら買いに行ってもよいと考えているか，というのが競争者の範囲となり，それが市場の範囲でもある。

　商品市場も地理的市場も自明のものではない。例えば，軽自動車はそれだけで1つの市場か，それとも軽自動車と普通自動車を含めた乗用車市場を見るべきか，さらにはトラック等も含めた自動車市場を画定するべきか。同様に，カップラーメンとカップ焼きそば，カップ麺と袋麺，あんパンとカレーパンとサンドイッチとおにぎり，1個70円のアイスクリームと1個300円のアイスクリーム，100円の化粧品と1万円の化粧品，麦芽100％のビールとリキュール類の第3のビール，DVD-RとDVD-RWなど，同じ1つの市場に含まれるのか，それとも，それぞれが別個の市場を構成するのか，判断に困る例は多くある。

　需要者にとっての代替性という観点から判断されるが，どのような需要者を想定するかによっても異なってくる。仮にインスタントラーメンを商品市場として，仕入れを行うスーパーなどの流通業者が需要者である場合には，全国各地のインスタントラーメンの製造業者が取引相手の候補となり，地理的市場は日本全国になるだろう。他方，一般消費者が需要者である場合には，それぞれの居住地域の店のうちから買うだろうから，地理的市場はその生活圏が地理的市場になるだろう。

地理的な範囲は，商品の特性によっても異なる。重量が重く輸送費用がかかるような商品は，遠方から購入するには費用がかさむので選択肢になりにくく，地理的市場は狭く画定される。また，生コンクリートのように一定時間経過すると固まってしまうとか，生鮮品のように劣化が早いとかいう場合も，地理的市場は狭く画定されるだろう。

　問題となる行為の類型や立場によっても，一定の取引分野（市場）の画定の仕方が異なる。例えば，典型的なカルテルや談合のような事例では，すでに行為が実行された後であれば，行為者らが取決めを行っている範囲やその影響を受ける範囲が，一定の取引分野（市場）であると見て取れる（後出**事例〔5-4〕**社会保険庁シール談合刑事事件判決）。他方，合併や株式保有のような企業結合の事例では，結合の前に審査を行うので，結合後に競争に対して影響が生じそうな市場の候補をいくつも想定して検討する必要があるだろう。その際，違反行為を追及する側は，行為者の市場シェアが大きくなるように狭い市場を画定するよう主張するだろうし，逆に，行為者の側は，市場シェアが小さくなるように広い市場を画定するよう主張するだろう。特に企業結合審査において市場画定が重要であり，客観的な市場画定の手法が必要とされる理由である。市場画定の手法として現在ポピュラーになっているのは，企業結合ガイドラインでも採用されている仮想的独占者テスト（SSNIP 基準）と呼ばれる手法である（詳しくは，第 14 章テーマ 2 参照）。理論的な市場画定の手法を用いつつ，実際に競争が行われている市場の実態を把握し，一定の取引分野（市場）の範囲を画定することになる。

(2) 競争の実質的制限

　一定の取引分野（市場）における競争を実質的に制限する，とは，どういう意味だろうか。判例は，以下のように述べている。

事　例〔3-2〕　東宝・スバル事件

　一定の取引分野における競争の実質的制限とは，「競争自体が減少して，特定の事業者または事業者集団がその意思で，ある程度自由に，価格，品質，数量，

その他各般の条件を左右することによつて，市場を支配することができる形態が現われているか，または少くとも現われようとする程度に至つている状態をいう」。

〔東京高判昭26・9・19 高民集4巻14号497頁〕

　判例の定義について，若干の説明を加える。
　一定の取引分野における競争の実質的制限とは「競争自体が減少」することである，というのは，市場の競争が制限されていれば事業者間の競争も減っている，ということだとイメージしやすいだろう。では，事業者間の競争が減少していれば市場の競争を制限したことになる，といえるだろうか。これは，必ずしもそうであるとはいえない。寡占化の進行など，行為者が市場競争を制限しなくても，事業者間の競争が減少することはありうる。そこで，これに続く部分が付け加わる。
　「特定の事業者または事業者集団が」という部分は，ここでは違反を疑われている行為者を指す。その行為者が「市場を支配することができる」状態を作り出していることを，競争を制限する行為としている。すなわち，市場の機能とは需要と供給を自動的に調整し価格と数量を決めることである，市場が機能するには競争が必要である，市場における競争を制限したら市場の機能が抑制される，価格と数量を市場ではなく行為者が決められるなら競争を制限したといえる。そして，競争の「実質的」制限という文言からも，形式的には制限しているがおよそ実効性のないような制限は適用対象から除外される，という意味で，認識しうる程度の悪影響が市場競争に生じていることが要求される。その意味からも，市場メカニズムが機能した結果ではなく，行為者が支配して価格・数量等を決めていることが見て取れれば，競争を「実質的」に制限したといえる。
　以上のような考えから，判例は，「ある程度自由に，価格，品質，数量，その他各般の条件を左右することによって」という，行為者が，人為的に，価格等を左右する，という説明を加え，市場を支配することができる状態を示している。近年の最高裁判決においても，「『一定の取引分野における競争を実質的に制限する』とは，当該取引に係る市場が有する競争機能を損なうことをい」

う, と述べられており, 市場の機能に着目して理解されている (後出**事例**〔5-8〕多摩談合事件)。

「市場を支配する」というと, 完全に思うがままに価格等を決められる状態を意味するかのような錯覚があるかもしれないが, 「ある程度自由に……左右する」という程度でも「市場を支配する」ことになる。「支配」は「コントロール」, すなわち, 価格を上げる方向に動かしたいと思えば, 程度はともかく動かすことができる, という意味である。それが可能となるための条件については, 後出(4)(5)を参照。

なお, 上記では, 価格と数量に限定して説明しているが, 実際の競争は価格と数量だけをめぐって行われるわけではない。たしかに, 需要曲線と供給曲線のグラフ (第1章テーマ1(5)参照) の縦軸は価格で, 横軸は数量になっていた。経済学では単純化されたモデルを用いるので, そこでは価格と数量がわかりやすい指標として用いられるが, 現実の市場においては多様な指標がありうる。上記**事例**〔3-2〕東宝・スバル事件においては, 品質やその他の要素を忘れずに加えた定義になっている。

(3) 競争の制限を規制する理由

競争は, 市場メカニズムが機能するために不可欠な要素であり, 市場において競争が行われることで市場メカニズムが機能する。市場メカニズムとは, 需要と供給を自動的に調整する機能である。この市場の自動調節作用により, 市場で取引される商品の価格と数量が決定される。そして, 市場メカニズムが健全に機能することにより決定された価格と数量が, 社会にとって最適な価格と数量である。

このような市場と競争に対する評価は, どこからもたらされたものだろうか。歴史的な経験や思想, 政治体制など, さまざまな要因があるだろうが, 初歩的な経済学でも, 競争がある状況 (完全競争) と競争がない状況 (独占) とを比較することで, 競争がない市場よりも, 競争がある市場の方が, 社会的な利益が大きいことを示すことができる (第1章テーマ1(5)参照)。ここでは, 数式やグラフを用いた証明はせず, 経済学で証明されていることを前提に, 競争がある状況 (完全競争) と競争がない状況 (独占) とでは何が違うのか, を比較して説

明する。

まず，前提となる条件を単純なものに設定することで，比較対象の違いを浮き彫りにすることができる。

共通の前提条件は以下の5つである。
① 均質な商品である。
② 消費者の好みと価値観は所与のものである（需要曲線はシフトしない）。
③ 数量増加＝価格低下，数量減少＝価格上昇，という価格と数量が連動する関係がある（通常の右下がりの需要曲線）。
④ 生産者は自己の利益の最大化を目指し合理的に行動する。
⑤ コスト構造が大きく変わるような技術革新や規模の経済性はないものとする（供給曲線もシフトしない）。

それでは，競争がある状況（完全競争）と競争がない状況（独占）を比較する。次の(a)〜(g)はそれぞれ対応するので，両者を比較してもらいたい。

競争がある市場（完全競争）	競争がない市場（独占）
(a) 小規模多数の生産者。	(a) 1社で市場の数量の100%を供給。
(b) 個々の生産者の生産能力は小さく，市場の価格・数量に影響を与えない。	(b) 自己の生産量＝市場全体の供給量なので，市場の数量と価格を動かせる。
(c) 市場価格を所与のものとして，自己の費用と価格を比べて生産量を決定する。	(c) 生産量（市場の供給量）を調節し，価格も動かし，自己の利益を最大化する。
(d) 市場の需要と供給のバランスがとれる点（市場均衡点）で価格と数量が決まる。	(d) 市場均衡点よりも，供給量を減少させ，価格を上昇させると利益が最大になる。
(e) 生産者の利益は，市場価格から自己の費用を引いた差額の合計。	(e) 数量は減るが価格が上がり，生産者の利益の増加がある。
(f) 消費者の利益は，支払ってもよいと思った価格から市場価格を引いた差額の合計。	(f) 購入した人には価格が上がることによる損失が，価格が上がったために購入できなかった人には供給を受けられなかった損失が生じる。
(g) 社会全体の利益は，生産者の利益と消費者の利益を合計したもの。	(g) 社会全体の利益は，市場に供給される数量が減ったことにより減少する。

以上のように，条件を揃えて，競争がある市場（完全競争）と競争がない市場（独占）とを比較してわかることは，競争がある市場（完全競争）の方が，(f)

消費者の利益も(g)社会全体の利益も大きい，ということである。したがって，競争を制限して，競争がない状況（独占）にする行為，あるいは競争がない状況（独占）に近づける行為は，消費者の利益を減少させるだけでなく，社会全体の利益を失わせる効果（死重損失）があるため，社会全体としてみても望ましくなく，禁止すべきである，ということになる（第1章テーマ1(5)参照）。なお，経済学でグラフを使うのは，競争がない市場（独占）の(d)の証明である。独占事業者の利益を最大化させるポイントはどこか，どの程度その生産量を減らして価格を上昇させるのが最適か，を示すものである。しかし，ここでは，常識的な感覚として，<u>競争がなくなると価格が上がり数量が減る</u>，とわかっていれば十分である。

(4) 法制度への応用

競争がある状態（完全競争）と競争がない状態（独占）とを比較して，競争がある状態の方が社会的に望ましい，ということがわかった。しかし，この比較は，現実のものではなく，前提条件を付けて単純化したモデルを比較したものである。そこで，ここから示唆を得て，現実に応用するためには，若干の修正が必要になる場合もある。

まず，得られる示唆としては，以下のようなものがある。

【価格と数量に着目】　価格と数量は連動するので，市場における価格の上昇，あるいは，数量の減少が見てとれる場合には，社会全体の利益の減少（死重損失）が生じていると考えられる。したがって，価格と数量に着目するのが最も容易な識別方法であり，どちらか片方にこれが生じていれば他方も連動し，社会全体の利益の減少（死重損失）が生じていると考えられる。

【共同しても独占】　競争がない状況として独占を想定していたが，複数の生産者がいる場合でも，共同して生産量を削減すれば，同じ弊害を生じさせることができる。

【独占でなくても同じ弊害】　市場で取引される数量を100%供給している状況を想定していたが，市場における供給量を減少させることができるなら，独占の場合と厳密には同一ではないにしても，社会全体の利益の減少（死重損

失）を生じさせることができる。例えば，市場における数量の90％を供給している場合などは，ほぼ同じことができるだろう。では，何％以上なら可能か，については，市場によって異なる。行為者が生産量を削減した場合に，その競争者が増産しても減少分を補うことができないなら，市場の供給量が減少するので社会全体の利益の減少（死重損失）が生じると考えられる。このような市場における数量・価格を動かすことのできる力を，市場支配力とみることができる。

次に，留意すべき点として，以下のようなものがある。
【価格と数量以外の競争】　単純化のための前提として，①均質な商品である，としていたが，現実には，品質，機能，信頼性，ブランド，サービスなど，生産者は独自の付加価値を付ける努力をしている場合が多い。ほぼ同じ商品で，通常同じ市場に属すると考えられる場合でも，価格・数量以外の要素による競争は行われている。価格・数量は数字で示すことができるため，グラフを用いた比較にふさわしいが，それ以外の要素をグラフ上で比較することは難しい。それゆえ，単純化のための前提として，これらの要素を省いたのである。しかし，数字に置き換えてグラフ上に示すことができなくても，現実に行われているこれらの要素の競争を制限することは，同様に望ましくない効果が生じるだろうと考えられる。価格・数量ほど明確ではないため配慮が必要であるが，価格・数量以外の要素についても，競争を減少させる効果のある行為は規制対象とするべきである。
【動的な競争】　単純化のための前提として，②消費者の好みと価値観は所与のものである（需要曲線はシフトしない），⑤コスト構造が大きく変わるような技術革新や規模の経済性はないものとする（供給曲線もシフトしない），としていた。このような競争は，いわば静的な競争である。現実には，需要曲線や供給曲線がシフトするような状況はよくある。例えば，合併や事業提携により規模の経済性が生じ，大幅な費用削減ができるような場合には，それにより価格を引き下げ生産量を拡大させる行動を取りやすくなる。また，単独では発明できないような技術が，複数の共同研究開発により生み出される場合には，新しい商品による競争が生み出されたり，まったくの新しい市場が創出されたり

する。これはグラフには表せない効果である。現実の競争は動的（ダイナミック）になされるので，効率性の改善や競争促進効果も評価する必要がある。

　【競争を促進することも】　　事業者が利益を増大させる方法は，競争を制限することばかりではない。費用削減により利益幅を増やすことも可能であるし，価格を下げて販売数量を増大させる薄利多売もある。技術開発や，新市場の開拓もあるだろう。このような効率化を目的とする行為は，競争を制限する効果と同時に競争を促進する効果を持つ可能性もある。実際の事例には，これら競争制限効果と競争促進効果を比較衡量しなければ判断できないものが多くある。

　【正当な独占】　　競争がない状況（独占）は必ず社会全体の利益の減少（死重損失）が生じるため，独占企業はすべて解体するべきである，ということにはならない。良質・廉価な商品を供給して競争した結果，需要者がそれを選び，その結果としてすべての競争者が敗退し独占となった場合，それは競争の結果の正当な独占として容認すべきである。そうでなければ，競争者が敗退しないように競争を緩め，安く供給しなくなり，価格が高くなり，消費者および社会の利益にならない。また，発明などにより非常に革新的な商品を供給するような場合，初期には他に競争者が生まれていないので独占となるだろうし，その後も先行者の優位性ゆえに独占が続くかもしれない。これを違法とするなら，発明や技術革新など，経済発展の原動力をつぶしてしまうだろう。したがって，競争によらずに独占を形成したり，いったん獲得した独占を競争以外の方法で維持しようとしたり，獲得した独占を用いて他の市場においても独占を得ようとする行為を規制の対象とする（上記の示唆でも示したように，厳密には独占でなくても同様であるので，市場支配力という概念で置き換えることが多い）。市場メカニズムを通じて自然に生じてしまった独占だから違法とすべきではない，という反論を，「押し付けられた独占の抗弁」などと呼ぶことがある。

　【禁止対象は行為】　　市場が完全競争ではないからといって，そのこと自体を違法とすることはできない。法が禁止するのは，行為者の行為であるのが基本である。自然に寡占化が進行し競争が減少したとしても，それは容認するしかない。また，完全競争でなければ，市場メカニズムが働かず，市場均衡点で価格と数量が決まらない，というわけでもない。寡占的な市場であっても，活発な競争が展開される市場は存在する。規制対象とするのは，あくまでも，競

争を制限し人為的に価格や数量等を左右させ，社会全体の利益の減少（死重損失）をもたらす行為である。

【行為の前後を比較】　行為規制が基本であるため，競争の状況がその行為の前後で変化し，価格の上昇や数量の減少などを見て取ることができれば，実際に規制しやすい。行為の後の市場における競争が不活発で高い価格が維持されていたとしても，行為の前からもともと競争が不活発であり同水準に高い価格であったなら，その行為によって競争が制限されたとは判断しにくい。競争の「実質的」制限という文言にも表されているように，形式的に制限する行為があっても，意味がないあるいは弊害が生じそうにないようなものは，規制対象とはしにくい。価格上昇や数量減少などの効果が生じたあるいは生じるであろう危険性を，認識あるいは感知できるような場合に規制の対象とする。ただし，次のような可能性にも着目する必要がある。

【生じるはずだった競争】　価格の上昇と数量の減少が，社会的な利益の減少（死重損失）のわかりやすい指標であるので，ここまで，これに着目した説明をしてきた。では，競争が不活発な市場に新規参入があるはずだったのに，行為者の行為によって新規参入が阻止された，という場合はどうだろうか。価格も数量も行為の前後で変化しない。しかし，生じるはずだった競争が未然に阻止され，増えるはずだった数量が増加せず，下がるはずだった価格が下がらないようにされている。行為の前後に変化はないが，このような場合も，その意思である程度自由に価格・数量を左右し市場を支配した，と評価して規制対象とすべきである。

　さて，以上を踏まえて，判例による「一定の取引分野における競争を実質的に制限する」の定義を，再び見てみよう。

　競争の実質的制限とは，「競争自体が減少して，特定の事業者または事業者集団がその意思で，ある程度自由に，価格，品質，数量，その他各般の条件を左右することによつて，市場を支配することができる形態が現われているか，または少くとも現われようとする程度に至つている状態をいう」（前出**事例**〔3-2〕東宝・スバル事件）。

　単なる競争の減少ではなく行為者が人為的に競争を制限すること，価格・数

量だけでなく品質その他の要素にも着目すること，これらの要素を動かすことで市場を支配すること，といったポイントが盛り込まれていることがわかる。そして，正当に獲得された独占や市場支配力それ自体を違法とするのではなく，市場支配力を有していなかったのに競争以外の方法で新たに「形成」したり，既存の市場支配力を競争以外の方法で「維持」または「強化」したりする行為が問題とされる。すなわち，市場支配力の形成・維持・強化がある場合に「競争の実質的制限」があるといえる。

なお，価格・数量等を左右するほどではなくとも，競争を減らす行為は望ましいものではない。これについては，第7章を参照。

(5) 事例への応用

現実の事例について，競争の実質的制限はどのように認定されているだろうか。特徴的な事例をいくつか取り上げる。

事例〔3-3〕東宝・新東宝事件

東宝（原告）は，映画の製作と配給を行っていた。新東宝も映画を製作していたが，配給はすべて東宝に委託していた。これにより，東宝は日本において製作配給される映画の総数の3分の1を占める地位を得ていた。

公取委は，新東宝は独自に配給する能力があったにもかかわらず，配給を東宝に委託する協定により配給ができなくなっており，この協定は映画製作配給における競争を実質的に制限するものである，と判断し違法とした。

審決取消請求訴訟において，裁判所は，競争の実質的制限について，以下のように述べた。

「原告が原協定によつて配給する映画が，日本において製作配給される映画の総数の3分の1を占めるとの一事をもつて，この取引分野における競争を実質的に制限するものとするのは相当でない。競争を実質的に制限するとは，競争自体が減少して，特定の事業者又は事業者集団がその意思で，ある程度自由に，価格，品質，数量，その他各般の条件を左右することによつて，市場を支配することができる状態をもたらすことをいうのであつて……，いいかえればかかる状態においては，当該事業者又は事業者集団に対する他の競争者は，それらの者の意思に拘りなく，自らの自由選択によつて価格，品質，数量等を決定して事業活動を

> 行い，これによつて十分な利潤を収めその存在を維持するということは，もはや望み得ないということになるのである。いかなる状況にいたつてこのような市場支配が成立するものとみるべきかは相対的な問題であり，一律には決し難くその際の経済的諸条件と不可分である。たんに市場におけるその者の供給（又は需要）の分量だけからは決定し得ないのである。従つてこれらの諸条件を考慮することなく原告が日本映画の配給の3分の1を把握するということだけから，原告及び新東宝の競争者である松竹，大映等が，直ちに原告らの意思によつてその自由な事業活動に拘束を受けるということを証明することはできないものといわなければならない」。
>
> 〔東京高判昭28・12・7審決集5巻118頁〕

　この判決は，前出の**事例〔3-2〕**東宝・スバル事件判決を引用し，「競争を実質的に制限するとは，競争自体が減少して，特定の事業者又は事業者集団がその意思で，ある程度自由に，価格，品質，数量，その他各般の条件を左右することによつて，市場を支配することができる状態をもたらすことをいう」と述べている。これに続けて，判決は独自の説明を付け加えている。すなわち，「いいかえればかかる状態においては，当該事業者又は事業者集団に対する他の競争者は，それらの者の意思に拘りなく，自らの自由な選択によつて価格，品質，数量等を決定して事業活動を行い，これによつて十分な利潤を収めその存在を維持するということは，もはや望み得ないということになるのである」。
　「いいかえれば」以降の状況が必要であるとすると，「有効な牽制力ある競争者」が他に1つでも存在すれば，競争の実質的制限は認められない，と読むこともできる。学説からは，この「いいかえ」に対する批判がなされた。公取委は，八幡・富士製鉄合併事件（**事例〔14-5〕**参照）において「有効な牽制力ある競争者」の概念を用いたが，現在では，これを採用していないようであり，ガイドライン等では**事例〔3-2〕**東宝・スバル事件判決の定義の部分のみが用いられている。
　それでは，**事例〔3-3〕**東宝・新東宝事件の事実に対する評価はどうであろうか。国内の映画製作配給市場の3分の1を占めることだけから，競争の実質的制限を認定しようとした公取委の審決には無理があった。市場シェアは，市

場に供給される数量を左右する力を示すものである。したがって，市場シェアが高いほど，その意思である程度自由に価格・数量を左右することができるようになるのは確かである。しかし，シェア約33％（総数の3分の1）という数字だけでは，市場全体の供給量を減少させることができる，とまではいえないだろう。もちろん，商品の特性や市場の状況などによっては，市場支配力を有する場合もある。それを示すためには，市場シェアに加えて市場支配力をうかがわせる事実を示す必要がある。

では，市場シェアが比較的低い事例で，競争の実質的制限が認定された事例では，どのような事実が示され，市場支配力が認定されただろうか。

事 例〔3-4〕 中央食品事件

高松市旧市内における主要な豆腐類製造販売業者7名は，合計で同市旧市内における豆腐類卸売高のほぼ半ばを占めていた。7名は，高松市旧市内における豆腐類製造販売業者のほとんどである37名を組合員とする高松市豆腐組合の組合長，副組合員を含む主要な役員であり，同市旧市内の豆腐類製造販売業界において指導的地位にあった。高松市旧市内におけるその他の豆腐類製造販売業者のほとんどは，家族労働を主とするごく小規模な事業者であって，豆腐類の製造販売を積極的に拡張し難い状況にあった。

昭和43年4月26日，組合の役員会後，7名は，豆腐類（油揚げや厚揚げなどを含む）の卸売価格を引き上げることで合意した。この申合せにもとづき，7名は，昭和43年5月6日から同月10日にかけて，それぞれ，豆腐類の卸売価格を前記卸売価格に引き上げた。

この結果，高松市旧市内におけるその他の豆腐類製造販売業者は，昭和43年5月上旬から同年6月下旬の間に，豆腐類の卸売価格を，おおむね同水準の卸売価格に引き上げた。

公取委は以下のように判断した。

7名は，「共同して豆腐類の卸売価格を引き上げることにより，高松市旧市内における豆鳥類製造販売業者の豆腐類の卸売価格の引上げをもたらしているものであり，これは，公共の利益に反して，高松市旧市内における豆腐類の卸売分野における競争を実質的に制限しているものであり，私的独占禁止法第2条第6項に規定する不当な取引制限に該当し，同法第3条後段の規定に違反するものである」。

〔公取委勧告審決昭43・11・29審決集15巻135頁〕

　この事例では，行為者の市場シェアの合計は約50%である。公取委がそれ以外に示した事実は，以下の通りである。①行為者は大手であり，組合の役員を務め影響力がある事業者であったこと。②行為者以外の競争者は小規模であり，増産が難しい状況であったこと。③行為者らは実際に値上げし，他の競争者らはこれに追随して値上げしたこと。

　①②は，競争者らが，行為者に追随して値上げする背景を示している。仮に，行為者が値上げした場合，その機会に，競争者らが価格を据え置き，行為者よりも割安な値段で顧客を多く獲得し利益を上げることができるならば，行為者は競争者に顧客を奪われ，値上げしても利益が増加しないため，価格引上げを実行することはできない。しかし，競争者が，行為者に追随して値段を引き上げるなら，行為者は価格引上げを実行できる。

　行為者以外の競争者らは，価格を引き上げずに客を奪うのと，追随して価格を引き上げるのとでは，どちらが利益になるのであろうか。現在の販売数よりもたくさん販売できるなら十分な利益が見込まれるが，②増産が難しい状況では販売数量は増えず，現在の価格と数量のままで利益も変わらない。しかし，追随して行為者と同水準の価格に引き上げるならば，利幅が大きくなり，販売数量が同じか微減であれば，利益が大きくなる。したがって，増産が難しい事業者は，追随して価格引上げを行う。

　③により，価格の上昇が示されているため，理論的には，需要曲線に応じて，数量も減少したであろうと考えられる。これらは，社会全体の利益の減少（死重損失）があることを示している。これを示すことができれば，実際に価格を引き上げる力としての市場支配力を形成したことがわかり，競争の実質的制限を認めやすくなる。

　③のような実際の価格上昇が生じる前の段階でも，①②のような事実を示すことにより，市場支配が現れようとしている，と示すことができる。価格を引き上げる力を形成するかどうか，を分析するための諸条件は，事例ごとに異なる（どのような点に着目するかは，第5章テーマ4(2)および第14章テーマ3を参照）。

排除型私的独占ガイドライン（第1）では，おおむねシェア50%を超える場合に競争の実質的制限が生じうる事案として取り上げる方針が示されている。もちろんシェアだけで判断するわけではなく同時に上記のような要素を総合的に評価すること，シェアが50%を下回る場合でも状況によっては競争の実質的制限が生じうることも示されている。

(6) 価格支配力と競争排除力

ここまで，競争の実質的制限とは市場支配力の形成・維持・拡大であり，市場支配力とは，価格を引き上げる力である，と考えてきた。数量や品質も価格と連動するので，これに含まれる。この種の市場支配力を，「価格支配力」と呼ぶ。判例の定義は，これを表すものとなっている。

学説には，市場支配力には，「競争排除力」という価格支配力とは異なる形の力も含まれるのでないか，という主張もある。市場における競争には，その市場にすでに存在する競争者間で同一の顧客群をめぐって行われる競争だけでなく，市場の外部から新たに参入し顧客を奪う競争もある。競争の制限にも，既存の競争者間で市場内部の競争を回避する行為だけでなく，市場の開放性を失わせる行為もある。

3条前段の私的独占における排除行為や，3条後段の不当な取引制限における共同ボイコットなど，行為者が他の事業者を排除あるいは参入阻止することを対象とする類型がある。この類型の行為は，価格カルテルや入札談合のように，価格を引き上げたり，数量を減少させたりする効果を，直接的には有していない。既存業者の排除や新規参入の阻止によって，市場における競争者が減少あるいは維持されることで，供給量が減少あるいは維持され，価格が上昇あるいは維持されるのであれば，価格支配力を認めることができる。

それでは，排除または参入阻止された事業者が小規模で，市場における数量や価格に影響を与えないような場合はどうであろうか。例えば，商品 a を製造するすべての製造業者が共同して，多数ある販売店のうちでも小規模な1つの販売店 X をねらって，商品 a の供給を直接あるいは間接に拒絶したとする。商品 a を仕入れることができなくなった販売店 X は，商品 a の小売市場から撤退する。しかし，販売店 X は小規模で，価格も他の販売店と同水準であっ

たため，商品 a の小売市場における数量・価格には何ら影響がない。

このような場合，市場の価格・品質・数量などには影響がないため，市場支配力の内容を価格支配力ととらえる立場からは，競争の実質的制限を認めることができない。しかし，業界のすべての製造業者が共同して排除する力を行使することは，その力の行使対象がたまたま小規模な販売店で，市場の数量・価格に影響が出なかったとしても，「市場の開放性を妨げる力の形成・維持・強化」がなされたのであり，これを市場支配力の一種として，競争の実質的制限を認めるべきである，というのが，競争排除力も市場支配力の一形態であるとする学説の主張である。

他方，判例，公取委，通説は，競争の実質的制限に至らない行為であっても，19 条の不公正な取引方法で規制することが可能であるため，上記の例のような行為が放置されることはないので，わざわざ競争排除力を観念する必要はなく，市場支配力は価格支配力を意味するものとして扱って問題ない，と考えている。

テーマ2　反 公 益 性

市場における競争を制限したとしても，公益的な観点から正当化される場合があるだろうか。例えば，産業発展や中小企業保護のためのカルテルであれば，「公共の利益に反していない」ということになるのだろうか。また，消費者保護や環境保護のためであればどうだろうか。私的独占（3条前段）と不当な取引制限（3条後段）の定義規定である2条5項および6項には「公共の利益に反して」という文言があり，その他の行為についてはそれがないが，公益性の考慮の根拠としうるだろうか。

(1) 公益性の考慮と「公共の利益に反して」

市場が機能することによって経済が最適化される場合が多いが，市場も完璧ではなく，市場機能の限界と呼ばれる領域もある。政府は，それを補うために各種の規制を導入し，市場における競争に代えて規制するなどの対応をする。市場競争を制限したとしても，公益の観点からは，それが社会に必要な場合が

あることを示している。それでは、民間の私企業（事業者）が市場競争を制限したとしても、公益性ゆえに独禁法違反とならない、という場合があるだろうか。これを安易に認めると、業界の発展のためにカルテルを結んだとか、限られた仕事を公平に分け合うために談合した、などといった主張がなされるだろうことは容易に想像できる。それを認めることは、独禁法の存在意義を否定するものである。他方で、政府も万能ではなく、規制が間に合わないとか、不十分であるといった事態は起こりうる。事業者が、公益のために競争を制限しなければならない場合が、全くないとは言い切れない。したがって、第2章テーマ4(1)の第2のパターンとして示したように、社会秩序の維持のために役立つ競争制限を違法としない扱いが必要な場合がある。

法解釈としては、どの文言を、どのように解釈して、そのような公益性の考慮をするのであろうか。

過去の事例では、不当な取引制限の事例において、2条6項の「公共の利益に反して」という文言を根拠に主張されてきた。

2条6項の定義規定にある「公共の利益に反して」という文言は、たとえ一定の取引分野における競争を実質的に制限する行為（例えば、価格が上昇したり数量が不足する効果が生じる行為）であっても、「公共の利益」のための行為であれば違法にならない、と読むことができる。そのため、「公共の利益」論として、公益性による正当化の議論がなされてきた。

この文言の法的性質については、大きく分けて、(x)訓示規定説、(y)成立要件説、(z)違法性阻却説の3つがあった。(x)カルテル等の競争制限行為を厳しく規制すべきと考える立場からは、要件ではなく訓示規定にすぎないので、実質的には意味のない文言として位置づける。(y)カルテル等を積極的に利用したいと考える立場からは、「公共の利益に反して」いることを立証しないと要件を満たさず違法とできないとして、競争を制限する効果を持つ行為であっても違法とされにくいように解釈したい。(z)競争を制限する行為は違法とすべきであるが、例外的な場合には適法とする余地を残すべきと考える立場からは、(x)のように意味のない文言とはせず、競争制限行為は原則としては違法であるが例外的な場合にその違法性を阻却するための文言と位置づける。

また、「公共の利益」の意味についても、大きく分けると、(a)市場における

公正かつ自由な競争を促進するという独禁法の直接目的から、自由競争経済秩序を指すものと考える説、(b)独禁法の究極目的から、経済の発達のための行為なら公共の利益にかなうと考える説、(c)究極目的から、経済の発達だけではなく、消費者の利益を損なわないものに限って、公共の利益に反しないと考える説がある。

「公共の利益に反して」の文言の法的性質と意義については、次の事例において、最高裁が判断を下した。

事　例〔3-5〕　石油価格カルテル刑事事件

OPECの原油値上げにより、国内の石油製品の価格も上昇した。当時の通産省は石油製品の価格の値上げを抑制するため、石油元売各社が石油製品を値上げする場合には、事前に通産省に相談に来るよう行政指導した。通産省は、業界の値上げ案作成の段階において基本的な方針を示して業界を指導し、これによって、業界作成の値上げ案に通産省の意向を反映させた。各事業者の従業者らは、値上げの上限に関する業界の希望案を合意するにとどまらず、通産省の了承の得られることを前提として、了承された限度一杯まで各社一致して石油製品の価格を引き上げることまで合意した。

事業者らの主張の1つに、独禁法2条6項にいう「公共の利益に反して」とは、同法の定める趣旨・目的を超えた「生産者・消費者の双方を含めた国民経済全般の利益に反した場合」をいうと解すべきである、という主張がある。これに対して示された最高裁の判断は以下のようなものである。

「同法2条6項にいう『公共の利益に反して』とは、原則としては同法の直接の保護法益である自由競争経済秩序に反することを指すが、現に行われた行為が形式的に右に該当する場合であつても、右法益と当該行為によって守られる利益とは比較衡量して、『一般消費者の利益を確保するとともに、国民経済の民主的で健全な発達を促進する』という同法の究極の目的（同法1条参照）に実質的に反しないと認められる例外的な場合を右規定にいう『不当な取引制限』行為から除外する趣旨と解すべき」である。

〔最判昭59・2・24刑集38巻4号1287頁〕

最高裁判決は、競争制限の効果を持つ行為は、原則として自由競争経済秩序

という意味での公共の利益に反することになるが，例外として，1条の究極目的に実質的に反しないもの（経済発展だけでなく一般消費者の利益と両立するもの）を除外する，と解している。すなわち，法的性質としては，(z)違法性阻却説を採用したものと考えられ，「公共の利益」の意義については，(a)自由競争経済秩序とする説を採用した。

最高裁判決は，例外として公益性ゆえに正当化される場合がありうることを示している。しかし，その例外がどのような場合に認められるのかは述べられておらず不明である。また，本来なら独禁法違反となるべき行為が，この要件により覆された事例はない（ただし，後出(2)も参照のこと）。理論上は例外的に違法性阻却される場合があるが，実際には非常に限定された例外であると考えられる。例えば，後の判決で，次のように述べた事例がある。

事　例〔3-6〕　東京都水道メーター談合（第一次）刑事事件

入札談合は，「競争によって受注会社，受注価格を決定するという指名競争入札等の機能を全く失わせるものである上，中小企業の事業活動の不利を補正するために本件当時の中小企業基本法，中小企業団体の組織に関する法律等により認められることのある諸方策とはかけ離れたものであることも明らかである。したがって，本件合意は，『一般消費者の利益を確保するとともに，国民経済の民主的で健全な発達を促進する』という私的独占の禁止及び公正取引の確保に関する法律の目的（同法1条参照）に実質的に反しないと認められる例外的なものには当たらず，同法2条6項の定める『公共の利益に反して』の要件に当たる」。

〔最判平12・9・25刑集54巻7号689頁〕

競争を実質的に制限する行為を禁じ，自由競争経済秩序を維持する，という法律が独禁法として存在している以上，それを覆して「公共の利益」を実現しようというなら，第一義的には，その目的に沿った法制度によるべきである。それら法制度が存在するにもかかわらず，それとかけ離れた方法（この事例では入札談合）で実現しようとしても，原則どおり「公共の利益に反する」ものと判断される。

(2) 「保護に値する競争」論

　事業者団体に対する規制である8条1号は，「一定の取引分野における競争を実質的に制限すること」とのみ規定し，これを禁止している。事業者団体が，私的独占または不当な取引制限と同様の行為をすれば，8条1号に該当し違反となる。

　上記(1)のように，2条6項には，「公共の利益に反して」の文言があり，例外的に違法性阻却される可能性があることを最高裁は認めている。しかし，8条1号には，この文言がない。他の規定を見回してみても，「公共の利益に反して」という文言は，2条5項と6項にしかないが，それ以外の規定では公益性による考慮はしてはならない，と解することには無理がある。不公正な取引方法（19条）の弊害要件は「公正な競争を阻害するおそれ」であり，不当な取引制限の弊害要件である競争の実質的制限よりも市場に対する悪影響の程度が低い。そうであれば，例外を認める余地が大きくなるはずであり，「公共の利益に反して」の文言がなくとも公益性を考慮しうるはずである。最高裁は，1条の究極目的に実質的に反しないものについて例外を認めたのであり，これは独禁法全体に通用する考えである。

　次の事例は，法による認可制の下で，違法な価格での取引が行われていたところ，業界団体がこれを解消するために，最低額を取り決め，遵守するよう働きかけていた事例である。8条1号には「公共の利益に反して」の文言がないが，違法な価格による競争を制限し，適法な価格による競争を回復させる行為は，違法とはされなかった。

事　例〔3-7〕 大阪バス協会事件

　被審人（大阪バス協会）は，バス事業者59名からなる事業者団体であった。貸切バス事業者は，貸切バス運賃等について，道路運送法第9条第1項に基づき当時の運輸大臣の認可を受けなければならなかった。貸切バス事業者は，標準運賃の上下15％の範囲内であれば自由に設定できる制度になっていた。

　「大阪府の貸切バス市場では，かねてから，貸切バス事業者と旅行業者との取引上の力関係，旅行シーズンオフの需給関係の緩和，各事業者間の競争などの理由により，旅行業者が旅行を主催し旅行者を募集して行う貸切バス旅行向け輸送

を中心とし，会員貸切バス事業者のほぼ全体を通じて，認可された運賃等……の額を大幅に下回る運賃等による取引が大規模かつ経常的に行われていた。しかし，個々の会員貸切バス事業者が運賃等の引上げを図ることは，大手旅行業者に対する取引の依存度が大きいことなどから，困難な状況にあった」。そして，被審人や会員バス事業者は，近畿運輸局長の監査により，認可によらない運賃等につき書面で警告されていた。

被審人は，貸切バス委員会を設置し，積極的な指導により適正な運賃を収受することを図るように努める方針をたてた。会議を重ね，区分やシーズンに応じた運賃の最低額を取り決め，会員事業者の担当者に周知徹底させ，取引相手に適正運賃をお願いするなどの行為をさせた。

審査官は，被審人の行為を8条1項1号（現8条1号）違反として勧告し，被審人は審判を求め，審判官および公取委は以下のように判断した。

「道路運送法は運賃等を主務官庁の認可に係らせ，また，完全には自由な事業者間の競争を認めない条文を置いているが，そのことから無条件に当然に，独占禁止法の適用が排除され，又は同法上の排除措置命令に関連する規定の内容が規定，拘束されるものではなく，この排除措置命令の可否は，専ら同法の見地から判断すべきである」。

「運賃等に限らず事業者又は事業者団体により価格協定がされた場合に独占禁止法による排除措置命令をすることができるかどうかを一般的に検討してみると，通常であれば『一定の取引分野における競争を実質的に制限』しているとされる外形的な事実が調っている限り，このような場合は，原則的に同法第3条（第2条第6項）又は第8条第1項第1号の構成要件に該当すると判断され，同法第7条又は第8条の2に基づく排除措置命令を受けるのを免れないのがあくまでも原則であると考えられる」。

「もっとも，その価格協定が制限しようとしている競争が刑事法典，事業法等他の法律により刑事罰等をもって禁止されている違法な取引（典型的事例として阿片煙の取引の場合）又は違法な取引条件（例えば価格が法定の幅又は認可の幅を外れている場合）に係るものである場合に限っては，別の考慮をする必要があり，このような価格協定行為は，特段の事情のない限り，独占禁止法第2条第6項，第8条第1項第1号所定の『競争を実質的に制限すること』という構成要件に該当せず，したがって同法による排除措置命令を受ける対象とはならない，というべきである」。

〔公取委審判審決平7・7・10審決集42巻3頁〕

審決は，他の法律により認可制があっても，当然には独禁法の適用を免れるものではないことを確認している。その上で，独禁法の解釈として，刑事罰等をもって禁止されている違法な取引または違法な取引条件に係るものである場合に限って，「競争を実質的に制限すること」という構成要件に該当しないものとしている。このように独禁法を適用して維持すべき競争ではないから，「競争を実質的に制限すること」という構成要件に該当しない，という解釈論は，「保護に値する競争」論と呼ばれている。刑事罰等で禁じられている違法な競争は保護に値しない競争であり，そのような競争が制限されても，独禁法で保護するに値する競争ではないので適用しない，というものである。

この「保護に値する競争」論と前出「公共の利益」論とは，いかなる関係にあるのだろうか。どちらも，1条の目的規定に言及して，独禁法上違法としない，という点は共通している。しかし，審決における「保護に値する競争」論は，刑事罰等で禁止されている違法な競争の制限に限定しており，「公共の利益に反して」における例外的な違法性阻却よりもハードルが高いようにも見える。

そもそも事業者団体に対する規制は，戦前・戦中の経済統制下におけるカルテル実施主体であった事業者団体に対する警戒から戦後定められた事業者団体法を，1953（昭和28）年改正で独禁法に取り入れたものである。事業者団体に対する規制である8条は，事業者に対する規制である3条・19条よりも厳しい規制として設計されている（8条3号・4号の存在もそれを裏付ける。第6章参照）。8条1号に「公共の利益に反して」という文言を付けなかったことも，このような背景があって意図的なものであると考えることもできなくはない。そうすると，8条1号で認める例外は，2条5項・6項の「公共の利益」による例外よりも限定的であるべきだと考えることもできる。

しかし，公取委は，両者はほぼ共通するものと考えているようである。

資　料〔3-8〕　排除型私的独占ガイドライン・第3・2(2)オ

「オ　消費者利益の確保に関する特段の事情

問題となる行為が，安全，健康，その他の正当な理由に基づき，一般消費者の

利益を確保するとともに、国民経済の民主的で健全な発達を促進するものである場合には、例外的に、競争の実質的制限の判断に際してこのような事情が考慮されることがある。すなわち、独占禁止法第1条に記載された、公正かつ自由な競争を促進し、もって、一般消費者の利益を確保するとともに、国民経済の民主的で健全な発達を促進するという目的から首肯され得るような特段の事情がある場合には、当該行為が『競争を実質的に制限すること』という要件に該当しないこともあり得る（注23）。

（注23）独占禁止法第1条の目的規定の位置付けに関しては、判例上、同法第2条第6項にいう『公共の利益に反して』の解釈において、原則としては同法の直接の保護法益である自由競争経済秩序に反することを指すが、現に行われた行為が形式的にこれに該当する場合であっても、この法益と当該行為によって守られる利益とを比較衡量して、『一般消費者の利益を確保するとともに、国民経済の民主的で健全な発達を促進する』という同法の究極の目的に実質的に反しないと認められる例外的な場合を、この規定にいう『不当な取引制限』行為から除外する趣旨と解すべき旨判示されている」。

このガイドラインによると、2条5項・6項の場合、公益性の主張は、「公共の利益」と「競争の実質的制限」と、どちらの文言を根拠にしてするべきか、という疑問が生じる。この点については、公取委も、どちらとは明言しておらず不明である。

もしも、「公共の利益」の文言ではなく、「競争を実質的に制限すること」の文言を根拠にするのであれば、「公共の利益」は(z)違法性阻却の性質を失うことになる。そうすると、(x)訓示規定と位置づけることに論理的な整合性がでてくることになる。

(3) 公正競争阻害性における考慮

19条で禁止される不公正な取引方法は、2条9項で定義されている。2条9項にも、「公共の利益に反して」という文言はない。

不公正な取引方法の弊害要件は、「公正な競争を阻害するおそれ」（公正競争阻害性）である。公正競争阻害性を構成する3つの要素（第7章参照）のうちの1つである自由競争減殺は、競争の実質的制限による弊害が現実に生じる萌芽

の段階で該当するものと考えられている。つまり、不公正な取引方法は、私的独占や不当な取引制限よりも競争に対して与える競争制限効果あるいはその危険性が、相対的にはまだ深刻でない行為である。したがって、1条の究極目的を根拠に、競争を実質的に制限する場合でさえ公益性を理由に例外的に扱う余地が理論上存在するのであれば、公正競争阻害性の程度しかないのであればなおさら例外の余地がある、ということである。

事 例〔3-9〕 都立芝浦と畜場事件

※事案の概要については、事例〔9-7〕および事例〔2-3〕参照。

「『不当に』ないし『正当な理由がないのに』なる要件に当たるかどうか、換言すれば、不当廉売規制に違反するかどうかは、専ら公正な競争秩序維持の見地に立ち、具体的な場合における行為の意図・目的、態様、競争関係の実態及び市場の状況等を総合考慮して判断すべきものである」。

「公営企業であると畜場の事業主体が特定の政策目的から廉売行為に出たというだけでは、公正競争阻害性を欠くということはできないことも独占禁止法19条の規定の趣旨から明らかである」。

〔最判平元・12・14民集43巻12号2078頁〕

最高裁は、行為主体が公営であるとか自治体であるとしても、それだけでは例外扱いしないことを明言している。他方で、独禁法として、公益性をどのように扱うかについては、「行為の意図・目的」を総合考慮のうちに入れる、という部分から、競争制限効果以外の公益性を読み込む余地がある、と判決を読む解釈が多いようである。ただし、このような立場に立つとしても、「公共の利益に反して」と同様に、例外を用いて判断を覆すことはほとんどないと言ってよい。この事例は、独禁法違反とはされなかったが、その理由は、競争が存在していたため公正競争阻害性が認められなかったのであり、公益性ゆえに例外的に適法とされたわけではない。

後出(5)の事例〔3-10〕日本遊戯銃協同組合事件において、裁判所は、8条5号(事業者団体が不公正な取引方法に該当する行為をさせる行為)についても、「公共の利益」の文言がないにもかかわらず、これを用いて検討した。公正競争阻

害性の判断における公益性の考慮においても,「公共の利益に反して」と同様の基準が用いられた例といえる。ただし,結論としては,やはり例外的な取扱いを否定した事例である。

(4) 小　括

価格支配力を形成・維持・拡大するという競争制限効果がある場合でも,競争とは別に守るべき価値があり,それによって違法としない場合があるのではないか,という問題の検討は,2条6項の「公共の利益に反して」の文言の解釈から始まった。前出(1)の**事例〔3-5〕**石油価格カルテル刑事事件最高裁判決は,この文言の解釈として論じ,現在まで続く基本となる考え方を提示した。

しかし,前出(2)の**事例〔3-7〕**大阪バス協会事件審決および**資料〔3-8〕**排除型私的独占ガイドラインを経て,「公共の利益に反して」の文言に拘泥することはなくなった。また,明言してはいないが,前出(3)の**事例〔3-9〕**都立芝浦と畜場事件最高裁判決が,公正競争阻害性の判断において,同様の公益性の考慮を行うことを認めるのであれば,個別の規定に根拠となる文言を求め,それぞれに異なる解釈をすることは必要ない。

すでにこれらの事例の中で何度も言及された1条の目的規定の究極目的が,すべての禁止規定に対して,例外的な公益性の考慮を認める基準となっている,ととらえた方がよさそうである。究極目的が掲げる一般消費者の利益の確保と国民経済の民主的で健全な発達は,原則として公正かつ自由な競争を促進することにより達成されるものである。したがって,いずれの規定においても,原則として,自由競争経済秩序に反するなら,直接目的にも究極目的にも反すると考えられる。例外として,究極目的に実質的に反しないと認められる場合には,弊害要件を充足しないものとされる。

個別の条文の文言ではなく,目的規定に例外的扱いを許す根拠を求める解釈は,全体を通して一貫した基準をたてやすい。実際の法適用においては,それぞれの規定の弊害要件の文言を通じてなされる。

(5) 公益性の主張の例

どのような事例について,本来なら競争制限効果があるために禁止される行

為であるが，例外的に公益性を考慮して違法としない，と認められるのだろうか。主張されそうなものを，以下に(a)〜(d)として列挙してみる。

　(a)　違法な競争の防止がまず考えられる。詳しくは，前出(2)の**事例〔3-7〕**大阪バス協会事件を参照。

　(b)　行政指導による場合も，可能性がなくはない。しかし，前出(1)の**事例〔3-5〕**石油価格カルテル刑事事件でも述べられているように，行政指導があったからといって，それだけで公益性が認められ例外的に違法とされない，ということはない。公取委の行政指導ガイドラインによると，独禁法の適用を除外する法律上の規定がない限り，独禁法が適用され違反となる可能性がある。そして，法定の根拠を持つ行政指導の場合には，規定の趣旨・目的から，競争に代えて規制をする趣旨のものかどうか判断する。法定されていない行政指導については，通常，考慮する余地はない。なお，自治体の発注担当職員が，入札に際して，受注予定者を指示して他の入札参加事業者らに協力させる行為（官製談合）は，そもそも違法行為であり行政指導でさえないため，一切，考慮されない（第21章テーマ4参照）。

　(c)　安全基準や自主規制など，消費者の健康・安全等を保護するための共同行為がなされることがある。共同行為それ自体が違法とされるものではなく，競争制限効果を生じさせない方法を選択するべきである。

事　例〔3-10〕　日本遊戯銃協同組合事件

　被告Y（日本遊戯銃協同組合）は，遊戯銃（モデルガンまたはエアーソフトガン）の製造を行う事業者のほぼすべてが組合員となっている協同組合であるが，原告X（デジコン）はこれに加入していなかった。消費者が一般的により強力な製品を嗜好するため，メーカー間で製品の威力競争となり，その結果，消費者の安全を損なうことになれば，公的な規制が強化され，業界が大きな打撃を受けることになることを懸念し，Yは，発射された弾丸の運動エネルギー（威力）を0.4J以下，BB弾重量を0.2グラム以下とするなどの自主基準を定めた。しかし，実際には，試験時には0.4J以下に調整した銃を提出し，試験後は本件自主基準に違反し0.4Jを超える威力の製品を製造販売する者が多く，違反行為は半ば公然と見過ごされていた。

Xがエアーソフトガンであるベレッタ92F（威力は約0.58J〜1.02J）を発売した際，Yの会長はXにYへの加入を要請したが，Xは重量BB弾が主力製品であることから回答を留保した。そこで，Yは，X製品を仕入れ販売しないよう問屋と小売店に要請し，Xをエアーソフトガンおよび BB 弾の市場から排除した結果，X製造のエアーソフトガンおよび BB 弾の売上げが減少した。

　Xは，Yらの行為は独占禁止法8条1項1号および5号（現8条1号および5号）に違反し不法行為を構成するとして，民法719条に基づき損害賠償，妨害差止，謝罪広告を求めて訴訟を提起した。

　裁判所は，Yの行為は独禁法8条1項5号および1号に形式的に該当するとした上で，1条の究極目的に実質的に反しない行為は独禁法に違反しないことになる余地があるとして，以下のように判断した。

(1)「安全検査を経ていないエアーソフトガンによる事故を防止して消費者及びその周辺の安全を確保すること並びに事故発生により広範な規制が行なわれ業界全体が打撃を受けることを防止する目的であると認められ」る。安全の確保されない製品の流通による事故の防止は消費者の利益に適うことであり，1条に定める独禁法の精神と何ら矛盾するものではない。したがって，Yの本件自主規約およびこれに係る本件自主基準の設置目的は，正当なものということができる。

(2)　エアーソフトガンの威力に関する自主基準は，運動エネルギーを基準とすることは合理性があり，少なくとも不合理なものではない。0.4Jという基準については，格別の根拠ないが，威力強化競争防止のため，上限設定は一応合理的である。BB弾の重量について，強力型のエアーソフトガンの場合，効率のロスが少ないので，重いBB弾を使って威力を増大させることができるため，0.2グラム以下という基準は，合理性がないとはいえない。

(3)　0.4Jという基準は合理性がないとはいえないものの，必ずしも格別の根拠があるとはいえず，この基準に違反した製品が直ちに社会的に著しく危険だともいえない。そして，Yにおいては，一度検査に合格した製品であっても0.4Jを超える威力を有するものが現実に多数存在していた。したがって，X製品が格別に消費者およびその周辺社会に重大な危険を及ぼすことになるとはいまだ到底いえない。しかも，X製品の威力を正確に測定した上で危険と認めたのではなく，Yに加入しておらず，検査合格シールが貼付されていない，という排他的事由により妨害行為に及んだものである。

　本件妨害行為は，たとえ目的が正当なものであり，自主基準の内容も一応の合理性を有するものであっても，目的達成のための実施方法として相当なものであるとは到底いえないので，正当な理由があるとはいえず，8条1項5号「不公正

> な取引方法の勧奨」に該当する。また，本件妨害行為は，自由競争経済秩序の維持という独禁法の保護法益を犠牲にしてまで，消費者およびその周辺社会の安全という法益を守るため必要不可欠なやむを得ない措置としてされたものであるとは到底認められないから，独禁法の究極の目的に実質的に反しない例外的な場合であるとは認められず，ひいては公共の利益に反しないものとはいえないから，8条1項1号「不当な競争制限」に該当するというべきである。
>
> 〔東京地判平9・4・9 審決集 44 巻 635 頁〕

　この事例では，8条1号と5号（旧8条1項1号と旧1項5号）の両方について，公益性が一緒に論じられている。裁判所は，行為の目的，内容，実施方法について検討した。行為の正当化を論じる際に，その目的と手段とを検討するというのは，しばしばとられる分析手法であるが，本件では，手段をさらに細分化して，内容と実施方法とに分けて検討している。被告組合 Y は，自主規制として基準を定めていたが，組合員たちはこれを守っていなかった。それにもかかわらず，組合に所属しない原告の製品を危険であるとして，問屋や小売店から排除しようとした行為は，一貫性を欠き，例外として扱う価値はまったくない。裁判所は，自主規制そのものをまとめて違法とするよりも，実施方法に着目して違法と判断することが適切であると考えたのだろう。

　では，会員たちが自主規制を遵守していたなら，非会員である原告に対して，自主規制の基準を逸脱した危険な製品であるとして，販売店らに取扱いの停止を要請することができたのであろうか。判決は，実施方法の相当性がない，ということを理由としていたので，自主規制を自ら徹底して遵守していたなら例外的に違法とされなかった，と考えるかもしれない。しかし，公取委の事業者団体ガイドラインによれば，自主規制は，団体に所属する事業者に対しても強制した場合には正当化されず，外部の事業者に対してはなおのこと強制は許されない，とされている（事業者団体ガイドライン・第2・7, 8, 11）。したがって，外部または内部に強制する場合にも，実施方法が相当でないとされることになる。自主規制の内容（規制対象や基準など）が合理的で，自主的に参加して遵守している限りにおいて実施方法も相当であるということになる。

　(d)　環境保護やリサイクルなどのため，共同行為がなされることがある。

リサイクルのシステムを構築し,回収,運搬,処理等にかかる費用を低く抑えることが,リサイクルを推進するために不可欠である。しかし,個別の事業者が別個にシステムを構築・運用していくことは難しく,共同で構築・運用することでリサイクル市場を創出できるなら,リサイクルを推進し環境保護のためにも望ましい。しかし,共同で運営することにより,リサイクル市場における競争を制限することになるかもしれない。公取委によるリサイクルガイドラインは,「環境保護目的ゆえに適法」という例外扱いはしていない。できるだけ競争を制限しない方法で共同行為により費用を削減し,競争によりリサイクルを促進することができるようにすることを求めている(**事例〔5-14〕**参照)。

その他には,例えば,レジ袋の有料化についても,単独で実施することは顧客が減少するリスクがあるため,共同でこれを実施したいがどうか,という相談事例がある。小売店は商品の販売において競争しているのであり,レジ袋は付加的なサービスの1つにすぎず,商品本体の販売における競争に与える影響は小さい,として,これを容認する回答が公取委によりなされた(公取委「独占禁止法に関する相談事例集・平成19年度」事例3)。しかし,厳密には,レジ袋の販売価格を取り決めるなどすれば,価格カルテルともみられるのである。公取委が,まったく「公益性」を考慮せずに,「商品本体の販売における競争に与える影響は小さい」から適法であるとした,と考えることは難しい。本体の販売競争に与える影響が小さければ,部分的な価格カルテルをしてもよい,ということになってしまう。あくまでも無料だったものを有料化する(外部化されていたせいで無駄に消費されていたレジ袋を内部化することで無駄遣いを抑制する)限度で,公益性を考慮した上で容認されたものと考えるべきかもしれない。

次のような仮想事例について考えてみよう。
(i) これまで無料だったレジ袋を有料化することだけ取り決め,その値段については各自にまかせる場合。
(ii) これまで無料だったレジ袋を1枚5円で販売することを取り決めた場合(レジ袋の仕入値は1枚2円とする)。
(iii) これまで無料だったレジ袋を1枚5円で販売することとし,その売上げを,環境保護活動を行っている団体に寄付することを取り決めた場合。
(iv) レジ袋は1枚5円としていたが,あまり削減されず実効性が乏しかっ

ため，1枚10円に値上げすることを取り決めた場合。

　レジ袋の価格を取り決めていない(i)に対して，(ii)から(iv)は価格を取り決める合意がある。5円という価格は，本来の事業活動である商品の販売価格と比較すれば微少な額であり，事業者間の競争に与える影響は大きくないかもしれない。しかし，仕入値が2円とすると，(ii)から(iv)はいずれも利益が出る価格での取決めであり，販売商品に新たに加えられたレジ袋の価格カルテルと見ることもできる。(iii)は，レジ袋の売上げを環境保護活動のために寄付することを取り決めることで，利益を手元に残さず，公益的な行為であるようにも見える。他方，本当にレジ袋の消費を減らしたいのであれば，(iv)のように，レジ袋の値段を高くした方が効果的である。これら仮想事例についてどのような判断が下されるか断じることはできないが，環境保護が理由だからといって価格を共同で取り決めることを安易に容認することの危険性は容易に想像できるだろう。

第4章

排除・支配による私的独占

テーマ1 私的独占の構成要件

　　私的独占は，独禁法が最初に掲げる違反行為で，不当な取引制限とともに禁止されている。私的独占は，独占している状態を指すものではなく，独占化する行為である。独占化する行為とは，事業者がどのような行為を行うことなのだろうか。市場と競争にどのような効果が生じれば，独占化したことになるのだろうか。私的独占は，どの事業者にもできることなのだろうか。

(1) 行為主体

　私的独占が①誰が②何をして③どのような競争制限効果をもたらす行為であるかについては，独禁法の定義規定（2条5項）で，①〔行為主体〕「事業者が，単独に，又は他の事業者と結合し，若しくは通謀し，その他いかなる方法をもつてするかを問わず」，②〔行為要件〕「他の事業者の事業活動を排除し，又は支配することにより」，③〔弊害要件〕「公共の利益に反して，一定の取引分野における競争を実質的に制限すること」となぞることができる。

　行為主体の例示を見てみよう。私的独占は，単独の事業者でも行いうるし，複数の事業者が結合または通謀しても行いうる。他の事業者の事業活動を排除・支配できるほどの経済力を有する事業者か，またはそのような経済力を複数の事業者で結集して行う場合があることを意味する。通謀とは，排除・支配することについて他の事業者と意思の連絡を行うことであり，結合では，他の事業者の株式取得，役員兼任などにより，経済力を増大することになる。経済力の目安として，公取委が違反事件として審査する基準（排除型私的独占ガイド

ライン第1）では，行為開始後において行為者が供給する商品のシェア（複数の事業者が結合・通謀して行う場合は，各行為者のシェアを合算した値）がおおむね2分の1を超えるものであることを示している。ただし，2分の1以下のシェアの場合に，私的独占が成立しないという趣旨ではない。

事例〔4-1〕 ぱちんこ機パテントプール事件

既存のぱちんこ機製造業者らが新たにぱちんこ機を製造しようとする者の事業活動を排除することにより，ぱちんこ機の製造分野における競争を実質的に制限した排除型私的独占事件で，行為者となった既存のぱちんこ製造業者10社とこれらのうち9社が出資している遊技機特許連盟の間で，行為者の商品シェア，行為者間の結合および通謀について，「10社は，国内において供給されるぱちんこ機のほとんどを供給している」，「10社のうち，F社を除く9社は，遊技機特許連盟の発行済株式の過半数を所有するとともに，右9社の役員が遊技機特許連盟の取締役の相当数を占めている。また，F社は，〔販売業者〕N社を介して遊技機特許連盟の株式を所有し，かつ，その役員が遊技機特許連盟の取締役に就任することにより，遊技機特許連盟の意思決定に加わっている」，「〔E社を除く〕9社及び遊技機特許連盟は，既存のぱちんこ機製造業者の市場占有率を確保し，当該製造業者間の価格競争等を回避してきた体制を維持する目的で，9社の経営責任者級の者で構成し，新規参入問題等に関する対策を審議する権利者会議と称する会合（以下「権利者会議」という。），遊技機特許連盟の取締役会，遊技機特許連盟及び遊技機工組〔工業協同組合〕の合同役員会等を開催するなどして，遅くとも昭和60年秋ころまでに，遊技機特許連盟が所有又は管理運営する特許権等の実施許諾契約の右営業状態の変更に関する条項を実施することによって買収等による第三者の参入を抑止し，さらに，特許権等の集積により参入の障壁を高くしておくことが参入を抑止する手段として有効であるため，9社及び遊技機特許連盟において新たに特許権等を取得し，遊技機特許連盟が所有又は管理運営する特許権等の集積に努めて参入に対する障壁を強化することとした上，参入希望者に対しては当該特許権等の実施許諾を行わないこととし，もってぱちんこ機の製造分野への参入を排除する旨の方針を確認し，その後，この方針に基づき，参入を排除してきている。なお，10社のうちE社は，遅くとも平成5年秋ころまでに右方針を了承した上，平成5年度から審査委員会の構成員となり，平成5年9月20日ころ開催された権利者会議に出席し，新規参入問題の検討に加わるなど9社及

び遊技機特許連盟と行動を共にしている」。

〔公取委勧告審決平9・8・6審決集44巻238頁〕

　上記事例では，F社を除く9社は遊技機特許連盟の株式をそれぞれ保有し，かつ，役員を兼任することによって結合し，また10社は権利者会議等の会合で通謀して，排除行為を行う力を形成した。

(2) 行為要件と弊害要件

　私的独占の行為要件は，行為主体となる単独の事業者または複数の事業者が他の事業者の事業活動を排除または支配することである。市場を独占する行為には2つの形態があると考えて，1つは市場から他の事業者を追い出したり，新規参入しないようにすることであり，もう1つは他の事業者を自らの意思に沿わせて取り込むことである。前者が排除に，後者が支配に相当する。排除は，他の事業者が競い合う事業活動の継続を間接的に困難にさせる効果がある不適切な行為である。支配は，他の事業者に直接連絡して，競い合う事業活動をしないようにさせる行為である。前者を排除型私的独占，後者を支配型私的独占と呼称することもあるが，排除行為と支配行為は同時に行われることもある。いずれも他の競争事業者の事業活動に向けられた行為で，競争排除型となる点で共通する。

　他の事業者の事業活動を制約することになる対事業者効果を生じさせたことが原因となって，弊害要件である一定の取引分野における競争を実質的に制限することになる対市場効果を生じさせるとき，当該原因行為は私的独占に該当する。逆に，行為者となる事業者または事業者らが行った行為が対事業活動効果（行為要件）を生じさせないとき，あるいは対事業活動効果を生じさせても，対市場効果（弊害要件）を生じさせるに至らないときは，いずれも私的独占に該当しないことになる。

事　例〔4-2〕　日本音楽著作権協会私的独占取消審決事件

　わが国で音楽著作物のほとんどについて，その著作権の管理を委託されている

日本音楽著作権協会（Y）が放送事業者から放送等使用料を包括徴収の方法により徴収していることが，他の音楽著作権管理事業者の事業活動を排除して，放送事業者に対する放送等利用に係る管理楽曲の利用許諾分野における競争を実質的に制限しているとする公取委排除措置命令が審判で争われた後の公取委審決において，「具体的に，E社〔他の音楽著作権管理事業者〕が放送等利用に係る管理事業を開始した際の事実関係を検討すると，①……実際にE社管理楽曲の利用を回避したと明確に認められるのは，1社の放送事業者にすぎず，放送事業者が一般的にE社管理楽曲の利用を回避したと認めることはできない上，②……放送事業者がE社管理楽曲の利用について慎重な態度をとったことは認められるものの，その主たる原因は，Yによる本件行為ではなく，E社が不十分な管理体制のままで放送等利用に係る管理事業に参入したため，放送事業者が困惑，混乱したことにあると認められる。また，③〔略〕さらに，④……E社が放送等利用に係る管理事業を営むことが困難な状態になっているとまでいえるかにつき疑問が残る上，E社が管理事業を営むことが困難な状態になっているとしても，それは，放送事業者がE社管理楽曲の利用を一般的に回避し，その原因が本件行為にあるという認識に基づいて，著作権者がE社に音楽著作権の管理を委託しなかったためであるから，Yによる本件行為に，著作権者のE社への管理委託を回避させるような効果があったとまではいえない。

　上記①ないし④によれば，E社が放送等利用に係る管理事業を開始するに当たり，Yの本件行為がE社の放送等利用に係る管理事業を困難にしたという審査官の主張について，これを認めるに足りる証拠はないといわざるを得ない。

　また，E社以外の管理事業者が放送等利用に係る管理事業に新規に参入しない理由が本件行為にあると認めるに足りる証拠もない。

　そして，他に，本件行為が競業者の放送等利用に係る管理事業への新規参入を著しく困難にすることを認めるに足りる主張立証はない。

　以上によれば，本件行為は，放送事業者がY以外の管理事業者の管理楽曲を利用することを抑制する効果を有し，競業者の新規参入について消極的な要因となることは認められ，Yが管理事業法の施行後も本件行為を継続したことにより，新規参入業者が現れなかったことが疑われるものの，本件行為が放送等利用に係る管理楽曲の利用許諾分野における他の管理事業者の事業活動を排除する効果を有するとまで断ずることは，なお困難である。

　上記のとおり，本件行為が他の管理事業者の事業活動を排除する効果を有することを認めるに足りる証拠はないから，その余の点について判断するまでもなく，本件行為が独占禁止法2条5項所定のいわゆる排除型私的独占に該当し，同法3

条の規定に違反するということはできない」。

〔公取委審判審決平 24・6・12 審決集 59 巻第 1 分冊 59 頁〕

上記事例において，公取委は，競業者の事業活動を排除することが認められず，行為要件にも該当しないとして，私的独占に該当するとした排除措置命令（平 21・2・27 審決集 55 巻 712 頁）を自ら取り消した。

しかし，E 社が公取委を相手取って提起した本件審決取消訴訟において，東京高裁判決（平 25・11・1 審決集 60 巻第 2 分冊 22 頁）と最高裁判決（**事例〔4-3〕**）のいずれもが本件審決を取り消し，公取委に差し戻す趣旨の結論となった。

事 例〔4-3〕 日本音楽著作権協会私的独占審決取消上告審事件

「(1) 本件行為が独占禁止法 2 条 5 項にいう『他の事業者の事業活動を排除』する行為に該当するか否かは，本件行為につき，自らの市場支配力の形成，維持ないし強化という観点からみて正常な競争手段の範囲を逸脱するような人為性を有するものであり，他の管理事業者の本件市場への参入を著しく困難にするなどの効果を有するものといえるか否かによって決すべきものである（〔**事例〔4-14〕**〕）。そして，本件行為が上記の効果を有するものといえるか否かについては，本件市場を含む音楽著作権管理事業に係る市場の状況，参加人〔Y〕及び他の管理事業者の上記市場における地位及び競争条件の差異，放送利用における音楽著作物の特性，本件行為の態様や継続期間等の諸要素を総合的に考慮して判断されるべきものと解される。

(2) 〔中略〕放送事業者にとって参加人との間で包括許諾による利用許諾契約を締結しないことがおよそ想定し難いことに加え，楽曲が放送利用において基本的に代替的な性格を有するものであることにも照らせば，放送事業者としては，当該放送番組に適する複数の楽曲の中に参加人の管理楽曲が含まれていれば，経済合理性の観点から上記のような放送使用料の追加負担が生じない参加人の管理楽曲を選択することとなるものということができ，これにより放送事業者による他の管理事業者の管理楽曲の利用は抑制されるものということができる。そして，参加人は，上記のとおりほとんど全ての放送事業者との間で本件包括徴収による利用許諾契約を締結しているのであるから，本件行為により他の管理事業者の管理楽曲の利用が抑制される範囲はほとんど全ての放送事業者に及ぶこととなり，

その継続期間も，著作権等管理事業法の施行から本件排除措置命令がされるまで7年余に及んでいる。このように本件行為が他の管理事業者の管理楽曲の利用を抑制するものであることは，……相当数の放送事業者において被上告人〔E社〕の管理楽曲の利用を回避し又は回避しようとする行動が見られ，被上告人が放送事業者から徴収した放送使用料の金額も僅少なものにとどまっていることなどからもうかがわれるものということができる。

(3) 以上によれば，参加人の本件行為は，本件市場において，音楽著作権管理事業の許可制から登録制への移行後も大部分の音楽著作権につき管理の委託を受けている参加人との間で包括許諾による利用許諾契約を締結しないことが放送事業者にとっておよそ想定し難い状況の下で，参加人の管理楽曲の利用許諾に係る放送使用料についてその金額の算定に放送利用割合が反映されない徴収方法を採ることにより，放送事業者が他の管理事業者に放送使用料を支払うとその負担すべき放送使用料の総額が増加するため，楽曲の放送利用における基本的に代替的な性格もあいまって，放送事業者による他の管理事業者の管理楽曲の利用を抑制するものであり，その抑制の範囲がほとんど全ての放送事業者に及び，その継続期間も相当の長期間にわたるものであることなどに照らせば，他の管理事業者の本件市場への参入を著しく困難にする効果を有するものというべきである」。

〔最判平27・4・28民集69巻3号518頁〕

この事件は，公取委における審判手続再開後の2016年9月にY（日本音楽著作権協会）が審判請求を取り下げたため，原処分である排除措置命令が確定した（2013年改正前52条5項）。この間の紆余曲折には，審判手続が2005年改正で排除措置命令の事前手続から事後手続に性格を変えたことが背景にある。弁論主義による様相が強まり，公取委の審査官側から排除効果の存在を立証することが不十分であるとして，公取委が排除措置命令を自ら取り消す審決に至った。競争政策の中心である独禁法の適用の在り方について考えさせる事例であって，裁判所はむしろ排除効果を不存在とする立証に欠けているとして，当該審決を取り消した。公取委が2009年に公表した排除型私的独占ガイドラインにおける「他の事業者の事業活動の継続を困難にさせたり，新規参入者の事業開始を困難にさせたりする蓋然性の高い行為は，排除行為に該当する」と「行為者が供給する商品のシェアが大きいほど，問題となる排除行為の実効性が高

まりやすく」との相関関係を公取委自身がどれだけ認識しているのかを，裁判所から厳しく問われた事例ともいえる。

(3) 共同行為と単独行為

独禁法違反行為は，行為主体が複数の事業者によって行われるものか，あるいは単独の事業者によって行われるものかによって，二分される。共同行為か単独行為かという分類である。共同行為は，他の事業者と意思の連絡をして行う行為であって，取引先事業者なども含み，競争事業者に限られない。

私的独占には，他の事業者との結合または通謀や，さらには他の事業者の事業活動を支配するといった意思の連絡を伴う違反行為の形態が含まれており，これらは共同行為に分類されるものである。単独の事業者が排除行為を行う場合の私的独占が単独行為となる。共同行為と単独行為を区別する意義は，共同行為は他の事業者と力を合わせて行われる行為であるから，通常の競争的行動とは容易に区別できる。ところが，単独の事業者が行う排除行為については，いずれの事業者の競争的行動も他の競争事業者から取引機会を自らに引き寄せることですべてが排除行為につながるから，正常な事業活動とは区別される不適切な方法で行われたものという法的評価が必要になる（テーマ2参照）。

逆に，共同行為の場合は，他の事業者と力を合わせて他の事業者を排除している点で，すでに正常な事業活動とは区別される不適切さを認めることができる。次の事例は，共同行為による排除型私的独占である。

事 例〔4-4〕 農林中金事件

酪農製品メーカーが金融機関の資金力も合わせて，他の酪農製品メーカーの集乳活動を排除したという，共同行為に該当する排除型私的独占について，「被審人雪印乳業，同北海道バターは協同して被審人農林中金および同北信連〔北海道信用農業協同組合連合〕と完全なる了解の下に，3ヵ年間に約10億円の資金を両会社に生産乳を供給する農家に融通させて両会社の集乳地区に約1万頭の乳牛を導入し，本資金によって乳牛を購入した者の当該乳牛のみならずその保証人ならびに資金借受単協〔資金借受単位農業協同組合〕自体についてまで販路を制限し，それら生産乳はすべて両会社のみに販売せしめるという計画をたててこれを実行し，

他の乳業者〔酪農製品メーカー〕の集乳活動を抑圧し，特にいわゆる競争地区においては本資金を他の乳業者に対する強力な競争手段として利用し，農林中金に他の地区に比し厚く本資金を融通させ，他の乳業者の集乳活動を排除し，もつてすでに北海道地域において集乳量約 80 パーセントに及ぶ両会社の地位の全面的維持および強化をはかつているものと認められるから，両社の行為は私的独占禁止法第 3 条前段〔私的独占の禁止〕に違反する」。

〔公取委審判審決昭 31・7・28 審決集 8 巻 12 頁〕

テーマ2　排除型私的独占

　事業者は，市場で取引相手を獲得するために日々競い合っている。自らに取引相手を引き寄せることは，競い合っている他の事業者から取引の機会を奪うことでもある。公正かつ自由な競争に反せずに，他の事業者を排除して独占したとしても，排除型私的独占にはならない。それでは，どのような場合に，正常な競争的行動ではなく，排除型私的独占として問題にされることになるのだろうか。

(1) 競争相手の費用を引き上げる排除行為

　単独の事業者による違法となる排除行為には，正常な事業活動とは区別される不適切さがなければならない。独禁法の 2009（平成 21）年改正により排除型私的独占も課徴金の対象行為となったことから，通常の事業活動の結果として他の事業者の事業活動を排除するに至った行為と排除行為とを区分することが容易ではないとの懸念に応えて，公取委は同年に排除型私的独占ガイドラインを公表した。その中で典型例として，略奪的価格設定（predatory pricing）や原価割れ赤字販売（sales below cost）に相当する「商品を供給しなければ発生しない費用を下回る対価設定」（第 9 章参照）や，「排他的取引」，「抱き合わせ」および「供給拒絶・差別的取扱い」といった，いずれも不公正な取引方法の行為類型に該当する行為を解説しているが，これら 4 つの類型にあてはまるものに限られないとしている。

　そこで，不適切さをこれまでの違反事例の中から見てみることにする。「事業者が自らの効率性の向上等の企業努力により低価格で良質な商品を提供した

ことによって，競争者の非効率的な事業活動の継続が困難になったとしても，これは独禁法が目的とする公正かつ自由な競争の結果」（排除型私的独占ガイドライン・第2・1(1)）であるから，不適切さとはかかる競争の成果に反して効率的な事業活動を抑圧する要素があることになる。競争相手の費用を引き上げる (raising rivals' costs〔RRC〕) 効果を仕掛けることは，競争の成果の1つである効率性の向上を阻害するもので，不適切な排除行為となる。

事　例〔4-5〕　北海道新聞社事件

　北海道新聞社（Y）が函館地区に参入してきた日刊新聞を発行するH社の事業活動を妨害するために採った次の一連の対策が，私的独占の排除行為に該当するとされた。

「(一)　新聞題字対策について

(1) Yは，平成6年9月19日ころ開催した函館対策会議の決定を受け，函館地区に新設される新聞社に使用させない意図の下に，自ら使用する具体的な計画がないにもかかわらず，函館地区で新聞を発行する場合に使用されると目される新聞題字の選定を行い，その結果，『函館新聞』など9つの新聞題字について，同年10月20日ごろ，特許庁に対し商標登録を求める出願手続を行い，同年12月5日ころ開催した役員会において，これを了承した。

(2) その後，Yは，商標登録出願中の新聞題字のうち『函館新聞』をH社が使用することが明らかとなったことから，平成8年5月7日ころ開催した役員会において，新聞題字については厳しく対応することを決定し，同年6月から平成9年1月までの間，計5回にわたり，H社に対し，前記商標登録出願中の新聞題字『函館新聞』の使用中止を求めることなどを内容とする文書を送達した。

　なお，Yは，平成9年2月13日，商標登録出願を行った前記9つの新聞題字のうち，5つの新聞題字について商標登録出願を取り下げたが，その余の4つの新聞題字についてH社が行ったYの商標登録出願に対する異議申立てが平成9年11月に特許庁により認められ，当該商標登録出願について拒絶査定を受けたことから，これを不服として，同年12月，特許庁に対し審判請求をした。

(二)　通信社対策について〔略〕

(三)　広告集稿対策について

(1) Yは，平成8年5月7日ころ開催した役員会において，函館地区の新夕刊紙の発刊の動きに対抗して同地区向けの紙面拡充を図るため，北海道新聞の夕

刊本紙の別刷りとして地域情報版の発刊を決定するとともに，当該地域情報版掲載広告については，H社の広告集稿活動を困難にさせる意図の下に，同社の広告集稿対象と目される中小事業者を対象とした大幅な割引広告料金等を設定することとし，これを検討してきたところ，当該地域情報版に関する収支試算上，損失が生じることが予測されたにもかかわらず，同年9月30日ころ開催した役員会において，地域情報版掲載の営業広告の基本料金を本紙掲載広告の約半額の水準とすること，これを扱う広告代理店の広告取扱手数料に一定率の割増手数料を加算すること等を内容とする地域情報版の広告料金等の設定を決定し，これを同年11月5日から実施している。

(2) このため，H社は，平成9年1月1日の函館新聞発刊以来現在に至るまで，広告集稿活動が困難な状況にあり，低廉な広告料金による受注を余儀なくさせられていた。

(四) テレビコマーシャル対策について〔略〕」

〔公取委同意審決平12・2・28審決集46巻144頁〕

　上記事例で記述が省略されている（二）通信社対策と（四）テレビコマーシャル対策は，それぞれニュース配信事業者またはテレビ放送事業者にH社との取引をしないように依頼したもので，ニュース配信事業者等の力を集結している共同行為の範疇に属し，Yがニュース配信事業者等と通謀または支配の関係にあるとの評価も可能である。

　（一）新聞題字対策と（三）広告集稿対策は，単独行為としての排除行為にあたる。したがって，正常な事業活動とは区別される不適切さが必要である。新聞題字対策には，商標権という公的な法制度が持つ排他的権利を競争事業者であるH社を妨害するためにだけ濫用したこと（**事例〔23-6〕参照**）と，適当な新聞題字の選択の幅を狭めることによりH社の費用を引き上げていることに不適切さを見いだすことができる。また，広告集稿対策についても，赤字となるような低廉な広告料金で広告掲載を引き受け，広告代理店には割増しの取扱手数料を支払うことにより，広告の集稿を図ることは，H社の広告集稿量を減らしたり，広告料金を引き下げざるをえなくなることにより広告収入も減ることになって，H社の事業継続の費用を引き上げていることに不適切さを見いだすことができる。

(2) 効率性を反映しない排除行為

大口取引のように販売数量の増加に比例して、契約事務経費や配送費の節減、さらには投資効率の向上などの経済的成果が見られるときに、これらに応じて割戻リベートを提供したり、販売促進リベートを設けて、顧客の需要増を誘引したりすることは、通常の事業活動としてありうることである。しかし、このような効率性向上の趣旨がなく、シェアの高い事業者が専ら自社への取引集中効果を狙った忠誠（占有率）リベートや過度な累進リベートには、通常の事業活動とは区別される不適切さが見いだせる。

事 例〔4-6〕インテル事件

パソコン用CPUの販売事業者である日本子会社のインテル社（Y）は、わが国におけるCPU総販売数量の大部分を占め、強いブランド力を有している。Yは、平成12年ころ以降、競争事業者がより安い価格で発売したことを契機として、「平成14年5月ころ以降、各国内パソコンメーカーのMSS（Yが国内パソコンメーカーに対して営業活動を行う場合、各国内パソコンメーカーが製造販売するパソコンに搭載するCPUの数量のうちY製CPUの数量が占めるマーケット・セグメント・シェアと称する割合）を最大化することを目標として、Y製CPUを直接販売している国内パソコンメーカーのうちの5社（平成12年から平成15年までの期間において、Y及び競争事業者2社が当該5社に対して販売したCPUの数量の合計がCPU国内総販売数量に占める割合は約77パーセントである。）に対し、それぞれ、その製造販売するパソコンに搭載するCPUについて
ア　MSSを100パーセントとし、Y製CPU以外のCPU（以下「競争事業者製CPU」という。）を採用しないこと
イ　MSSを90パーセントとし、競争事業者製CPUの割合を10パーセントに抑えること
ウ　生産数量の比較的多い複数の商品群に属するすべてのパソコンに搭載するCPUについて競争事業者製CPUを採用しないこと
のいずれかを条件として、Y製CPUに係る割戻金又はMDF（マーケット・ディベロップメント・ファンドと称する資金）を提供することを約束することにより、その製造販売するすべて若しくは大部分のパソコン又は特定の商品群に属するすべてのパソコンに搭載するCPUについて、競争事業者製CPUを採用しな

いようにさせる行為を行っている」。

〔公取委勧告審決平17・4・13審決集52巻341頁〕

上記事例にいう MSS とは，パソコンメーカーの CPU の購入量の増減に関わりなく，Y からの購入量の割合が大きいことを条件として，割戻金等を支給するというものであるから，パソコンメーカーが専ら競争事業者製 CPU の購入を削減し，または購入しないことにより達成できるであろう条件となって，効率性を反映することなく，自社への取引集中効果と競争事業者との取引排除効果を狙ったところに不適切さを見いだすことができる。競争事業者が対抗するためには，不合理な費用支出を余儀なくされることにもなる。

(3) 競争事業者が対抗できない価格圧搾による排除行為

原材料市場とそれを用いて製造する製品市場のように，一連の川上市場と川下市場があって，両市場で事業活動を展開する事業者またはその子会社が，川上市場で独占的地位にある場合に，川下市場に存在する競争事業者との競い合いを有利に進めるために，独占的に供給している原材料を自社またはその子会社には競争事業者よりも安い価格で供給し（価格圧搾またはマージン圧搾〔price squeeze, margin squeeze〕），川下市場の製品価格で競争事業者が対抗できないようにしようとする差別的取扱いの問題がある。

事 例〔4-7〕 NTT 東日本事件

超高速デジタルデータ通信の分野において，平成14年3月末で，川上市場となる光ファイバ設備を東日本地区全体で76％，政令指定都市および県庁所在都市では92％を保有し，かつ川下市場となる戸建て住宅向け FTTH サービスで80数％のシェアを有していた NTT 東日本（Y）が，光ファイバ設備への接続義務を負う第一種指定電気設備事業者であるところ，平成14年6月から設定したニューファミリータイプと称する FTTH サービスにあって，芯線直結方式と実質異ならないにもかかわらず，分岐方式を採るとした Y 提供の FTTH サービスのユーザー料金を，他の電気通信事業者が Y の光ファイバ設備に芯線直結方式で接続して提供する FTTH サービスの接続料金を下回るものとして，他の電気通

信事業者が対抗することを困難にしたことについて,「当時東日本地区において既存の加入者光ファイバ設備と接続してFTTHサービスを提供しようとする電気通信事業者にとって,その接続対象は,大都市圏の管路を多く保有し,光ファイバの芯線数及び敷設範囲で他社に比して極めて優位な地位にあり,接続に要する設備等も整っていたYに事実上限られていた。加えて,FTTHサービスは,主として事業の規模によってその効率が高まり,かつ,加入者との間でいったん契約を締結すると競業者への契約変更が生じ難いという点で,市場における先行者であるYに有利な特性を有していたものといえる。そして,本件行為期間において,Yはニューファミリータイプの FTTH サービスを芯線直結方式によって提供しており,当時の需給関係等からみてこれによってもダークファイバが不足するような事態は容易に想定し難く,Yにおいても分岐方式への移行の具体的な予定がなかったことなどからすれば,ニューファミリータイプのFTTHサービスはその実質において芯線直結方式を前提とするベーシックタイプと異なるものではなかったというべきところ,ニューファミリータイプのユーザー料金は芯線直結方式において他の電気通信事業者から取得すべき接続料金を下回るものであったというのであるから,Yの加入者光ファイバ設備に接続する電気通信事業者は,いかに効率的にFTTHサービス事業を営んだとしても,芯線直結方式によるFTTHサービスをニューファミリータイプと同額以下のユーザー料金で提供しようとすれば必ず損失が生ずる状況に置かれることが明らかであった。しかも,Yはニューファミリータイプを分岐方式で提供するとの形式を採りながら,実際にはこれを芯線直結方式で提供することにより,正に上記のような状況が生ずることを防止するために行われていた行政指導を始めとするユーザー料金等に関する種々の行政的規制を実質的に免れていたものといわざるを得ない。他方で,Yは,FTTHサービス市場において他の電気通信事業者よりも先行していた上,その設置した加入者光ファイバ設備を自ら使用していたためユーザー料金が接続料金を下回っていたとしても実質的な影響はなく,ダークファイバの所在等に関する情報も事実上独占していたこと等にもかんがみれば,Yと他の電気通信事業者との間にはFTTHサービス市場における地位及び競争条件において相当の格差が存在したということができる。また,本件行為期間は1年10か月であるところ,その間のFTTHサービス市場の状況にかんがみ,当時同市場は急速に拡大しつつあったものと推認されるから,上記の期間はYによる市場支配力の形成,維持ないし強化という観点から相応の有意な長さのある期間であったというべきである。

　以上によれば,本件行為は,Yが,その設置する加入者光ファイバ設備を,

> 自ら加入者に直接提供しつつ，競業者である他の電気通信事業者に接続のための設備として提供するに当たり，加入者光ファイバ設備接続市場における事実上唯一の供給者としての地位を利用して，当該競業者が経済的合理性の見地から受入れることのできない接続条件を設定し提示したもので，その単独かつ一方的な取引拒絶ないし廉売としての側面が，自らの市場支配力の形成，維持ないし強化という観点からみて正常な競争手段の範囲を逸脱するような人為性を有するものであり，当該競業者のFTTHサービス市場への参入を著しく困難にする効果を持つものといえるから，同市場における排除行為に該当するというべきである」。
>
> 〔最判平 22・12・17 民集 64 巻 8 号 2067 頁〕

　上記事例では，川上市場の同質の光ファイバ設備を，Yは川下市場のFTTHサービスに接続するにあたり，自社については他の電気設備事業者よりも実質安い接続料金で提供したとみなしたもので，かかる価格圧搾とともに，川下市場での自社の効率向上を反映したともいえないところに不適切さを見いだすことができる。

　なお，排除行為に該当するためには，市場から完全に排除したり，新規参入が全くできないような結果が現実に発生したことまで必要とするわけではなく，事業活動の継続や開始を困難にする蓋然性が高いことで足りる。また，行為者が排除の意図を有している必要があるものでもないが，そのような意図の存在は排除行為であることを推認させる重要な事実となるし，**事例〔4-5〕**のように，複数の行為を一連の排除行為と認定する要因となる（排除型私的独占ガイドライン・第 2・1(1)）。

　ところで，例えば，不可欠施設（essential facilities）で示される当該産業への参入に不可避的に必要な設備の部分だけが 1 事業者のものとなっているボトルネック独占（電力・通信における最終需要者に供給するラスト・ワン・マイルのネットワーク設備など）が生じている場合に，競争業者にその接続や使用をさせないことが排除型私的独占となる不適切さがあるかどうかについては，慎重にならざるをえない。参入促進・競争促進の観点から接続・使用義務を課すとしても，その接続・使用条件などの考慮要因が多く，単純な問題ではないからである。

テーマ3　支配型私的独占

　市場において自由な事業活動が行われることによって，競争が成り立つ。自由な事業活動を制約する形態の一つが，一方の事業者の意向に従って他の事業者が競い合う行動をとらなくなることである。このような方法で競争を制限する行為を支配型私的独占という。それでは，一方の事業者から他の事業者へその意向はどのように伝えられるのであろうか。

(1) 支配の意味

　支配行為は，独占化行為の一態様として，他の事業者の事業活動を行為者の意向に沿ったものとすることである。被支配事業者から見れば，行為者の意向を忖度した行動をとる契機となる行為である。しかし，プライス・リーダーシップという寡占市場における現象のように，有力事業者の値上げ行動を見て，他の競争事業者が同調して値上げすることになったからといって，有力事業者の値上げ行動が支配行為とされるわけではない。かかる独立の行動に他の事業者が追随したことで，違法となる可能性が出てくるとすると，かえって事業者が自由な事業活動を展開できないことになるからである。

　したがって，支配行為とするためには，行為者の意向が被支配事業者に伝わることについて，意思の連絡といった人為性が必要となる。次に，被支配事業者が行為者からの意思の連絡をもって伝えられた意向に従うものであることが必要となる。その場合に，行為者の力や不利益示唆に逆らえずに，不本意に従ったものである場合に限られない。行為者からの利益提供に応じて進んで従った場合も含まれるし，自らも考えを同じくして積極的に従った場合も支配行為となる。自らの意思で競争回避行動をとることこそ，最強の競争制限行為だからである。要するに，支配行為とは，不当な取引制限の相互拘束行為が一方の拘束行為となったもので，共同行為の範疇に属する。

事　例〔4-8〕　日本医療食協会事件

厚生省（当時）から医療用食品の唯一の検査機関として指定を受けた日本医療

食協会（Y_1）とともに，日清医療食品（Y_2）が医療用食品の独占的供給体制を確立するために，医療用食品を製造または販売しようとする事業者の事業活動を排除するとともに，医療用食品の製造販売業者の販売先や販売業者の仕入先，販売先，販売価格，販売地域および販売活動を制限してこれらの事業者の事業活動を支配した私的独占事件で，Y_2と同じ一次販売業者として参入するM社に対して，

「（一）　Y_1は，昭和61年に入り，医療用食品業界におけるY_2の独占的供給体制への社会的批判が高まってきたことから，これをかわすため，同年9月，かねてから医療用食品の1次販売業者になることを希望していたM社を1次販売業者にすることについてY_2の意向を打診した。

（二）　これに対し，Y_2は，M社の参入の条件として，M社の参入地域は，地理的条件等から医療用食品の普及率の低い地域に限定すること等をY_1に提案した。

（三）　Y_1及びY_2は，Y_2の独占的供給体制を実質的に維持しY_1の検定料収入を安定的に確保するため，昭和61年10月30日，前記Y_2の提案をほぼ取り入れた次の事項を主たる内容とするY_1，Y_2及びM社間の協定書を作成し，M社に締結させた。

(1) M社が新たに参入する地域は，医療用食品の普及率の低い地域を中心とする21都道県のみとする旨
(2) 医療用食品の販売系列は，Y_2及びM社の2系列とし，Y_2及びM社は共同して両社の系列に属さない販売業者の参入の防止に努める旨
(3) Y_2及びM社は，新規の2次販売業者をY_2又はM社のいずれかの系列に属させ，自己の系列以外の2次販売業者には販売しない旨
(4) Y_2及びM社は，他の販売業者から既に医療用食品を購入している医療機関に対しては，一切の営業活動を行わず，2次販売業者に対しても，これを遵守させる旨
(5) Y_2及びM社は，今後においても，Y_2系製造業者に対しては専らY_2に，M社系製造業者に対しては専らM社に販売させる旨
(6) Y_2及びM社は，医療機関に対しては，Y_2又はM社が定めた医療機関向け販売価格（以下「定価」という。）で販売し，2次販売業者に対しても，定価で販売することを遵守させる旨
(7) Y_2及びM社の2次販売業者向け販売価格は同一とする旨
(8) 前記(6)に違反した場合は，Y_2及びM社はY_1に調停を求める旨」。

〔公取委勧告審決平8・5・8審決集43巻209頁〕

上記事例では、M社もY₂とともに相互にその事業活動を拘束する内容の協定を締結したのであるから、不当な取引制限を行ったと捉えることも可能であるが、Y₂が主導する供給体制の確立に協力させられたものとして、M社の事業活動が支配されたとの法適用が行われた。なお、医療用食品は、入院時食事療養費に一定金額を加算した給付が受けられる制度で、健康保険から出費させるものであったが、この審決の後、旧厚生省は同制度を廃止した。

実態は入札談合であるが、入札談合の当事者となる事業者らに入札談合と同様の結果を出すように指示した事業者の行為を支配行為としてとらえた次の事例がある。通常、入札談合はその当事者となる事業者らの不当な取引制限とされるから、支配型私的独占と不当な取引制限は、共同行為として近接し連続する位置にある。

事 例〔4-9〕 福井県経済農業協同組合連合会事件

福井県経済農業協同組合連合会（Y）が会員である農業協同組合等から委託を受けて、補助事業の対象となる穀物の乾燥・調製・貯蔵施設の製造請負工事（以下「特定共乾施設工事」という）の施主代行業務を行い、その報酬として管理料を収受してきたところ、「Yは、平成23年9月頃以降、特定共乾施設工事について、施主代行者として、工事の円滑な施工、管理料の確実な収受等を図るため、次の方法等により、受注予定者を指定するとともに、受注予定者が受注できるように、入札参加者に入札すべき価格を指示し、当該価格で入札させていた。

(1) 当該施設の既設業者を受注予定者と決定する。

(2) 受注予定者に対し、『ネット価格』と称する受注希望価格を確認し、当該価格を踏まえて、受注予定者の入札すべき価格を決定し、受注予定者に当該価格で入札するように指示する。

(3) 受注予定者の入札すべき価格を踏まえて、他の入札参加者の1回目及び2回目の入札すべき価格を決定し、他の入札参加者に当該価格で入札するように指示する。〔中略〕前記事実によれば、Yは、特定共乾施設工事について、受注予定者を指定するとともに、受注予定者が受注できるように、入札参加者に入札すべき価格を指示し、当該価格で入札させることによって、これらの事業者の事業活動を支配することにより、公共の利益に反して、特定共乾施設工事の取引分野における競争を実質的に制限していたものであって、この行為は、独占禁止法第

2条第5項に規定する私的独占に該当し、独占禁止法第3条の規定に違反するものである」。

〔公取委排除措置命令平27・1・16審決集61巻142頁〕

　同様の事例は、医療用ベッド製造業者が入札に参加する販売業者に対して、落札予定者と入札すべき価格を指示したことが支配型私的独占とされた事件（**事例〔4-13〕**）でもみられたところである。入札談合において発注官庁等が行う官製談合事件に相似する。

(2) 支配行為と企業結合

　他の事業者の株式を保有したり、役員を兼任するといった、事業者の内部から経営判断を左右できる企業結合手段を用いたことで、支配行為ということができるかという問題がある。支配行為とは、被支配事業者の事業活動をどのようにしてもらいたいという行為者からの意向の伝達、いわゆる干渉ともいうべき行為があることが必要で、そのような具体性までない、蓋然性にとどまるならば、私的独占ではなく、独禁法第4章に規定する企業結合規制で取り扱うべきではないかという問題である。

事　例〔4-10〕東洋製罐事件

　昭和46年において、わが国の食缶総供給量のうち約56％を占める東洋製罐（Y）が他の食缶製造業者であるA社、B社、C社およびD社の事業活動を支配し、缶詰製造業者の自家製缶についての事業活動を排除した私的独占事件において、A社について、「A社は、昭和17年10月、Yおよび食かんの大口需要家のK社、M社、G社等が共同出資して設立した〔中略〕食かん製造業者である。

　しかして、Yは、A社の設立時において、同社の発行済株式総数2000株の33.5％に当る670株を自社または自社の役員等の名義により取得した。その後、Yは、A社の株式を新たに取得し、または、増資割当を受け、昭和47年6月末日現在、42万3000株を自社の名義により、また、120万株を〔（Yの系列法人である）T_1社、T_2社、T_3社、T_4社、T_5社およびT_6研究所〕各名義により所有しており、この所有株式の合計162万3000株は、A社の発行済株式総数200万株の約81％

を占めるものである。
　しかして，Yは，昭和17年10月以降，自社の役員または従業員を現職のまま，または，退職させたうえでA社の役員または，これに準ずる地位に就任させ，その経営に参加させており，昭和46年11月末日現在におけるA社の役員のうち，Yの役員または前従業員である者は，次のとおり〔5名〕である。〔中略〕
　Yは，昭和39年6月20日『関係会社の運営ならびに事務取扱要領』を定め，これにより，A社を自己の意向に従って営業するよう管理している。
　なお，Yは，従来，A社に食かんの下請生産をさせているが，昭和46年において，A社に下請させた数量は，A社の食かん全販売数量の約33パーセントに達している」。

〔公取委勧告審決昭47・9・18審決集19巻87頁〕

　上記事例では，YがA社の事業活動を具体的にどのようにさせたかとの事実認定が見られない。A社にYとの積極的な競争を回避する行動をとらせたものであろうことは推察できる。しかし，それが株式保有から生じる蓋然性にとどまるならば，企業結合規制で扱うべき事柄になる。私的独占の支配行為に至るものとして扱うには，株式保有に加えて+αの要因が必要となる。その+αを「『関係会社の運営ならびに事務取扱要領』を定め，これにより，A社を自己の意向に従って営業するよう管理している」で表したのであろう。

　なお，C社に対する支配行為については，株式保有に加えて，「Yは，YとC社とは，将来合併すべきであるとの基本的諒解を前提として，両者間の協調促進および合併阻害要因の発生の阻止，すなわち，両社間における二重投資および競争関係の成立を意味する一切の営業活動を回避するとの理由の下に，C社の販売地域を北海道一円に限定し，さらに，最近著しく伸長している飲料かんの製造を阻止する等，C社の事業活動を制限しており」として，具体的事例も掲げられている。

　ところで，YがC社の本州地区進出を阻止したことは排除行為と同じ効果であるが，YからC社への意思の連絡があって行われたことであるから支配行為であり，支配行為（共同行為）は排除行為（単独行為）に優先して適用される。

(3) 間接支配

　支配行為とは，行為者がその意向を被支配事業者に伝える人為性を必要とするが，その手段が行為者から被支配事業者へ直接伝達するものでなくとも，寡占市場において行為者が他の競争事業者の事業活動を一定方向に余儀なくさせるような仕掛けを設けることも支配行為に該当するという問題がある。前者を直接支配とするならば，後者はいわゆる間接支配の問題である。

事　例〔4-11〕 野田醤油事件

　昭和28年12月，首位メーカーの野田醤油（Y）が製造販売するしょう油の小売価格を値上げする際に，小売業者が値上げを励行するように再販売価格維持行為を行い，Yと同格とされる他のメーカー3社も同調して小売価格まで含めて値上げした。公取委（X）は，Yが再販売価格維持行為という仕掛けを行うことにより，他のメーカー3社の価格行動を支配したとして，私的独占の審決を行った。Yが提起した審決取消訴訟を棄却する判決において，「Yは独占禁止法2条5項にいう『他の事業者の事業活動の支配』とはなんらか支配者の側でする制圧の要素がなければならず，その者の関知しない客観的条件の存するため，結果としてその行為が他の事業者の事業活動を支配することとなつても，それはここにいう支配ではないとしてYの行為は他の価格決定を支配したものということはできないと主張する。よつて按ずるに右法条に私的独占を成立せしめる行為として他の事業者の事業活動を支配するとは，原則としてなんらかの意味において他の事業者に制約を加えその事業活動における自由なる決定を奪うことをいうものと解するのを相当とする。しかしこのことから一定の客観的条件の存するため，ある事業者の行為が結果として他の事業者の事業活動を制約することとなる場合はすべてここにいう支配に当らないとするのは狭きに失するものといわなければならない。なんとなれば，法は支配の態様についてはなんらの方法をもつてするかを問わないとしているのであつて，その客観的条件なるものが全く予期せざる偶然の事情であるとか，通常では容易に覚知し得ない未知の機構であるとかいう特別の場合のほかは，一般に事業者はその事業活動を営む上において市場に成立している客観的条件なるものを知悉しているものというべきであるから，自己の行為がその市場に存する客観的条件にのつて事の当然の経過として他の事業者の事業活動を制約することとなることは，当然知悉しているのであつて，かような事業者の行為は結局その客観的条件なるものをてことして他の事業者の事業活

を制約することに帰するのであり，ここにいう他の事業者の事業活動を支配するものというべきであるからである。本件で市場に存する客観的条件とはしよう油業界における格付及びそれにもとづくマーク・バリユー，品質，価格の一体関係から他の生産者がYの定めた価格に追随せざるを得ない関係をさすことは明らかであり，このような市場秩序の存するところでYがその再販売価格を指示しかつ維持し小売価格を斉一ならしめれば，他の生産者はおのずから自己の製品の価格をこれと同一に決定せざるを得るにいたり，その間価格決定につき独自の選択をなすべき余地はなくなるというのであつて，これがすなわちYの価格支配であるとする審決の所論は，そのような市場秩序があるといい得るかどうか，Yが小売価格を斉一ならしめているかどうかの事実の有無は後に見るとおりであるが，それはとにかく，その論理の構造においてはなんら不合理なものあるを見ないのである。ただYの行為に客観的条件が作用する場合であつても，Yの生産者価格が決定された結果，他の生産者がその格付を維持するためそれと同一の生産者価格を決定せざるを得ないとしても，この行為をこの側面からとらえて私的独占の一場合たる価格支配となし得ないことはXが審決において認めるところである。しかしこのことから，生産者のする再販売価格の指示及び維持による他の価格支配もまた許されるとすることのできないことは多言をまたない。生産者がその生産する商品を販売するにあたり自らその販売価格すなわち生産者価格を決定することはそのなすべき当然のことであり，それなくしては生産者の事業活動そのものが許されなくなるのであるが，生産者がする再販売価格の指示及び維持は本来自己の事業活動そのものとは不可欠の関係にあるものではないのみでなく，むしろ多くの場合独占禁止法上不公正な取引方法として禁止せらるべきものに当ることを保しがたいのである。本件においてYがその再販売価格とくに小売価格の指示をしその維持行為をする限り，業界におけるYの優越なる地位と相まちその末端の小売価格は少くとも東京都内において斉一となり，キッコーマン印しよう油はいずれの小売店においても画一的な価格で売られ，キッコーマンはいくらという一定の価格を帯びるにいたり，その結果これと同一の格付にある他の三印はその格付を維持するためこれと同一の小売価格を定めざるを得ないこととなり，ここに右小売価格から卸価格，生産者価格の三段階を含む価格体系をYのそれと同一ならしめざるを得ないこととなるのはみやすい道理であるから，ひつきようYの再販売価格の指示及び維持行為が他の生産者の価格決定を支配することとなるのである」。

〔東京高判昭 32・12・25 高民集 10 巻 12 号 743 頁〕

上記事例では、Yが支配したのは、意思の連絡を含む再販売価格維持行為による小売業者の価格行動であって、これが原因となって波及し、他のメーカーの価格行動の追随を招来し、しょう油市場の価格競争を実質的に制限したという構成も可能である。その場合、Yと小売業者の間で直接支配があったことになるから、間接支配の考え方を持ち出すまでもないことになる。しかし、しょう油の一斉値上げについて、メーカー間で意思の連絡があって相互拘束する不当な取引制限と意思の連絡が認められない意識的並行行為（独禁法違反行為にはならない）の狭間で、Yが行った再販売価格維持行為という人為性をとらえて、しょう油市場の特性と関係付けることにより、高度寡占市場における企業行動がより競争制限的なものとならないよう注意すべきとした手法には見るべきものがある。

テーマ4　私的独占の競争制限効果

　他の事業者の事業活動を排除したり、支配したりする行為が行われたことにより、市場に競争相手が全く見当たらなくなるという、文字通りの独占的状態が出現することを私的独占の競争制限効果というのだろうか。そこまでの効果がなくとも、既存の事業者に挑戦し、競い合う行動が新たにとりにくくなったり、新規参入しようとする事業者の意欲を減退させたりする状況にしているということでも、競争制限効果が認められるだろうか。

(1) 排除行為と競争の実質的制限

　排除行為が独占または独占に近い状態をもたらす場合には、通常、競争を実質的に制限すると判断されるが、独占的状態にまで至らなくとも、他の事業者の事業活動の継続あるいは参入が困難となることが経済的に不合理とみられるような状況が現出すれば、競争が実質的に制限されているもので、その意味で流通・取引慣行ガイドラインが共同ボイコットによる競争の実質的制限の徴表として掲げた次のような例示が参考になる。

　① 価格・品質面で優れた商品を製造し、又は販売する事業者が市場に参入

することが著しく困難となる場合又は市場から排除されることとなる場合
② 革新的な販売方法をとる事業者などが市場に参入することが著しく困難となる場合又は市場から排除されることとなる場合
③ 総合的事業能力が大きい事業者が市場に参入することが著しく困難となる場合又は市場から排除されることとなる場合
④ 事業者が競争の活発に行われていない市場に参入することが著しく困難となる場合
⑤ 新規参入しようとするどの事業者に対しても行われる共同ボイコットであって，新規参入しようとする事業者が市場に参入することが著しく困難となる場合

事　例〔4-12〕　有線ブロードネットワークス事件

　わが国における業務店向け音楽放送の受信契約数が平成 16 年 7 月時点で 72％程度を占める有線ブロードネットワークス（Y_1）およびその代理店である日本ネットワークヴィジョン（Y_2）が，受信契約数が 20％程度を占める第 2 位の競争事業者 C 社の顧客に限って，月額聴取料の無料期間の延長や引下げを提示する行為が排除型私的独占とされた事件において，「Y_1 及び Y_2 は，前記の行為により，著しく多数の C 社の顧客を奪取しており，C 社の受信契約の件数は，平成 15 年 6 月末時点の 262,821 件から，平成 16 年 6 月末時点の 216,175 件へと著しく減少（17 パーセント程度の減）した。

　この結果，国内における業務店向け音楽放送の受信契約件数において，Y_1 の国内における業務店向け音楽放送の受信契約数の占める割合は 68 パーセント程度（平成 15 年 6 月末時点）から 72 パーセント程度（平成 16 年 7 月末時点）に増加し，C 社の国内における業務店向け音楽放送の受信契約数の占める割合は 26 パーセント程度（平成 15 年 6 月末時点）から 20 パーセント程度（平成 16 年 7 月末時点）に減少している。

　また，C 社は，平成 15 年 6 月末時点において 128 箇所あった営業所を平成 16 年 8 月末時点で 90 箇所に減少させている」。

〔公取委勧告審決平 16・10・13 審決集 51 巻 518 頁〕

　上記事例は，排除行為が他の事業者の事業活動の継続を困難にさせた排除効

果を示すと同時に，業務店向け音楽放送の取引分野の市場閉鎖効果も示して，同取引分野における競争の実質的制限を認定している。市場内の競争制限効果を統合型市場支配とし，そのほかに市場外からの新規参入を困難とすることで競争の実質的制限を認定する閉鎖型市場支配の考え方がある。両者を通じて市場支配力の形成・維持・強化の面から説明することも可能であるが，楽市楽座や特区構想に見られる新規参入こそ競争を活発化する最大の要素との発想からすれば，私的独占の市場閉鎖効果に着目する考え方は本質的である。

なお，Y_1とＣが争った民事訴訟では，上記の差別料金に加えて，Y_1がＣの従業員に対し虚偽の事実を告げて，Ｃの従業員総数の約3割に相当する者をY_2に転籍させ，転籍した元従業員を使ってＣの顧客に特別に有利な取引条件を提示させてY_1に切り替えさせるための勧誘を行ったことが不公正な取引方法を手段とする違法な行為であると認定された（USEN損害賠償請求事件＝東京地判平20・12・10判時2035号70頁）。

(2) 市場支配力の形成

弊害要件である「一定の取引分野における競争を実質的に制限する」の意義については，判例上，私的独占においても，競争自体が減少して，特定の事業者または事業者集団がその意思で，ある程度自由に，価格，品質，数量，その他各般の条件を左右することによって，市場を支配することができる状態を形成・維持・強化することをいうものと解される旨判示されている（NTT東日本事件＝東京高判平21・5・29審決集56巻第2分冊262頁）。市場支配的状態，すなわち特定の事業者または事業者集団が有する市場支配力が形成・維持・強化されていれば，現実に価格の引上げ等が行われていない場合であっても，競争を実質的に制限すると認められる。

事 例〔4-13〕 パラマウントベッド事件

パラマウントベッド（Y）が東京都財務局が競争入札の方法で発注する医療用ベッドについて，他の製造業者にない，Yが実用新案権等を有していることを隠した構造を発注仕様書に盛り込ませて，他の製造業者を排除し，入札に参加す

る販売業者に対しては,落札予定者と入札すべき価格を指示する支配を行った私的独占事件について,「Yの行為により,平成7年度以降,財務局発注の特定医療用ベッドについて,仕様書入札のほとんどの案件において,他の製造業者が製造する医療用ベッドを納入予定とする販売業者は入札に参加することができず,その結果,他の製造業者は製品を納入することができなくなっており,また,仕様書入札のほとんどの案件及びYの製品の製品指定入札の案件において,入札参加者は同社から入札価格の指示を受けて,当該価格で入札させられており,その結果,同社が定めた落札予定者が同社が定めた落札予定価格で落札している」。

〔公取委勧告審決平 10・3・31 審決集 44 巻 362 頁〕

市場支配力の形成とは,市場支配力が存在しなかった市場に,違反行為を通じて市場支配力を出現させることであり,上記事例ではYが市場支配力を有するに至ったことが明らかにされている。

(3) 市場支配力の維持・強化

シェアが群を抜いて高い事業者がいるガリバー型の高度寡占市場においては,当該首位事業者がすでに市場支配力を保持しているといえる場合でも,新たな排除行為や支配行為が行われて,市場支配力が維持・強化されるときに,独禁法の適用を考えることは重要なことである。有効な競争があるとはいえない高度寡占市場に出現した新たな競争者の芽をつぶさないようにすることには,より注意が払われる必要があるからである。特に,ネットワーク効果により初期に多くの顧客を獲得してシェアを高めた事業者がその後もシェアを高めることができる市場ではなおさらのことである。そのために,市場支配力の維持・強化の観点は重要である。

事 例〔4-14〕 NTT 東日本事件

前出事例〔4-7〕でみた電気通信の分野で高いシェアを有するNTT東日本(Y)の排除型私的独占事件について,「前記事実関係等によれば,本件行為期間において,ブロードバンドサービスの中でADSLサービス等との価格差とは無関係に通信速度等の観点からFTTHサービスを選好する需要者が現に存在してい

ことが明らかであり，それらの者については他のブロードバンドサービスとの間における需要の代替性はほとんど生じていなかったものと解されるから，FTTHサービス市場は，当該市場自体が独立して独禁法2条5項にいう『一定の取引分野』であったと評価することができる。そして，この市場においては，既に競業者であるA社及びB社が存在していたが，これらの競業者のFTTHサービス提供地域が限定されていたことやFTTHサービスの特性等に照らすと，本件行為期間において，先行する事業者であるYに対するFTTHサービス市場における既存の競業者による牽制力が十分に生じていたものとはいえない状況にあるので，本件行為により，同項にいう『競争を実質的に制限すること』，すなわち市場支配力の形成，維持ないし強化という結果が生じていたものというべきである。さらに，Yが本件行為を停止した後に他の電気通信事業者が本格的にFTTHサービス市場への新規参入を行っていること，その前後を通じてA社及びB社の競争力に変動があったことを示すような特段の事情はうかがわれないこと等からすれば，FTTHサービス市場における上記のような競争制限状態は本件行為によってもたらされたものであり，両者の間には因果関係があるということができる」。

〔最判平22・12・17民集64巻8号2067頁〕

　上記事例では，市場支配力の形成，維持ないし強化というオールラウンドな表現となっているが，原審判決（前出東京高判平21・5・29）において「Yの……行為は他の電気通信事業者が東日本地区における戸建て住宅向けFTTHサービス事業に新規に参入することを著しく困難にさせ，そのような状況の中で，Yはユーザー数を大幅に増加させたものであって，Yの行った本件行為は，東日本地区での戸建て住宅向けFTTHサービス事業の取引分野における競争を実質的に制限するものに該当するというべきである。確かに，上記の取引分野において，東京電力や有線ブロードとの間の競争の存在を否定することはできないが，その競争状態については，加入者光ファイバの保有量や保有地域の広狭，戸建て住宅向けFTTHサービスのシェア等において，Yが極めて優位な立場にあったと認められるから，Yが新規参入を妨げてそのような3社のみによる競争という状態を維持することは，市場支配的状態を維持，強化することにほかならないというべきである」としており，Yの市場支配力を

既存のものとして、その維持・強化を図ったという認識がより正確である。このような認識があって、行為規制をもって、独占的事業者ないし高度寡占市場における競争促進の可能性を確保する私的独占規制に十全を期しうる。

第5章

不当な取引制限

テーマ1　規制対象と要件

不当な取引制限とは，どのような行為だろうか。同じ3条に規定されている私的独占とはどのように異なるのだろうか。2条6項の定義規定では，何が要件とされているだろうか。

(1) 規制対象

不当な取引制限は，私的独占とともに，3条において禁止されている。私的独占が「単独」の行為を規制対象に含みつつ「結合」「通謀」による行為も含むのに対して，不当な取引制限は「共同」の行為のみが対象となる。私的独占が，行為者が他の事業者に対してその事業活動を「排除」または「支配」する行為を規制対象とするのに対して，不当な取引制限は，行為者間の「相互拘束」行為を規制対象とする。違反者に対して，排除措置命令の他に，細部は異なるものの課徴金納付命令と刑事罰が用意されていることは，両者に共通する（第Ⅴ部参照）。

不当な取引制限の典型例としては，「価格カルテル」や「入札談合」がしばしば例示される。競争者間の共同行為により，市場における競争を実質的に制限する行為をイメージしてもらえばよい。

例えば，個別の事業者は市場の価格や数量を左右する力を有しておらず，それぞれが自由に競争をしていたとする。利益を大きくしようとして高い価格をつければ，他の競争者らが低い価格で顧客を奪っていくため，利益は逆に小さくなる。低い価格をつけておいて，競争者らが高い価格をつければ，多くの顧

客に販売できるため，利益は大きくなるかもしれない。競争者らが自分より低い価格をつけるかもしれない，というリスクがある状況なら，どちらにせよ自己の価格は高くしない方が得である。これが通常の市場競争であり，事業者に効率化を促し，需要者（顧客や消費者）と社会の利益を最大化する。

ところが，競争者らがみんなで共同して，低い価格をつけないと確約し，裏切られることがないと確信を持てるようになれば，利益幅の大きい高い価格をつけることが可能になる。共同することにより，競争を制限し，価格・数量を左右する力を有するようになり，価格を引き上げ，不当に利益を得ようとするのが，カルテルという行為である。もちろん，これは顧客や消費者の側にとっては不利益であり，社会全体に損失を生じさせる行為である（第3章テーマ1(3)および(4)参照）。

実例のうちから典型的なものを1つ紹介する。

事　例〔5-1〕　LP ガス供給機器カルテル事件

(1)　Y_1〜Y_4の4社は，特定 LP ガス供給機器（自動車向けの LP ガス供給機器を除く供給機器を指す）の主要な原材料であるアルミニウム等の非鉄金属の価格が高騰していたこと等から，平成18年5月23日頃，特定LPガス供給機器について，平成18年6月ないし7月出荷分から，4社の販売価格（Y_4については子会社による販売価格を含む）を，現行の販売価格より10％程度引き上げることを合意した。

(2)　4社は，平成19年から平成20年にかけて，特定 LP ガス供給機器の原材料であるアルミニウム等の非鉄金属の価格が高止まりしている中，特定LPガス供給機器の梱包材料等に使用する石油関連製品の購入価格が高騰してきたこと等から，平成20年2月26日頃，特定LPガス供給機器について，平成20年4月頃出荷分から，4社の販売価格を，現行の販売価格より10％程度引き上げることを合意した。

(3)　4社は，前記(1)および(2)により，公共の利益に反して，わが国における特定LPガス供給機器の販売分野における競争を実質的に制限していた。

〔公取委排除措置命令平23・12・20審決集58巻第1分冊247頁〕

この事例において，仮に，Y_1だけが独自の判断で値上げしたらどうだろう

か。Y_1の顧客は値段の安いY_2〜Y_4のいずれかに奪われるかもしれない。Y_2〜Y_4も一緒に値上げするなら，顧客は逃げることができず，従来通りY_1で購入してくれるだろう。このような，自分だけ値上げすることによるリスクを回避し，安全かつ確実に値上げするために，他の競争者と価格について合意するのである。このことは，Y_2〜Y_4も同じであり，そこに価格カルテルを形成する意味がある。値上げの場合だけでなく，値下げして競争する場合も同様である。自己が協調的に価格を維持している間に，競争者が値下げして顧客を奪われれば，自己の損失は大きく，競争者の利益は大きい。競争者にとっても同じ状況であり，競争者間が遮断され不安定な場合には，協調的な行動をとることは一方的に損をし，逆に競争的に顧客を奪いにいく方が合理的である。このようなリスクを回避するために，連絡をとって，カルテルを形成するのである。連絡をとるということは，競争者が協調行動をとるという保証を与える機能を持つ。もちろん，このような価格カルテルは，需要者の利益を減少させ，社会全体の利益を減少させる効果が生じる行為である（第3章テーマ1参照）。

　この典型例のように，価格を引き上げるための合意など，専ら競争制限を目的とする競争者間の共同行為は，実効性をもって成立していれば，その範囲が一定の取引分野であり，競争も実質的に制限されているといえる。なぜなら，有効な競争圧力となりうるような競争者を取り込まなければ有効に成立しえないから，と説明されている（後出テーマ4(1)参照）。このような，専ら競争制限目的と効果しかないものを総称して，「ハードコア・カルテル」と呼ぶことがある。どこの国でも違反となり，最も重要な規制対象とされていることから，このように呼ばれる。価格カルテルの他に，数量（生産調整・減産）カルテル，入札談合，水平的市場分割カルテルなどが，ハードコア・カルテルの例として挙げられる（入札談合は，受注予定者を定め，その他の事業者は受注予定者が受注できるように協力する行為であり，価格カルテル等に比べると仕組みが若干複雑である。仕組みについては，第21章テーマ3参照）。

　ただし，実際には，典型的なカルテルであっても，それを形成し維持していくことが容易であるとは限らない。例えば，上記事例のY_4は，価格を引き上げる合意をしておいて，こっそり価格を引き上げずに維持すれば，従来通りの価格でY_1〜Y_3よりも相対的に安価になるため，Y_1〜Y_3の顧客を奪い利益を増

大させることができる。もちろん，裏切りはいずれ露見し，カルテルも崩壊し，元の競争状態に戻るため，利益の増大は一時的なものである。長期的に考えれば，カルテルを維持した方が大きな利益が得られたかもしれない。協調を維持すればより大きな利益が得られたはずなのに，裏切りによる利益の誘惑のせいで，協調が崩壊し限定された利益しか得られない状態のことを，「囚人のジレンマ」などと呼ぶ（下表参照）。この意味では，カルテルは緩やかな結合であり，常に裏切りと崩壊の危険性を有している。

「囚人のジレンマ」の例

※カッコ内は，（Aの利益，Bの利益）

	行為者Bは協調する	行為者Bは裏切る
行為者Aは協調する	（5，5）	（0，7）
行為者Aは裏切る	（7，0）	（1，1）

そこで，単に協調を確約するだけでなく，お互いの利益を最大化するための調整をし，長期的なカルテルを維持するために有効な手段を用意することが考えられてきた。例えば，協調には協調で応え，裏切りには即座かつ徹底的に競争で応じる，という戦略である。同じ市場にいる事業者が限定的で，カルテル（協調）・裏切り・しっぺ返し，というプロセスを何度も繰り返しているような場合には，さすがにお互いに学習してきて，裏切りによる一時的な利益よりも長期間カルテルを継続した利益の方が大きい，と理解し，カルテルを維持することができる（「フォーク定理」と呼ばれる）。その他にも，情報交換，監視活動，制裁，裁定制度など，カルテルの実効性を確保するため，様々な手段が用意されることがある（実効性を高めるため情報交換や再調整などを繰り返した事例として，例えば，後出**事例〔17-2〕**業務用ストレッチフィルム価格カルテル刑事事件）。実際に実効性をもって成立しているカルテルは，参加する競争者間でお互いに裏切らないという信用ができるように，このような用意周到な仕組みを作り上げているか，あるいは，このような仕組みがなくても協調が可能になる強固な信頼関係が存在する場合である，ということになる。したがって，実効性をもって成立しているカルテルは，競争を制限し市場機能を損なう危険性が高く，できるだけ早く除去することが望ましい。

協調関係を崩し，裏切り行為をさせるために導入されたのが，課徴金の減免

制度（リーニエンシー）である。カルテル・談合から先に抜け出して公取委に申告することで，課徴金が免除または減額される。そうすると，参加する競争者に裏切られるリスクが大きくなり，カルテルが形成しにくくなる（第16章テーマ3⑶参照）。

他方，競争者間の共同行為であっても，競争制限の目的と効果のみでなされたものでないものもある。例えば，事業提携や共同事業など，合理化や効率化などを目的とした競争促進効果を期待できる共同行為もあれば，安全確保や環境保護などの公益的な目的からなされる業界における自主規制のようなものもある。これらを「非ハードコア・カルテル」と呼ぶこともあるが，個別の行為はそれぞれ異なった目的・効果を持つので，ひとくくりにまとめて扱うことは不適切である。個別の事例ごとの慎重な分析と検討が必要になる。

共同行為には，競争者間で共同するものの他に，取引相手と共同するものがありうるが，従来の判例・実務では，不当な取引制限における共同行為は競争者間の共同行為に限られている（テーマ2⑵参照）。

⑵ 条文構成

不当な取引制限の定義規定は2条6項である。従来，この定義規定における要件は，以下のように読まれてきた。(a)「事業者」が，(b)「他の事業者と」，(c)「共同して」，(d)「相互にその事業活動を拘束し（又は遂行することにより）」，(e)「公共の利益に反して」，(f)「一定の取引分野における競争を実質的に制限すること」。

近年の最高裁判決（後出**事例**〔5-8〕多摩談合事件）においては，以下のように，従来とは若干異なる条文の読み方を示している。すなわち，(a)「事業者」が，(b)「他の事業者と」，(c')「共同して……相互に」，(d')「その事業活動を拘束し」，(e)「公共の利益に反して」，(f)「一定の取引分野における競争を実質的に制限すること」。

(a)は独禁法全体にかかる行為主体としての要件（第2章参照），(e) (f)は私的独占とも共通する弊害要件（後出テーマ4，第3章，第4章参照）であり，従来通りである。異なるのは，(d)の部分にあった「相互に」が切り離され，(c)と一緒になり，(c')および残りの(d')となっている。(b) (c) (d)または(b) (c') (d')が，不当な取引制限の行為要件であり，まとめて「共同行為」と呼ばれることがある。上記のように，従来の読み方と若干異なる区切りではあるが，共同行為について，以下の点を論じることについては，従来の一般的な読み方でも，新しい最高裁判決でも違いはない。(1)共同性，(2)競争者性，(3)拘束の存在，(4)拘束の相互性，(5)拘束の共通性。以下では，これら(1)～(5)を行為要件として解説する。なお，上記(d)の「遂行」については，従来，「拘束」と並ぶ選択的な要件とは認められてこなかった（後出テーマ3(2)参照。また，刑事事件における裁判所の考え方の変化については，第21章参照）。

テーマ2　行 為 主 体

不当な取引制限は，複数の事業者による共同行為であり，単独で行う行為ではない。複数の事業者の共同行為といえるためには，何が必要だろうか。また，複数ならどのような事業者と共同しても，対象となるのだろうか。

(1) 共 同 性

不当な取引制限の定義規定（2条6項）は，「共同して」という要件を定めている。これは，単に行動が一致しただけでは規制対象にならない，ということを示している。不当な取引制限の行為主体は，他の事業者と共同した事業者に限られる。

例えば，次の事例のように，事業者間で合意することはなかったが，一斉に同じ時期に同一の価格引上げをしたらどうだろうか。

事　例〔5-2〕　ビールの同調的価格引上げ

国内のビール製造業者 Y_1〜Y_4 は，平成6年5月1日からビールの販売価格の引上げを実施した。4社の価格引上げの公表日および取引先への通知日は，それぞれ平成6年4月12日から19日の間であり，価格引上げ日は平成6年5月1日である。最初に価格引上げを公表・通知したのは，最大手の Y_1 である。価格引上げの内容を対抗関係にあると認められる製品ごとにみると，生産者価格，メー

> カー希望卸売価格およびメーカー希望小売価格のそれぞれの引上げ額および新価格は，4社とも一部例外を除き，同一となっている。例えば，瓶ビール大瓶は10円，中瓶は5円，缶ビール500ml缶は10円，350ml缶は5円の価格引上げで一致している。
> 　Y_1は，価格引上げの主たる理由として，平成6年5月1日からビールに係る酒税が引き上げられたことを挙げている。価格引上げ額については，増税額を価格に転嫁すること，従来の慣行どおりメーカー希望小売価格の引上げ幅を5円単位とすること，製品ごとに差益が生じる場合のメーカー，卸売，小売間の配分は従来の慣行に基づくこと，全体としてメーカーに余分な差益が生じないようにすること等の考え方に基づいて，製品ごとに増税額相当分を端数調整し決定したとしている。
> 　Y_2〜Y_4も，価格引上げの主たる理由として，酒税の引上げとその転嫁を挙げている。そして，製品ごとの引上げ内容は，最大手のY_1に追随したとしている。
> 　　　　　　　〔公取委「年次報告・平成5年度」第6章・第3・3〕

　事業者らの行動は，同時期に同程度の値上げをしたものであり，結果としては前出の典型的違反事例である**事例〔5-1〕**と同じ効果が生じているようにも見える。よって同様に独禁法違反とすべきである，ということになるであろうか。

　独禁法は，公正かつ自由な競争を通じて市場の機能を健全に発揮させることを目的とする。原材料の価格や税金などの変動が生じたならば，市場で活動をする事業者らがそれに応じて行動することは，自由な競争の一部であり市場の機能の一部である。そして，競争者の動向を見て，競争に負けないよう行動することも必要である。したがって，結果としての値上がりだけを見るのではなく，人為的に市場の機能を損なう行為をしているか，すなわち，個々の事業者は市場の価格や数量などを左右することのできる力（市場支配力）を有していないのに，共同することで市場支配力を形成するか，が問題となる。それゆえ，行動が一致しただけでは足りず，「共同して」行ったことが要件とされているのである。違反とされる対象も，「共同して」行為した事業者に限られる。

　「共同」することなく結果として価格引上げなどにおいて足並みがそろうことを「意識的並行行為」と呼び，また，市場における最大手の事業者が価格引

上げをすると他の事業者がそれに追随するような場合を「プライス・リーダーシップ（価格先導制）」と呼び，カルテルとは区別している。この区別の基準，つまり行為要件としての「共同して」については，後出テーマ3(1)で扱う。

(2) 競争者性

定義規定（2条6項）の文言にはないが，不当な取引制限は，競争関係にある複数の事業者による共同行為であるとされている。

初期の公取委による運用では，競争関係にない事業者間の共同行為に対しても適用した事例があるが，判例により競争関係にあることを要件とする解釈が導入され，基本的には現在も維持されている。

次の**事例〔5-3〕**および**事例〔5-4〕**では，「事業者」の範囲について論じているが，これは2条1項の事業者要件ではなく，「不当な取引制限の違反行為者たりうる事業者」の意味である。「他の事業者」要件という表現を用いることもある。

事　例〔5-3〕　新聞販路協定審決取消請求事件

戦時中，統制により，1つの新聞販売店がすべての新聞を取り扱う合売制がとられ，販売店は一定の販売地域を定められていた。戦後，統制が廃止され，昭和23年に統制機関との間で販売地域を定める契約も失効し，販売店は新聞発行本社らと直接契約を締結することになった。新聞発行本社 $Y_1 \sim Y_5$ と東京都内の販売店 $X_1 \sim X_{22}$ は協議を重ね，従来の販売地域を踏襲した契約を締結した。公取委は，$Y_1 \sim Y_5$ および $X_1 \sim X_{22}$ の全体を，旧4条1項3号で禁ずる「共同して販路又は顧客を制限する」ことに該当するとした。これに対して，裁判所は，$Y_1 \sim Y_5$ は違反行為者とはしない判決を下した。

「ここに形成される共同行為の本質はあくまで新聞販売店相互の事業活動の制限であつて，それ以外の何物でもない。この点について各新聞発行本社が地域協定に関与した事実を認め得るけれども，それは協定形式の契機たるの意味を有するに止まり，それ自体各新聞発行本社相互間の地域協定と認めるべきものはない」。

「独占禁止法第4条にいわゆる共同行為は，……それ自体かかる不当な取引制限に進むおそれのある行為として，すでにその段階においてこれを禁止するもの

である。共同行為と不当な取引制限とはその程度段階において差異はあるけれどもその行為の本質は同一に帰着すべきものである。この点から考えてここにいう事業者とは法律の規定の文言の上ではなんらの限定はないけれども，相互に競争関係にある独立の事業者と解するのを相当とする。共同行為はかかる事業者が共同して相互に一定の制限を課し，その自由な事業活動を拘束するところに成立するものであつて，その各当事者に一定の事業活動の制限を共通に設定することを本質とするものである。従つて当事者の一方だけにその制限を課するような行為は，その事情によつて私的独占又は不公正な競争方法にあたる場合があるとしても，ここにいう共同行為にはあてはまらない。また一群の事業者が相集つて契約協定等の方法によつて事業活動に一定の制限を設定する場合であつて，その中に異種又は取引段階を異にする事業者を含む場合においても，これらの者のうち自己の事業活動の制限を共通に受ける者の間にのみ共同行為が成立するものといわなければならない」。

「競争関係にある数個の独立の事業者が相互に自己の事業活動に共通の制限を設定してこの共同行為を成立させるについては，往々にしてこの共同行為者たる事業者以外の者が指導，介入，助成等の方法によつてこれに加功することがあり得る。しかしこれらの競争関係にも立たず或いは共通に事業活動の制限をも受けない単なる加功者は，それが何等かの事業をなす者であると否と，個人であると否と，またそれを自己の名においてあるいは自己の計算においてすると否とを問わず，すべてここにいう共同行為者あるいは事業者にあてはまらないものと解すべきである」。

〔東京高判昭 28・3・9 高民集 6 巻 9 号 435 頁〕

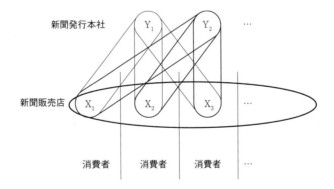

現在，多くの新聞販売店は特定の新聞のみを販売する専売制となっているが，当時は1つの販売店がすべての新聞を販売しており，例えば販売店 X_1 は新聞発行本社 $Y_1 \sim Y_5$ とそれぞれ契約していた。販売店 $X_1 \sim X_{22}$ の間で販売地域を分けることを合意し，販売店 $X_1 \sim X_{22}$ それぞれが新聞発行本社 $Y_1 \sim Y_5$ とその地域内で販売する契約を締結すれば，販売店 $X_1 \sim X_{22}$ は当該地域内ですべての新聞を販売することになり，地域内における新聞販売について競争が生じないことになる。公取委は新聞発行本社 $Y_1 \sim Y_5$ との契約を介して地域分割が成立することから，新聞発行本社 $Y_1 \sim Y_5$ も含めて違反行為者とした。しかし，裁判所は，共同行為の本質は販売店 $X_1 \sim X_{22}$ による地域分割協定であるとして，新聞発行本社 $Y_1 \sim Y_5$ は違反行為者としなかった。

裁判所の解釈は，①旧4条は3条後段の不当な取引制限と本質が同じである，ということを前提とし，違反行為主体たりうる事業者は，②競争関係にあること，③拘束が相互にあること，④拘束内容が共通すること，を要求するものであった。

旧4条が廃止された現在でも，不当な取引制限の要件として②③④が論じられるのは，①ゆえである。旧4条1項は，特定の共同行為の禁止を規定していた。条文は以下の通りである。

旧4条（抜粋）
　事業者は，共同して左の各号の一に該当する行為をしてはならない。
　　一　対価を決定し，維持し，又は引き上げること
　　二　生産数量又は販売数量を制限すること
　　三　技術，製品，販路又は顧客を制限すること
　　四　設備の新設若しくは拡張又は新技術若しくは新生産方式の採用を制限すること

旧4条1項の規定には弊害要件がなく，行為の外形だけで違反とする規定である。したがって，違法性の強さが明確な行為に限定する解釈がなされ，②③④が要求された。簡易・迅速な法適用をするための規定である旧4条の適用対象を限定することで，事業者らが萎縮することなく自由な事業活動を行うことができるよう配慮する解釈であった。この判決の問題点は，この旧4条の行為

と3条後段の不当な取引制限とが同一であるとした解釈である。この解釈ゆえに、旧4条が廃止された現在でも、3条後段の不当な取引制限の解釈・運用において②③④が引き継がれ、その是非が論じられている（ここでは②について解説し、③④については、テーマ3で解説する）。

さて、**事例〔5-3〕**新聞販路協定事件について考えると、本件では新聞発行本社 Y_1〜Y_5 の間の共同行為が問題とされたものではない。販売店 X_1〜X_{22} の間の共同行為が本質であり、Y_1〜Y_5 はこれに加功したものにすぎず、共同行為者とはならないものとされている。公取委は、この判決の後、不当な取引制限の行為者は競争関係にあるものに限る、という運用を重ねてきた。

学説では、共同行為の重要な加功者であれば、競争関係になくとも違反行為者に加えるべきである、との主張が通説的見解となった。他に有力説として、母法である米国シャーマン法1条と同様に、取引関係にある垂直的な合意も含めて適用対象とすべきであり、競争関係になくとも違反行為者たりうる、との見解もある。

公取委による流通・取引慣行ガイドラインにおいて、通説と同様の考えが示されたことがあるものの、実際の運用においては、基本的には**事例〔5-3〕**新聞販路協定事件判決が踏襲されてきた。例えば、複数の製造業者と複数の流通業者が1つの競争制限行為につき合意をしたとしても、製造業者らによる行為と、流通業者らによる行為とに分断し、それぞれを別個の不当な取引制限として構成することになる。このような不自然な構成による処理の他にも、実際の事例においては、厳密には競争関係にあるとは言いにくい事例については、いかに対応するかが問題となってきた。

事 例〔5-4〕 社会保険庁シール談合刑事事件

X_1〜X_3 および Y_1・Y_2 は、いわゆる目隠しシールの製造業者である。Y_2 はもともと Y_1 の専属工場のような存在であり、この当時は Y_1 は Y_2 の株式の12.5%を保有し、Y_2 の売上げの40%が Y_1 に対するものであり、営業活動においても Y_2 は Y_1 との競合を避けていた。

社会保険庁の発注する目隠しシールの入札につき、Y_1 は自社が指名業者になることを希望していたが、社会保険庁は、X_1〜X_3 と Y_2 を指名した。X_1〜X_3 と

Y_1・Y_2は会合し，Y_2は全権を Y_1 に委ね，X_1～X_3 と Y_1 で本件シールの今後の対応を検討した。X_1～X_3 と Y_1 は，社会保険庁発注にかかる本件シールの入札について，今後落札業者を X_1～X_3 の3社のいずれかとし，その仕事はすべて落札業者から Y_1 に発注するとともに，その間の発・受注価格を調整することなどにより4社間の利益を均等にすることを合意した。具体的な実施においては，X_1～X_3 と Y_1 が電話で連絡をとり，Y_1 が Y_2 に連絡し，入札当日には Y_2 をしてこれに従った入札手続を行わせた。

「合意の対象とした取引及びこれによって競争の自由が制限される範囲は，……社会保険庁の発注にかかる本件シールが落札業者，仕事業者，原反業者等を経て製造され，社会保険庁に納入される間の一連の取引のうち，社会保険庁から仕事業者に至るまでの間の受注・販売に関する取引であって，これを本件における『一定の取引分野』として把握すべきものであり，現に本件談合・合意によってその取引分野の競争が実質的に制限されたのである」。

「Y_1 は，……自社が指名業者に選定されなかったため，指名業者である Y_2 に代わって談合に参加し，指名業者3社もそれを認め共同して談合を繰り返していたもので，Y_1 の同意なくしては本件入札の談合が成立しない関係にあったのであるから，Y_1 もその限りでは他の指名業者3社と実質的には競争関係にあったのであり，立場の相違があったとしてもここにいう『事業者』というに差し支えがない。この『事業者』を同質的競争関係にある者に限るとか，取引段階を同じくする者であることが必要不可欠であるとする考えには賛成できない」。

〔東京高判平5・12・14 高刑集46巻3号322頁〕

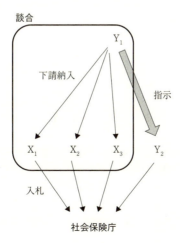

この事例〔5-4〕におけるY₁は指名業者ではなく，入札においては競争関係にない。落札業者から仕事を受ける垂直関係にある。したがって，形式的には競争関係にはないように見える。そこで，裁判所は，形式的には垂直的な取引関係にある事業者も，「実質的競争関係」にあれば共同行為の主体として違反行為者とする道を開いた。しかし，あくまでも「競争関係」を要求していることには変わりない。実質的競争関係を認めるために考慮されたのは，Y₂が指名業者であり，Y₁がそれに代わって談合に参加していたことである。このような状況がない場合には，実質的競争関係を認めることはできない。

もっとも，この判決の傍論においては，現在においても競争関係を要求することに対する疑問が示されており，将来，実質的競争関係にない重要な加功者が存在する事例が生じた場合には，どのような判決が出されるか注目されるところである。

テーマ3　行為要件

不当な取引制限は，共同行為であることが要求されている。「共同行為」とは何だろうか。「共同行為」といえない行為との違いは何だろうか。「相互」の拘束と「一方的」な拘束とは，どのように異なるだろうか。また，それはどのような状況で問題になるだろうか。

(1) 共同性

典型的な「共同」の方法は，会合し合意することである。しかし，同時期に同程度の価格引上げをするなどの競争回避行動をとることができるようにする方法には，多様な形態がありうる。

事例〔5-5〕東芝ケミカル事件

「『共同して』に該当するというためには，複数事業者が対価を引き上げるに当たって，相互の間に『意思の連絡』があったと認められることが必要であると解される。しかし，ここにいう『意思の連絡』とは，複数事業者間で相互に同内容

又は同種の対価の引上げを実施することを認識ないし予測し，これと歩調をそろえる意思があることを意味し，一方の対価引上げを他方が単に認識，認容するのみでは足りないが，事業者間相互で拘束し合うことを明示して合意することまでは必要でなく，相互に他の事業者の対価の引上げ行為を認識して，暗黙のうちに認容することで足りると解するのが相当である（黙示による『意思の連絡』といわれるのがこれに当たる。）。もともと『不当な取引制限』とされるような合意については，これを外部に明らかになるような形で形成することは避けようとの配慮が働くのがむしろ通常であ」る。「したがって，対価引上げがなされるに至った前後の諸事情を勘案して事業者の認識及び意思がどのようなものであったかを検討し，事業者相互間に共同の認識，認容があるかどうかを判断すべきである。そして，右のような観点からすると，特定の事業者が，他の事業者との間で対価引上げ行為に関する情報交換をして，同一又はこれに準ずる行動に出たような場合には，右行動が他の事業者の行動と無関係に，取引市場における対価の競争に耐え得るとの独自の判断によって行われたことを示す特段の事情が認められない限り，これらの事業者の間に，協調的行動をとることを期待し合う関係があり，右の『意思の連絡』があるものと推認されるのもやむを得ないというべきである」。

大手3社であるY$_1$～Y$_3$が価格引上げを実行することを表明し，残る5社であるY$_4$～Y$_8$に対しても，大手3社に追随して同様の価格引上げを実行するように要請したが，5社の関係者は特に反対の意向を述べることはなかった。しかし，8社が事前に情報交換，意見交換の会合を行っていたこと，交換された情報，意見の内容が本件商品の価格引上げに関するものであったこと，その結果としての本件商品の国内需要者に対する販売価格引上げに向けて一致した行動がとられたことが認められた。5社の1つである原告Y$_8$は，本件商品につき，同業7社の価格引上げの意向や合意を知っていたものであり，それに基づく同業7社の価格引上げ行動を予測したうえで，決定と同一内容の価格引上げをしたものであって，原告Y$_8$は，同業7社に追随する意思で価格引上げを行い，同業7社も原告の追随を予想していたものと推認されるから，本件の本件商品価格の協調的価格引上げにつき「意思の連絡」による共同行為が存在したというべきである。

〔東京高判平7・9・25審決集42巻393頁〕

この**事例〔5-5〕**の前半部分の判示は，「共同して」につき「意思の連絡」が認められること，という概念で定義づけた。そして，意思の連絡には「明示」

の意思の連絡だけでなく「黙示」の意思の連絡も含まれることを示した。これにより，典型的な合意や協定でなくとも，「意思の連絡」があれば，この要件を満たすことができる。

　この**事例〔5-5〕**では価格カルテルを前提に説明しているが，不当な取引制限の要件として一般化すると，①「意思の連絡」とは，複数事業者間で相互に同内容または同種の競争制限行為を実施することを認識ないし予測し，これと歩調をそろえる意思があることを意味する。②一方が他方の行動を認識・認容するのみでは足りず，相互に認識・認容していなければならない。一方的に認識・認容しているだけでは，同一の行動に出る確実性が低く，競争的行動に出る可能性も十分に残されているからである。しかし，相互に他の事業者の行為を認識して認容しているなら，③それが明示であろうが，黙示であろうが，かまわない。確実に安心して，価格引上げ等の競争制限行為に出ることができるからである。価格を明確に定めて合意することまでは必要なく，一定の範囲に限定したり，共通の価格算定方式の設定，目標価格や標準価格の設定など，相互の競争制限的行動を予測することが可能となっていればよい（元詰種子カルテル事件＝東京高判平20・4・4審決集55巻791頁）。

　カルテル等の競争制限行為は，通常，隠れて行うものであり，その立証に困難が伴うことが多い。そこで，意思の連絡を推認するための事実認定と評価が必要になる。後半部分では，事実に対する当てはめがなされている。情報交換がなされた事実，情報の内容に価格引上げがあった事実，実際に一致した行動がとられた事実等から，意思の連絡を推認している。

　他にも，協調的な慣行から黙示の意思の連絡を認定した事例がある。

事　例〔5-6〕　郵便区分機談合審決取消請求事件（差戻審）

　郵政省の発注する郵便区分機類は，原告ら2社の複占市場であった。原告ら2社は，郵政省の調達事務担当官等から，各社ごとに分けられた区分機類の機種別台数，配備先郵便局等に関する情報の提示をそれぞれ受けており，情報の提示を受けた区分機類については同省が自社に発注する意向を有しているものと認識していた。そして，原告ら2社は，情報の提示を受けた者のみが入札に参加し情報の提示を受けなかった者は入札を辞退するという行為が，相当以前から行われて

> いた。
> 　「原告ら 2 社の間には遅くとも平成 7 年度の入札日である平成 7 年 7 月 3 日までにそれまでの指名競争入札当時と同様に『郵政省の調達事務担当官等から情報の提示のあった者のみが当該物件の入札に参加し，情報の提示のなかった者は当該物件の入札に参加しないことにより，郵政省の調達事務担当官等から情報の提示のあった者が受注できるようにする』旨の少なくとも黙示的な意思の連絡があったものと認めることができる」。
>
> 〔東京高判平 20・12・19 審決集 55 巻 974 頁〕

　この**事例〔5-6〕**では，発注担当者による情報提供をシグナルとして，2 社間で情報提供を受けた事業者が落札できるよう協力する慣行があった。会合や電話など，明示的な意思の連絡は認定されていない。また，意思の連絡がいつ成立したかは不明であっても，違反行為当時に存在していることが認定できればよい。上記事例〔5-6〕では，「遅くとも……までに」黙示の意思の連絡が存在した，との認定がなされている。繰り返されてきた競争を回避する行為が，共通の認識の上に成り立っていたことから，黙示の意思の連絡が認定された。

　前出**事例〔5-5〕**では，「対価引上げ行為に関する情報交換をして，同一又はこれに準ずる行動に出たような場合には，右行動が他の事業者の行動と無関係に，取引市場における対価の競争に耐え得るとの独自の判断によって行われたことを示す特段の事情が認められない限り，これらの事業者の間に，協調的行動をとることを期待し合う関係があり，右の『意思の連絡』があるものと推認されるのもやむを得ないというべき」と述べられている。

　この考え方に沿い，意思の連絡を間接事実から立証する場合に，(a)行動の一致，(b)事前の連絡・交渉，(c)連絡・交渉の内容，の 3 つに整理して認定するという方法が用いられている（「三分類説」とも呼ばれる）。事後的に違反行為の疑いが生じるのは，価格引上げ等の(a)行動の一致がきっかけとなることが多い。しかし，行動の一致があるからといって意思の連絡があるとは限らないため（前出テーマ 2 (1)参照），追加的な間接事実の認定が必要になる。そのため，会合，電話，ファクシミリ，メールなど手段は問わないが，(b)事前の連絡・交渉があり，(c)連絡・交渉の内容が，競争を制限する内容のものであっ

たことを認定する。(c)連絡・交渉の内容は，引上げ価格を明示するものでなくとも，意見・情報交換などの方法を通じて競争制限行為を相互に認識・認容するようなものであれば足りる。それを示す間接証拠を，事例ごとに細かく拾い集めて立証することになる。

ただし，これら(a)(b)(c)の認定による立証は，実務上よく用いられる手法というだけであり，必ず3つそろわなければならないとか，他の認定方法では立証できない，というものではない。実際の事件は多種多様であり，競争制限行為を歩調を合わせて実施するための人為的な働きかけを示す，という意思の連絡の要件の趣旨に沿って，立証方法の応用も必要になる。

(2) 拘束の存在

定義規定（2条6項）の文言では，「相互にその事業活動を拘束し，又は遂行することにより」と述べられている。「又は」で「遂行」という文言が示されているため，「拘束」が存在しない場合でも，「遂行」があるならそれで足りる，と読むこともできる。学説には，そのような解釈も存在するが少数である。判例・通説では，単なる「遂行」行為のみでは足りず，「拘束」が必要と解されてきた。前出**事例〔5-3〕**新聞販路協定事件判決は，「共同行為はかかる事業者が共同して相互に一定の制限を課し，その自由な事業活動を拘束するところに成立するものであつて，その各当事者に一定の事業活動の制限を共通に設定することを本質とするものである」と述べ，「遂行」については無視している。さらに，前出**事例〔3-3〕**東宝・新東宝事件判決においても，「相互拘束を伴わない共同遂行は，不当な取引制限に該当しない」と判示した。不当な取引制限の共同行為とは，競争者間で競争を制限する行為である，という，定義規定の文言とは異なる本質論から示された解釈である。典型的なカルテルをイメージする限りにおいては，ある程度納得できるものであるが，現実においては相互拘束を認定することが苦しい多様な事案が存在するため，「相互に」「拘束し」の文言を緩やかに解釈する必要性が生じている。

なお，刑事事件においては，「遂行」行為を独立した行為としてとらえた判決がある（**事例〔17-5〕**）。入札談合の基本合意を相互拘束とし，その後の個別調整を「遂行」行為として位置づけたものである。ただし，これらの判決にお

いては，相互拘束行為を前提として，その下でなされた「遂行」行為が認定されたのであり，相互拘束なしで「遂行」行為だけが存在したものとして認められたものではない。したがって，上記の理解を覆すものとまではなっていない。

事　例〔5-7〕　石油価格カルテル刑事事件

※事案の概要については，**事例〔3-5〕**参照。

「被告人らは，それぞれその所属する被告会社の業務に関し，その内容の実施に向けて努力する意思をもち，かつ，他の被告会社もこれに従うものと考えて，石油製品価格を各社いつせいに一定の幅で引き上げる旨の協定を締結したというのであり，……かかる協定を締結したときは，各被告会社の事業活動がこれにより事実上相互に拘束される結果となることは明らかであるから，右協定は，独禁法2条6項にいう『相互にその事業活動を拘束し』の要件を充足し同項及び同法3条所定の『不当な取引制限』行為にあたると解すべきであり，その実効性を担保するための制裁等の定めがなかつたことなど所論指摘の事情は，右結論を左右するものではない」。

〔最判昭59・2・24刑集38巻4号1287頁〕

「拘束」という文言からは，ある程度の強さで自由を制限すること，例えば制裁等により実効性を担保することが必要であるような印象を受ける。しかし，この判決は，実効性を担保するための制裁等の定めは不要である，としている。また，他の会社も従うと考えて協定内容の実施に向けて努力する意思を持つなら，事実上相互に拘束される結果となることは明らかである，とも述べている。したがって，協定を相手が守るなら自分も守る，という程度のいわゆる紳士協定であっても，「拘束」たりうることになる。

このような「拘束」の解釈は，協調行動をとるために意思の連絡がなされれば，ほとんどの場合に協定内容の実施に向けて努力する意思を持つことになるから，「拘束」の存在を認定することが容易になる。そして，「拘束」の認定が容易になると，「遂行」を独立の要件として解釈しなければならないような状況，すなわち，「拘束はないが遂行はある」として要件充足を認定しなければならないような事態は，ほとんど想定できなくなっているものと考えられる。

(3) 拘束の相互性

拘束は「相互」になされるものでなければならない。前出**事例**〔5-3〕新聞販路協定事件判決で述べられたように，「当事者の一方だけにその制限を課するような行為は，その事情によつて私的独占又は不公正な競争方法にあたる場合があるとしても，ここにいう共同行為にはあてはまらない」とされている。

ただ，前出**事例**〔5-7〕石油価格カルテル刑事事件最高裁判決において述べられているように，競争者間に何らかの協定が存在し，それを相手が守るなら自分も守る，という関係があるなら，事実上相互に拘束されることになる。これは，カルテルの場合だけでなく，入札談合の場合でも同様である。

> **事　例〔5-8〕多摩談合事件**
>
> 入札談合は，「各社が，話合い等によって入札における落札予定者及び落札予定価格をあらかじめ決定し，落札予定者の落札に協力するという内容の取決めであり」，入札参加各社は，「本来的には自由に入札価格を決めることができるはずのところを，このような取決めがされたときは，これに制約されて意思決定を行うことになるという意味において，各社の事業活動が事実上拘束される結果となることは明らかである」。
>
> 〔最判平24・2・20民集66巻2号796頁〕

しばしば主張されるのは，一方的に拘束されただけである，というものである。立場が弱いため従わされていた，あるいは，自分は受注できず利益を得ていない，といった主張により，相互性を否定しようとする。また，一方的に協力しただけである，という主張もある。これは，もともと競争に参加する意思はなかったが要請されて協力した，というもので，立場の弱さを理由とするものとは若干異なる主張である。

> **事　例〔5-9〕四国ロードサービス事件**
>
> Y_1（四国ロードサービス）は，X（日本道路公団四国支社）が平成8年度までに随意契約の方法により発注した保全工事のすべてを受注していたことなどから，X

が，平成9年度以降，順次，保全工事を公募型指名競争入札の方法により発注することとなっても，自社がX発注の保全工事のすべてを受注したいとの強い希望を有していたところ，遅くとも平成9年2月ころまでに，Xにおいても公募型指名競争入札が導入され，当該公募型指名競争入札の実施においては複数の参加者が必要である等の情報を得た。Y_1は，公募型指名競争入札の際には自社が受注することを前提とした上で複数の入札参加者を確保するため，中国地区において保全工事の受注実績を有するY_2，Y_3，Y_4等に対し，Xが発注する保全工事の公募型指名競争入札に応募し，入札の参加者としての指名を受けるよう依頼した。Y_2〜Y_4は，当該依頼に応じれば，Y_1は日本道路公団中国支社が公募型指名競争入札の方法により発注する保全工事の入札に参加しないと考え，平成9年5月ころまでにY_1からの当該依頼に応じることとした。

(ア)当該工事はY_1が受注する，(イ)Y_2〜Y_4は，Xから入札の参加の指名を受けた場合にはY_1が受注できるように協力する，との合意に基づき，Y_1がY_2〜Y_4にその入札すべき価格を連絡するとともに，その他の指名業者の協力を得るなどして，Y_1が受注できるようにすることにより，Xが公募型指名競争入札の方法により発注する保全工事の大部分をY_1が受注していた。

「4社は，共同して，Xが公募型指名競争入札の方法により発注する保全工事について，Y_1が受注できるようにすることにより，公共の利益に反して，Xが公募型指名競争入札の方法により発注する保全工事の取引分野における競争を実質的に制限していたものであって，これは，独占禁止法第2条第6項に規定する不当な取引制限に該当し，独占禁止法第3条の規定に違反するものである」。

〔公取委勧告審決平14・12・4審決集49巻243頁〕

この**事例〔5-9〕**では，Y_2〜Y_4は，Xの入札について落札する意思はなく，Y_1に頼まれて協力しているだけである。Y_1が常に落札するのであるから，Y_1は他の落札予定者に協力する側に回ることはなく，拘束されていないのではないか，逆に，Y_2〜Y_4は一方的に拘束されているのではないか，との疑問が生じる事例である。Y_1による支配型私的独占と構成する方がよいのではないか，との説もある。

この事件の処理については，(ア)当該工事はY_1が受注する，(イ)Y_2〜Y_4は，Xから入札の参加の指名を受けた場合にはY_1が受注できるように協力する，との合意があることから，(ア)がY_1に対する拘束，(イ)がY_2〜Y_4に対する拘束であ

り，拘束は相互に存在する，という理解もある。また，Y_2〜Y_4は，Y_1からの依頼に応じれば，日本道路公団中国支社の保全工事の入札にY_1が参加しないと考えて応じたことから，Y_2〜Y_4は四国でY_1の落札に協力する拘束，Y_1は中国地方で協力する（参入しない）拘束がそれぞれ存在するので相互性がある，と理解する考えもある。後者の理解では，2つの市場をまたぎ，本件の対象となった市場の範囲とは異なるものの，同一市場内で相互に拘束する必要はなく，「貸し借りの関係」があればよい，と理解している。「貸し借り」の関係により理解しやすくなる事例として，協和エクシオ審決取消請求事件（事例〔2-1〕および事例〔21-1〕参照）がある。他方，受注調整に参加した指名業者であっても，一方的な協力者を違反行為者としなかった事例に，福岡市造園工事談合事件（公取委審判審決平13・9・12審決集48巻112頁）がある。

ただし，「貸し借り」の関係があるなら拘束の相互性がある，とは言えても，逆に，「貸し借り」の関係がなければ拘束の相互性がない，と言うのは誤りである。前出事例〔5-8〕多摩談合事件最高裁判決を素直に受け止めるなら，「自由な価格設定をしない」すなわち「入札において競争的な入札行動に出ることを制限する」という事業活動の拘束が相互に存在している，と理解するべきである。落札する機会の有無や，「貸し借り」の関係などに着目した説明は，次で説明する「拘束『内容』の共通性」に引きずられた理解のように思われる。

(4) 拘束の共通性

前出事例〔5-3〕新聞販路協定事件判決は，拘束の「内容」の共通性を要求した。しかし，これに対しては，競争関係の要求とともに，学説からの批判が多くあった。実務においても，拘束「内容」の共通性を厳密に要求することは問題がある。例えば，入札談合の事例においては，落札予定者と，それに協力するその他の事業者という立場の違いがあり，個別の入札における拘束の内容が厳密には共通するものとはいいにくい。とはいえ，実務においては，入札談合のほとんどが共同行為として認められてきたのであるから，いずれの参加事業者も，ある時は落札予定者に，それ以外は協力する側に，という意味で，ある程度抽象化された拘束の「内容」の共通性が認められてきたのだろう。

前出事例〔5-4〕社会保険庁シール談合刑事事件判決は，拘束の「内容」の

共通性には言及しなかった。明示的な判例変更をしたものではないが、その後は、「内容」の共通性を不要としたものと理解されている。

それでは、拘束の共通性はまったく必要なくなったのであろうか。

> **資　料〔5-10〕　流通・取引慣行ガイドライン・第1部第2・3(1)(注3)**
>
> ここでいう事業活動の拘束は、その内容が行為者（例えば、製造業者と販売業者）すべてに同一である必要はなく、行為者のそれぞれの事業活動を制約するものであって、特定の事業者を排除する等共通の目的の達成に向けられたものであれば足りる。

公取委によると、拘束の「内容」の共通性までは必要ないが、拘束の「目的」の共通性で足りる、と解されているようである。したがって、拘束の共通性が不要というわけではなく、拘束の「目的」の共通性を要求していることになる。前述の入札談合であれば、落札予定者を決め落札させるために協力する、という談合自体が拘束の「目的」として共通しているといえる。

なお、上記**資料〔5-10〕**において、「行為者（例えば、製造業者と販売業者）すべてに同一である必要はなく」というのは、競争関係にない垂直的取引関係にある事業者も、不当な取引制限の共同行為の当事者となりうる、という解釈の拡張を試みたものである。しかし、これについては理論の提示のみで、実務においてはまだこのような運用（適用）がなされた事例はない。

(5) 小　括

ここまでの行為要件の内容についてまとめると、現在の実務では以下の5つの認定が必要になる。

①　競争者性（実質的な競争関係を含む）
②　共同性（明示または黙示の意思の連絡があること）
③　拘束の存在（取決めに制約された行動をとっていること）
④　拘束の相互性（それぞれの役目に応じた拘束があること）
⑤　拘束の目的の共通性（拘束の内容は共通しなくともよい）

以上を認定すれば,「共同して」「相互に……拘束」であろうと,「共同して……相互に」「拘束」であろうと,行為要件を充足することになる。

ただし,違反行為とするためには,行為要件に加えて弊害要件(競争に対する悪影響)を認定する必要がある。

テーマ4　弊害要件

ハードコア・カルテルも弊害要件を立証する必要があるのだろうか。行為要件を充足した行為はすべてハードコア・カルテルと同様に扱ってよいだろうか。競争を促進する共同行為はないだろうか。競争を促進する効果と,競争を制限する効果の両方がある事例はないだろうか。

(1)　ハードコア・カルテル

不当な取引制限の定義規定(2条6項)は,弊害要件として,競争の実質的制限を要求している。競争の実質的制限とは,「競争自体が減少して,特定の事業者または事業者集団がその意思で,ある程度自由に,価格,品質,数量,その他各般の条件を左右することによって,市場を支配することができる形態が現われているか,または少くとも現われようとする程度に至つている状態をいう」(事例〔3-2〕東宝・スバル事件判決)。

公取委は一定の取引分野(市場)の画定について,「不当な取引制限における共同行為は,特定の取引分野における競争の実質的制限をもたらすことを目的及び内容としているものであるし,また,行政処分の対象として必要な範囲で市場を画定するという観点からは,共同行為の対象である商品役務の相互の代替性について厳密な検証を行う実益は乏しいから,通常の場合,その共同行為が対象としている取引及びそれにより影響を受ける範囲を検討して,一定の取引分野を画定すれば足りる」と述べている(塩化ビニル管及び同継手価格カルテル事件＝公取委審判審決平28・2・24審決集未登載)。

価格を引き上げるための合意など,専ら競争制限を目的とする競争者間の共同行為は,それが実効性をもって成立していれば,その範囲が一定の取引分野

であり、競争も実質的に制限されているといえる。なぜなら、有効な競争圧力となりうるような競争者を取り込まなければ、有効に成立しえないからである（参加者の数が比較的少なくとも成立していた事例として、**事例〔3-4〕**中央食品事件参照）。このような、専ら競争制限目的と効果しかないものを総称して、「ハードコア・カルテル」と呼ぶことがある（そうでない競争者間の協定を「非ハードコア・カルテル」と呼ぶことがあるが、これには多くの種類の行為があるため、ひとくくりにまとめて扱う意味はあまりない）。これまでの運用の大多数は、ハードコア・カルテルの事例である（談合を含む）。

　価格カルテル、数量カルテル、入札談合などは、価格あるいは数量を直接的に左右するものであり、競争の実質的制限が生じる。また、競争者間の水平的な市場分割カルテルは、分割された市場内における競争が生じなくなるため、同様に市場支配力を形成する。間接的であるがほぼ確実に価格や数量を左右するものもある。生産設備削減カルテルや操業時間短縮カルテルは、実質的には数量カルテルとして機能するものであり、数量を減らすか限定することで価格を引き上げるか維持することになる。シェア配分カルテルは、割当量を決めていれば数量カルテルと同じであるが、上限のないシェア（市場占有率）だけのカルテルであっても、定期的なシェアの確認と調整により、数量を制限し、価格を左右する効果を有する（ダクタイルシェア配分カルテル刑事事件＝東京高判平12・2・23審決集46巻733頁）。課徴金の規定であるが、7条の2第1項2号ロは、シェアの制限が対価に影響することがあると想定しているともいえる。同様に、取引先を制限するカルテルも対価に影響を与えることがある。市場分割カルテルはその一種と考えることもできる。

　価格・数量以外、例えば品質などについて、競争者間で取決めをした場合はどうだろうか。競争制限の目的が明らかである場合には、通常、その意思である程度自由に左右できる状態になっていると考えることができるだろう。他方、技術や規格などについては、競争制限の目的ではない共同行為もありうるので、競争制限の目的であるか明らかでない場合には、そのような推定はできず、競争制限効果がどの程度のものか、競争促進効果があるか、についての分析が必要になる（後述(2)参照）。また、競争とは別の価値観による共同行為については、1条の究極目的に照らして例外的扱いをするべきか検討する余地がある（第3

章テーマ2参照)。

(2) 競争制限効果と競争促進効果

　競争者間の共同行為であっても，一定の取引分野における競争を実質的に制限するものでない場合には，不当な取引制限に該当しない。規模が小さく市場支配力を形成しない場合や，競争促進的な目的から形成されそのような効果が発揮される場合などが考えられる。このような共同行為の分析にあたっては，一定の取引分野（市場）の画定と弊害要件の認定について，より慎重な分析が必要である。

　競争促進的な目的を有する共同行為といっても，様々なものがある。例えば，(a)共同研究開発，(b)規格化・標準化活動，(c)情報交換，(d)原材料の共同購入，(e)共同生産，(f)相互OEM，(g)流通の共同化，(h)共同販売など。このような共同行為は実際に行われており，共同行為の参加者らの費用削減や効率化などにより競争力を強化し，それによって市場における競争が促進される効果がある。他方，共同行為は複数の事業者による行為であることから，共同化によって市場における競争が実質的に制限される場合もありうる。

　競争の実質的制限の存否は，一律に特定の基準によって判断されるのではなく，個別具体的な事件ごとに，(ｱ)行為者の地位および競争者の状況（行為者の市場シェア・順位，市場における競争の状況，競争者の状況等），(ｲ)行為の性格，(ｳ)共同化の必要性，(ｴ)対象範囲・期間，などを総合的に考慮して判断される。

　以下に挙げる2つの事例は，いずれも販売段階における共同行為の相談事例である。どのような点が異なるか，比較してほしい。

事　例〔5-11〕　共同の販売促進活動

「1　相　談　者
　　A社（家庭用電気製品の量販店）
　2　相談の要旨
　　(1)　A社ら5社は，家庭用電気製品の量販店である。
　　(2)　A社ら5社は，付加価値を高めたオリジナル商品（照明機具等数種類の商品。ブランドはメーカーブランド。）を開発し，電機メーカーに製造を依頼し，

各社で販売している。オリジナル商品の仕入価格及び仕入数量は，5社がそれぞれ独自に電機メーカーと交渉を行い，小売価格についてもそれぞれ独自に決定している。

(3) A社ら5社は，このオリジナル商品の販売促進活動を行うに当たって，コスト削減のため，次の3つの取組を検討しているが，独占禁止法上問題ないか。

　ア　共同でいわゆるオープン懸賞を行うこと

　　共同でオープン懸賞を実施し，費用負担は5社で分担する。

　イ　共同でカタログを作成すること

　　同一内容のカタログを作成する。ただし，小売価格については，各社が独自の判断で決定し，各々の小売価格をそれぞれ個別にカタログ製作会社に提示する。

　ウ　共同で販売促進物を作成，使用すること

　　同一内容のPOP等の販売促進物を作成，使用する。ただし，販促物に記載する小売価格については，各社が独自の判断で決定する。

3　独占禁止法上の考え方

(1) 事業者が，他の事業者と共同して，製品の価格，数量等競争手段を相互に制限することにより，一定の取引分野における競争を実質的に制限する場合には，不当な取引制限に該当し，違法となる。〔独占禁止法第3条（不当な取引制限）〕

(2) 本件については，5社が，オリジナル商品について，オープン懸賞を共同で実施すること，カタログ，POP等の販促物を共同で作成すること自体は，競争に与える影響は小さいと考えられ，また，小売価格は各社が独自の判断で決定し，それぞれ個別にカタログ製作会社へ提示することとしており，これによって5社間で小売価格について共通の認識を有することとはならないことから，独占禁止法上問題ないと考えられる。

4　回答の要旨

　A社ら5社が共同開発したオリジナル商品の販売促進活動を共同で行うことは，独占禁止法上問題ない」。

〔公取委「独占禁止法に関する相談事例集・平成14・15年度」事例8〕

事　例〔5-12〕　共同の営業活動

「1　相　談　者

　映像コンテンツAのメーカー

2 相談の要旨

(1) 映像コンテンツAのメーカー6社（以下「6社」という。）は，映像コンテンツAを制作し，後述のX社を通じて法人ユーザー向けに販売している。映像コンテンツAの法人ユーザー向け販売市場における6社の合算シェアは，約70パーセントである。

(2) 映像コンテンツAの配信には特殊な技術が，また，販売には免許が必要であることから，6社は，各種コンテンツの専門の配信業者であり当該免許を保有するX社に映像コンテンツAの配信及び販売を委託している。一方，X社は，法人ユーザー向けの営業部門を有していないことから，これまで，6社がそれぞれ法人ユーザー向けの営業活動をX社から受託し，個々に法人ユーザーに対し映像コンテンツAの営業活動を行ってきた。

(3) 今般，映像コンテンツAを含む各種映像コンテンツの配信規格が改定されることとなった。映像コンテンツAの販売価格は下落傾向にあるところ，新たな配信規格の下では映像コンテンツメーカー間での映像コンテンツAの品質差が縮まることが予想され，6社は，これまでどおり6社が個々に法人ユーザー向け営業活動を行うと，価格競争が激化し，更に販売価格が下落してしまうのではないかと懸念している。

(4) そこで，6社は，映像コンテンツAの販売価格の下落を避けるため

　ア　過去に6社が共同出資によって設立した会社であるY社に，X社から，映像コンテンツAの法人ユーザー向け営業活動を一括して受託させる

　イ　6社及びY社が共同で法人ユーザー向けの販売価格表を作成し，この販売価格表に基づき，Y社に営業活動を行わせることを検討している。

このようなX社の取組は，独占禁止法上問題ないか。

3 独占禁止法上の考え方

6社及びY社が，法人ユーザーに対する映像コンテンツAの販売価格の下落を避けるため，共同して法人ユーザー向けの販売価格表を作成し，それに基づきY社に営業活動を行わせることは，映像コンテンツAの法人ユーザー向け販売市場における価格競争を制限するものであり，不当な取引制限（独占禁止法第2条第6項，第3条）として，独占禁止法上問題となるおそれがある。

4 回答の要旨

6社が，映像コンテンツAの法人ユーザー向け営業活動をY社に一括して行わせるとともに，Y社と共同して，法人ユーザーに対する販売価格を決定することは，独占禁止法上問題となるおそれがある」。

〔公取委「独占禁止法に関する相談事例集・平成22年度」事例4〕

上記の**事例〔5-11〕**は，販売コストの削減を目的とし，それぞれの販売価格は独自に決定することが明確になっている。他方，**事例〔5-12〕**は，営業活動を共同化することによるコスト削減もあるだろうが，価格競争の激化による販売価格の下落を避けるための共同行為であり，シェア等からそれを十分になしうる規模であることがうかがえる。したがって，価格を人為的に左右する力を形成するものと考えられる。その他に，共同生産・販売のための会社を共同で設立し運営した行為が違法とされた事例に，日本油脂ほか 6 社事件（公取委勧告審決昭 50・12・11 審決集 22 巻 101 頁）がある。

　以上の考え方と相談事例を踏まえた上で，あえて大まかなイメージで説明する。競争の実質的制限となりやすいのは，価格・数量につき競争制限効果が出る場合である。そして，それが出やすいのは，共同行為およびその付随的な取決めが，共同行為者の商品・役務の販売に近い段階に及ぶ場合である。販売と比べれば，研究開発や標準化・規格化などは，実際の製品の販売から遠い分だけ価格・数量への影響は及びにくい。前述した共同行為の例(a)共同研究開発，(b)規格化・標準化活動，(c)情報交換，(d)原材料の共同購入，(e)共同生産，(f)相互 OEM，(g)流通の共同化，(h)共同販売，でいえば，後の方の共同行為ほど販売段階に近いため，価格・数量について競争制限効果が出ないよう配慮する必要がある。もちろん，前の方の共同行為についても，内容によりけりである。共同生産により自己と競争者の生産コストが均一化されれば価格差が減少し価格競争しにくくなるだろうし，原材料の占める費用が価格の大半を占める場合の原材料の共同購入も同様である。規格化・標準化の際の技術のライセンスに伴う制限なども，価格や生産量の自由な決定を制限するようなものは価格支配力が認められるだろう。どのような段階における行為か，そして具体的な共同行為は何か，そしてそれはどのような影響をもたらすか，を分析して，価格・数量に対する競争制限効果を判断する必要がある。なお，共同研究開発と，標準化に伴うパテントプールについては，公取委によるガイドラインが示されている。

　実際の事例として，共同輸入の目的が，廉価な競合品の輸入数量をコントロールするものであった場合に，違法とされた事例もある。

事　例〔5-13〕　ソーダ灰輸入カルテル事件

ソーダ灰には，合成ソーダ灰と天然ソーダ灰（「トロナ灰」とも呼ばれる）とがある。Y_1〜Y_4は，合成ソーダ灰の製造販売業者であり，天然ソーダ灰（トロナ灰）のわが国における輸入数量のほとんどすべてを輸入し販売している。したがって，Y_1〜Y_4は，国内のソーダ灰の総供給数量のほとんどすべてを占めている。

ソーダ灰の輸入が自由化された昭和46年ごろから，将来のソーダ灰の需要の伸びに対し国内のソーダ灰の生産販売体制の現状では供給不足の生ずることが予想され，また，米国においてはソーダ灰の生産が従来の合成ソーダ灰から豊富低廉なトロナ灰に移行しつつあった。Y_1〜Y_4の4社は，これらの状況等について検討した結果，割安なトロナ灰が無秩序に輸入されることを防ぐため，秩序ある輸入体制を確立することとし，昭和48年6月，「ソーダ灰の共同輸入に関する基本覚書」を締結した。

この覚書には，4社共同で不足量を米国トロナ灰メーカーから輸入すること，直接または日本の商社を介して契約すること，ソーダ灰の輸入に伴い必要となる受入サイロについて4社共同で新会社を設立し運営すること，などが取り決められていた。

4社は，合意のうえ，米国のトロナ灰のほとんどを生産し日本向け輸出を検討していたA, B, Cと，日本商社X_1〜X_4との間で，トロナ灰の輸入取引に関する総代理店契約を結ばせ，昭和48年8月以降，X_1〜X_4の4商社にトロナ灰の輸入業務を行わせることとした。Y_1〜Y_4の4社は，輸入ソーダ灰の受入サイロ新会社Zを設立することとし，X_1〜X_4の4商社が輸入するトロナ灰は，すべてZのサイロを経由させ，同サイロからY_1〜Y_4の4社までの国内販売業務をX_5〜X_7の3商社に行わせることとした。

ソーダ灰を相当長期間保管するには専用設備が必要であり，Zのサイロは，その設備，立地条件等から，バラ物の輸入ソーダ灰を保管するうえでわが国唯一の専用倉庫となっている。Zの運営は，実質的にY_1〜Y_4の4社が行っており，4社の輸入に係るソーダ灰以外には同社のサイロを利用させてきていなかった。

新たに，米国トロナ灰メーカーDとEがトロナ灰の日本向け輸出を希望したことから，輸入体制を変更し，国内販売業務を担当していた3商社X_5〜X_7にもトロナ灰の輸入取引をさせることとした。

Y_1〜Y_4の「4社は，共同して我が国へ輸入されるソーダ灰の輸入数量，引取比率及び輸入経路を決定することにより，公共の利益に反して，我が国のソーダ灰の輸入取引分野における競争を実質的に制限しているものであって，これは，

独占禁止法第2条第6項に規定する不当な取引制限に該当し、同法第3条の規定に違反するものである」。

〔公取委勧告審決昭58・3・31審決集29巻104頁〕

　この**事例〔5-13〕**は、ソーダ灰の供給不足に備え、共同で輸入し、秩序ある輸入体制を確立する、という合理的な目的からなされた共同行為のようにも見える。しかし、その実態は、安価なトロナ灰（天然ソーダ灰）が大量に輸入され国内のソーダ灰の価格が下落するのを防止するため、合成ソーダ灰を製造する Y_1〜Y_4 の4社が、トロナ灰を輸入する可能性のある商社 X_1〜X_7 を抱き込んで、輸入数量を調整し、ソーダ灰の価格を維持しようとしていたのではないか、との見方もできる。公取委の法適用では「我が国のソーダ灰の輸入取引分野」を市場として画定しているが、これについては、上記のような見方からは異論のありうるところである。

　さて、リサイクルの分野などは、共同で推進することが合理的な場合がある。しかし、だからといって、共同行為が競争を制限することは望ましくない。リサイクルガイドラインでは、以下のような事例が例示されている。

事　例〔5-14〕　家電メーカーによるリサイクル・システムの構築

「1　事例の概要
　A社等5社は、大手家電メーカーである。特定家庭用機器再商品化法（以下『家電リサイクル法』という。）は、家電メーカーに対し、自ら製造した特定家電4品目（エアコン、テレビ、冷蔵庫及び洗濯機）について、それらが廃棄された際の引取義務、再商品化等実施義務、再商品化等料金の公表義務等を課している。家電メーカーは、特定家電4品目の廃家電の引取り・再商品化のためのシステムを構築する必要があるが、構築に要するコストの負担の面から、メーカーが単独で構築するのは困難な状況にある。
　このため、A社等5社は、以下のようなリサイクル・システムの構築を検討している。
　①全国に再商品化のための処理施設を設置する。
　②家電小売店が排出者から引き取った廃家電を持ち込む場所（以下「指定引取場所」という。）を全国に整備し、指定引取場所から再商品化施設までの廃家電

の運搬を運搬業者に委託する。
　③リサイクル・システムの管理・運営のための共同出資会社を設立する。
　なお，A社等5社以外にも，大手家電メーカー2社が共同で，同様のリサイクル・システムの構築を検討している。また，中小家電メーカーはこれら大手家電メーカーのシステムの利用を検討している。
2　独占禁止法上の考え方
　(1)　本件は，共同事業として行われるリサイクル等に要するコストが再商品化等料金として当該製品の販売価格とは別に請求される場合である。本件リサイクル・システムの参加者は大手家電メーカーであり，また，共同化の対象も，指定引取場所の整備，指定引取場所から再商品化施設までの運搬及び再商品化業務まで及ぶが，これら共同事業として行われるリサイクル等に要するコストは，当該製品の販売価格に比して一般的には小さいものと考えられることから，通常は，特定家電4品目の製品市場の競争に与える影響は小さいものと考えられる。
　ただし，A社等5社が，中小家電メーカーによる本件リサイクル・システムの利用を合理的な理由なく拒絶することにより，当該中小家電メーカーの事業活動を困難にさせるおそれがある場合には，独占禁止法上問題となる（独占禁止法第2条第9項第1号（共同の取引拒絶））。
　(2)　また，本件ではリサイクル・システムが複数存在していることから，直ちにリサイクル市場における競争を制限するものとはいえない。
　ただし，本件リサイクル・システムの利用者に対し，別途リサイクル・システムを構築することを不当に制限したり，他のリサイクル・システムの利用を不当に制限するような場合には，独占禁止法上問題となるおそれがある（一般指定第11項（排他条件付取引）又は第12項（拘束条件付取引））」。

〔リサイクルガイドライン・事例1〕

　上記事例では，リサイクル市場の構築の競争促進効果を評価しつつ，製品市場における競争に対する影響が小さいとの判断がなされている。ただし，それは一般論としての評価であり，具体的な運用によっては，競争に対して悪影響が出る可能性も指摘している（ただし不公正な取引方法としてであるが）。健康・安全・環境などに関する共同行為の場合，公益性の主張もありうるが，それについては第3章テーマ2参照。
　競争促進効果が生じやすい類型の共同行為には，単独では参入できないよう

な市場への新規参入を共同事業として行う場合や，新規に市場を立ち上げるような場合がある。共同行為がなければ，競争者数の増加も，競争する場も存在しないのだから，共同行為を認めた方が競争は活発になる。例えば，新規参入については，高速バスの新規路線の共同運行を条件付きで認めた例がある（公取委「高速バスの共同運行に係る独占禁止法上の考え方」〔平16・2・24〕）。

(3) 共同ボイコット

競争者らが共同して，一定の事業者に対する取引を直接または間接に拒絶する行為を「共同ボイコット」と呼ぶことがある。一定の事業者とは取引しない，ということは，一定の事業者とのみ取引する，ということでもあるので，取引先制限カルテルとしての性質もないではないが，共同ボイコットとして論じられるのは，共同している競争者間の競争回避ではなく，拒絶された事業者の排除による競争制限である。その意味では，私的独占の排除行為を共同行為として行っているようなものであり，どちらの規定を適用するべきか，判断に迷う場合もある（例えば，**事例〔4-1〕**ぱちんこ機パテントプール事件）。

競争の実質的制限につき，上記(2)と同様に，市場における価格・数量等を左右するという意味での価格支配力を見るべきか，それとも，市場における価格・数量等を左右しなくとも「市場の開放性を妨げる力の形成・維持・強化」があるなら競争排除力という市場支配力を観念して違法とすべきと考えるか，という議論がある（第3章テーマ1(6)参照）。

通説・判例・公取委の見解は，競争排除力という意味での市場支配力を正面から認めるものではない。

資　料〔5-15〕　流通・取引慣行ガイドライン・第1部第2・2（注2）

共同ボイコットによって，例えば，次のような状況となる場合には，市場における競争が実質的に制限されると認められる。
① 価格・品質面で優れた商品を製造し，又は販売する事業者が市場に参入することが著しく困難となる場合又は市場から排除されることとなる場合
② 革新的な販売方法をとる事業者などが市場に参入することが著しく困難となる場合又は市場から排除されることとなる場合

> ③ 総合的事業能力が大きい事業者が市場に参入することが著しく困難となる場合又は市場から排除されることとなる場合
> ④ 事業者が競争の活発に行われていない市場に参入することが著しく困難となる場合
> ⑤ 新規参入しようとするどの事業者に対しても行われる共同ボイコットであって，新規参入しようとする事業者が市場に参入することが著しく困難となる場合

　このガイドラインにある例は，「価格・品質面で優れた商品」であるとか，「競争の活発に行われていない市場」なのに参入困難など，市場における価格・品質・数量等の競争に影響が出るレベルのものを想定しているように見える。つまり，市場支配力を価格支配力としてとらえているようにも見える。しかし，⑤の例は，価格への影響が出るかどうかわからなくとも，市場の開放性を妨げる効果をもって，市場における競争が実質的に制限されると認めているようにも見える。これは，競争排除力も市場支配力として考える余地がある，と示すものと見ることもできるのではなかろうか。もちろん，⑤のような場合であっても，間接的には市場の価格・数量に影響を与える可能性がある，ととらえることで，価格支配力の維持の一種として考えることもできる。そういう意味では，競争排除力という考え方も，価格支配力と異質な概念ではなく，1つのバリエーションとして位置づけることも可能かもしれない。

　共同ボイコットは，市場支配力の形成・維持・強化に至らない場合には，不当な取引制限（3条後段）としては規制できないが，不公正な取引方法（19条）として規制対象とすることができる（2条9項1号，一般指定1項）。また，排除型私的独占ガイドラインも参考になる（私的独占との関係については，第4章テーマ4参照）。

(4) 違反の成立時期

　行為要件と弊害要件を充足した段階で，違反行為は成立する。具体的には，いつの時点で，競争の実質的制限は生じるのであろうか。例えば，4月1日から価格を引き上げる，という内容の合意を3月1日にした場合，いつをもって

第 5 章 不当な取引制限　135

違反の成立が認められるだろうか。可能性としては，(a) 3 月 1 日の合意時，(b) 4 月 1 日の実施時，(c) 4 月 1 日の値上げについて取引相手と交渉を始めた着手時，などが考えられる。

当初から競争の制限を目的として形成された共同行為であれば，(a)合意時をもって違反の成立時期と見るのが，判例・通説である（**事例〔2-7〕**石油価格カルテル刑事事件）。

他方，前出(2)のように，目的が競争制限ではなく，大本の合意そのものは競争促進的な共同行為もある。そして，その実施の過程において競争を制限する行為が行われることもある。これについては，個別に対応すべきであり，合意時にまでさかのぼって違反とする必要はないだろう。

(5) 違反行為からの離脱

入札談合は，基本合意に参加すれば，原則として，談合が終了するまで，その対象となる入札において談合に基づく落札がなされたものと考えられる。しかし，ある特定の物件にかかる入札についてだけは調整がつかず，競争的な入札がなされた，という場合もある。このような例外的な物件については，個別に例外的に違反対象から外し，課徴金の対象としない，という処理がなされる（課徴金制度については，第 16 章テーマ 3 参照）。

このことから，入札談合には参加していたが，ある時期以降は談合から離脱していた，したがって，離脱後に落札した物件については課徴金の対象から外されるべきである，という主張がなされることがある。違反行為から離脱した，と認められるためには，何が必要とされるだろうか。

事　例〔5-16〕　岡崎管工事件

「本件審決は，これらの事実を前提に，平成 12 年 3 月末日ころまでに作成され，関係者に配布されたと推認される同年 4 月以降の外線当番表に原告の名前が掲載されていないのは，本件合意の他の参加者が原告の離脱を認めた徴表であるとみることができることなどを総合して，原告が本件合意から離脱した時期を同年 3 月末ころと認定した。

本件のように受注調整を行う合意から離脱したことが認められるためには，離

> 脱者が離脱の意思を参加者に対し明示的に伝達することまでは要しないが，離脱者が自らの内心において離脱を決意したにとどまるだけでは足りず，少なくとも離脱者の行動等から他の参加者が離脱者の離脱の事実を窺い知るに十分な事情の存在が必要であるというべきである。そうすると，前記のとおり，原告が同年2月28日の入札において受注調整の決定に従わずに自ら落札したものの，同年3月6日の入札においては受注調整の結果に従って受注予定者の落札に協力していること，同月中旬の段階では，本件合意の中心的役割を担う世話人会においても，ペナルティーとして1年間受注調整に参加させないことを決定したにとどまるものであることや，同月末日ころに作成され，関係者に配布された外線当番表に原告の名前が掲載されていなかったことなどの事情を総合して，本件審決が原告の本件合意からの離脱時期を同月末ころと認定したことに経験則違背や不合理な点はないから，当該事実を立証する実質的証拠に欠けるところはないというべきである」。
>
> 〔東京高判平15・3・7審決集49巻624頁〕

　他の行為者が窺い知ることができる必要があり，内心で離脱を決意しても，他の参加者がそれを知らなければ入札は競争的にならない，ということである。そのような競争的になっていない状況では，いくら離脱を決意していても，競争的な水準よりも高い価格で落札できる。そのようにして得た利益は，談合を利用した不当な利益と見るべきであり，違反行為も継続しているものと見るべき，ということであろう。

第6章

事業者団体の違反行為

テーマ1　行為主体と位置づけ

事業者団体とはどのようなものだろうか。3条および19条と8条の規定の違いは何だろうか。なぜ違いが設けられているのだろうか。その違いは，どのような事例で意味を持ってくるのだろうか。

(1) 事業者団体に対する規制の意義

　事業者団体とは，事業者としての共通の利益を増進することを主たる目的とする2以上の事業者の結合体をいう（2条2項）。組合，協会，連盟など，名義は何であれ，複数の事業者が集まって作った組織は事業者団体である。事業者の名義で参加していない場合でも，役員・従業員・代理人等が参加していれば，事業者の参加とみなされ，事業者団体として扱うことができる（2条1項）。複数の事業者団体が集まった連合体も，事業者団体として扱われる。ただし，事業者の結合体であっても，専ら事業活動を行っている場合には，事業者として扱われる。例えば，農協は，農業事業者の結合体であるので事業者団体であるが，独自の事業も行っているので事業者でもある。

　事業者団体は，戦前・戦中，国家による経済統制の末端機関として機能し，そこでは強力な統制やカルテルが行われていた。戦後，事業者団体法により規制されていたが，1953（昭和28）年の独禁法改正により，事業者団体法は廃止され，事業者団体に対する規制は独禁法の一部に組み込まれることになった。このような経緯から，事業者団体に対しては，通常の事業者に対する規制よりも厳しい規制が課せられている。

3条に対応するのは8条1号であり，1号には，私的独占に相当する行為と，不当な取引制限に相当する行為が含まれる。19条に対応するのは8条5号である。8条1号の違反行為には刑事罰の可能性があるが（89条1項2号），8条5号の違反行為にはない。

8条3号および4号は，事業者団体に対する特別の規制である。3号は私的独占の前段階となる行為，4号は不当な取引制限の前段階となる行為を，事業者団体を主体として行うことが想定されていたものと考えられる。ただし，現在の運用がはっきりとそのように分けられているというわけではない。また，これまで適用事例はないが，3号と4号の違反行為に対しては刑事罰の規定がある（90条2号）。「一定の取引分野における競争を実質的に制限する」程度にまで至らない行為を対象とする規定にもかかわらず，刑事罰が用意されていることも，事業者団体に対する規制が特別であることを示している。

なお，8条2号は，6条に規定する国際的協定または国際的契約をすることを禁止しているが，ここでは扱わない（第24章参照）。

(2) 事業者団体の行為と事業者の共同行為

事業者団体は，事業者の結合体であるため，事業者団体の行為とも，事業者による共同行為とも構成しうる場合がある。

事　例〔6-1〕　石油価格カルテル刑事事件

※事案の概要については，事例〔3-5〕参照。

「独禁法上処罰の対象とされる不当な取引制限行為が事業者団体によって行われた場合であつても，これが同時に右事業者団体を構成する各事業者の従業員等によりその業務に関して行われたと観念しうる事情のあるときは，右行為を行つたことの刑責を事業者団体のほか各事業者に対して問うことも許され，そのいずれに対し刑責を問うかは，公取委ないし検察官の合理的裁量に委ねられていると解すべきである。これを本件についてみると，前認定のとおり，各被告会社の営業担当役員である被告人らは，エツソとモービルを除くその余の全元売り会社の営業担当役員によつて事実上構成される石連の営業委員会において，石油製品価格の油種別の値上げ幅と実施時期を定め，通産省の了承を前提として各社いつせ

> いに値上げを行う旨合意をしたものであるところ，かかる事実関係のもとにおいては，被告人らの右行為は，石連の営業委員としての行為であると同時に，その所属する各事業者の業務に関して行われたものと認めるのが相当であるから，右合意をした会合を，原判決の認定と異なり石連の営業委員会であると認定したからといつて，その点は，各被告会社の刑責になんら消長を及ぼすものではない」。
>
> 〔最判昭59・2・24刑集38巻4号1287頁〕

　どちらとも構成できるときは，公取委ないし検察官の合理的な裁量に委ねられる。この事例はカルテルであるので，3条後段か8条1号かの選択になるが，共同で不公正な取引方法に該当する行為をしていた場合には，19条か8条5号のいずれかという，適用条項の選択が必要になる（場合によっては，8条3号・4号も可能性がある）。理論的には，事業者による共同行為とするか，事業者団体による行為とするか，については，相互排他的なものではなく，事業者と事業者団体の両方に排除措置命令が必要な場合には，同時に3条後段と8条1号を適用する余地もありうると考えられるが，実務においてはどちらかを選択して適用している。行為に参加している事業者らが，主体的に共同行為に参加している場合であれば，3条を適用するべきであり，団体からの指示により参加させられている事業者が多いという状況であれば，8条を適用した方がよいだろう。

　事業者団体の行為である，という点は確認する必要がある。総会や理事会の決定であれば問題なく当該事業者団体の行為であるといえるが，例えば，「○○小委員会で検討した結果」のように，当該事業者団体の行為と同視してよいか迷う場合には，その検討結果が事業者団体の決定として機能していた事実を認定すべきであろう（例えば，**事例〔3-7〕**大阪バス協会事件）。

テーマ2　違反行為

　8条1号は3条前段と後段の両方に相当する行為を含むのだろうか。8条3号と4号は，どのような行為を規制対象としているのだろうか。また，8条3号・4号について，8条1号との関係，そして，8条5号との関係は，それぞれどのように

考えるべきだろうか。8条5号の「該当する行為」を「させるようにする」とは，いかなる意味だろうか。

(1) 8条1号

事業者団体が，「一定の取引分野における競争を実質的に制限すること」を禁止している。8条1号には行為要件がないが，不当な取引制限（2条6項）または私的独占（2条5項）のいずれかに該当する行為を，事業者団体で行っていた場合が対象になる。典型例は，事業者団体でカルテルや入札談合を実施したような場合である。過去の事例は，不当な取引制限に相当する事例が多いが，私的独占に相当する行為も対象である。行為要件がないため，競争関係や相互拘束，取引段階の違いなどは問題とならない。

3条（定義規定2条5項・6項）と比べると，行為要件と「公共の利益に反して」の文言がない。しかし，現在では，8条1号でも例外的な公益性の考慮は可能であるため（第3章テーマ2参照），規制対象はほぼ同じであると考えられる。

実際の事例としては，ほとんどが価格・数量カルテルや入札談合の事例であるが，共同ボイコットの事例や取引先制限の事例もある（例えば，**事例〔3-10〕**日本遊戯銃協同組合事件）。

事　例〔6-2〕　所沢市牛乳販売店組合事件

Y（所沢市牛乳販売店組合）は，牛乳販売店を会員とする事業者団体である。総会において，組合員の得意先の争奪について，以下の(ア)(イ)を決定し，これを組合員に実施させた。(ア)組合員は，他の牛乳販売業者の販売価格を下廻る価格でその得意先を獲得しないこと。(イ)上記(ア)に違反して得意先を獲得したときは，組合員は，その得意先をもとの牛乳販売業者に返還すること。

Yは，(ア)に反した販売業者に対してその中止と(イ)を要求した。(イ)に従わない販売業者に対しては，一斉に拡販して得意先を奪い返す旨警告したり，取引先牛乳メーカーに措置を求めたり，実際に当該販売業者よりも安い価格で一斉に拡販して得意先を取り戻したりした。

「Yは，組合員および非組合員に，価格競争による得意先の争奪をしないよう

> にさせているものであり、これは所沢市内における牛乳販売の取引分野における競争を実質的に制限しているものであつて、私的独占禁止法第8条第1項第1号〔現8条1号〕の規定に違反するものである」。
>
> 〔公取委勧告審決昭44・10・31審決集16巻109頁〕

　この**事例〔6-2〕**は、単純な価格カルテルではないし、単なる取引先カルテルでもない。他の販売店と同じか高い価格なら、得意先を奪うことは許されている。また、新規顧客なら、価格は自由に設定してよい。他の組合員の得意先についてだけ、相互に価格競争を制限する行為である。その意味では、「所沢市内における牛乳販売の取引分野における競争を実質的に制限し」たといえるだけの弊害があったと評価できるか、疑問がないわけではない。新規開拓の余地がなく、ほとんどの顧客がすでにいずれかの販売業者の得意先になっている状況であれば、価格競争を回避するカルテルとして競争の実質的制限を認めることができる。逆に、所沢市の家庭のごく一部のみが得意先であるなら、市場を「所沢市内における牛乳販売の取引分野」よりも狭く画定しなければ、同様の評価は難しいかもしれない。場合によっては、8条4号の適用も考えられる事例である。

(2) 8条3号

　事業者団体が、「一定の事業分野における現在又は将来の事業者の数を制限すること」を禁止している。事業者団体が、事業者の数を制限する行為とは、新規参入による競争の促進を妨げる行為だけでなく、既存の事業者を排除する行為も含まれる。特に、その事業者団体に加入しなければ事業活動を行うことが困難な分野で行われると、競争が生じないよう効果的に防止されることになる。事業者団体という影響力ある主体による行為であり、競争者の数の制限という競争制限の目的がはっきりした行為であり、その影響力から危険性の高い行為であることから、「不当に」などの文言がない。とはいえ、まったく影響力も危険性もない行為であれば、「制限」したとは評価されないだろう。

　なお、「一定の事業分野」とは、「一定の取引分野」と同一ではないものの、近い関係にある。「一定の取引分野」は、市場を意味し、一定の需要者群と供

給者群からなるのに対し,「一定の事業分野」は,一定の供給者群(事業者が売り手の場合)または一定の需要者群(事業者が買い手の場合)のどちらかで成立する,とされている。事業者の数の制限を見るのであれば,それで足りるからである。

事　例〔6-3〕　観音寺市三豊郡医師会事件

　Yは,香川県観音寺市および三豊郡を地区とする医師会である。Yに加入しないで開業することが一般に困難な状況の下で,入会の拒否,除名がありうる制度を背景として,以下の行為を行った。

　同地区内で医療機関の開設,診療科目の追加,病床の増設もしくは増改築または老人保健施設の開設を希望する者に,知事に対する許可申請または届出に先立ち,あらかじめYにその申出をさせ,同意,不同意,条件付き同意または留保の決定を行い,会員医師の利益を守るための利害調整や合理性のない制限を行った。

　医療機関の開設の制限は,同地区の開業医に係る事業分野における「現在または将来の事業者の数の制限」(旧8条1項3号・現8条3号),医療機関の診療科目の追加,病床の増設および増改築ならびに老人保健施設の開設の制限は,「構成事業者の機能または活動の不当な制限」(旧8条1項4号・現8条4号)に該当する。

〔東京高判平13・2・16判時1740号13頁〕

　この**事例**〔6-3〕の前提として,医師会に加入しないと,学校医の推薦,母体保護法(旧優生保護法)上の指定医師の指定,各種医療研修,関係行政機関の通達類や医療,社会保険等に関する知識および情報の伝達など,開業医として業務上必要な便宜を受けられず,また,診療面で他の開業医の協力を求め難いこと等のため,Yに加入することなく開業医になることは一般に困難な状況にある。入会の拒否・除名がありうる制度を背景として,医療機関の開設を希望する者に,知事に対する許可申請または届出に先立ち,あらかじめYにその申出をさせ,同意,不同意,条件付き同意または留保の決定を行い,会員医師の利益を守るための利害調整や合理性のない制限を行った。

　医師会やその他の資格者団体では,しばしばこのような行為がなされてきた

ため，公取委によるガイドラインが公表されている（医師会ガイドライン，資格者団体ガイドライン）。

　この他に，アウトサイダーの製造設備を買い上げて廃棄したり，製造販売の中止や製造設備の設置の中止をさせたりした事例として，滋賀県生コンクリート工業組合（第二次）事件（公取委勧告審決平5・11・18審決集40巻171頁）がある。

(3) 8条4号

　事業者団体が，「構成事業者の機能又は活動を不当に制限すること」を禁止している。価格，数量，品質，規格，種類，取引先，取引方法，広告，その他，事業活動を制限するものは，この対象となる。価格や数量について制限を課すことは，通常，競争を実質的に制限し，8条1号が適用されるが，規模（構成事業者のシェアの合計）が小さいような場合とか，一部の商品（特定のブランド）についてだけ制限しているなどの場合には，この規定が適用される。価格・数量以外についても，市場の価格・数量等に対する影響が直接的ではないが，競争を制限する効果がある場合に適用される。届出料金の制限，販売方法や広告などの制限，製造・販売拠点の増設の制限などがある。前出**事例〔6-3〕**観音寺市三豊郡医師会事件では，医療機関の診療科目の追加，病床の増設および増改築ならびに老人保健施設の開設の制限が，これに該当するとされている。

　「不当に」と書かれているように，競争を制限する効果は必要である。条文の構成上，ここに書かれた「不当に」は公正競争阻害性を意味するものではないと思われるが，「競争を実質的に制限」する程度にまで至らない場合でも規制対象とするという意味では，公正競争阻害性における自由競争減殺（第7章テーマ3(2)参照）とほぼ同じレベルの弊害要件として機能することになる。行為要件が包括的であるので，不公正な取引方法よりも広範な行為を規制対象とできる点は，8条4号の特徴である。

事　例〔6-4〕　日本冷蔵倉庫協会事件

　被審人Y（日本冷蔵倉庫協会）は，全国38地区の冷蔵倉庫協会とそれを構成す

る冷蔵倉庫事業者を会員とする社団法人である。

　当時，冷蔵倉庫の料金は，倉庫業法により，保管料の決定または変更を運輸大臣に届け出る義務があった。Yは，保管料の引上げを決め，各地区冷蔵倉庫協会を通じて，冷蔵倉庫事業者に引上げ率を周知した。冷蔵倉庫事業者らは，Yの定めた時期および方法で，保管料の引上げを届け出た。

　審査官は，Yの行為を8条1項1号（現8条1号）違反として勧告した。Yは，実勢料金が届出料金と乖離しているため，競争の実質的制限は生じていない，と主張した。審判審決においては，以下のように判断された。

　「事実を総合的に判断すると，例えば東京地区のように，被審人の正会員である地区冷蔵倉庫協会が実勢料金の引上げに関する活動を行っていた疑いがある地区があるものの，被審人の行為としては，全国の会員事業者の実勢料金との関係で，届出料金の引上げを契機に少しでも実勢料金を引き上げるよう努力するという程度の認識による届出料金に関する決定であったとの認定にとどまらざるを得ず，また，本件の場合においては，届出料金の引上げ決定の内容及びその周知並びにその後の実施状況をもって，実勢料金についての競争の実質的制限が生じたものと認めるに足りないものである。

　したがって，本件行為が独占禁止法第8条第1項第1号の要件に該当すると認めることはできない」。

　しかし，「被審人による会員事業者の届出料金の引上げに関する決定は認められるのであって，……市場における競争を実質的に制限するまでには至らない場合であっても，構成事業者の機能又は活動を不当に制限するものであれば，同項第4号の規定に違反するものである。

　……被審人の平成4年6月18日及び同年7月15日の届出保管料の決定及び周知は，本来会員事業者が自由になし得る届出を拘束・制限するものであって……，会員事業者の機能又は活動を不当に制限するものであるから，独占禁止法第8条第1項第4号〔現8条4号〕違反が成立する」。

〔公取委審判審決平12・4・19審決集47巻3頁〕

　この事例では，届出料金の引上げが，事業者団体により決定され，実行された。通常，届出料金や認可料金の引上げは，市場の価格を引き上げることになると考えられるので，1号が適用される。しかし，この事例では，届出料金を引き上げても，実際の価格は引き上げられなかった，というものである。競争

の実質的制限が、市場における価格等を左右する力とすると、市場における価格を支配するだけの力はなかった、ということで、1号の適用が見送られ、4号が適用されたようである。ただし、届出料金の引上げ分を実際には得られなかったとしても、実勢料金を若干でも引き上げる効果があったなら、競争の実質的制限を認定できたのではないかとも思われる。

(4) 8条5号

事業者団体が、「事業者に不公正な取引方法に該当する行為をさせるようにすること」を禁止している。不公正な取引方法については、第7章から第13章を参照。ここでは、不公正な取引方法の内容についてではなく、8条5号の適用にかかる論点についてのみ扱う。

次の事例を用いて、8条5号の文言に照らして適用を考えよう。この事例は、8条5号と同時に1号についても論じられた事例である。

事 例〔6-5〕 日本遊戯銃協同組合事件

※事案の詳細は、**事例〔3-10〕**を参照。

事業者団体Y（日本遊戯銃協同組合）は、遊戯銃（モデルガンおよびエアーソフトガン）の製造を行う事業者のほぼすべてが組合員となっている協同組合である。Yは、エアーソフトガンの威力とBB弾の重量につき自主基準を定めた。

Yに加入していないX（デジコン）が、エアーソフトガン「ベレッタ92F」を発売した際、Yの会長は、Xへ電話し、Yへの加入を要請したが、Xは重量BB弾が主力製品であることから回答を留保した。Yは、X製品を仕入れ販売しないよう問屋と小売店に要請し、Xをエアーソフトガンおよび BB弾の市場から排除した結果、X製造のエアーソフトガンおよび BB弾の売上げが減少した。

〔東京地判平9・4・9審決集44巻635頁〕

「事業者に」とは、この事例では、問屋と小売店を指す。事業者団体の構成事業者にさせるようにする事例も多いが、それに限られることなく、事業者団体の外部の事業者に対してさせるようにする行為も対象になる。

「不公正な取引方法に該当する行為」とは、この事例では、問屋と小売店に

よる取引拒絶である。単に「不公正な取引方法」と規定した場合，問屋と小売店がそれぞれ単独の取引拒絶（一般指定2項）として違反になることを要件とするかのように見える。そこで，「に該当する行為」と規定することで，問屋と小売店については，不公正な取引方法の行為類型に合致すればよく，個別に公正競争阻害性を認定する必要をなくしたものである。公正競争阻害性は，事業者団体の行為として，問屋および小売店の行為の集合として生じる競争制限効果を見る。させるようにされた個別の行為は公正競争阻害性を有するか明らかでなくても，団体により多数実施させられることで公正競争阻害性が生じていれば足りる。

「させるようにする」とは，この事例では，X製品を仕入れ販売しないよう要請した行為である。強制や拘束まで必要とするものではなく，勧奨（働きかける行為）で足りるものと解されている。

第Ⅲ部
不公正な取引方法の禁止

　独禁法は，「第2章　私的独占及び不当な取引制限」(3条〜7条の2) とは別に，行為規制として「第5章　不公正な取引方法」(19条〜20条の7) を設け，19条で事業者が不公正な取引方法を用いることを禁止している。不公正な取引方法は，私的独占や不当な取引制限とは次の点で異なった制度設計になっている。

　第1に，2009年改正以後，課徴金賦課の対象となる法定の不公正な取引方法 (2条9項1号〜5号) が一部に存在するようになったが，同改正以前から，また，以後も公正取引委員会が告示で具体的に指定して，初めて適用できる法規範となることである。公正取引委員会という行政庁によるルール設定を可能にしている。

　第2に，不公正な取引方法の行為要件として，競争制限効果をもたらす私的独占等になりやすい行為類型をより具体的に抽出するものであることに加えて，「不公正」という評価が加わることにより，競争手段や取引態様の質を問うことが可能になり，典型的な競争制限行為のほかに，欺まん的商慣行や過大な利益提供による顧客誘引，さらには，取引上優越した事業者が行う不当な不利益強要等も規制範囲に含めることができる。

　第3に，不公正な取引方法の弊害要件として「公正な競争を阻害するおそれ」＝公正競争阻害性を，私的独占・不当な取引制限の弊害要件である「一定の取引分野における競争を実質的に制限する」＝競争の実質的制限とは別に設けたことである。「自由競争の減殺」と言い換えられるこの公正競争阻害性は競争の実質的制限より若干低い競争阻害効果でもよいとされるから，不公正な取引方法は，その行為類型の性質から私的独占・不当な取引制限よりも予防的に規制できる違反行為と解される。したがって，不公正な取引方法には，私的独占・不当な取引制限と異なり，刑事罰の規定はない。ただし，弊害要件が不明確とならないように，ルール設定にあたっては，「正当な理由がないのに」「不当に (な)」などの表現上の工夫がなされていることに注意しなければならない。さらに，他の事業者の事業活動を困難にさせるおそれ (競争排除型) や当該商品の価格が維持されるおそれ (競争回避型) などの表現の使い方にも留意したい。

　なお，行為要件において私的独占や競争手段や取引態様の質を問うことが加わったことにより，弊害要件も「自由競争の減殺」に加えて「競争手段として不公正」や「自由競争基盤の侵害」という複数の意味で公正競争阻害性を考える必要があることも指摘しなければならない。

　第4に，独禁法の適用除外規定があっても，そこに必ず「不公正な取引方法を用いる場合は，この限りでない」というただし書が添えられていて，不公正な取引方法の規制は独禁法の中で最終的にバックアップする機能をもたせているように見えることである。

これらの制度的特徴を基礎に不公正な取引方法を考えることにして，「第7章　規制の意義とコンセプト」では，不公正な取引方法という違反行為を設けて禁止する意義やその行為類型の成り立ち，そして違法要件である公正競争阻害性の意義と判断基準を検討してみる。

　「第8章　不当な差別行為」では，特定の事業者だけに対する差別行為を共同して行う取引拒絶（ボイコット）と単独で行う取引拒絶に分けて考察した後，地域や取引先で対価を差別したり，取引条件等の差別取扱いをする場合の公正競争阻害性の考え方を検証する。

　「第9章　不当廉売等」では，価格競争が行き過ぎて極端な廉価販売あるいは高価購入が事業者のリスクを超えて競争秩序に悪影響を与えることがあるのかどうか，そして，あるとしても，通常の価格競争まで抑制する過剰規制に陥らないように，どのような基準で不当とする廉売等を識別すべきであるか整理してみる。

　「第10章　不当な顧客誘引・取引強制」では，顧客を誤認させたり，正常な商慣習に照らして過大な利益を示して取引に誘引するような不正な競争手段を不公正な取引方法として規制する意義を考え，さらに，異なる商品・役務を組み合わせて販売する抱き合わせ販売に公正競争阻害性が生じる事例の仕分けをしてみる。

　「第11章　不当な拘束条件付取引」では，取引先事業者との間で意思の連絡を行う縦の共同行為を考える。取引先事業者に守ってもらいたい条件を付けることである。自己の競争者と取引しないことを条件としたり，再販売価格を守らせたりすることである。水平的制限と垂直的制限，価格制限と非価格制限，競争促進効果と競争阻害効果，有力な事業者基準をキーワードに流通における取引慣行に関する独禁法上の考え方に焦点を当てる。

　「第12章　取引上の地位の不当利用」では，取引上優越した地位にある事業者が取引先の中小事業者に不利益を押し付けたり，不当な利益を搾取したりする継続的取引関係で生じる紛争が，不公正な取引方法の優越的地位の濫用行為として規制する必要を出発点にして，独禁法の中での位置付けを考える。

　「第13章　不当な取引妨害等」では，同一の顧客との取引機会を求めて競争事業者間で競い合うことが行き過ぎて，不公正な取引方法とすべき経済的効率や社会的公正から非難可能性が生じる取引妨害行為のあり様を分析してみる。競争会社の株主や役員への干渉行為の意味も検討する。

第7章

規制の意義とコンセプト

テーマ1 不公正な取引方法規制の意義

　独占禁止法における事業者の行為規制として私的独占・不当な取引制限の禁止（3条）があり，構造規制として企業結合規制（4章）がある。これらの規制に加えて，19条で不公正な取引方法が禁止される。不公正な取引方法とは，どのような違反行為なのであろうか。3条では規制できない行為類型なのだろうか，それとも3条でも禁止できる行為類型なのだろうか。

(1) 不公正な取引方法の3つの法源

　2009年の独禁法改正以降，不公正な取引方法（1953年改正前は，不公正な競争方法）は，独禁法自体が定めるもの（2条9項1号～5号）と独禁法の規定（2条9項6号）に基づき公正取引委員会が告示（72条）でより具体的に指定するものがあり，後者はすべての事業分野に適用される一般指定と特定の事業分野に適用される特殊指定（71条）がある。実質的には2条9項に集約されるが，形式的に①法定類型，②一般指定および③特殊指定の3つの法源があると整理しておこう。

　法定類型は，2009年改正で不公正な取引方法の一部を課徴金賦課の対象とするために，従前の一般指定から課徴金賦課の対象とする次の行為類型を抽出し，2条9項に法定したものである。

　　ア　共同の供給拒絶（1号）　10年以内の繰り返しに課徴金算定率3%・小売
　　　　2%・卸売1%

イ　継続的供給の差別対価（2号）　10年以内の繰り返しに課徴金算定率
　　　　　　　　　　　　　　　　　　　　　3%・小売2%・卸売1%
ウ　著しい原価割れ不当供給（3号）　　　　〃　　　　　　〃
エ　再販売価格の拘束（4号）　　　　　　　〃　　　　　　〃
オ　取引上優越的地位の濫用（5号）　課徴金算定率1%

したがって，現在の一般指定（不公正な取引方法〔1982年公取委告示15号，2009年改正〕）と上記の法定類型を合わせると，1982年制定時のもともとの旧一般指定（それ以前の12項から成る原始一般指定〔1953年制定〕をさらに分かりやすくすべく改正したもの）が16項で成っているものと重複なしに整合することができる（次頁表1参照）。

不公正な取引方法を説明するための各行為類型の区分と順序は，およそもともとの一般指定の16の項立てに依拠する。さらに，この16の項立てによる行為類型は，2条9項6号イ〜ヘに列挙の次の行為類型に該当することを法的根拠としているので，本書における章立てもこれに拠っている。

イ　不当な差別的取扱い〔第8章〕
ロ　不当な対価取引〔第9章〕
ハ　不当な顧客誘引・取引強制〔第10章〕
ニ　不当な拘束条件付取引〔第11章〕
ホ　取引上の地位の不当利用〔第12章〕
ヘ　競争者に対する不当な取引妨害・内部干渉〔第13章〕

法定類型と一般指定を合わせて，すべての事業分野に適用される不公正な取引方法のルールとなるのに対し，特殊指定は，現在，次の3つの事業分野に提供されるものがある。

・　新聞業における特定の不公正な取引方法〔1999年公取委告示9号〕
・　特定荷主が物品の運送又は保管を委託する場合の特定の不公正な取引方法〔2004年公取委告示1号〕

第7章　規制の意義とコンセプト　*151*

表1　不公正な取引方法の新旧対照表

法2条9項	原始一般指定 （1953年）	旧一般指定 （1982年）	現法定・一般指定 （2009年）
差別的取扱い （旧1号・現6号イ）	取引拒絶　　　　　（一）	共同の取引拒絶　（1項）	共同の供給拒絶 （法定1号）
			共同の購入拒絶 （指定1項）
		その他の取引拒絶（2項）	その他の取引拒絶 （指定2項）
	差別対価　　　　　（四）	差別対価　　　　（3項）	継続的供給の差別対価 （法定2号）
			その他の差別対価 （指定3項）
	取引条件等の差別的取扱い　　　　　　　（二）	取引条件等の差別的取扱い　　　　　　（4項）	取引条件等の差別的取扱い　　　　　（指定4項）
	事業者団体における差別的取扱い　　　（三）	事業者団体における差別的取扱い　（5項）	事業者団体における差別的取扱い　（指定5項）
不当な対価取引 （旧2号・現6号ロ）	不当対価　　　　　（五）	不当廉売　　　　（6項）	著しい原価割れ不当廉売 （法定3号）
			その他の不当廉売 （指定6項）
		不当高価購入　　（7項）	不当高価購入 （指定7項）
不当な顧客誘引・ 取引強制 （旧3号・現6号ハ）	顧客の奪取　　　　（六）	ぎまん的顧客誘引 （8項）	ぎまん的顧客誘引 （指定8項）
		不当な利益による 顧客誘引　　　（9項）	不当な利益による 顧客誘引　　（指定9項）
		抱き合わせ販売等 （10項）	抱き合わせ販売等 （指定10項）
不当な 拘束条件付取引 （旧4号・現6号ニ）	排他条件付取引　　（七）	排他条件付取引（11項）	排他条件付取引 （指定11項）
	拘束条件付取引　　（八）	再販売価格の拘束 （12項）	再販売価格の拘束 （法定4号）
		その他の拘束条件付取引 （13項）	その他の拘束条件付取引 （指定12項）
取引上の地位の 不当利用 （旧5号・現6号ホ）	優越的地位の濫用　（十）	優越的地位の濫用 （14項）	優越的地位の濫用 （法定5号）
	役員選任への干渉　（九）		取引の相手方の役員選任への不当干渉 （指定13項）
競争者に対する 不当妨害・内部干渉 （旧6号・現6号ヘ）	競争者に対する 取引妨害　　　（十一）	競争者に対する 取引妨害　　（15項）	競争者に対する 取引妨害　　（指定14項）
	競争者に対する 内部干渉　　　（十二）	競争者に対する 内部干渉　　（16項）	競争者に対する 内部干渉　　（指定15項）

・ 大規模小売業者による納入業者との取引における特定の不公正な取引方法〔2005年公取委告示11号〕

公取委は，特殊指定を制定しようとする場合，当該事業分野の事業者の意見を聴き，かつ，公聴会を開いて一般の意見を求め，考慮しなければならない(71条)。

以下では，特殊指定以外の法定類型と一般指定について，考えていくことになる。

(2) 不公正な取引方法の制度的特徴と役割

(i) 行政機関（公取委）によるルール設定

不公正な取引方法は，法律に定義規定がある私的独占や不当な取引制限と異なり，法律で規定された枠組みはあるものの，行政機関である公取委が，規制の必要を認めた行為類型を一般的にまたは事業分野ごとに定立することができる特徴をもつ。

(ii) 広範な行為類型の包含

不公正な取引方法となる行為類型は，2条9項6号イ〜ヘに列挙されたイ）不当な差別的取扱い，（ロ）不当な対価取引，（ハ）不当な顧客誘引・取引強制，（ニ）不当な拘束条件付取引，（ホ）取引上の地位の不当利用および（ヘ）競争者に対する不当な取引妨害・内部干渉の枠内で指定すべきこととなっている。無限定ではないが，競争政策上問題になりうる行為類型をほぼ収めうるので，行為要件のレベルで，不公正な取引方法は広範な行為類型に対応できる。

(iii) 成文法規による行為類型の具体化・明確化

公取委は，事業者や事業者団体のどのような所為が私的独占や不当な取引制限に該当する違反行為になるかを排除措置命令や課徴金納付命令を発することにより，事後的に具体化して示すこととなる。ケース・ローとなる規範定立の方法である。しかし，告示による不公正な取引方法の指定という権限が公取委に付与されたことから，違反事件として適当な事案を取り上げることができる機会の出現を待たなくとも，公正な競争秩序の観点から見て，あらかじめかつ積極的に不公正な取引方法に該当する行為類型を示すことができる。

このような不公正な取引方法の制度的特徴から，3条（私的独占・不当な取引制限の禁止）に対して，19条（不公正な取引方法の禁止）は包括条項としてバックアップする機能を持つことになる。行為の競争阻害的要素から規制が必要とみなされる行為類型を，3条で規制できない場合に，19条に受け止める役割が課せられているとの意味である。

事　例〔7-1〕　新聞販路協定審決取消請求事件

事例〔5-3〕新聞販路協定審決取消請求事件において，東京高裁は不当な取引制限の適用対象事業者の範囲を「相互に競争関係にある独立の事業者と解するのを相当とする」と限定的に判示したことにより，同事件の違反行為者に新聞発行本社が共同行為としての不当な取引制限に含まれないことについて，東京高裁は続けて「もつともこういつたからといつて，本件における原告ら新聞発行本社の行為は，共同行為に対する身分なきものの加功としての意味を有するに止まり，それ以外にはなんら独占禁止法の禁止に違反しないというのではない。もし原告ら新聞発行本社が共同して一地域に一販売店の外他の販売店を認めないこととするならば，この点において販売店という顧客を制限することになり，いわゆる販売カルテルにおける指定販売人制の一種に転化するおそれもないことはなく，また各新聞発行本社が相手方たる新聞販売店とその競争者たる他の販売店間の競争をさけるため，販売店相互間に地域協定を結ぶことを条件として新聞販売の取引をするものであれば，それは不公正な競争方法たることを免れない（同法第2条第6項第6号〔現2条9項6号ニ・一般指定12項（拘束条件付取引）〕）けれども，これらの点はすべて本件において審判開始決定以来なんら審判の対象とされていないのであつて，かような事実を確定し排除措置を命ずるには別の手続を要することはいうまでもない」。

〔東京高判昭28・3・9高民集6巻9号435頁〕

上記事例では，不当な取引制限の対象としないこととなった競争制限行為が不公正な競争方法（現在の不公正な取引方法）でカバーできることが示されている。ただし，不当な取引制限の対象範囲を限定すべきであったかどうかという問題は残っている（第5章テーマ2(2)参照）。

(3) 不公正な取引方法と私的独占・不当な取引制限の関係

　不公正な取引方法は，私的独占・不当な取引制限と同様に行為規制に区分されるから，それぞれの行為要件に該当するとされる行為類型が重複する場合がある。特に，弊害要件で示される競争メカニズムの機能を侵害する程度が，不公正な取引方法の場合の「公正な競争を阻害するおそれ」（2条9項6号）と，私的独占・不当な取引制限の場合の「一定の取引分野における競争を実質的に制限すること」（2条5項・6項）とを比較し，後者が前者より重いことから，不公正な取引方法を私的独占・不当な取引制限の予防規制と位置付けることができる。そして，予防規制の趣旨は，私的独占・不当な取引制限の手段になりやすい危険性の高い行為類型を抽出したものということができる。ただし，不当な取引制限については，上記新聞販路協定事件東京高裁判決がその対象範囲を競争回避型のうち水平的共同行為に限ったために，不公正な取引方法が垂直的制限行為（メーカーと販売業者のように縦の関係になる多数の取引先販売業者とその事業活動を拘束する条件を付けて取引することで，当該取引先販売業者間の競争を減殺する競争回避型の行為で，再販売価格維持行為，その他の拘束条件付取引などをいう）を分担とする関係にある。

　したがって，予防規制の役割を果たす不公正な取引方法は，もっぱら私的独占との関係で，排除行為になりやすい行為類型（取引拒絶，差別対価等，不当廉売，抱き合わせ販売，排他条件付取引，競争者に対する取引妨害など）が掲げられている。

　なお，垂直的共同行為とした拘束条件付取引は，取引先事業者の事業活動を拘束するものであるから，私的独占の支配行為と重なるもので，その意味では，不公正な取引方法の多くは私的独占の手段となりやすい行為類型から成っているということもできる。

　私的独占・不当な取引制限と不公正な取引方法には，サンクションの面で共通点と相違点がある。排除措置命令の対象になることでは共通するが，課徴金納付命令の対象となるのは不公正な取引方法では前述のように一部の行為類型に限定される。また，不公正な取引方法は，刑事罰の対象とされない。民事上いずれも損害賠償請求の対象になるが，差止請求の対象は，不公正な取引方法に限られている。

(4) 不公正な取引方法が独自に受け持つ規制領域

不公正な取引方法の弊害要件が「公正な競争を阻害するおそれ」と設定されたことから，自由な競争の限界を画する公正な競争の在り方を幅広く考えることが可能となった。その第1が質の悪い競争手段を不公正な取引方法とすることである。競争手段の質を問う法律に不正競争防止法があるが，同法が他の事業者の無形の営業資産価値を無断使用したり，信用を毀損したりすることで，当該他の事業者に損害を与えることが不正とされる。独占禁止法の場合は，競争手段の質を問題にする場合でも，競争メカニズムに期待される機能となる優れた商品役務を選択し，その提供事業者が進展する機会を保障する働きから見て，手段の質の良し悪しが判断される。不正競争防止法も被害事業者の私益を直接保護することで，間接的に公正な競争秩序を保護することになる。独占禁止法では，競争メカニズムを有効に機能させる公益の観点から競争手段の質の評価を行うものである。このような観点からの不公正な取引方法としては，ぎまん的顧客誘引や不当な利益による顧客誘引がある。

第2は，取引先を容易に変更できない事情があって，有効な競争が期待できないような状況の中で，取引上優越した地位にある大規模事業者に相対的に弱い中小事業者が従属せざるをえない機会を利用して，大規模事業者が中小事業者に対して不利益を強要するような濫用行為を不公正な取引方法として規制するものである。競争メカニズムが機能しない場合に生じる強者の機会主義的行動を抑止し，有効な競争があると同様に行動させる濫用監視は，独占禁止法の目が届く範囲を有効な競争が期待できない場合にも拡張することを意味し，中小事業者が市場において有効な競争単位として存続する機会を不当に奪うことがないようにする趣旨である。

私的独占は，市場支配力を有するような事業者が競争事業者に対して行う妨害的濫用行為を対象とするが，取引先事業者に対する搾取的濫用行為は対象としないので，従属的取引関係を律するには適さず，不公正取引規制の役割となる。

テーマ2　不公正な取引方法のコンセプト

不公正な取引方法とされる事業者の行為には，どのような態様のものが含まれてくるのか。公正取引委員会による指定制度が採られる理由は何か。私的独占や不当な取引制限に比べ，採られるサンクションは軽いのに，独占禁止法適用除外制度においても不公正な取引方法が適用除外になることがないのは，なぜだろうか。

(1)　行為の態様

不公正な取引方法に相当する事業者の行為類型の態様は，次の3つに分類できる。

第1は，競争制限につながりやすい行為類型である。他の事業者の事業活動を困難にし，排除する手段として不適切であったりするもの（不当な取引拒絶，差別対価，取引条件等の差別的取扱い，排他条件付取引等）や他の事業者の事業活動を拘束し，支配すること（再販売価格維持行為，その他の拘束条件付取引）が該当する。弊害要件の「自由競争の減殺」につながるものであって，競争排除型・競争回避型のいずれの効果をもたらすものであるかを見極め，その徴表として「他の事業者の事業活動を困難にさせるおそれ」や「当該商品の価格が維持されるおそれ」などと照らし合わせて検討する場合がある。

第2は，競争手段として合理的な商品選択を妨げるような虚偽の情報提供や過大な利益提供をするような行為類型である。ぎまん的顧客誘引や不当な利益による顧客誘引が該当する。消費者の商品選択を惑わす行為を防止することであるので，消費者保護政策の一環としても機能する。不当景品類及び不当表示防止法の制定（1962年）につながっていて（第19章参照），弊害要件の「競争手段としての不公正さ」に対応する。

第3は，取引先選択の可能性が低く，有効な競争が期待できないような従属的な取引関係の中で起こりやすい不利益強要の行為類型である。優越的地位の濫用が該当する。特殊指定の「大規模小売業者による納入業者との取引における特定の不公正な取引方法」や「特定荷主が物品の運送又は保管を委託する場合の特定の不公正な取引方法」も該当する。「新聞業における特定の不公正な

取引方法」の3項に定める新聞発行業者が販売業者に注文部数を超える新聞を供給したり，指示した部数を注文させる押し紙（第12章テーマ4(3)）も不利益強要に相当する。

中小企業保護政策としても機能する。下請代金支払遅延等防止法の制定（1956年）につながっていて（第20章参照），弊害要件の「自由競争基盤の侵害」が相当する。

(2) 指 定 制 度

公正取引委員会は，産業の実態に応じて，法律で授権された範囲内で，一般指定または特殊指定の形式で，不公正な取引方法に該当する具体的な内容の行為類型を指定することができる（2条9項6号）。指定の形式は，公正取引委員会の告示による（72条）。

① 2条9項6号イ～ヘで規定されている6つの行為のいずれかに該当するものであること
② 公正な競争を阻害するおそれがあるものであること

という要件を満たすことが独禁法で授権された範囲であるから，産業の実態の変遷から，公正な競争を阻害するおそれがなくなったような場合は，指定を維持すべきではなくなる。

独禁法71条が特殊指定の指定手続のみを定めていることから，一般指定の形式で，かつ，特殊指定よりは抽象度の高い指定になることが，事業者の事業活動は本来自由であって，その自由を制限するためには，国会の定めた法律によることが必要であり，行政官庁の裁量に任せることはできないとして，争われたことがあった。

事　例〔7-2〕　第一次育児用粉ミルク（和光堂）事件

育児用粉ミルクの再販売価格維持行為が旧一般指定八〔現法2条9項4号〕に該当するとした事件において，「論旨は，法2条7項〔現2条9項6号〕は，特定の取引分野における特定の取引方法を不公正な取引方法として指定するいわゆる特殊指定のみを被上告委員会に委任した規定であつて，一般指定のごとき抽象的指定はその委任の趣旨に反するものであり，かりに同条項が一般指定をも委任して

いるとすれば，憲法 41 条に違反する，と主張する。
　しかし，昭和 28 年法律第 259 号による法 2 条改正の経過及びその趣旨等に徴すれば，同条 7 項が特殊指定のみを被上告委員会に委任したものでないことは明らかであり，法 71 条が特殊指定についてあらかじめ公聴会を開くべきこと等を定めていることは，特殊指定以外のものを否定する根拠となるものではない。そして，現行の一般指定は，法 2 条 7 項各号に定められた各行為類型をより個別的・具体的に特定しているのであり，流動する経済情勢のもとですべての事業分野に一般的に適用することを予定したものとしては，右の程度に特定されていれば法の委任の趣旨に反するものとはいえない。また，所論違憲の主張は，法 2 条 7 項が白紙委任規定であることを前提とするものであるが，同条項による委任の範囲が実質的に限定されていることは規定上明らかであるから，所論は前提を欠くというべきである。原判決に所論の違法はなく，論旨は採用することができない」。

〔最判昭 50・7・10 民集 29 巻 6 号 888 頁〕

(3) 規制のコンセプト

　小規模事業者の組合の行為への独禁法適用除外を定める 22 条において，そのただし書で「不公正な取引方法を用いる場合〔中略〕，この限りでない。」とされるように，他の独禁法適用除外法（例えば，内航海運組合法 18 条 1 項 1 号など）においても，私的独占や不当な取引制限よりも軽度の競争阻害行為とみられる不公正な取引方法が独禁法の適用除外となることはない。なぜ，不公正な取引方法は，絶対的に厳しく規制されなければならないものと位置付けられているのだろうか。

　その理由は，不公正な取引方法が用いられる状況で見ていく必要がある。

　第 1 は，不公正な取引方法を用いる事業者の状況である。例えば，独禁法の適用除外を受けた事業者は，許された共同行為によって得た市場における力や地位を濫用してはならないという趣旨から，不公正な取引方法を用いることが注意される。また，複数の競争事業者間で共同して行われる取引拒絶も，不公正な取引方法を用いる事業者が共同して当該市場における力や地位を強化している点が着目される。取引先選択の自由から原則として例外的に違法となる単独の取引拒絶も，市場支配力ないしそれに準ずる力をもった事業者が行うとき

に不公正な取引方法に該当しやすく，注意すべきことになる。拘束条件付取引も，有力な事業者基準（市場におけるシェアが20％を超えることが目安。第11章テーマ2(2)参照）に該当する事業者に，その力を濫用して競争阻害的効果をもたらさないように，不公正な取引方法に該当する場合があることを注意しているものである。さらには，取引上優越した地位にある事業者も，劣位にある取引先事業者に対して濫用行為を行わないように気をつけなければならないことを意味する。

第2は，不公正な取引方法の行為の態様である。いかなる事業者が用いても，不適切な競争手段となる性質のものである。ぎまん的顧客誘引や不当な利益による顧客誘引，競争者に対する限度を超えた取引妨害，内部干渉などである。

テーマ3　弊害要件の公正競争阻害性

不公正な取引方法の弊害要件は，「公正な競争を阻害するおそれ」（公正競争阻害性）があることである。私的独占や不当な取引制限の弊害要件である「一定の取引分野における競争を実質的に制限すること」とどのように違うのか。また，公正競争阻害性とは，競争にどのような効果をもたらすことをいうのだろうか。

(1) 公正競争阻害性の特徴

不公正な取引方法の弊害要件である公正競争阻害性は，私的独占・不当な取引制限の弊害要件である「一定の取引分野における競争を実質的に制限すること」に比して，まず，競争への悪影響が現実に認識できるほどに生じたり，あるいは確実に生じることとなることを示すまでは必要とせず，ある程度の危険をおおむね予知できる蓋然性が存在する段階で予防的に規制できるものとすることで，相対的に軽度の弊害要件である。「公正な競争を阻害するおそれ」という文言は2条9項6号のみにあって，1号から5号までにはないが，2009（平成21）年改正の経緯（1号から5号までは従前の一般指定の一部であること）から，1号から5号までの行為類型にも妥当する。

予防規制は，行き過ぎた規制の危険もはらむわけであるから，競争への悪影

響があるかもしれないといった可能性だけで，公正競争阻害性があるとはいえない。

事　例〔7-3〕　マイクロソフト非係争条項事件

　公取委から，パソコン用 OS 市場において有力な地位を占める被審人 X がパソコン AV 技術取引市場における有力な競争者であるパソコン製造販売業者に対して非係争条項（第23章テーマ 4 ⑶参照）の受け入れを余儀なくさせたことが一般指定13項〔現12項〕の不当な拘束条件付取引に該当するとされたことについて，X が公正競争阻害性の存在も争ったことについて，「不当な拘束条件付取引に該当するか否かを判断するに当たっては，X が主張するような具体的な競争減殺効果の発生を要するものではなく，ある程度において競争減殺効果発生のおそれがあると認められる場合であれば足りるが，この『おそれ』の程度は，競争減殺効果が発生する可能性があるという程度の漠然とした可能性の程度でもって足りると解すべきではなく，当該行為の競争に及ぼす量的又は質的な影響を個別に判断して，公正な競争を阻害するおそれの有無が判断されることが必要である。　なお，X は，市場における自由競争機能が正常に機能している場合には，当該市場に対する介入は差し控えられるべきであり，また，X の行為は，競争促進効果を有するものであるから，公正な競争の確保を職務とする公正取引委員会が，文言それ自体が明確でない『おそれ』の段階で，し意的に公正競争阻害性の認定を行うことは，憲法違反になる等と主張するが，独占禁止法第19条が『公正な競争を阻害するおそれがある』場合を不公正な取引方法として違法とするのは，競争制限の弊害が現実に生じる萌芽の段階において，不公正な取引方法を規制し，よって実質的な競争制限に発展する可能性を阻止する等の趣旨を有するものであるから，その認定に当たって，公正な競争を阻害することの立証まで要するものではなく，公正な競争を阻害するおそれの段階をもって，不公正な取引方法に該当するか否かが判断されるべきである」。

〔公取委審判審決平 20・9・16 審決集55巻380頁〕

　競争とは様々な商品役務市場・地理的市場で展開されているものであるから，公正競争阻害性に一定の取引分野の限定がないからといって，弊害が及ぶ競争が観念的なものであってもよいことにはならず，具体的な市場を基に現実的に競争阻害の蓋然性を考える必要がある。

> **事　例〔7-4〕　ビル管理契約の継続拒絶等差止請求控訴事件**
>
> 　ビル管理業務を営む会社X（原告・控訴人）が，ビル所有者であるYら（被告・被控訴人）の賃貸先の子会社から再委託された総合管理請負契約の継続を拒絶されたことについて，不公正な取引方法の共同の取引拒絶（旧一般指定1項1号），拘束条件付取引（旧一般指定13項）および競争者に対する取引妨害（旧一般指定15項）に該当するとして，民事上の差止めを請求した事件の控訴審において，原審判決（東京地判平17・6・9審決集52巻832頁）が支持されて，控訴を棄却した判決理由の中で，「控訴人は，独占禁止法24条に基づく差止請求については，市場の画定を要件とすべきではないとか，その主張立証責任を差止請求を求められた側に負わせるべきであると主張する。しかし，独占禁止法は公正かつ自由な競争を促進するために競争を制限ないし阻害する一定の行為及び状態を規制する法律であり，競争が行われる場である市場を画定しない限り，公正競争阻害性の判断は不可能であるから，市場の画定を要件とせずに差止請求を認めるべきであるとの主張は採用できないし，差止請求という重大な結果を招来する請求について，市場の画定の主張立証責任を差止請求を求められた側に負わせるべきであるとの主張も採用できない」。
>
> 〔東京高判平19・1・31審決集53巻1046頁〕

　事例〔11-4〕では，東京高裁は，「一定の取引分野」という用語とは微妙に異なる「取引の場」あるいは「一定の取引の分野」という表現を用いているが，具体的な市場を前提にした競争阻害効果の分析が必要であることを示唆して，その点が不十分であるとして，事件を公取委に差し戻した。

(2) 公正な競争とその阻害の意味内容

　不公正な取引方法で示される行為類型が阻害する公正な競争の意味内容については，行為類型が3つの態様に分類できることから，それに適合した解釈がなされるに至っている。1982年公表の独占禁止法研究会報告書が示し，その後，公取委が採用している「公正な競争」は次のような状態である。

　第1に，事業者相互間の自由な競争が妨げられていないことおよび事業者がその競争に参加することが妨げられていないこと（自由な競争の確保）。

　第2に，自由な競争が価格・品質・サービスを中心としたもの（能率競争）

であることにより，自由な競争が秩序づけられていること（競争手段の公正さの確保）。

第3に，取引主体が取引の諾否および取引条件について自由かつ自主的に判断することによって取引が行われているという，自由な競争の基盤が保持されていること（自由競争基盤の確保）。

公正な競争を阻害するおそれとは，第1については，自由な競争の侵害（競争の減殺）のおそれであり，第2については，競争手段の不公正さ，第3については，優越的地位にある事業者による取引の相手方への不当な不利益強要が自由競争基盤の侵害となるものである。

いずれも自由な競争を維持するために，自由な競争に悪影響を与える自由は保障されないという，自由な競争の限界を画する意味で公正な競争秩序が設定され，その公正競争秩序を損なう行為類型として不公正な取引方法が抽出されてくると考えることができる。独禁法1条の目的規定にいう「公正且つ自由な競争を促進」するとの趣旨も不公正な取引方法の規制があって満たされることになる。

なお，第3の自由競争基盤の侵害は，特定の市場における自由な競争そのものを直接侵害するものではないが，不当な不利益強要から両取引事業者がいずれかの市場で競争上優位または劣位になることを表現している。

事 例〔7-5〕 日本トイザらス事件

子供・ベビー用品全般の最大手の専門小売業者Yが納入業者らに対して返品または取引の対価の減額をしたことで，公取委から取引上優越的地位の濫用の排除措置命令・課徴金納付命令を受けたことを審判で争った事件において，公正競争阻害性がないことを主張したことについて，「独占禁止法第19条において優越的地位の濫用行為が規制されているのは，自己の取引上の地位が相手方に優越している一方の当事者が，取引の相手方に対し，その地位を利用して，正常な商慣習に照らして不当に不利益を与えることは，当該取引の相手方の自由かつ自主的な判断による取引を阻害するとともに，当該取引の相手方はその競争者との関係において競争上不利となるおそれがある一方で，行為者はその競争者との関係において競争上有利になるおそれがあり，このような行為は公正な競争を阻害する

おそれ（公正競争阻害性）があるからである。〔中略〕Yは，既に認定したとおり，特定納入業者のうち115社（本件排除措置命令が認定した本件違反行為の相手方である特定納入業者〔117社〕のうちD及びLを除いた事業者。以下「115社」という。）という多数の取引の相手方に対して，遅くとも平成21年1月6日から平成23年1月31日までの2年以上もの期間にわたり，Yの組織的かつ計画的に一連の行為として本件濫用行為を行ったものであり，これにより，115社にあらかじめ計算できない不利益を与え，115社の自由かつ自主的な判断による取引が阻害されたものであり，これは，取りも直さず，115社が，返品や減額によって，その競争者との関係において競争上不利となる一方で，Yが，当該返品や減額によって，その競争者との競争において競争上有利となるおそれを生じさせたものであるから，その点で既に本件濫用行為には公正競争阻害性があることが認められる」。

〔公取委審判審決平27・6・4審決集62巻119頁〕

ところで，問題とされる行為それ自体からは直ちに公正競争阻害性は生じないが，他の違反行為の実効性確保手段として行われる場合，当該他の違反行為の競争阻害効果と関連して公正競争阻害性が認められる場合がある。例えば，メーカーの再販売価格維持行為に協力しない販売業者には取引拒絶することである。

テーマ4　公正競争阻害性の判断基準

不公正な取引方法に該当するとされる行為類型は，それぞれのもつ競争阻害効果が必ずしも一様ではない。行為者の地位または行為の態様によって，あるいはその組み合わせによって，異なってくる。不公正な取引方法に該当するか否かの判断をしやすいように工夫することは，事業者が事業活動を過度に抑制することがないようにするためにも必要である。

(1) 判断基準の工夫

不公正な取引方法に該当しうる行為類型は，弊害要件である公正競争阻害性

がありえて，違法行為となる。法定または指定された行為類型のすべてが，いかなる場合にも公正競争阻害性を有するわけではない。例えば，取引拒絶は，不公正な取引方法に該当する可能性のある行為類型であるが，契約自由の原則から取引先選択の自由があり，取引拒絶だけで不公正な取引方法に該当することはありえない。2条9項6号イ～ヘにおいても，すべて公正競争阻害性がある場合に限定する要件「不当に」を規定している。

したがって，事業者の事業活動を過度に委縮させないように，公取委は，不公正な取引方法の指定（1982年告示の旧一般指定）にあたって，「不当に」をさらに分かりやすくする工夫をした。一般指定の各項の中で，公正競争阻害性は次の3つのタイプの文言で表現されている。

第1のタイプは，「正当な理由がないのに」という文言である。行為要件に該当すれば公正競争阻害性が推定される原則違法の行為類型（共同の取引拒絶，著しい原価割れ不当販売，再販売価格の拘束）であることを示している。公正競争阻害性は専ら競争に関する事柄であり，競争阻害効果が競争促進効果を上回って認められる場合にほかならない。

> **事 例〔7-6〕 第一次育児用粉ミルク（明治商事）事件**
>
> 　育児用粉ミルクの再販売価格維持行為が旧一般指定八〔現2条9項4号〕に該当するとした事件において，当該行為が事業経営上当然許されるべき範囲内のものであるにもかかわらず，一般指定八の「正当な理由」がないとしたことは，解釈適用を誤ったものであるとの主張について，「法が不公正な取引方法を禁止した趣旨は，公正な競争秩序を維持することにあるから，法2条7項4号〔現2条9項6号ニ〕の『不当に』とは，かかる法の趣旨に照らして判断すべきものであり，また，同号の規定を具体化した一般指定八は，拘束条件付取引が相手方の事業活動における自由な競争を阻害することとなる点に右の不当性を認め，具体的な場合に右の不当性がないものを除外する趣旨で『正当な理由がないのに』との限定を付したものと解すべきである。したがつて，右の『正当な理由』とは，専ら公正な競争秩序維持の見地からみた観念であつて，当該拘束条件が相手方の事業活動における自由な競争を阻害するおそれがないことをいうものであり，単に事業者において右拘束条件をつけることが事業経営上必要あるいは合理的であるというだけでは，右の『正当な理由』があるとすることはできないのである」。

〔最判昭 50・7・11 民集 29 巻 6 号 951 頁〕

　公取委も上記判例を踏襲して，下記審決で，「正当な理由」が専ら競争秩序維持の見地からみるもので，直接関係ない観点からの合理性や必要性をいうことはできないとする。

事　例〔7-7〕　ハマナカ毛糸再販事件

　手芸手編み毛糸で商標を付したハマナカ毛糸を他の事業者に委託して製造させ，販売する事業を営む被審人 X が，小売業者に対し値引き限度価格を維持させる条件付けて供給していることを，公取委から再販売価格維持行為に問う排除措置命令を争った審判事件において，「X は，本件行為について『正当な理由』があると主張するところ，一般指定第 12 項〔現 2 条 9 項 4 号〕所定の『正当な理由』とは，専ら公正な競争秩序維持の見地からみた観念であって，当該拘束条件が相手方の事業活動における自由な競争を阻害するおそれがないことをいうものであり，単に通常の意味において正当のごとくみえる場合すなわち競争秩序の維持とは直接関係のない事業経営上又は取引上の観点等からみて合理性ないし必要性があるにすぎない場合などは含まないものと解される（前掲和光堂判決及び明治商事判決参照。これらの判決は，直接的には旧一般指定の 8 の『正当な理由』の解釈を論じたものであるが，一般指定第 12 項の『正当な理由』の解釈においても同様に妥当するものと解される。）。

　これを X の本件行為についてみるに，X の主張する『大多数の中小の小売業者が生き残る途』であり，また『産業としての，文化としての手芸手編み業を維持し，手芸手編み業界全体を守る』ために必要であるということは，小売業者の事業活動における『自由な競争を阻害するおそれがないこと』をいうものとは解されず，むしろ，競争秩序の維持とは直接関係のない観点からの合理性ないし必要性をいうものであって，上記『正当な理由』を基礎付けるものということはできない。『手芸手編み業を維持し，手芸手編み業界全体を守る』こと自体は何ら否定されるべき事柄ではないが，そのような目的を達するために本件行為のような販売価格を維持させる行為を行うことが許されるなどと解することは，独占禁止法の趣旨等に照らし困難である」。

〔公取委審判審決平 22・6・9 審決集 57 巻第 1 分冊 28 頁〕

「正当な理由がないのに」と示された行為類型においては，行為要件に該当していれば，公正競争阻害性を有することについて一応の証明（いわゆる表見証明 prima facie evidence）がされたことになる。事業者から見た場合，このような原則違法の行為類型に十分な注意を促されていることになるとともに，公取委から違反に問われたとき，競争促進効果をもたらす事由が存在するとの反証は，実態に多くの情報をもつ事業者の側からまずする必要がある。公取委には，その反証に対して，本証が求められるもので，立証責任をすべて転換するものではない。

事 例〔7-8〕 着うた事件

着うた提供事業者5社が共同して他の着うた提供業者に対する利用許諾を拒絶したことで，公取委から共同の取引拒絶の排除措置命令を受けたことをそのうちの4社が争った審判事件において，「着うた提供事業において有力な地位にある5社〔中略〕は，相互に着うた提供事業の市場において競争関係にあるところ，共同して，他の着うた提供業者に対し，利用許諾を拒絶していたものと認められるところ，本件告示第1項は，かかる共同の取引拒絶行為は『正当な理由がない』限り不公正な取引方法に該当するものと定めている。独占禁止法第2条第9項は，『不公正な取引方法』の要件として『公正な競争を制限〔阻害〕するおそれがある』こと（公正競争阻害性）を定めているが，本件告示の定めは，かかる共同の取引拒絶行為については，その行為を正当化する特段の理由がない限り，公正競争阻害性を有するものとするものである。

しかるに，本件において，以上に判断したところに照らせば，5社又は被審人4社の上記共同取引拒絶行為が正当な理由によるものと認めるべき事情を何らかがうことはできないから，当該行為は，公正競争阻害性を有するものとして，不公正な取引方法に該当することとなる」。

〔公取委審判審決平20・7・24審決集55巻294頁〕

第2のタイプは，「不当に」という文言である。第1のタイプの「正当な理由がないのに」とは逆に，行為要件に該当することで公正競争阻害性（弊害要件）を有することにはならず，公取委から公正競争阻害性の存在を立証する必要があることを意味する。多くの行為類型が該当する。そのために，行為事業

者の態様（例えば，有力な事業者基準），市場の状況，他の事業者の状況，行為自体の態様などの調査を経て導かれる。また，公正競争阻害性の徴表として，法文（一般指定を含む）上で「他の事業者の事業活動を困難にさせるおそれがある」，「競争者の取引の機会を減少させるおそれがある」あるいは公取委公表の流通・取引慣行ガイドライン上で「新規参入者や既存の競争者にとって代替的な流通経路を容易に確保することができなくなるおそれがある」，「当該商品の価格が維持されるおそれがある」がそれぞれ加えられている行為類型があり，公正競争阻害性の存否を判断するポイントを提示している。

第3のタイプは，「正常な商慣習に照らして不当に（な）」という文言である。第2のタイプと同様であるが，弊害要件の存在を論じるにあたり，行われた行為について当該業界における正常な商慣習の視点を加えて判断することが必要とされるものである。不当な利益による顧客誘引や取引上優越的地位の濫用が正常な商慣習の視点から見ても行き過ぎた程度のものであるという判断である。正常な商慣習とあるように，当該業界で現に広汎に行われているから容認されるとするような実態的意味ではなく，公正な競争秩序を維持する見地からも評価しうる規範的意味が込められている。

事　例〔7-9〕　日本トイザらス事件

事例〔7-5〕において，「Yは，その業界の慣行とされている返品や値引き販売の実施に伴う費用負担としての減額であれば，取引の相手方がその競争者との関係において競争上不利となるおそれも，行為者がその競争者との関係で競争上有利となるおそれもないから，取引の相手方に返品等を行うことによって，必然的に取引の相手方がその競争者との関係において競争上不利となり，行為者がその競争者との関係で競争上有利となるおそれがあるということはできないと主張する。

しかし，優越的地位の濫用の成否の判断に際して考慮されるべきは『正常な商慣習』であり，公正な競争秩序の維持・促進の観点から是認されないものは『正常な商慣習』とは認められないから，仮に本件濫用行為が現に存在する商慣習に合致しているとしても，それにより優越的地位の濫用が正当化されることはない。〔中略〕ベビー用品を取り扱う小売業者において，納入業者の責めに帰すべき事由のない返品や減額が行われることが業界の慣行であると認めることはできな

い」。

〔公取委審判審決平27・6・4審決集62巻119頁〕

(2) 正当化事由の検討

　公正競争阻害性の有無は，専ら競争秩序の観点から検討されるべきことである。不公正な取引方法に該当するとされた行為が競争促進効果と競争阻害効果の両面を有する場合に，その比較衡量を要するときもある。

> **事　例〔7-10〕　マイクロソフト非係争条項事件**
>
> 　事例〔7-3〕において，被審人Ｘが，非係争条項がパソコン用ＯＳのウインドウシリーズの権利義務に関する安定性をもたらしており，それゆえ競争促進的であると主張して，公正競争阻害性の存在を争ったことについて，「例外的に，本件非係争条項がパソコンＡＶ技術取引市場における競争を促進する目的・機能を有し，さらに当該目的・機能を達成する手段としての必要性・合理性の有無・程度等からみて，本件非係争条項が公正な競争秩序に悪影響を及ぼすおそれがあるとはいえない事情が認められる場合には，当該事情を公正競争阻害性の判断において考慮する必要がある。〔中略〕確かに，複数のＯＥＭ業者も，本件非係争条項の利点として，他のＯＥＭ業者から特許権を行使されないという点を述べており，〔中略〕ウィンドウズシリーズが有するプラットホームとしての機能にかんがみると，その安定性の確保が重要であることは認められる。しかしながら，本件非係争条項は，……パソコン用ＯＳ市場における有力な地位を利用して，パソコンＡＶ技術の競争者であるＯＥＭ業者に本件非係争条項の受入れを余儀なくさせて特許権侵害訴訟の提起等を否定するものであり，また，そのことを通じて，……パソコン用ＯＳ市場におけるＸの地位を強めるものであるから，そのような不当な手段である本件非係争条項によってＸの主張するようなウィンドウズシリーズの安定効果が図られるとしても，その競争に対する悪影響の認定を覆すに足りるものとは評価されない」。
>
> 〔公取委審判審決平20・9・16審決集55巻380頁〕

　競争秩序以外の社会的価値が公正競争阻害性の程度を減ずることはあるだろ

うか。他の社会的価値が公正競争阻害性を上回ると認めるような事例はないが，政策の公益目的や安全性確保が考慮要因となり得る可能性が示唆された事例がある（**事例〔3-9〕**都立芝浦と畜場事件，**事例〔10-6〕**東芝昇降機サービス事件）。

第8章

不当な差別行為

テーマ1　共同の取引拒絶

　契約自由の原則から，取引先選択の自由も導かれる。そこから，選ばれようとする競争が生じる。取引条件が合う事業者を取引先として選択し，取引条件が合わない事業者との取引を拒絶することは，本来，自由である。ある事業者と取引して，他の事業者と取引しないことは，事業者によって差別的に取り扱っていることになる。どのような場合に，取引拒絶が公正競争阻害性を有して，不公正な取引方法に該当するのか。

(1) 不当な差別行為の区分け

　不当な差別行為は，「不当に他の事業者を差別的に取り扱うこと」(2条9項6号イ)から区分けされるもので，特定の事業者と取引しないとする差別と取引条件などに差異を設ける差別とに二分できる。前者の取引拒絶のうち，ボイコットといわれる競争者が共同して行う取引拒絶を最も公正競争阻害性の強い行為類型(2条9項1号・一般指定1項)を最初にして，次にその他の取引拒絶(一般指定2項)が掲げられる。後者の差別的取扱いは，地域または相手方による価格差別を典型例とし(2条9項2号・一般指定3項)，それ以外の取引条件に関する特定の事業者に対する差別(一般指定4項)，さらに事業者団体・共同行為における特定の事業者の排斥や内部における処遇に格差を設けること(一般指定5項)が続く。

　これらの差別行為によって，一定の商品役務の市場における自由競争が減殺されるおそれがあるとともに，効率性を反映しない差別がなされることにより，

能率競争が減殺されるおそれがあり，公正競争阻害性が生じる。

(2) 共同の取引拒絶の態様

　取引拒絶が原則自由であるのは，事業者が単独で行う場合である。複数の事業者（拒絶事業者）が共同して特定の事業者（被拒絶事業者）との取引を排斥する集団的行為（ボイコット，boycott）は，取引先選択の自由の範囲外のことになって，公正競争阻害性を有する場合は，不公正な取引方法に該当する。問題とする取引拒絶は，特定の被拒絶事業者をねらい撃ちすることにある。この点は，特定の競争事業者に焦点を絞って排除するものではない排他条件付取引（一般指定11項）と異なり，公正競争阻害性を高くする要素である。

　取引拒絶の公正競争阻害性は，被拒絶事業者がその事業活動を困難とされることにより，被拒絶事業者が活動している取引段階の競争を阻害することになることにある。その蓋然性は，複数の同業の（競争関係にある）供給事業者が共同して拒絶事業者になる場合，すなわち，一斉に供給を拒絶する場合が最も高いと見ている。購入を同時に拒絶する場合も同様であるが，共同の供給拒絶の方がありがちで競争阻害効果が明らかな行為であり，かつ，繰り返した場合に課徴金賦課の対象となるものとして，法定類型の不公正な取引方法（2条9項1号）を設定し，それ以外の共同の購入拒絶は一般指定1項に引き続き置かれている。

　いずれも競争事業者間で共同して取引拒絶を行えば，原則として公正競争阻害性が認められるもので，正当な理由がない（他に競争促進効果がない）限り，不公正な取引方法に該当する。

　取引拒絶には，拒絶事業者が自ら行う場合（直接の取引拒絶・一次ボイコット，2条9項1号イ，一般指定1項1号）と，被拒絶事業者と取引がありうる事業者などの他の事業者に取引拒絶をさせる場合（間接の取引拒絶・二次ボイコット，2条9項1号ロ，一般指定1項2号）とがある。共同行為として見た場合，間接の取引拒絶は，競争事業者と共同し，加えて取引先事業者等の他の事業者と共同していることになり，特定の事業者との取引拒絶を有効なものとするために，二重の共同行為となっている点で，直接の取引拒絶よりも公正競争阻害性がさらに増す事柄である。

図1 共同・直接の取引拒絶と共同・間接の取引拒絶のパターン

○ 共同・直接の供給拒絶（2条9項1号イ）

○ 共同・間接の供給拒絶（2条9項1号ロ）

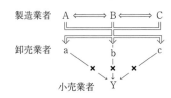

○ 共同・直接の購入拒絶（一般指定1項1号）

○ 共同・間接の購入拒絶（一般指定1項2号）

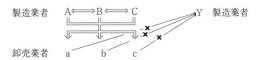

　取引拒絶には，取引の全面的拒否や中断だけではなく，数量や内容の制限，さらには，一部の商品や新商品だけ取引しないとすることも含まれる。また，従来から継続的取引関係にあったものを打ち切り，制限する場合だけでなく，新規の取引開始申し込みを断る場合も含まれる。

(3) **競争者と共同**

　不公正な取引方法となる共同の取引拒絶は，複数の競争事業者が共同して行う取引拒絶である。競争事業者は，競争関係（同種又は類似の商品・役務を取引，2条4項）にある事業者（同業者）のことで，潜在的競争者も含まれる。

　「共同して」とは，これら複数の競争事業者間に人為的な意思の連絡があることを意味し，不当な取引制限の「共同して」（2条6項）と同義であり，暗黙

の合意も含まれる。

> **事 例〔8-1〕 着うた事件**
>
> 　事例〔7-8〕において，音楽用 CD 等の制作販売をするレコード会社 5 社は，5 社で設立した共同出資子会社の着うた提供事業（原盤に録音された演奏者の歌声等の一部を携帯電話の着信音として設定できるよう配信する事業）を委託していたところ，5 社が共同して他の着うた提供業者に対して楽曲の原盤権の利用許諾を行わないようにしている行為を，共同の取引拒絶（旧一般指定 1 項 1 号）にあたるとしたことについて，「『共同して』に該当するというためには，単に複数事業者間の行為の外形が一致しているという事実だけでなく，行為者間相互に当該行為を共同でする意思，すなわち，意思の連絡が必要であると解される。
> 　そして，この場合の『意思の連絡』とは，複数事業者間で相互に同内容の取引拒絶を実施することを認識ないし予測し，これと歩調をそろえる意思があることを意味し，意思の連絡を認めるに当たっては，事業者相互で拘束し合うことを明示して合意することまでは必要ではなく，相互に他の事業者の取引拒絶行為を認識して，暗黙のうちにこれを認容することで足りるものというべきである。〔中略〕5 社間における明示の意思の連絡を直接証するものは存しないものの，次に述べるとおり，5 社が共同して設立し，運営するレーベルモバイルに対し着うた配信業務を委託する一方で，他の着うた提供業者あるいは着うた提供事業を開始しようとする者からの楽曲の提供の申入れに対し，5 社が利用許諾をしたことはほとんど皆無であった事実，その申入れに対する 5 社の対応状況，レーベルモバイルにおいて着うた提供事業を始めた際の背景や動機及びレーベルモバイルにおいてアフィリエイト戦略を検討していた状況等の間接事実を総合して判断すれば，5 社間において，相互に他の 4 社も利用許諾を拒絶することを認識して，これを認容した上で，他の着うた提供業者からの利用許諾の申入れに対して拒絶していたものと認められ，5 社間において利用許諾を共同して拒絶することについて，意思の連絡があったと認められる」。
>
> 〔公取委審判審決平 20・7・24 審決集 55 巻 294 頁〕

(4) 共同の直接の取引拒絶

　複数の競争事業者が共同して行う直接の取引拒絶は，価格競争を回避したい同じ産業の製造業者が製品を安売りする取引先流通業者を排除しようとして，

共同して取引拒絶を行うような場合が典型例となる。

> **事　例〔8-2〕　家電電気器具市場安定協議会事件**
>
> 　家庭用電器製品の製造業者を会員とする事業者団体である家庭電機器具市場安定協議会（市安協）が会員各社に安売りを行う流通業者と取引しないようにさせているとして，事業者団体の違反行為とされた事件は，実質的に共同の直接の取引拒絶にほかならない。「市安協が〔中略〕会員各社をして，家庭用電気器具をその指示小売価格を下廻る価格で消費者に販売する販売業者ならびに当該販売業者にこれを販売する卸売業者に対し出荷停止をさせるようにしている行為は，事業者に〔中略〕不公正な取引方法の一〔原始一般指定〕にいうある事業者に対し不当に物資を供給しないことに該当する行為をさせるようにしているものであつて，同法8条第1項第5号に違反する」。
>
> 〔公取委勧告審決昭32・10・17審決集9巻11頁〕

(5)　共同の間接の取引拒絶

　複数の競争事業者が共同して行う間接の取引拒絶は，協調しようとしないアウトサイダー的な競争事業者を妨害するために，取引先事業者に当該競争事業者と取引しないようにさせる場合が典型例となる。

> **事　例〔8-3〕　新潟市タクシーチケット取引拒絶事件**
>
> 　新潟市所在のタクシー事業者21社が，低額運賃を適用しているタクシー事業者を妨害するためにタクシー共通乗車券の使用から締め出すべく，共通乗車券事業者に共通乗車券事業に係る契約の締結を当該低額運賃タクシー事業者とさせないようにし，共同の間接の取引拒絶（旧一般指定1項2号）に該当するとされた事件において，「21社は，かねてから，新潟ハイタクセンターのタクシー共通乗車券を使用する客がX社等低額なタクシー運賃を適用しているタクシー事業者に奪われていることに不満を有していたところ，平成17年8月ころ以降同18年2月までの間に，低額なタクシー運賃を適用しているタクシー事業者が共通乗車券事業に係る契約を締結することができないようにすることを目的として，新潟ハイタクセンターを解散させるとともに，新たに共通乗車券事業を営む会社3社（以下『新会社3社』という。）を設立することとした。この際，21社は，21社

が分かれて新会社 3 社の株主となるよう,21 社を 3 つのグループに分けるとともに,新会社 3 社が発行するタクシー共通乗車券は当該 3 社のいずれかの株主となる 21 社のタクシーに共通して使用できるようにし,そのころ既に低額なタクシー運賃を適用していた X 社及び Y 社が新会社 3 社との間で,共通乗車券事業に係る契約を締結することを認めないようにすることとした」。

〔公取委排除措置命令平 19・6・25 審決集 54 巻 485 頁〕

(6) 公正競争阻害性

取引拒絶の競争阻害効果は,被拒絶事業者の事業活動に対する排除効果から生じることから,いずれの場合においても,他に代替する有力な取引先が見いだせない場合に,被拒絶事業者の事業活動の継続が困難となり,公正競争阻害性が生じることとなるし,他に不利にならない有効な取引先がありうる場合は,公正競争阻害性が認められるまでには至らない。自由競争の減殺の観点からは,被拒絶事業者との競争排除型の効果と協同する拒絶事業者の間の競争回避型の効果の両面を見ることができる。

事 例〔8-4〕 関西国際空港新聞販売取引拒絶事件

関西国際空港島内における旅客機搭載用や売店での即売用の新聞,雑誌の販売を目的として設立された会社 X(原告・控訴人)が京阪神地区の全国紙の系列卸売会社である卸売 5 社に各全国紙の卸売取引の申し込みをしたところ,卸売 5 社からその共同出資会社である Y(関西国際空港新聞販売)を通じて行うことで,直接の取引を拒絶されたことから,共同の取引拒絶(旧一般指定 1 項 1 号)にあたるとして,卸売 5 社および Y に対し,独禁法 24 条に基づく差止請求訴訟を提起した事件において,「X は,卸売 5 社から全国紙の仕入れを拒否されたといえ,卸売 5 社以外の即売業者から仕入れることは可能であり,現に B 社から仕入れているのであり,また,Y においても,X に対し,全国紙の販売取引に応じる用意のあることを申し出ているのであるから,X が卸売 5 社との直接取引にこだわらず,Y に対し,取引を申し出ていたならば全国紙を容易に仕入れることができたであろうことは推認するに難くないということができる。

そうすると,卸売 5 社のした本件各取引拒絶には,公正競争阻害性があったということはできない」。

〔大阪高判平 17・7・5 審決集 52 巻 856 頁〕

ただし，上記事例において，卸売 5 社以外からの仕入れが可能としても，それが不利なものでなかったかどうかは，なお確認すべきである。

逆に，共同する事業者以外に有力な取引先がなく，価格競争を活発にする効果がある取引形態を拒絶するような工夫がなされている場合は，公正競争阻害性を認めることができる。

事 例〔8-5〕着うた事件

事例〔8-1〕の事件において，「原盤権を保有等していない者が着うた提供事業を行う場合，原盤権を保有等する者から，利用許諾を受ける方法と業務委託を受ける方法とがあるところ，両者の方法は，原盤権を保有等する者が着うたの配信価格を決定する主体たり得るか否かという点で異なっている。すなわち，業務委託契約の下では，ユーザーに提供する着うたの価格は，着うた配信業務の委託者である原盤権者等が設定するため，着うた提供業者は自由にその価格を設定することができない。〔中略〕したがって，5 社は，他の着うた提供業者からの楽曲の提供の申入れに対して，業務委託は認めても利用許諾をしなければ，他の着うた提供業者が価格を低く設定することによって着うたの配信価格の安定を乱すことを阻止することが容易である。〔中略〕ユーザーは，中・高校生から 20 代前半が主であり，これらの年代層に人気のある楽曲を提供できるサイトであることがユーザーのアクセス数やダウンロード数を多く確保できる条件となるところ，……5 社が原盤権を保有等し，レーベルモバイルを通じて着うたとして提供している楽曲の割合は，オリコンが発表する『シングルランキング　2004 付』のランキング 100 位以内に 47 パーセントあり，人気楽曲の約半数を 5 社及びその関連会社が保有等していたことになる」。

〔公取委審判審決平 20・7・24 審決集 55 巻 294 頁〕

上記事例で，公取委は，着うた提供事業において有力な地位にある 5 社が着うた提供事業の市場において共同して他の着うた提供事業者に対し，利用許諾を拒絶していたことについて，公正競争阻害性を認めた。5 社が通謀して行う

排除型私的独占となることも考えうる。

　共同の取引拒絶における公正競争阻害性の内容は，被拒絶事業者の事業活動が妨害・排除されることによる自由競争減殺効果が主であるが，拒絶事業者となっている複数の競争事業者間の競争を不活発なままにするという，競争回避型と競争排除型が表裏一体になっていることも看過できない。それ以外に他の独禁法違反行為に被拒絶事業者が従わない場合の不利益措置であるときは，実効性確保手段となって当該独禁法違反行為の競争阻害効果を助長するものである。

(7) 正当化事由

　共同の取引拒絶は,「正当な理由」(2条9項1号，一般指定1項)がなければ，その行為自体が反競争的なものとして，原則として公正競争阻害性が認められる。正当な理由とは，競争促進的要素のことである。したがって，中小事業者である同種の商品の複数の製造業者と複数の販売業者が業務提携をして当該商品の販売に集中して協力し，他の製造業者や販売業者との取引を共同して拒絶しても，有効な競争単位を形成したことで，競争促進的要素が上回ると評価されるし，他の製造業者や販売業者の取引機会が実質的に制限されたことにもならないであろう。それでは，独禁法違反行為を行う事業者に対する共同の取引拒絶である場合は，どうであろうか。

事　例〔8-6〕伊勢新聞社事件

　三重県松阪地区所在の13の新聞販売店等が共同して，独禁法違反の不当廉売をしていると目される新聞の販売業者に折込広告を発注しないことを広告主にさせていた事件について，「13名は，昭和50年5月27日，三重県松阪市所在の料亭で開催した会合において，同年3月25日に発刊された中部読売新聞が松阪地区においても販売されるようになったことについて，その対策を協議した結果，
　イ　中部読売新聞の定価（朝刊のみで月極め購読料金は812円である。ただし，発刊から昭和50年4月30日までの定価は500円であった。）が他の日刊新聞の定価（月極め購読料金は1000円ないし1400円である。ただし，朝刊のみ又は統合版の定価である。）に相応する額に引き上げられるまでは，中部読売新聞に折

> り込まれる折込広告を取り扱わないこと　ロ　この旨を松阪地区所在の主要な広告主及び折込広告取次業者に文書で通知することを決定した。13名は，前記決定に基づき，昭和50年5月29日ごろ，松阪地区の主要な広告主及び折込広告取次業者に通知文書を送付し，中部読売新聞に折込広告が折り込まれないようにしている。〔中略〕13名は，それぞれ，正当な理由がないのに，広告主が中部読売新聞の販売業者に折込広告の配布を発注しないことを条件として，当該広告主と取引しているものであって，これは，不公正な取引方法〔中略〕の7〔原始一般指定・排他条件付取引〕に該当」する。
>
> 〔公取委勧告審決昭51・5・13審決集23巻25頁〕

上記事例は，中部読売新聞に折り込む広告を発注した広告主に向けられた共同の間接の取引拒絶に相当する。公取委は，正当な理由があるとは認めなかった。

競争促進以外に正当な目的があって，共同の取引拒絶の違法性が阻却される場合がある。

事　例〔8-7〕　東京手形交換所事件

> 不渡手形を出した者に対して手形交換所が加盟金融機関に要請する取引停止処分の妥当性が争われた民事事件において，「控訴人は，取引停止処分は，金融機関自身の取引の安全を図るための私的な利益保護の制度であると主張するが，手形，小切手による信用取引は，金融機関だけが行うものではなく，経済人ないし企業であれば誰もがこれを行っているものであるから，手形制度の信用維持を図ることは，金融機関自身の取引の安全のみを守るものではなく，経済界の信用取引の安全を守るという公益目的に資するものであることは明らかであって，現に，取引停止処分制度の運用によって手形交換所が手形制度の信用を維持していることは公知の事実である。〔中略〕
>
> 取引停止処分制度をもって独禁法の意図する公正な競争を阻害するおそれのある不公正な取引方法（第2条第9項。一般指定〔旧一般指定〕第1号にいう『不当な取引拒絶』）に該当する行為をさせるようにするものとはなし難い」。
>
> 〔東京高判昭58・11・17審決集30巻161頁〕

正当な目的が認められても，手段が行き過ぎで合理性が認められない場合は，共同の取引拒絶の違法性が阻却されるに至らない（**事例〔3-10〕**）。

(8) 共同の取引拒絶と私的独占・不当な取引制限

共同の取引拒絶（共同ボイコット）が公正競争阻害性の程度にとどまらず，一定の取引分野における競争を実質的に制限する効果まで認められた場合，3条違反の私的独占であるか，不当な取引制限であるかという問題がある。

行為主体の形成が複数の競争事業者が共同することに着目すれば，流通・取引ガイドラインが示すように不当な取引制限であり，米国反トラスト法においてもカルテルと同じシャーマン法1条違反の法適用がなされる。

しかし，特定の被拒絶事業者の事業活動が排除される行為要件に着目すれば，複数の競争事業者が通謀して行う排除行為であり，私的独占に相当する。

実際の法適用では，公取委が不当な取引制限に該当するとした場合（**事例〔5-13〕**ソーダ灰輸入カルテル事件）と排除型私的独占に該当するとした場合（**事例〔4-1〕**ぱちんこ機パテントプール事件，**事例〔4-4〕**農林中金事件）がある。

テーマ2　その他の取引拒絶

> 競争事業者が共同して行う取引拒絶以外の取引拒絶は，その他の取引拒絶として不公正な取引方法に該当する場合がある。取引先選択の自由から単独の取引拒絶は原則として規制されるものではないが，どのような場合に公正競争阻害性を有することになるのか，検証してみよう。

(1) その他の取引拒絶の態様

不公正な取引方法に該当する単独の取引拒絶は，課徴金賦課の対象になることはなく，一般指定2項に規定されている。行為の態様で，直接の取引拒絶と間接の取引拒絶に分けられている。他の事業者に取引拒絶をさせる行為は，当該他の事業者に指示し協力させていることで実質的には共同行為の性質をもつ。

事　例〔8-8〕　全国農業協同組合連合会事件

　会員に対する青果物用段ボール箱の供給その他の経済事業を行っている全国農業協同組合連合会（Y）は，段ボールシートおよび段ボール箱を製造している者のうち主要なものとの間に「売買基本契約」を締結し，これらの者（指定メーカー）・から青果物用段ボール箱を購入している。また，Y は青果物用段ボール箱の購入に際し，原則として，その製造に要する段ボール原紙を段ボール原紙製造業者から購入して指定メーカーに供給することとしている。わが国における青果物用段ボール箱の主要な供給経路は，段ボール箱製造業者から Y らを経て需要者に供給される経路（系統ルート）と段ボール箱製造業者から直接にまたは農業用資材販売業者等を経て需要者に供給される経路（系統外ルート）である。「Y は，かねてから，系統ルートによる青果物用段ボール箱の供給数量の維持拡大に努めているところ，その一層の推進を図るため，東日本において，指定メーカーが青果物用段ボール箱を系統外ルートにより販売しないようにさせる措置及び指定メーカー以外のものが青果物用段ボール箱の製造販売を開始することを妨げる措置を講じ，また，需要者が青果物用段ボール箱の購入を系統ルートから系統外ルートに変更することを防止する対策を行うために要する金員を指定メーカーに提供させる措置を講じている。〔中略〕Y は，不当に，指定メーカーに，〔指定メーカー以外の〕段ボール箱製造業者に対する青果物用シートの供給を拒絶させ，又は段ボール原紙製造業者からの段ボール中芯原紙の購入数量を制限させているものであり，これらは，……不公正な取引方法〔旧一般指定〕の第 2 項に該当し……」。

〔公取委勧告審決平 2・2・20 審決集 36 巻 53 頁〕

　純粋な単独の取引拒絶は，単独で行う直接の取引拒絶である。ただし，単独で行う場合であっても，行為主体の性質または地位により，実質的には共同行為といってよい場合が多い。

事　例〔8-9〕　岡山県南生コンクリート協同組合事件

　岡山県南生コンクリート協同組合（Y）が生コン販売業者に非組合員の生コン製造業者との取引を拒絶させて，これらを排除しようとした事件において，「Y は，……〔県南〕地区内において生コンクリート（以下「生コン」という。）の製造業を営む者を組合員として，昭和 48 年 5 月 14 日，中小企業等協同組合法に基

> づき，組合員の製造する生コンの共同販売を行うこと等を目的として設立された事業協同組合であって，組合員は，昭和55年12月末日現在23名である。
> 　Yは，組合員から生コンを買い受けてこれを生コン販売業者に販売しており，その販売量は，県南地区における生コンの総販売量の大部分を占めている。
> 　岡山県南生コン卸商協同組合（Z）は，県南地区において生コンの販売業を営む者を組合員として，昭和54年9月22日，中小企業等協同組合法に基づき，組合員の取り扱う生コンの共同販売を行うこと等を目的として設立された事業協同組合であって，組合員は，昭和55年12月末日現在30名である。〔中略〕
> 　Yは，昭和51年10月から生コンの共同販売事業を開始し，これに伴い，Yの販売する生コンを取り扱う生コン販売業者を『代行販売店』と称し，これと，代行販売店がY以外の者から生コンを購入することを制限する条項を含む『代行販売店取引基本契約』を締結した。〔中略〕
> 　Yは，代行販売店取引基本契約において，代行販売店はZの組合員に限る旨……の条項を設け，Zの組合員である生コン販売業者のみに対して生コンを販売している。
> 　Yは，代行販売店取引基本契約において，代行販売店はYの販売する生コン以外の生コンを取り扱う場合にはあらかじめYの了解を受けなければならない旨……及び代行販売店においてYの共同販売事業を阻害する行為があった場合には同契約を解約する旨……の条項を設け，取引先生コン販売業者にもっぱらYから生コンを購入するようにさせている」。
>
> 〔公取委勧告審決昭56・2・18審決集27巻112頁〕

　上記事例では，YがZの組合員でない事業者に対し不当に生コンを供給しないことが不公正な取引方法の一（原始一般指定）に，また，生コン販売業者とこれに生コンを供給する者との取引を拘束する条件をつけて，当該販売業者と取引していることを不公正な取引方法の八（原始一般指定）にそれぞれ該当するとの法適用を行った。YおよびZがそれぞれ複数の事業者で構成する協同組合である実態に着目すれば，実質的には二重に共同した間接の取引拒絶（二次ボイコット）として公正競争阻害性の高い事件である。

　不公正な取引方法に該当する共同の取引拒絶は，複数の競争事業者で行うものであるので，競争関係にない事業者が加担した場合には，当該事業者には一般指定2項が適用されるが，実質的には共同の取引拒絶である事例もある。

> **事　例〔8-10〕ロックマン工法事件**
>
> 　下水道管の敷設工事等の土木工事業者で，ロックマン工法（専用のロックマン機械を使用する必要がある）による硬い土質に適した工事を行う17社がロックマン工法協会施工部会を設け，共同して非会員に対しロックマン機械の貸与・転売を拒絶した事件において，わが国においてロックマン工事の施工業者向けに販売されるロックマン機械の大部分を販売している建設機械販売業者Yについて，「Yは，17社が〔施工部会細則と称する〕規則を設けるに当たって，Yのロックマン機械の販売担当者がその原案を作成し，〔施工部会の〕設立総会において同原案の内容を会員に対し説明するなど，中心的な役割を果たすとともに，会員との信頼関係を維持しロックマン機械の販売の継続を図るため，同設立総会が開催された平成10年11月28日以降，17社とともに，自らも，非会員に対しては，施工部会への入会が認められない限り，ロックマン機械の販売及び貸与を行わないこととした」。
>
> 〔公取委勧告審決平12・10・31審決集47巻317頁〕

　上記事例では，Yは実質的に共同の取引拒絶に参画しているもので，また，主導的地位にもあって，土木工事業者から取引拒絶をさせられているとは言い難く，旧一般指定2項が適用されて，共同の取引拒絶以外の取引拒絶となっている。

　単独で行っていても，他の事業者に取引拒絶させている場合は，取引拒絶をさせている事業者との間で共同性が認められて，純粋に単独の取引拒絶とは言い切れない。

> **事　例〔8-11〕松下電器産業事件**
>
> 　家庭用電気製品の製造販売業者であるYは，同社が出資している販売会社（販社）やYまたは販社と代理店契約を締結している卸売業者（代理店）を通じて小売業者に供給していたところ，販社と継続的な取引契約を締結していない小売業者（未取引先小売店）がY製電気製品を廉売しているとの苦情を取引先小売店から受けるようになったので，未取引先小売店にY製電気製品が供給されることがないようにした事件において，「Yは，……取引先小売店の経営の安定を図る等の観点から，平成10年1月ころ以降，全国各地において，取引先小売店か

ら未取引先小売店による Y 製電気製品の廉売に関して苦情があった際には，販社と一体となって，……調査を行い，その結果，当該未取引先小売店に直接又は間接に当該製品を販売していた代理店等が判明した場合には

　　ア　当該代理店等に対し，当該未取引先小売店に Y 製電気製品を直接又は間接に販売しないよう要請する

　　イ　前記アの要請に従わない代理店等に対しては，Y 製電気製品の販売数量を制限する，リベートを減額する若しくは Y 製電気製品の販売価格を引き上げる又はこれらの行為を行う旨を示唆する等により，代理店等に対し，Y 製電気製品の廉売を行っている未取引先小売店に直接又は間接に Y 製電気製品を販売しないようにさせていた」。

〔公取委勧告審決平 13・7・27 審決集 48 巻 187 頁〕

事　例〔8-12〕　サギサカ事件

　Y は，一般消費者向け自転車用品の卸売業者であり，自転車用品製造業者から自転車を購入し，これを自己の仕様でパックするなどして，自転車用品を各種品揃えした上で，直接または卸売業者を通じて量販店に販売しており，わが国における量販店向け自転車用品の販売高において業界第 1 位を占めている。Y は，量販店向け自転車用品の販売に関し，顧客争奪競争による取引の減少および価格の低落を防止する等の観点から，遅くとも平成 7 年以降，購入先自転車用品製造業者に対し，商談等の場において，Y が直接または卸売業者を通じて自己の仕様でパックした自転車用品を販売している量販店に自転車用品を自己を通さず直接または間接に販売しないよう要請し，実施したことが拘束条件付取引（改正前一般指定 13 項，一般指定 12 項）に該当するとともに，「Y は，競合他社のうち，自転車用品を安価で販売するなどにより自己と Y 納入先量販店との取引を減少させ，又はその可能性のある特定競合 5 社の自転車用品の販売活動を抑制するため，平成 11 年 2 月 3 日ころ，一部の自己の販売先卸売業者に対し，特定競合 5 社にオークス製品を直接又は間接を問わず販売しないよう要請し，この要請に従わない場合は，当該卸売業者との取引を停止する旨を文書により通知した」。

〔公取委勧告審決平 12・5・16 審決集 47 巻 267 頁〕

　上記 2 事例には，旧一般指定 2 項が適用されたが，代理店等や販売先卸売業者に取引拒絶をさせていることで，共同性が認められる。

(2) 単独の取引拒絶

単独の取引拒絶は、「一般に、事業者は、取引先を選択する自由を有しているから、事業者が価格、品質、サービス等の要因を考慮して独自の判断によって他の事業者との取引を拒絶した場合には、これによって、たとえ相手方の事業活動が困難となるおそれが生じたとしても、それのみでは直ちに公正な競争を阻害するおそれがあるということはできないから、不当な取引拒絶には該当しないというべきである。もっとも、例えば、市場における有力な事業者が競争者を市場から排除するなどの独占禁止法上不当な目的を達成するための手段として取引拒絶を行い、このため、相手方の事業活動が困難となるおそれが生じたというような場合には、このような取引拒絶行為は、もはや取引先選択権の正当な行使であると評価することはできないから、公正な競争を阻害するおそれがある」(東京スター銀行事件＝東京地判平23・7・28判時2143号128頁)。

単独の取引拒絶が公正競争阻害性を有する例外的な場合の一つは、他の独禁法違反行為の実効性確保手段として行われる場合である(流通・取引慣行ガイドライン)。例えば、不公正な取引方法に該当する再販売価格維持行為(2条9項4号)や排他条件付取引(一般指定11項)に従わない販売業者に対して取引を中止することなどである。

事 例〔8-13〕 第二次大正製薬事件

医薬品の製造販売業者であるYが自社のチェーンに加入した加盟店に排他条件付取引を求めるとともに、これに反する加盟店との取引を停止した事件において、「Yは、その後、客が他の商品を名指して買いにきたときのほかは、もっぱらYの商品の販売に努力する旨を規定する約定書の条項(別紙約定書第1項)を根拠として、加盟店が他のチエーンに加入し、またはその商品の看板をかかげる等の行為は、いずれもYの商品の販売に努力する約定書の義務に反するものとし、この義務の励行を理由として(一)他のチエーンに加入しているものに対してはそのチエーンから脱退させ、もしくは自ら取引を中止し、またはこれを連鎖外取引とし、(二)他のチエーンの商品の広告看板をかかげることを禁止し、(三)他の商品を仕入れて店頭におきその広告を掲示したものに対してその商品を返送させて取引を中止させ、(四)加盟店の部会において他のチエーンとの取

> 引に関する相談が同時に行われたことを理由として，規約の規定によらず部会を解散させ加盟店に対して出荷を停止し他のチエーンと取引する意思の有無に応じてじ後の取引を中止または復活し，(五) 他のチエーンや商品を排除する Y の営業方針を批判し，もしくはこれに反対したとの理由のみをもつて取引を停止したほか，(六) Y の自ら認める連鎖外取引店に対してさえ他のチエーンからの脱退を求めこれがいれられないために自らそれとの取引を中止する等取引の相手方が他のチエーンに加入しまたは他の商品を販売することを事実上妨げて各地に紛争をじやつ起した」。
>
> 〔公取委勧告審決昭 30・12・10 審決集 7 巻 99 頁〕

　上記事例では，Y がその取引の相手方に対して他のチエーンに加入しまたは他の商品の販売または広告を禁止している行為が不公正な取引方法の七（原始一般指定）に該当し，そのための実効性確保手段である，その取引の相手方が他のチエーンに加入しまたは他の商品を販売することを理由としてそれとの取引を中止したことが不公正な取引方法の一（原始一般指定）に該当するとされた。これは現行の一般指定 2 項に該当し，かつ，単独かつ直接の取引拒絶に相当する。

　さらに，化粧品販売会社による代理店契約の解除にあたっての一連の対応が，販売システムを構築し，それに基づく販売網を有する当該化粧品販売会社において，その相手方である代理店が当該化粧品販売会社以外に容易に取引先を見出しえないような事情の下に，取引の相手方の事業活動を困難に陥らせる以外に格別の理由がなく，取引を拒絶したものというべきであるとして，旧一般指定 2 項の不当な取引拒絶に該当するおそれがあるとして，不公正な取引方法の射程の伸長を示唆する裁判例がある（ノエビア事件＝東京高判平 14・12・5 判時 1814 号 82 頁）。

　単独かつ直接の取引拒絶が独禁法違反行為に該当する場合としては，すでに市場支配力を有する独占的事業者が他の競争事業者を妨害するために，当該競争事業者との間で行っている取引を中止するようなときがある。このような取引拒絶は，不公正な取引方法ではなく，私的独占事件（**事例〔4-4〕**農林中金事件）として構成するのが適切である。

流通・取引慣行ガイドラインでは，市場における有力な事業者が，競争者を市場から排除するなどの独禁法上不当な目的を達成するための手段として，例えば次のような行為を行い，これによって取引を拒絶される事業者の通常の事業活動が困難となるおそれがある場合には，当該行為は不公正な取引方法に該当し，違法となる（一般指定2項）とする。

① 市場における有力な原材料製造業者が，自己の供給する原材料の一部の品種を取引先完成品製造業者が自ら製造することを阻止するため，当該完成品製造業者に対し従来供給していた主要な原材料の供給を停止すること

② 市場における有力な原材料製造業者が，自己の供給する原材料を用いて完成品を製造する自己と密接な関係にある事業の競争者を当該完成品の市場から排除するために，当該競争者に対し従来供給していた原材料の供給を停止すること

上記の原材料が当該製造業者しか供給できない場合であるほど，不可欠施設（排除型私的独占の第4章テーマ2(3)参照）を1事業者が専有しているときに類似してくることを示唆しているが，競争者排除のためという意図が付加されている。

テーマ3　差別対価

　事業者が取引相手によって対価を変えたり，各販売地域の需要動向によって価格を違えたりすることは，原則，自由なことである。もし，そのすべてが違法となったならば，事業者はどこでも誰にでも同一価格で取引しなければならず，競争もやりにくくなる。どのような場合に，公正競争阻害性が生じる不当な差別対価となるのだろうか。

(1) 差別対価の規定

不公正な取引方法となる差別対価は，まず，地域または相手方により同一の商品・役務を差別的な対価（販売価格または購入価格）をもって取引することと定義される。次に，2条9項2号で規定される，差別的な販売価格で継続して

供給し，他の事業者の事業活動を困難にさせるおそれがあるものを繰り返した場合に，課徴金賦課の対象となる行為類型に分類される。それ以外の差別的な販売価格または購入価格（供給を受ける場合）を一般指定3項に分類した。

なお，リベートや現品添付によって，価格に実質的な差を設ける場合も，差別的な対価に該当する。

差別対価の取引相手は，事業者に限定されず，消費者の場合もありうる。一部の地域または相手方に対して，取引相手となる顧客に有利な安い販売価格または高い購入価格を提示することで，自らの競争事業者から顧客を奪取したり，あるいは，取引相手となる事業者に不利な高い販売価格または安い購入価格を提示することで，当該取引先事業者の事業活動を制約したりすることになる。

それによって，①競争事業者の事業活動が困難となって，当該競争事業者とともに自らが属する市場で自由競争減殺効果を生じさせたり，②取引相手が属する市場で自由競争減殺効果を生じさせたり，③他の独禁法違反行為に協力する取引相手には有利な対価を，非協力の取引相手には不利な対価を提示するという，当該違反行為の実効性確保の効果をねらったりするものがある。

(2) 地域的差別対価

対価が差別的なものであるかどうか，同一の商品・役務について比較される。異なった地域で販売される商品が同一のものであるかどうかが問題となった事例がある。

事 例〔8-14〕第二次北国新聞社事件

公正取引委員会は，「新聞業における特定の不公正な取引方法」（昭和30年公取委告示第3号，旧新聞業特殊指定）3項に規定する「新聞の発行または販売を業とするものが直接であると間接であるとを問わず，地域または相手方により異なる定価を付し，または定価を割引すること」に該当する行為を北国新聞社（被申立人Y）がしているとして，その緊急停止命令を東京高裁に申し立てた。Yは，石川県を主たる販売地域として「北国新聞」と題する日刊新聞を発行・販売するとともに，富山県を主たる販売地域として「富山新聞」と題する新聞を発行・販売している。Yは，北国新聞については朝刊8頁・夕刊4頁を月ぎめセット定価330

円で販売しているところ，富山新聞については，従来，朝刊4頁・夕刊4頁を月ぎめセット定価230円であったものを，昭和31年12月1日から朝刊8頁・夕刊4頁にして月ぎめセット定価を280円にすることにしたが，同じ頁数の北国新聞より50円安かった。「両者はその新聞の種類においてまず同一の範疇に属し，月間記事量もほとんど同量であるのみならず，連日の紙面構成において地方的記事を除いたその余の一般的記事においては，その選択処理において一貫した共通性をもち新聞のもつ主張を端的に表明する社説においても一部地方的関心事を除いては同一であつて継続購読を確保する一の有力手段たる連載小説の類についてはまつたく同じこと（それが原作料等経費節約のためであつてもこの事実自体の持つ意味は動かしがたい）等とあいまつて紙面にあらわれた両者の性格は一つのものというべく，その上少くとも本件事案発生の時までY自身富山新聞をもつて北国新聞の富山版とし，このことを内外に表明していたのであつてその後，Yが富山新聞の題号下の『北国新聞富山版』なる付記を削除したという事実だけでは，まだ両者の性格を変更したものとは解せられない。これを要するに北国新聞と富山新聞とは結局一応前記特殊指定における意味において同一の新聞と認めて妨げないものというべきである」。

　富山県で低い定価で販売することは「Yが石川県において有する北国新聞の優越的地位にもとづく資力をこれに投入することを意味しYがこの方法によつて競争する時は，富山県下の競争各紙は不当な圧迫をこうむり，その販路，顧客を奪われる危険のあることは容易に推察しうる処であり，〔中略〕継続購読をたてまえとする一般日刊新聞においてしかも相当程度に購読が普及していると認められる本件の地方において一度読者を失えばこれが回復には容易ならざるものがあり，勢いのおもむくところ他の競争紙はこれに対する相応の対応策を講ぜざるを得るにいたり，かくては新聞業界における正常な競争秩序は破壊されるおそれがあるものというべきである。従つて本件においては右審決のあるまで一時これを停止させる緊急の必要があるものというべきである」。

〔東京高決昭32・3・18審決集8巻82頁〕

　上記事例は，差別対価を絶対的に禁止した新聞業の特殊指定（現1項）が適用されたものであるので，当該差別対価は不公正な取引方法に該当するとの判断から緊急停止命令が出された。新聞業界において，差別対価によって圧迫されると考えられたのは，他の新聞社のみならず，他の新聞社の販売業者である

労働集約的で零細な新聞販売店でもあることが事情として推測されるから，不公正な取引方法を規制する意義の複雑さが見てとれる事例でもある。

(3) 相手方による差別対価

どのような価格差が不当な差別対価となって公正競争阻害性を生じさせるかについては，販売する場合は安い方の対価が原価割れであることを必要とすることで不当廉売の考え方と共通することが原則となり，例外的に，原価割れでない場合は，すでに市場で高いシェアを有する事業者がさらに市場支配力を強化し，競争を減殺するために，競争事業者から顧客を奪取すべく取引相手にねらいをつけて大きな価格差を設ける場合であることを示唆する次の2事例がある。

事 例〔8-15〕 LPガス販売差別対価差止請求（日本瓦斯）事件

Yは東京都所在の大手のLPガス販売業者であり，その販売地域は東京都，神奈川県，埼玉県，千葉県，栃木県，群馬県，茨城県などである。Yが他の業者から切り替える新規の顧客（一般家庭）に対しては10㎥当たり3505円（消費税抜き）から4404円（消費税込み）で販売している一方で，従来から契約が継続している顧客に対しては5000円台で販売を継続していることが不当な差別対価に該当するとして，他の中小のLPガス販売業者から差止請求訴訟を提起された事件において，「同じ商品・役務であっても，その価格は地域性や相手方の諸要素によっても異なりうるから，地域や相手方によって価格が異なること自体が当然に違法となるものではなく，それ故，一般指定3項においても，『不当な』差別対価が禁止されているところである。そして，不公正な取引方法の一として差別対価を禁止する独占禁止法の趣旨は，……価格を通じた業者間の能率競争を確保することにあり，そこで，不当な差別対価とは，このように価格を通じた能率競争を阻害するものとして，公正競争阻害性が認められる価格をいうと解されるから，不当な差別対価であるかどうかは，当該売り手が自らと同等あるいはそれ以上に効率的な業者（競争事業者）が市場において立ち行かなくなるような価格政策をとっているか否かを基準に判断するのが相当である。そして，ここに競争事業者とは，能率競争に参加している競争単位をいうから，当該売り手が達成可能な利益を生み出すことができる価格に対抗可能な価格を設定することができる効率的

な競争単位をいうと解すべきであるので,競争事業者の効率性も当然考慮すべきであり,また,不当な差別対価に当たるかどうかの判断においては,原価割れの有無がその要素になるというべきである」。

〔東京高判平17・5・31審決集52巻818頁〕

事 例〔8-16〕 LPガス販売差別対価差止請求（ザ・トーカイ）事件

Zは静岡県所在の大手のLPガス販売業者であり,その販売地域は静岡県,東京都,神奈川県,千葉県などである。Zが東京都,神奈川県,埼玉県および千葉県において,既存の顧客（一般家庭）には10㎥当たり6000円前後の料金を維持し,他の業者から切り替える新規の顧客に対して4300円の拡販価格を設定している一方,静岡県下では5700円から6200円の価格帯で販売していることが不当な差別対価に該当するとして,他の中小のLPガス販売業者から差止請求訴訟を提起された事件において,「差別対価は,不当廉売とは別に指定された不公正な取引方法であるから,その趣旨にかんがみれば,コスト割れに至らない価格（低価格）であっても,その価格設定自体の中に公正競争阻害性があると認められる場合があるとし,これを違法行為として禁止していることを否定することはできない。〔中略〕ところで,一般に,市場において商品又は役務に価格差が存在することは,それぞれの商業地域の事業者間において,能率競争が行われ,市場における需給調整が機能していることの現れとみることができるのであり,特に,行為者の設定価格がコスト割れでない（一般家庭顧客用LPガスの販売価格として10㎥当たり4300円の価格設定がコスト割れでない事実は,当事者間に争いがない。）場合においては,それが不当な力の行使であると認められるなど特段の事情が認められない限り,他の競争事業者において,当該価格設定自体を違法,すなわち公正競争阻害性があるものと非難することはできない筋合いである。

そして,能率競争の限界を超えた価格政策により競争事業者を排除しようとしているものと認めるべき不当な力の行使とは,既に一定の市場において大きなシェアを占め,強大な競争力を有していると認められる事業者が,その力を背景として,地域又は相手方により価格に大きな差を設ける方法によって,ねらう市場の競争事業者から顧客を奪取し,その市場の支配力を強めることにより,市場の競争を減殺しようとするなどの場合をいうものと解するのが相当である」。

〔東京高判平17・4・27審決集52巻789頁〕

上記2事例では，原価割れでもなく，同等あるいはそれ以上に効率的な競争事業者が市場において立ち行かなくなるような価格設定であると認めることはできないとしたり，多数の競争事業者間において格別に有力な地位を有しているものということができず，市場における競争状況を反映した結果であると認めるのが相当と結論付けて，いずれも公正競争阻害性があるとは認められなかった。

なお，有力な地位にある事業者によって行われた差別対価が排除型私的独占に該当するとされた**事例〔4-12〕**有線ブロードネットワークス事件がある。

独禁法違反行為の不当な取引制限（価格引上げカルテル）の実効性確保手段として行われた差別対価として，次の事例がある。

事 例〔8-17〕 東洋リノリューム事件

ビニルタイルの製造業者であるY_1〜Y_4の4社が市況品の販売価格引上げカルテルを行った事件において，製造業者による昭和51年4月以降の価格引上げに協力的な工事店とそうでない工事店とで市況品の取引価格に格差を設けたことについて，「昭和49年ごろから，工事店の自主的な経済活動の促進及び経済上の地位の向上を図ることを目的として，全国各地に，各地区内の工事店を組合員とするビニルタイル工事業協同組合（以下『ビニ協』という。）が設立されてきた。4社は，ビニ協の組織を強化することが自らのビニルタイルの販売価格の維持に資するところから，ビニ協の設立及び運営について援助を行っている。なお，昭和54年11月30日現在，全国11の地区においてビニ協が設立されている。〔中略〕

Y_1及びY_2は，工事店のビニ協加入を促進するため，Y_3，Y_4らと，昭和51年秋ごろから同年12月中旬にかけて，数回にわたり開催した工業会の理事会において，市況品の取引価格について，ビニ協に加入しない工事店（以下『非組合員』という。）とビニ協組合員との間に1枚当たり5円程度の格差を設けることについて検討した上で，昭和52年3月ごろから，非組合員に対する市況品の販売価格を1枚当たり53円程度に設定するとともに，卸売業者を通じて供給する場合においては，卸売業者に対する仕切価格についてビニ協組合員向けのものと非組合員向けのものとで格差（1枚当たり4円程度）を設けることにより，非組合員に対し，ビニ協組合員より高い価格で市況品を供給している。さらに，Y_1，Y_2及びY_4は，Y_3らと，昭和53年3月ごろに開催した工業会の理事会において，

ビニ協組合員に対し，当該組合員の市況品の取扱数量に応じて，所属のビニ協を通じて，1枚当たり1円50銭の割戻しを行うことについて検討した上で，昭和53年3月21日から，ビニ協組合員が自らの供給する市況品を取り扱った場合においては，当該組合員に対し，その取扱数量に応じて，所属のビニ協を通じて，1枚当たり1円50銭の割戻しを行うことにより，非組合員に対し，ビニ協組合員より高い価格で市況品を供給している」。

〔公取委勧告審決昭55・2・7審決集26巻85頁〕

　上記事例では，価格引上げカルテルの実効性確保手段として行われたことに公正競争阻害性を見いだしうるが，効率を反映しない事由で，工事店の市場で市況品の購入価格が有利なビニ協組合員と不利な非組合員の間の競争秩序が歪められたことにも，公正競争阻害性を認めることができる。カルテル維持の競争回避型の効果が主で，価格維持に非協力的な非組合員に対する競争排除型の効果が並存している。

テーマ4　その他の差別取扱い

> 取引条件等については個別取引ごとに区々であるのが通常であるのに，特定の事業者に有利または不利な取扱いがされた場合に，公正競争阻害性が生じるのはどのようなときか。また，事業者団体や共同行為において特定の事業者が排斥されたり，差別されたりして，その事業者の事業活動が困難になる場合とは，どのような事態なのだろうか。

(1)　取引条件等の差別取扱い

　一般指定4項で「不当に，ある事業者に対し取引の条件又は実施について有利又は不利な取扱いをすること」は不公正な取引方法の1類型とされる。特定の事業者との取引で同じ商品・役務について他の取引先事業者と区別される有利または不利な差別取扱いをすることである。差別取扱いの内容は，対価のみならず，商品・役務の質や量，決済・支払・引渡し・取引時期・配送回数，保証，リベート等の条件，販売促進費用・手段の補助，営業情報・ノウハウの

提供など，差別される特定の事業者の事業活動を当該事業者の競争相手に比して有利または不利することができる事柄である。

なお，取引条件等の差別取扱いでは，地域または相手方による差別対価と異なり，消費者向けの取引までは対象に含めていない。

取引条件等が同一でなければ直ちに不当な差別取扱いとなるものではなく，公正競争阻害性が認められる場合に，不公正な取引方法の差別取扱いとなる。差別取扱いを行う事業者が属する市場で競争事業者を妨害する競争阻害効果を認めて，一般指定4項該当の差別取扱いとされた次の事例がある。

事　例〔8-18〕　オートグラス東日本事件

　国産自動車向け補修用ガラスの卸売業者Y（わが国における補修用ガラスの最大手の製造業者の子会社で，東日本区域で業界第1位）が「平成7年ころから，輸入品が大口需要者等に対して輸入販売業者等から格安の価格で販売されるようになってきたことから，自社の社外品〔自動車メーカーでなく，国内の補修用ガラスの製造業者が自社製品として製造販売するもの〕の卸売高及び卸売価格が低下することを懸念し，取引先ガラス商に対する社外品の卸売価格を引き下げる等の対抗策を講じてきたところ，輸入品を取り扱うガラス商が増加することにより輸入品の流通が活発化することを抑制するため，広告を用いるなどして積極的に輸入品を取り扱っている取引先ガラス商に対して，社外品の卸売価格を引き上げ，配送の回数を減らす行為を行っている」。

〔公取委勧告審決平12・2・2審決集46巻394頁〕

　顧客から自動車の迅速な修理を求められることが多いことから，補修用ガラスの取引においては予測困難な需要に対応して迅速に供給できることが重視されている状況を背景として，例えば，平成9年9月ころから，輸入販売業者と連名の広告を大口需要者に送付し，社外品に比して格安の価格で輸入品の販売を行っていた取引先ガラス商に対して，Yが同年12月ころ，社外品の卸売価格を現行の卸売価格より約15パーセント引き上げる旨通知し，これを翌月から実施し，さらに，1日2回の定期便および必要に応じた臨時便により行っていた同ガラス商に対する純正品および社外品の配送について，平成10年3月

ころから定期便を1日1回に減らした上，臨時便に応じないこととしていることなどを，必要に応じて他の取引先ガラス商に対して説明していることで，輸入品を扱う取引先ガラス商を不利に取り扱うことにより，輸入販売業者（競争事業者）を妨害する競争阻害効果から公正競争阻害性を認めたと解することができる。

次は，不利な差別取扱いをされた取引先事業者が属する市場で競争阻害効果を認めた事例である。

> **事　例〔8-19〕 除虫菊事件**
>
> 　国産除虫菊を原料として殺虫剤を製造する事業者を会員とする事業者団体である需要者団体協議会と，除虫菊生産地の道，県の経済農業協同組合連合会（経済連）および除虫菊の生産振興団体を会員とする生産者団体連合協議会の両協議会が，需要者側と生産者側が合同で「昭和38年7月4日，岡山市所在の岡山県農業会館内岡山県経済連会議室で開催された合同会議において，需要者協議会会員は，集荷業者とは8月末まで取引しないことおよび集荷業者からは経済連からの購入価格よりキログラムあたり2円低い価格で購入することを決定し，これらを需要者協議会会員に実施させた」。
>
> 〔公取委勧告審決昭39・1・16審決集12巻73頁〕

需要者側の殺虫剤メーカーに生産者団体外の販売業者である集荷業者に対し著しく不利な取扱いを行わせて，生産者側の販売部門である経済連との取引を優先させたことが，差別取扱いを実施するメーカーの取引先事業者である経済連および集荷業者が属する除虫菊の販売市場における競争を歪める効果を認め，事業者団体が事業者に不公正な取引方法（旧一般指定2項，現4項）をさせたものとなった（8条5号）。

なお，有力な地位にある事業者によって行われたリベート支給に関する差別取扱いが排除型私的独占に該当するとされた**事例〔4-6〕インテル事件**がある。

(2) 事業者団体・共同行為における差別取扱い

一般指定5項で「事業者団体若しくは共同行為からある事業者を不当に排斥

し，又は事業者団体の内部若しくは共同行為においてある事業者を不当に差別的に取り扱い，その事業者の事業活動を困難にさせること」が不公正な取引方法に組み込まれている。事業者団体または複数の事業者による許容された共同行為の存在が前提となり，そこでの処遇の違いが特定の事業者の事業活動を不利なものとして，競争阻害効果につながる場合に該当する。

　事業者団体や共同行為は組織化を要するものであるから，構成事業員資格や協力要請などのある程度遵守されるべき統制がなければ成り立たないから，集団として自治の範囲内の合目的性があれば，不当な排斥・差別取扱いにはならない。

　しかし，本質的でない若干の差異を理由に，特定の事業者に対して行われた排斥・差別取扱いが，当該事業者の事業活動を困難にさせるほどのもの（他の不公正な取引方法に規定するような「困難にさせるおそれ」ではない）となる場合は，集団の持つ地位および力を特定の事業者の競争力を削ぐために濫用していることになるので，看過できないことになり，公正競争阻害性を認めて，規制すべきことになる。旧一般指定3項（現5項）では，「その事業者に著しく不利益を与えること」とされていたところ，そこまでの弊害が生じているとされた事例がこれまで1件ある。

事　例〔8-20〕 浜中村主畜農業協同組合事件

　北海道厚岸郡所在の浜中村主畜農業協同組合（Y）は，浜中村の農民約750名（うち酪農民は約400名）を組合員とし，組合員の経済状態を改善し，社会的地位を高めるため，信用，販売，購買，利用その他の協同事業を営む事業者である。Yは，従来，組合員の生産する生乳を，北海道経済農業協同組合連合会を経由して，人的・資本的に関係のある北海道バター茶内工場に出荷していた。北海道バターの生乳購入価格は，明治乳業と比べて，1升当たり約2円ないし7円安かったので，組合員の中には北海道バターに対して不満を持ち，明治乳業に生乳を出荷する者も出てきた。「Yは，明治乳業に生乳を出荷している組合員に対して，厚岸集約酪農地域の中心工場である北海道バター茶内工場に生乳を出荷しないことを理由に，一　その生乳の販売委託を受けつけず，また畜舎建設資金乳牛導入資金等の資金貸出を拒否し，あるいは乳牛の人工受精所その他の組合施設の利用

> に関して，他の組合員については一般に清算取引を行つているのにかかわらず，現金取引を行つているが，これは，事業者団体の内部において特定の事業者を不当に差別的に取り扱うことにより，その事業者の事業活動に著しく不利益を与えるもの〔中略〕二　組合から脱退することを勧告しているが，これは事業者団体から特定の事業者を排斥し，その事業者の事業活動に著しく不利益を与えるものであつて，一般指定の3（不公正な取引方法の三〔原始一般指定・現5項〕）に該当し……」。
>
> 〔公取委勧告審決昭32・3・7審決集8巻54頁〕

　協同組合は，自らの事業を行う場合は事業者であり，組合員が行う事業について統制を行う場合は事業者団体である。不公正な取引方法の行為者は事業者であるから，上記事例は，事業者であるYが事業者団体の側面において構成事業者（組合員）である特定の事業者を排斥・差別取扱いをしたという構成となっている。Yの事業上の必要から出荷先を北海道バターに一本化する理由も認めうるところ，零細な酪農家である組合員の事業活動および経済的利益が損なわれないことを優先して考慮したものと考えられるが，より高い生乳購入価格を示したところと取引できないという競争上の不合理さが公正競争阻害性を認める要因になったと解するべきであろう。

　なお，公取委が公表する相談事例集（2012年度）の事例8として，不公正な取引方法関係で，建物の補修工事業者等を会員とする団体が，当該団体に加入しなければ事業活動を行うことが困難な状況において，技術指導を受けた会員から徴収する協力金に関して，実際に要する技術指導の費用と無関係に，団体への加入期間によって差を設けることについて，独禁法上問題となるおそれがあると回答したケースが紹介されている。ただし，当該団体が事業者性を有しない場合は，独禁法8条3号または4号該当で構成せざるをえない。

第9章

不当廉売等

テーマ1　著しい費用割れ販売

　「廉売」とは「安売り」と同じ意味の単語である。安く売ることは，競争を活発にする。しかし，安売りにも不当な場合があり，独禁法違反となる。よい安売りと，よくない安売りの違いは何だろうか。

(1)　不当廉売規制の概要

　買い手は，同じ品質であれば価格の安い方を，同じ価格であれば品質の高い方を，選んで購入する。売り手は，自己の商品を販売するため，品質と価格で競争する。価格競争をするためには，費用を削減しなければ販売価格を下げることはできない。そのために，様々な費用削減のための努力をする。つまり，価格競争を通じて，効率化が達成される。したがって，価格を下げて競争する行為は効率性を反映したものであり，社会全体から見て好ましいものである。仮に，費用を削減できず，価格を下げられない結果，競争者よりも相対的に高い価格になってしまい，顧客を失い，市場から淘汰されることになったとしても，それは市場が機能した結果であり仕方のないことである。効率性の悪い事業者が淘汰され，効率性のよい事業者が生き残り，品質と価格による競争で切磋琢磨し，より品質が高く，より低価格な商品が行き渡ることで，社会全体の利益が増大する。公取委には非常に多くの一般からの通報があるが，その8割方が，ディスカウント店の近隣にある販売店がディスカウント店における低価格販売を独禁法違反であるとして通報するものだそうだ。しかし，そのほとんどが違反にはならない。販売費用削減による効率性を反映した低価格は，よい

安売りだからである。

　さて，通常，事業活動は営利目的であるため，費用に利益を加えた価格で販売する。利益を削って薄利多売することは利益を生むが，費用よりも低い価格では損失が増えるばかりであり，売らない方がまだましである。売れ残りの処分とか，値上がりすると思って買った資産が値下がり始めたので損切りで売るなど，しかたなく費用を下回る価格で売ることはある。また，記念セールのようなお祭りイベントとして，目玉商品について採算度外視の価格をつけて盛り上げることもあるかもしれない。ただ，これらは一時的なものである。

　ところが，あえて積極的に費用を下回る価格で，長期にわたって販売することがある。売れば売るだけ損失が増えていく価格で客を競争者から奪い，競争者たちが損失に耐えきれずに市場から出て行くのを待ち，自分一人で独占できるようになってから価格を引き上げて大きな利益を上げる，という行動である。このような戦略的行動は，「略奪的価格設定（predatory pricing）」と呼ばれる。このような兆候が現れた場合，競争者が市場から出て行く前に，廉売をやめさせた方がよい。競争者が出て行ってから違法にしても，競争者が帰ってくるとは考えにくいからである。

　既存の競争者を排除する場合だけでなく，新規参入阻止の場合もある。例えば，新しく参入しようとしている事業者の顧客を対象に廉売し，市場に参入するために最低限必要なだけの顧客を獲得できないようにして，参入をあきらめさせる行為も同様に考えてよい。

　それでは，その兆候とはなんだろうか。(a)価格が供給に要する費用を下回っていて，(b)その程度が費用を著しく下回るもので，(c)一時的なものではなく継続して行うものであり，(d)他の事業者の事業活動を困難にさせるおそれがある場合である。このような兆候を備えた廉売行為は，危険性が高いので違法とした方がよい。

　不当廉売を規制する規定は，2条9項3号と一般指定6項である。2条9項3号は，(a)供給に要する費用を，(b)著しく下回る対価で，(c)継続して供給し，(d)他の事業者の事業活動を困難にさせるおそれがある行為が対象となる。2条9項3号は，原則違法の行為類型を示す「正当な理由がないのに」という文言が付されている。そして，10年以内に繰り返し違反した場合には，20条

の4により課徴金が課される。これに対して、一般指定6項は、(a')2条9項3号の行為のほか低い対価で、(d)他の事業者の事業活動を困難にさせるおそれがある行為が対象となり、例外違法の類型とされている（一般指定6項については、後出テーマ2）。

(2) 供給に要する費用を著しく下回る対価

「費用」には、多くの種類がある。例えば、牛乳1本の費用を考えてみよう。牛乳本体の仕入価格、運送費、売り場の冷蔵庫代、店舗のレジなどの設備費、電気代、人件費、店舗の土地・建物代、本社の管理部の費用、福利厚生費、などなど。牛乳1本にも、これらの費用がそれぞれ少しずつ上乗せされて売られているはずである。そうでなければ、会社として利益を出し、事業活動を続けていくことはできない。ところが、具体的にいくらなのか計算しようとすると、どの費用について、どのくらいの時間をかけて元を取るのか、によって、その費用の金額が変わってくる。このような事情から、(a)供給に要する費用とはいかなる費用か、(b)著しく下回るというのはどの程度か、について、長い間、議論が闘わされてきた。2009（平成21）年、公取委は、これまでの議論の結果をまとめ、不当廉売ガイドラインを改正した。

まず、費用の内訳には多数の項目がある、ということを**資料〔9-1〕**で見ながら、**資料〔9-2〕**の説明を読んでいこう。

資　料〔9-1〕　「『不当廉売に関する独占禁止法上の考え方』等の改定について」

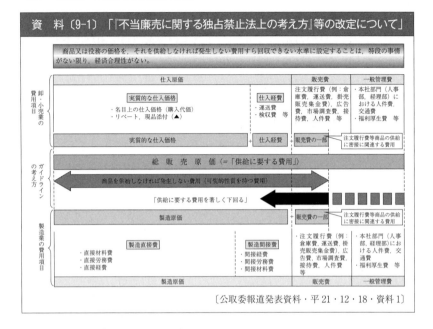

〔公取委報道発表資料・平 21・12・18・資料 1〕

資　料〔9-2〕　不当廉売ガイドライン・3⑴

「事業者が自らの企業努力又は正常な競争過程を反映した価格設定を行うことは妨げられていない。例えば，商品の価格が『供給に要する費用』，すなわち総販売原価……を下回っていても，供給を継続した方が当該商品の供給に係る損失が小さくなるときは，当該価格で供給することは合理的である。このような観点から，価格・費用基準は，廉売行為者にとって明らかに経済合理性のない価格設定であるかを判断することができるものとすることが適切である。この点，商品の供給が増大するにつれ損失が拡大するような価格設定行動は，特段の事情がない限り，経済合理性のないものであるということができる」。

「a　供給に要する費用には，廉売対象商品を供給しなければ発生しない費用（以下『可変的性質を持つ費用』という。）とそれ以外の費用とがある。可変的性質を持つ費用でさえ回収できないような低い価格を設定すれば，廉売対象商品の供給が増大するにつれ損失が拡大する。したがって，可変的性質を持つ費用を下回る価格は，『供給に要する費用を著しく下回る対価』であると推定される（他方，可変的性質を持つ費用以上の価格は『供給に要する費用を著しく下回る対

価』ではないので，その価格での供給は，法定不当廉売に該当することはない。）。
　b　可変的性質を持つ費用に該当する費用かどうかについては，廉売対象商品の供給量の変化に応じて増減する費用か，廉売対象商品の供給と密接な関連性を有する費用かという観点から評価する」。

　不当廉売ガイドラインによれば，(a)供給に要する費用とは「総販売原価」であり，本社部門や福利厚生までありとあらゆる費用を含むものである。ただし，2条9項3号の行為要件該当性の判断には，総販売原価の算定は必要ない。供給に要する費用を(b)著しく下回る，という水準の対価かどうか，である。「廉売対象商品を供給しなければ発生しない費用」すなわち「可変的性質を持つ費用」を算定し，これを下回る価格である場合に，(b)著しく下回る対価であるということになる，というのが不当廉売ガイドラインの考えである。

　ここで，費用の概念について整理しておこう。不当廉売ガイドラインにいう「廉売対象商品を供給しなければ発生しない費用」は，経済学では，回避可能費用と呼ばれている。回避可能費用に対して，「廉売対象商品を供給しな」くても発生する費用は，埋没費用（サンクコスト）と呼ばれている。回避可能費用と埋没費用の合計が，「総販売原価」になる。不当廉売ガイドラインにいう「可変的性質を持つ費用」は，経済学では，可変費用と呼ばれている。この可変費用に対して，「廉売対象商品の供給量の変化に応じて増減」しない費用は，固定費用と呼ばれている。可変費用と固定費用の合計が，「総販売原価」である。可変費用と回避可能費用は，概念的には同一ではない。しかし，説明の仕方が異なるため正確には別個の概念であっても，実際上は近い概念であるので，不当廉売ガイドラインでは，「廉売対象商品を供給しなければ発生しない費用（以下「可変的性質を持つ費用」という。）」として，同じように扱っている。

総販売原価		利益
回避可能費用	埋没費用	
可変費用	固定費用	

通常の販売価格

　通常，事業活動を行う上では，可変費用（≒回避可能費用）と固定費用（≒埋

没費用）の両方の合計（総販売原価）を回収し，さらに利益を上乗せした価格で販売する必要がある。競争が活発になれば，上乗せされる利益は小さくなり，総販売原価に近づく。さらに，新規参入など競争戦略としてさらなる値下げが必要であれば，固定費用は他の商品の販売利益で補い，特定の商品については，とりあえず可変費用だけ回収できればかまわない，という総販売原価を下回る価格で販売することもある。また，供給を継続した方が損失が小さいときは，総販売原価を下回る価格で供給することは合理的である。したがって，原則違法となる行為類型の基準としては，「明らかに」経済合理性のない価格設定を対象とすべきであるので，固定費用を少々回収できない程度の価格では原則違法の対象とせず，固定費用が全く回収できないだけでなく，さらに可変費用さえも割ってしまうような価格を基準とすることにしたのである。

これに対して，「明らかに経済合理性のない価格」とまではいえないが，例外違法として検討すべき行為類型としては，一般指定6項が用意されている。通常の事業活動では，固定費用の回収も必要であることから，可変費用を回収していても，固定費用を回収できないようにすることで，既存事業者の排除や新規参入の阻止をすることも考えられるからである（後出テーマ2）。

さて，不当廉売ガイドラインの「廉売対象商品を供給しなければ発生しない費用（可変的性質を持つ費用）」に算入される費用は具体的にはどれか，については，個別の商品の性質や事業活動の実態によって異なる。例えば，人件費について，スーパーで牛乳の販売量を増やそうが減らそうが店員の給料は変わらないので，可変的性質を持つ費用には入らない。しかし，1人カットしていくら，という歩合制の美容院であれば，カットする客の人数が増えれば人件費も比例して増えるため，可変的性質を持つ費用に算入するべき費用になる。

なお，不当廉売ガイドラインによれば，(c)継続して，とは，「同等に効率的な事業者の事業の継続等に係る判断に影響を与え得るもの」である必要がある。また，毎日継続して行われることを必ずしも要せず，例えば，毎週末等の日を定めて行う廉売であっても，需要者の購買状況によっては継続して供給しているとみることができる場合がある（不当廉売ガイドライン・3(1)イ）。

また，(d)他の事業者の事業活動を困難にさせるおそれ，については，「現に事業活動が困難になることは必要なく，諸般の状況からそのような結果が招

来される具体的な可能性が認められる場合を含む趣旨」であるとされている（不当廉売ガイドライン・3(2)イ）。

(3) 費用算定の例

> **事 例〔9-3〕 シンエネコーポレーション等事件**
>
> 　シンエネコーポレーションおよび東日本宇佐美は，普通揮発油（ガソリン）について，東日本宇佐美が，平成19年6月18日，4号線小山北給油所における販売価格を，その前日のシンエネコーポレーションの3つの給油所における販売価格と同額に引き下げたことを契機として，それ以降，互いに販売価格の引下げを繰り返した。
> 　シンエネコーポレーションは，3つの給油所において，いずれも同年6月28日から同年8月3日までの37日間，それぞれその仕入価格（運送費を含む）を最大で1リットルあたり10円以上下回る価格で販売した。
> 　東日本宇佐美は，2つの給油所において同年6月28日から同年8月3日までの37日間，他の1つの給油所において同年6月28日から同年8月2日までの36日間，それぞれその仕入価格を最大で10円以上下回る価格で販売した。
> 　競争業者は，小規模小売業者以外を中心に普通揮発油の販売価格の引下げを行ったものの，効率的な事業者であっても，通常の企業努力によってはシンエネコーポレーションの行為に対抗することができず，平成19年7月におけるほとんどの競争業者の販売シェアは，同年4月から同年6月までの間における販売シェアに比して減少した。
>
> 〔公取委排除措置命令平19・11・27審決集54巻502頁〕

　この**事例〔9-3〕**は，2009（平成21）年の不当廉売ガイドライン改正よりも前の事例であるが，「仕入価格（運送費を含む）」とあるように，単なるガソリンの仕入価格ではなく，運送費を含む可変的性質を持つ費用を基準として，それを下回ることを認定している。また，(c)継続して供給し，については，36または37日間と認定し，(d)他の事業者の事業活動を困難にさせるおそれがあるかどうかについては，販売シェアの減少から認定している。

　費用の算定にあたって，「特殊な要因」を考慮すべきであるとした事例もある。

事 例〔9-4〕 中部読売新聞社事件

「(一) 被申立人〔中部読売新聞社〕は……東海三県を販売地域とし、昭和50年3月25日からおおむね6か月後の販売部数を50万部とする中部読売新聞の発行を開始し、その販売価格を1か月1部当り金500円と定めて販売している。被申立人の右販売価格の算定根拠は、発行部数を50万部とし、別紙損益計算表のとおりで、その損益計算の結果は損益なく零となっている。これを審査した申立人〔公取委〕の修正額……によると、被申立人が1部当り金500円で販売した場合、損益計算上1部当り金312円の損失を生ずる結果となる。

(二) 被申立人は、東海三県の各県版等独自に編集製作するものもあるが、それは極く一部にすぎず、その余は専ら読売新聞社と業務提携をすることによって、その主要部分は読売新聞社からファクシミリ送信を受けた読売新聞の記載をそのまま使用し、その一部の文化欄、娯楽欄は組みかえて合成し、スポーツ欄（一部）は漢字テレタイプ送信されたものから製作している」。

「申立人は被申立人がその発行する中部読売新聞の販売価格として定めた金500円は不当に廉価であると主張するのに対し、被申立人はその損益計算上正当な価格であるとして抗争する。思うに、独占禁止法上一般に不公正な取引方法を構成するいわゆる不当廉価とは、単に市場価格を下回るというのではなく、その原価を下回る価格をいうと解すべきところ、疎明資料によれば、なるほど被申立人の右の価格は一応その原価に対応するものであることが認められる。しかし、右原価なるものは、その大部分は被申立人のいわゆる企業努力によるものというよりは、被申立人が読売新聞社との業務提携による強大な援助をえているという特殊の事情に起因して定められているものであり、これなくしてはありえないものであることが明らかである。従つて、このような特殊な要因に基づいて定められた原価は、右不当廉価の基準たるべき原価としては、そのまま是認することはできないものである。何となれば、独占禁止法上互いに競争関係にある事業者の1人がその物資等を提供する対価が不当に廉価であつて不公正な取引方法に当るかどうかを判断するに当つては、その原価を形成する要因が、そのいわゆる企業努力によるものでなく、当該事業者の場合にのみ妥当する特殊な事情によるものであるときは、これを考慮の外におき、そのような事情のない一般の独立の事業者が自らの責任において、その規模の企業を維持するため経済上通常計上すべき費目を基準としなければならないからである」。

〔東京高決昭50・4・30審決集22巻301頁〕

この**事例〔9-4〕**は，中部読売新聞社が，新聞を低価格で販売しようとしたところ，公取委が裁判所に緊急停止命令を求めた事例である（**事例〔16-12〕**参照）。なお，中部読売新聞社は，当時は，東京の読売新聞社とは別個の独立した法人であった（後に吸収されたが）。中部読売新聞社の損益計算書上は，500円で販売しても損益0円で原価割れにならないはずであるが，それは，東京の読売新聞社から大きな支援を受けることによって費用削減していたからである。裁判所は，「その原価を形成する要因が，そのいわゆる企業努力によるものでなく，当該事業者の場合にのみ妥当する特殊な事情によるものであるときは，これを考慮の外におき」，計算すべきとの考えを示した。

　この裁判所の考え方によると，例えば，他社による援助や梃子入れによって費用を削減し，それによって新規参入を可能にする場合，「企業努力によるものでなく」原価割れ販売となるだろうか。他の競争者の費用を基準に費用を算定し直す，という作業によって，効率性が低く費用の高い事業者を保護することになり，市場の機能を損なうことになりはしないだろうか。

　もしこのように考えるなら，信書配達の独占を付与された郵政公社が，その施設の一部を共用して宅配便（ゆうパック）を配達している場合，独占事業に係る施設は「特殊な事情」であるから，これによる費用削減は考慮の外におき，ゆうパックだけで運営した場合に通常どのくらいの費用がかかるかを計算するべきである，ということになるはずである。しかし，東京高裁は，このようなスタンドアローン方式による費用計算を否定している（後出**事例〔9-8〕**ヤマト運輸対日本郵政公社事件参照）。

(4) 公的サービス・公的補助

　国や自治体等が，公的サービスを提供する際に，料金等を受け取る場合がある。そのサービスは営利目的ではないため料金が低めに設定され，赤字で運営し続け，それが民業圧迫となり，不当廉売として訴訟が提起されることがある。
　最高裁は，自治体や公営企業も独禁法の適用対象である事業者たり得ること，認可料金制の下でも価格設定の自由がある限りにおいては不当廉売規制の対象となること，特定の政策目的から出た行為というだけで公正競争阻害性が否定されるものではないが，公正競争阻害性の判断要素の一つに政策目的も含まれ

ること、を示している（第3章テーマ2(3)、および、後出**事例〔9-7〕**都立芝浦と畜場事件参照）。

事　例〔9-5〕　お年玉付年賀葉書事件

　お年玉付年賀葉書は、①お年玉くじがついており、さらに、②裏面に図画等でデザインされたものもある。私製葉書製造業者らは、①②が実質無償で提供されているため、お年玉付年賀葉書は原価割れであり不当廉売に該当する、として損害賠償請求訴訟を提起した。判決は以下の通りである。

　①のみの郵便葉書については、「郵便法の立場からすれば、料額印面に表された金額でこれを販売するよりほかはなく、賞品等に要する費用を勘案してその販売額を定めることは郵便法によっては認められていないものといわざるをえない」ので、独禁法が禁止する不当廉売に該当する余地はない。

　②については、「図画等を記載した郵便葉書の販売額の特例を定める郵便法34条1項2号も『料額印面に表された金額を超える額でその記載に要する経費を勘案して省令で定める額』で販売することができると規定していることからすると、……これらの絵入り葉書のうち年賀葉書の経費の増加分1.91円は昭和63年度の販売額を42円……と定めるについても勘案されており、したがって実質的に無償というわけではない」。「これらの葉書の対価が低廉であることは否定することができない」が、「国が郵便の役務をなるべく安い料金で、あまねく公平に提供することによって、公共の福祉を増進することを目的として郵便の事業を行うものであり（郵便法2条）、郵便葉書の製造販売もそれに付随する事業としてなされているものであることを考慮すれば、右絵入り葉書の対価が低廉であることについて『正当な理由がない』……ものということはできず、また、それが『不当に』低い対価であるということもできない」。

〔大阪高判平6・10・14判時1548号63頁〕

　この**事例〔9-5〕**は高裁判決であるが、最高裁においても是認されている（最判平10・12・18審決集45巻467頁）。①については、郵便法という価格規制をする立法的措置が存在するのであるから、独禁法の適用外であるとされた。②については、郵便法の目的を考慮に含めて判断しているが、結局のところ、「実質的に無償というわけではない」というのであるから、原価割れ販売とは認定

されなかった。

事　例〔9-6〕下関市福祉バス事件

　タクシー事業を営む原告らは，被告（下関市）が，過疎化した村からJRの駅まで，廉価な料金で公共バス（福祉バス）を運営することが，不当廉売に該当し独禁法19条に違反するとして，被告に対し，不法行為に基づき損害賠償および，独占禁止法24条に基づき一定金額以下の料金でのバス運行の差止めを求め，訴訟を提起した。

　被告は，通園・スクールバスの空き時間を利用し，北宇賀から田耕等を経由してJRの駅に至る経路において，毎週月，水，金曜日に，どの停留所からどの停留所まで乗車しても，運賃を一律200円と定め，バスを運行している。本件路線は，片道30分で，1日に2往復（4走行）している。本件福祉バスの平均乗客数については，1回の本件路線の走行につき，概ね3人ないし4人程度で推移し，本件路線地域の過疎化からして本件福祉バス利用者の大幅な増加はないものと推測される。

　原告らは，本件福祉バスの運行が開始されるまで，田耕地区等の住民らを対象にタクシー事業を運営していた。本件福祉バスの運行が開始されると，田耕地区で原告らのタクシーを利用する住民は減少した。被告は，数度にわたって，バスやタクシーの事業者に対し，本件福祉バスについて説明や協議を行うとともに，福祉タクシー助成券の交付の拡大を検討するなどした。原告のうち1社は，それまで田耕地区に営業所を設置運営し，タクシー1台，ドライバー1名を常駐させていたが，利用者数の減少を理由に同営業所の廃止を検討している。

　「本件福祉バスの運行に要する運転手の人件費，バス燃料費，バスリース料等の必要経費（供給に要する費用）を原告らの主張を踏まえて考慮すると，1人あたり200円の運賃では到底これらの必要経費を賄うことはできず，相当に採算割れをした状態であるものと認められる。

　したがって，200円という運賃は，供給に要する費用を著しく下回る対価であることは否定できない」。

　「本件福祉バスは，タクシー以外に公共交通手段を有しない田耕地区等の住民らに対する交通手段に関する利便向上を目的としたものである。原告らの事業活動を困難にする目的や市場を独占する目的を有するものではない」。

　「本件路線にはバス事業を運営する民間業者や新規参入を検討する民間業者はおらず，原告らタクシー業者のみが利用可能な交通機関であったため，住民らの

交通の利便性の向上を図る必要性が高く、住民らが、低廉な料金で利用できる本件福祉バスという交通手段を得たことで、バス、タクシーのいずれの交通手段を利用するかを選択することが可能となり、従前よりも相当に交通の利便性を向上させることができた。本件福祉バスは利用客の少なさから収益を上げることが相当に困難であると見込まれるが、このような利便性の向上を図るために料金を一定の低廉な額に抑えることはやむを得ないものといわざるをえない。

これに対し、原告らは、旅客の運送という共通点からすると、本件福祉バスの運行により売上げの影響を受けることは否定できないが、その程度は原告らを廃業に追い込む程度まで大きいとはいえず、運行時刻、路線、停留所、運送人数などで提供する役務内容に異なる点を有し、市場を全く同じくするとはいえない。また、原告らは被告からタクシー補助券などの代償措置を受けうる立場にある。

このような事情を総合考慮すれば、被告の廉売行為について、正当な理由があるものと認められる」。

〔山口地下関支判平18・1・16審決集52巻918頁〕

この事例〔9-6〕では、前出(2)において見たような「廉売対象商品を供給しなければ発生しない費用（可変的性質を持つ費用）」を計算していないが、供給に要する費用を著しく下回る、と認定している。しかし、料金を低廉な額に抑えることの政策目的を考慮し、正当な理由があるものと認めているかのように見える。同時に、廃業に追い込むものではないこと、異なる需要があること、タクシー補助券などの代償措置があることなどから、排除の可能性についても検討している。単に政策目的だけで正当な理由を認めたものではなく、競争に対する効果を検討した上で、適法と判断したものといえる。

公営の場合には、利益を上げることが目的でないため、しばしば赤字経営になる。赤字経営ということは、費用割れ販売を意味するが、市場価格に合わせていた結果、価格が下がり、赤字となっている、といった例もある。

事 例〔9-7〕 都立芝浦と畜場事件

都立芝浦と畜場は、赤字経営にもかかわらず、東京都から赤字の補填を受け、低料金で役務を供給し続けていた。近隣の三河島ミートプラントが、都立芝浦と畜場の料金は原価割れであり不当廉売に該当するとして提訴した。

> 「生産者の出荷先は広範囲に及び，本件係争年間において大動物につき1日の処理能力又は実処理頭数が10頭以上の規模を有する一般と畜場は，首都圏を含む関東及び東北の1都11県の59事業者にのぼり，三河島及び芝浦は，右事業者との間でそれぞれ競争関係に立ち，うち47事業者が三河島のと場料の実徴収額より低い認可額で営業し，その半分近くが民営業者であって，上告人の右実徴収額が認可額を下回ったのも，独り芝浦のと場料が低額であったことによるものではなく，他の競争事業者との関係から，そうせざるを得なかったからである」。
>
> 「競争関係の実態，ことに競争の地理的範囲，競争事業者の認可額の実情，と畜場市場の状況，上告人の実徴収額が認可額を下回った事情等を総合考慮すれば」，違法とはいえない。
>
> 〔最判平元・12・14民集43巻12号2078頁〕

また，公的な優遇措置が一部に含まれる場合であっても，他の競争者の価格がより低価格であったり，競争者の方が数量も利益も伸ばしているような場合には，(d)他の事業者の事業活動を困難にさせるおそれがないものとして，適法とされることもある。

事 例〔9-8〕 ヤマト運輸対日本郵政公社事件

> 被控訴人（日本郵政公社）による一般小包郵便物（ゆうパック）の料金設定は，信書に係る独占事業によって費用の一部を補填されることで低価格を実現しており，これがなければ赤字で費用割れの不当廉売である，と主張して，控訴人（ヤマト運輸）が独禁法24条に基づき差止請求訴訟を提起した。
>
> 「被控訴人の一般小包郵便物（ゆうパック）は，平成15年度から平成18年3月期に至るまで，宅配便業界における市場占有率は第5位で，取扱個数も最大7.8パーセントを占めるに止まり，被控訴人が控訴人以外の事業者との間で競争阻害的価格を設定しているとは認められないこと，一方，競争関係にあると解される控訴人との対比においても，控訴人の宅急便は，一般小包郵便物（ゆうパック）の新料金体系が導入された平成16年10月以降も，宅急便の単価を減少させる一方で，売上及び収益を増やしており，控訴人自身もそのような傾向が今後も続くものと予想していること……，控訴人の宅急便は，その平均単価が被控訴人及び他の事業者と比較して高額であるにもかかわらず，平成15年度から平成18年3月期に至るまで，第1位の市場占有率（取扱個数）を維持している上，さら

にその市場占有率が拡大傾向にあること、また、本件の口頭弁論終結時（郵政民営化法の施行前）において、上記の事情に変化が生じていると認めるに足りる的確な証拠はないこと等の諸事情を勘案すると、被控訴人の新料金体系に基づく一般小包郵便物（ゆうパック）の役務の供給によって、控訴人ひいては他の事業者の事業活動を困難にさせるおそれが存在すると認めることは困難である」。

〔東京高判平19・11・28審決集54巻699頁〕

この事例〔9-8〕では、独占事業である信書配達と、競争のある一般小包郵便物（ゆうパック）の費用を厳密に計算することに苦労し、様々な計算方法が検討された。①信書に係る費用は除き一般小包郵便物（ゆうパック）によって増加した分だけを見る増分費用方式、②共通部分を信書事業と一般小包郵便物（ゆうパック）事業に一定割合で振り分ける共通費用配賦方式（ABC方式）、③仮に信書事業が存在せず一般小包郵便物（ゆうパック）事業だけを行っていたら本来かかるであろう費用を算定するスタンドアローンコスト方式などである。裁判所は、③は採用せず、実際に内部会計で用いられている②を用いて検討している。しかし、その配分方法に変更等があり、対象や年によって赤字だったり黒字だったりで、結局のところ、一般小包郵便物（ゆうパック）の料金が供給に要する費用を下回るかどうかは判然としなかった。そこで、裁判所は、(d)他の事業者の事業活動を困難にさせるおそれの要件を充足しないことを示すことで、適法であることを確認している。

(5) 警告事例

公取委は、不当廉売の可能性のある事例について、正式な事件として取り上げることなく、警告のみですませたものが多くある。その中には、非常に興味深い事例が含まれているため、いくつか取り上げて紹介する。

事 例〔9-9〕酒類卸売業者警告事例

「(1) 酒類卸売業者3社……は、遅くとも平成21年1月以降、それぞれ、特定の酒類小売業者〔イオン〕に対し、ビール類のうち一部の商品をその供給に要する費用を著しく下回る対価で継続して供給することにより、当該酒類小売業者が

運営する各店舗の周辺地域に所在する他の酒類小売業者の事業活動を困難にさせるおそれを生じさせている疑いがある。
　(2)　卸売業者3社が行っていた行為は，それぞれ，独占禁止法第2条第9項第3号（不当廉売）に該当し同法第19条の規定に違反するおそれがあることから，公正取引委員会は，卸売業者3社に対し，前記(1)の行為を取りやめ，今後，このような行為を行わないよう警告した」。

〔公取委報道発表資料・平24・8・1〕

　この**事例〔9-9〕**では，イオンに出荷していた酒類卸売業者が，メーカーからのリベート分を差し引いた実質的な仕入価格を基に，仕入値をわずかに上回る価格でビール類を販売していた。ところが，メーカーがリベートを取りやめたため，仕入値を下回る価格となってしまった。しかし，イオンは価格引上げに応じず，卸売業者は仕入値を割る価格で販売し続けることになり，不当廉売の警告を受けることになった。前出(2)の費用基準に照らしても，仕入値を割っていれば，「廉売対象商品を供給しなければ発生しない費用（可変的性質を持つ費用）」を下回っており，「供給に要する費用を著しく下回る」価格であるといえる。

　興味深いのは，廉売行為の行為者は卸売業者であるが，困難にさせるおそれは，卸売業者の競争者ではなく，取引相手であるイオンの競争者である酒類小売業者について生じていると認定されていることである。通常イメージされる不当廉売は，廉売行為者が，自己の競争者を困難にさせ排除する行為であるが，自己の取引先の競争者を困難にする場合もある，ということを示した事例である。

事　例〔9-10〕　日立製作所警告事例

　東京都は，文書総合管理システムの開発業務委託を平成13年度および平成14年度の2年に分けて調達することとしており，平成13年度分については，上記システム全体の基本設計等並びに文書管理サブシステムのうち文書目録データベースおよび文書保存委託管理サブシステムを指名競争入札（参加希望型／最低価格方式）の方法により発注した。

東京都は，7社を指名業者として選定し，平成13年9月19日に入札を執行し，次表の入札結果に基づいて，最低価格で応札した日立製作所との間で9月20日に契約を締結した。

事業者名	入札金額
日立製作所	750 円
富士通	820,000 円
日本 IBM	1,550,000 円
日本ユニシス	4,950,000 円
NTT データ	10,000,000 円
日本電気	98,000,000 円
東芝	132,000,000 円

　公取委は，東京都が発注した「文書総合管理システムの開発業務委託」に対する日立製作所の応札行為について，当該ソフトウェアの供給に要する費用を著しく下回るおそれがあるものであり，また，競争事業者の事業活動を困難にさせるおそれを生じさせる疑いがあり，一般指定6項（現2条9項3号）に該当するおそれがあると認められたので，このような行為を行わないよう警告を行った。

〔公取委報道発表資料・平13・11・22〕

　この事例〔9-10〕において，東京都は，文書総合管理システムの開発を調達しようとした。いわばソフトウェアの部分であり，ハードウェアの調達は含まれていない。日立製作所は，まずソフトウェアを受注すれば，そのシステムを稼働するハードウェアについても受注できる，との見込みから，ソフトウェアについては非常に低い価格をつけ，確実に受注しようとした。
　公共入札について，関連する調達と合わせて合計で採算を考え，単体では明らかに費用を割るであろう低価格で入札をする行動が，しばしば見られる。関連する別の入札で有利になるという目論見からだけでなく，宣伝効果を狙ったもの，自己の経験値を高めるための費用と割り切って受注しようとしたものなど，いくつかのタイプがある。入札しうる最低価格である「1円入札」の事例も，過去にいくつか存在する。1円入札により落札した事業者は，報道等により取り上げられ，非常識な価格設定である，との社会的批判を受けて，結局，

受注を辞退した例がほとんどである。しかし，企業はそれぞれの思惑によって合理的に計算して入札しているのであり，なかには合理的な低価格入札もあるのではないか，との議論もある。

事　例〔9-11〕　林野庁衛星携帯端末事件

　公取委は，KDDIおよびソフトバンクテレコムが，林野庁地方森林管理局が一般競争入札の方法により発注した衛星携帯電話の端末について，当該端末の供給に要する費用を著しく下回る価格（1円）で応札し，落札することにより，他の事業者の事業活動を困難にさせるおそれがある疑い（独占禁止法2条9項3号または同項6号ロ一般指定6項〔不当廉売〕に該当し同法19条の規定に違反する疑い）があったことから，独占禁止法の規定に基づいて審査を行ったが，同法の規定に違反する事実が認められなかったことから，審査を終了した。

　本件入札の対象は衛星携帯電話の端末であり，本件地方森林管理局は，通信サービスについて，端末の調達とは別に調達することとしていた。このため，KDDIやソフトバンクテレコムは，通信サービスを提供することによって得られる事後の収入を見込んで応札価格を設定していた。

　「本件入札は，衛星携帯電話の端末を対象としているものの，本件地方森林管理局が落札事業者から通信サービスを随意契約により調達することが見込まれる状況の下で行われたものと認められる。

　また，KDDI及びソフトバンクテレコムが1円で応札した行為は，落札事業者が通信サービスを提供することによって得られる事後の収入を考慮すると，当該端末の供給に要する費用を著しく下回る対価又は不当に低い対価で供給するものとはいえないものであった。

　このため，KDDI及びソフトバンクテレコムの本件行為は，独占禁止法第2条第9項第3号又は同項第6号ロ一般指定第6項（不当廉売）に該当するものではなく，同法第19条の規定に違反するものではないと考えられる」。

〔公取委報道発表資料・平25・4・24〕

　携帯電話の契約においては，しばしば本体機器の価格を割り引き，通信サービスの契約を獲得しようとする。この**事例〔9-11〕**では，端末（機器）だけで入札を実施したがゆえに1円入札となってしまったが，一般に行われている商

慣行と同じであり，合理的なものであると判断された。

テーマ2　その他の不当廉売

「その他」の不当廉売とはどのような廉売だろうか。具体的には，いかなる場合に違法とされるのだろうか。

(1) 対象となる行為

一般指定6項は，(a')2条9項3号の行為のほか低い対価で，(d)他の事業者の事業活動を困難にさせるおそれがある行為が対象となる。(a')は，不当廉売ガイドラインでは総販売原価を下回ることが前提とされている。したがって，(a')は，「供給に要する費用」を下回るが著しくない（「可変的性質を持つ費用」以上の価格）の場合か，「供給に要する費用」を著しく下回るが短期（「可変的性質を持つ費用」を下回るが一時的）な場合，ということになる。

総販売原価を上回り，利益が出る価格であるにもかかわらず，競争者が対抗できないのであれば，それは「同等に効率的な競争者」ではなく，淘汰されても仕方がない。他方，可変的性質を持つ費用を上回っていても，総販売原価を下回っていれば，固定費用を部分的にしか回収できていない状況である。通常の事業活動は，可変費用だけでなく固定費用も回収する必要があるため，不当に排除することになる場合がないとはいえず，不当でないかどうか検討する必要がある。

不当廉売ガイドラインによれば，「例えば，市場シェアの高い事業者が，継続して，かつ，大量に廉売する場合，又はこのような事業者が，他の事業者にとって経営上重要な商品を集中的に廉売する場合は，一般的には，他の事業者の事業活動に影響を与えると考えられるので，可変的性質を持つ費用以上の価格での供給であっても，不公正な取引方法第6項の規定に該当する場合がある」とされている。すなわち，これは，固定費用を他の商品の利益で補うことができないような状況で，固定費用を回収できない価格で販売することによって排除する行為を考えている。

(2) 事　例

不当廉売ガイドラインの説明にぴったり沿った事例はないが，次の事例を基に，具体的なイメージを考えてみよう。

事　例〔9-12〕　マルエツ事件・ハローマート事件

千葉県松戸市にあるスーパーであるマルエツとハローマートは，牛乳の廉売による自店への集客効果を考慮して，牛乳についてはその販売利益を度外視し，交互に対抗的に販売価格の引下げを繰り返し，昭和56年9月中旬頃から11月上旬までの間，継続して，顧客1人につき1リットルパック1本目は100円，2本目から150円の価格で販売本数の制限なしに牛乳を販売した。仕入価格は155円から160円であった。

両店の商圏内に店舗を有している牛乳専売店の右廉売期間における牛乳の販売数量，宅配件数，牛乳の売上高等は，前年同期に比していずれも減少した。牛乳専売店の仕入価格は185円程度で，その販売価格は190円から230円程度であった。

〔公取委勧告審決昭57・5・28審決集29巻13頁・18頁〕

この**事例〔9-12〕**では，仕入価格を下回っているため，現在の一般指定6項ではなく，2条9項3号の対象となる行為である。仮に，スーパーの供給する牛乳の「供給しなければ発生しない費用（可変的性質を持つ費用）」が165円で総販売原価が180円だったとして，これを168円で長期間販売し続け，牛乳専売店の事業活動を困難にするおそれが生じたなら，一般指定6項が適用される可能性があるかもしれない。スーパーは牛乳以外の商品の販売による利益があり，牛乳販売の固定費用を補うことができるが，牛乳専売店はそれができない。スーパーが，それを知っていて，牛乳を集中的に総販売原価を下回る価格で販売し続けることは，牛乳専売店が固定費用を一部しか回収できないようにして事業活動を困難にさせる行為である。この**事例〔9-12〕**は，実際にはそのような事例ではなかったが，仮にそうだったとしたら，という想定例として考えられる。

この他にも，新規参入者を標的にして，競合する対象だけを特別に値引きする行為が考えられる（不当廉売の事例ではなく，費用計算もされていないが，参考と

なる事例として，後出**事例〔22-7〕**大手航空3社警告事例を参照）。

テーマ3　不当高価購入

販売する側だけでなく，購入する側にも競争はある。高い価格で購入することも，需要者の競争を活発にする行為である。高く買うことが不当になるとは，いかなる場合だろうか。

資　料〔9-13〕　独占禁止法研究会報告書「不公正な取引方法に関する基本的な考え方」（昭57・7・8）第二部・四(2)

「事業者が市場価格よりも高い価格で購入すること自体は問題となる行為ではないが，競争者を排除するため，市場価格より著しく高い価格で競争者の必要とする商品を購入する等，自由な競争を減殺するおそれがある場合には違法となると考えられる。

ただし，不当高価購入が不公正な取引方法とされるのは，次の場合のように極めて限られると考えられる。

① 商品の需給がひっ迫しており，かつ市場に代替財，競合財が存在しない状況で行われる場合

② 市場における地位又は総合的事業能力の点からみて極めて有力であり，高い価格で購入した損失を十分に補てんし得る価格決定力を持っている事業者により行われる場合」。

この**資料〔9-13〕**の説明は，一般指定を1982（昭和57）年に改正した際に基となった報告書の抜粋である。一般指定7項に規定されているが，実際に適用された事例はない。

第10章

不当な顧客誘引・取引強制

テーマ1　ぎまん的顧客誘引

商売における競争は，顧客を自己と取引するよう引き寄せることである。価格，品質，サービスなど，よい条件を提示することは，競争を促進する行為である。しかし，よい条件を提示して顧客を引き寄せる場合でも，それが不公正な競争手段であるとして，公正競争阻害性が認められる場合がある。どのような手段が不公正なのだろうか。

(1) 公正な競争と正しい情報

競争は，顧客に自己を取引相手に選んでもらうために，価格，品質，サービスなど，ライバルよりもよい条件を提示することで促進される。顧客は，提示された条件を比較して，取引相手を選択する。正しい情報に基づかなければ，条件の比較を適切にすることができず，その競争も不適切な結果をもたらすことになる。一般的に，消費者等に比べて，製造業者や販売店などの方が正しい情報へのアクセスが容易であり，逆に消費者等の末端需要者は正しい情報かどうか判断できず不利な立場になる傾向がある。このような正しい情報へのアクセスの容易さの違いを，「情報の非対称性」といい，これを是正することが公正な競争には必要である。

ぎまん的顧客誘引（一般指定8項）は，顧客を誤認させるような情報を与え，自己と取引するよう誘引する行為である。実際のものよりよく見せるためのウソや，比較対象となるライバルの商品・役務よりも優良・有利であると思わせるウソを思い浮かべてもらいたい。品質や規格などを誤認させるものを優良誤

認，価格や取引条件などを誤認させるものを有利誤認という。

1962（昭和37）年に不当景品類及び不当表示防止法（以下「景表法」とする）が制定されて以降，消費者に対する不当な表示は，独禁法ではなく景表法の守備範囲とされてきた（景表法については，第19章参照）。現在，景表法は消費者庁が運用しており，法目的も異なるため，独禁法と重複して適用することも可能であると理論的には考えられるが，実際上は棲み分けがなされている。一般指定8項・9項の対象になるのは，(a)事業者に対する行為と，(b)表示・景品以外の手段による行為である。

なお，他人の著名なブランドなどと類似した表示を使用して，他人の商品または営業と混同させる行為は，不正競争防止法で禁止される。公正な競争秩序を守るという意味では独禁法と同じであるが，著名あるいは周知された表示との混同を生じさせることによる知的財産の侵害を防止するのが不正競争防止法であり，被侵害者による差止請求権と損害賠償請求権を定める法律である。独禁法によるぎまん的顧客誘引の規制は，公正な競争秩序の維持のため，公の機関である公取委が執行する。

(2) 事　例

事　例〔10-1〕ホリディ・マジック事件

「ホリディ・マジック社は，昭和48年2月営業を開始して以来，化粧品を販売するに当たり，販売員（以下『ディストリビューター』という。）を最上位からゼネラル，マスター，オーガナイザー及びホリディガールとそれぞれ呼称する階層に区分し，下位のディストリビューターを必ず直接又は間接に，いずれかのゼネラルに所属させるとともに，ディストリビューターとなる者を勧誘させ，これに応じた者を当該ディストリビューターの配下に所属させるといういわゆるピラミッド型販売組織をつくることにより，逐次販売組織の拡大を図っている」。

「同社は，ゼネラル等が多額の収入を得るためには相当数のディストリビューターを配下に所属させる必要があるところ，ディストリビューターの対象となる者に限りがあり，ディストリビューターとなる時期が遅れれば勧誘が困難となるにもかかわらず，被勧誘者に対する各種講習会において，照明，音楽，映画，話術，握手ぜめ等で会場のふん囲気をもりあげながら，過去にゼネラルとなり多額の収入を取得した事例等を引用して，だれにでも容易に多額の収入が得られるよ

う暗示を与えている」。

〔公取委勧告審決昭50・6・13審決集22巻11頁〕

　上記の**事例〔10-1〕**は，いわゆるマルチ商法の勧誘が，ぎまん的顧客誘引とされた事例である。**事例〔10-1〕**は販売員を勧誘するものであり，販売員は事業者であるため，消費者を誘引するものではない。原始一般指定6号の事例であるが，現在であれば一般指定8項の事例である。マルチ商法は，多数の会員を勧誘し加入させることにより，自己の地位を上げ，多額の利益を得られるようになる，と勧誘する販売・勧誘方法であり，悪質商法の一つに数えられている。実際には多数の会員を勧誘し加入させることは困難であるにもかかわらず，それが可能であるかのように誤認させることで勧誘していた。つまり，販売員になろうとする者は，どの事業者の商品を取引する販売員になるか，比較して選択するはずである。その際に，実際には達成不可能であるにもかかわらず，それが可能であるかのように誤認させて誘引していたのである。

　弊害要件の公正競争阻害性は，競争手段の不公正である。「不当に」の文言で示されていることから，行為要件に合致しても例外的にしか違法とならない行為類型に分類される。実際のものや競争者に係るものよりも著しく優良・有利であると顧客に誤認させるにもかかわらず，例外違法の行為類型に分類されているのはなぜだろうか。

　それは，「誤認」が生じるか否かが，人それぞれだからである。例えば，「日本一うまいラーメン」という幟が立った店がある。それを見て食事するが，日本一とは思えない。しかし，そのラーメン屋の店主は日本一だと自認している。このような主観的な認識のすれ違いは日常茶飯事であり，そこには誤認も発生する。それらをすべて違法とすることは適切でないため，例外違法の行為類型に分類されている。

　しかし，明らかにだます意図の行為や客観的に虚偽の情報は，適切な選択を妨げ，公正な競争を害する行為であり，公正競争阻害性を有することになると考えるべきである。ラーメン屋の例で言えば，「○○コンテスト第1位」など，実際には存在しない実績を示すなどして誤認させる場合には，ほぼ違法となる

と考えた方がよい。

テーマ2　不当な利益による顧客誘引

　　利益を与えて顧客を誘引する行為は，実質的には値引きと同様の意味があり，競争を促進させる効果がある。それにもかかわらず，利益を与えて顧客を誘引する行為が競争を害し違法とされるのは，どのような場合だろうか。

(1) 考え方

　競争のあるべき姿は，取引対象となる商品・役務の価格と品質で競争すべきである（これを「能率競争」という）と考え，能率競争の観点から見て競争秩序をゆがめるおそれがあるかどうか，を判断することになる。

　違法な利益を与えて顧客を獲得する競争は，まさにそれにあたるだろうし，違法でなくとも「不当」と評価される利益の付与の仕方があるということになる。合理的な選択をゆがめるほど過大な利益を与える場合も，能率競争の観点から公正競争阻害性が認められる場合があるものと考えられる。

　なお，景表法制定以降，消費者に対する不当な景品の提供は，独禁法ではなく景表法の守備範囲とされてきた（第19章参照）。一般指定9項の対象となるのは，事業者に対する不当な景品と，景品以外の方法による不当な利益の提供ということになる。次の事例〔10-2〕における損失補塡は，消費者に対するものではないため，一般指定9項が適用されている。

(2) 事例

　利益を与えることにより顧客を誘引する行為は，一般指定9項の「不当」という文言が示すように，例外違法の行為類型に分類されている。多くの場合には，上記のとおり，競争を促進する効果を有するからである。

　競争手段の不公正と評価される利益とは，正常な商慣習に反する利益であり，典型的には，違法な利益と過大な利益である。

> **事　例〔10-2〕野村證券事件**
>
> 　証券会社が，顧客に対し，有価証券の売買その他の取引等につき，当該有価証券等について生じた顧客の損失の全部もしくは一部を補塡し，またはこれらについて生じた顧客の利益に追加するため，当該顧客等に財産上の利益を提供する行為は，投資家が自己の判断と責任で投資をするという証券投資における自己責任原則に反し，証券取引の公正性を阻害するものであって，証券業における正常な商慣習に反するものと認められる。
>
> 　野村證券は，昭和 62 年 10 月から平成 3 年 3 月末日までの間に 52 名の顧客に対し，279 億 1400 万円に相当する額の損失補塡等を行っていた。平成元年 12 月，損失補塡等を厳に慎むよう，大蔵省証券局長通達がなされたが，その後も損失補塡を行っていた。
>
> 〔公取委勧告審決平 3・12・2 審決集 38 巻 134 頁〕

　この**事例〔10-2〕**では，1989（平成元）年 12 月の通達以降，損失補塡は明確に違法な行為となった。しかし，公取委は，それ以前の損失補塡についても「不当な利益」と認定している。違法な利益よりも広く「正常な商慣習に反する利益」が不当な利益たりうる，との考えである。ただし，「正常な商慣習に反する利益」は明確でなく，事案ごとの判断が必要になる。違法な利益が不当な利益にあたることは明らかである。

テーマ3　抱き合わせ販売

　ある商品 A と他の商品 B がセットで販売されることは，よくあることである。シャンプーとリンスのセットでの販売，ホテルと航空券のパック商品なども，抱き合わせ販売の一種である。どのような場合に，抱き合わせ販売は公正な競争を阻害するのであろうか。

(1)　抱き合わせ販売の態様

　事業者が，商品 A の販売に併せて，他の商品 B を一緒に購入するよう強制

すること，が抱き合わせ販売の典型である。商品 A が，「抱き合わせ商品」または「主たる商品」と呼ばれ，商品 B は，「被抱き合わせ商品」または「従たる商品」と呼ばれる。

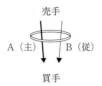

商品 A と商品 B は，別個の商品であることが前提となる。このことを「二商品性」という。通常は問題とならないが，商品 A の一部として商品 B が組み込まれているような場合に，まとめて 1 つの商品なのだから抱き合わせではない，といった主張がなされる。例えば，パソコンの OS を購入するとブラウザなどのアプリケーションソフトが含まれている。これは，パッケージで 1 つの商品だろうか，それとも，OS ソフトとアプリケーションソフトの抱き合わせ販売だろうか。1 つの商品かどうかは，組み合わせによって，内容・機能が実質的に変わっているか，通常，1 つの商品として販売されているか，などを考慮して判断される。

そして，「購入させること」あるいは「強制」することが行為要件となっている。

事　例〔10-3〕藤田屋事件

家庭用ゲーム機用のゲームソフトであるドラクエⅣ は，ドラゴンクエスト・シリーズの前 3 作がいずれも人気ゲームソフトとなったところから前人気が高く，同ゲームソフトの発売時には消費者が店頭に殺到することが予想されたため，小売業者は同ゲームソフトの入荷量確保に躍起となる状況にあった。藤田屋は，ドラクエⅣ の販売にあたり，同社に在庫となっているゲームソフトを処分することを企図し，取引先小売業者に対して，在庫となっているゲームソフト 3 本を購入することを条件にドラクエⅣ を 1 本販売した。小売業者 25 店に対し，合計でドラクエⅣ 約 1,700 本と在庫となっている他のゲームソフト約 3,500 本を抱き合わせて購入させた。

> 「一般指定第10項に規定する『購入させること』にあたるか否かにつき判断するに、右要件にあたるというためには、ある商品の供給を受けるのに際し、客観的にみて少なからぬ顧客が他の商品の購入を余儀なくされるような抱き合わせ販売であることが必要であると解するのが相当である」。
>
> 「ドラクエⅣの需要がその供給を大きく上回り、取引先小売業者が１本でも多く確保したいと希望し、かつ新規の取引先から容易に入手し難い状況のもとで行われたものであり、客観的にみて少なからぬ顧客が他の商品の購入を余儀なくされるものと認めることができ、一般指定第10項に規定する『購入させること』にあたるものといえる」。
>
> 「当該抱き合わせ販売が、一般指定第10項に規定する『購入させること』にあたるかどうかは、個別主観的に当該個々の顧客が取引を強制されたかどうかによって決定されるものではなく、前記のとおり客観的にみて少なからぬ顧客が他の商品の購入を余儀なくされるかどうかによって決定されるべきものであるばかりでなく……、本件抱き合わせ販売に応じた顧客である小売業者も、本来、ドラクエⅣのみを買い受けることを望んだものであり、ドラクエⅣを取得するためやむを得ず自己の欲しない他のゲームソフトも買い受けたものであることが認められる……。そして、顧客が本件抱き合わせ販売により損害を被らなかったとしても、顧客が損害を被ったことが、一般指定第10項に規定する抱き合わせ販売が成立するための要件ではないことは言うまでもない」。
>
> 〔公取委審判審決平4・1・20審決集38巻41頁〕

　強制性の判断は、個別の顧客の主観によって決定されるものではなく、客観的にみて少なからぬ顧客が他の商品の購入を余儀なくされるかどうかによって決定されるべきものだとされている。抱き合わされた商品を喜んで買っている顧客がいたとしても、強制性が否定されるわけではない。したがって、強制性の認定のハードルはさほど高いものではなく、多くのセット販売やパック販売などは行為要件を充足することになる。

　なお、一般指定10項によれば、商品Ｂは、自己から購入させる場合だけでなく、自己の指定する事業者から購入させてもよい。また、商品ＡおよびＢは、役務（サービス）でもよい。通常、商品Ａに併せて商品Ｂを一緒に販売することが多いが、商品Ａの販売の見返りに、相手方の有する商品Ｂを行為者に売るよう要求する行為も含まれる。このような行為は、相互取引あるいは互

恵取引とも呼ばれる。

(2) **競争手段の不公正**

弊害要件である公正競争阻害性を示す文言は,「不当に」であることから,行為要件を充足しても例外的にのみ違法となる行為類型である。

セット販売やパック販売は,顧客にとって好ましい組み合わせで構成されていたり,まとめて販売することでコストダウンを実現したり,組み合わせて使用することで相乗的によりよい効果を生じたりすることが考えられる。通常の事業者は,顧客を獲得するために,そのような顧客が選択したくなるセット商品やパック商品を販売し,競争を促進するものと考えられる。

例外的に公正競争阻害性が生じる場合には,2つの型がある。競争手段の不公正と,自由競争の減殺(競争排除型)である。

事 例〔10-4〕 藤田屋事件

※事案の概要については,前出**事例〔10-3〕**参照。

「一般指定第10項に規定する不当とは,……当該抱き合わせ販売がなされることにより,買手は被抱き合わせ商品の購入を強制され商品選択の自由が妨げられ,その結果,良質・廉価な商品を提供して顧客を獲得するという能率競争が侵害され,もって競争秩序に悪影響を及ぼすおそれのあることを指すものと解するのが相当である」。

「本件抱き合わせ販売は,ドラクエⅣが人気の高い商品であることから,その市場力を利用して価格・品質等によらず他のゲームソフトを抱き合わせて販売したものであり,買手の商品選択の自由を妨げ,卸売業者間の能率競争を侵害し競争手段として公正を欠くものといわざるを得ない」。

「本件抱き合わせ販売は,実際に販売されたのは,小売業者25店に対し被抱き合わせゲームソフト約3,500本であるが,その申込れは実績配分以上の数量を希望した取引先小売業者を対象に組織的,計画的になされたものであり,また……本件抱き合わせ販売は,その性質上及び市場の実態からみて反復性,伝播性があり,更に広い範囲で本件の如き抱き合わせ販売が行われる契機となる危険性を有し,被抱き合わせ商品市場における競争秩序に悪影響を及ぼすおそれがあるものと認められる」。

> 「してみると，本件抱き合わせ販売は，公正な競争を阻害するおそれがあるものというべきである」。
>
> 〔公取委審判審決平4・1・20審決集38巻41頁〕

　この**事例〔10-4〕**では，競争手段の不公正としての公正競争阻害性が認定されている。不人気ソフトの購入を強制することが，価格・品質による競争（能率競争）を侵害し，競争手段として不公正であると述べられている。

　価格・品質・サービスを中心として競争をするのが，競争の本来のあるべき姿である，という価値観がある。もちろん，中心とするだけであり，それから外れるとすべて不公正というわけではない。しかし，中心とすべき価格・品質等による競争（能率競争）を害するような手段で競争を行うことは望ましくなく，不公正な競争手段と評価される。

　抱き合わせは，商品Aの力を用いて，商品Bの購入を強制する行為である。購入した相手方は，商品Bの価格・品質等を見て選んだわけではない。商品Bも，本来は，それ自体の価格・品質等によって競争すべきであるのに，競争せずして購入させているから不公正である，というロジックである。

　もうひとつ，**事例〔10-4〕**では，反復性・伝播性から，被抱き合わせ商品市場における競争秩序に悪影響を及ぼすおそれがある，と述べている。このような「行為の広がり」について，公正競争阻害性の認定に必須であると考えるべきか否か，議論がある。事例によっては，このような認定を行わず公正競争阻害性を認めた例もある（例えば，後出**事例〔10-6〕**東芝昇降機サービス事件）。

　なお，取引相手に自己の商品の購入を強要する行為には，優越的地位の濫用（2条9項5号イ）もある（第12章参照）。違いは，抱き合わせ販売は商品Aの力を用いて商品Bを購入させるのに対して，優越的地位の濫用は行為者の取引上の地位が強いことを利用して購入させることである。

(3) 自由競争の減殺（競争排除）

　商品Aの販売者Yから，商品Bも購入することを強制されると，他の販売者Zらから商品Bを購入することができなくなる。すなわち，商品Bの販売

において，販売者YとZらは競争関係にあるが，販売者Zらは商品Bの市場から排除される効果が生じる。

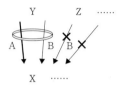

　抱き合わせ販売の公正競争阻害性は，このような被抱き合わせ商品Bの市場における競争者の排除に着目する，自由競争減殺（競争排除）として位置付けられてはいなかった。もとは，抱き合わせ販売は，ぎまん的顧客誘引・不当な利益による顧客誘引とともに，原始一般指定6項に含まれていた。公正競争阻害性は，競争手段の不公正が考えられた。

　独禁法の母法にあたる米国反トラスト法においては，抱き合わせ規制は，もっぱら競争者排除の効果を見る。米国反トラスト法では，別個の商品であることは前提として，行為者の抱き合わせ商品Aの市場における市場力と，被抱き合わせ商品Bの市場における実質的な量の排除があることを判断基準としている。独禁法における近年の事例には，被抱き合わせ商品Bの市場における競争者排除に着目した事例ではないか，と評価されるものもある。

事　例〔10-5〕　日本マイクロソフト事件

　「表計算ソフトについては，Y〔日本マイクロソフト〕が基本ソフトウェアである『ウィンドウズ3.1』の供給を開始した平成5年ころから，同社の『エクセル』が，一般消費者の人気を得て，表計算ソフトの市場において市場占拠率は第1位であった」。

　「ワープロソフトについては，Yは，平成3年12月，日本語ワープロソフトである『ワード』の供給を開始したが，『ワード』は，英文用ワープロソフトとして開発されたマイクロソフトコーポレーションの『WORD』を基に開発されたため，日本語特有のかな漢字変換機能が十分ではない等の理由から，『ワード』の供給開始後も，Z〔ジャストシステム〕が日本語ワープロソフトとして先行して供給していた『一太郎』に対する一般消費者の人気が高く，平成6年当時は，『一太郎』が，ワープロソフトの市場において市場占拠率は第1位であった」。

> 「Yは，平成7年1月ころ，X〔富士通〕に対し，『エクセル』と『ワード』を併せてパソコン本体に搭載して出荷する権利を許諾する契約の締結を申し入れた。この申入れに対し，Xは，当時表計算ソフトとして最も人気があった『エクセル』と当時ワープロソフトとして最も人気があった『一太郎』を併せて搭載したパソコンを発売することを希望し，『エクセル』のみをパソコン本体に搭載して出荷する権利を許諾する契約の締結を要請した。
>
> しかしながら，Yは，この要請を拒絶し，『エクセル』をパソコン本体に搭載するためには『ワード』を併せて搭載せざるを得ないと考えたXに対し，『ワード』を併せてパソコン本体に搭載して出荷する権利を許諾する契約を締結することを受け入れさせ，平成7年3月1日付けで，Xとの間で，『エクセル』と『ワード』を併せてパソコン本体に搭載して出荷する権利を許諾する契約（以下単に『プレインストール契約』という。）を締結した。
>
> この契約の締結により，Xは，平成7年3月，『エクセル』と『ワード』を併せて搭載したパソコンを発売した」。
>
> 「Yの前記行為に伴い，平成7年以降，ワープロソフトの市場における『ワード』の市場占拠率が拡大し，平成9年度には第1位を占めるに至っている」。
>
> （法令の適用）
>
> 「Yは，取引先パソコン製造販売業者等に対し，不当に，表計算ソフトの供給に併せてワープロソフトを自己から購入させ，さらに，取引先パソコン製造販売業者に対し，不当に，表計算ソフト及びワープロソフトの供給に併せてスケジュール管理ソフトを自己から購入させているものであって，これは，不公正な取引方法（昭和57年公正取引委員会告示第15号）の第10項に該当し，独占禁止法第19条の規定に違反するものである」。
>
> 〔公取委勧告審決平10・12・14審決集45巻153頁〕

この**事例〔10-5〕**は，日本マイクロソフトが，表計算ソフト「エクセル」に併せて，ワープロソフト「ワード」を抱き合わせて供給した。これにより，ワープロソフト市場における競争者であるジャストシステムの「一太郎」が排除され，2年後には「ワード」がシェア第1位となり，現在に至っている。法令の適用の部分では明言していないが，競争者を排除した過程と効果が示されていることから，自由競争減殺（競争排除型）により公正競争阻害性を認定したものと評価されている。

別の事例では，被抱き合わせ商品Bの市場における競争者の排除について，一般指定10項を適用するよりも，競争者に対する取引妨害（現一般指定14項）を適用する方がふさわしい，と判決で述べられた事例もある（後出**事例〔10-6〕**東芝昇降機サービス事件）。たしかに，抱き合わせ販売による競争者排除は，競争者に対する取引妨害として見ることも可能である。不公正な取引方法の行為類型は多種多様であり，一部においては重複するものがある。抱き合わせによる競争者排除は，一般指定10項でも14項でも適用可能な事例がある，ということであり，競争者排除の事例に一般指定10項を適用すべきでないということではない。一般指定を改正する基となった独占禁止法研究会報告書「不公正な取引方法に関する基本的な考え方」（昭57・7・8）においても，被抱き合わせ商品Bの市場における競争を減殺する効果に言及されている。

独禁法の母法である米国反トラスト法では，抱き合わせ行為の反競争制限効果は，もっぱら競争者排除を評価し判断するものである。学説においては，独禁法における一般指定10項にも，同様の競争者排除を公正競争阻害性として評価することに肯定的なものも多い。

(4) 抱き合わせと安全性確保

抱き合わせの事例には，安全性の確保のために必要な行為であると主張された事例がある。公正競争阻害性の判断においても，健康・安全・環境など，公益目的のための行為であることから正当化される場合があるのだろうか。

事 例〔10-6〕東芝昇降機サービス事件

Y（東芝昇降機サービス）は，エレベーター業界第3位の東芝の子会社で，東芝製エレベーターの保守点検業務を営み，東芝製エレベーターの部品を一手に販売している。東芝製エレベーターを設置するビルの所有者Xは，同エレベーターについて訴外Zとの間で保守点検契約を締結している。

昭和59年4月頃，X所有の東芝製エレベーターが，突然停止，ドアが開かずに乗客が缶詰状態になる事故が数回発生した。部品の交換が必要になり，Xが，Yに，部品を注文したところ，Yは，保守部品のみの販売はしないこと，部品の取替え・修理・調整工事を被告に併せて発注するのでなければ甲事件注文には

応じないこと，右工事費用は甲事件原告が負担すべきであること，注文部品の納期は6月14日から更に3ヵ月先となること，を回答した。

　Yは，東芝製エレベーターの保守は，Yのみが完全に行い得るもので，特に本件各部品のように安全性に影響を及ぼす部品については，Yにおいてその取替え調整工事をする必要がある，と主張した。

　「商品の安全性の確保は，直接の競争の要因とはその性格を異にするけれども，これが一般消費者の利益に資するものであることはいうまでもなく，広い意味での公益に係わるものというべきである。したがって，当該取引方法が安全性の確保のため必要であるか否かは，右の取引方法が『不当に』なされたかどうかを判断するに当たり，考慮すべき要因の一つである」。

　「本件においては，Yが本件各部品を単体で供給することなく，取替え調整工事込みでなければこれを供給しないとし，このような両者一体のもとでの部品供給でなければエレベーターの安全性を確保できないと認めるべき証拠は存しないことに帰するから，Yが，その独自の判断で，Y以外の保守業者に対する本件各部品の単体での供給を拒否するYの取引方法には，独占禁止法上の正当性や合理性はないものというべきである」。

〔大阪高判平5・7・30審決集40巻651頁〕

　この**事例〔10-6〕**では，安全確保のために正当化され適法となる，という判断はなされなかった。しかし，一般論としては，1条の究極目的から公益目的による正当化を認める余地があることを前提としている（第3章テーマ2(3)参照）。この事例では，外国では部品を単体で供給していたことがわかり，Yの主張に正当性がないと判断された。このような公益性による正当化の主張が，実際に認められ適法と判断された例は，独禁法全体を見渡してもほとんどない。

第11章

不当な拘束条件付取引

テーマ1　取引と拘束

「自由」と「拘束」とは，相反する概念のようにも見える。取引は契約であり，契約は拘束である。取引をするということは，自由を制限し，競争を制限することになるのだろうか。

(1) 縦の拘束

拘束条件付取引は，取引の相手方に対して，拘束する行為である。つまり，縦の垂直的な関係における拘束である。

独禁法の基になった米国反トラスト法においては，取引相手との間の縦の垂直的合意も，競争者間の横の水平的合意も，シャーマン法1条で規制対象にしている。独禁法における3条後段の不当な取引制限は，このシャーマン法1条にあたるものとして用意されたが，判例により，競争者間の水平的合意による相互拘束だけを対象とするものと限定解釈された（第5章テーマ2(2)）。その結果，取引先との間の合意による拘束は，主として，19条の不公正な取引方法の対象とされる。ただし，競争に対する悪影響の程度が，公正競争阻害性の程度を超え，一定の取引分野における競争を実質的に制限するものである場合には，3条前段の私的独占に該当する可能性もある（第4章）。

取引は多種多様であり，取引相手も多種多様であるが，従来から，製造→卸→小売→消費者，という流通分野における典型的な取引段階をモデルとして，議論が積み重ねられてきた。公取委も，流通・取引慣行ガイドラインを公表している。そこでは，垂直的制限について，次のような基本的な考え方が示されている。

> **資　料〔11-1〕　流通・取引慣行ガイドライン・第２部・２**
>
> 「流通分野において公正かつ自由な競争が促進されるためには，各流通段階において公正かつ自由な競争が確保されていることが必要であり，流通業者間の競争とメーカー間の競争のいずれか一方が確保されていれば他方が失われたとしても実現できるというものではない。
>
> 　メーカーが，自社商品を取り扱う卸売業者や小売業者といった流通業者の販売価格，取扱い商品，販売地域，取引先等の制限を行う行為（以下『垂直的制限行為』といい，垂直的制限行為には，契約によって制限をする場合のほか，メーカーが直接又は間接に要請することなどにより事実上制限する場合も含む。）は，その程度・態様等により，競争に様々な影響を及ぼす。また，垂直的制限行為は，競争に影響を及ぼす場合であっても，競争を阻害する効果を生じることもあれば，競争を促進する効果を生じることもある」。

　この**資料〔11-1〕**は，流通分野について述べたものだが，その他の取引分野であっても，垂直的制限は多種多様であり，競争に対する影響が競争促進的なものも競争制限的なものもある。形式的に判断することは難しく，事例ごとに様々な要素を考慮して判断せざるを得ない。

　ブランド内競争（流通業者間の競争）を制限したとしても，ブランド間競争（メーカー間の競争）が促進されるので，競争全体としては競争促進効果が勝り公正競争阻害性は生じない，といった主張がしばしばなされる。流通・取引慣行ガイドラインは，「流通業者間の競争とメーカー間の競争のいずれか一方が確保されていれば他方が失われたとしても実現できるというものではない」と述べ，ブランド間競争とブランド内競争の両方に配慮する立場を示している。それと同時に，メーカーと販売店が協力してマーケティング等を行い，競争を促進する場合があり，それを考慮すべきことも確認している。

(2)　行為類型と規定

　拘束条件付取引は，３つの規定に分かれる。まず，取引先に対して自己の競争者との取引をしないよう拘束する排他条件付取引（一般指定11項），商品を販売した相手先に対して販売価格を拘束する再販売価格拘束（２条９項４号），

そして、包括規定として、その他の拘束条件付取引（一般指定12項）がある。拘束条件付取引の中から排他条件付取引と再販売価格拘束を取り出して規定したのが一般指定11項と2条9項4号であり、これら以外の拘束条件付取引はすべて一般指定12項で対象とされている。

取引先に対する拘束は多種多様であるが、競争制限効果が生じる拘束を大雑把に分類すると、①他の事業者を排除することで競争を減少させる拘束（競争排除型）と、②複数の取引先の間での価格競争を回避させるようにすることで競争を減少させる拘束（競争回避型）とがある。排他条件付取引（一般指定11項）は、自己の競争者を排除する①の類型である。再販売価格拘束（2条9項4号）は、販売店間の価格を拘束し価格競争を回避させる②の類型である。その他の拘束条件付取引（一般指定12項）は、①と②の両方の類型が含まれ、①の他の事業者を困難にさせ排除する類型だが排他条件付取引に該当しないもの、②の価格競争を回避させ価格維持のおそれが生じるが再販売価格拘束に該当しないもの、が含まれる。ただし、①と②は大雑把な分類であり、両方が同時に生じる拘束もある。また、①②以外の競争制限効果が生じる拘束も存在しないわけではなく、それを対象外とすべき理由はない。

(3)　「拘束」の程度

拘束条件付取引であるというためには、「拘束」が必要である。それでは、拘束があったといえるためには、契約条項に入れるとか、守らなかった場合に制裁を加えるなどといった強さの拘束が必要だろうか。

事　例〔11-2〕　第一次育児用粉ミルク（和光堂）事件

Y（和光堂・上告人）は、A社製の育児用粉ミルクの総発売元である。Yは、商品の価格維持を図るため、あらかじめその卸売価格および小売価格を自ら指定し、これを販売業者に遵守させた。拘束の手段として、小売業者を登録制とし、価格を守った卸売業者にのみ感謝金を与え、商品の流通経路を明確にして卸売業者の販売先と販売価格を確認した。

「公正な競争を促進する見地からすれば、取引の対価や取引先の選択等は、当該取引当事者において経済効率を考慮し自由な判断によつて個別的に決定すべき

ものであるから，右当事者以外の者がこれらの事項について拘束を加えることは，右にいう『取引』の拘束にあたることが明らかであり，また，右の『拘束』があるというためには，必ずしもその取引条件に従うことが契約上の義務として定められていることを要せず，それに従わない場合に経済上なんらかの不利益を伴うことにより現実にその実効性が確保されていれば足りるものと解すべきである。……育児用粉ミルクについては，その商品の特性から，銘柄間に価格差があつても，消費者は特定の銘柄を指定して購入するのが常態であり，使用後に他の銘柄に切り替えることは原則としてないため，特定銘柄に対する需要が絶えることがなく，これに応ずる販売業者は，量の多寡にかかわらず，右銘柄を常備する必要があるという特殊事情があり，このことは上告人の育児用粉ミルクについても同様である……。このような事実関係のもとにおいては，たとえ所論のように上告人の育児用粉ミルクの市場占拠率が低く，販売業者の取扱量が少ないとしても，……上告人の定めた販売価格及び販売先の制限に従わざるをえないこととなるのはみやすいところである……」。

〔最判昭 50・7・10 民集 29 巻 6 号 888 頁〕

最高裁は，「拘束」があるというためには，「それに従わない場合に経済上なんらかの不利益を伴うことにより現実にその実効性が確保されていれば足りる」と述べている。

それでは，「経済上なんらかの不利益」さえもないような合意，例えば，メーカーと販売店が協力して納得ずくで価格拘束をしているような場合はどうだろうか。現在の運用では，経済上の不利益を伴っているとは言いにくい事例でも，「拘束」を認定しているようである。

事 例〔11-3〕 資生堂事件

全国に約 150 店舗を有する大手量販店 A は，資生堂に対し，資生堂化粧品についてメーカー希望小売価格の約 1 割引で販売したい旨を申し入れたが，資生堂はこれを断った。量販店 A は，その後も割引販売を行いたい旨申し入れたが，資生堂は，この申入れを断った上，資生堂化粧品に添付するサンプルを提供する代わりに割引販売を行わないよう要請し，量販店 A は，資生堂から商品の円滑な供給が得られないことの懸念等からこれを受け入れて割引販売を行わないこと

全国に約 350 店舗を有する大手量販店 B は，近隣の競争小売業者が大幅な割引販売を開始したため，資生堂に対し，メーカー希望小売価格の約 1 割引で販売したい旨を申し入れた。これに対し，資生堂は，この申入れを断った上，割引販売を開始した小売業者に対する対応策を講ずる旨伝えるとともに，量販店 B における資生堂化粧品の大幅な売上拡大を目的とした販売促進の支援をする旨申し出るなどして割引販売を行わないよう要請し，量販店 B は，資生堂から商品の円滑な供給が得られないことの懸念等からこれを受け入れて割引販売を行わないこととした。
　これらの資生堂の行為は「割引販売を企図した大手量販店に対し，正当な理由がないのに，その販売価格を定めてこれを維持させる条件を付けて供給しているもの」である。

〔公取委同意審決平 7・11・30 審決集 42 巻 97 頁〕

　この**事例**〔11-3〕では，「商品の円滑な供給が得られないことの懸念等から」との認定がされ「経済上なんらかの不利益」があったとされているが，サンプル品の提供や販売支援などの利益を提供するかわりに価格を守ってもらう行為である。現在では，「何らかの人為的手段によってその行為の実効性が確保されている場合にも，自己の競争者との取引を拘束する条件を付けて，取引先事業者と取引しているものと認められる」（流通・取引慣行ガイドライン・第1部第4・2（注8））。それは，経済上の不利益による場合もあれば，逆に利益を提供する場合もある。利益も不利益もない合意や申し合わせでも，自由に価格を決めることを抑制している実態があれば，「拘束」があると考えられる。しばしば，「メーカー希望小売価格」という表示を見かける。販売店の小売価格を拘束するものではない，という前提で示されている価格であり，販売店は自由に値引きしてよいし，この価格より値上げして売ってもよい。
　もともと法文が予定していたのは，拘束した行為者と，拘束された取引先，という関係であり，違反行為者となるのは拘束した行為者だけである。拘束された取引先は，拘束した行為者ほどの違法性を有しない存在のはずである。そのような状況にふさわしいのは，経済上の不利益など，ある程度の強さの拘束で取引先の事業活動の自由を奪う，といった行為が法文からイメージされる。

事例〔11-2〕第一次育児用粉ミルク（和光堂）事件の最高裁判決は，そのような理解をしていたものかもしれない。しかし，競争制限効果が生じるのは，経済上の不利益などによって拘束された場合だけでなく，販売店らが価格競争を回避するなど協力的に自由な事業活動を制限した場合もある。このような実態に即した法適用をするために，**事例〔11-3〕資生堂事件**のような判断が必要であり，流通・取引慣行ガイドラインのように，「その行為の実効性が確保されている場合」も「拘束」に該当するとの解釈に至っている。

テーマ2　排他条件付取引

　例えばガソリンスタンドのように，特定のメーカーあるいはブランドの商品だけを販売する店があり，一般的に専売店と呼ばれる。この専売店を増やすことは，競争をより活発にするだろうか。それとも，競争は減ってしまうだろうか。

(1) 行為要件

　専売店は，見方を変えると，他のメーカーの商品を仕入れて販売しない，という契約を締結した販売店でもある。専売店制を実施しているメーカーは，その専売店に対して，自己の競争者と取引させないようにする契約なので，独禁法では，排他条件付取引と呼ばれ，一般指定11項に規定されている。

　行為要件は，相手方が，競争者と取引しないことを条件として，当該相手方と取引すること，である。行為者がメーカー Y であるとして，その取引先である販売店 X_1 が相手方であり，Y が X_1 と取引する際に，Y の競争者であるメーカー Z_1 や Z_2 らと取引しないよう条件付けて取引する場合が，これにあたる。

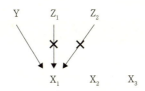

　専売店契約だけでなく，特約店契約，全量購入契約など，契約の名称は問わ

ない。また，契約条項に記載する場合だけでなく，何らかの人為的手段によってその行為の実効性が確保されている場合にも，「条件として」取引したと認定される（前出テーマ1⑶参照）。

間接の取引拒絶も，他の事業者との取引をさせない行為であり，拒絶対象が競争者である場合には，排他条件付取引と類似する行為である。排他条件付取引は自己の競争者すべてと取引しない条件をつける行為であり，競争者の一部と取引しない条件をつける場合はその他の拘束条件付取引（一般指定12項），そして，個別の競争者について取引を拒絶させる場合が間接の取引拒絶（一般指定2項）として法適用されているようである。

⑵ 公正競争阻害性と事例

一般指定11項は，「不当に」と規定されているように，例外違法の行為類型とされている。

上記の例で言えば，行為者Yの競争者であるメーカー Z_1 や Z_2 は，販売店 X_1 と取引できなくとも，独自で自分の販売店を別に探せばよいのであり，通常，他の取引先 X_2 や X_3 を探すことは困難ではない。そして，Yと X_1 の間では，密接な協力関係ができ，力を合わせてメーカーYの製品を販売しようと努力するであろう。これは，メーカー間の競争も促進することになる。このようなことから，排他条件付取引は，原則としては自由であり，適法な場合が多い。

もちろん，わざわざ一般指定11項を規定しているのは，例外的にこれを適用して違法としなければならないからである。それは，「競争者の取引の機会を減少させるおそれがあ」り，競争者を排除することによって自由競争を減殺させる場合である。

事 例〔11-4〕東洋精米機事件

Y（東洋精米機製作所）は，精米機，混米機，石抜撰殻機等の製造業者である。Yは，その製品のほとんどすべてを，販売業者を通じて米穀小売業者に供給している。Yの昭和51年における米穀小売業者向け製品の販売量は，精米機につ

いては国内における総販売量の約28%，混米機については約70%，石抜撰殻機については約52%を占め，いずれも業界第1位である。

Yは，昭和51年11月，防音型精米機の実演発表会において，販売業者に対し，次の事項を内容とする「特約店契約」を締結した者（特約店）に対してのみ防音型精米機を販売する旨を告知した。

イ　特約店は，Yの製造に係る防音型精米機，混米機および石抜撰殻機と競合する他社製品を取り扱わないこと。

ロ　特約店は，特約店以外の販売業者に，Y社製製品を販売しないこと。

Yは，実演発表会以降，販売業者との間に，逐次「特約店契約」の締結を進め，昭和52年3月11日現在，全国の販売業者約240名のうち79名の者と同契約を締結し，これに基づき取引している。

「公正競争阻害性の有無は，結局のところ，行為者のする排他条件付取引によつて行為者と競争関係にある事業者の利用しうる流通経路がどの程度閉鎖的な状態におかれることとなるかによつて決定されるべきであり，一般に一定の取引の分野において有力な立場にある事業者がその製品について販売業者の中の相当数の者との間で排他条件付取引を行う場合には，その取引には原則的に公正競争阻害性が認められるものとみて差し支えないであろう」。

〔東京高判昭59・2・17審決集30巻136頁〕

通常，規模の小さなメーカーが専売店を増やそうとしても，販売店の一部しか契約せず，競争者は他の多くの販売店と取引できるため，排除されることはない。問題が生じるのは，販売店の多くが専売店になってしまうような場合であり，市場において有力な立場にある事業者でなければ，そのように多くの販売店を自己の専売店にすることはできない。

公取委も，この裁判所の考え方に沿い，流通・取引慣行ガイドラインの中で次のように述べている（第1部第4・2）。(a)市場における有力な事業者が，取引先事業者に対し競争者と取引しないよう拘束する条件を付けて取引する行為を行い，これによって競争者の取引の機会が減少し，(b)他に代わりうる取引先を容易に見いだすことができなくなるおそれがある場合に違法となる。(a)の有力な事業者とは，市場シェアが20%を超えることが一応の目安となる。（なお，かつては，(a)有力な事業者について，シェア10%以上または上位3位以内とし

ていたが，2016〔平成28〕年5月に流通・取引慣行ガイドラインを改正して，順位なしのシェア20％超を基準とした）。

ただし，(a)シェアが20％を超えていても，(b)の他に代わりうる取引先を容易に見いだすことができなくなるおそれがなければ，違法とはならない。(a)があっても，(b)は必ず生じるものではない。逆に，(a)を下回れば，(b)は生じない。つまり，(a)のシェア20％はセーフハーバーを示したものと理解される。

上記**事例〔11-4〕**では，Y社はシェア28〜70％で(a)を満たす。それでは(b)はどうか，というと，240の販売業者のうち79が特約店になっているため，Y社の競争者は約3分の1の販売業者と取引できなくなったことになる。ただし，従来の取引先の3分の1を失ったのであれば大きな痛手を負うだろうが，実際には取引のなかった販売業者も含まれている。現時点で実際に取引がある相手の数ではなく，取引の可能性があった販売店の数で判断しているようである。

(3) 並行的な実施

裁判所は，前出**事例〔11-4〕**に続けて以下のようにも述べている。

事　例〔11-5〕　東洋精米機事件

※事案の概要については，**事例〔11-4〕**を参照。

「しかし，また，右のような場合であつても，一定の取引の分野の市場構造の特殊性等からして，すでに各販売業者が事実上特定の事業者の系列に組み込まれており，その事業者の製品だけしか取り扱わないという実態になつているなど特段の事情が認められる場合は，排他条件付取引に公正競争阻害性が認められないとされる余地が生ずるものと解される」。

〔東京高判昭59・2・17審決集30巻136頁〕

例えば，メーカー Z_1 は販売店 $X_1 \sim X_{50}$ を，メーカー Z_2 は販売店 $X_{51} \sim X_{100}$ を，それぞれ専売店にしている状況で，市場シェア50％のメーカーYが，実

際上 Y とのみ取引していた販売店 X_{101}～X_{200} と専売店契約を締結した，という状況はどうだろうか。Y の競争者 Z_1 も Z_2 も，すでに自身の取引先を確保しているため，Y の行為によって取引先を失うということはない。したがって，取引の機会の減少はなく排除もない，ということである。

これに対して，公取委は，流通・取引慣行ガイドラインにおいて，次のように述べている。「例えば，複数の事業者がそれぞれ並行的に自己の競争者との取引の制限を行う場合には，一事業者のみが行う場合に比べ市場全体として競争者の取引の機会が減少し，他に代わり得る取引先を容易に見いだすことができなくなるおそれが生じる可能性が強い」（第1部第4・2（注9））。

公取委の考えは，裁判所が示した考えとは逆である。その理由は，公取委は新規参入に焦点を合わせているからである。上記**事例〔11-5〕**の時代には，とりあえず国内市場だけを考え，既存の事業者がそれぞれ販売先を確保していれば競争が維持されると考えていた。しかし，公取委が流通・取引慣行ガイドラインを作成した1991（平成3）年には，国外の事業者が，日本国内に新規参入してくる可能性を考えなくてはならなかった。国内市場における販売店がすべてすでに専売店になっていたら，新規参入しようとする国外メーカーは販売先を見いだすことができず，日本市場への参入をあきらめてしまうだろう。せっかく競争が活発になりそうなチャンスがあっても，その芽を摘んでしまうことになる。公取委は，このような考えから，あえて裁判所の考えとは異なる内容の流通・取引慣行ガイドラインを公表したものと考えられる。

テーマ3　再販売価格拘束

> メーカーは，すでに所有権がないのに，販売店で売られている小売価格に興味を持つ。メーカーはすでに売り渡した後なので，小売価格が下がっても，メーカーの利益には影響せず，販売店の利益を圧縮するだけである。それにもかかわらず，メーカーが販売店で売られる小売価格を高く維持しようとするのはなぜだろうか。

(1) 価格拘束の利益と不利益

再販売価格拘束は，2条9項4号に規定されている。10年以内に繰り返し違反した場合には，20条の5により課徴金が課せられる。

再販売価格拘束は，自己の販売した商品Aを仕入れた相手方が，仕入れた商品を転売する際の価格を指定したり，値下げを防止したりする行為である。実際に，メーカーは自己の製造した商品が値崩れすることを嫌う傾向があり，古くから値崩れ防止対策を行ってきた。値崩れするのは，販売店での販売価格であり，メーカーの販売価格ではない。利益幅が減るのは販売店であり，メーカーの販売利益ではない。それにもかかわらず，なぜ，メーカーは値崩れを防止しようとするのであろうか。

転売価格が下がり利益幅が少なくなると，相手方から仕入価格の値下げを要求されるから，それを防止したい，という理由がある。メーカーの立場が強ければ，自己の販売価格を維持することは可能であるが，流通業が発達した現在では大規模な小売業者による圧力が大きくなっている。そして，利益幅が小さな商品であれば，仕入れてもらえなくなり，取扱店舗が減少し，販売数量が減る，という連鎖が生じる可能性がある。

また，自己の商品が安売りされると，いわゆる「安物」というイメージがついてしまい，ブランドイメージに傷がついてしまう，ということも考えられる。高級ブランドとして消費者に認知してもらえれば，利益幅を大きくして価格をつけることが可能になり，販売店もその商品を扱いたいと考える。そして，メーカー間の競争において，競争者よりも優位に立てる。したがって，価格を高く維持し，利益幅を確保して，高級ブランドとして消費者に認知され，取扱店舗を増やすことが，メーカーにとっての利益になる。

しかし，再販売価格拘束は，販売店が大きな値下げはできない状況を作り出し，販売店間の価格競争を制限することになる。販売店にとって，仕入れた商品を売って現金化しなければ，利益は出ないし，次の商品を仕入れる資金もできない。値引きできないせいで売れ残った商品が不良在庫になることは，経営を圧迫することになる。販売店にとって，需要に応じて価格設定を変える（値引きする）自由は，非常に重要である。そして，販売店が他の販売店と競争する上でも，値引きが最も効果的な集客手段であり，値引きができないとなると，

最良の手段を奪われた状態で苦しい競争に追い込まれることになる。

　他方，販売店によっては，メーカーが再販売価格拘束を実施するよう要望する者もいる。新しくできたディスカウント店で商品Aの値引き販売がされるようになると，近隣に従来からある販売店でも値引きして競争しなければ，商品Aを買う客を奪われ，売れ残りが生じることになる。原因となったのはディスカウント店であるから，この値下げ行為をやめさせ，従来通りの価格で販売したい。そこで従来からある販売店が，ディスカウント店における値引き販売について，メーカーや卸売業者に苦情を申し入れ，値引きを防止するよう要望することがある。この場合，苦情を申し入れる販売店は，メーカーに拘束されるだけの存在ではなく，自ら望んで自分の価格を維持し，それを他の競争者であるディスカウント店にも維持させようとする存在である。

　消費者にとっては，商品Aを値引きしないよう販売店が拘束されているということは，どの店に行っても同じ価格で，割高であっても必要であればその値段で買わざるをえない，ということである。あたかも，販売店間で，商品Aの価格カルテルが行われているかのような状況が生じることになる。上記のように，販売店側が協力して値引きしている販売店を見つけてはメーカーに通報して圧力をかけさせているような状況は，「縦のカルテル」と呼ばれるほどの強固な競争制限効果を持つ。消費者にとっては，販売店が自由に値段をつけ，競争によって値下げが生じうる状況の方が利益があり，再販売価格拘束が実施されると不利益になる。

　以上のように，再販売価格拘束の性質は，販売店間の価格競争を減少させることは明らかであり，消費者にとっては不利益になる。場合によっては，メーカー間のブランド間競争を促進する効果が生じる可能性もあるかもしれないが，それは必然でなく，程度も不明である。したがって，確実に生じる競争制限効果と消費者の不利益を重視し，再販売価格拘束は，その行為の形態から見て原則として違法とすべき行為である，と位置付けられている。

(2) 行為要件

　行為要件は，2条9項4号イまたはロの拘束をすることである。「拘束」については，前出テーマ1(3)を参照。ここでは，2条9項4号のイおよびロの行

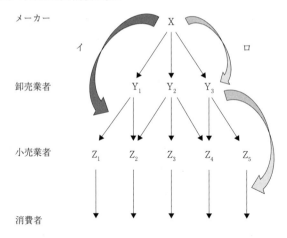

為について解説する。

仮に次のような例を基に考えてみよう。

メーカー X が，商品を卸 Y_1 らに販売し，それを小売 Z_1 らが仕入れ，消費者に売る。行為者が X とすると，X が Y_1 らに販売する価格は通常の「販売価格」である。Y_1 らが Z_1 らに販売する価格は，X から見ると「再販売価格」である。同様に，Z_1 らが消費者に売る価格は，X から見ると「再々販売価格」である。2条9項4号イは，X が，Y_1 と Z_1 らとの間の「再販売価格」を拘束する行為である。2条9項4号ロは，X が，Y_3 を使って，Z_5 らと消費者との間の「再々販売価格」を拘束させる行為である。

それでは，X が，Y_3 を使わず自ら，Z_5 らと消費者との間の「再々販売価格」を拘束したら，2条9項4号のイだろうか，それともロだろうか。

事　例〔11-6〕　日産化学除草剤再販売価格維持行為事件

X（日産化学工業）は，平成14年7月ころ以降，ラウンドアップハイロード3品目について，希望小売価格を定め，自ら又は取引先卸売業者を通じて，ホームセンターにこの小売価格を周知するとともに，その小売価格が希望小売価格を下回ることがないようにすることを目的として，自ら又は取引先卸売業者を通じて，ホームセンターに対し，ラウンドアップハイロード3品目を希望小売価格で販売するように要請した。

Xは，正当な理由がないのに，ホームセンターに対しXの定めた希望小売価格を維持させる条件を付けてラウンドアップハイロード3品目を供給し，又は取引先卸売業者に対し当該取引先卸売業者をしてホームセンターにXの定めた希望小売価格を維持させる条件を付けてラウンドアップハイロード3品目を供給しているものであり，これは，不公正な取引方法の旧一般指定12項1号（現2条9項4号イ）および2号（現2条9項4号ロ）に該当し，独占禁止法第19条の規定に違反するものである，と公取委は判断した。

〔公取委排除措置命令平18・5・22審決集53巻869頁〕

　この**事例〔11-6〕**において，Xが「自ら」ホームセンターに対して希望小売価格で販売するよう要請した行為は，2条9項4号イ（旧一般指定12項1号）に該当するものとされた。2条9項4号のイはXが自ら直接働きかけて拘束する行為，ロは取引先を通じて間接的に拘束する行為，と使い分けられている。2条9項4号は，再販売，再々販売，再々々販売，……，をまとめて「再販売」価格拘束として規定している。
　さて，「再販売」とはなんだろうか。自己の販売した商品を，仕入れた相手方が再度販売すること，すなわち転売することである。段ボール箱から個別商品を取り出して並べて小売りする，などの場合は，商品自体は変更がなく再販売として扱われる。他方，原材料Aを販売し，相手方がそれを使って別の商品Bに加工して小売店に販売した場合には，原材料Aが商品Bの一部となっていても同一商品の転売ではなく，「再販売」には該当しないものとして扱われる。これら「再販売」に類似しているけれども該当しない行為は，2条9項4号の行為要件を満たさない。しかし，その他の拘束条件付取引（一般指定12項）の行為要件には該当するため，価格拘束をしている場合には，公正競争阻害性が認定され，多くの場合に違法とされることになる（後出テーマ4(2)参照）。

(3)　再販売価格拘束の公正競争阻害性

　再販売価格拘束は，前出(1)で説明したように，原則として違法とされるべき行為類型であるが，それが定着したのは，次の最高裁判決による部分も大きい。

244　第Ⅲ部　不公正な取引方法の禁止

> **事　例〔11-7〕　第一次育児用粉ミルク（和光堂）事件**
>
> ※事案の概要については，**事例〔11-2〕**を参照。
> 「所論は，再販売価格維持行為が市場競争力の弱い商品について行われる場合には，それによりかえつて他の商品との間における競争が促進されるから，『正当な理由』を認めるべきである，と主張するが，前記のとおり，一般指定8は相手方の事業活動における競争の制限を排除することを主眼とするものであるから，右のような再販売価格維持行為により，行為者とその競争者との間における競争関係が強化されるとしても，それが，必ずしも相手方たる当該商品の販売業者間において自由な価格競争が行われた場合と同様な経済上の効果をもたらすものでない以上，競争阻害性のあることを否定することはできないというべきである」。
>
> 〔最判昭50・7・10民集29巻6号888頁〕

　この**事例〔11-7〕**では，行為者Ｙの市場シェアが5〜10％であり，他の競争メーカーに比べて小さいことから，「拘束」する力はない，と主張した。しかし，最高裁は，育児用粉ミルクを購入する消費者が銘柄を指定して購入する傾向があることから，販売業者はＹの商品をそろえておく必要があり，Ｙの価格維持の拘束に応じざるをえないことを示している（前出テーマ1(3)参照）。

　そして，公正競争阻害性については，「競争関係が強化されるとしても，それが，必ずしも相手方たる当該商品の販売業者間において自由な価格競争が行われた場合と同様な経済上の効果をもたらすものでない以上，競争阻害性のあることを否定することはできない」と述べている。メーカー間（ブランド間）の競争を促進する場合であっても，販売業者間（ブランド内）の価格競争を制限している限り公正競争阻害性を認めるものであるかのようにも見えるが，判決は，メーカー間（ブランド間）の競争を促進すればそれでよい，という考えをとらないというものであり，競争促進効果を無視するものではない。

　事例〔11-7〕は原始一般指定8号の事例であるが，この最高裁判決を受けて，公取委は1982（昭和57）年に一般指定を改正し，再販売価格拘束は原則違法の行為類型である，という考え方を確認し，独立した条文（旧一般指定12項・現2条9項4号）にした。「正当な理由がないのに」という文言が，原則違法の行為類型を示すものである，という書き分けも改正の際にされ，その意味が明確化

された。

(4) フリーライダー問題解消と「正当な理由」

再販売価格拘束は，原則として違法となる。では，例外的に適法となるのはどのような場合だろうか。2015（平成27）年，流通・取引慣行ガイドラインが改正され，例外的に適法とされる例と条件の明確化が図られた。

まず，一般論として，垂直的制限行為によって，新商品の販売が促進される，新規参入が容易になる，品質やサービスが向上するなどの場合には，競争促進的な効果が認められうる，という認識を示している。

資　料〔11-8〕　流通・取引慣行ガイドライン・第2部・3(2)ア

「流通業者は，他の流通業者がメーカーの商品について販売前に実施する販売促進活動によって需要が喚起されている場合，自ら販売促進活動を行うことなく当該商品を販売することができる。このような場合に，いずれの流通業者も，自ら費用をかけて積極的な販売促進活動を行わなくなり，本来であれば当該商品を購入したであろう消費者が購入しない状況に至ることがあり得る。このような状態は，『フリーライダー問題』と称されている。フリーライダー問題が起きやすい条件の一つは，消費者の商品に対する情報が限られていることである。例えば，新商品や消費者からみて使用方法等が技術的に複雑な商品では，消費者の持つ情報は不足し，需要を喚起するためには，流通業者による当該商品についての情報提供や販売促進活動が十分に行われる必要がある。さらに，消費者が，販売促進活動を実施する流通業者から対象商品を購入せずに，販売促進活動を実施していない他の流通業者から購入することによる購入費用節約の効果が大きいことも必要である。この効果は，通常，当該商品が相当程度高額である場合に大きくなる。このような条件が満たされ，フリーライダー問題が現実に起こるために，購入に必要な情報が消費者に十分提供されなくなる結果，商品の供給が十分になされなくなるような高度の蓋然性があるときに，当該メーカーが，一定の地域を一流通業者のみに割り当てることなどが，フリーライダー問題を解消するために有効となり得る。ただし，このような制限に競争促進効果があると認められるのは，当該流通業者が実施する販売促進活動が当該商品に関する情報を十分に有していない多数の新規顧客の利益につながり，当該制限がない場合に比べ購入量が増大することが期待できるなどの場合に限られる。また，そうした販売促進活動が，当

該商品に特有のものであり，かつ，販売促進活動に要する費用が回収不能なもの（いわゆる埋没費用）であることが必要である」。

次に，再販売価格拘束に「正当な理由」がある場合，すなわち，例外的に適法とされる場合，について説明している。

> **資　料〔11-9〕　流通・取引慣行ガイドライン・第2部第1・2(2)**
>
> 「『正当な理由』は，メーカーによる自社商品の再販売価格の拘束によって実際に競争促進効果が生じてブランド間競争が促進され，それによって当該商品の需要が増大し，消費者の利益の増進が図られ，当該競争促進効果が，再販売価格の拘束以外のより競争阻害的でない他の方法によっては生じ得ないものである場合において，必要な範囲及び必要な期間に限り，認められる。
>
> 　例えば，メーカーが再販売価格の拘束を行った場合に，当該再販売価格の拘束によって上記第2部の3(2)アに示されるような，いわゆる『フリーライダー問題』の解消等を通じ，実際に競争促進効果が生じてブランド間競争が促進され，それによって当該商品の需要が増大し，消費者の利益の増進が図られ，当該競争促進効果が，当該再販売価格の拘束以外のより競争阻害的でない他の方法によっては生じ得ないものである場合には，『正当な理由』があると認められる」。

流通・取引慣行ガイドラインでは，①実際の競争促進効果（需要の増大と消費者の利益），②より競争阻害的でない他の方法がないこと，③必要な範囲と必要な期間に限定，という3つの条件を満たすことが基準として示されている。フリーライダー問題の解消のために再販売価格拘束をする場合，特に②の条件を満たすのは非常に限定的である。再販売価格の拘束ではなく，価格以外の条件をつけて拘束すれば対応可能な場合がほとんどであろう，と見込まれるからである。

　これらの条件①～③を満たす可能性があるのは，フリーライダー問題解消よりも，新規参入のためになされる上限価格の拘束の方がありうる。例えば，これまで認知されていないブランドのメーカーが市場に新規参入するために，発売当初の一定期間，価格を低く抑えて販売するよう販売店の価格を拘束し（さ

らなる値引きは自由)、消費者に手にとってもらい普及を図るような場合が考えられるかもしれない。

(5) その他の「正当な理由」

その他、通常、違法とはならない例として、流通・取引慣行ガイドラインでは2つの例が挙げられている。〔1〕委託販売の場合であって、受託者は、受託商品の保管、代金回収等についての善良な管理者としての注意義務の範囲を超えて商品が滅失・毀損した場合や商品が売れ残った場合の危険負担を負うことはないなど、当該取引が委託者の危険負担と計算において行われている場合。〔2〕メーカーと小売業者（またはユーザー）との間で直接価格について交渉し、納入価格が決定される取引において、卸売業者に対し、その価格で当該小売業者（またはユーザー）に納入するよう指示する場合であって、当該卸売業者が物流および代金回収の責任を負い、その履行に対する手数料分を受け取ることとなっている場合など、実質的にみてメーカーが販売していると認められる場合（流通・取引慣行ガイドライン・第2部第1・2(7)）。

委託販売は、商品Aの所有権を売主に留保したまま、委託先に購入者を見つけてもらい、売買は売主と購入者との間で成立し、所有権も売主から購入者に直接移転する。したがって、委託先が転売するものではないので、再販売とはいえない。また、売主は自己の所有物Aについて価格を決めているのであり、再販売価格拘束とは異なる評価が必要になる。ただし、委託販売について、形式的には委託販売であっても、「真正の委託販売とは認められない本件委託販売制が、……実質的に再販売価格維持契約による場合と同様の効果を挙げるために実施されている」場合には違法となる、と判断された事例がある（第二次育児用粉ミルク（森永乳業）事件＝公取委審判審決昭52・11・28審決集24巻106頁）。委託販売では、所有権が売主に留保されるため、その商品Aの危険負担は売主にあるのが通常であるが、委託先に対して、売れ残った場合には買い取らせて処分させるなどの危険負担をさせる特約をつけて委託販売契約を結んでいた。流通・取引慣行ガイドラインの上記の例〔1〕は、これを受けたものである。しかし、この事例は、再販売価格拘束を規制する規定が独立する以前のものであり、当時は、再販売価格拘束とその他の拘束条件付取引が同じ条文

（原始一般指定8項）で規制されていた。現在であれば，2条9項4号の行為要件に該当せず，一般指定12項により違法と判断すべき事例である。つまり，委託販売は行為要件として「再販売」に該当せず，一般指定12項が適用され，売主（所有権者）が危険負担を負う真正の委託販売であれば適法であり，そうではなく実質的に再販売と同様の危険負担を委託先に負わせて価格を維持するために形式的に委託販売契約を取っているだけの行為であると評価されれば違法となる。

(6) 適用除外

再販売価格の拘束には，法律で定められた適用除外規定がある。この場合には例外的に「定価」を表示し，販売店にその小売価格を拘束しても，独禁法の適用がなされず違法とならない。

23条1項は，指定再販であり，公取委が指定する商品については，再販売価格を拘束しても独禁法を適用されない。ただし，現在，指定を受けた商品はなく条文のみが存在している。

23条4項は，著作物再販であり，著作物については再販売価格を拘束しても独禁法を適用されない。ただし，ここにいう著作物とは，著作権法上の著作物と同一概念ではない。著作物再販の対象は，発行された物であり有体物である。そして，その適用対象は，歴史的経緯から，限定的に解釈され運用されている。

公取委によれば，「昭和28年の独占禁止法改正により導入された同法第23条第4項による著作物の再販適用除外制度は，当時の書籍，雑誌，新聞及びレコード盤（著作物4品目）の定価販売の慣行を追認する趣旨で導入されたもの」であり，その後，音楽用テープおよび音楽用CDについては，レコード盤に準じるものとして取り扱い，これら6品目に限定して著作物再販制度の対象としている（事例〔11-12〕ソニー・コンピュータエンタテインメント事件）。当時存在しなかったビデオテープやDVD，ゲームソフト，PCソフトなどは対象にならないし，また，当時存在していたとしても定価販売の慣行がなかった映画フィルムや絵画などは対象にならない。

適用除外の対象となる著作物6品目については，「定価」として価格が示さ

れ，その価格を拘束してもよい。しかし，これは拘束を義務付けるものではなく，自主的に価格拘束をしない場合もある。音楽用CDには，日付を定めて小売価格を定め，それを過ぎれば小売店が価格を自由につけてもよい，という時限再販のものもある。書籍も売れ残り在庫を「バーゲンブック」と称して，値引き販売することがある。

適用除外には，拘束してよい相手方の例外規定がある。23条5項に列挙された法に基づいて設立された組合等に対しては，再販売価格を拘束してはならない，と規定している。そのため，大学生協などでは，書籍を1割程度値引きして販売していることが多い。

この適用除外規定について，現在も維持する意味があるか，については，議論が分かれている。出版業界および政界からは，新聞については戸別配達制度の維持，書籍・雑誌については出版の多様性確保などを根拠に，現行法を維持する意見が主張されている。公取委は，かつて適用除外規定の見直しを考えたことがあるが，現在は現状維持の態度をとっている。

テーマ4　その他の拘束条件付取引

> 取引には契約が必要である。契約は，お互いを拘束する約束ごとである。あらゆる取引は拘束を伴うが，いかなる拘束が「不当」と評価され，違法とされるのだろうか。

(1) 対象となる行為

一般指定12項の行為要件は，排他条件付取引と再販売価格拘束を除くすべての拘束条件付取引を対象としている。しかし，取引には拘束がつきものであり，それらのほとんどは公正な競争を阻害するものではない。したがって，例外違法の行為類型と位置付けられている。

流通・取引慣行ガイドラインでは，①「新規参入者や既存の競争者にとって代替的な流通経路を容易に確保することができなくなるおそれがある場合」や，②「当該商品の価格が維持されるおそれがある場合」を対象とする，と述べて

いる。すなわち，排他条件付取引の行為要件にぴったり合致するものではないが同様に他の事業者を排除して公正競争阻害性を生じる行為，および，再販売価格を拘束するとはいえないが同様に販売店間の価格競争を制限し価格維持のおそれが生じる行為を考えている。

実際の運用では，後者②の再販売価格拘束類似行為がほとんどで，そのバリエーションは多い。以下では，まず，(2)～(6)で，その代表的な事例を列挙し解説する。その後，(7)で①にあたる類型の事例を紹介する。これらの他に，一般指定12項が適用された事例には，①と②のどちらにも分類しにくい事例もあるが，別で詳しく紹介されているためここでは割愛する（事例〔7-3〕・事例〔23-13〕マイクロソフト非係争条項事件参照）。

(2) 再販売ではない価格拘束

仕入れた商品を，そのまま転売するのが再販売である。原材料を仕入れ，それを加工して別の商品を作って販売している場合，再販売とはいえない。また，役務（サービス）の取引も法文上2条9項4号の対象とはされていない。しかし，形式的に商品の再販売ではなくとも，価格を拘束すれば，価格競争を制限し価格維持のおそれが生じる。

事　例〔11-10〕　小林コーセー事件

　Y（小林コーセー）は，「ロレアル化粧品」を製造販売しており，美容室向けパーマ液の国内販売実績は業界第1位であり，2位以下を大きく引き離している。Yは，パーマ液を代理店を通じて美容室に販売し，美容室はこのパーマ液を使用してパーマを施術している。

　Yは，代理店に対し，新商品であるパーマ液Aを使用したパーマ施術の最低料金は6,000円とし，美容室にこれを下回る料金で施術しないようにさせる旨を指示した。Yは，代理店および美容室との3者間で覚書を交わし，最低料金を下回った場合にはパーマ液Aの販売停止をする旨定めた。

　Yは，同社の販売するパーマ液の代理店とこれからパーマ液を購入する美容室との取引を不当に拘束する条件をつけて，当該代理店と取引しているものであり，これは，不公正な取引方法の一般指定13項（現一般指定12項）に該当し，独

占禁止法第 19 条の規定に違反するものである。

〔公取委勧告審決昭 58・7・6 審決集 30 巻 47 頁〕

　パーマ施術の料金には，使用されるパーマ液の値段も含まれているだろうが，それは一部にすぎない。したがって，パーマ液の再販売ではない。しかし，パーマ施術の最低料金を定めれば，美容室間の価格競争を制限することになり，価格維持のおそれが生じる。類似の事例として，映画配給会社が映画館に映画観覧料金を拘束した事例（20 世紀フォックス事件＝公取委勧告審決平 15・11・25 審決集 50 巻 389 頁）がある。

　価格競争を制限する行為は，自由競争を減殺し公正競争阻害性を生じる。再販売の価格拘束でなくとも，価格拘束はほとんどの場合に違反となる。

(3) 価格表示・値引表示の制限

　価格そのものは拘束しないが，価格競争を抑制するために価格広告や値下げ表示をしないよう拘束する場合がある。

事　例〔11-11〕　ジョンソン・エンド・ジョンソン事件

　Y（ジョンソン・エンド・ジョンソン）は，視力補正用コンタクトレンズの販売業を営む者であり，わが国における 1 日使い捨てタイプの視力補正用コンタクトレンズの販売高において業界第 1 位を占めており，第 2 位以下を大きく引き離している。

　Y は，取引先小売業者との取引に当たり，ワンデーアキュビュー 90 枚パックの販売およびワンデーアキュビューモイスト 90 枚パックの販売に関し，それぞれ，当該製品の販売開始以降，当該取引先小売業者に対し，広告において販売価格の表示を行わないようにさせていた。

　Y は，DD プランと称する販売促進策の対象事業者として同社が選定した取引先小売業者との取引に当たり，ワンデーアキュビューモイスト 30 枚パックの販売に関し，遅くとも平成 21 年 12 月以降，当該取引先小売業者に対し，ダイレクトメールを除く広告において販売価格の表示を行わないようにさせていた。

　これらは，取引先小売業者の事業活動を不当に拘束する条件を付けて，当該取引先小売業者と取引していたものであって，不公正な取引方法の一般指定 12 項

に該当し，独占禁止法第19条の規定に違反するものである。

〔公取委排除措置命令平22・12・1審決集57巻第2分冊50頁〕

　消費者は，価格を比較して，最も低価格な販売店を選んで購入する。販売店も客を引きつけるために，価格を下げ広告をする。これによって価格競争が活発になる。価格表示をさせないことで，価格を比較する消費者を引きつける競争が制限され，価格競争が減少し，価格維持のおそれが生じる。類似の事例に，東北セルラー事件（公取委勧告審決平9・11・5審決集44巻275頁）がある。

(4) 取引先制限

　価格の安い商品が出回らないよう防止するため取引先を制限する行為，例えば，安売り業者に商品を卸さないよう拘束する，あるいは，並行輸入品を取り扱わないよう拘束する，などの行為は，安い商品が販売されなくなり，価格競争が起きにくくなるため，価格維持のおそれが生じる。

事　例〔11-12〕　ソニー・コンピュータエンタテインメント事件

　被審人（ソニー・コンピュータエンタテインメント）は，プレイステーション（PS）と称する家庭用テレビゲーム機，PSソフトおよびPSハード用周辺機器の販売に当たり，平成6年6月ころまでに，直接小売業者と取引し，これら小売業者が一般消費者に販売するという「直取引」を基本とし，取扱店舗を限定するなどの流通政策を具体化するとともに，PS製品の流通を委ねる小売業者および卸売業者との関係で，①「(PSソフトの) 値引き販売禁止」，②「(PSソフトの) 中古品取扱い禁止」，③「(PS製品の) 横流し禁止」の3つの販売方針を採用し，小売業者および卸売業者に対し，この3つの販売方針を遵守するよう要請し，要請を受け入れた業者とのみPS製品の取引を行うこととし，平成6年9月中旬以降，前記販売方針を受け入れた業者と順次特約店契約を締結した。

　ア　被審人の値引き販売禁止，中古品取扱い禁止および横流し禁止の3つの販売方針は，被審人のPS製品，なかんずくPSソフトの直取引を基本とする流通政策の一環として，これを実現させるために関連した一体的なものとして決定され，実施されたものであると認められる。

　イ　被審人の値引き販売禁止行為は再販売価格の拘束に当たり，特段の正当な

> 　理由の存在も認められない以上，被審人の同行為は，公正競争阻害性を有するものと認められる。
> ウ　中古品取扱い禁止行為は，新品PSソフトの再販売価格の拘束行為の実効的な実施に寄与し，同行為を補強するものとして機能していると認められる。したがって，本件中古品取扱い禁止行為は，その点において再販売価格の拘束行為に包含され，同行為全体として公正競争阻害性を有するものと認められる。
> エ　被審人のPS製品の流通政策の一環としての横流し禁止の販売方針は，それ自体，取扱い小売業者に対してPSソフトの値引き販売を禁止する上での前提ないしはその実効確保措置として機能する閉鎖的流通経路を構築するという側面および閉鎖的流通経路外の販売業者へのPS製品の流出を防止することにより外からの競争要因を排除するという側面の両面において，PSソフトの販売段階での競争が行われないようにする効果を有しているものである。
> 　　被審人によるPSソフトの値引き販売禁止行為が平成9年11月ころに消滅したことによって，横流し禁止行為の公正競争阻害性の根拠のうち，閉鎖的流通経路内での値引き販売禁止の前提ないし実効確保としての意味が失われたとしても，閉鎖的流通経路外へのPS製品の流出を防止し，外からの競争要因を排除する効果が直ちに失われるものではないから，PSソフトの販売段階での競争を制限するPSソフトの横流し禁止行為には，現時点でも公正競争阻害性が認められる。
>
> 〔公取委審判審決平13・8・1審決集48巻3頁〕

　この**事例**〔11-12〕における「横流し」とは，小売業者が，自己の在庫品を，他の小売業者に販売することで，同じ取引段階の小売業者同士の取引であることから「仲間取引」とも呼ばれる。「横流し」というと，横領して売り払う違法行為のように感じるかもしれないが，自己に所有権のある在庫品を売るだけであり，そのような違法行為とは異なる。ネガティブな印象を与えるネーミングに，これを苦々しく思っているメーカーの態度が表れている。この事例では，①値引き販売禁止とともに③横流し禁止の販売方針が立てられており，廉売業者に商品が供給され価格競争が引き起こされることを防止することが目的であると認定され，価格維持のおそれが生じるとされた。

取引相手を制限する拘束には,「横流し禁止」「仲間取引の禁止」の他にも,「一店一帳合制」や「選択的流通制」など,様々な名称・形態のものがある。小売業者に対して,同業者に転売しないよう拘束することが合理的で,競争促進効果を生じブランド間競争を促進する場合もある。流通・取引慣行ガイドラインは,以下のように述べている。

資　料〔11-13〕　流通・取引慣行ガイドライン・第2部第2・5

「メーカーが自社の商品を取り扱う流通業者に関して一定の基準を設定し,当該基準を満たす流通業者に限定して商品を取り扱わせようとする場合,当該流通業者に対し,自社の商品の取扱いを認めた流通業者以外の流通業者への転売を禁止することがある。いわゆる『選択的流通』と呼ばれるものであり,……競争促進効果を生じる場合があるが,商品を取り扱う流通業者に関して設定される基準が,当該商品の品質の保持,適切な使用の確保等,消費者の利益の観点からそれなりの合理的な理由に基づくものと認められ,かつ,当該商品の取扱いを希望する他の流通業者に対しても同等の基準が適用される場合には,たとえメーカーが選択的流通を採用した結果として,特定の安売り業者等が基準を満たさず,当該商品を取り扱うことができなかったとしても,通常,問題とはならない」。

---

(5)　地域制限

メーカーが,販売店の活動地域を定めて,販売店同士の競合を避けさせる場合がある。それぞれの地域に,販売店が1つしかない場合,販売店間の価格競争が生じなくなる可能性がある。

資　料〔11-14〕　流通・取引慣行ガイドライン・第2部第2・3

「(1) 流通業者の販売地域に関する制限として,例えば,

〔1〕メーカーが流通業者に対して,一定の地域を主たる責任地域として定め,当該地域内において,積極的な販売活動を行うことを義務付けること(主たる責任地域を設定するのみであって,下記〔3〕又は〔4〕に当たらないもの。以下「責任地域制」という。)

〔2〕メーカーが流通業者に対して,店舗等の販売拠点の設置場所を一定地域内

に限定したり，販売拠点の設置場所を指定すること（販売拠点を制限するのみであって，下記〔3〕又は〔4〕に当たらないもの。以下「販売拠点制」という。）

〔3〕メーカーが流通業者に対して，一定の地域を割り当て，地域外での販売を制限すること（以下「厳格な地域制限」という。）

〔4〕メーカーが流通業者に対して，一定の地域を割り当て，地域外の顧客からの求めに応じた販売を制限すること（以下「地域外顧客への販売制限」という。）等が挙げられる。

(2) 責任地域制及び販売拠点制

　メーカーが商品の効率的な販売拠点の構築やアフターサービス体制の確保等のため，流通業者に対して責任地域制や販売拠点制を採ることは，厳格な地域制限又は地域外顧客への販売制限に該当しない限り，違法とはならない。

(3) 厳格な地域制限

　市場における有力なメーカーが流通業者に対し厳格な地域制限を行い，これによって当該商品の価格が維持されるおそれがある場合には，不公正な取引方法に該当し，違法となる（一般指定12項（拘束条件付取引））（注8）。

(注8) 新商品のテスト販売や地域土産品の販売に当たり販売地域を限定する場合は，通常，これによって当該商品の価格が維持されるおそれはなく，違法とはならない。

(4) 地域外顧客への販売制限

　メーカーが流通業者に対し地域外顧客への販売制限を行い，これによって当該商品の価格が維持されるおそれがある場合には，不公正な取引方法に該当し，違法となる（一般指定12項）。」

　流通・取引慣行ガイドラインは，他の地域の販売店との間に競争が生じる余地がどれほどあるか，という基準で，4つの類型に分類している。地域制限を設けて取引するマーケティング手法を，テリトリー制と呼ぶこともある。上記**資料〔11-14〕**において，〔1〕〜〔3〕は，テリトリー外への積極販売を制限するものであるが，顧客の側からの選択は自由にできる。その限りで競争の可能性が残されている。他方，〔4〕は，顧客の側から来た場合でも販売してはならない，という消極販売の制限になっている。これは，積極販売と消極販売の両方が制限されることで，テリトリー内の顧客はすべて独占できる状況になる。したがって，ブランド内競争は完全に消滅し，価格維持のおそれが生じやすい環

境になる。

　メーカーにとって，自己の商品を扱う販売店を増やすためには，一定の地域を排他的に用意して，その地域における顧客を開拓してもらう，という方法が有効な場合もある。したがって，形式的な分類だけでなく，メーカー間の競争（ブランド間競争）にも目を配った上で公正競争阻害性を評価すべきである。流通・取引慣行ガイドラインでは，「当該商品の価格が維持されるおそれがある場合」に違法となるものとしている。

(6) 販売方法の制限

　メーカーが小売業者に対して，販売方法を制限することは，商品の安全性の確保，品質の保持，商標の信用の維持等，当該商品の適切な販売のためのそれなりの合理的な理由が認められ，かつ，他の取引先小売業者に対しても同等の条件が課せられている場合には，それ自体は独占禁止法上問題となるものではない（流通・取引慣行ガイドライン・第2部2・6(2)）。

事　例〔11-15〕資生堂東京販売事件

　「1　被上告人は，我が国において最大の売上高を有する化粧品メーカーである株式会社資生堂（以下『資生堂』という。）の製造する化粧品を専門に取り扱う販売会社であり，上告人は，化粧品の小売販売等を業とする会社である。

　被上告人は，資生堂化粧品の販売先である各小売店との間において，同一内容の『資生堂チェインストア契約書』に基づいて，化粧品の供給を目的とした特約店契約を締結して取引を行っており，上告人とも，昭和37年に特約店契約（以下『本件特約店契約』という。）を締結して取引を継続してきた」。

　「3　本件特約店契約に基づき，特約店は，資生堂化粧品の専用コーナーの設置，被上告人の主催する美容セミナーの受講などの義務を負い，化粧品の販売に当たり，顧客に対して化粧品の使用方法等を説明したり，化粧品について顧客からの相談に応ずることが義務付けられている。

　4　被上告人は，販売に当たり，顧客に対して化粧品の使用方法等の説明をしたり，顧客の相談に応ずること（以下『対面販売』という。）にしている理由として，化粧品の使用によって発生するおそれのある皮膚に関するトラブルの発生を未然に防止すること及び化粧品の販売は単なる『もの』の販売ではなく，それ

を使用して美しくなるとの機能を販売することが大切であるから、顧客に化粧品の上手な使い方を教えるために必要であることを挙げている」。

「メーカーや卸売業者が販売政策や販売方法について有する選択の自由は原則として尊重されるべきであることにかんがみると、これらの者が、小売業者に対して、商品の販売に当たり顧客に商品の説明をすることを義務付けたり、商品の品質管理の方法や陳列方法を指示したりするなどの形態によって販売方法に関する制限を課することは、それが当該商品の販売のためのそれなりの合理的な理由に基づくものと認められ、かつ、他の取引先に対しても同等の制限が課せられている限り、それ自体としては公正な競争秩序に悪影響を及ぼすおそれはなく、一般指定の13〔現一般指定12項〕にいう相手方の事業活動を『不当に』拘束する条件を付けた取引に当たるものではないと解するのが相当である。

これを本件についてみると、本件特約店契約において、特約店に義務付けられた対面販売は、化粧品の説明を行ったり、その選択や使用方法について顧客の相談に応ずる（少なくとも常に顧客の求めにより説明・相談に応じ得る態勢を整えておく）という付加価値を付けて化粧品を販売する方法であって、被上告人が右販売方法を採る理由は、これによって、最適な条件で化粧品を使用して美容効果を高めたいとの顧客の要求に応え、あるいは肌荒れ等の皮膚のトラブルを防ぐ配慮をすることによって、顧客に満足感を与え、他の商品とは区別された資生堂化粧品に対する顧客の信頼（いわゆるブランドイメージ）を保持しようとするところにあると解されるところ、化粧品という商品の特性にかんがみれば、顧客の信頼を保持することが化粧品市場における競争力に影響することは自明のことであるから、被上告人が対面販売という販売方法を採ることにはそれなりの合理性があると考えられる。そして、被上告人は、他の取引先との間においても本件特約店契約と同一の約定を結んでおり、実際にも相当数の資生堂化粧品が対面販売により販売されていることからすれば、上告人に対してこれを義務付けることは、一般指定の13〔現一般指定12項〕にいう相手方の事業活動を『不当に』拘束する条件を付けた取引に当たるものということはできないと解される」。

〔最判平10・12・18民集52巻9号1866頁〕

この**事例**〔11-15〕では、価格維持を目的としたものではない、ということが前提となっている。仮に、値引き販売をしている販売店だけを狙い、対面販売条項違反を表向きの理由として、出荷停止や解約をしたならば、違反となったと考えられる。このような使い方を防ぐために、「他の取引先に対しても同

等の制限が課せられている限り」という条件がつけられている。

「それなりの合理的な理由」については，「それなり」という文言から，非常に広範に認め，不要なコストのかかる義務を販売店に課すことができるようになるのではないか，と懸念される。しかし，「それ自体としては」との限定付きで認めていることから，価格維持のおそれが生じるのであれば，「それなりの合理的な理由」があっても違法と判断される，とも考えられる。したがって，厳密にはあまり合理性があるようにも思われないような理由であっても，価格維持のおそれが生じない限りは，それなりの合理的な理由から付した拘束について契約自由の原則を尊重する。しかし，低価格販売店のみを対象として，そのような拘束条件を持ち出して事実上の制裁として機能させるなどの場合には，価格維持のおそれが生じるので，それなりの合理的な理由があっても違反になるものと考えられる（事例〔18-17〕マックスファクター事件地裁判決参照。ただし，同事件の高裁判決では，独禁法違反ではなく，民法の信義則違反として処理された）。

(7) 競争排除型の事例

一般指定12項の対象には，11項の排他条件付取引に類似した競争排除型の拘束条件付取引も含まれる。

事　例〔11-16〕大山農協事件

大山農協は，「木の花ガルテン」と称する農産物直売所を運営している。木の花ガルテンの出荷登録者である農業者は，木の花ガルテンに出荷し，直売用農産物の販売を木の花ガルテンに委託している。

主に日田市内で生産された直売用農産物を取り扱う農産物直売所として日田市に所在している施設は，木の花ガルテン2店舗のほか，他の事業者が運営する6店舗あり，合計8店舗あった。既存農産物直売所8店舗の中で最も販売金額の大きな店舗は木の花ガルテン大山店である。また，平成20年4月から平成21年3月までの1年間における木の花ガルテン2店舗における直売用農産物の販売金額の合計は，既存農産物直売所8店舗における直売用農産物の総販売金額の過半を占めていた。

そこへ新たに，株式会社元氣家が運営する「日田天領水の里元氣の駅」と称す

第 11 章　不当な拘束条件付取引　　259

る農産物直売所が，日田市内において営業を開始することとなった。大山農協は，木の花ガルテンの販売金額の減少を防ぐため，平成 21 年 4 月 1 日に開催した臨時理事会において

　(1)木の花ガルテンの出荷登録者のうち，元氣の駅に直売用農産物を出荷するために「元氣の会」と称する組織の会員にもなっている者（双方出荷登録者）に対し，元氣の駅に直売用農産物を出荷しないようにさせること

　(2)その手段として，双方出荷登録者に対し，元氣の駅に直売用農産物を出荷した場合には木の花ガルテンへの直売用農産物の出荷を取りやめるよう申し入れること

を内容とする基本方針を決定した。

　「大山農協の申入れ等の行為により，……双方出荷登録者 40 名程度のうち，……19 名が元氣の駅に直売用農産物を出荷することを取りやめ，また，2 名がこれまで継続して行ってきた木の花ガルテンへの直売用農産物の出荷を取りやめた」。

　「元氣家は，元氣の駅を運営するために必要な量の直売用農産物を確保することが困難な状態となっており，近隣の青果市場を通じて直売用農産物でない農産物を仕入れざるを得なくなり，更には大山町の特産品である梅干しを目玉商品とする催事を中止せざるを得なくなるなど，元氣の駅の運営に支障を来している」。

　「大山農協は，本件基本方針に基づき双方出荷登録者に対して元氣の駅に直売用農産物を出荷した場合には木の花ガルテンへの直売用農産物の出荷を取りやめるよう申し入れるとともに，木の花ガルテンの出荷登録者に対して本件基本方針を周知すること等により，木の花ガルテンの出荷登録者に対し，元氣の駅に直売用農産物を出荷しないようにさせており，これは，木の花ガルテンの出荷登録者の事業活動を不当に拘束する条件を付けて，木の花ガルテンの出荷登録者と取引しているものであって，不公正な取引方法（昭和 57 年公正取引委員会告示第 15 号）の第 13 項〔現 12 項〕に該当し，独占禁止法第 19 条の規定に違反するものである」。

〔公取委排除措置命令平 21・12・10 審決集 56 巻第 2 分冊 79 頁〕

　この**事例〔11-16〕**は，行為者である大山農協の競争者すべてと取引しないよう，取引先に拘束したものではない。実際には，これまでも競争者との取引をさせない方針をとってきたようであるが，今回問題となった基本方針は，元氣屋とだけ取引しないようにさせる内容の拘束であった。競争者すべてと取引

しないよう条件付ける場合は一般指定 11 項の排他条件付取引に，一部との取引を制限する場合は 12 項のその他の拘束条件付取引に分類する運用のため，12 項（旧 13 項）が適用されている。

　排除措置命令の中では，地理的範囲を日田市内とする直売用農産物の販売市場を画定し，木の花ガルテンが販売金額で 50％を超えるシェアを有していたことが認定されている。これは，流通・取引慣行ガイドラインでいう「有力な事業者」に該当する。そして，双方出荷登録者 40 名程度のうち 21 名が，元氣屋との取引を断念した具体的事実，元氣屋が農産物の仕入や催事において支障が生じ運営に困難が生じていることを認定している。その他，双方出荷登録者 40 名程度の他にも出荷登録者は存在するが，知名度等から木の花ガルテンとの取引を望んでいる事実が認定されており，元氣屋がこれらを奪い困難を脱することはなさそうである。流通・取引慣行ガイドラインにいう「競争者の取引の機会が減少し，他に代わり得る取引先を容易に見いだすことができなくなるおそれがある場合」に該当するといえるだろう（前出テーマ 2(2)参照）。

第12章

取引上の地位の不当利用

テーマ1　優越的地位の濫用の規制の意義

優越的地位を濫用すると，市場における競争に悪影響が出るのであろうか。優越的地位の濫用を規制することには，どのような意味があるのだろうか。優越的地位の濫用を独禁法で規制することに，体系的な整合性はあるのだろうか。公正競争阻害性はどのように考えるべきだろうか。

(1) 位置づけ

　優越的地位の濫用に対する規制は，2条9項5号と一般指定13項に規定される。2条9項5号は，(イ)押しつけ販売，(ロ)利益提供の強要，(ハ)受領拒否，返品，支払遅延，減額，不利益となる取引条件設定・変更・実施，といった行為を対象とする。一般指定13項は，役員選任の指示・承認を対象とする。2009（平成21）年改正により，課徴金の対象になる行為とそうでない行為とで分断されて規定されることになったが，優越的地位の濫用として違反となる行為の実質的な内容に変更はない，と解されている。
　取引条件の交渉において，より良い取引条件を引き出そうとすることは競争の一環であり，自己の取引上の地位が強ければ，それを活かして交渉することも競争促進的側面を有する。例えば，大量に購入するのだから値引きするように要求するような交渉は，安く仕入れることによる費用削減，そして競争的な価格設定へとつながる可能性がある。したがって，取引上の立場が取引相手と比較して強いことを利用して，より良い取引条件を要求する行為に対して，それを優越的地位の濫用として安易に規制すると，かえって競争を抑制すること

になりかねないので配慮することが必要である。

　これらの規定を独占禁止法体系上どのように位置づけ，公正競争阻害性をどのように考えるか，について，多くの論争がなされてきた。なかには，優越的地位の濫用の規制それ自体を批判する学説もある。その根拠は，例えば，以下に列挙されるようなものである。

　「優越的地位」とはどういうものか不明確である。自己の地位を活かして最大限有利な取引条件を引き出すことは，競争を促進するために必要な行為である。立場の弱い取引相手が，合理的計算の上で一時的な不利益をあえて受け入れるという経営判断もありうる。相手方より強い立場がある時に自己に有利な条件で取引することを違反とすると，かえって自由競争を害する結果ともなりかねない。独禁法は市場における競争秩序を維持するための法律であるのに対し，個々の取引関係における力の濫用は市場における競争秩序に影響を与えるものではないので，独禁法の体系になじまないものである。米国の反トラスト法やEU競争法を見ても，優越的地位の濫用にあたる規定はない，など。

　以上のような，独禁法により優越的地位の濫用を規制することに批判的な学説も，そのほとんどは，優越的地位の濫用に対する規制や下請法のような法律が必要であることは認めている。すなわち，優越的地位の濫用を受けた取引の相手方は，たとえ被害を受けたとしても，立場が弱いがゆえに報復をおそれ司法制度等を通じた自主的な不利益の回復がほぼ不可能であるため，公権力が介入することが必要となる。ただ，独禁法の体系の中に位置づけることに体系上の違和感があり，独禁法とは別の法律として優越的地位の濫用に対する規制を定めるべきである，と主張している。

　他方，単なる弱者保護あるいは中小企業保護としてではなく，競争秩序の一環として公益を図る規制であると考え，独禁法の中に位置づけることに意義がある，と通説を補強する主張もある。独禁法の中に位置づけることで，非効率な事業者を保護することに熱心なあまり社会的損失が生じることを抑制し，公正かつ自由な競争との調和を図ろうとする。

　公取委においても，単なる弱者保護のための規定と位置づけているわけではない。

> **資　料〔12-1〕　優越的地位濫用ガイドライン**
>
> 「第1　優越的地位の濫用規制についての基本的考え方
> 　1　事業者がどのような条件で取引するかについては，基本的に，取引当事者間の自主的な判断に委ねられるものである。取引当事者間における自由な交渉の結果，いずれか一方の当事者の取引条件が相手方に比べて又は従前に比べて不利となることは，あらゆる取引において当然に起こり得る。
> 　しかし，自己の取引上の地位が相手方に優越している一方の当事者が，取引の相手方に対し，その地位を利用して，正常な商慣習に照らして不当に不利益を与えることは，当該取引の相手方の自由かつ自主的な判断による取引を阻害するとともに，当該取引の相手方はその競争者との関係において競争上不利となる一方で，行為者はその競争者との関係において競争上有利となるおそれがあるものである。このような行為は，公正な競争を阻害するおそれがあることから，不公正な取引方法の一つである優越的地位の濫用として，独占禁止法により規制される」。

　このように，取引の相手方の自由かつ自主的な判断による取引の阻害，当該取引の相手方が競争上不利となること，それにより行為者が競争上有利となることを問題としている。

　学説において，近年では，ホールドアップ理論とか不完備契約論などを用いた経済学的説明を試みるものも見られる。完全でない契約（不完備契約）によって，契約締結後に相手が逃げられないことを利用して無理難題を押しつける行動（機会主義的行動）がなされることを防ぐのが，優越的地位の濫用の規制であると説明する。例えば，ある取引相手専用で他に転用不可能な設備投資（関係特殊投資）をすると，そのコストを回収するためにその取引相手と取引を続けざるをえなくなるのに対し，相手方は一度そのような関係に入ると不当な要求を突きつけやすくなる。このような不当な要求が横行すると，そのような不当な要求にさらされることのないよう，特定の取引相手との取引にしか使えない設備への投資をしないように行動するようになる。これは社会的に見れば，相手方が不当な要求をしない，という保証がないために最適な投資がなされていない状況であり効率的でない。そこで，法によってそのような不当な要求を

することを禁止すれば，事後的に不当な要求を突きつけられる危険は減少するので，当該相手方専用の投資を行うようになり，社会的に見て効率的になる，というものである。

関係特殊投資による説明は，優越的地位の濫用の規制の一部について有意義な説明になっている。例えば，製造業における下請取引については当てはまる。しかし，関係特殊投資のあまりない流通業，例えば，大規模小売業者が納入業者に対して行う濫用行為については当てはまらない。機会主義的行動を誘発する不完備契約は，関係特殊投資に限られず，多くの場面に存在するため，それぞれの実態に即した理解が必要である。

(2) 公正競争阻害性

優越的地位の濫用の公正競争阻害性は，現在の通説的見解によれば，「自由競争基盤の侵害」である，と説明されている。「自由競争基盤」とは，いったいどのようなものを指しているのであろうか。

次の資料は，1982（昭和57）年に一般指定が改正された際に示された考え方である。

資　料〔12-2〕　独占禁止法研究会報告書「不公正な取引方法に関する基本的な考え方」（昭57・7・8）

第一部　総論
二　公正競争阻害性の基本的な考え方
「(5)　自由競争基盤の侵害については，次のように考えることができる。
　ア　取引主体の自由かつ自主的な判断により取引が行われるという自由競争基盤の保持の侵害としてとらえるものであり，これは優越的地位にある事業者が，取引の相手方に対して，①取引するかどうか（取引先選択の自由），②取引条件の自由な合意，③取引の履行・事業遂行の自由という，事業活動上の自由意思を抑圧し，不当に不利益な行為を強要することによりなされる。
　これらの侵害は，市場における自由な競争そのものを直接侵害するおそれがあるものではないが，当該取引の相手方の競争機能の発揮の妨げとなる行為であり，このような行為は，第一に，不利益を押し付けられる相手方は，その競争者との関係において競争条件が不利となり，第二に行為者の側においても，

価格・品質による競争とは別の要因によって有利な取扱いを獲得して，競争上優位に立つこととなるおそれがある。

イ　この場合は，①行為者が優越的地位にあり，かつ，②その地位を利用して相手方に取引条件その他について不当に不利益となる行為（抑圧的行為）をすることであるが，独占禁止法上排除の対象となる行為であるので，当該不利益の程度，行為の広がり等を考慮して公正な競争秩序とかかわりがある場合に規制することとなろう」。

第二部　各論

九　取引上の地位の不当利用

「(1)　取引当事者間に取引上の地位の格差があることは通常であり，その反映として，一方の取引当事者の取引条件が不利となっても，そのこと自体は問題とならない。しかし，取引上の地位が優越している事業者が，その地位を利用して相手方に不当な不利益を与えることにより，取引主体が取引の諾否及び取引条件について自由かつ自主的に判断することによって取引が行われているという，自由な競争の基盤を侵害する場合には違法となる。

このように，取引上の地位の不当利用の公正競争阻害性は，自由競争基盤を侵害する点に求められる」。

「自由競争基盤の侵害」とは，上記**資料〔12-2〕**によると，以下のような内容であるといえる。(a)市場における競争は個々の事業者の競争行為から成り，(b)個々の事業者が自己の計算で合理的な判断ができること（事業活動上の自由意思）が必要である，(c)しかしそれを抑圧して競争単位として機能しないようにしていく行為は競争の基盤を侵害するものだ。すなわち，「自由競争基盤」というのは，個々の事業者が自主的に取引内容を合理的に判断し競争単位として競争に参加できる状態であり，それが侵害されることに公正競争阻害性を認めるものである。

上記**資料〔12-2〕**によると，「当該不利益の程度，行為の広がり等を考慮」して規制するとされている。公取委によると，「例えば，①行為者が多数の取引の相手方に対して組織的に不利益を与える場合，②特定の取引の相手方に対してしか不利益を与えていないときであっても，その不利益の程度が強い，又はその行為を放置すれば他に波及するおそれがある場合には，公正な競争を阻

害するおそれがあると認められやすい」(優越的地位濫用ガイドライン・第1・1)と説明されている。

テーマ2 優越的地位

優越的地位とはどのような地位だろうか。競争者と比較して優越していることだろうか、それとも取引相手と比較して優越していることだろうか。業界最下位の事業者でも、取引相手と比較して強い立場なら、優越的地位にあるといえるのだろうか。逆に、小規模な事業者が優越的地位になることはないのだろうか。優越的地位とは、どのようにして認定されるのだろうか。

(1) 優越的地位の意義

「取引上の地位が優越」しているとは、どのような地位をいうのであろうか。また、それを判断するためには、何に着目すべきであろうか。公取委による優越的地位濫用ガイドラインでは、以下のように述べられている。

資　料〔12-3〕　優越的地位濫用ガイドライン

「第2　『自己の取引上の地位が相手方に優越していることを利用して』の考え方

　1　取引の一方の当事者（甲）が他方の当事者（乙）に対し、取引上の地位が優越しているというためには、市場支配的な地位又はそれに準ずる絶対的に優越した地位である必要はなく、取引の相手方との関係で相対的に優越した地位であれば足りると解される。甲が取引先である乙に対して優越した地位にあるとは、乙にとって甲との取引の継続が困難になることが事業経営上大きな支障を来すため、甲が乙にとって著しく不利益な要請等を行っても、乙がこれを受け入れざるを得ないような場合である。

　2　この判断に当たっては、乙の甲に対する取引依存度、甲の市場における地位、乙にとっての取引先変更の可能性、その他甲と取引することの必要性を示す具体的事実を総合的に考慮する」。

市場における競争者との比較での「有力な事業者」とは異なり，個別の取引相手との比較で相対的に優越していることを意味する。例えば，市場におけるシェアや順位が低い事業者であっても，取引相手との関係で，相手方にとって当該行為者との「取引の継続が困難になることが事業経営上大きな支障を来すため」，当該行為者の要請が「自己にとって著しく不利益なものであっても，これを受け入れざるを得ないような場合」があれば，優越的地位にあるとされる。

(2) 優越的地位の認定方法

優越的地位の認定は，個別の取引相手との関係で相対的優越性があることだけでなく，市場における地位も必要であるのか，については議論のあるところである。上記**資料〔12-3〕**も，行為者の市場における地位を考慮要素に入れているが，「甲のシェアが大きい場合又はその順位が高い場合には，甲と取引することで乙の取引数量や取引額の増加が期待でき，乙は甲と取引を行う必要性が高くなるため，乙にとって甲との取引の継続が困難になることが事業経営上大きな支障を来すことになりやすい」から，ということである。行為者が市場において有力であれば取引先転換の可能性が下がる，という程度の意味に考えられる。

近年の事例においては，行為者の市場における地位について認定している。他方，原始一般指定10号に関する判例には，市場における地位に言及せず，専ら取引の相手方との関係のみで優越的地位を認めた例もある（例えば，**事例〔12-6〕**岐阜商工信用組合事件）。

最近の事例は，大規模小売業者（百貨店，スーパー，ディスカウント店，家電販売店，フランチャイズ本部など）についての事例が多い。納入業者にとって，(a)有力な取引先であり，(b)納入取引の継続を強く望んでいる状況であり，(c)取引継続のために価格・品質等の取引条件以外に種々の要請に従わざるをえない立場であること，を示して優越的地位を認定した事例が多くみられる。大規模小売業者の事例が多いことを受け，特殊指定「大規模小売業者による納入業者との取引における特定の不公正な取引方法」（平17・5・13）が告示されている。この特殊指定では，売上高あるいは店舗面積により適用対象事業者が決まる

(後出テーマ4(2)参照)。

　フランチャイズ本部とフランチャイズ加盟店との間の関係も，優越的地位が認められやすい（**事例〔12-5〕**セブン－イレブン・ジャパン事件）。また，銀行と借り手との間の関係についても，認められやすい（**事例〔12-6〕**岐阜商工信用組合事件）。

　付属法規である下請法では，迅速かつ明確な法運用をするため，資本金の額を基に親事業者（発注事業者）と下請事業者という地位の認定をしている（第20章参照）。特殊指定においても，このような認定方法が導入されたものとして，「特定荷主が物品の運送又は保管を委託する場合の特定の不公正な取引方法」（平16・3・8）がある（後出テーマ4(4)参照）。

テーマ3　濫 用 行 為

　優越的地位の「濫用」とは，いかなる行為だろうか。どのような場合に，濫用と認定されるのだろうか。優越的地位の濫用に対しては，どのような措置がとられるのだろうか。

(1)　百貨店による濫用

　優越的地位の濫用の典型的な行為としては，押し付け販売や，金銭その他の利益を提供させる行為などがある。実際の事例では，優越的地位にある事業者が，複数の濫用行為を同時に行っていた例が多い。

事 例〔12-4〕三 越 事 件

　Y（三越）の売上高は，昭和52年当時，百貨店業界で1位，小売業界全体で2位の地位を占めており，老舗として高い信用を得ていた。商品の納入業者にとって，Yは極めて有力な取引先であり，同社と納入取引を行うことを強く望んでいる状況にあった。

　Yは，売場外で各従業員の業務上のまたは個人的な縁故関係を通じて積極的に販売すること（店頭外販売）を強力に推進し，納入業者に対しても納入取引関

係を利用して商品または役務の購入を要請し，その売込みを行った。例えば，(イ)主としてYが開発または直接に輸入した商品のうちから選定された，一般の商品のそれよりもマージン率がかなり高いものの販売。(ロ)Yが映画会社と共同して制作した映画の前売入場券（1枚900円）約60万枚のうちの16万5000枚の販売。(ハ)Yが開催する軽井沢町での花火大会等のショーの入場券（A席券〔宿泊費，食事代および交通費を含む〕4万円，B席券〔食事代を含む〕2万円）の販売。(ニ)「パリ三越開店7周年記念ツアー」等の海外旅行の販売。Yから購入の要請を受けた納入業者は，同社と商品の納入取引を継続して行う立場上，その購入を余儀なくされていた。

　Yは，納入業者に対し，合理的な理由がなく，また負担する費用の算出根拠が明らかでない費用の負担を求めた。例えば，(イ)Yの店舗における売場改装費用の一部。(ロ)Yの大売り出し等特定の商品の販売のために各売場が行う催物の費用。(ハ)Y開催による軽井沢町の花火大会等のショーの費用の一部。(ニ)Yが参加する「大銀座まつり」（銀座通連合会による開催）の花自動車，パレード等の費用の一部。(ホ)Y大阪支店における「さくらまつり」と称する催物の費用。Yから費用の負担を要請された納入業者らは，同社と商品の納入取引を継続して行う立場上，当該費用の負担を余儀なくされていた。

〔公取委審判審決昭57・6・17審決集29巻31頁〕

　この**事例〔12-4〕**は百貨店によるものであるが，その他，コンビニエンスストアのフランチャイズ本部が，フランチャイズ店舗の商品の仕入れをまとめて行う際に，金銭提供や1円での納入を強要した例がある（ローソン事件＝公取委勧告審決平10・7・30審決集45巻136頁）。その他，流通業における事例では，人員派遣の要求が濫用行為に含まれていた事例が多い。百貨店，スーパー，ディスカウント店，フランチャイズ本部などによる，納入業者に対する優越的地位の濫用に対しては，特殊指定の適用の可能性もある（後出テーマ4(2)参照）。

(2)　**フランチャイズ本部による濫用**
　フランチャイズ本部は，納入業者に対してだけでなく，フランチャイズ加盟店に対しても優越的地位にあることが多い。他方，フランチャイズチェーンとしての性質上，統一的な経営方針に沿った事業活動を確保するため，様々な取

引条件の設定や経営指導なども必要となる場合が多い。次の事例では，いかなる点が優越的地位の濫用として判断されたのだろうか。

事　例〔12-5〕 セブン-イレブン・ジャパン事件

セブン-イレブン・ジャパン（Y）は，わが国において，「セブン-イレブン」という統一的な商標等の下に，コンビニエンスストアに係るフランチャイズ事業を営む事業者であり，店舗数および売上額について最大手の事業者である。Yは，加盟者との間で，加盟者が使用することができる商標等に関する統制，加盟店の経営に関する指導および援助の内容等について規定する加盟店基本契約を締結している。加盟者にとっては，Yとの取引を継続することができなくなれば事業経営上大きな支障を来すこととなり，加盟者はYからの要請に従わざるをえない立場にあり，Yの取引上の地位は加盟者に対し優越している。

Yは，販売を推奨する商品のうちデイリー商品（品質が劣化しやすい食品および飲料であって，原則として毎日店舗に納品されるもの）について，メーカー等が定める消費期限または賞味期限より前にY独自基準による販売期限を定め，加盟店基本契約等により，販売期限を経過したデイリー商品についてはすべて廃棄させていた。加盟店で廃棄された商品の原価相当額の全額が加盟者の負担となる。Yは，加盟者に対し見切り販売の取りやめを余儀なくさせ，もって，加盟者が自らの合理的な経営判断に基づいて廃棄に係るデイリー商品の原価相当額の負担を軽減する機会を失わせている，として，公取委は排除措置命令を命じた。

〔公取委排除措置命令平21・6・22審決集56巻第2分冊6頁〕

　公取委は，フランチャイズ・ガイドライン（平14・4・24）において，「本部が加盟者に対して供与（開示）した営業の秘密を守り，また，第三者に対する統一したイメージを確保すること等を目的とするものと考えられ，このようなフランチャイズ・システムによる営業を的確に実施する限度にとどまるものであれば，直ちに独占禁止法上問題となるものではない」と述べている。他方，「フランチャイズ・システムによる営業を的確に実施するために必要な限度を超えて」，取引先の制限，仕入数量の強制，見切り販売の制限，フランチャイズ契約締結後の契約内容の変更，契約終了後の競業禁止，といった行為により，正常な商慣習に照らして不当に不利益を与える場合に違法となる，とされてい

る。

(3) 金融機関による濫用

　金銭消費貸借契約の貸主である金融機関は，借り手に対して優越的地位を有する場合が多い。次の事例は，貸付けの条件として，必要とする金額以上の金銭を貸借し，その必要とする金額との差額分を定期預金にすることを義務づける行為について争われた事例である。金融機関は，このような義務づけにより，利息制限法の制限利率を超える実質金利を獲得しようとしていたため，その契約の有効性について私訴が提起されたものである。

事　例〔12-6〕　岐阜商工信用組合事件

　「……本件においては，金融機関である被上告人が経済的弱者である上告人に，実質貸付額 550 万円にすぎない本件貸付をするにあたり，その取引条件として，前記のとおり本件貸付契約及び本件別口貸付契約により合計 600 万円を超過して貸し付け，右金員を拘束された即時両建預金である本件定期預金及び本件むつみ定期預金とさせたものであると認めるべきである。……すなわち実質金利は，計算上年 1 割 7 分 1 厘 8 毛余であつて，利息制限法 1 条 1 項所定の年 1 割 5 分の制限利率を超過するなどの事情が認められるのであるから，前記取引条件は，少なくとも，被上告人が実質貸付額 550 万円の貸付にあたり不法に高い金利を得る目的のもとに上告人に要求したものと認めるのが相当である。したがつて，右取引条件は，被上告人の『取引上の地位が優越していることを利用』して附された『正常な商慣習に照らして相手方に不当に不利益な条件』であつて，被上告人は本件貸付につき独禁法 19 条及び一般指定 10〔現 2 条 9 項 5 号〕にいう不公正な取引方法を用いたものであるというべきである」。

〔最判昭 52・6・20 民集 31 巻 4 号 449 頁〕

　この**事例〔12-6〕**では，原始一般指定 10 号が認定されているが，これは優越的地位の濫用の規定である。借受人が必要としたのは 550 万円であるのに，1150 万円を貸し付け，600 万円を定期預金として預けさせ，実質的に通常の利率よりも高い金利を得ていた。必要としていない金額を貸し付ける，という意

味では，押し付け販売に近い性質を有するようにも見えるが，利息制限法違反ともなるような実質金利での貸付けという点からは，不利益となる条件設定と見る方がよいだろう。

金融機関による借り手に対する濫用に関する他の事例として，借受人に対して金融派生商品（金利スワップ）の購入を要請した事例もある（三井住友銀行事件＝公取委勧告審決平17・12・26審決集52巻436頁）。

(4) 課徴金制度

優越的地位の濫用に対しては，排除措置命令の他に，課徴金納付命令が用意されている（課徴金制度については，第16章テーマ3参照）。

20条の6により，2条9項5号の行為は，「継続して」行われている場合に課徴金の対象となり，売上額の1％の課徴金の納付が命じられる。20条の2から20条の5の規定が，10年以内に違反行為を繰り返した場合に売上額の3％を課徴金とするのに対して，優越的地位の濫用は，初めて違反とされた場合でも「継続して」行っていた場合には課徴金が課せられる点，そして，課徴金の算定率が1％である点が異なる。

「継続して」とは，どの程度の期間であるか，明らかにされていない。学説には，定期的あるいは恒常的になされていた場合である，と解する説がある。

それでは，例えば，返品，人員派遣，金銭要求，購入強制などの行為を，時期を変え，相手を変え，いくつも行ってきた場合，それぞれの行為は単発的なので継続しておらず，課徴金の対象とはならない，ということになるだろうか。公取委は，これら一連の行為をまとめて1つの濫用行為として構成し，「継続して」行っていたものとして，課徴金納付を命じている。

課徴金算定の基礎となる売上額は，当該違反行為の対象となった取引相手との取引にかかる売上額である。

実際の事例としては，山陽マルナカ事件（公取委課徴金納付命令平23・6・22審決集58巻第1分冊312頁・審判継続中）で2億2216万円，日本トイザらス事件（公取委審判審決平27・6・4審決集62巻119頁）で2億2218万円，エディオン事件（公取委課徴金納付命令平24・2・16審決集58巻第1分冊384頁・審判継続中）で40億4796万円，ラルズ事件（公取委課徴金納付命令平25・7・3審決集60巻第1分

冊 435 頁・審判継続中）で 12 億 8713 万円，ダイレックス事件（公取委課徴金納付命令平 26・6・5 審決集 61 巻 161 頁・審判継続中）で 12 億 7416 万円の課徴金納付命令が命じられた。

テーマ 4　特 殊 指 定

　一般指定とは別に定められている特殊指定とは何だろうか。どのような特殊指定があるのだろうか。一般指定とは，どのように異なるのだろうか。

(1)　2 条 9 項 5 号との関係

　特殊指定は，独禁法 2 条 9 項 6 号に基づき公取委が指定するものであり，一般指定とは別個に並列して告示された指定である。通常，特定の業種向けに指定される。特殊指定に規定され，2 条 9 項 5 号（取引上の地位の不当利用）にも該当する行為類型については，優越的地位の濫用の一種と見ることができる。したがって，特殊指定に規定される行為を確認することも，優越的地位の濫用を知る上で重要である。

　特殊指定と 2 条 9 項 5 号のどちらでも適用可能な事例もある。公取委の合理的裁量に委ねられるべき，という考え方もあるだろうが，課徴金制度が導入された現行制度においては，2 条 9 項 5 号の適用を優先すべきであろう。

(2)　大規模小売業者

　「大規模小売業者による納入業者との取引における特定の不公正な取引方法」（平 17・5・13）は，売上高あるいは店舗面積が一定の基準を超え，相手方である納入業者の取引上の地位が劣っていると認められない場合を除いて，適用対象とする。売上高あるいは店舗面積という数値基準を上回ると，原則的に優越的地位があるものとして，特殊指定に規定される行為を禁じられる。前出**事例〔12-4〕**三越事件のほか，ローソン事件（公取委勧告審決平 10・7・30 審決集 45 巻 136 頁），そして，2004（平成 16）年から 2005（平成 17）年にかけてスーパー，ディスカウント店，ホームセンターなどにかかる優越的地位の濫用が取り上げ

られ，百貨店に係る特殊指定を改定し，この特殊指定が定められた。

```
┌─────────────────────────────────────────────────────────┐
│     資　料〔12-7〕 大規模小売業者に対する特殊指定の概要     │
├─────────────────────────────────────────────────────────┤
│ ・適 用 対 象                                             │
│                                                         │
│   【大規模小売業者】                 【納入業者】          │
│   一般消費者により日常使用される    大規模小売業者が販売  │
│   商品の小売業者で，次の①または    （委託販売を含む）する │
│   ②のいずれかに該当するもの。      商品を納入する事業者。 │
│   ① 前事業年度の売上高が100        ※その取引上の地位が当 │
│     億円以上の者                   該大規模小売業者に対   │
│   ② 次のいずれかの店舗を有する者    して劣っていないと認  │
│     ・東京都特別区および政令指定    められる者を除く。    │
│      都市においては店舗面積が                            │
│      3000m² 以上                                         │
│     ・その他の市町村においては店舗                        │
│      面積が1500m² 以上                                   │
│   ※コンビニエンスストア本部等のフランチャイズ              │
│     チェーンの形態をとる事業者を含む。                    │
│                                                         │
│ ・禁 止 行 為                                             │
│    ①不当な返品                                           │
│    ②不当な値引き                                         │
│    ③不当な委託販売取引                                   │
│    ④特売商品等の買いたたき                               │
│    ⑤特別注文品の受領拒否                                 │
│    ⑥押し付け販売等                                       │
│    ⑦納入業者の従業員等の不当使用等                       │
│    ⑧不当な経済上の利益の収受等                           │
│    ⑨要求拒否の場合の不利益な取扱い                       │
│    ⑩公正取引委員会への報告に対する不利益な取扱い          │
│                                     〔公取委資料より抜粋〕 │
└─────────────────────────────────────────────────────────┘
```

　この特殊指定が適用された事例は多くあるが，典型的な事例を1つだけ示す。

事 例〔12-8〕 ロイヤルホームセンター事件

　Y（ロイヤルホームセンター）は、Yと継続的取引関係にありその取引上の地位が劣っている納入業者に対し、以下の行為をさせていた。

　(1) Yは、店舗の閉店または全面改装に伴い自社の店舗で販売しないこととした商品および棚替えまたは商品改廃に伴い、定番商品から外れた商品について、これらの商品の納入業者に対し、当該納入業者の責めに帰すべき事由がないなどにもかかわらず、これらの商品を返品していた（納入業者約280名に対し、総額約4億6200万円に相当する商品を返品）。

　(2) Yは、店舗の開店もしくは閉店、全面改装または棚替えに際し、これらを実施する店舗に商品を納入する納入業者に対し、当該納入業者以外の者が納入した商品を含む当該店舗の商品について、売場への搬入、陳列、撤去、売場からの搬出等の作業を行わせるため、あらかじめ当該納入業者との間でその従業員等の派遣の条件について合意することなく、かつ、派遣のために通常必要な費用を自社が負担することなく、当該納入業者の従業員等を派遣させていた（納入業者約320名から、延べ約1万3500人の従業員等を派遣）。

　Yの行為は、大規模小売業告示1項および7項に該当するとされた。

〔公取委排除措置命令平22・7・30審決集57巻第2分冊35頁〕

　この事例〔12-8〕では、金額が出ているのは、(1)だけであるが、(2)従業員の派遣についても、その人数に日給相当額をかけると、かなりの金額になるであろうことは容易に想像できる。行為者Yにとっては、費用削減の一環であったのかもしれないが、優越的地位を濫用することによって達成した費用削減によって、行為者が競争において有利になることは、公正な競争を維持するためには望ましくない（前出**資料**〔12-1〕参照）。同様の行為が、繰り返し行われてきたことを受け、大規模小売業者に対して特殊指定が定められている。

　ただし、2009（平成21）年改正により課徴金制度が導入されたため、この特殊指定をあえて適用せず、2条9項5号を適用した事例もある（前出テーマ3(4)参照）。上記事例の金額を考えると、優越的地位の濫用には大きな金銭的誘因が働くため、課徴金を徴収できる規定を適用することには、一定の意義が認められるかもしれない。

(3) 新　聞　業

「新聞業における特定の不公正な取引方法」(平11・7・21)は，新聞社が，新聞販売店（販売業者）に押し付け販売すること（押し紙）を禁じている。具体的には，販売業者が注文した部数を超えて新聞を供給すること（販売業者からの減紙の申出に応じない方法による場合を含む），および，販売業者に自己の指示する部数を注文させ当該部数の新聞を供給すること，が禁じられている。新聞業に対する特殊指定は，もともと1964（昭和39）年に告示され，1999（平成11）年に現行の告示となった。かつて，新聞社が，契約部数以上の新聞を販売店に送りつけ，販売拡張するよう圧力を加える行為があったため指定された。事例として，例えば，第3次北国新聞社事件（公取委勧告審決平10・2・18審決集44巻358頁）がある。

(4) 特定荷主（物流指定）

「特定荷主が物品の運送又は保管を委託する場合の特定の不公正な取引方法」(平16・3・8)もある。一部の荷主が，物流事業者と十分協議することなく一方的に代金の引下げ要請を行い，物流事業者は，要請に応じないと取引上不利になることを懸念して，これを受け入れざるをえない状況にあることが調査によりうかがわれたため指定された。下請法は下請取引を対象としており，他人の所有物の運送を有償で請け負い，他の事業者に委託する場合には，下請法の規制対象となる役務提供委託に該当する（下請法については，第20章テーマ1参照）。しかし，運送中の製品の所有権が荷主にあるときは，当該運送行為は製品の販売に伴い自社で利用する役務（ユーザー取引）であるため，荷主と元請運送業者の取引を下請法の対象に含めることが体系上困難であることから，特殊指定で対応することになった。

物品の運送・保管の委託について，資本金の額によって，委託事業者である「特定荷主」と，受託事業者である「特定物流事業者」とを定めて適用対象とする方法は，下請法と同じである。ただし，資本金とは関係なく優越的地位を有する場合も対象となる点は，下請法と異なる。適用対象は次の3つである。

資　料〔12-9〕　特定荷主に対する特殊指定の概要

・対象となる取引

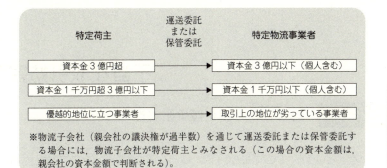

※物流子会社（親会社の議決権が過半数）を通じて運送委託または保管委託する場合には，物流子会社が特定荷主とみなされる（この場合の資本金額は，親会社の資本金額で判断される）。

・禁 止 行 為
　①代金の支払遅延
　②代金の減額
　③買いたたき
　④物の購入強制・役務の利用強制
　⑤割引困難な手形の交付
　⑥不当な経済上の利益の提供要請
　⑦不当な給付内容の変更・やり直し
　⑧要求拒否に対する報復措置
　⑨情報提供に対する報復措置

〔公取委資料より抜粋〕

　特定荷主に対する禁止行為は，代金の支払遅延，減額，買いたたき等であり，下請法と共通する部分が多い。ただし，書類作成・交付等の特別の義務づけがなされていない点は，下請法と異なる（第20章テーマ1参照）。

第13章

不当な取引妨害等

テーマ1　妨害行為と公正競争阻害性

「妨害」というと，いかにも悪い行為のように聞こえるが，ここで対象となる取引の妨害とは，どのような行為を指すのであろうか。また，どのような意味で公正な競争を阻害すると考えるのであろうか。

(1)　妨害行為と競争

　一般指定14項は，競争者の取引を不当に「妨害」する行為を禁じている。ここで言う「妨害」行為とは，「契約の成立の阻止，契約の不履行の誘引その他いかなる方法をもつてするかを問わず」とされており，形式的には幅広い行為が含まれる。間接の取引拒絶，排他条件やその他の拘束条件付取引，価格・取引条件の差別なども，競争者が相手方との取引ができなければ，形式的には14項の行為要件に合致することになる。したがって，これら他の不公正な取引方法と適用条項が競合することがありうる。

(2)　公正競争阻害性

　同一の顧客をめぐって競争が行われた場合，競争に打ち勝った事業者は，他方の競争者の契約の成立を阻止したことになり，行為要件を充足してしまう。しかし，このような顧客獲得競争を，「不当な」妨害として規制すべきではない。では，どのような行為が「不当な」妨害として規制されるのだろうか。
　次の資料は，1982（昭和57）年に一般指定が改正された際に示された考え方である。

> 資　料〔13-1〕　独占禁止法研究会報告書「不公正な取引方法に関する基本的な考え方」（昭57・7・8）
>
> 「10　取引妨害・内部干渉
> 　取引妨害・内部干渉行為は，多くの場合，特定の競争者の活動に悪影響を与えるものであるため，私的紛争の側面を有するものであるが，競争秩序に影響のないときは，独占禁止法の関係するところではない。また，かかる行為は社会的倫理的に非難に値する手段を用いて行う場合が多いが，反社会性・反倫理性のゆえに直ちに公正競争阻害性を有するといえるものではない。独占禁止法上問題となる取引妨害・内部干渉行為は，その行為自体の有する目的・効果からみて，そのまま放置するなら，独占禁止法第1条の目的で予定されていると考えられる価格・品質による競争が歪められ，また，顧客の商品選択を妨げるおそれがあるような行為である。
> 　取引妨害・内部干渉として公正競争阻害性のある事例には，次のようなものが考えられる。
> 　①　ある商品の価格維持を目的として安売業者の取引を妨害し，あるいは内部干渉するような場合
> 　②　カルテルの実効を確保したり，新規参入を阻止するためにアウトサイダーや新規参入業者の取引を妨害し，あるいは内部干渉をするような場合
> 　③　中傷，ひぼう，物理的妨害，内部干渉等の価格・品質によらない競争手段がある事業者によって組織的・計画的に行われ，あるいはその可能性があり，また，一般的にも広く行われる可能性がある場合」

　この**資料**〔13-1〕では，主として「競争手段の不公正」という意味の公正競争阻害性を想定していたことがわかる。たしかに，原始一般指定においては，そのような事例に対する適用が多かった。しかし，この**資料**〔13-1〕の例①のように，「自由競争の減殺」という意味の公正競争阻害性を有する妨害行為も想定されており，現在の一般指定14項の運用においては，このような事例が多く見られる。

　以下では，競争手段の不公正に分類される事例と，自由競争の減殺に分類される事例とをそれぞれとりあげる。ただし，最近の事例には，その両方から説明される事例も存在している。例えば，第一興商事件（後出**事例**〔23-11〕），デ

イー・エヌ・エー事件（公取委排除措置命令平23・6・9審決集58巻第1分冊189頁）などがある。これらの事例については，どちらの側面を重視して理解すべきか，議論がある。

なお，一般指定15項の不当な内部干渉は，競争者の内部組織に対する働きかけにより，競争者を不利にする行為である。競争は，その対象となる商品・役務をめぐって，価格・品質等により行われるべきであり，競争者の足を引っ張るような行為による競争は公正とはいえない。一般指定15項の対象は，このような行為であるが，適用事例がないため，以下では省略する。

テーマ2　競争手段の不公正

競争手段の不公正の側面から違法とされた事例を見ていくが，不公正な競争手段とは，いかなる場合に認定されるのだろうか。そして，それは自明なものだろうか。

(1)　威圧・脅迫，物理的妨害，誹謗・中傷

競争手段の不公正という意味での公正競争阻害性を有する取引妨害には，多様な行為が含まれる可能性がある。過去の事例においては，威圧・脅迫や物理的な妨害行為の事例がある。

事　例〔13-2〕　熊本魚事件

Y（熊本魚株式会社）は，熊本魚市場内において，鮮魚介類の卸売を業とする事業者であり，同市場内における鮮魚介類の取扱高の約85％を占めていた。同市場内においては，9社の卸売人が存在していたが，昭和33年末ごろから卸売人を一に統合する計画が具体化し，X（大海水産）を除く8社が協同してYを設立した。Xは，卸売人を一に統合する際の条件に反対して，Yにその営業を譲渡しなかった。

Yは，同市場に所属する買受人で自己と買受契約を締結した者をすべて自己とのみ取引させる方針（買受人専属制）のもとに，昭和34年8月10日ごろまでに大部分の買受人との間に買受契約を締結した。また，8月中旬以降，Xがその買

受人との間の買受契約を更新しようとすると，Yは，これらの買受人らに威圧を加えて，Xとの契約の更新を阻止した。また，Yの役職員は，同市場に所属する買受人の組合の理事長および支部長を訪問したり，拡声機を用いて市場内に放送したりして，買受人専属制を徹底しようとした。買受人らは，同年10月末ごろ，その所属する組合ごとに，それぞれ組合総会または理事会を開催して，YおよびXの双方から鮮魚介類を購入したい旨の希望を明らかにし，これをYに申し入れたが，Yはこれを拒否したのみならず，Xと取引している買受人に対しては売り止めをする旨を申し渡した。

また，Yは，昭和34年10月29日夜，Xのせり場の周囲に障壁を設け，またYの役職員らは，障壁の周囲を監視する等，買受人がXのせりに参加することを妨害した。

さらにYは，Xの買受人を自己と取引するように誘引するため，昭和34年11月以降，仲買専業の買受人に対しては，落札価格よりやすく販売させて，その差額および口銭に該当する金額を提供した。

Yの行為によりXのせりは妨げられ，もとXと取引していた買受人約400名のうち，現にXと公然と取引している者は十数名にすぎなくなっていた。

公取委は，Yは，Xと，その取引先である買受人との間の買受契約の成立を阻止し，その取引を不当に妨害するとともに熊本魚市場内に障壁を設け，買受人に威圧を加え，Xと買受人との間の取引を不当に妨害しているものであって，原始一般指定11号（現一般指定14項）に該当すると判断した。

〔公取委勧告審決昭35・2・9審決集10巻17頁〕

このような威圧・脅迫や物理的な妨害行為は，競争手段として不公正であるとの判断がなされやすい類型である。最近の事例に，駅前に位置するタクシー乗り場で乗客を乗せられないよう競争関係にある個人タクシーの車両前に座り込むなどして妨害した，神鉄タクシー事件（**事例〔18-14〕**参照）がある。その他，競争者の取引相手に対して，虚偽の事実を伝えることにより，取引を取りやめるよう促す行為も，誹謗・中傷による取引妨害とされやすい。誹謗・中傷がなされた最近の事例として，例えば，第一興商事件（**事例〔23-11〕**参照），ドライアイス仮処分事件（**事例〔18-13〕**参照）がある。

(2) 契約の奪取

次の事例は，契約の不履行を誘引することによる契約の奪取の事例とされている。しかし，積極的な営業と値引きにより顧客を競争者から奪う行為であり，競争を促進しているようにも見える。積極的な価格競争であるとしても，その手段が不公正であり公正な競争を阻害するおそれがあると評価された。それはなぜであろうか。

事　例〔13-3〕　東京重機工業事件

Y（東京重機工業株式会社）は，家庭用ミシン機，編機等の製造販売業者である。Yは，ミシン等を国内向けに販売するに当たり，従来の現金および月賦による販売のほか，昭和33年4月から，月掛けの前払いによる販売方法であるいわゆる予約販売をも開始した。Yは，他社に予約済みのものを，Yの予約に変更する場合，あるいはYから現金または月賦で購入する場合には，他社に払込済みの金額を1000円を限度として，Yが負担あるいは値引きすることにした。

Yの販売員は，ミシン等の販売に当たり，他社と予約販売契約をしている需要者に対し，他社への掛金の払込みをとりやめてミシン等の購入先を自社に変更するように勧誘しており，その際，前記の規定に基づき，他社に払込済みの掛金の全部または一部に相当する500円または1000円を値引きすることを申し出た。その結果，他社とミシン等の予約販売契約をしている需要者のうちには，購入先をYに変更した者が相当数いた。

公取委は，Yは，自己と国内において競争関係にある他社とミシン等の予約販売契約を締結した者に対して，その不履行を誘引することによって，他社のミシン等の販売を不当に妨害しているものであり，これは，原始一般指定11号（現一般指定14項）に該当する行為を用いているもので違法であると判断した。

〔公取委勧告審決昭38・1・9審決集11巻41頁〕

この**事例〔13-3〕**の顧客は，払込済みの掛金を失うことを考えても十分な利益があると考えたからこそ，Yとの契約に切り替えたのである。積極的な価格競争であるとしても，その手段が不公正であり公正な競争を阻害するおそれがあると評価されたのはなぜであろうか。

単なる価格競争とは異なる要素がないわけではない。第1に，競争者はミシ

ンを買いそうな客を一から捜すサーチコストがかかっているのに対して，Yは競争者の予約販売契約の相手方を狙い撃ちすることで，サーチコストをかけることなく確実にミシンを買う客を見つけ出している。第2に，競争者は販売による利益を失うことになり，そのダメージが競争力を削ぐことになる可能性がある（一部は払込済み掛金により補われるだろうが，それを超える販売利益の逸失や，追加的な在庫費用の発生の可能性もあるかもしれない）。第3に，契約の不履行の誘引が多数行われ，それが常態化することによって，公正かつ自由な競争の基礎のひとつである取引上の信頼関係を破壊する可能性がある。これは，警戒をしなければならないことで，取引費用を引き上げる悪影響が生じる可能性がある，ともいえる。

　しかし，今日においても，「乗り換えキャンペーン」や「解約金負担」など，競争者の顧客を自己の顧客に獲得するための販売促進活動が行われることがある。特に，全くの新規顧客の開拓が困難な成熟した市場においては，他の競争者の顧客を勧誘せざるをえないし，乗り換えるためのインセンティブを提供する必要性が高い。競争政策上は，これらを安易に規制するべきではなく，慎重に対応するべきである。学説には，民法上の不法行為を構成する（積極的）債権侵害にあたる点に公正競争阻害性の根拠を求めるものもある。

テーマ3　自由競争の減殺（競争排除型）

　自由競争の減殺には，競争回避と競争排除がある。競争排除が問題となるのはどのような事例だろうか。そして，それはどのようにして判断されるのだろうか。

(1)　交換部品による排除

　最近の不当な取引妨害の事例には，自由な競争を減殺させるという意味で公正競争阻害性を有することを「不当」とするものが増えている。自由競争の減殺という意味での公正競争阻害性には，競争回避（価格維持のおそれ）を問題とするタイプの行為（例えば再販売価格の拘束）と，競争排除（他の事業者の事業活動を困難にさせること）を問題とするタイプの行為（例えば排他条件付取引）とが

ある。取引妨害行為は，用い方によって，そのどちらにも用いることができる。次の事例は，競争排除型の事例である。

> ### 事　例〔13-4〕　三菱電機ビルテクノサービス事件
>
> 　Y₂（三菱電機ビルテクノサービス）は，Y₁（三菱電機）の子会社であり，昇降機（エレベーター，エスカレーターおよび小荷物専用昇降機）の保守，昇降機専用の取替部品の販売業等を営んでいる。昇降機は，耐用年数が長いことから，機能，性能および安全性を確保するための保守が必要であり，また，昇降機の所有者・管理者等は，建築基準法等の関係法令により，昇降機を適切な状態に維持するよう努めることとされているため，通常，昇降機の保守業者との間で保守契約を締結している。昇降機の構成部品は，メーカーまたは機種ごとに仕様が異なる設計となっているものが多く，保守には，メーカー等が製造する当該昇降機専用の取替部品（保守用部品）を必要とすることが多い。特に，昇降機の制御機構に用いられる基板等の重要部品に不具合が生じた場合には，当該部品の取替えが必要不可欠である。
>
> 　昇降機の保守取引の大部分については，昇降機メーカー自らまたは子会社である保守業者（メーカー系保守業者）が昇降機の所有者等と保守契約を締結しているが，一部については，メーカー系保守業者以外の保守業者（独立系保守業者）が所有者等と保守契約を締結している。独立系保守業者は，そのほとんどが，複数の昇降機メーカーの昇降機の保守業務を行っており，特定地域において保守業務を行う中小規模の事業者である。また，独立系保守業者は，メーカー系保守業者と比べて低廉な料金により昇降機の所有者等と保守契約を締結している。
>
> 　独立系保守業者の台頭等により，Y₂は，Y₁製昇降機の所有者等との保守契約率の低下および自社の保守契約料金の低下傾向がみられるようになったため，これらの防止を目的とする活動を行った。Y₂は，Y₂との間で保守契約を締結していない顧客（独立系保守業者を含む）への保守用部品の販売について，自社の保守契約顧客向けと差異を設け徹底した。具体的には，(ｱ)独立系保守業者から受注した保守用部品を在庫として保有し独立系保守業者に対しても在庫の中から納入している場合など，より短期間に納入し得る場合であっても，原則として60日あるいは120日等を納期として納入した。(ｲ)独立系保守業者に対する保守用部品の販売にあたり，自社の保守契約顧客向け販売価格の約1.5倍に相当する価格で販売した。Y₂の行為により，独立系保守業者は，Y₁製昇降機の保守業務を迅速かつ低廉に行うことが困難となり，このため，同昇降機の保守契約を解除され，ま

たは保守用部品の調達能力に関する信用を失うことなどにより，同昇降機の所有者等との同昇降機についての保守契約の締結および維持ならびに保守業務の円滑な遂行が妨げられた。

公取委は，Y_2は，自己とY_1製昇降機の保守分野において競争関係にある独立系保守業者と同昇降機の所有者等との取引を不当に妨害しているものであって，旧一般指定15項（現一般指定14項）に該当し独禁法に違反すると判断した。

〔公取委勧告審決平14・7・26審決集49巻168頁〕

この**事例〔13-4〕**は，自己のみが供給することのできる部品につき，競争者に対しては価格を高く設定したり，納入にかかる時間を引き延ばしたりすることによって，保守サービス事業における競争者が迅速かつ低廉に対応できないようにした。その結果，当該競争者は顧客の信用を失うことになり，取引妨害と評価された。同様の事例として，**事例〔10-6〕**東芝昇降機サービス事件，東急パーキングシステム事件（公取委勧告審決平16・4・12審決集51巻401頁）がある。東急パーキングシステム事件では，部品の供給単位数量を多くする（部品1個のバラ売りに応じず，多数をまとめて購入するのでないと供給しない）という手法による妨害行為も含まれていた。もちろん，少量のみバラ売りを求められた場合には，部品の管理にかかる合理的費用を加算することもありうるだろう。しかし，これらの事件では，数量にかかわらず割増価格で販売したり，不合理に多くの数量をまとめて購入するのでなければ供給しなかったり，不合理に供給を遅延させるなど，競争者の信用を落とし契約の継続を妨害し排除する目的が明らかであった。

(2) 輸入品の排除

次の**事例〔13-5〕**における個別の行為は，競争品に対抗してなされた通常の事業活動あるいは競争行為と見ることも可能な行為である。なぜ「不当」と判断されたのであろうか。

事　例〔13-5〕　ヨネックス事件

Y（ヨネックス）は，バドミントン用のシャトルコックを製造販売している。シ

ャトルコックには，水鳥の羽根を用いた水鳥シャトルとその他の素材を用いた合成シャトルがあるが，水鳥シャトルがその大部分を占めている。国内における水鳥シャトルの製造販売または輸入販売をする事業者は約20社あり，Yは，販売数量が第1位であり，かつ，Yの水鳥シャトルが多くのバドミントン競技大会で使用されていることから，小売業者にとってYの水鳥シャトルを取り扱うことが営業上有利であるとされている。

海外から廉価な水鳥シャトルが輸入され，通信販売等によりバドミントンクラブ等に販売される例が増えてきた。そこで，Yは，以下のような対抗策を実施した。

(ア)輸入販売業者の水鳥シャトルに対抗するため，「スタンダード」および「スタンダードⅡ」と称する廉価な商品を発売し，通信販売等の販売方法を用いる輸入販売業者が販売する水鳥シャトルによって顧客を奪われるなどの影響を受けている取引先小売業者に限定して取り扱わせて，輸入販売業者の水鳥シャトルを使用している顧客に販売させ，その使用する水鳥シャトルを自社のものに切り替えさせるようにした。これにより，顧客が輸入販売業者の水鳥シャトルを使用しないようにさせた。また，取引先小売業者が輸入販売業者の水鳥シャトルを取り扱おうとしている，または取り扱っている場合には，その水鳥シャトルを取り扱わない旨の要請に応じないときには，「スタンダード」等の商品を供給しない旨示唆して，輸入販売業者の水鳥シャトルを取り扱わないようにさせていた。

(イ)輸入販売業者のホームページにその水鳥シャトルの取扱小売業者として取引先小売業者の名称が掲載されている場合には，当該取引先小売業者に対し，その掲載をやめるよう当該輸入販売業者に求めさせ，その掲載をやめさせることにより，取引先小売業者が輸入販売業者の水鳥シャトルを取り扱わないようにさせていた。

(ウ)バドミントン競技大会の主催者または主管者に対し，輸入販売業者から水鳥シャトルの提供等の協賛を受ける場合には自社は協賛しない旨示唆するなどして，輸入販売業者から協賛を受けないこと，および輸入販売業者の水鳥シャトルを当該大会で使用する水鳥シャトルとして指定しないことを要請することにより，輸入販売業者の水鳥シャトルを当該大会で使用しないようにさせていた。

公取委は，Yは，自己と競争関係にある輸入販売業者とその取引の相手方との取引を不当に妨害しているものであり，旧一般指定15項（現一般指定14項）に該当し，独禁法違反であると判断した。

〔公取委勧告審決平15・11・27審決集50巻398頁〕

廉価な輸入品に対抗して新しい廉価な商品を発売したり，奪われた取引先を取り戻すために有利な取引条件を提示したりすることは，価格競争が活発になったものと見ることもできる。また，大会に協賛するか否か，どのような大会であれば協賛するか，についての判断は，その宣伝効果を評価し経営判断として自由に任せるべき行為である。本件では，なぜ「不当」と判断されたのであろうか。

上記(ア)(イ)(ウ)の行為を，それぞれ別個の単独の行為として評価すると，競争的行動に見えるかもしれない。しかし，公取委の判断では，Yによるこれらの行為が，輸入品を狙い撃ちして排除することを目的として，そこへ向けられた一連の行為として評価されている。そして，実際に排除効果が生じつつある状況もあった。

テーマ4　自由競争の減殺（競争回避型）

> 自由競争の減殺には，競争排除と競争回避（価格維持）がある。価格維持が問題となるのは，どのような事例だろうか。競争排除の事例との違いは何だろうか。競争排除と価格維持の両方がある場合はないだろうか。

(1) 廉価な並行輸入品の排除による価格維持

価格を維持し自由な競争を減殺する，という意味で公正競争阻害性を有するタイプの取引妨害行為を違法とした事例も多くある。廉価な並行輸入品を排除することによる価格維持について問題とされた事例が多い。並行輸入業者に限らず，国内の流通における廉売業者排除のためになされる妨害行為（再販売価格拘束と同様の効果を生じさせるための行為）にも適用可能である。

海外で生産された商品の国内販売につき，海外製造業者Xとの契約により排他的に輸入することが認められている国内輸入総代理店Yの輸入を，正規輸入と呼ぶ。通常，輸入総代理店契約には，Yの輸入独占権を設定し，日本国内への輸出はYを通して行うことになっている。それゆえ，Yは安心して費用をかけて販売促進活動を行うことができる。Yを通じてXの商品が日本

国内市場に新規参入し，既存の国内のメーカー M_1 や M_2 などとの間で競争が活発になるのであれば，輸入総代理店制度は競争促進的効果を持つ。

それに対して，海外においていったん流通に置かれた同一の商品（真正商品）を，別の輸入業者 Z が仕入れて輸入することを並行輸入と呼ぶ。このような並行輸入が行われるのは，内外価格差があるからである。すなわち，正規輸入品の価格が高く，海外における当該商品の価格が輸入費用を加えても正規輸入品の価格より十分に低くなるだけの低価格であることが，並行輸入がなされるために必要な条件である。輸入総代理店 Y の排他的権利は，海外製造業者 X との間の契約にすぎないため，海外において流通している商品を購入したものが国内に持ち込まれることを差し止めることは基本的にできない。低価格の並行輸入品により，正規輸入品の価格が下がることを防止する目的でなされる，並行輸入の阻止やその流通を阻害する行為に対しては，同一商品の価格競争を減殺させるおそれが強いため，公正競争阻害性が認められる。その具体的な行為の態様によっては，一般指定14項以外にも，2項，4項，11項，12項などの適用の可能性がある。

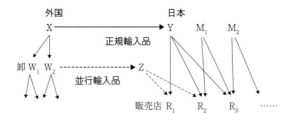

事　例〔13-6〕　星商事事件

Y（星商事）は，ハンガリー共和国所在の X（ヘレンド社）が製造する磁器製の食器等を，同社から一手に供給を受けて，国内において販売する事業を営む者である。X は，X 製品の輸出にあたり，主要輸出相手国別に，当該国内における同製品の一手販売権を付与した販売代理店（総代理店）を通じ，同製品の底部に同社があらかじめ定めた当該製品の輸出相手国別の国番号を付して供給している。

Y は，並行輸入品が希望小売価格を相当程度下回る価格で大量に販売されるようになり，小売価格の維持，その他自己の営業活動等に影響を及ぼすおそれが

> 生じてきたことから，並行輸入品対策について検討した。Yは，並行輸入品について店頭調査を行い，当該製品に付された国番号により当該並行輸入品の輸出国を突き止めてXに通報し，Xをして，X製品を輸入販売業者に供給しないようにさせた。
> 　Yによるこれらの行為により，輸入販売業者は，X製品について，外国に所在する総代理店等からの並行輸入を行い，国内において販売することが困難になった。
> 　公取委は，Yは，自己と国内において競争関係にある並行輸入品を取り扱う輸入販売業者とその取引の相手方である外国に所在するXの総代理店等との取引を不当に妨害しているものであり，旧一般指定15項（現一般指定14項）に該当し，独禁法に違反すると判断した。
>
> 〔公取委勧告審決平8・3・22審決集42巻195頁〕

　この**事例〔13-6〕**のような並行輸入の排除は競争回避型（価格維持）であり，他方で，前出**事例〔13-5〕**ヨネックス事件も輸入品の排除であるが競争排除型である。この違いは何であろうか。廉価な輸入品あるいは並行輸入品を排除すれば，価格競争が減殺されるのであるから，分ける必要はないのではないか。
　たしかに，明確に分けることが容易でない場合もある。行為者の目的が，競争者の排除によるシェア拡大を目指すものか，（多くの場合には同一ブランド品の）販売価格の維持・安定を目指すものか，といったあたりの違いでしかない。ただ，価格競争の減殺（価格維持のおそれ）が認められるのであれば，それを取り上げて評価する方が，公正競争阻害性を認めやすい。

(2)　並行輸入の妨害の方法

　公取委は，流通・取引慣行ガイドラインにおいて，「並行輸入は一般に価格競争を促進する効果を有するものであり，したがって，価格を維持するためにこれを阻害する場合には独占禁止法上問題となる」との考え方を示している。他方で，並行輸入を妨害する典型的な手段として，次の行為を挙げている。

資　料〔13-7〕　流通・取引慣行ガイドライン・第3部第3・2

第3　並行輸入の不当阻害
「2　独占禁止法上問題となる場合
(1)　海外の流通ルートからの真正商品の入手の妨害
　並行輸入業者が海外の流通ルートから真正商品を入手してくることを妨げて，契約対象商品の価格維持を図ろうとすることがある。このような行為は，総代理店が取り扱う商品と並行輸入品との価格競争を減少・消滅させるものであり，総代理店制度が機能するために必要な範囲を超えた行為である。
　したがって，総代理店又は供給業者が以下のような行為をすることは，それが契約対象商品の価格を維持するために行われる場合には，不公正な取引方法に該当し，違法となる（一般指定12項（拘束条件付取引）又は14項（競争者に対する取引妨害））。
　①並行輸入業者が供給業者の海外における取引先に購入申込みをした場合に，当該取引先に対し，並行輸入業者への販売を中止するようにさせること
　②並行輸入品の製品番号等によりその入手経路を探知し，これを供給業者又はその海外における取引先に通知する等の方法により，当該取引先に対し，並行輸入業者への販売を中止するようにさせること
(2)　販売業者に対する並行輸入品の取扱い制限
　並行輸入品を取り扱うか否かは販売業者が自由に決定すべきものである。総代理店が並行輸入品を取り扱わないことを条件として販売業者と取引するなど，販売業者に対し並行輸入品を取り扱わないようにさせることは，それが契約対象商品の価格を維持するために行われる場合には，不公正な取引方法に該当し，違法となる（一般指定12項又は14項）。
(3)　並行輸入品を取り扱う小売業者に対する契約対象商品の販売制限
　卸売業者が総代理店から仕入れた商品をどの小売業者に販売するかは卸売業者が自由に決定すべきものである。卸売業者たる販売業者に対し，並行輸入品を取り扱う小売業者には契約対象商品を販売しないようにさせることは，それが契約対象商品の価格を維持するために行われる場合には，不公正な取引方法に該当し，違法となる（一般指定12項又は14項）。
(4)　並行輸入品を偽物扱いすることによる販売妨害
　商標権者は，偽物の販売に対しては商標権侵害を理由として，その販売の差止めを求めることができる。
　しかし，並行輸入品を取り扱う事業者に対し，十分な根拠なしに当該商品を偽

物扱いし，商標権の侵害であると称してその販売の中止を求めることは（注1），それが契約対象商品の価格を維持するために行われる場合には，不公正な取引方法に該当し，違法となる（一般指定14項）。
　（注1）このような行為が行われると，当該商品が真正商品であり，並行輸入業者がその旨を証明できるときであっても，当該小売業者は，訴えられること自体が信用を失墜するおそれがあるとして並行輸入品の取扱いを避ける要因となる」。

　ここで対象となる並行輸入品とは，流通ルートが異なるだけで，正規輸入品と質において異なるものではないもの，すなわち真正商品であることが前提とされている。上記の妨害行為は，流通ルートの上流に対する妨害と，下流に対する妨害の両方が挙げられている。(4)の偽物扱いは，中傷・誹謗ともいえる行為であり，自由競争の減殺だけでなく，競争手段の不公正も公正競争阻害性とされる可能性がある。上記はいずれも典型的で，その不当性がわかりやすいものである。
　他方，次の行為については，個別具体的な事例分析が必要になるだろう。

資　料〔13-8〕流通・取引慣行ガイドライン・第3部第3・2

「(5)　並行輸入品の買占め
　小売業者が並行輸入品の販売をしようとすると，総代理店が当該小売業者の店頭に出向いてこれを買い占めてしまい，これによって並行輸入品の取引が妨げられることがあるが（注2），このような行為が契約対象商品の価格を維持するために行われる場合には，不公正な取引方法に該当し，違法となる（一般指定14項）。
　（注2）小売業者としては，例えば，一般消費者向けに広告しているのに総代理店に買い占められると，その購入を目的に来店した消費者からおとり広告ではないかとのクレームがつき，次の販売についての信用を失うことになる場合がある。また，小売業者にとって並行輸入品を販売しないようにとの心理的圧迫となり，この取扱いを避ける要因となる。
　(6)　並行輸入品の修理等の拒否
　総代理店は自己の供給する数量に対応して修理体制を整えたり，補修部品を在

庫するのが通常であるから，並行輸入品の修理に応じることができず，また，その修理に必要な補修部品を供給できない場合もある。したがって，例えば，総代理店が修理に対応できない客観的事情がある場合に並行輸入品の修理を拒否したり，自己が取り扱う商品と並行輸入品との間で修理等の条件に差異を設けても，そのこと自体が独占禁止法上問題となるものではない。

しかし，総代理店もしくは販売業者以外の者では並行輸入品の修理が著しく困難であり，又はこれら以外の者から修理に必要な補修部品を入手することが著しく困難である場合において，自己の取扱商品でないことのみを理由に修理若しくは補修部品の供給を拒否し，又は販売業者に修理若しくは補修部品の供給を拒否するようにさせることは，それらが契約対象商品の価格を維持するために行われる場合には，不公正な取引方法に該当し，違法となる（一般指定14項）。

(7) 並行輸入品の広告宣伝活動の妨害

並行輸入品の広告宣伝活動の態様によっては商標権を侵害したり，また，広告宣伝の類似性などから総代理店の営業との間に混同が生じて不正競争防止法に違反することがある。このような場合には当該広告宣伝活動の中止を求めることができる。

しかし，このような事由がないのに，総代理店がその取引先である雑誌，新聞等の広告媒体に対して，並行輸入品の広告を掲載しないようにさせるなど，並行輸入品の広告宣伝活動を妨害することは，それが契約対象商品の価格を維持するために行われる場合には，不公正な取引方法に該当し，違法となる（一般指定12項又は14項）」。

上記のうち，特に「(6) 並行輸入品の修理等の拒否」は興味深い。自己の販売した商品でないにもかかわらず，補修部品の供給を拒否することが違法となる可能性があると示されている。たしかに，自己または自己の親会社が供給した本体の補修部品を供給することは，義務である（**事例〔10-6〕**東芝昇降機サービス事件参照）。しかし，並行輸入品の場合には，自己の供給したものではないので，このような義務が当然に生じるとまでは言いがたいため，客観的に合理的な事情によって拒否や差異を設けることも認められる。そこで，公正競争阻害性が認定される典型例には，「価格を維持するために行われる場合」という条件が挿入されている。

第Ⅳ部
企業結合規制

　独禁法4章の規定を企業結合規制（あるいは企業集中規制）と呼んでいる。企業結合とは、合併や株式取得による子会社化など、事業者の全部または一部が一体化する結合行為をイメージすればよい。私的独占、不当な取引制限、不公正な取引方法の禁止という3本柱に加えて、企業結合規制は4本目の柱とも呼ばれている。3条および19条との違いは何だろうか。

　3条および19条の対象となる行為にも、契約や協定など、事業者間の結合関係と呼びうるものはあるが、それらは単なる合意による一時的・部分的な「緩い結合」である。それに対して、4章の企業結合は、合併、株式取得、共同株式移転、役員兼任、会社分割、事業譲渡などの資本的・組織的かつ継続的・全面的な「固い結合」である。いったん「固い結合」が成立してしまうと、後から引き離して元に戻すことには大きな犠牲が生じる。したがって、事前届出制度および事前審査制が基本となっている。

　競争を制限する行為を違法として禁止する規制を「行為規制」というのに対して、独占的な市場構造それ自体を違法とする規制を「構造規制」という。合併等の企業結合は、競争的な市場構造を競争的でない市場構造へと変化させることのある行為である。独禁法4章の企業結合規制は、市場構造の変化を問題とするという意味で構造規制の側面と、合併等の行為を禁じる行為規制の側面の両方を有している。

　3条の行為とみるべきか、企業結合としてみるべきか、判断に迷う事例は存在する。競争者間で何らかの事業を共同して行うために共同子会社を設立するような場合、例えば、商品の共同配送や共同販売などのために共同子会社を設立して実施する場合や、新しい市場を開拓するために共同出資で会社を設立し参入する場合などである。このような場合には、どちらの規定によるか明確なルールがあるわけではないが、3条を適用できる場合にはそちらを優先して適用することになるだろう。

　企業結合規制は、その制度趣旨により、市場集中規制（10条・13条・14条・15条・15条の2・15条の3・16条）と一般集中規制（9条・11条）とに分類される。市場集中規制は、一定の商品・役務について競争が行われる場である「市場」において、合併等の企業結合によって競争者が減少したり市場支配力を形成したりして競争が不活発になることを問題とする（第14章「競争制限的企業結合の規制（市場集中規制）」）。市場における競争の制限に着目する点で、3条の延長線上にあるといえる。それに対して、一般集中規制は、個別の市場における競争ではなく、日本経済一般における経済力の集中による悪影響を問題とする（第15章「事業支配力過度集中の規制（一般集中規制）」）。

　自由市場経済の下では、事業者の自由な経済活動により、競争に打ち勝ち、成長し、

その結果，市場集中や一般集中が生じてしまうことはありうる。このような，自らの経済活動が市場に受け入れられた結果として事業規模が拡大する成長を，「内部成長」と呼ぶ。それに対して，合併等の方法により事業規模を拡大させる成長を，「外部成長」と呼んでいる。内部成長による事業規模やシェアの拡大は，市場における競争の結果，顧客らの支持を得て獲得したものであるため，その市場構造自体を問題とすることはできない。他方，外部成長による事業規模やシェアの拡大は，市場において受け入れられるための努力（効率化）の結果とは言えない。したがって，企業結合規制では，合併等の行為の禁止の他に，株式の処分や役員兼任の解消などの措置を命じることも可能になっている。

しかし，外部成長が競争に対して必然的に悪影響を及ぼすかというと，そうではない。私的独占，不当な取引制限，不公正な取引方法のような行為が競争制限的効果をもたらすかどうかは，当該行為が実施された後であれば，実際の行為と競争に与えた影響を見ることができる。他方，企業結合の行為それ自体は競争制限効果を直接生じさせる行為ではなく，ある程度の将来において競争に対する悪影響が現実のものとなるかもしれない，という性質を持つ。結合する企業同士は，経済合理性に基づき効率性を求めて結合しようとする場合がほとんどであり，競争促進効果をもたらす場合が多い。例えば，合理化・リストラによる費用削減，規模の経済性の達成，研究開発に耐える資金力，技術等の相乗効果などである。外部成長であるからといって過度な規制をすることは，競争の促進による経済発展をかえって妨げることになりかねない。したがって，企業結合に対する評価は，個別具体的な事例に対して慎重な分析をする必要がある。現実に多くの企業結合がなされているが，違法と判断されたのはごく一部の事例にすぎない。

分析の手法については，従来から法律学だけでなく経済学の立場からも，多くの提言がなされてきた。経済学的な知見に基づく分析手法は，断続的に進化・発展しており，その時代背景を反映したものである場合も多い。法的規準として取り入れることのできるものを取捨選択する必要がある。公取委によるガイドライン等に示される考え方や基準には，それらの成果の一部が含まれているが，唯一普遍のものではなく，これからの理論の精緻化と経験によって見直される可能性のあるものである。

規制の手続についても，事業者らの効率化や成長を不当に阻害しないように，改善がなされてきた。かつては，すべての合併について届出を要求していたが，現在では一定規模以上の結合のみが届出対象とされている。また，事前審査の過程において，事業者の側から問題を解消するための措置を申し出ることも可能となっている。

一般集中規制についても，財閥復活の危険性が現在でもあるのか，そのための規制が事業活動に対する過剰な規制になっていないか，などの議論がなされた。旧9条の持株会社の禁止を改正して以降，形式的に禁止するのではなく，実態を見て規制するかどうかを判断する姿勢に変化している。

第14章

競争制限的企業結合の規制（市場集中規制）

テーマ1　市場集中規制の対象

　合併や株式の取得などは，実際の社会において，たくさん行われている。そこには経済的な合理性があるのではないだろうか。なぜ企業結合を規制する必要があるのだろうか。どのような企業結合が規制対象となるのだろうか。どのような場合に違法とされるのだろうか。

(1) 結合関係

　市場集中規制（10条・13条・14条・15条・15条の2・15条の3・16条）は，一定の商品・役務について競争が行われる場である「市場」において，合併等の企業結合によって競争者が減少したり市場支配力を形成・強化したりして競争が不活発になることを問題とする。問題となる合併や株式保有などの企業結合は，競争者数や順位・シェアなどの市場構造の変化をもたらす行為である。合併（15条）のほかにも，株式保有（10条・14条），役員兼任（13条），事業の譲受け（16条），会社分割（15条の2），共同株式移転（15条の3）によっても同様の効果が生じる可能性がある。会社分割や共同株式移転の規定は，会社法において結合手法が新設されたのに応じて増設したものである。独禁法の関心は競争に与える影響であり，いかなる形式による結合であっても同様の効果が生じる結合であれば規制対象とするため，17条に包括的な規定が置かれている。

　合併の場合には完全に一体化してしまうことが明らかであるが，株式保有や役員兼任などの場合は，それが小さな部分的なもので事業活動を制約する力のない場合も多い。「複数の企業間で株式保有又は役員兼任が行われても，当該

複数の企業が引き続き独立の競争単位として事業活動を行うとみられる場合，従来から結合関係にあったものが合併して単に組織変更したにすぎない場合などについては，市場における競争への影響はほとんどなく，法第 4 章の規定により禁止されることは，まず想定し難い」（企業結合ガイドライン・第 1）。そこで，規制対象とすべき企業結合であることを確認するため，最初に当該行為により生じることになる結合関係を認定する（後出**資料〔14-3〕**企業結合審査のフローチャートの最初の部分を参照）。保有する議決権の割合や順位などを参考としつつ，独立した事業者として活動し続ける可能性について，総合的に判断することが必要になる。

(2) 弊害要件の考え方と審査

市場集中規制は，(a)「競争を実質的に制限することとなる」場合，および，(b)不公正な取引方法による場合，に当該企業結合を禁止している。(b)については，その手段が不公正な取引方法によるか否かが問題となり，ここで独自の説明をする必要はないため，省略する。以下では，市場集中規制において主として問題とされる(a)について扱う。

「競争を実質的に制限するとは，競争自体が減少して，特定の事業者又は事業者集団がその意思で，ある程度自由に，価格，品質，数量，その他各般の条件を左右することによって，市場を支配することができる形態をもたらすことをいう」と理解されている（**事例〔3-2〕**東宝・スバル事件参照）。

市場集中規制においては，競争を実質的に制限する「こととなる」場合を規制対象としている。この「こととなる」という文言は，3 条（定義 2 条 5 項・6 項）の規制にはなかったものである。いかなる意味か，そして，なぜそのような文言がついているのであろうか。

資　料〔14-1〕　企業結合ガイドライン・第 3・1(2)

「法第 4 章の各規定では，法第 3 条又は法第 8 条の規定と異なり，一定の取引分野における競争を実質的に制限する『こととなる』場合の企業結合を禁止している。この『こととなる』とは，企業結合により，競争の実質的制限が必然では

> ないが容易に現出し得る状況がもたらされることで足りるとする蓋然性を意味するものである。したがって，法第4章では，企業結合により市場構造が非競争的に変化して，当事会社が単独で又は他の会社と協調的行動をとることによって，ある程度自由に価格，品質，数量，その他各般の条件を左右することができる状態が容易に現出し得るとみられる場合には，一定の取引分野における競争を実質的に制限することとなり，禁止される」。

　企業結合は，その行為が直接競争を制限する行為であるわけではなく，市場構造が変化することにより，事業者間の競争が不活発となり，将来の市場環境が競争的でなくなることを問題とする。そのため，企業結合の行為時には不明確な将来の市場環境を予測し，当該企業結合の危険性を判断しなくてはならない，という困難な作業を伴う。

　市場シェアは，市場構造の変化とその影響を予測するための重要な数値である。市場シェアの算出には，市場がどの範囲かを画定する作業が必要になる。この市場の範囲が広いか狭いかによって，シェアの数値が大きくなったり小さくなったりする可能性がある（後出テーマ2参照）。

　他方，市場シェアとそれにより導かれる市場構造は重要であるが，それだけでは違法かどうか判断できない。競争者数が少なく，市場シェアが上位事業者に集中している，いわゆる寡占市場であっても，活発に競争がなされている市場が現実に存在するからである。市場構造以外の諸要素も総合的に評価して，合理的に判断しなければならない。

　結合しようとする事業者らにとっては，規模拡大や合理化による費用削減，研究開発の促進，総合的事業能力の拡大など，今後の競争に生き残っていくための戦略であり，競争を促進し経済発達をさせる可能性もある。どのような基準で規制がなされるのかを明確にし，事業者が自らの合理的判断で事業を再編できるように配慮することも必要である。公取委は，1980年代以降，企業結合にかかるガイドラインを示し，数回の改定を重ねてきた。そこでは，過去の事例の分析や経済学的分析を通じて得られた知見を盛り込み，考え方や基準の明確化を図ろうとしている。例えば，仮想的独占者（SSNIP）テストによる市場画定（後出テーマ2参照）や，ハーフィンダール指数（HHI）による寡占化測定

（後出**資料**〔14-12〕参照），数値基準による安全圏（セーフハーバー）の設定（後出テーマ4(3)およびテーマ5(3)参照）である。

市場における競争に与える影響を評価するにあたっては，企業結合の態様によって，検討の枠組みや判断要素が異なってくる。

資　料〔14-2〕　企業結合ガイドライン・第3・2

「企業結合には様々な形態があるが，
　①　水平型企業結合（同一の一定の取引分野において競争関係にある会社間の企業結合をいう。……）
　②　垂直型企業結合（例えば，メーカーとその商品の販売業者との間の合併など取引段階を異にする会社間の企業結合をいう。……）
　③　混合型企業結合（例えば，異業種に属する会社間の合併，一定の取引分野の地理的範囲を異にする会社間の株式保有など水平型企業結合又は垂直型企業結合のいずれにも該当しない企業結合をいう。……）
に分類することができる。

　水平型企業結合は，一定の取引分野における競争単位の数を減少させるので，競争に与える影響が最も直接的であり，一定の取引分野における競争を実質的に制限することとなる可能性は，垂直型企業結合や混合型企業結合に比べて高い。これに対し，垂直型企業結合及び混合型企業結合は，一定の取引分野における競争単位の数を減少させないので，水平型企業結合に比べて競争に与える影響は大きくなく，一定の場合を除き，通常，一定の取引分野における競争を実質的に制限することとなるとは考えられない。

　企業結合審査の対象となる企業結合が，水平型企業結合，垂直型企業結合，混合型企業結合のいずれに該当するかによって，当該企業結合が一定の取引分野における競争を実質的に制限することとなるか否かを判断する際の検討の枠組みや判断要素が異なる」。

水平型企業結合が一定の取引分野における競争を実質的に制限することとなるのは，当事会社グループの単独行動による場合（後出テーマ3参照）と，当事会社グループとその競争者らが協調的行動をとることによる場合（後出テーマ4参照）とがある。

垂直型・混合型企業結合は，市場の閉鎖性・排他性が問題になる場合と，協調的行動等による競争の実質的制限が問題となる場合がある。垂直型・混合型企業結合についても，単独行動による競争の実質的制限と協調的行動による競争の実質的制限の2つの観点から検討される（後出テーマ5参照）。

公取委は，次の**資料〔14-3〕**のようなフローチャートを示している。

合併等の企業結合は「固い結合」であるため，いったん結合した後に引き離すことには，多大な損失が生じるだろうと見込まれる。そこで，市場集中規制においては，事前届出・審査をする制度がとられている（後出テーマ6参照）。

2011（平成23）年まで，事業者が正式な手続に入る前に相談する事前相談も行われていた。この事前相談は法律上の制度ではない非公式のものであったが，多くの事例でこれが利用され，ここでなされた問題点の指摘により結合を断念する事例もあった。透明性確保の観点から，非公式手続により実質的な部分が分析・判断されることは望ましくないため，2011（平成23）年以降，公取委は事前相談手続を廃止した。

また，審査の過程において，問題点が明らかになった場合，当事会社から，問題を解消するための措置を申し出ることができる。例えば，一部の工場や店舗を売却し競争を維持できるようにする，などの措置である。この問題解消措置は，原則として構造的措置（資産や設備等の分離）であることが要求される。このような申出による問題解消を認めるのは，効率性を達成するための企業結合は競争促進的であり，障害となる競争制限効果を解消できるのであれば，積極的に企業結合を認めることが市場における競争をより活発にし独禁法の目的に資する，との認識によるものである。

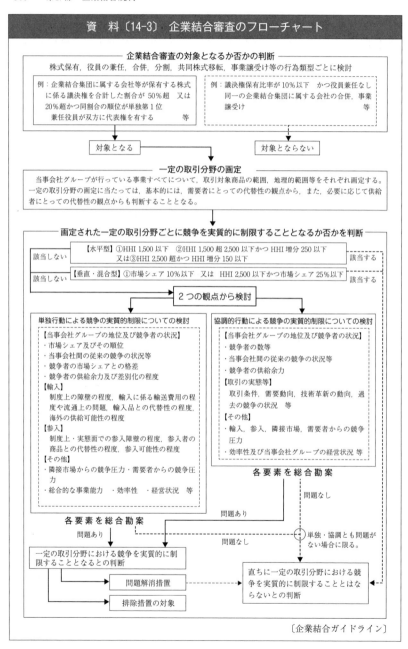

テーマ2　市場画定

企業結合の審査においては，市場の画定が非常に重要な作業となる。市場画定は何のために行われるのだろうか。市場の画定はどのようにして行われるのだろうか。

(1) 市場の考え方

分析対象となる競争として，どの市場における競争に焦点を合わせるのか，を決めることが最初の作業になる。そして，この市場の範囲を広くとるか狭くとるかによって，当事会社の市場シェアは大きく異なる。例えば，軽自動車だけで市場画定した場合にその市場において占めるＡ社のシェアと，そこに普通乗用車も加えた乗用車市場を画定した場合におけるＡ社のシェア，さらにトラック等も加えた自動車市場を画定した場合のＡ社のシェアは，それぞれ異なる数値になるだろう。結合する当事会社の市場シェアは，分析において重要な要素になるため，どの範囲で市場を画定するか，慎重な作業が必要になる。

それでは，どのようにして市場の範囲を画定すればよいのだろうか。

> **資　料〔14-4〕企業結合ガイドライン・第2・1**
>
> 「一定の取引分野は，企業結合により競争が制限されることとなるか否かを判断するための範囲を示すものであり，一定の取引の対象となる商品の範囲（役務を含む。以下同じ。），取引の地域の範囲（以下「地理的範囲」という。）等に関して，基本的には，需要者にとっての代替性という観点から判断される。
> 　また，必要に応じて供給者にとっての代替性という観点も考慮される。需要者にとっての代替性をみるに当たっては，ある地域において，ある事業者が，ある商品を独占して供給しているという仮定の下で，当該独占事業者が，利潤最大化を図る目的で，小幅ではあるが，実質的かつ一時的ではない価格引上げ（注2）をした場合に，当該商品及び地域について，需要者が当該商品の購入を他の商品又は地域に振り替える程度を考慮する。他の商品又は地域への振替の程度が小さいために，当該独占事業者が価格引上げにより利潤を拡大できるような場合には，その範囲をもって，当該企業結合によって競争上何らかの影響が及び得る範囲ということとなる。

供給者にとっての代替性については，当該商品及び地域について，小幅ではあるが，実質的かつ一時的ではない価格引上げがあった場合に，他の供給者が，多大な追加的費用やリスクを負うことなく，短期間（1年以内を目途）のうちに，別の商品又は地域から当該商品に製造・販売を転換する可能性の程度を考慮する。そのような転換の可能性の程度が小さいために，当該独占事業者が価格引上げにより利潤を拡大できるような場合には，その範囲をもって，当該企業結合によって競争上何らかの影響が及び得る範囲ということとなる。

　なお，一定の取引分野は，取引実態に応じ，ある商品の範囲（又は地理的範囲等）について成立すると同時に，それより広い（又は狭い）商品の範囲（又は地理的範囲等）についても成立するというように，重層的に成立することがある。また，当事会社グループが多岐にわたる事業を行っている場合には，それらの事業すべてについて，取引の対象となる商品の範囲及び地理的範囲をそれぞれ画定していくこととなる。

　(注2)「小幅ではあるが，実質的かつ一時的ではない価格引上げ」とは，通常，引上げの幅については5％から10％程度であり，期間については1年程度のものを指すが，この数値はあくまで目安であり，個々の事案ごとに検討されるものである」。

　この**資料**〔14-4〕にあるような，仮想的独占者による「小幅ではあるが，実質的かつ一時的ではない価格引上げ（Small but Significant and Nontrasitory Increase in Price）」が可能か否か，によって市場の範囲を画定しようとする方法を，「SSNIP基準」とか「仮想的独占者テスト」と呼んでいる。ただし，これは市場の範囲の考え方を示したものであり，実際の事件処理において厳密に測定され画定されてきたというものではない。

　市場は，行為者の属する市場が基本となるが，企業結合の効果・影響が他の市場に及ぶ場合には，その市場を画定し分析対象とすることもある。また，複数の市場が画定されたり，その一部が重複する複数の市場（例えば大きい市場と小さい市場）が画定されたりする場合もある。さらに，関連性はあるが，厳密に見ると代替性がなく，非常に小さい市場が多数成立しうる場合がある（クラスター市場）。その場合に，多数の小さな市場をまとめて1つの市場として画定することもある。実際の市場画定は，競争分析をするのにふさわしい市場の範

第14章 競争制限的企業結合の規制（市場集中規制） 303

囲を，柔軟かつ合理的に模索し画定する作業である。

(2) 市場画定の例

実際の市場画定において，どのような点を考慮して市場画定がなされたか，いくつかの事例を見てみよう。

まず，商品市場の画定についての事例である。

事　例〔14-5〕　八幡・富士製鉄合併事件

　鉄鋼製品の製造を行う八幡製鉄および富士製鉄が，合併契約を締結した。わが国における鉄鋼製品の主要な製造・販売業者のうち八幡製鉄，富士製鉄を含む6社は，製銑，製鋼，圧延を一貫して行ういわゆる銑鋼一貫メーカーとして，他の鉄鋼メーカーに比べ事業規模において格段に優位を占め，6社によってわが国における鉄鋼製品の製造分野の大部分を占める。とりわけ八幡製鉄および富士製鉄は，資本金，総資産および総売上高について，第1位および第2位である。また，銑鉄および粗鋼の全国生産実績について，八幡製鉄は 22.1％と 18.5％，富士製鉄は 22.4％と 16.9％であり，両社で第1位と第2位を占める。

　公取委が問題が生じる市場として取り上げたのは，以下の4つの市場である。

製品市場	八幡製鉄	富士製鉄	合　　計
鉄道用レール	70％	30％	100％
食かん用ブリキ	39.6％	21.6％	61.2％（＋東洋鋼鈑 29.2％※）
鋳物用銑	17.7％	38.6％	56.3％
鋼矢板	55.8％	42.5％	98.3％

※八幡製鉄は東洋鋼鈑の株式の20％を保有していた。

〔公取委同意審決昭 44・10・30 審決集 16 巻 46 頁〕

〈図〉 銑鋼一貫工程

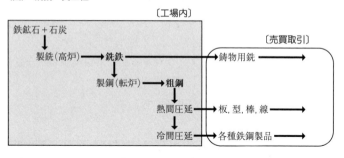

　八幡・富士製鉄合併事件では，製鉄会社としての規模が，資本金，総資産および総売上高，そして，銑鉄および粗鋼の生産実績が示されている。一般的には，ほとんどの鉄製品の素になる粗鋼の生産量が鉄鋼メーカーの規模を示すといわれている。その意味で，鉄鋼業界1位と2位の大型合併であるとして話題となった。

　しかし，実際の検討においては，4つの商品それぞれの市場が取り上げられた。製鉄会社は，鉄鉱石を熱して溶かし，銑鉄や粗鋼を生産した後，それらが熱いうちに各種製品へと加工する。売買される取引対象は個別の製品であり，銑鉄および粗鋼は製品に加工される過程の熱い鉄であり，それ自体は自社内で消費される原材料にすぎず取引対象ではない。したがって，「一定の『取引』分野」の文言にあるように，商品市場は取引される商品ごとに成立するべきものである，と考えられた。このような売買の対象となる最終製品を商品市場とみる考え方は，その後の石油化学や製紙などにおける事例でも踏襲されている。

　次に，地理的市場の画定についての事例である。

事　例〔14-6〕東宝・スバル事件

　東宝（原告）は映画演劇その他の興行を事業とし，スバル興業より東京都千代田区有楽町所在の2劇場（スバル座，オリオン座）にかかる営業を貸借する契約を締結した。

　「原告は，映画興行について地域の点から一定の取引分野を構想すべきものとすれば，丸の内，有楽町界隈または銀座地区ではなく，旧東京市内がほぼこれに

> あたると主張しているが，丸の内，有楽町界隈には，原告主張のような条件があるため，観客が都及び近郊一円より参集するという意味では，少くともここに参集する観客の一部は，この地域外の他の映画館と共通の対象となり，従つて旧東京市内の地域が一定の取引分野となり得る場合のあることは否定し得ないけれども，一般通常の状態においては，映画興行の取引分野としては旧東京市内より狭い地域について考えるのが相当である。すなわち，映画館の多数がある地域に近接して存在するときは，おのずからその地域に集合する観客群を生じ，これらの観客群は通常この地域内で，それぞれの映画館を選択して入場することとなり，この地域内の興行者は，この観客群を共通の対象とすることとなる。このように解すると，旧東京市内よりも狭い地域に映画興行の一定の取引の分野が成立するとみるべきであるから，この点に関する原告の主張は失当である」。
>
> 〔東京高判昭26・9・19高民集4巻14号497頁〕

東宝は地理的市場を広く画定するよう主張し，自己の支配下に入る映画館のシェアを低くしようとしたが，高裁はこれを受け入れず，消費者の一般的な行動から「銀座を中心として，京橋，日比谷，新橋，築地を連ねる一地域」と画定した。この考え方は，「需要者にとっての代替性という観点から判断される」（前出**資料**〔14-4〕）という考え方に通じる。

経済のグローバル化が進んだ今日においては，生産国を問わず内外無差別で国境を越えて商品を取引している場合もある。そのような場合には，東アジア市場や世界市場などといった規模の地理的市場が画定されることもある（企業結合ガイドライン・第2・3(2)）。

さらに，複数の重なる市場を問題とした事例として，国内航空会社である日本航空（JAL）・日本エアシステム（JAS）事業統合事例がある。

事 例〔14-7〕 JAL・JAS事業統合事例

1　一定の取引分野

本件においては，国内航空旅客運送事業分野，羽田空港発着の航空旅客運送事業分野，伊丹空港発着の航空旅客運送事業分野及び国内各路線分野（JAL及びJASの両者が競合している路線）について重点的に検討を行った。

　（注）　航空運送事業を行おうとする者は，国土交通大臣から事業の許可を得た

後は，届出により自由に路線の開設を行うことができることとなった。ただし，羽田空港や伊丹空港のような混雑空港の利用・路線の変更については，別途国土交通大臣の許可等が必要である。以下，羽田空港及び伊丹空港を「混雑空港」という。

2 各取引分野の状況
(1) 国内航空運送分野及び羽田・伊丹空港発着航空運送分野

各航空運送分野における当事会社の統合後の合算旅客数シェア・合算運航回数シェアが高まり，当事会社と有力な競争事業者であるANAとの2社で各航空運送分野のほとんどを占めることとなる。

(注) JAL, JAS及びANAのシェアには，それぞれの子会社を含む。以下同じ。

(2) 国内各路線分野

本件統合により，当事会社が競合している32路線のほとんどが独占化又は複占化することとなる。

(注) 当該32路線の旅客数の合計は，国内旅客数の約60％を占める。また，当該32路線の約3分の2の路線は，混雑空港を利用している。

〔公取委報道発表資料・平14・3・15〕

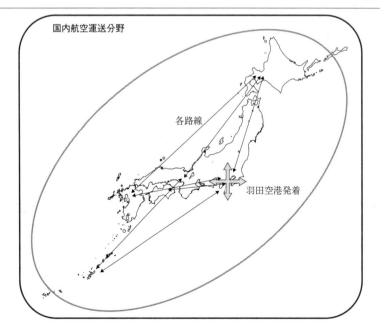

この事例〔14-7〕では，重複する複数の市場が示され，それぞれ分析された。需要者にとっての代替性という観点からは，各路線分野が市場となると考えるのが素直な見方である。しかし，航空会社は，同じ機材を使って路線を自由に変更でき，供給の代替性が高いので，国内航空運送分野も市場とされている。さらに，本件では，混雑空港における発着枠の割り当てが新規参入者に対する参入障壁として機能していることから，羽田空港発着航空運送分野と伊丹空港発着航空運送分野が取り上げられている。当該事業の競争における特殊性を反映した市場画定といえる（この事例の詳細については，事例〔22-8〕参照）。

テーマ3　競争の実質的制限（水平型・単独行動）

単独行動による競争の実質的制限とはどのようなものだろうか。何を基準にそれを判断したらよいのだろうか。また，実際の事例においては，どのような点に着目すればよいのだろうか。

(1) 考え方

水平型の企業結合は，競争関係にある事業者が結合するため，競争者数が減少し，市場シェアが増大する。したがって，結合により当事会社が他の競争者に比べて優位な地位を得ることにより市場支配力を形成・強化する場合，市場における価格・数量等の取引条件をその意思である程度自由に左右し，市場メカニズムの健全な機能を阻害することになる可能性がある。

3条の行為規制では，意識的並行行為やプライスリーダーシップなどの，寡占的市場構造ゆえに生じる弊害を規制することはできない。企業結合規制は，そのような弊害が生じる市場構造になることを防止する，という意味での構造規制でもある。

以上から，企業結合規制における弊害は，結合により当事会社が，①単独で価格を引き上げる力を形成することとなる場合と，②他の競争者と協調的な行動をとることで価格を引き上げることとなる場合が考えられる。

企業結合ガイドラインでは，価格を引き上げる行為が可能かどうか，という

視点から分析している。価格を引き上げることが可能かどうかは、問題となる市場における商品が同質的なものか、差別化されているか、によって、配慮すべき点がある。

商品が同質的なものである場合、「当該商品の価格を引き上げたとき、他の事業者が当該商品の価格を引き上げなければ、需要者は購入先をそれらの他の事業者に振り替えるので、通常、当事会社グループの売上げは減少し、他の事業者の売上げが拡大することになる。したがって、当事会社グループが当該商品の価格等をある程度自由に左右することは困難である場合が多い」（企業結合ガイドライン・第4・1(1)ア）。

他方、商品が差別化されている場合には、「あるブランドの商品の価格が引き上げられた場合、需要者はそれに代わるものとして他のブランドの商品を一様に購入の対象とするわけではなく、価格が引き上げられたブランドの商品の次に需要者にとって好ましい（代替性の高い）ブランドの商品が購入されることになると考えられる。このような場合、当事会社グループがあるブランドの商品の価格を引き上げたとしても、当事会社グループが当該商品と代替性が高いブランドの商品も販売しているときには、価格を引き上げたブランドの商品の売上げが減少しても当該商品と代替性の高いブランドの商品の売上げの増加で償うことができるので、当事会社グループ全体としては売上げを大きく減少させることなく、商品の価格を引き上げることができると考えられる。

したがって、商品がブランド等により差別化されている場合、代替性の高い商品を販売する会社間で企業結合が行われ、他の事業者が当該商品と代替性の高い商品を販売していないときには、当事会社グループが当該商品の価格等をある程度自由に左右することができる状態が容易に現出し得るので、水平型企業結合が、一定の取引分野における競争を実質的に制限することとなる」（企業結合ガイドライン・第4・1(1)イ）。

(2) 判断要素

一定の取引分野における競争を実質的に制限することとなるかどうか、を判断するための要素は非常に多く、事例ごとに異なる。企業結合ガイドラインにおいて挙げられている判断要素の項目だけを列挙すると、次の**資料〔14-8〕**の

ようになる。どれかを満たせばよいとか，すべてを満たす必要がある，といったものではなく，これらの判断要素を「総合的に」勘案して，一定の取引分野における競争を実質的に制限することとなるか否かを判断することになる。

資　料〔14-8〕　企業結合審査の考慮要素

(1) 当事会社グループの地位及び競争者の状況
　ア　市場シェア及びその順位
　イ　当事会社間の従来の競争の状況等
　ウ　共同出資会社の扱い
　エ　競争者の市場シェアとの格差
　オ　競争者の供給余力及び差別化の程度
　カ　国境を越えて地理的範囲が画定される商品の扱い
(2) 輸　入
　① 制度上の障壁の程度
　② 輸入に係る輸送費用の程度や流通上の問題の有無
　③ 輸入品と当事会社グループの商品の代替性の程度
　④ 海外の供給可能性の程度
(3) 参　入
　① 制度上の参入障壁の程度
　② 実態面での参入障壁の程度
　③ 参入者の商品と当事会社の商品の代替性の程度
　④ 参入可能性の程度
(4) 隣接市場からの競争圧力
　ア　競合品
　イ　地理的に隣接する市場の状況
(5) 需要者からの競争圧力
　① 需要者の間の競争状況
　② 取引先変更の容易性
　③ 市場の縮小
(6) 総合的な事業能力
(7) 効率性
　① 企業結合に固有の効果として効率性が向上するものであること

② 効率性の向上が実現可能であること
　　　③ 効率性の向上により需要者の厚生が増大するものであること
　(8) 当事会社グループの経営状況
　　ア　業績不振等
　　イ　競争を実質的に制限することとなるおそれは小さい場合
　　　① 債務超過，運転資金の融資受けられない状況
　　　② 著しい業績不振

〔企業結合ガイドライン・第4・2より見出し等を抜粋〕

　当事会社グループの市場シェアとそれにより導かれる市場構造は重要であるが，それだけでは価格を引き上げることができるとは断言できない。当事会社グループが価格を引き上げれば，顧客は他の競争者に流れるからである。他の競争者が，流れてきた顧客を吸収しきれない場合には，顧客は引き上げられた価格で購入せざるをえず，当事会社グループは価格を引き上げたまま維持し利益を上げることができる。同様に，新規参入による場合もありうる。上記**資料〔14-8〕**では，(2)～(5)で代替的な供給の可能性を検討し，顧客が他に逃げることができるかどうかを見ている。
　また，従来から議論のある要素として，(7)効率性の考慮がある。合併等によって規模の経済性による費用削減が可能である場合，価格支配力の形成・維持・強化があったとしても，需要者と供給者の両方の利益を合わせた社会的利益の拡大が死重損失を上回ることもありうる。そのような効率性の向上により社会的利益が拡大する場合には，違法とすべきではない，という主張である。これに対して，社会的利益が拡大するとしても，需要者利益が縮小し，生産者利益が拡大することは，一般消費者である国民の利益を軽視するものであり容認することはできない，という主張も根強い。公取委は，(7)①～③により，効率化の利益が消費者に還元される場合に限定して，効率性の向上を積極的な要素として扱うこととしている。
　経営が破綻することが見込まれている場合にも，その救済のための合併はしばしば行われる。例えば，国内に2社しか競争者がいない状況で，一方が破綻する見込みの時に，もう一方が救済合併し，1社独占になることを容認するか

どうか，という問題である。放っておいても，一方は経営破綻して，残った1社が独占するのであるから，救済して経営資産を継承した方が効率的である，というのが，「破綻会社の抗弁」と呼ばれる主張である。公取委も，(8)でこのような考え方を認め，それを適用する条件を示している。

(3) 事 例

具体的にどのような判断要素がどのように評価されているか，新日本製鐵・住友金属合併事例について見てみよう。

事 例〔14-9〕 新日本製鐵・住友金属合併事例

新日本製鐵と住友金属が合併を計画し，公取委の審査を受けた。公取委は，当事会社が競合する商品・役務について，約30の取引分野を画定し審査を行った。無方向性電磁鋼板および高圧ガス導管エンジニアリング業務については，当事会社が公取委に申し出た問題解消措置を前提とすれば，本件合併が競争を実質的に制限することとはならないと判断した。すなわち，問題解消措置がなければ，違法と判断された可能性の高い事例である。ここでは，無方向性電磁鋼板について，どのように分析されたかをとりあげる。

電磁鋼板には無方向性電磁鋼板と方向性電磁鋼板があるが，両者には需要の代替性も供給の代替性もない。無方向性電磁鋼板には様々な規格があり，規格間の需要の代替性はないが，製造設備は同じなので供給の代替性はある。以上から，商品の範囲は無方向性電磁鋼板とされた。また，地理的範囲は，日本全国とされた。

市場構造は以下の通り。

順位	会社名	市場シェア
1	新日本製鐵	約40%
2	A 社	約40%
3	住友金属	約15%
	輸 入	約 5%
	合 計	100%

新日本製鐵（約40%）および住友金属（約15%）は，合算市場シェア・順位は約55%・第1位，合併後のHHIは約4,600，HHIの増分は約1,100となり，水平型企業結合のセーフハーバー基準に該当しない。

> 「3 独占禁止法上の評価
> (1) 単独行動による競争の実質的制限
> 　本件合併により当事会社は約55％の市場シェアを有することとなり，有力な競争事業者が存在するものの，十分な供給余力を有している状況にはないことから，当事会社が価格を引き上げた場合に供給量を十分に増やすことが難しいと考えられる。
> 　また，高グレードの製品については，国内ユーザーが国内拠点において求めるような高品質な製品を海外メーカーは製造しておらず，輸入圧力は認められない。また，低グレードの製品については，一定程度輸入が行われており，国内の価格が上昇した場合に海外メーカー品に切り替えるという国内ユーザーも一定数みられるが，国内ユーザーは海外メーカー品について，国内メーカー品に比べると国内ユーザーが国内拠点において求めるような十分な品質ではない，価格変動が激しく安定調達の面で不安があるといった懸念を述べていることから，輸入圧力が必ずしも強いとは認められない。
> 　さらに，国内ユーザーにとって調達先メーカーの変更は容易でなく，需要者からの競争圧力も認められない。
> 　したがって，本件合併により高グレードの製品において顕著に，当事会社グループが単独で価格等をある程度自由に左右することができる状態が容易に現出し得ることから，本件合併が競争を実質的に制限することとなると考えられる」。
> 〔公取委「平成23年度における主要な企業結合事例」事例2〕

　この事例では，当事会社のシェアと地位の他に，国内の競争者に供給余力がないこと，輸入圧力がないあるいは弱いこと，国内ユーザーが調達先を変更することは容易でなく，価格交渉力も弱いことなどから，価格を引き上げることが可能であると判断された。企業結合ガイドラインにおいて列挙されていた判断要素は，判断材料を集めるためのチェック項目であり，実際の事例の分析においては，それらの中から使えそうな材料をピックアップして評価・判断に用いられていることがわかる。なお，「HHI」とは，寡占化を示す指標であり，後出**資料〔14-12〕**の（注5）に計算方法が示されている。

　この事例では，当事会社から問題解消措置の申出があり，それを前提として適法と判断された。問題解消措置は，次の2つである。①合併後5年間，住友商事に対し，住友金属の直近5年間（平成18年度から平成22年度）における国

内年間販売数量の最大値を上限として，合併会社の無方向性電磁鋼板のフルコストをベースとして計算した平均生産費用に相当する価格で供給する。②住友商事に対し，住友金属の無方向性電磁鋼板に関する顧客名簿の引継ぎに加えて，国内ユーザーとの取引関係を譲渡し，その他の適切な引継ぎに必要な措置を講じる。これにより，住友金属に代わり，住友商事が販売における新たな競争者として活動することができ，販売段階における価格競争は引き続き可能になるものと評価された。

　問題解消措置は原則として構造的な措置によるとされているが（企業結合ガイドライン・第6・1），実際には様々な措置が必要に応じて認められている。この事例のように，コストベースで他の事業者に供給したり，技術支援したりして，新たな競争者を生み出したり育成したりする措置は，他の相談事例でも認められている（例えば，三井化学・武田薬品工業ウレタン事業統合事例〔公取委「平成12年度における主要な企業結合事例」事例9〕）。その他にも，事業の一部のみの統合や共同子会社の設立などの場合，例えば，製造だけ統合し販売はそれぞれが独立して行うような場合には，情報遮断措置や人的交流遮断措置などにより，協調的な行動をとらないようにすることもある（例えば，三井金属鉱業・住友金属鉱山伸銅品事業統合事例〔公取委「平成21年度における主要な企業結合事例」事例3〕）。

テーマ4　競争の実質的制限（水平型・協調的行動）

　協調的行動とは何だろうか。どのようにして協調的行動はなされ，競争を実質的に制限することとなるのだろうか。単独行動による場合と，判断方法に違いはあるのだろうか。

(1) 考え方

　結合により市場の寡占化が進行し，競争者間で相互に相手の行動を予測し歩調を合わせやすくなる場合には，市場における価格を協調的に引き上げる可能性がある。3条の行為規制では，意識的並行行為やプライスリーダーシップな

ど，寡占的市場構造ゆえに生じる弊害を規制することはできないが，企業結合規制は，そのような弊害が生じる市場構造になることを防止する，という意味での構造規制でもある。

どのような仕組みで，そのような協調が生じるのか，企業結合ガイドラインの考え方を確認する。

資　料〔14-10〕　企業結合ガイドライン・第 4・1 (2)

「水平型企業結合が協調的行動により一定の取引分野における競争を実質的に制限することとなるのは，典型的には，次のような場合である。

　例えば，事業者甲が商品の価格を引き上げた場合，他の事業者乙，丙等は当該商品の価格を引き上げないで，売上げを拡大しようとし，それに対し，事業者甲は，価格を元の価格にまで引き下げ，あるいはそれ以上に引き下げて，事業者乙，丙等が拡大した売上げを取り戻そうとすることが多いと考えられる。

　しかし，水平型企業結合によって競争単位の数が減少することに加え，当該一定の取引分野の集中度等の市場構造，商品の特性，取引慣行等から，各事業者が互いの行動を高い確度で予測することができるようになり，協調的な行動をとることが利益となる場合がある。このような場合，事業者甲の価格引上げに追随して他の事業者が商品の価格を引き上げたときに，例えば，事業者乙が当該商品の価格を引き上げないで売上げを拡大しようとしても，他の事業者が容易にそれを知り，それに対抗して当該商品の価格を元の価格まで引き下げ，あるいはそれ以上に引き下げて，奪われた売上げを取り戻そうとする可能性が高い。したがって，事業者乙が当該商品の価格を引き上げないことにより獲得できると見込まれる一時的な利益は，事業者甲に追随して価格を引き上げたときに見込まれるものより小さなものとなりやすい。

　このような状況が生み出される場合には，各事業者にとって，価格を引き上げないで売上げを拡大するのではなく互いに当該商品の価格を引き上げることが利益となり，当事会社とその競争者が協調的行動をとることにより当該商品の価格等をある程度自由に左右することができる状態が容易に現出し得るので，水平型企業結合が一定の取引分野における競争を実質的に制限することとなる」。

ここではもう列挙しないが，企業結合ガイドラインにおいて，協調的行動に

よる価格支配等の判断要素として列挙されている要素は，前出**資料**〔14-8〕を簡略化したもので，ほとんどが共通している。使えそうな判断材料を可能な限り列挙していくと，似かよった項目が並ぶことになる。しかし，これらをチェックして得られた材料から，単独行動による価格等の支配の可能性に組み立てるか，協調的行動による価格等の支配の可能性に組み立てるのか，という評価・判断の説明の仕方が異なってくる。もちろん，材料がそろっていれば，両方を組み立てることもできる。

(2) 事　例

前出**事例**〔14-9〕新日本製鐵・住友金属合併事例では，単独行動だけでなく，協調的行動による価格等の支配についても評価を行っている。その部分は以下のようなものである。

事　例〔14-11〕 新日本製鐵・住友金属合併事例

※事案の概要については，**事例**〔14-9〕参照。

公取委は，協調的行動による価格支配等につき，以下のように判断した。

「(2) 協調的行動による競争の実質的制限

本件合併により無方向性電磁鋼板の国内市場における事業者は3社から2社に減少し，合併前と比較して，協調的行動をとりやすくなると認められる。

また，住友金属は，方向性電磁鋼板の取扱いの有無，生産基盤の強弱という点において新日鉄及びA社と異なっており，実際の価格戦略について新日鉄及びA社とは異なると認められるところ，本件合併後には同質的な2社が市場をほぼ二分することとなるため，互いの行動を高い確率で予測することができるようになると考えられる。

そのような状況の中で，高グレードの製品については輸入圧力が認められず，低グレードの製品についても輸入圧力が必ずしも強くはなく，また，需要者からの競争圧力も認められない。

したがって，本件合併後，高グレードの製品において顕著に，当事会社グループとその競争事業者が協調的行動をとることにより，価格等をある程度自由に左右することができる状態が容易に現出し得ることから，本件合併が競争を実質的に制限することとなると考えられる」。

〔公取委「平成23年度における主要な企業結合事例」事例2〕

協調による価格引上げが実際になされるか否か，について断定することは不可能である。したがって，「容易に現出することとなる」蓋然性を示すことで足りる，とされる。ここでは，3社から2社に競争者が減少することの他に，従来は住友金属が価格競争の要因であったのにそれがなくなること，予測可能性が増すこと，輸入圧力が弱いこと，需要者の価格交渉力が弱いことなどから，協調的行動により価格等をある程度自由に左右することができる状態が容易に現出しうる，としている。

前出テーマ3(3)で説明したように，この事例では問題解消措置の申出があり，それにより，競争を実質的に制限することとはならないものと判断された。

(3) セーフハーバー

企業結合ガイドラインは，小規模な企業結合について，違法とならない基準を示している（いわゆるセーフハーバー）。以下の記述は，水平型企業結合（単独行動および協調的行動の両方を含む）の基準である。

資　料〔14-12〕　企業結合ガイドライン・第4・1(3)

「(3)　競争を実質的に制限することとならない場合

　水平型企業結合が一定の取引分野における競争を実質的に制限することとなるか否かについては，個々の事案ごとに後記2及び3の各判断要素を総合的に勘案して判断するが，企業結合後の当事会社グループが次の①～③のいずれかに該当する場合には，水平型企業結合が一定の取引分野における競争を実質的に制限することとなるとは通常考えられず，第4の2及び3に記した各判断要素に関する検討が必要となるとは通常考えられない。

① 企業結合後のハーフィンダール・ハーシュマン指数（以下「HHI」という。）が1,500以下である場合（注4）

② 企業結合後のHHIが1,500超2,500以下であって，かつ，HHIの増分が250以下である場合（注5）

③ 企業結合後のHHIが2,500を超え，かつ，HHIの増分が150以下である

場合

　　なお，上記の基準に該当しない場合であっても，直ちに競争を実質的に制限することとなるものではなく個々の事案ごとに判断されることとなるが，過去の事例に照らせば，企業結合後のHHIが2,500以下であり，かつ，企業結合後の当事会社グループの市場シェアが35％以下の場合には，競争を実質的に制限することとなるおそれは小さいと通常考えられる。

　　（注4）HHIは，当該一定の取引分野における各事業者の市場シェアの2乗の総和によって算出される。……

　　（注5）企業結合によるHHIの増分は，当事会社が2社であった場合，当事会社のそれぞれの市場シェア（％）を乗じたものを2倍することによって計算することができる」。

　HHIとは，ハーフィンダール・ハーシュマン指数（Herfindahl-Hirschman Index）であり，提唱した2人の経済学者の名前のついた指標である。略して，ハーフィンダール指数と呼ばれることもある。

　HHIの計算例を示す。次の「結合前」の状態から，B（第2位・シェア30％）とC（第3位・同20％）が合併してB&C（第1位・同50％）になるとする。

```
　　　　結合前
　　　　　　　　　A       B       C       D
　　　　シェア    40%     30%     20%     10%
　　　　HHI      40² +   30² +   20² +   10²  = 3000

　　　　結合後
　　　　　　　　　B&C     A       D
　　　　シェア    50%     40%     10%
　　　　HHI      50² +   40² +   10²  = 4200
```

　結合前のHHIは3000で，結合後のHHIは4200となり，その増分は1200ということになる。HHIの増分だけを計算する場合には，それぞれのシェアを乗じて2倍にする方法もある（上記の例では，30 × 20 × 2 = 1200となる）。

　この計算例は，上記**資料〔14-12〕**に照らすと①〜③のいずれにも該当しないので，企業結合審査の対象から除外されない，ということになる。

318　第Ⅳ部　企業結合規制

テーマ5　競争の実質的制限（垂直・混合型）

　垂直型あるいは混合型の企業結合は，競争に対してどのような影響があるだろうか。規制対象となるのはどのような場合だろうか。どのように判断されるのだろうか。

(1) 考え方

　垂直型結合は取引相手との結合であり，混合型結合は，水平型でも垂直型でもない結合である（前出**資料**〔14-2〕）。垂直・混合型企業結合は，水平型結合のように競争に対して直接的な影響を与えるものではないため，違法とされることはまれである。違法性判断については，垂直・混合型企業結合についても，単独行動による場合と，協調的行動による場合とを検討することになる。それぞれ，いかなる場合に違法となるのか，ガイドラインの考え方を見る。

資　料〔14-13〕　企業結合ガイドライン・第5・1(1)

「(1)　単独行動による競争の実質的制限

　垂直型企業結合及び混合型企業結合が単独行動により一定の取引分野における競争を実質的に制限することとなるのは，典型的には，次のような場合である。

　垂直型企業結合が行われると，当事会社グループ間でのみ取引することが有利になるため，事実上，他の事業者の取引の機会が奪われ，当事会社グループ間の取引部分について閉鎖性・排他性の問題が生じる場合がある。例えば，複数の原材料メーカーより原材料を購入し，かつ，大きな市場シェアを有する完成品メーカーと原材料メーカーが合併し，当事会社の完成品メーカー部門が当事会社の原材料部門からのみ原材料を調達する場合，他の原材料メーカーは，事実上，大口の需要先との取引の機会を奪われる可能性がある。また，例えば，複数の完成品メーカーに原材料を販売し，かつ，大きな市場シェアを有する原材料メーカーと当該原材料の需要者である完成品メーカーが合併し，当事会社の原材料メーカー部門がその完成品メーカー部門にのみ原材料を販売するようになる場合，他の完成品メーカーは，事実上，主要な原材料の供給元を奪われる可能性がある。有力なメーカーと有力な流通業者とが合併した場合も，他のメーカーが新規参入をす

るに当たって，自ら流通網を整備しない限り参入が困難となるときには，競争に及ぼす影響が大きい。

　なお，垂直型企業結合後も当事会社が競争者と取引を継続する場合において，企業結合前と比較して競争者が取引上不利に取り扱われることにより，実効性のある競争が期待できなくなるときも，競争に及ぼす影響が大きい。

　当事会社グループの市場シェアが大きい場合には，垂直型企業結合によって当事会社グループ間の取引部分についてこのような閉鎖性・排他性の問題が生じる結果，当事会社グループが当該商品の価格その他の条件をある程度自由に左右することができる状態が容易に現出し得るときがある。このような場合，垂直型企業結合は，一定の取引分野における競争を実質的に制限することとなる。

　混合型企業結合が行われ，当事会社グループの総合的な事業能力が増大する場合にも，市場の閉鎖性・排他性等の問題が生じるときがある。例えば，企業結合後の当事会社グループの原材料調達力，技術力，販売力，信用力，ブランド力，広告宣伝力等の事業能力が増大し，競争力が著しく高まり，それによって競争者が競争的な行動をとることが困難になり，市場の閉鎖性・排他性等の問題が生じるときがある。

(2)　協調的行動による競争の実質的制限

　垂直型企業結合及び混合型企業結合が協調的行動により一定の取引分野における競争を実質的に制限することとなるのは，典型的には，次のような場合である。

　例えば，メーカーと流通業者との間に垂直的企業結合が生じることによって，メーカーが垂直型企業結合関係にある流通業者を通じて，当該流通業者と取引のある他のメーカーの価格等の情報を入手し得るようになる結果，当事会社グループのメーカーを含むメーカー間で協調的に行動することが高い確度で予測することができるようになる場合がある。このような場合には，当事会社グループとその競争者が当該商品の価格等をある程度自由に左右することができる状態が容易に現出し得るので，垂直型企業結合が，一定の取引分野における競争を実質的に制限することとなる。

　混合型企業結合が行われた場合にも，同様の問題が生じる場合がある」。

(2)　事　　例

　垂直型企業結合が違法とされた事例に，日本石油運送事件がある。古い事例であり，上記**資料**〔14-13〕よりもかなり前の事例である。現在の公取委の考え方によっても，同じ結論を得ることになるであろうか。

> **事　例〔14-14〕　日本石油運送事件**
>
> 　X（日本石油運送）は，日本海側地域においてタンク貨車を有する唯一の運送業者として，Y_1（日本石油），Y_2（昭和石油），Y_3（日本鉱業）ら日本海側に製油所を有する石油精製会社の委託を受け，これらの国産原油を輸送している。タンク貨車による輸送量比率は，Y_1＝63％，Y_2＝17％，Y_3＝20％である。Xの株式は，Y_1が7万株，Y_2が2万4千株，Y_3が2万株，その他が8万6千株を保有していた。X側からの申入れを受けて，Y_2およびY_3は，その持株をXの役員および従業員名義に書き換えた。
>
> 　審決では，以下のように判断された。
>
> 　Y_1はXの株式20万株のうち7万株を所有するが，他の大株主はXの役員A（3万4千株）等しかおらず，被審人Y_1のXの事業経営に対する発言権は著しく大なるものと認められ，特にXの有するタンク貨車使用の利便は，Y_3およびY_2に優先して享受することができることとなり，これら3石油精製会社の石油製品販売分野における競争を実質的に制限することとなるものである。
>
> 〔公取委審判審決昭26・6・25審決集3巻73頁〕

　この**事例〔14-14〕**は，Y_2とY_3が株式を手放した結果として，Y_1とXの垂直的結合が相対的に強化され，Y_2とY_3が競争上不利になる，とするものである。これは，前出**資料〔14-13〕**における「(1)　単独行動による競争の実質的制限」のストーリーに近い。しかし，判断要素としては不明確なものが多く，疑問が残る。競争者であるY_2とY_3は，自己が不利になるのに，なぜXの株式を手放したのだろうか。Y_2とY_3にとって，国産原油の重要性はどのくらいだったのだろうか。もし，Y_2とY_3の用いる原油のほとんどが輸入によるものであれば，Xによる輸送の重要性は低く，競争に与える影響は小さいはずである。審決は，「石油製品販売分野における競争」を実質的に制限することとなる，としていることからすると，当時は国産原油の占める割合が大きかったのだろうか。また，Y_1が株式を取得したのではなく，Y_2とY_3がXの役員らに譲渡したのに，被審人がY_1となっていることにも若干の違和感を覚えるが，従来通りの割合を保有し続ける行為も，周りの状況の変化によっては規制対象となることを示した事例でもある。

第 14 章　競争制限的企業結合の規制（市場集中規制）　　*321*

　最近の事例には，違反とはならなかったが，審査の対象とされた垂直型結合事例もある。

事　例〔14-15〕　ASML・サイマー垂直統合事例

　半導体製造で使用される露光装置の製造販売業を営む ASML が，同製品の重要な部品である光源の製造販売業を営むサイマーの全株式を取得することを計画し，独禁法 10 条の審査を受けた。
　一定の取引分野について，商品市場は以下の(1)川上市場で 2 つ，(2)川下市場で 3 つ，地理的範囲はいずれも世界全体で画定された。
　(1)　川上市場（光源）
　露光装置の光源は，光の波長によって解像度が異なり，価格も異なる。ここでは，KrF 光源（クリプトン・フッ素混合ガスレーザー光源）と，ArF 光源（アルゴン・フッ素混合ガスレーザー光源）が取り上げられ，審査対象となった。
　サイマーの KrF 光源の市場シェアは約 60％（第 1 位），HHI は約 5,300 であり，ArF 光源の市場シェアは約 75％（第 1 位），HHI は約 6,300 であることから，いずれも垂直型企業結合のセーフハーバー基準に該当しない。また，サイマーの競争事業者は，A 社（国内メーカー）しか存在しない。
　(2)　川下市場（露光装置）
　ArF 光源による露光装置には，解像度を高めるため，液体による屈折を利用した液浸露光装置もある。審査対象として，以下の 3 つが取り上げられた。
　ASML の KrF 露光装置の市場シェアは約 90％（第 1 位），HHI は約 8,300 であり，ArF 露光装置の市場シェアは約 45％（第 2 位），HHI は約 5,100 であり，ArF 液浸露光装置の市場シェアは約 85％（第 1 位），HHI は約 7,500 であることから，いずれも垂直型企業結合のセーフハーバー基準に該当しない。また，ASML の競争事業者は，KrF 露光装置については X 社（国内メーカー）および Y 社（国内メーカー），ArF 露光装置および ArF 液浸露光装置については X 社しか存在しない。
　「サイマーは，川上市場において高い市場シェアを占めており，かつ，競争事業者も少ないことから，サイマーが事実上，ASML のみに光源の販売を行い，ASML の競争事業者が光源の主要な供給元を奪われ，市場の閉鎖性・排他性の問題が生じるようなことがあった場合には，川下市場における競争に及ぼす影響が大きいものと考えられる」。
　「ASML は，川下市場において高い市場シェアを占めており，かつ，競争事業

者も少ないことから，ASMLが事実上，サイマーからのみ光源の調達を行い，サイマーの競争事業者が光源の主要な販売先を失い，市場の閉鎖性・排他性の問題が生じるようなことがあった場合には，川上市場及び川下市場における競争に及ぼす影響が大きいものと考えられる」。

　しかし，ASMLは，問題解消措置を申し出た。サイマーが統合後も統合前と変わらない条件でX社およびY社と取引すること，ASMLが統合後も統合前と変わらない条件でA社と取引すること，を公取委に対して約束した。また，統合後，一定期間，当該措置の遵守状況について，事前に公取委が承認した独立した監査チームによる監査を行い，当該監査結果を公取委に報告するとの約束もなされた。その結果，ASMLが申し出た措置等を踏まえれば，本件統合による投入物閉鎖・顧客閉鎖は生じないものと判断された。

〔公取委「平成24年度における主要な企業結合事例」事例4〕

　この事例〔14-15〕では，問題解消措置の申出があり，それを前提として適法と判断された。問題解消措置のない状況では，川上市場（光源）および川下市場（露光装置）の両方について，市場の閉鎖・排他性の問題が生じれば競争に与える影響が大きい，と評価されていた。問題解消措置は，構造的な措置ではなく，約束にすぎないが，監査体制を作り公取委に報告することで，実効性を確保している。また，上記では省略したが，需要者からの競争圧力が一定程度働いているとの評価もされている。

(3)　セーフハーバー

　垂直・混合型企業結合についても，企業結合ガイドラインではセーフハーバーが設けられている。

資　料〔14-16〕　企業結合ガイドライン・第5・1(3)

「(3)　競争を実質的に制限することとならない場合

　垂直型企業結合及び混合型企業結合が一定の取引分野における競争を実質的に制限することとなるか否かについては，個々の事案ごとに後記2の各判断要素を総合的に勘案して判断するが，企業結合後の当事会社グループの市場シェアが下記①又は②に該当する場合には，垂直型企業結合及び混合型企業結合が一定の取

引分野における競争を実質的に制限することとなるとは通常考えられない。
　① 当事会社が関係するすべての一定の取引分野において，企業結合後の当事会社グループの市場シェアが10％以下である場合
　② 当事会社が関係するすべての一定の取引分野において，企業結合後のHHIが2,500以下の場合であって，企業結合後の当事会社グループの市場シェアが25％以下である場合
　なお，上記の基準に該当しない場合であっても，直ちに競争を実質的に制限することとなるものではなく個々の事案ごとに判断されることとなるが，過去の事例に照らせば，企業結合後のHHIが2,500以下であり，かつ，企業結合後の当事会社グループの市場シェアが35％以下の場合には，競争を実質的に制限することとなるおそれは小さいと通常考えられる」。

　垂直型企業結合のセーフハーバーについて測定したが当てはまらなかった例として，前出の**事例〔14-15〕**を参照。

テーマ6　事前届出・審査制

　事前に届出して審査を受けなければならないのはなぜだろうか。どのような結合が届出の対象になるのだろうか。届出の対象外となった結合が，事後的に違法とされることはあるのだろうか。

(1) 届出対象

　事前届出の対象となる企業結合は，一定規模以上の結合に限られる。基準となる数値は，売上高が用いられる。
　合併や株式保有・役員兼任・株式移転などは，対象となる企業の事業の全部が結合の対象となる。会社分割や事業譲渡は，全部が結合対象となる場合も，一部（重要部分）を切り離して結合対象とする場合もある。全部の結合か，重要部分の結合かで，事前届出の基準額が異なる。全部が対象の場合には，親子会社・兄弟会社など企業結合集団合計である「国内売上高合計額」が用いられる（16条1項1号以外）。重要部分の場合には，その部分の売上高が用いられる。

届出対象（原則）
- (a) 　全部＋全部　　　　　売上高合計200億円超＋売上高合計50億円超
- (b) 　全部＋重要部分　　　売上高合計200億円超＋対象部分売上高30億円超
- (c) 　重要部分＋全部　　　対象部分売上高100億円超＋売上高合計50億円超
- (d) 　重要部分＋重要部分　対象部分売上高100億円超＋対象部分売上高30億円超

届出対象（例外・16条）
- (a') 　全部＋全部　　　　　売上高合計200億円超＋対象売上高30億円超
- ※(b)～(d)は上記原則通り

　同一企業結合集団内（親子・兄弟会社）の再編は届出不要とされている。実質的には，すでに結合している同一組織内の再編にすぎないからである。

　株式保有については，企業結合集団合計で議決権の20％を超えるとき（10条2項，独禁令16条3項1号）と，50％を超えるとき（10条2項，独禁令16条3項2号）に届出をしなければならない。

(2) 手　　続

　届出受理の日から30日間が，待機期間となる（10条8項。公取委による短縮可）。公取委は，追加的に必要な報告等を求めることもできる。措置を命じる場合には，(a)待機期間内か，(b_1)報告等を求めた場合は届出受理の日から120日を経過した日か，(b_2)すべての報告等を受理した日から90日を経過した日の，いずれか遅い日までに通知しなければならない（10条9項）。

　審査期間中，いつでも，届出書を取り下げたり，問題解消措置を記載した変更届出書を提出したりすることができる。

　事前届出義務や待機義務に違反してなされた結合については，公取委は，その無効の訴えを提起できる（18条）。

(3) 届出対象外の結合

　届出対象とならなかった企業結合については，事前審査の機会がない。ということは，届出対象とならない規模の結合（例えば，売上高合計180億円＋150億円の合併）は，違法とされることはないということになるのだろうか。

届出対象外の結合であっても，市場の規模によっては，圧倒的なシェアを占めることになり，競争を実質的に制限することとなる場合は考えられる。したがって，実務・通説は，届出対象外の結合について，結合後に事後審査をして違反とすることも可能であると考えている。

しかし，理論上は可能だとしても，実際にそのような法執行をした例は今のところない。

テーマ7　独占的状態に対する規制

「独占的状態」とは，どのような状態であろうか。独占的状態に対する規制では，どのような措置が可能となっているだろうか。なぜ，そのような規制が置かれたのだろうか。そして，今日において，その意義は何であろうか。

(1) 要　件

企業結合という行為に対する規制の他に，個別具体的な行為ではなく，市場構造と弊害から企業分割を命じることを可能とする規定が8条の4に置かれている。「独占的状態に対する措置」と呼ばれ，構造規制の中でも行為規制としての要素がないため，純粋構造規制であるといわれている。

企業努力により競争に勝ち市場の大きな部分を占めるに至った事業者に対して，安易に構造規制をすることは，かえって競争的行動を萎縮させ競争を不活発にする可能性があるので，そのような規制はできるだけ避けるべきである，と考えられ，厳しい要件が定められている。

独占的状態の要件は以下の通りである。(1)国内総供給額要件として，年間供給額が1000億円超の事業分野であること。(2)市場占拠率要件として，1社で50％超か，2社で75％超であること。(3)参入要件として，当該事業分野に属する事業を新たに営むことを著しく困難にする事情があること。(4)価格要件として，相当の期間，需給の変動およびその供給に要する費用の変動に照らして，価格の上昇が著しく，もしくはその低下が僅少であること。(5-a)利益要件として，標準的な利益率を著しく超える利益率を得ていること，または，

(5-b) 費用要件として，標準的な販売費および一般管理費に比して著しく過大な販売費および一般管理費を支出していること。

(2) 措　　置

公取委は，事業者（1位の事業者，または1位および2位の事業者）に対し，営業の一部の譲渡その他競争を回復させるために必要な措置を命じることができる。ただし，(i)その競争回復措置により，a) 規模の経済性が著しく損なわれる場合，b) 経理が不健全になる場合，c) 国際競争力の維持が困難になる場合，および，(ii)競争を回復するに足る他の措置が講ぜられる場合には，公取委は当該措置を命じることができない。

1977（昭和52）年改正で導入されたが，これまで適用された例はない。公取委は，(1)国内総供給額要件と(2)市場占拠率要件に適合する事業分野について定期的に公表し，当該事業分野の事業者に対して注意を喚起している。独占的状態に対する措置は，導入当初から「最後の手段」と言われており，軽々しく運用されてはならない。ただし，独占的状態にある事業者も上記のような弊害を生じさせなければ問題とされることはないのであり，手続も慎重に定められ，そのような配慮は最初から条文に盛り込まれている。

第15章

事業支配力過度集中の規制（一般集中規制）

テーマ1　事業支配力の過度の集中

事業支配力が過度に集中すると，どのような問題が生じるのだろうか。どのようにしてそれを規制しているのだろうか。かつての財閥と現在の企業集団とは，どのように異なるのだろうか。

(1)　規制の意義と経緯

　一般集中規制は，特定の市場における競争の制限ではなく，日本経済一般における経済力の集中による悪影響を問題とする。

　戦後，GHQの占領政策により，財閥は解体された。財閥の頂点が持株会社の形態をとり，多数の子会社・孫会社の株式を保有し支配・管理していた，という実態があった。そして，独禁法には，戦前・戦中に存在していた財閥の復活を阻止する役割が期待され，持株会社の禁止などの規定が置かれた。その後，財閥に代わり，企業集団が形成されると，その結束力に一定の制限を加えることが必要と考えられた。財閥は本社が頂点となって子会社・孫会社をたばねるピラミッド構造であったのに対して，企業集団は株式を相互に持ち合うことでグループを構成している。戦後の代表的な6つの企業集団（三井・三菱・住友・芙蓉・三和・第一勧銀）を，六大企業集団と呼ぶ。ただし，現在では，企業集団の実態が変化してきたことに伴い，一般集中規制は緩和される傾向にある。

　独禁法制定当時，9条は持株会社を禁止していた。1997（平成9）年改正により，「持株会社」という形式的な会社形態を全面的に禁止する規定から，「事業支配力が過度に集中することとなる」持株会社の禁止へ，規制対象が限定され

た。さらに，2002（平成14）年改正により，持株会社という形式にとらわれることをやめ，「事業支配力が過度に集中することとなる」会社の禁止へと改められた。

(2) 事業支配力の過度な集中のイメージ

「事業支配力が過度に集中すること」とは，会社グループの形態が，(ⅰ)総合的事業規模が相当数の事業分野にわたって著しく大きいこと，(ⅱ)資金に係る取引に起因する他の事業者に対する影響力が著しく大きいこと，(ⅲ)相互に関連性のある相当数の事業分野においてそれぞれ有力な地位を占めていること，という要件のいずれかに該当し，かつ，国民経済に大きな影響を及ぼし，公正かつ自由な競争の促進の妨げとなる，という要件をすべて満たす場合に該当する（9条3項）。

上記(ⅰ)～(ⅲ)とは，どのような状況を考えているのだろうか。

資　料〔15-1〕　事業支配力過度集中の類型

第1類型
　(a)会社グループの規模が大きく，かつ，(b)相当数の(c)主要な事業分野のそれぞれにおいて別々の(d)大規模な会社を有する場合
　　(a)　会社グループの規模が大きいこと：総資産の額の合計額が15兆円を超えるもの
　　(b)　相当数：5以上
　　(c)　主要な事業分野：日本標準産業分類3桁分類のうち，売上高6000億円超の業種
　　(d)　大規模な会社：単体総資産の額3000億円超の会社

第2類型
　(a)大規模金融会社と，(b)金融又は金融と密接に関連する業務を営む会社以外の(c)大規模な会社を有する場合
　　(a)　大規模金融会社：単体総資産の額15兆円超である金融会社
　　(b)　金融又は金融と密接に関連する業務を営む会社：銀行業又は保険業を営む会社その他公正取引委員会規則で定める会社（法第10条第2項）
　　(c)　大規模な会社：単体総資産の額3000億円超の会社

第 3 類型
　(a)相互に関連性のある(b)相当数の(c)主要な事業分野のそれぞれにおいて別々の(d)有力な会社を有する場合
　　(a)　相互に関連性のある事業分野
　　　　①取引関係
　　　　②補完・代替関係
　　(b)　相当数：5以上（規模が極めて大きい事業分野に属する有力な会社を有する場合は，会社の有力性の程度により3以上）
　　(c)　主要な事業分野：日本標準産業分類3桁分類のうち，売上高6000億円超の業種
　　(d)　有力な会社：当該事業分野における売上高のシェアが10％以上の会社
　　　　〔公取委「事業支配力が過度に集中することとなる会社の考え方」より抜粋〕

　この資料における第1類型は，旧財閥の復活や，六大企業集団の持株会社化といった場合を想定しているといわれる。第2類型は，大規模金融会社（大手都市銀行）と大規模一般事業会社（総合商社）の一体化により企業集団の支配力の強化をする場合を想定しているといわれる。第3類型は，相互に関連性のある事業分野をまとめることにより，事業支配力がより強固で影響力が大きくなる場合を想定しているといわれる。「事業支配力が過度に集中することとなる会社の考え方」の別表には，相互に関連性のある事業分野の例として，自動車製造・製鉄・電子部品・タイヤ・プラスチック製品・ガラスとか，銀行・証券・生命保険・クレジットカード・割賦金融・貸金業・損害保険といった例が挙げられている。

　実際に9条が適用され違反となった事例はない。一応検討されたが，問題としなかった相談事例として，例えば，みずほフィナンシャルグループ設立事例（公取委「平成12年度における主要な企業結合事例」事例1）や，三菱東京フィナンシャルグループ設立事例（公取委「平成12年度における主要な企業結合事例」事例5）がある。これらの事例では，10条・15条に加えて，9条についても検討され，上記**資料〔15-1〕**の3つの類型のいずれにも該当しないことを確認している。

　公取委は，数年おきに六大企業集団の実態について調査し報告書を作成して

きた。しかし、1999（平成11）年を最後に、しばらく公表されていない。大手都市銀行の合併・経営統合により、従来の六大企業集団がどうなるのか（企業集団としての結束力が弱まるのか、三大企業集団へ再編するのか）、実態把握を継続する必要があるだろう。

9条4項により、一定規模以上の会社・持株会社・金融会社は、毎年、報告書の提出を義務づけられている。

その他、六大企業集団は、1980年代の日米貿易摩擦においては、集団内取引により外国製品を排除しているのではないか、との批判もあった。しかし、これについては、9条・11条の規制範囲外であり、実際にそのような実態があるならば、3条・8条・19条により個別の行為を検討することになる。

テーマ2　銀行・保険会社の議決権保有規制

> 銀行と保険会社が規制対象となっているのはなぜだろうか。どのような場合に規制されるのだろうか。

(1) 規制の意義

金融会社は、資金力が大きく、融資をする立場としての影響力の大きさもあり、独禁法制定時より11条に株式の保有割合の制限が定められてきた。過去の歴史においては、金融資本による産業支配が経済活動をゆがめた例が見られるし、日本においても、戦前の財閥は金融会社をその資金力の源泉としてきた。

戦後経済が復興し、高度経済成長を経て、外国資本の日本への直接投資の自由化がなされることになると、事業者らは外資による乗っ取りを防止するため、株式の相互持ち合いにより企業集団を形成するようになった。特に大きな地位を占める6つの企業集団が、六大企業集団と呼ばれている。それぞれの企業集団の中心になったのが都市銀行と総合商社であった。金融機関に対する規制である11条に加え、主として総合商社による株式保有に制限をかける大規模会社の株式保有総額規制（9条の2）が追加導入された。しかし、9条の2は、2002（平成14）年改正により廃止された。11条も、それまで金融会社には証券

会社等も含み規制対象としていたのが，銀行と保険業に限定された。

　近年では，事業支配力の過度集中防止の目的に加えて，競争上の問題発生の防止の目的がある，との主張がある。コングロマリット企業のように多くの市場において活動する企業に関しては，市場を画定して私的独占や企業結合規制を行うことが難しい場合がある。また，優越的地位の濫用などによっては十分に対処できない場合がある。これらの問題が生じないように事前に抑止する意味がある，と位置づけるものである。

(2) 規 制 基 準

　銀行は国内の会社の議決権の総数の5％，保険会社は10％，を超えて，株式を取得または保有してはならない。11条1項但書に規定する通り，公取委による認可があれば例外となる。公取委は，「独占禁止法第11条の規定による銀行又は保険会社の議決権の保有等の認可についての考え方」を公表している。

　違反とされた事例は，野村證券事件（公取委勧告審決平3・11・11審決集38巻115頁）があるが，2002（平成14）年改正以降，証券会社は規制対象外となっている。

　公取委に認可申請する相談事例として，例えば，大和證券・住友銀行業務提携事例（公取委「平成10年度における主要な企業結合事例」事例11）がある。この事例において，公取委は，11条1項但書の認可にあたり，前出**資料〔15-1〕**の9条の基準も参考に検討している。

　なお，銀行法16条の3にも5％基準があるが，その趣旨は，本業以外の事業により健全性を損なうことがないよう特定の会社の株式を集中的に持たないようにしているのであり，独禁法11条とは異なる趣旨によるものである。

第V部
手続・サンクション

　独禁法は，公正で自由な競争秩序を侵害し，そのメカニズムとしての機能（保護法益）を損なう事業者等の行為を禁止する実体規定を設けるとともに，これにより違反とした行為に対するサンクション（以下では制裁・罰則のみならず，独禁法の遵守を実現・強制するために違反行為者に対してとられる行政処分や損害賠償請求等を総称する意味で用いている）とその執行手続を規定する。違反行為の態様により法益侵害の程度や危険性も区々であるので，行政・刑事・民事の各側面から複数の措置とそれぞれの執行手続があって，これらの措置と執行手続が連携して執行されることにより，独禁法の適正な運用を推進することが期待されている。

　独禁法の手続とサンクションは，次のように構成されている。
1　行政処分（公取委が違反事業者に対して発する命令）
　① 排除措置命令（すべての違反行為に対して発せられる命令）
　② 課徴金納付命令（価格等に係る不当な取引制限〔事業者団体が行う場合を含む〕や支配型私的独占，排除型私的独占，法定の不公正な取引方法のうち，繰り返された共同の供給拒絶，不当な差別対価，不当廉売および再販売価格の拘束，ならびに取引上の優越的地位の濫用の行為事業者〔事業者団体の場合は構成事業者〕に対して発せられる命令）
　③ 課徴金減免制度（違反事業者からの自主的な報告と調査協力を条件として，5事業者まで課徴金を減免する措置）
2　刑事処分（悪質・重大な違反行為に対して，公取委が検事総長に告発して〔専属告発制度〕，検察官が公訴を提起し，裁判所の判決を経て刑事罰を科する処分）
3　民事上の措置（違反事業者と被害者の間の訴訟に基づく裁判所の判決）
　① 損害賠償請求訴訟（違反事業者・事業者団体に対する被害者からの損害賠償請求）
　　1) 公取委による行政処分が確定した後の独禁法25条に基づく無過失損害賠償請求訴訟（第一審は東京地方裁判所）
　　2) 民法709条（不法行為）に基づく損害賠償請求訴訟（第一審は地方裁判所）
　② 差止請求訴訟（不公正な取引方法を行っている事業者に対する被害者からの差止請求）

　日本の独禁法は，米国反トラスト法やEU競争法と同様に共同行為規制，独占化行為規制および企業結合規制に相当する規定を有し，規制対象の範囲について国際的に遜色があるものとはみなされていなかったが，違反行為に対するサンクションの面では比較的緩いのではないかという批判が寄せられ，1990（平成2）年以降，適用除外制度の整理とともに，課徴金の算定率の引上げ，法人事業者に対する罰金額の引上げ，差止請求訴訟の導入を内容とする数次にわたる独禁法の改正や刑事告発方針の公表などにより，

より強化されたサンクションへと変化させる活発な動きが見られた分野である。

このような視点から行政・刑事・民事に分けて，第16章「公正取引委員会・排除措置命令・課徴金納付命令」では，行政的側面から，独禁法の中心的運用機関として設けられた合議制の専門行政機関である公取委の位置付けをみた後，違反行為に対して公取委が執りうる行政処分とそのための手続，さらには裁判所との関係を検討する。

第17章「刑事罰」では，刑事的側面から，独禁法の刑事罰体系や企業犯罪としてみた場合の刑事責任追及の在り方とそのための手続をみる。

第18章「民事上のサンクション」では，私的執行の側面から，違反行為の被害者が，公取委に求めるのではなく，自らのイニシアチブで裁判所を通じて損害賠償や差止めを実現する制度をみるとともに，取引と市場に係る法律として民法と独禁法の協働関係を考える。

第16章

公正取引委員会・排除措置命令・課徴金納付命令

テーマ1 公正取引委員会の組織と権限

　独占禁止法を運用するために，公取委という合議制の独立した専門行政機関が設けられている。専門の行政機関が必要とされた理由は何か。行政機関でありながら，なぜ内閣から独立している必要があるのか。公取委は，競争を促進するための法と政策を，どのように展開しようとしているのか。

(1) 公正取引委員会の設置意義

　公取委は，内閣府設置法49条3項に基づき，独禁法27条1項により，同法の目的を達成することを任務として置かれた行政機関であり，委員長および4人の委員からなる合議制の行政庁である。独禁法の制定時に，その運用機関として独立行政委員会をあてたことについて，立法担当者による次のような説明がある。

資　料〔16-1〕 橋本龍伍著『独占禁止法と我が国民経済』日本経済新聞社（1947年）161～162頁

　「法律規範は，その性質上多かれ少なかれ抽象的で観念的な性質を有するものであるが，この法律〔独禁法〕の対象となっているものは，複雑多岐なしかも常に生成発展してやまぬ広汎な経済活動一般であるために，その規定は著しく抽象的である。この抽象的な法規を運用し，具体的な個々の事件にこの法律の規定を適用して，その実効を確保してゆくには特別の考慮が必要である。

　この法律の運用に当たる機関は公取委と裁判所であるが，我々は，この二つの

機関がその具体的な活動を通じて、この法律の抽象的で一般的な規定に血肉を与え、高い見識に裏打ちされた立派な公権的解釈を示され、妥当な判例法をうち建て、この法律制定の趣旨をみごとに実現されんことを希望してやまない。

　この法律は、事業者の事業活動が『公共の利益に反して一定の取引分野における競争を実質的に制限』する場合またはかかる制限を生ずるに至る危険がある場合には、国民経済における自由競争機構を硬直させるものとして、これを違法としこれを禁圧しようとするものであって、しかもこれらは専ら国民経済全般の健全な発達を促進することを目的としてなされるものであるから、この法律は損害賠償に関する規定を除けば、多分に公法的な性質を有するものといわねばならない。しかしながら一面、この法律の対象をなすものは、あくまでも私人の経済的活動であり、経済面における私人相互間の法律関係を規整の対象とするものであるから、この面においては私法的な要素の濃いものがあることも否定できない。したがって、本来、行政事件に属するものではあるが、民事の領域に接着し、これと不可分の浸透関係にあり、いわば民事的行政事件ともいうべき性質のものであるから、この法律の運用機関としては、事件の直接処理については行政官庁をしてこれに当たらせ、裁判所を第二次的な処理機関として行政官庁の処分に対して監査的な機能を発揮させることが適当である。ただ事件の民事事件的性質から言って、当該行政機関には裁判所的性格を有せしめ、司法的事務に準じて準争訟手続に従い事件を処理させることが妥当であるといわねばならない」。

　上記の説明から、公取委は、能動的に権限を発動する行政機関としての側面と、抽象的規範に判例法を加えて具体化していく司法機関としての側面を併せもつ官庁と考えられたことが分かる。準司法機関と称することは、公取委が争訟解決機能をもつ受動的な司法機関に代置する性質のものではないにしても、当時の新規立法である独禁法の推進力として積極的なケース・ロー（判例法）形成機能を期待したものである。その意味で、2013（平成25）年改正で廃止された審判手続という三面構造の裁判類似の手続を有する形式面から、準司法機関といわれるのではなく、具体的な法の形成機能という実質面からも準司法機関の役割が期待されて、その上で裁判所による司法審査が加わることが理解されなければならない。審判手続もケース・ロー形成機能を支えるためにあるということができた。しかし、審判手続の廃止により、ケース・ロー形成の比重

は専ら裁判所にかかることになり，公取委は，準司法機関の要素を失い，通常の行政機関と区別される特色を見いだせなくなり，専門行政委員会制度を設けた意義を減じることになった。

　公取委の委員長・委員は，35歳以上で，法律または経済に関する学識経験のある者を，内閣総理大臣の同意を得て任命する（29条。委員長は認証官）。任期は5年で，定年は70歳（30条）であり，法定の事由を除き，在任中，その意に反して罷免されることのない身分保障がある（31条）。

　委員会の事務を処理するために事務総局（2017年度の定員832人，予算112億2200万円）が置かれる（35条）。事務総局には，事務総長の下に，官房，経済取引局（取引部を含む），審査局（犯則審査部），全国7か所に地方事務所・支所が置かれる。

　公取委の任務は，公正・自由競争を促進するために，事業活動の不当な拘束を排除すること（1条）であり，その中心は審査局が担当する違反事件の審査機能であるが，それに限定されるわけではなく，経済取引局が担当する産業の実態調査や違反行為の未然防止のための相談指導活動，事業者や事業者団体のための活動指針（ガイドライン）の公表，不公正な取引方法の指定などの準立法機能，さらには競争政策のために他の産業所管官庁との協議・意見表明等のいわゆる唱導活動等の政策企画機能も重要性を増している。

(2)　職権行使の独立性

　公取委は，国家行政組織上，内閣府の外局にあたり，内閣総理大臣の所轄に属する（27条2項）が，委員長・委員は独立してその職権を行う（28条）ものであり，独禁法の運用について上級官庁の指揮命令を受けることのない独立した行政委員会である。他の行政委員会の多くが争訟解決や試験管理など受動的あるいは限定的な事務を扱うのに対し，公取委は，その職権を能動的に発動し，国民に直接その施策を遂行するという典型的な行政事務を分担していることに特色がある。このような行政委員会が他になかったことで，公取委の職権行使の独立性について，行政権は内閣に属するとの憲法65条との関係で疑義を呈されたことがあった。

資　料〔16-2〕　第75回国会参議院本会議（昭50・6・27）における吉國一郎内閣法制局長官答弁

　1975年6月27日参議院本会議において，公取委の独立性が憲法に抵触するとの青木一男参議院議員の質問に対する内閣法制局長官の答弁として，「内閣は公正取引委員会に対して指揮監督権を持っているかどうかという御質問でございました。公正取引委員会は，その職務の性質が政治的な配慮を排除いたしまして公正，中立に行われることを必要とするものでありますことからいたしまして，その職権は独立して行使することといたされておりまして，私的独占禁止法の施行に関する職務につきましては，内閣総理大臣は通常の下級の行政機関に対しますような指揮監督権を有しておりません。しかしながら，公正取引委員会は内閣総理大臣の所轄に属する行政機関とされておりまして，内閣は委員長及び委員の人事，あるいは財務，会計その他の事項に関して一定の監督権を行使するものでございまして，これらを通じて国会に対して責任を負っておるものでございます。

　次に，公正取引委員会の権限行使の独立性は何であるか，独立性の根拠は何であるか，また，他の独立的な行政委員会とは性格が異なるではないかというような御指摘でございましたけれども，この点は予算委員会においても申し上げましたように，公正取引委員会の行うべき職務は専門的分野に属しておりまして，しかも，公正かつ中立に行うことを要するものでございますので，政治的な配慮に左右されるべきものではございません。独占禁止法の第28条が公正取引委員会の職権行使の独立性を規定いたしておりますのは，公正取引委員会の職務のこのような性質によるものであると考えます。内閣総理大臣または各省大臣が下級の行政機関に対して通常持っておりますような指揮監督権が及ばないとされております職権の独立性を有する行政機関は，公正取引委員会のほかに，ただいま御指摘もありましたように，公害等調整委員会，公安審査委員会等，また行政委員会でない国家行政組織法の第8条の機関としては多数の審査会等がございますが，その職務はそれぞれ異なっておりますけれども，これらの機関の職権行使の独立性はその職務の性質に求められるべきものでございまして，公正取引委員会も，また他の行政委員会も，専門的分野に属する事項を政治的な配慮を排除して，特に公正かつ中立に行うことを要する点において，全く異なるところはないと考えております」。

〔第75回国会参議院本会議・会議録18号34頁〕

独禁法違反事件の処理にあたって，その判断に政治的中立性と高度な専門性を要し，そのために合議制がとられていることから，独立性の保障は合理的な根拠があり，委員長・委員の任命や行政機関としての規模・資源などについて人事・予算面からの内閣によるコントロールは可能であるから，内閣が行政権の行使について国会に対して連帯責任を負う憲法66条3項の規定に反することにもならない。むしろ，独禁法その他の関係法案の提出を含め，競争政策全体の在り方を決定できるのは内閣であり，国民経済的に競争促進が図られるか否かは，内閣の政策判断によるところが大きい。

(3) **独禁法の政策展開**

各国経済のボーダーレス化と企業活動のグローバル化が進展する中で，競争の法と政策も進化していく。わが国の独禁政策がどのような方向を目指しているかは，常時公表される公取委の活動資料（ホームページ http://www.jftc.go.jp）をフォローしていればうかがい知れることであるが，1つの興味深い参考資料として同委員会がアドホックに設けた学識経験者等による「21世紀にふさわしい競争政策を考える懇談会」（会長　宮澤健一一橋大学名誉教授）が2001年11月に公表した提言内容がある。

資　料〔16-3〕　21世紀にふさわしい競争政策を考える懇談会の提言

「(1) 独占禁止法の執行力の強化
　ア　経済社会を取り巻く環境の変化に即応し，特定の重要分野（IT・公益事業分野など）に重点を置いた違反行為の審査が必要。
　イ　違反行為に対する抑止力を強化するため，現行の措置体系や調査権限等の見直しが必要。なお，入札談合，価格協定等を行った法人等に対する罰金の上限額は，他の経済法令並みの水準まで引き上げるべき。
　ウ　企業結合審査については，経済環境の変化に応じて的確かつ迅速に行う必要があり，そのための体制については，質・量両面からの充実が必要。
　エ　国際カルテル等の国境を越えた反競争的行為に対して独占禁止法を効果的に執行するため，外国事業者に対する文書送達等の手続を整備するとともに，独占禁止法の執行に関する二国間協定の拡大・探化，多国間協定の締結に向

> けた取組が必要。
> (2) 規制改革をめぐる政策提言機能の強化
>   ア 公取委による規制改革に向けた取組として，規制改革の実効性を不断に監視し，その徹底を図るため，競争政策の観点から一層積極的な政策提言を行う必要。その際には，聖域を設けず，社会的規制を含めた経済社会全般の規制改革を対象とすべき。
>   イ 公取委による規制改革に係る調査・提言がその職務に属することを法律上明文化する必要。
> (3) 消費者支援機能の強化
>   ア 消費者の適正な選択を歪める行為の規制範囲の拡大，消費者への積極的な情報提供の義務付けなど，現行の不当表示規制の見直しを検討。
>   イ 競争政策の観点から行う消費者政策に係る調査・提言が公取委の役割であることを法律上明文化することが必要。また，内閣府国民生活局等との効果的な連携・協働が必要」。
>
> 〔平成13年度公取委年次報告書29頁〕

　上掲の提言以降，IT・公益事業分野などの違反事件については，東日本電信電話株式会社に対する審判審決（平19・3・26審決集53巻776頁。光ファイバー接続サービスの私的独占），マイクロソフトコーポレーションに対する審判審決（平20・9・16審決集55巻380頁。ウィンドウズのOEM販売契約に係る拘束条件付取引），クアルコム・インコーポレイテッドに対する排除措置命令（平21・9・18審決集56巻第2分冊65頁。携帯無線通信の知的財産権のライセンス契約に係る拘束条件付取引，審判係属中），光ファイバケーブル製品の製造業者に対する排除措置命令（平22・5・21審決集57巻第2分冊13頁。価格カルテル），㈱ディー・エヌ・エーに対する排除措置命令（平23・6・9審決集58巻第1分冊189頁。携帯電話向けソーシャルネットワーキングサービスの提供業者による競争業者に対する不当な取引妨害）などが注目される。

　違反行為の抑止力強化のための独禁法改正としては，2002（平成14）年の法人罰金上限額の引上げ，2005（平成17）年の課徴金算定率の引上げ，課徴金減免制度・犯則調査権限の導入，2009（平成21）年の課徴金の適用範囲等の拡大，不当な取引制限等の罪に対する懲役刑の引上げが実現している。

企業結合審査については，2004年5月に，公取委は，新しい企業結合ガイドラインを公表した。また，2009年改正で，株式取得についても事前届出制の導入が図られた。

在外者への書類送達規定の整備も2002年改正で実現し，国際カルテル事件の摘発にも積極的に乗り出している（〔事例24-6〕マリンホース国際カルテル事件，テレビ用ブラウン管国際カルテル事件＝排除措置命令平21・10・7審決集56巻第2分冊71頁，北米航路・欧州航路の自動車運送船舶運航運賃カルテル事件＝排除措置命令平26・3・18審決集60巻第1分冊413頁・417頁）。2009年改正では，外国競争当局への情報提供規定も追加された。

規制改革をめぐっても，政府規制等と競争政策に関する研究会報告書や実態調査報告書を毎年複数公表する活動が続けられている。

不当表示規制についても，2003年に景品表示法の強化改正がなされ，不当表示の排除命令件数が2004年度21件，2005年度28件，2006年度32件，2007年度56件，2008年度52件と増加していたことも特記すべきことである。景品表示法は，2009年に新設された消費者庁に移管されたが，公取委は違反事件の調査権限の委任を受け，景品表示法に基づく事業者または事業者団体による公正競争規約は消費者庁および公取委の認定を受けなければならない。

以上のように，21世紀に入ってからの15年間の政策展開をみても，対応する独禁法等の着実な運用と進展が理解できる。

テーマ2　違反事件の審査手続と排除措置命令

公取委が独占禁止法違反事件を調べるために用いる行政調査権限と審査手続は，適正手続の保障の観点も含め，どのような手順で進行することになっているか。公取委が独占禁止法違反行為を行っている事業者・事業者団体に対して発する行政処分（排除措置命令）は，命ずる内容がどのように構成されているのか。命ずる内容に限界はあるだろうか。

(1) 審査手続

　公取委が行う審査手続は，違反被疑事実に関する調査手続であると同時に，違反行為が認められるに至った場合に命ずる行政処分（排除措置命令・課徴金納付命令）を形成する事前手続としての行政手続でもある。

　審査手続を開始するきっかけを端緒といい（公取委の審査に関する規則7条），一般人からの報告（独禁法45条1項），公取委自身による探知（同条4項），課徴金減免制度を利用した事業者からの報告（7条の2第10項，第11項）および中小企業庁からの報告（中小企業庁設置法4条7項）がある。このうち，一般人からの報告については，45条2項で「前項に規定する報告があつたときは，公取委は，事件について必要な調査をしなければならない」としているので，報告者は具体的な措置請求権を有する者であるのかどうかが争われた事件があった。

事　例〔16-4〕　エビス食品企業組合事件

　違反被疑事実を公取委（X）に報告した者が，Xがなんらの処分もしないことについて，不問処分の不存在確認を求めて争ったことについて，「独占禁止法45条1項は，『何人も……事実を報告し，適当な措置をとるべきことを求めることができる。』と規定しており，その文言，および，同法の目的が，一般消費者の利益を確保し，国民経済の民主的で健全な発達を促進することにあり（1条），報告者が当然には審判手続に関与しうる地位を認められていないこと（59条〔現70条の3〕参照）から考えれば，同法45条1項は，被上告人Xの審査手続開始の職権発動を促す端緒に関する規定であるにとどまり，報告者に対して，Xに適当な措置をとることを要求する具体的請求権を付与したものであるとは解されない。また，独占禁止法の定める審判制度は，もともと公益保護の立場から同法違反の状態を是正することを主眼とするものであつて，違反行為による被害者の個人的利益の救済をはかることを目的とするものではなく，同法25条が特殊の損害賠償責任を定め，同法26条において右損害賠償の請求権は所定の審決が確定した後でなければ裁判上これを主張することができないと規定しているのは，これによつて個々の被害者の受けた損害の填補を容易ならしめることにより，審判において命ぜられる排除措置と相俟つて同法違反の行為に対する抑止的効果を挙げようとする目的に出た附随的制度に過ぎず，違法行為によつて自己の法的権

利を害された者がその救済を求める手段としては，その行為が民法上の不法行為に該当するかぎり，審決の有無にかかわらず，別に損害賠償の請求をすることができるのであるから，独占禁止法25条にいう被害者に該当するからといって，審決を求める特段の権利・利益を保障されたものと解することはできない。これを要するに，被上告人は，独占禁止法45条1項に基づく報告，措置要求に対して応答義務を負うものではなく，また，これを不問に付したからといって，被害者の具体的権利・利益を侵害するものとはいえないのである。したがって，上告人がした報告，措置要求についての不問に付する決定は取消訴訟の対象となる行政処分に該当せず，その不存在確認を求める訴えを不適法とした原審の判断は，正当である。また，独占禁止法45条1項に基づく報告，措置要求は法令に基づく申請権の行使であるとはいいえないのであるから，本件異議申立てに対する不作為の違法確認の訴えを不適法とした原審の判断も，結局正当である」。

〔最判昭47・11・16民集26巻9号1573頁〕

上記事例で，最高裁は，報告者が当然には審判手続に関与しうる地位を認められていないことなどから，審査手続開始の職権発動を促す端緒にとどまり，報告が不問に付されたことで法的に侵害されるような措置請求権が存在するとは認めなかった。公取委が審査手続を開始するのは，同委員会に課せられた公益保護の見地から判断するもので，被害者に代わって違反行為を追及する立場に擬せられてのことではないから，具体的権利を報告者に付与するまでには至らない。ただし，一般人からの報告については，1977（昭和52）年改正以降，書面（ファクシミリ送信，電子メールを含む）で具体的な事実を摘示してされた場合は，当該報告に係る事件について，排除措置命令等の措置をとったときまたはこれらの措置をとらないこととしたときに，公取委は速やかにその旨を当該報告者に通知しなければならない（45条3項）。

(2) 行政調査権限

端緒等から調査する必要を認めた場合，公取委は，行政調査権限（47条）を用いるとき，審査官を指定して審査手続を開始する（立件手続と称する）。行政調査権限は，①立入検査（1項4号），②書類等の提出命令・留置（3号），③事件関係人，参考人の出頭命令・審尋（1号），④報告命令（1号），⑤鑑定（2号）

の順で用いられるのが通例で，不遵守には罰則（94条。1年以下の懲役または300万円以下の罰金）がある。間接強制であって，立入検査にあっては相手方の意思にかかわらず実施する直接強制ではないから，裁判所の令状による許可は必要ではない（森永商事事件＝審判審決昭43・10・11審決集15巻84頁）。

> **事　例〔16-5〕水田電工事件**
>
> 　滋賀県等が発注する電気工事の入札談合事件の審判開始決定を受けた被審人水田電工（Y）が，公取委の立入検査について，合理的な説明なく，かつYの承諾なく行われたものであるから，任意とはいえず，47条4項（犯罪調査のために認められたものと解釈してはならないこと）に違反し，違法というべきであると主張したことについて，「当時の公正取引委員会事務局近畿地方事務所審査官（以下「審査官」という。）は，滋賀県所在の電気工事業者及びこれらの者の団体に対する独占禁止法違反被疑事件について同法第46条〔現47条〕第1項第4号に基づく立入検査をするために，平成5年9月29日午前10時前ころ，大津市……所在の被審人事務所に赴いたが，被審人代表者aは不在で，aの妻で被審人取締役のbと面会できたものの，bもちょうど外出するところであったため，その場で待機した。その後1時間半程度経過してbが帰って来たため，審査官は，bに審査官証を示して右被疑事件についての立入検査の趣旨を説明し，立入検査をさせてほしいと申し入れ，bの了解の下に被審人事務所2階の事務室の立入検査を開始し，同室内にあった書類の精査を始めたが，bから何らかの書類を持ち帰るのであればaの了解を得た後にしてほしい，との申出があり，また，aとも電話連絡がついたため，審査官は，書類の精査を中断した。同日午後4時ころ，aが被審人事務所に帰って来たので，審査官は，aに審査官証を示して立入検査の趣旨を説明したが，aは，審査官に対し，裁判官の発する令状が必要ではないかとか，なぜ被審人を選んで立入検査に来たのかなどと述べて，立入検査を拒絶する意思を示したため，審査官は，立入検査を拒否するとの趣旨のaの供述調書を作成しただけで立入検査を打ち切り，その場で発見した書類を留置しないまま引き揚げた。そして，審査官は，日を改めて同年10月7日午前9時ころ右の被審人事務所に赴き，aに対し，審査官証を提示した上でやや詳しく立入検査の理由を説明したところ，aから同意を得ることができたため，立入検査をして会社概要1綴等2点の書類を発見し，aに独占禁止法第46条第1項に基づきそれらの提出命令を発してこれらを留置した」。

〔公取委審判審決平 9・9・25 審決集 44 巻 131 頁・164 頁〕

　上記事例では，Y が立入検査が違法であることの前提として主張する Y の承諾がなかったとの事実がないことで，Y の主張を理由がないものとした。立入検査や審尋については，憲法 35 条（令状なしに住居等の侵入，捜索・押収を受けないこと）や憲法 38 条 1 項（自己に不利益な供述を強要されないこと）との関係では，最高裁が示した基準（川崎民商事件＝最大判昭 47・11・22 刑集 26 巻 9 号 554 頁）の範囲内のものとして，刑事責任追及に一般的に直接結び付かない，あるいは直接の物理的な強制と同視すべき程度のものではないなどの理由から，令状主義の適用は受けないものと解されてきた。しかし，独禁法違反行為を刑事告発する事件の増加とともに，令状主義をとる犯則調査権限の導入（2005 年改正）へとつながった。

　ところで，公取委は，2015 年 12 月に独占禁止法審査手続ガイドラインを作成し，審査手続の適正性をより一層確保する観点から，実務を踏まえて標準的な実施手順や留意事項等を明確化することを公表し，任意の供述聴取に関する苦情申立て制度まで設けた。

　また，2016 年 12 月に成立した「環太平洋パートナーシップ協定〔TPP〕の締結に伴う関係法律の整備に関する法律」に含まれる独禁法改正条項によれば，価格カルテル・入札談合等以外の独禁法違反の疑いのある行為の概要・法令の条項に係る通知を公取委から受けた事業者が，その疑いの理由となった行為を排除するために必要な措置に関する計画を作成して公取委の認定を申請し，公取委が当該計画を認定した場合には，排除措置命令・課徴金納付命令をしないこととする制度（公取委と事業者との間の合意により解決する確約手続）の導入が予定されている。確約手続中は，審査手続は進行しないことになる。このような仕組みが実現するとすれば，競争上の問題の早期是正に資するとしても，公取委と事業者が合意により協調的に事件処理を行う領域が出現する大幅な変革となる（2005 年改正前まであった公取委の勧告を事業者が応諾したことによる勧告審決や公取委の審判開始決定後に事業者が違反事実と法適用を認めた後の同意審決の手続と似ているが，これらは公取委にイニシアチブがあって違反認定に至る和解手続〔settlement〕であり，確約手続〔commitment〕は排除措置の内容について事業者側の自主的対応により比重が移るものとなり，事業者から申し出る排除措置計画が効果的なもので，確実に実施されると見込まれるものであれば，公取委が認めるもので，その場合に違反認定には至らない。用い方のいかんによっては，独禁法の厳正な運用に逆行する懸念も生じかねない）。

なお，同法律の施行期日は，TPP がわが国について効力を生ずる日である。

(3) 排除措置命令と意見聴取手続

審査の結果，違反事実が認められる場合には，違反事業者に対し，排除措置命令を発出することになるが，公取委は，排除措置命令をしようとするときは，排除措置命令の名宛人（以下「当事者」という）となるべき者に対し，事前に意見聴取の機会を与えなければならない（49条）。そのために，公取委は，意見聴取を行うべき期日までに相当の期間をおいて，当事者に対し，①予定される排除措置命令の内容，②公取委が認定した事実・法令の適用，③事実を立証する証拠の標目，④意見聴取が終結するまでの間，証拠の閲覧・謄写を求めることができることなどを記載した通知書を送付しなければならない（50条，意見聴取規9条）。

当事者が証拠の閲覧・謄写を求めた場合，公取委は，第三者の利益を害するおそれがあるときその他正当な理由があるとき以外は，当該証拠の閲覧・謄写をさせなければならない。ただし，謄写については，当事者またはその従業員が提出した物証や自社従業員の供述調書等（いわゆる自社証拠）に限られる（52条1項）。

当事者は，意見聴取に関して，弁護士等の代理人を選任して，書面で公取委に届け出ることができる（51条・意見聴取規11条）。また，当事者は，意見聴取の期日への出頭に代えて陳述書・証拠を提出することができる（55条）。

意見聴取は，委員会（委員長と4人の委員の合議体）が事件ごとに指定する職員（以下「指定職員」という）が意見聴取官となって主宰する。当該事件の審査に従事した者を指定してはならない（53条）。

意見聴取の期日においては，審査官からの説明，当事者からの意見陳述，証拠提出および審査官への質問がなされる（54条）。

意見聴取の終結後，指定職員は，意見聴取の期日における当事者の意見陳述等の経過を記載した調書と，意見聴取に係る事件の論点を整理した報告書を作成し，提出された証拠を添付して，委員会に提出しなければならない（58条）。当事者は，調書・報告書の閲覧を求めることができる。

委員会は，提出された調書と報告書の内容を十分に参酌して，排除措置命令に係る議決を行う（60条）。

排除措置命令は，違反行為を行っている事業者，事業者団体等に対して，当該行為の差止めその他これら行為を排除するために必要な措置をとることを命ずる行政処分（7条1項等）であり，排除措置命令書により行う。排除措置命令書には，主文（命ずる排除措置の内容），事実，法令の適用が記載される（61条1項）。既往の違反行為についても，当該行為がなくなった日から5年を経過した場合を除き，特に必要があると認めるときは，周知措置その他排除確保措置を命ずることができる（7条2項等）。その判断には，競争政策について専門的な知見を有する公取委の専門的な裁量が認められる（郵便番号自動読取区分機審決取消請求事件＝最判平19・4・19審決集54巻657頁）。

事　例〔16-6〕　日本道路公団発注鋼橋上部工事入札談合事件

1　〔被審人〕は，遅くとも平成14年4月1日以降，平成17年3月31日まで行っていた，日本道路公団が支社，建設局および管理局において一般競争入札，公募型指名競争入札または指名競争入札の方法により鋼橋上部工工事として発注する工事について，受注予定者を決定し，受注予定者が受注できるようにする行為を取りやめている旨を確認することを取締役会において決議しなければならない。

2　〔被審人〕は，次の(1)および(2)の事項を，自社を除く〔他の〕事業者に，それぞれ，通知するとともに，日本道路公団から高速道路の新設，改築，維持，修繕等に関する業務を承継した東日本高速道路株式会社，中日本高速道路株式会社および西日本高速道路株式会社の3社に通知し，かつ，自社の従業員に周知徹底しなければならない。

　これらの通知および周知徹底の方法については，あらかじめ，当委員会の承認を受けなければならない。

　(1)　前項に基づいて採った措置
　(2)　今後，共同して，日本道路公団から前記業務を承継した前記3社が一般競

第V部　手続・サンクション

争入札，公募型指名競争入札または指名競争入札の方法により発注する前記工事について，受注予定者を決定せず，各社がそれぞれ自主的に受注活動を行う旨

3　〔被審人〕は，今後，それぞれ，相互の間においてまたは他の事業者と共同して，日本道路公団から前記業務を承継した前記3社が競争入札の方法により発注する前記工事について，受注予定者を決定してはならない。

4　〔被審人〕は，今後，それぞれ，相互の間においてまたは他の事業者と共同して，日本道路公団から前記業務を承継した前記3社が競争入札の方法により発注する前記工事について，受注予定者を決定することがないようにするため，次の(1)ないし(4)の事項を行うために必要な措置を講じなければならない。この措置の内容については，あらかじめ，当委員会の承認を受けなければならない。
　(1)　独占禁止法の遵守に関する行動指針の作成または改定
　(2)　前記工事の営業担当者に対する定期的な研修および監査
　(3)　独占禁止法違反行為に関与した役員および従業員に対する処分に関する規定の整備
　(4)　独占禁止法違反行為に係る通報者に対する免責等実効性のある社内通報制度の設置

〔公取委勧告審決平17・11・18審決集52巻396頁〕

　上記事例の排除措置では，①入札談合行為を取りやめている旨の取締役会での確認，②周知徹底措置，③今後の不作為命令に加えて，④法令遵守プログラムの作成等，⑤談合に関与した営業責任者の配置転換等のほか，⑥受け入れている発注者側OB職員の営業業務からの隔離，⑦とった排除措置の公取委への報告を命じて，企業ぐるみあるいは発注者ぐるみの組織的な違反行為の根絶に向けた工夫がなされている。
　排除措置は，受命者が実行可能な具体的内容をもつものでなければならないが，それが競争回復のために必要であることが合理的に認められるものであれば，公取委の裁量の範囲内の事柄である。その範囲の広がりについて，公取委が「審決で排除措置を命ずるにあたつても，右被疑事実そのものについて排除措置を命じ得るだけではなく，これと同種，類似の違反行為の行われるおそれがあつて，前述の〔経済社会における公正な競争秩序の回復・維持を図るという〕行

政目的を達するため現に，その必要性のある限り，これらの事実についても相当の措置を命じ得るものであり，むしろ命ずべきものである」との判例（第一次育児用粉ミルク〔明治商事〕事件＝東京高判昭 46・7・17 行集 22 巻 7 号 1022 頁）がある。

なお，値上げカルテルにおいて，価格をカルテル前に戻す旨の価格の原状回復命令（価格引下げ命令）については，価格への直接介入になることを懸念して，公取委は，排除措置として命じることを避け，価格再交渉命令のように，カルテル破棄後の市場における各事業者の自主的な価格形成に期待する考えで臨んでいる。ただし，カルテルを破棄させても，実際に価格引下げが起こるとは限らず，カルテルの「やり得」という批判が課徴金納付命令の制度につながった。

排除措置命令は，行政処分として執行力を有する。したがって，その後に排除措置命令に対する取消請求訴訟が提起されても，受命者には原則として履行義務がある（行訴 25 条，未確定命令の違反に対する罰則：97 条，確定命令の違反に対する罰則：90 条 3 号）。

排除措置命令の状況は，2013 年度 18 事件・210 事業者，2014 年度 10 事件・132 事業者，2015 年度 9 事件・39 事業者である。

ところで，2005 年改正前の手続規定では，審査が終了して排除措置を命ずる必要がある場合には，公取委は，通常，①排除措置をとるべきことを事業者等に勧告し，事業者等が勧告を応諾したときには，勧告と同趣旨の審決（勧告審決）をもって排除措置を命じ，②勧告が応諾されないときは，審判開始決定を行い，審判手続の途中で被審人が審判開始決定書記載の事実・法令の適用を認め，排除措置をとる計画書を提出したときは，審決（同意審決）をもって排除措置を命じ，③審判手続が終結した後は，審決（審判審決）をもって排除措置を命じていたから，排除措置命令の形式が審決であった。2005 年改正後の審決は，排除措置命令・課徴金納付命令に係る不服申立てに対して審判手続に付された後の裁決を意味するものとなった。その後，2013 年改正で，審判手続が廃止されたので，排除措置命令は，名宛人に排除措置命令の謄本を送達することによって，その効力を生じ（61 条 2 項），排除措置命令に不服がある場合は，東京地裁へ取消しの訴えを提起できる（2013 年改正前は，審決取消請求訴訟を東京高裁に提起できるものであった）。

排除措置命令は、行政処分の通例に従い、出訴期間（テーマ4⑴参照）中の未確定段階でも執行力がある。未確定の排除措置命令に違反している場合（確定後も含む）は、50万円以下の過料に処せられることがありうる（97条）。確定後の排除措置命令違反は、実行行為者を2年以下の懲役または300万円以下の罰金に処し（90条3号）、両罰規定（95条1項2号・3号、2項2号・3号）により法人等にも所定の罰金刑を科しうる。

テーマ3　課徴金納付命令と課徴金減免制度

　課徴金が課される違反行為と課されない違反行為は、どのように区別されるのか。課徴金を徴収する目的は、違反行為による不当な利得を残置させない公平のためか、それとも違反行為者に責任を感じさせる制裁のためか。2005（平成17）年改正で導入された課徴金減免制度の目的と仕組みは、違反行為の抑止に役立つものになっているか。

⑴　課徴金対象の違反行為と算定方法

　課徴金が賦課される違反行為は、不当な取引制限のうち、いわゆるハードコア・カルテルとされる違反行為（7条の2第1項）で、①価格カルテル（入札談合を含む）、②供給量・購入量カルテル、③市場シェア協定、④取引先制限カルテルが相当し、販売のみならず、購入に係る場合も含む。加えて、私的独占のうち、自己が供給した商品・役務の価格、供給量、市場シェアまたは取引先に関する取引先事業者の事業活動を支配することによる行為（支配型私的独占）も課徴金の対象となる違反行為である（同条2項。2005年改正で追加）。さらに、2009年改正で、排除型私的独占が行われた場合、法定の不公正な取引方法のうち、①共同の取引拒絶、②不当な差別対価、③不当廉売または④再販売価格の拘束が10年以内に繰り返された場合または優越的地位の濫用が継続して行われた場合も、課徴金の対象となる違反行為となった（同条4項・20条の2～20条の7）。事業者団体が上記の不当な取引制限に相当する行為を行った場合は、実行としての事業活動を行った構成事業者に課徴金が課せられる。

なお，シェア配分カルテルが対価に影響する供給量カルテルに相当し，課徴金賦課の対象となるか否かが争われて，対象となる旨を判示した次の事例がある。

事　例〔16-7〕 ダクタイル鋳鉄管事件

　水道等の導管として用いられるダクタイル鋳鉄管の製造業者3社（原告ら）がそれぞれ63％，27％，10％の基本配分シェアを割り振って，毎年度末までにそれぞれの受注数量の割合を総需要数量に対して調整していた事件で，3社が供給量を削減するようなことはしていないと主張したことについて，「本件カルテルがなければ，原告らは，……受注予定数量を算出することはできず，自由競争の下では，シェア拡大のために生産量を増加させることが極めて容易に想定される。特に，本件のダクタイル鋳鉄管直管のように，公共財であり欠品が許されないものであれば，それを避けるためにも相当程度の余剰を見込んで生産せざるを得ないのであって，このようなことからすると，そもそも本件カルテルの下での実需要量は，自由競争下での需要量よりも制限されたものとなっていたと考えられる。……そして，また，本件市場は，長年にわたる本件カルテルの実施により価格競争がなく，ダクタイル鋳鉄管直管の利益率は高かったこと……などに照らせば，その実需要量は自由競争下における価格よりも高値の下での需要であり，自由競争下において需要量と供給量の関係で決定される価格の下での需要量よりも抑えられた需要量であったといえる。……さらに，自由競争下においては供給量が増加するであろうことは，原告日本鋳鉄管がダクタイル鋳鉄管直管の市場に参入した昭和20年代後半に，原告クボタ及び同栗本鐵工所が増産し，激しい価格競争になり，本件シェア配分カルテルが行われるようになったという経緯……からも裏付けられるところである。……以上によれば，本件カルテルは，本件市場におけるダクタイル鋳鉄管直管の供給量を自由競争下における供給量よりも制限するものと認められる。〔中略〕

　本件カルテルは供給量を制限するものといえ，そうであれば，特段の事情のない限り，価格（対価）に影響を与えるものである。そして，本件市場が需給関係による価格メカニズムが機能しない市場である等の特段の事情は認められないから，本件カルテルは，供給量を制限することにより対価に影響するものと認められる」。

〔東京高判平23・10・28審決集58巻第2分冊60頁〕

(）内は中小企業の場合

	製造業等	小売業	卸売業
不当な取引制限	10%（4%）	3%（1.2%）	2%（1%）
支配型私的独占	10%	3%	2%
排除型私的独占	6%	2%	1%
共同の取引拒絶・不当な差別対価・不当廉売・再販売価格の拘束	3%	2%	1%
優越的地位の濫用	1%		

（注）不当な取引制限に対する課徴金算定率については，以下のような加減算要素が規定されている。早期に違反行為をやめた場合には基準の算定率を20％軽減して計算した額が課徴金額となる（7条の2第6項）。違反行為を繰り返した場合，または違反行為において主導的な役割を果たした場合にはそれぞれ基準の算定率を50％加算して計算した額が課徴金額となる（同条7項，8項）。違反行為を繰り返し，かつ違反行為において主導的な役割を果たした場合には，基準の算定率を2倍にして計算した額が課徴金額となる（同条9項）。

　課徴金の額は，後述する実行期間（最長3年間）における違反行為の対象商品・役務の売上額（購入カルテル・優越的地位の濫用が購入に係る場合は，購入額）に上記の表の算定率を乗じた額である。ただし，課徴金額が100万円未満となるときは，命じない（7条の2第1項但書）。また，実行期間終了後，5年経過した後は命ずることができない（同条27項）。

　課徴金納付命令は行政処分として執行力を有し，受命者には納期限（7か月後）までに納付する義務がある（62条3項）。課徴金納付の滞納があった場合は，公取委は国税滞納処分の例により徴収することができる（69条4項）。

　課徴金納付命令の状況は，2013年度181事業者・計302億4283万円，2014年度128事業者・計171億4303万円，2015年度31事業者・計85億1076万円である。1事件当たりの最高額はごみ焼却施設入札談合事件の5事業者・計269億9789万円（課徴金審決平22・11・10審決集57巻第1分冊303頁）であり，1事業者が命ぜられた最高額は自動車運送船舶運航運賃カルテル事件における日本郵船の131億107万円（課徴金納付命令平26・3・18審決集60巻第1分冊492〜507頁）である。

　課徴金の対象となる違反行為の中で，入札談合事件において，個別の物件について調整が成立しなかったものも課徴金算定の対象物件にするかどうかという問題があった。

> **事　例〔16-8〕　土屋企業課徴金事件**
>
> 　町田市が発注する土木工事の入札談合事件に参加した土屋企業（Y）が，個別の受注調整をしていない都市計画道路工事は課徴金の対象とならないと主張して争ったことについて，「Y は，本件基本合意に参画したけれども，当該工事については，本命と目された A 建設との 2 社間の話合いの場で，『仕事がないので受注したい。』との一点張りで対応し，本件基本合意に基づく調整を明確に拒絶して，その話合いを決裂させ，自らは他の指名業者に対し協力依頼や入札価格の連絡をしないで，他の指名業者及び A 建設の入札価格に比べて相当低い価格で入札し，落札したのである。このような事情の下においては，たとえ，A 建設が Y 以外の他の指名業者に自己の入札価格を連絡して協力を依頼し，他の指名業者がこれに応じて Y 建設の入札価格よりも高い価格で入札するという具体的な競争制限行為が行われ，原告においてもそのような受注調整手続が進行しつつあることを知っていたなどの事情があったとしても，原告が直接又は間接に関与した受注調整手続によって具体的な競争制限効果が発生するに至ったものとはいえないから，当該工事は課徴金の対象となるとはいえない。
>
> 　したがって，都市計画道路工事は課徴金の対象となるものではなく，これを課徴金の対象とした本件審決の判断は，独占禁止法 7 条の 2 第 1 項に違反するものであり，同法 82 条 2 号により取消しを免れない」。
>
> 〔東京高判平 16・2・20 審決集 50 巻 708 頁〕

　上記事例で課徴金の対象としない理由が，個別物件ごとの調整に関与していないところに力点を置いているとすれば，行為責任を免れるとするもので，同判決にいう「課徴金には当該事業者の不当な取引制限を防止するための制裁的要素があることを考慮する」との考え方に基づいている。続く判例では，入札談合行為が基本合意と個別調整行為の 2 段階になることから，基本合意の対象となっているだけでは足りず，個別調整行為によって，受注予定者として決定され，そのとおり受注するなど，受注調整手続に上程されることによって具体的に競争制限効果が発生するに至った商品役務が課徴金の対象になると解すべきとする（防衛庁石油製品入札談合課徴金事件＝東京高判平 24・5・25 審決集 59 巻第 2 分冊 1 頁）。最高裁も，多摩談合事件において，「課徴金制度の趣旨に鑑みると，……課徴金の対象となる『当該……役務』とは，……本件基本合意の対象

とされた工事であって，本件基本合意に基づく受注調整等の結果，具体的な競争制限効果が発生するに至ったものをいうと解される」（最判平 24・2・20 民集 66 巻 2 号 796 頁）と判示した。

　ただし，原則として，基本合意から個別物件ごとの競争制限効果は推認できるものであって，個別物件ごとに受注予定者が決定される具体的な経緯までが立証されなければならないというものではない。入札談合に関与した事業者自身が事実関係をよく知る者であるので，競争制限効果の推認に対して反証の機会が与えられる（ごみ焼却設備課徴金審決取消請求〔日立造船〕事件＝東京高判平 24・3・2 審決集 58 巻第 2 分冊 188 頁）。そのためには，一部の事業者が受注調整に反する入札をするなどの特段の事情が必要であり，一部の事業者が受注調整の構成員から抜けた程度のことは，競争制限効果の推認を覆すに至らない（大東建設課徴金審決取消請求事件＝東京高判平 26・4・25 審決集 61 巻 204 頁）。

　ところで，実行期間については，① 1977 年改正による不当な取引制限等（7 条の 2 第 1 項・8 条の 3）と 2005 年改正による支配型私的独占（7 条の 2 第 2 項）の場合の実行期間（違反行為の実行としての事業活動を行った日からなくなる日までの期間）と，② 2009 年改正による排除型私的独占（7 条の 2 第 4 項）と特定の不公正な取引方法（20 条の 2 〜 20 条の 6）の場合の違反行為期間（違反行為をした日からなくなる日までの期間）の 2 つの態様がある。このうち，①の場合は，違反行為それ自体ではなく，その実行としての事業活動によって実行期間の始期・終期を認定する。その関係は違反行為の類型によって異同があるが，価格引上げカルテルを例にとると，次の事例が考え方を示している。

事　例〔16-9〕　日本ポリプロほか課徴金事件

　日本ポリプロ（Y）は，ポリプロピレンの製造販売業者であり，他の同業者 6 社とともに，平成 12 年 3 月 6 日ころ，ポリプロピレンの販売価格を引き上げることで意見が一致し，同年 4 月以降，ポリプロピレンの需要者向け販売価格を 1kg 当たり 10 円を目途に引き上げることを合意したことで，同年 5 月 30 日，公取委の立入検査が行われ，平成 13 年 6 月 27 日，不当な取引制限に対する排除措置を命ずる勧告審決を受けた。その後，平成 15 年 3 月 31 日に出された課徴金納付命令で始期を値上げ予定日の平成 12 年 4 月 21 日，終期を違反行為からの離脱

を他の違反行為者に文書で通知した同年9月7日の前日であるとされたことに，Yが始期は値上げした価格で最初に商品が引き渡された日であり，終期は値上げに向けた交渉を行うことのなくなった公取委立入検査日の前日であることを主張して審判で争ったことについて，「7条の2第1項は，実行期間の始期につき，『当該行為の実行としての事業活動を行った日』と規定しているが，この趣旨は，不当な取引制限の合意の拘束力の及ぶ事業活動が行われた日以降について，具体的に実現された値上げの程度等を捨象して，当該合意に基づく不当な利得の発生を擬制し，これを違反行為者から課徴金としてはく奪しようとするものである。かような課徴金制度における実行期間の趣旨にかんがみれば，値上げカルテルの合意により値上げ予定日が定められ，その日からの値上げへ向けて交渉が行われた場合には，当該予定日以降の取引には，上記合意の拘束力が及んでいると解され，現実にその日に値上げが実現したか否かに関わらず，その日において当該行為の実行としての事業活動が行われたものとするのが相当である」。

「7条の2第1項は，実行期間の終期につき，『当該行為の実行としての事業活動がなくなる日』と規定している。不当な取引制限は，違反行為者間の合意による相互拘束状態の下に，競争を実質的に制限する行為をいうから，この終期は，そのような相互拘束力が解消されて，もはや，かような競争制限的な事業活動がされなくなった時点を指すものと解される。したがって，この終期は，典型的には，違反行為者全員が不当な取引制限行為の破棄を明示的な合意により決定した時点や，一部の違反行為者が不当な取引制限の合意から明示的に離脱した時点を指すというべきであり，単に違反行為者の内部で違反行為を中止する旨決定しただけでは足りず，原則として，違反行為者相互間での拘束状態を解消させるための外部的徴表が必要となる。

しかし，上記のような終期の趣旨にかんがみれば，違反行為者全員の外部的徴表を伴う明示的合意がない場合であっても，違反行為者全員が，不当な取引制限の合意を前提とすることなく，これと離れて事業活動を行う状態が形成されて固定化され，上記合意の実効性が確定的に失われたと認められる状態になった場合には，やはり，当該行為の実行としての事業活動がなくなり，終期が到来したということができる」。

「本件においては，本件合意成立後3か月弱で立入検査が行われ，その間，被審人らを含む本件違反行為の参加者が値上げに成功した取引先はごくわずかであって，合意に基づく値上げの浸透はいまだその実現途上にあったところ，本件立入検査がなされ，その旨が新聞等で報道された結果，本件合意に基づく値上げを実現することが客観的に困難になり，同日以降，被審人らを含む本件違反行為参

> 加者による値上げの実現状況を確認する等のための会合は開かれなくなり，また，本件合意に基づく値上げ交渉を行ったとの事実も具体的に認めることができないのである。このような事情を総合すると，本件においては，立入検査時以降は，違反行為者全員が，本件合意を前提とすることなく，これと離れて事業活動を行う状態が形成されて固定化され，本件合意の実効性は確定的に失われたと認められる。そうすると，本件においては，平成 12 年 5 月 30 日の立入検査をもって本件違反行為がなくなったと認められる。したがって，課徴金算定の基礎となる実行期間の終期は，その前日である同月 29 日となる」。
>
> 〔公取委審判審決平 19・6・19 審決集 54 巻 78 頁〕

(2) 課徴金の法的性格

課徴金納付命令は，価格に影響するカルテルを行った事業者から競争制限による経済的利得を課徴金として国庫に納付させることにより，違反事業者に不当な利得を保持させず，価格カルテル等の禁止の実効性を確保するために公取委によってとられる行政上の措置であり，いわゆる「やり得」を防止するために 1977 年改正で導入された。排除措置命令が「命ずることができる」(7 条) ものであるのに比し，課徴金納付命令は「命じなければならない」(7 条の 2 第 1 項) 非裁量的な行政処分という性格を有する（なお，2016 年から公取委は裁量型課徴金制度を含めた課徴金制度の在り方を検討している）。2005 年改正で算定率が引き上げられた後の課徴金制度についても，不当利得相当額以上の金銭を徴収する仕組みとすることで行政上の制裁としての機能をより強めたものであるが，これまでもその法的性格は，違反行為を防止するために行政庁が違反事業者に対して金銭的不利益を課すというものであり，この点は変わりがないとされる。

事 例〔16-10〕 シール談合課徴金事件

社会保険庁が発注する貼付用シールの入札談合の課徴金納付命令取消請求訴訟事件で，刑事告発された違反事業者に罰金が科され，社会保険庁と締結したシール納入契約を無効として不当利得返還請求訴訟を提起されているところ，三重の金銭的不利益を受けることから，課徴金の納付を命ずることは二重処罰に当たるとの違反事業者 (Y) の主張について，「そもそも，国の提起した右の不当利得返

還請求訴訟は，未だ第一審裁判所においてなお審理中であり，Yらは，同訴訟において，本件シール納入契約が無効である旨の国の主張を争い（弁論の全趣旨），応訴しているのであって，現段階では，客観的には，国が主張しているYらに対する不当利得返還請求権の存否ないしその範囲自体が全く未確定の状態にあるというほかはない。

　そうであるとすれば，本件カルテル行為についての罰金刑と不当利得返還請求及び課徴金による経済的不利益の三者併科の違憲性を問題にするYらの右主張自体，あくまで将来の可能性を想定した立論にすぎないのであって，本件課徴金の賦課が憲法39条の規定に反するか否かの判断に当たって考慮すべき問題状況は，……刑事罰に加え課徴金を賦課することが憲法39条の規定に反するか否かの判断におけるそれと，基本的には異ならないものといわざるを得ない。すなわち，Yらが指摘するような将来の可能性があるからといって，現在の時点において賦課される本件課徴金が，……行政上の措置としての本来の性質を逸脱した，懲罰的制裁にほかならない実質のものとみることは到底できないのであり，したがって，本件課徴金の賦課が憲法39条の規定に抵触するということができないことは明らかである」。

〔東京高判平9・6・6審決集44巻521頁〕

　課徴金が行政上の措置として，罰金に代わるような懲罰的制裁になるものではないことについて，上記事例の上告審判決では，法人税法の追徴金と罰金とを併科することが憲法39条に違反しないとする判例（法人税額更正決定取消等請求事件＝最大判昭33・4・30民集12巻6号938頁）を引用して「上告人に対する罰金が確定し，かつ，国から上告人に対し不当利得の返還を求める民事訴訟が提起されている場合において，本件カルテル行為を理由に上告人に対し……課徴金の納付を命ずることが，憲法39条……に違反しない」（シール談合課徴金事件＝最判平10・10・13審決集45巻339頁）ことは明らかであると結論付けている。

　なお，2005年改正で，確定した罰金刑があるときは，当該罰金額の2分の1を課徴金額から控除する規定（7条の2第19項）が設けられたが，二重処罰の問題からではなく，課徴金と罰金が違反行為を抑止するという機能面で共通する部分があることから，両者が併科される場合に政策的判断から設けた減額措置と説明されている。

(3) 課徴金減免制度

複数の事業者間の共謀（カルテル）による違反行為は、秘匿して行われ、証拠収集が困難であることから、国際的にみると制裁減免制度（leniency program）を設けることにより違反事業者の一部から協力を引き出して違反事実の解明に資するようにし、カルテル摘発に成果を上げているのが、近時の通例である（実質的には、米国司法省反トラスト局が1993年に leniency policy を全面改正したことが出発点となっている）。不当な取引制限に係る課徴金について、わが国でも2005年改正で減免制度を導入した。

違反事業者のうち1番目に公取委に当該違反事実の報告・資料の提出を、他の事業者と通謀することなく単独で、調査開始日前に行ったものは、課徴金を免除される。5番目の事業者まで減額の対象となり、2番目の事業者は50％、3～5番目の事業者は30％がそれぞれ減額される（7条の2第10項・11項）。調査開始日前に提出する事業者が5社に達していない場合は、調査開始日以降速やかに（祝休日を除く20日以内）報告・資料を提出した事業者も5社に達する3社までそれぞれ30％の減額を受けられる（同条12項）。なお、同一企業グループ内の複数の事業者による共同提出が認められる（同条13項）。

課徴金減免制度の特徴は、公取委の調査に協力することが条件になるが、裁量によるのではなく、自動的に所定の減免が受けられるところにある。その順位は、報告書を受付専用ファクシミリに送信した順に仮順位が得られる。

課徴金減免制度で最も重要なことは、事業者から公取委への報告は、その時点で公表されることはないことであるが、それゆえに非公式な通報ということではなく、企業の代表者名をもって行われる公式の行為である。企業内部の意思決定が必要であり、そのためには組織としての企業とその上級者の意識改革が不可欠である。社内で隠蔽工作をするよりも、企業の法務部門が他の事業部門に対して、公取委の調査に協力するメリットを説く指導をすることができ、作成するコンプライアンス・プログラムの効用の充実にも資する。

課徴金減免制度に基づく事業者からの報告件数は、2006年度79件、2007年度74件、2008年度85件、2009年度85件、2010年度131件、2011年度143件、2012年度102件、2013年度50件、2014年度61件、2015年度102件と定着したものとなっている。

テーマ4　司法審査と緊急停止命令

公取委が発する行政処分の排除措置命令・課徴金納付命令に対する取消訴訟は、どのような手続によるのか。受命者以外の利害関係者も取消訴訟を提起することができるか。司法審査において、裁判所と公取委は、どのような関係に立つのだろうか。また、裁判所が発する緊急停止命令は、いかなる場合に発せられるのか。

(1) 司法審査

公取委が行った行政処分（排除措置命令・課徴金納付命令）に係る取消請求訴訟の第一審の裁判権は、東京地裁の専属管轄である（85条1号）。処分の取消しの訴えの提起によって処分の執行は妨げられない（行訴25条1項）が、重大な損害が生じることを避けるため緊急の必要があるときは、裁判所は、申立てにより、決定をもって、処分の執行の全部または一部の停止をすることができる（同条2項）。

原告適格は、独禁法に定めがないので、行政事件訴訟法9条によることとなり、当該処分の取消しを求めるにつき法律上の利益を有する者に認められる。名宛人に限ることなく、当該処分によって利益を侵害される者を含む。2013年改正前の事件で、音楽著作物の放送等利用に係る管理事業における排除型私的独占を認めた排除措置命令を取り消した審決に対して、当該審決の名宛人である被審人以外の競業者である音楽著作物管理事業者が提起した審決取消訴訟において、著しい業務上の損害がありうる競業者の原告適格が是認された。

> **事　例〔16-11〕　日本音楽著作権協会私的独占取消審決の取消等請求事件**
>
> 事例〔4-2〕に示された審決において、同審決の名宛人外のE社が唯一の競業者であるとして原告となって当該審決の取消訴訟を提起したことについて、「行政事件訴訟法9条1項所定の当該処分又は裁決（以下「処分等」という。）の取消しを求めるにつき『法律上の利益を有する者』とは、当該処分等により自己の権利若しくは法律上保護された利益を侵害され、又は必然的に侵害されるおそれのある者をいうのであり、当該処分等を定めた行政法規が、不特定多数者の具体

処分取消訴訟の出訴期間は、処分があったことを知った日から6か月以内（行訴14条1項本文）または処分の日から1年以内（同条2項本文）である。ただし、正当な理由があるときは、この限りではない（各項但書）。

公取委の処分取消訴訟の第一審は、東京地裁の専属管轄であり（85条1号）、3人または5人の裁判官の合議体で審理・裁判をする（86条1項・2項）。控訴審となる東京高裁は、5人の裁判官の合議体で審理・裁判をする（87条）。上告審となる最高裁を含め、東京高裁・東京地裁が独占禁止法事件の司法審査のラインを形成するが、事実審の東京地裁の機能が重要である。

処分取消訴訟には、当該訴訟により権利を害される第三者の訴訟参加や他の行政庁の訴訟参加も、裁判所の決定により可能となる（行訴22条・23条）。

処分取消訴訟の審理は、行政事件訴訟法と民事訴訟法の例により行われる。事実認定については、証拠調べ等の実体審理は、当事者主義と弁論主義により進行・判断される。例外的に、裁判所は、必要があると認めるときは、職権で、証拠調べをすることができる。ただし、その証拠調べの結果について、当事者の意見を聴かなければならない（行訴24条）。

司法審査は、当該処分において公取委が行った法令適用および事実認定について、覆審的に及ぶ。したがって、法解釈はもとより、事実認定のいかんについても、裁判所が公取委の判断に拘束されることはあり得ない。ただし、公取委の裁量処分については、裁量権の範囲を超えまたはその濫用があった場合に限り、裁判所は、その処分を取り消すことができる（行訴30条）から、公取委の法令適用と事実認定を裁判所が肯認する場合には、処分の内容について公取委の意向が尊重されよう。しかし、独禁法違反事件において最も重要な事実認定においては、理論的には、裁判所の心証が公取委の心証よりも優先する。なお、裁量権の逸脱・濫用があることの主張責任・証明責任は、まず原告の事業者にあるとするのが原則である。

処分取消訴訟における争点を設定するのは、原告の事業者であるから、被告となる公取委は、設定された争点にのみ対応することとなる。排除措置命令と課徴金納付命令は積極的処分であるから、その根拠事実については公取委側が、阻止事実や障害事実あるいは消滅事実については事業者側がそれぞれ証明責任を負う。例えば、対価引上げの不当な取引制限において暗黙の合意の成否が争

的利益を専ら一般的公益の中に吸収解消させるにとどめず，それが帰属する個々人の個別的利益としてもこれを保護すべきものとする趣旨を含むと解される場合には，このような利益もここにいう法律上保護された利益に当たり，当該処分等によりこれを侵害され又は必然的に侵害されるおそれのある者は，当該処分等の取消訴訟における原告適格を有するものというべきである。

処分等の名宛人（相手方）以外の者について上記の法律上保護された利益の有無を判断するに当たっては，当該処分等の根拠となる法令の規定の文言のみによることなく，①当該法令の趣旨及び目的，並びに②当該処分において考慮されるべき利益の内容及び性質を考慮すべきである。この場合において，上記①の当該法令の趣旨及び目的を考慮するに当たっては，当該法令と目的を共通にする関係法令があるときはその趣旨及び目的をも参酌し，上記②の当該利益の内容及び性質を考慮するに当たっては，当該処分等がその根拠となる法令に違反してされた場合に害されることとなる利益の内容及び性質並びにこれが害される態様及び程度をも勘案すべきものである（同条2項，最高裁判所平成17年12月7日大法廷判決・民集59巻10号2645頁参照）。〔中略〕

独占禁止法の排除措置命令等に関する規定に違反して排除措置命令を取り消す審決がされた場合等に一定の範囲の競業者等が害される利益の内容及び性質や，排除措置命令等に関連して設けられた上記諸規定（同法25条，26条，70条の15，84条）等の趣旨及び目的をも考慮すれば，独占禁止法の排除措置命令等に関する規定（同法7条，49条6項，66条）は，第一次的には公共の利益の実現を目的としたものであるが，競業者が違反行為により直接的に業務上の被害を受けるおそれがあり，しかもその被害が著しいものである場合には，公正取引委員会が当該違反行為に対し排除措置命令又は排除措置を認める審決を発することにより公正かつ自由な競争の下で事業活動を行うことのできる当該競業者の利益を，個々の競業者の個別的利益としても保護する趣旨を含む規定であると解することができる。したがって，排除措置命令を取り消す旨の審決が出されたことにより，著しい業務上の被害を直接的に受けるおそれがあると認められる競業者については，上記審決の取消しを求める原告適格を有するものと認められる。〔中略〕

上記の検討を踏まえた上で，原告に，被告〔公取委〕が参加人〔日本音楽著作権協会〕に対してした本件排除措置命令を取り消した本件審決の取消訴訟についての原告適格が認められるか検討する。

本件は，音楽著作物の放送等利用に係る管理事業における排除型私的独占による独占禁止法違反行為の有無が問題とされた事案である。そして，平成13年10月1日に管理事業法が施行されるまでは，仲介業務法により，上記管理事業は，参加人が独占して行っており，管理事業法施行後も，原告が平成18年10月1日に上記管理事業を開始するまでは，参加人の独占が継続していた。同日以降，音楽著作物の放送等利用に係る管理事業を行って放送等使用料を徴収しているのは，参加人と原告のみであった。

参加人が独占禁止法違反の行為を行った場合には，音楽著作物の放送等利用に係る管理事業において参加人の唯一の競業者である原告は，その行為により，直接，公正かつ自由な競争の下での事業活動を阻害されることとなり，その業務上の損害は著しいものと認められる。

以上のとおり，独占禁止法中の排除措置命令等の根拠となる規定（同法7条，49条6項，66条）の趣旨を解釈するに当たり，同法中の他の関連規定（同法25条，26条，70条の15，84条）の趣旨を参酌し，当該処分がその根拠となる法令に違反してされた場合に害されることとなる利益の内容及び性質並びにこれが害される態様及び程度をも勘案して，当該処分において考慮されるべき利益の内容及び性質も考慮すると，平成18年10月1日に上記管理事業を開始し，参加人の唯一の競業者である原告は，本件排除措置命令及び本件排除措置命令を取り消した本件審決の名宛人ではないものの，本件訴訟についての原告適格があると認めるのが相当である」。

〔東京高判平25・11・1審決集60巻第2分冊22頁〕

なお，公取委が審査手続を開始したが，最終的に不問処分としたことに対して，消費者団体が抗告訴訟（無効確認の訴え等）を起こした事件で，東京高裁は，独禁法違反の行為があると認める処分が確定した場合の無過失損害賠償請求権は付随的に認められた効果で，反射的利益にとどまるとして，訴えの利益を認めなかった（全国消費者団体連絡会事件＝東京高判昭36・4・26行集12巻4号933頁）。

被告適格は，他の行政庁の行政処分に係る取消訴訟の場合，行政事件訴訟法11条1項1号の規定により，原則として当該行政庁が国に所属するときは国となるが，公取委の行政処分については，独禁法77条により，公取委が被告となる。また，国の利害に関係のある訴訟についての法務大臣の権限等に関する法律6条の規定にかかわらず，法務大臣の指揮を受けない（88条）。独禁法の運用について認められた公取委の職権行使の独立性に配慮したものである。

点となった場合，対価に関する情報交換と斉一的な値上げ行動が被告公取委の証明責任を負う根拠事実であり，他の事業者の行動と無関係に独自の判断によって行われたことを示す特段の事情が原告事業者の証明責任を負う障害事実である。それぞれの要証事実をめぐって，両当事者は本証または反証に成功すべく立証活動を行う。

原告事業者の請求を認容する判決，すなわち，公取委の処分に対する取消判決は，公取委による取消しを必要とすることなく，当該処分を遡って失効させる形成力を有する。取消判決は，第三者に対しても効力を有する（行訴32条1項）。取消判決により権利を侵害された第三者は，訴訟に参加していなかった場合，再審の訴えができる（行訴34条）。

取消判決は，その事件について，公取委を拘束する（行訴33条1項）。取消判決のかかる既判力と拘束力は，取り消すに至った法的判断のみではなく，主要な事実認定にも及ぶから，実体的にも，裁判所の心証が公取委の心証よりも優先する。

東京高裁への控訴や最高裁への上告は，民事訴訟法の定めるところによる。

控訴審（東京高裁）においても，第一審（東京地裁）においてした訴訟行為はその効力を有する（民訴298条1項）から，東京地裁における口頭弁論の結果が東京高裁の口頭弁論に上程される続審主義がとられる。覆審主義と事後審主義の中間にあって，東京高裁では，当事者は東京地裁で提出しなかった主張・立証方法を提出できる（民訴297条による民訴156条の準用）。東京高裁における弁論が東京地裁の弁論の続行となること，さらに，東京高裁が東京地裁判決を取り消す場合において，事件につきさらに弁論をする必要があるときは，東京地裁に差し戻すことができること（民訴308条1項）にかんがみると，2013年改正前に公取委が有していた事実審的機能が東京地裁に引き取られたことになる。

(2) 緊急停止命令

排除措置命令が出されるまでには一定の時日を必要とするので，その間にも違反被疑行為が進行すると，競争秩序の侵害が回復しがたい状況に陥る場合が予想されることがある。このような場合に，公取委は，違反被疑行為の審査の途中において，緊急の必要があると認めるときは，東京地裁に申し立てる（85

条 2 号) ことにより，同裁判所から当該行為の緊急停止命令の発出が可能である (70 条の 4 第 1 項)。緊急停止命令は，排除措置命令が出されるまでの仮の措置を命ずる裁判所の決定であって，非訟事件手続法により行われる。

事例〔16-12〕 中部読売新聞社事件

　名古屋市に本店を置き，日刊新聞を発行する中部読売新聞社 (Y) が昭和 50 年 3 月 25 日から愛知，三重，岐阜の東海三県を販売地域として，朝刊の月極購読料を 1 部 500 円と定めたことを，公取委が低く見積もっても原価 812 円を割る不公正な取引方法に該当する不当廉売の疑いがあって，東海三県の新聞販売事業の公正な競争秩序の侵害が回復し難いものになるとして，東京高裁 (2013 年改正前の管轄裁判所) に審判開始決定前に緊急停止命令を申し立てた事件において，同裁判所による緊急停止命令の中で，「緊急停止命令の申立は，公正取引委員会が審判開始決定をした後でなければすることができないとする法文上の根拠はなく，独占禁止法違反の疑いのある事実に対して公正取引委員会が審決をもつて排除措置を命ずるまでに日時を要するため，その間の競争秩序の侵害を防止する緊急の必要がありうることは審判開始決定の前であると後であるとにより変るところはないから，公正取引委員会は少くとも事案について審査に着手した以後は審判開始決定の前後を問わず，独占禁止法 67 条〔現 70 条の 4〕により裁判所に対し緊急停止命令を求める申立をすることができると解するのが相当である。〔中略〕

　Y が中部読売新聞を発行した後東海三県において競争関係にある中日，朝日，毎日その他の新聞の同地方の顧客が継続購読を中止して中部読売新聞に切替える者が続出していることは前記のとおりで，この事態を申立人〔公取委〕が審決をもつて排除措置を命ずるまで放置するときは，勢いのおもむくところ，他の競争事業者もこれに対抗するため，各種の手段を講ずることは必至であり，同地域における新聞販売事業の公正な競争秩序は侵害され，回復し難い状況におちいるものというほかならないことは明らかであるから，Y の前記行為は，直ちにこれを停止すべき緊急の必要性が存在する」。

〔東京高決昭 50・4・30 審決集 22 巻 301 頁〕

　これまでに公取委が緊急停止命令の申立てを行った事件は 7 件あり，そのうちの 5 件 (いずれも不公正な取引方法) について緊急停止命令が発出された。

第16章　公正取引委員会・排除措置命令・課徴金納付命令　365

独占禁止法違反事件処理手続図

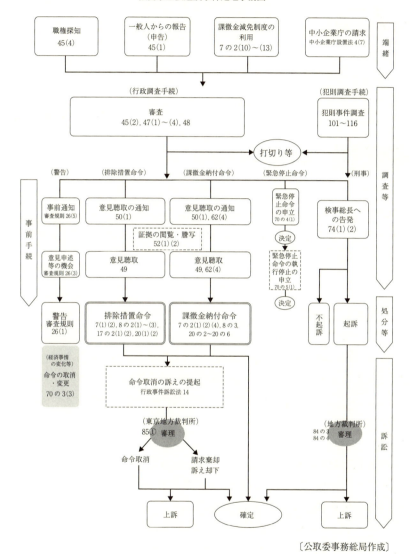

〔公取委事務総局作成〕

第17章

刑 事 罰

テーマ1　罰則規定と犯則調査手続

独禁法の罰則を体系化してみた場合，いかなる違反行為に刑事罰が科される実態となっているか。行政処分と刑事罰が併科される実態であることをみた場合，審査手続と犯則調査手続，課徴金と罰則は，それぞれどのような関係にあるか。特に，自己負罪拒否特権の保障や二重処罰の禁止に抵触することはないか。

(1)　刑事罰の適用

独禁法が規定する違反行為に対する措置体系は公取委による行政処分（排除措置命令・課徴金納付命令）が中心となるが，行政処分では不十分な場合に刑事罰を発動しうるものとなっている（89条～96条）。刑事罰の対象となる違反行為は，およそ①実体規定違反（確定した排除措置命令違反を含む。89条～91条），②手続規定違反（91条の2），③調査妨害等（94条・94条の2）に分けることができる。

不当な取引制限の罪に例をとると，その罰則は，2009年改正で5年（改正前は3年）以下の懲役または500万円以下の罰金となり（89条），公訴時効も3年から5年に延長された（刑訴250条2項5号）。

さらに，行為者のほか所属する法人も罰する両罰規定（95条）が①と②に適用になる（不当な取引制限の罪の場合，5億円以下の罰金。1992年改正で法人重科となった）ほか，①の実体規定違反の行為には当該行為の防止を怠った法人等の代表者にも罰金刑を科する三罰規定（95条の2・95条の3）が設けられている。また，①については，検察官による公訴提起に加えて，公取委の告発が訴訟条

件となる専属告発制度（96条）の対象であり，行政処分に加えて刑事制裁が必要であることの判断を独禁法専門行政機関である公取委にかからしめている。

> **資　料〔17-1〕　公正取引委員会「独占禁止法違反に対する刑事告発及び犯則事件の調査に関する公取委の方針」（平 17・10・7）**
>
> 「(1)　公取委は，
> 　ア　一定の取引分野における競争を実質的に制限する価格カルテル，供給量制限カルテル，市場分割協定，入札談合，共同ボイコットその他の違反行為であって，国民生活に広範な影響を及ぼすと考えられる悪質かつ重大な事案
> 　イ　違反行為を反復して行っている事業者・業界，排除措置に従わない事業者等に係る違反行為のうち，公取委の行う行政処分によっては独占禁止法の目的を達成できないと考えられる事案
> について，積極的に刑事処分を求めて告発を行う方針である。
> (2)　ただし，
> 　ア　調査開始日前に単独で最初に課徴金の免除に係る報告及び資料の提出を行った事業者〔中略〕
> 　イ　調査開始日前に他の事業者と共同して最初に課徴金の免除に係る報告及び資料の提出を行った事業者〔中略〕
> 　ウ　前記ア又はイに該当する事業者の役員，従業員等であって当該独占禁止法違反行為をした者のうち，当該事業者の行った公取委に対する報告及び資料の提出並びにこれに引き続いて行われた公取委の調査における対応等において，当該事業者と同様に評価すべき事情が認められるもの
> については，告発を行わない」。

　1989年以降の日米構造問題協議等を契機として，従前不活発であった刑事告発を独禁法違反行為の抑止手段として円滑に機能させるために，公取委は，1990年6月20日，「独占禁止法違反に対する刑事告発に関する公取委の方針」を公表した。2005年改正で課徴金減免制度が導入されたことに伴い，改定されたものが上記の「独占禁止法違反に対する刑事告発及び犯則事件の調査に関する公取委の方針」である。方針は，公取委が，違反行為の悪質性や反復性，社会的影響の重大性等を考慮しながら，その程度が高いものほど，行政処分に

とどまらず刑事告発を行う可能性が高いことを示したものである。したがって，価格カルテル等のいわゆるハードコア・カルテルが対象行為類型として列挙されているのも，特に悪性の強い違反行為として位置付けたものの例示であって，それ以外の行為類型を刑事告発の対象から除くとの趣旨ではない。また，全国規模のカルテル事件でなければ重大性に欠けると考えられるものではなく，地域的なカルテルであっても，損害の大きさや広がり，同種行為の多発性などから，国民生活に広範な影響を及ぼすと考えられるものは十分にありうる。

1990年以前に不当な取引制限について刑事告発されたカルテル事件は1974年の石油カルテル事件だけであったが，1990年以降は2016年までに16事件ある。

刑事告発に至る事件の調査を，公取委は，原則として犯則調査権限を用いた手続で行う。

(2) 罰金と課徴金

事　例〔17-2〕　業務用ストレッチフィルム価格カルテル刑事事件

業務用ストレッチフィルム（食品包装用ラップ）の値上げ協定刑事事件で，被告人事業者側が課徴金に加えて罰金を科すことは二重処罰の禁止に抵触すると主張したことについて，「独禁法による課徴金は，一定のカルテルによる経済的利得を国が徴収し，違反行為者がそれを保持し得ないようにすることによって，社会的公正を確保するとともに，違反行為の抑止を図り，カルテル禁止規定の実効性を確保するために執られる行政上の措置であって，カルテルの反社会性ないし反道徳性に着目しこれに対する制裁として科される刑事罰とは，その趣旨，目的，手続等を異にするものであり，課徴金と刑事罰を併科することが，二重処罰を禁止する憲法39条に違反するものではないことは明らかである」。

〔東京高判平5・5・21高刑集46巻2号108頁〕

価格カルテル等が刑事告発された場合，金銭的不利益措置として，違反事業者に対して課徴金と罰金が併科されることになる。しかし，課徴金と罰金とでは，その趣旨が異なる。課徴金は，価格カルテル等のいわゆる「やり得」を防止するために1977年改正で導入されたもので，違反事業者から競争制限によ

る経済的利得を課徴金として国庫に納付させることにより，違反行為者に不当な利得を保持させず，価格カルテル等の禁止の実効性を確保するために公取委によってとられる行政上の措置である。他方，刑事罰は，価格カルテル等を行った行為の反社会性・反道徳性に着目して，違反事業者の行為責任を追及して科せられるもので，そこには社会的非難や道徳的批判に相当する倫理的スティグマ（moral stigma）が込められているもので，検察官による公訴提起を受けて裁判所によってとられる罰則措置である。したがって，課徴金と罰金の併科は，二重処罰として同レベルに並列される共通の性格をもったものではなく，憲法39条に違反するものではない。

　2005年改正における課徴金算定率の引上げに伴い，7条の2第19項～第21項で，同一事件について，罰金を科する判決が確定した場合は，当該事件にかかる課徴金の額から当該罰金額の2分の1に相当する額を減ずることが規定された。二重処罰となることを懸念したものではなく，課徴金と罰金が違反行為を防止するという機能面で共通する部分があるところから政策的判断により設けられた規定とされる。同一事件で同一事業者に課徴金と罰金が併科される場合に，その総額が大きく，犯した独禁法違反行為の情状に照らして過重との比例原則ないし罪刑均衡原則に反するときがあるのではないかという観点はありうるが，米国反トラスト法の下での罰金やEU競争法の制裁金の運用事例（例えば，2008年11月12日，EUでは，欧州委員会が，自動車用ガラスの価格カルテルについて，日本企業を含む4事業者に対し合計約1700億円の制裁金を科した。また，同日，米国司法省は，液晶パネルの価格カルテルについて，日本企業を含む3事業者が合計約560億円の罰金支払に同意したと発表した）からみても，わが国において課徴金と刑事罰が併科されたからといって，均衡を失するような高額のものとなる状況にはない。

(3) 犯則調査手続

　犯則とは実質的には犯罪の構成要件を充足するものであるが，犯罪といわずに犯則と称するのは，犯罪の場合にはとられる措置が刑罰であり，その実現のためには刑事手続によるのが相当であるところ，行政機関によって刑事告発を目標とする行政調査手続により行われるものであることから，これを区別した

ことによる。刑事訴訟法に基づく司法警察職員による捜査ではなく，個別行政法に基づく行政職員による科罰のための調査という区別のためでもある。しかし，形式的には行政調査手続であっても，刑事告発のために，犯則事実の有無および犯則者を確定すべく証拠を収集する手続であるから，実質的には刑事手続につながるもので，憲法35条（令状主義）の規定を尊重して，犯則事件を調査するために臨検，捜索または差押えを行う場合は，裁判官が発する許可状を必要とするものである。かかる犯則調査権限は，従前からの行政調査権限が検査拒否等に対する罰則を担保とする間接的な強制調査権限であるのに比し，被調査者の同意がなくとも執行可能となる直接的な強制調査権限である（臨検・捜索等を暴行・脅迫を加えて妨害した者には公務執行妨害罪〔刑95条1項〕が成立する）。

2005年改正で，①の実体規定違反の罪（89条〜91条）に係る事件を犯則事件として，公取委に犯則調査権限が付与された（101条〜118条）。悪質・重大な違反行為に対して刑事告発を求めていく場合の手続整備を行ったものである。犯則事件の調査の結果，刑事告発を行った場合は，領置物件または差押物件があるときは，公取委はこれを目録とともに検察庁に引き継ぎ，当該物件は刑事訴訟法の規定によって押収されたものとみなされる（116条3項）。

犯則調査権限と行政調査権限の行使にあたっては，犯則調査部門と行政調査部門を組織上明確に分離し，犯則調査部門に属する職員にのみ犯則調査権限が指定されるとともに，行政調査権限の指定は受けない。また，行政調査部門の職員が接した事実が犯則事件の端緒となると思料される場合，当該事実を直接に犯則調査部門の職員に報告してはならない（犯則調査規則4条4項）として，両部門間にいわゆるファイアウォール（情報の遮断）が設けられている。

行政調査部門が行う審査手続と犯則調査部門が行う犯則調査手続が同一事件について，同時並行的に行われることはないが，それぞれの手続で収集した証拠は他の処分のために，一定の手続を経て引き継がれて用いうる。まず，審査手続中に犯則事件が探知された場合に，これが端緒となって犯則調査手続に移行することが許されることは，税務調査において犯則事件調査に移行することを可とした判例（法人税法違反被告事件＝名古屋高判昭50・8・28税務訴訟資料93号1198頁。上告審でも是認された。最判昭51・7・9税務訴訟資料93号1173頁）が参考

になる。行政調査部門から犯則調査部門への証拠の移管は，犯則調査権限とその手続に従って行う。他方，犯則調査部門から行政調査部門への移管についても適正手続の確保に留意した手続がとられることになるが，犯則調査手続で収集された証拠を行政調査手続でも用いることができることは，法人税法更正処分取消等請求事件（最判昭 63・3・31 判時 1276 号 39 頁。「収税官吏が犯則嫌疑者に対し国税犯則取締法に基づく調査を行った場合に，課税庁が右調査により収集された資料を右の者に対する課税処分及び青色申告承認の取消処分を行うために利用することは許されるものと解するのが相当であり，これと同旨の原審の判断は，正当として是認することができる」）が同じく参考になる。

　独禁法においても，行政調査権限について「犯罪捜査のために認められたものと解釈してはならない」（47 条 4 項）と規定される通り，行政調査権限を専ら刑事責任追及のために用いることは，憲法 35 条のみならず，憲法 38 条 1 項（自己に不利益な供述強要の禁止）を潜脱するおそれがあって許されない。しかし，そうでない限り，すなわち，行政処分を目指した行政調査権限の行使によって収集された資料を犯則調査手続の開始および過程において利用することが不可とされるわけではない。行政調査部門と犯則調査部門との間のファイアウォールの趣旨から理解しうるように，刑事責任追及のための証拠収集の手段として行政調査権限を協働させることが回避すべき事柄である。

テーマ2　実行行為と違法性・責任

　不当な取引制限の罪を例にとると，相互拘束行為に該当する合意に至る複数の事業者間の意思の連絡は，どの時点で既遂に達するか。その後も何度も相互拘束行為が繰り返された場合，同一の実行行為の中に吸収して単純一罪とみなすのか，それとも，別の実行行為が行われたものとして併合罪とみなすのか。また，実行行為について違法性や責任がないとされる場合はありうるか。

(1)　合意の成立時期

　不当な取引制限の罪（89 条 1 項 1 号）は，複数の事業者間で共同して相互に

その事業活動を拘束すること（2条6項）を実行行為とする。この相互拘束を合意と言い換えると，複数の事業者間で意思の連絡を始めてから，協議を重ねて，裏切り（値上げカルテルでいえば，他社が値上げするときに，値上げしない者が売上げを伸ばして得をする）の危険が減少し，お互いの事業活動の遂行方向が協調することで信頼関係が構築しえたとき，すなわち，共同の認識が相互にもちえたと信じる段階に達したときが合意の成立時期であり，不当な取引制限の罪の実行行為の既遂時期である（未遂も可罰行為である。89条2項）。

事例〔17-2〕の事件で，被告会社側において，実行行為の既遂時期が，公取委が「独占禁止法違反に対する刑事告発に関する方針」（資料〔17-1〕の初出方針）を公表した1990年6月20日の前であるとの情状を述べたことについて，6月20日後が既遂時期であると判示した部分が次の事例で掲げるところである。

事　例〔17-3〕　業務用ストレッチフィルム価格カルテル刑事事件

「関係証拠によると，まず5月15日の時点については，同日の本部会は，被告会社各社が協調値上げを行うかどうかについて，それぞれの社の基本姿勢を持ち寄る場であったものであり，以後の具体的な協議に入るについての出発点であったにすぎないものであったことが認められ，いまだ各社の合意が成立したといい得るものでなかったことは明らかである。また，6月18日ないし同月25日ころの時点についても，関係証拠によると，過去，昭和62年に，被告会社8社間で標準品1本につき100円の値上げを約束しながら，実施段階で各社の足並みが揃わず失敗に終わるということがあったこと，さらに，平成元年にも，標準品1本当たりの最低価格を900円とする『足切り価格』の設定を協議したが，これも失敗するということがあったこと，その際には，本部会メンバーが賛成していながら，同じ社の幹部会メンバーが反対したため実現しなかったこと等の経緯もあり，また，もともと拡販路線によるシェア争いが非常に激しいことから末端の営業担当者に至るまで互いに疑心暗鬼で不信感が強いという，業務用ストレッチフィルム業界の特殊性からも，単に販売価格を引き上げるとの合意があったという程度では，いまだ各社を拘束する協定になるものでなく，それが各社の協定となるためには，さらにこれを守らせるための各種の細かな取決めと，各社のその部門のトップによる相互の明確な確認が必要であったと認められる。このため，本件第

一次協調値上げ協定については，本部会メンバーによって詳しい協定案作成のための作業が続けられ，その中には『裁定者団の設置』といった事項まで含められていたのであり，このように本部会メンバーによって作成された協定案が最終的に幹部会メンバーによって確認されてはじめて，各社を拘束する協調値上げの協定が成立するものであったことが認められ，その場が判示の平成2年7月3日の幹部会・本部会合同会議であったものであり，このことは本件第一次協調値上げ協定を成立させるにつき中心となった被告人A，同B及び同Cを含む多くの被告人らが捜査段階では一致して認めるところであって，これらの供述は……業務用ストレッチフィルム業界の特殊性からも十分首肯し得るところであり，これに反する同人らの各公判供述は，捜査段階での各供述その他関係証拠に照らしても不自然であり，信用することができない」。

〔東京高判平5・5・21高刑集46巻2号108頁〕

　上記事例で，本部会というのは各社の営業担当部長級の会合であり，幹部会はその上司である担当役員・事業部長級の会合である。本部会メンバーが賛成していながら，幹部会のメンバーが反対したことがあったことなどを挙げ，かかる裏切りの危険をなくす手立てがとられて，幹部会メンバーまでの了解を相互確認した時点を合意の成立時期ととらえた。

(2) 罪　　数

　不当な取引制限の罪の実行行為が既遂に達した後，当該複数の事業者間でさらに協議を続け，共同の認識を維持する行為が行われた場合，このような行為を当初の実行行為との関係でどのように評価するかという問題がある。2つの評価の方法がある。①当初の実行行為を維持・強化する行為またはその内容を遂行する行為であって，当初の実行行為を継続し，その一部となっていくとするもの，そして，②当初の実行行為とは別の実行行為が成立するとするものである。

事　例〔17-4〕　第一次東京都水道メーター談合刑事事件

東京都が指名競争入札の方法により発注する水道メーターについて，水道メー

ターを納入する事業者が年度ごとに入札談合行為を繰り返した事件において，「〔不当な取引制限〕の罪は，右のような相互拘束行為等が行われて競争が実質的に制限されることにより既遂となるが，その時点では終了せず，競争が実質的に制限されているという行為の結果が消滅するまでは継続して成立し，その間にさらに当初の相互拘束行為等を遂行，維持又は強化するために相互拘束行為等が行われたときは，その罪の実行行為の一部となるものと解するのが相当である（東京高裁平成8年5月31日判決・高刑集49巻2号320頁は，これと同旨と解せられる）。

また，別の相互拘束行為等が行われた場合において，新たな罪が成立するか，なお従来の罪が継続しているかは，その行為によって競争を実質的に制限する新たな事態が生じたか，それとも，従前の行為によって生じている競争を実質的に制限する効果を維持するなどの効果を持つにとどまるかにより判断するのが相当である。〔中略〕

もともと，平成3年に公取委に談合が発覚した以降，各被告会社は，それまでよりも一層極秘裡に協議をして当面の対策を立てることに追われていたばかりか，東京都の発注方法や指名業者等の新規参入等の見通しも定かではなかったのであるから，次年度以降についても各被告会社を拘束する談合を前年度の談合で成立させるのは困難であった。実際，平成6年度の談合はもとより，7年度の談合も，その年度を通じて受注調整をすることを内容とした当面の方策であって，8年度以降も見通して各被告会社を拘束することを予定した継続的な方策であったとは認められないのである。したがって，平成8年度の談合も，別個の罪を構成することになるというべきである。

このように，各年度の談合によりそれぞれ新たな不当な取引制限という法益侵害が生じているのであるから，各年度毎の罪は併合罪となると解するのが相当であり，全体を通じて包括一罪を構成するにとどまると解すべき特段の根拠はない」。

〔東京高判平9・12・24高刑集50巻3号181頁〕

上記事例では，①と②を法益侵害の態様の違いにより区別する。法益侵害の態様の違いとは，競争の実質的制限の態様の違いであり，同一の競争制限効果を継続していくことであればその違いはなく，継続する実行行為であり，新たな競争制限効果を求めるものであれば違いがあることになって，別の実行行為

となる。例えば、価格カルテルの場合、9月の値上げを協定し、その後に11月の値上げを協定した場合、別々に2つの実行行為があると評価される（**事例〔17-3〕**）。しかし、9月の値上げを確実にするために、価格が陥没している大手スーパー対策を協議することは、当初の実行行為の一部となる行為である。また、上記事例のように、入札談合行為が年度ごとに新たな割り振りをすべく行われた場合は、年度ごとに実行行為が別に成立する。しかし、同一年度の途中で当初の割り振りを維持すべく行われた協議は、当初の実行行為の一部となる。

①の場合は、当初の実行行為に加わる実行行為があるとしても、法益侵害は同一であるので、包括一罪と評価しうる。②の場合、法益侵害の態様を別に評価して、実行行為も別とする以上、包括一罪にはならず、併合罪（刑45条）となり、刑は加重される（刑47条）。独禁法違反行為を繰り返したことを、より重く罰する趣旨でもある。

(3) 継続犯

不当な取引制限の罪の実行行為が既遂に達した場合、その対市場効果（弊害要件）である競争の実質的制限が生じていても、状態犯として、公訴時効（刑訴250条2項5号により5年）が進行し始めるのか、あるいは継続犯として実行行為である合意が破棄されて競争制限効果がなくなるまで実行行為は存在し、公訴時効も進行しないとみるのかという問題がある。結論は、継続犯として公訴時効は進行しない。

事 例〔17-5〕 鋼橋上部工事談合刑事宮地鐵工所等事件

国土交通省関東地方整備局、同東北地方整備局および同北陸地方整備局（三地整）ならびに日本道路公団（JH）が競争入札の方法によって発注する鋼橋上部工事について、入札談合行為が行われた事件で、被告会社の一部が共犯関係からの離脱を主張したことについてであるが、「1 〔独禁法〕89条1項1号、3条所定の不当な取引制限の罪は、事業者間の相互拘束行為が実行行為に当たるだけではなく、その相互拘束行為に基づく遂行行為も別個の実行行為に当たると解される（東京高裁平成16年3月24日判決・判例タイムズ1180号136頁、東京高裁平成9年12月24日判決・判例時報1635号36頁参照）。本件における相互拘束行為

は，一定の者（三地整発注の鋼橋上部工事についてはK会及びA会の正副常任幹事会社の担当者ら，JH発注の鋼橋上部工事についてはg）が，従前の受注実績等を考慮して受注予定会社を決定するとともに，当該受注予定会社が受注できるような価格等で入札を行う旨合意することであり，相互拘束の合意成立の時点で不当な取引制限の罪は成立する。また，本件における遂行行為は，相互拘束の合意に従って，受注予定会社を決定することであり（上記東京高裁平成16年3月24日判決参照），受注予定会社の決定を行った時点で不当な取引制限の罪が成立する。そして，相互拘束行為がされ，その後にこれに基づく遂行行為もされた場合には，不当な取引制限の罪の包括一罪が成立すると解される。

2 不当な取引制限の罪は継続犯と解される（上記東京高裁平成9年12月24日判決参照）。そして，一般に，継続犯の場合には，犯罪遂行の危険が現実化した上に，そのままの状態を放置しておけば犯罪が継続していくという関係にあることから，犯行継続中における共犯関係からの離脱が認められるためには，客観的に見て犯行の継続阻止に十分な措置をとることが必要である（監禁罪に関する東京高裁昭和46年4月6日判決・判例タイムズ265号280頁参照）。したがって，継続犯である不当な取引制限の罪においても，犯行継続中における共犯関係からの離脱が認められるためには，行為者が犯行から離脱する旨の意思を表明し，これに対して他の共犯者らが特段の異議をとなえなかったというだけでは足りず，行為者において客観的に見て犯行の継続阻止に十分な措置をとることが必要というべきである」。

〔東京高判平19・9・21審決集54巻773頁〕

上記事例では，入札談合行為であるので，基本合意（従前の受注実績等を考慮して受注予定会社を決定するとともに，当該受注予定会社が受注できるような価格等で入札を行う旨合意すること）と個別調整合意（相互拘束の合意に従って，受注予定会社を決定すること）に分けて，前者を相互拘束行為とし，後者を前者の遂行行為とし，それぞれに実行行為であって，それぞれにその時点で不当な取引制限の罪が成立するとし，併せて包括一罪とする。

なお，個別調整合意を基本合意の遂行行為と表現する限りでは間違いとはいえないが，不当な取引制限の定義規定（2条6項）にいう遂行行為とすることは適当でない。個別調整合意も同規定上は相互拘束行為の範疇に入るもので，かかる合意により定めた受注予定者が落札できるように各事業者が入札するこ

とが遂行行為にあたる事業活動である。例えば，値上げカルテルで，値上げの合意に基づいて各事業者が値上げした価格で販売することが遂行行為にあたる事業活動であるのと同様である。

(4) 違法性・責任

競争を制限することの違法性を知らずに事業者が活動することは通常考えられることではないが，独禁法を知らなかったとしても，そのことによって罪を犯す意思がなかったとすることはできない（刑38条3項）。しかし，例外的に，違法性の意識をもたなかったことに責任がない事情がある場合には，刑責を問えないときがある。

> **事 例〔17-6〕 石油連盟生産調整刑事事件**
>
> 石油精製業者の事業者団体である石油連盟が各石油精製業者に原油処理量の割当てを行ったことが8条1項1号（現8条1号）違反の生産調整として刑事告発された事件で，同連盟の会長と需給委員長（Y）が被告人として起訴されたことについて，「Yが体験，認識した……各事実を併せて検討すると，……『私共が実施してきた生産調整が独禁法に違反するとは思つてもいなかつた』旨のYの供述は信用することができる。即ち，Yの当公判廷における供述及び……各事実を総合すると，Yは，本件のような生産調整は，業界が通産省に無断で行なう場合には独占禁止法違反になるが，Yらは通産省に報告し，その意向に沿つてこれを行なつており，通産省の行政に協力しているのであるから，この場合には同法に違反しないと思つていたことが認められる。これを法律的に言えば，Yは，自己らの行為については違法性が阻却されると誤信していたため，違法性の意識を欠いていたものと認められる。
> そうして，……諸事実を検討すると，Yが右のように信じたのも無理からぬことであると思わせる事実が多く存在するのであるから，Yが違法性を意識しなかつたことには相当の理由があるというべきである。
> 前記全事実によれば，Yは，石油業法の下で，あるいは通産省の直接指導により，あるいは通産省の指導，要請に基づく石油連盟の協力措置として実施されてきた生産調整の歴史の流れの中で，需給委員長に選任され，生産調整を正当な職務と信じ，何ら違法感をもたずに，誠実にその職務を遂行してきたものと認め

> られるのであつて，その違法性を意識しなかつたことには右のとおり相当の理由があるのであるから，Yが本件各行為に及んだことを刑法上非難し，Yにその責任を帰することはできない。したがつて，Yにはこの点において故意即ち『罪ヲ犯ス意』がなかつたと認められる」。
>
> 〔東京高判昭 55・9・26 高刑集 33 巻 5 号 359 頁〕

　上記事例で違法性の意識の可能性がなかった事情の中に，公取委が明確な態度を表明してこなかったことも指摘され，公取委は，同判決の翌年（1981年）3月に「独占禁止法と行政指導との関係についての考え方」（1994年に「行政指導に関する独占禁止法上の考え方」に改定）を公表し，行政指導の存在のみで違法性が阻却されることがありえないことを確認した。

　違法性阻却事由については，第2章テーマ4で述べた正当化事由のほかに，過度な競争の弊害防止が主張されることがあるが，過当競争により安定供給，品質確保，技術維持などが損なわれることを防止するためなどということが，競争制限の違法性阻却事由として成り立つことはない。

事 例〔17-7〕 鋼橋上部工事談合刑事横河ブリッジ等事件

> 事例〔17-5〕と同じ事件において，「被告会社代理人及び被告人らの中には，本件入札談合について反省の言葉を述べつつも，入札談合によって落札価格の下落防止を図らなければ，発注者から要求される技術水準を保ち，橋梁の製作及び架設において十分な品質を保つことはできなかった旨弁解する者もいる。しかし，入札に参加する事業者が，参加の基本条件を満たした中で，価格を競いながら技術革新とコストダウンを図ることにこそ競争入札の利点が存在するのであり，現に，JHからK会の会員会社に再就職した技術系OBの中には，鋼橋上部工事の分野で長期間にわたり談合が継続されたことが，事業者の技術力向上を妨げたり価格競争力の低下をもたらし，国際競争力が失われた旨指摘する者もいるのであって，上記弁解は失当である」。
>
> 〔東京高判平 18・11・10 審決集 53 巻 1133 頁〕

テーマ3　実行行為者と両罰規定・三罰規定

　独占禁止法違反の罪は，企業犯罪であり，組織犯罪である。その中で，実行行為者は，どのように特定されるのか。両罰規定において，実行行為者とその属する法人とは，責任を負うことについて，どのような関係にあるか。三罰規定まで含めて，課徴金減免制度やコンプライアンス・プログラムの作成により，刑事罰が減免されることはあるだろうか。

(1) 実行行為者

　独禁法違反行為の行為主体は事業者や事業者団体であるが，事業者を考えた場合，自然人であるときと法人であるときがあるが，一般的には，法人（会社）という組織体である。行政法規としての独禁法の側面で違反行為の行為主体に法人がなりうることは当然であるが，刑事法規としての独禁法の側面で犯罪行為となる違反行為の行為主体に直ちに法人がなりうるかについては一考を要する。法人に犯罪（行為）能力があるか否かの議論とは別に，当該法人のためにする自然人（従業者）の行為があって，法人である事業者の行為となることが必要であり，その自然人の行為が犯罪の実行行為としてまず問われなければならない。法人という組織体の中で，どの従業者が実行行為者となるかという問題である。

事　例〔17-8〕　業務用ストレッチフィルム価格カルテル刑事事件

　事例〔17-2〕の値上げ協定に参加した事業者のうちのA会社の担当従業者が，他社のような担当役員・事業部長・営業部長級の決定権限を有する者ではない課長級であったことについて，「被告会社A関係の弁護人は，被告人Yには業務用ストレッチフィルムについて値上げを決める権限はなく，したがって，本件各協調値上げ協定を締結する権限はなかった，と主張する。

　しかしながら，関係証拠，なかんずく，被告人Y，X及びZの各検面調書によると，被告人Yは，昭和60年3月から被告会社Aのプラスチック事業部営業統括課東京販売課長，平成2年7月からは同事業部東京営業統括課販売課長の職にあり，本件当時本部会副メンバーであったものであるところ，同事業部が扱

う業務用ストレッチフィルム等の製品の販売価格は最終的には同事業部長のXが決定権を持つものであったが，当時被告会社Aでは，業務用ストレッチフィルムの売上高が年々減少し同事業部内での占める割合は低くなり，これに代わる新製品を開発して近い時期に業務用ストレッチフィルムの製造・販売を中止するという方針を固めていた事情もあり，業務用ストレッチフィルムの販売価格の決定等はすべて営業統括課長のZに任せるという形になっており，同人もまた，関西に勤務していたこともあり，業務用ストレッチフィルムについては，部下である被告人Yに任せていたことが認められ，このことは同年7月1日から同事業部の組織変更により被告人Yの直接の上司が東京営業統括課長のUになった後も同じであったことが認められる。したがって，被告人Yは，組織変更の前後を通じて，本部会の副メンバーとして本部会に出席し，被告会社Aを代表して本件各協調値上げ協定を締結したことが明らかであり，これに反する，被告人Yに本件各協調値上げ協定を締結する権限がなかったとする，証人U，同V，同Wらの各公判供述は到底信用することができない。

したがって，この点についての弁護人の主張は採用することができない」。

〔東京高判平5・5・21高刑集46巻2号108頁〕

上記事例にみるように，不当な取引制限の罪においては，他の事業者と連絡をとることとそれによって決定した事項について実質的な権限を有する従業者が実行行為者である。ただし，従業者は事業者それ自体ではないから，法論理的には，従業者が科罰対象となる直接の根拠規定は，89条1項1号ではなく，95条（両罰規定）1項である。

(2) 両罰規定

独禁法違反行為を行った事業者である法人とその実行行為者である従業者は，両罰規定（95条）により科罰対象となる。法人の代表者または従業者がその法人の業務または財産に関して，違反行為をしたときは，行為者を罰するほか，その法人に対しても罰金刑を科する。不当な取引制限の罪の場合，従業者には，5年以下の懲役または500万円以下の罰金がかかる（89条1項）。法人に科せられる罰金額の上限は，1992年改正前は従業者と同じであったが，改正後は負担能力が異なる実態から，法人には自然人である従業者と区別してより高額の

罰金を科することができる法人重科として1億円，2002年改正で5億円に引き上げられた。法人重科の両罰規定は，現在では他の法律の企業犯罪処罰規定（例えば，金商207条1項）にみられるところであるが，2002年改正時にあっては独禁法が嚆矢となった。

従業者とその属する法人に刑責を問う根拠を，法人については，従業者の行為責任に代位するものではなく，法人それ自身に認められる監督過失責任（外国為替及び外国貿易管理法違反被告事件＝最判昭40・3・26刑集19巻2号83頁）であるとして区別できることから，罰金の上限額について区別が可能であり，法人重科が企業犯罪の抑止力になりうるとするものである。

(3) 三 罰 規 定

独禁法違反行為が企業犯罪であることから，企業トップの遵法姿勢が違反行為を防止するために重要であると考えて，違反行為の計画・実行を知りながら，その違反行為の防止・是正をしなかった法人の代表者には罰金刑が科せられる（95条の2・95条の3）。両罰規定で行為者の従業者と法人に加えて，当該法人の長が処罰されることで三罰規定といわれるが，例えば，会社の社長自らがカルテルの謀議を実行していた場合は，行為者として扱われるもので，三罰規定の範囲を超える。

課徴金減免制度の下では企業の代表者名をもって公取委に報告するものであるので，例えば，法務部門から自社内に違反事実があることの報告を受けた企業の代表者は，違反事実を故意に看過し，隠蔽したとなれば，三罰規定により刑責を問われるおそれがある。したがって，報告を受けた以上は，公取委に連絡しなければならないことになる。

(4) コンプライアンス・プログラム

独禁法違反行為は，通常，企業という組織体によって行われる。その組織体に属する従業者によって，企業のために行われる行為が法禁の競争制限効果をもたらすものであるとき，当該従業者が属する企業は独禁法違反に問われることになる。したがって，企業全体として，独禁法違反行為が起きないように努力する必要があり（会社法362条4項6号参照），企業トップ以下従業者の一人一

人に独禁法を遵守する意識を浸透させるための代表的な方策が，企業における独禁法コンプライアンス・プログラムの作成である。

企業の法務部門を中心とした社内組織が外部の弁護士とも連携をとりながら，従業者の研修，遵守状況の監査，コンプライアンス・プログラム自体の改定などを通じて，組織的なバックアップ体制を継続的に整えていることが，企業の遵法努力として評価され，刑事事件で量刑における情状事由の一つとなった事例（し尿処理施設工事談合刑事栗田工業事件＝大阪地判平19・3・12 審決集53巻1146頁）もある。

テーマ4　専属告発制度と裁判管轄

独占禁止法違反刑事事件について，公取委の告発が訴訟条件となる理由は何か。公取委は，任意に告発する事件を選択できるか。刑事事件について，審決取消訴訟のように，裁判管轄を限定する必要はないのか。

(1) 専属告発

刑事訴訟法239条2項が公務員が職務上知りえた犯罪の告発義務を規定するところ，独禁法74条は，独禁法違反の犯罪に対する公取委としての告発について規定する。独禁法違反の犯罪は，通常，犯則調査権限を用いた調査手続を経て行うため，同条1項で犯則事件調査を経て告発する場合を特に明記し，同条2項ではそれ以外の犯罪について告発する場合を示した。同条1項が原則であり，独禁法違反被疑事件について，公取委は，犯則事件の調査を行う職員として指定した職員をして調査に当たらせることとし，当該調査の結果，犯則の心証を得た場合に告発する。いずれの場合も，告発は，検事総長に提起される（他の犯罪における一般人の告発は，検察官または司法警察員に行う。刑訴241条1項）。調査権限をもつ独禁法専門行政機関である公取委の告発判断を重視して検察当局も受理する手続となっている。告発された事件は，検事総長から当該事件管轄の地方検察庁（特別捜査部を有する東京地検，大阪地検および名古屋地検が主な受け手となる）に下される。

公取委の告発は，独禁法の中で重罪となる 89 条から 91 条までの罪（実体規定違反）については訴訟条件であり（96 条 1 項），独禁法違反行為について最も厳しい措置となる刑事訴追の要否を専門行政機関である公取委の判断にかからしめる専属告発制度をとっている。独禁法運用において公取委中心主義をとる一例である。

74 条 1 項・2 項は「告発しなければならない」と規定するが，訓示規定であり，公取委は告発するか否かについて裁量権を有する。

> **事 例〔17-9〕 業務用ストレッチフィルム価格カルテル刑事事件**
>
> 事例〔17-2〕の刑事事件で，弁護側が，ほぼ同時期に摘発された他の違反事件の方が重大であると考えて，それらは告発されなかったこと等から，本件告発が合理的裁量の範囲を逸脱して恣意的・差別的にされたものと主張したことについて，「公取は，我が国における唯一の独禁法の運用機関として，独禁法違反の行為につき調査及び制裁を行う独自の権限を有しているが，独禁法に違反すると思われる行為がある場合は，これを調査し，当該違反行為の国民経済に及ぼす影響その他の事情を勘案して，これを不問とするか，あるいはこれに対し行政的措置を執るか，さらには刑事処罰を求めてこれを告発するかの決定をする裁量権を持ち，公取は，右のとおり，独禁法違反の行為につき，わが国における唯一の独禁法の運用機関として，広く国民経済に及ぼす影響その他の事情を勘案して，これに対する措置を決定すべきものであるが，一般的に独禁法違反の犯罪があると思料するときは告発すべき義務を課せられており，特に独禁法 89 条から 91 条までの罪については，公取の告発が訴訟条件とされていることからしても，ごく例外の場合はともかくとして，一般的には公取の行う告発は有効なものと考えられ，裁量権を逸脱する違法な告発はないというべきである」。
>
> 〔東京高判平 5・5・21 高刑集 46 巻 2 号 108 頁〕

資料〔17-1〕の告発方針において，公取委は，課徴金減免制度との関係で，調査開始日前の第 1 番目の報告事業者とその従業員については告発対象から外すことを明らかにしている。不当な取引制限のような必要的共犯の事件が公取委の専属告発に係る場合は，刑事訴訟法 238 条 2 項により告訴・告発不可分の原則が相当するが，告発を受理する検察庁の側でも，独禁法改正法案の国会審

議で法務省は検察官が公取委が告発を行わなかったという事実を十分に考慮することになる旨説明している（2005年3月11日衆議院経済産業委員会における大林宏法務省刑事局長の答弁・第162回国会衆議院経済産業委員会会議録4号2頁）。2008年11月11日に刑事告発された亜鉛めっき鋼板価格カルテル事件（東京地判平21・9・15審決集56巻第2分冊675頁）では、最初に公取委に報告した1社を除く3社が告発対象となった。

独禁法違反の犯罪についても、公取委の告発にかかわらず、起訴便宜主義（刑訴248条）は妥当するから、当該告発事件を不起訴処分にした場合の手続である。この場合、検事総長から法務大臣を経由して内閣総理大臣に文書により理由を記して報告することとなる。刑事訴訟法260条・261条の特則であるが、不起訴処分の公取委への通知は同条に基づいて行われるものと考えられる。

告発を行うかどうかは公取委の専権事項であるが、1991年以降、公取委と検察当局の間でそれぞれの担当官が出席する告発問題協議会（現在では、公取委犯則審査部長と最高検財政経済係検事ほかの担当官で構成）が開催されることになり、告発に先立ち、同協議会で事件内容の検討がなされるから、告発がありながら不起訴処分とならざるをえないケースは実際には想定しにくい。2005年改正による犯則調査権限の導入は、犯罪捜査としての同質性を公取委段階の調査手続にも持たせたことになり、公取委の調査段階から検察当局との協働を可能にするものとなったので、告発された事件が不起訴処分となることはなおのこと想定しにくい実態となった。

なお、独禁法違反の罪については、不起訴処分があっても検察審査会に審査の申立てをすることはできない（検審30条但書）。

(2) 裁判管轄

2005年改正前までは、公取委の告発による89条から91条までの罪に係る刑事訴訟は、東京高裁の専属管轄であった（85条旧3号）。公取委の判断が介在する行政（排除措置命令等に係る審決取消訴訟）、民事（確定審決前置の無過失損害賠償訴訟）および刑事（専属告発に基づき起訴された刑事訴訟）のすべてについて、東京高裁が司法審査する独禁法専門裁判所とすべく、その専属管轄に集中して、法解釈の統一・裁判の迅速化を図る趣旨であった。

独禁法刑事訴訟の二審制は違憲ではないとされたもの（石油価格カルテル刑事事件＝東京高判昭55・9・26高刑集33巻5号511頁）であったが，その後，2005年改正で，89条から91条までの罪に係る刑事訴訟の第一審は地方裁判所と改められた（84条の3）。法人のみが起訴されて罰金刑のみとなるときも，裁判所法24条2号および同法33条1項2号にかかわらず，簡易裁判所ではなく地方裁判所が第一審となる。ただし，東京地裁，大阪地裁，名古屋地裁等の主要都市に所在する地方裁判所が管轄権を有する事件については，これら裁判所に公訴を集約することも可能である（84条の4）。

第18章

民事上のサンクション

テーマ1 損害賠償責任

独占禁止法違反行為の被害者は，違反事業者に対して損害賠償請求ができる。これには独占禁止法25条に基づく無過失損害賠償請求訴訟あるいは民法709条に基づく不法行為の損害賠償請求訴訟による場合があり，さらには契約違反による不当利得返還請求訴訟が可能なときもある。さらに，住民訴訟や株主代表訴訟も含めて，それぞれがどのような特徴をもつ損害賠償請求制度となっているか。

(1) 独禁法25条訴訟（無過失損害賠償請求訴訟）

独禁法違反行為（企業結合を除く）をした事業者・事業者団体は，被害者に対して無過失損害賠償責任を負う（25条）。ただし，訴訟要件として違反行為に対する確定した排除措置命令，課徴金納付命令があることを必要とし（確定命令前置主義），その請求権の消滅時効は，排除措置命令等の確定した日から3年である（26条）。この無過失損害賠償請求訴訟は東京地裁の専属管轄であり（85条の2），裁判所は公取委に対し損害額について意見を求めることができる（84条1項。2009年改正前は，公取委への求意見制度は裁判所にとって義務的なものであった）。公取委の意見が裁判所を拘束するわけではないが，事件を処理した公取委の専門的意見を徴するものである。独禁法の中に被害者による損害賠償請求を相対的に容易にする訴訟制度が行政処分に付随して設けられたことは，違反行為を抑止する効果をあげるためであることにかんがみ，公取委は，1991年5月に「独占禁止法違反行為に係る損害賠償請求訴訟に関する資料の提供等について」（2015年3月改定）を公表し，違反行為の存在に関する資料や違反行

為と損害との間の関連性・因果関係および損害額に関する資料の提供に応ずるとしている。

　違反行為と相当因果関係のある損害を被った者は，違反行為者の直接の取引の相手方でなくとも（例えば，メーカーに対し，卸売業者・小売業者を経由し購入する消費者），25条に基づく請求が可能な被害者たりうる（東京灯油事件＝東京高判昭56・7・17行集32巻7号1099頁）。違反行為による損害が被害者に生じているかは，次の事例のように，違反行為がない自由な競争の結果と比較して判断される。

事　例〔18-1〕　広島市管工事談合損害賠償事件

　広島市水道局が指名競争入札等の方法により発注する配水管敷設工事の入札談合事件について受けた審決（岡崎管工事件＝公取委審判審決平14・7・25審決集49巻16頁）が確定した被審人（Y）に対し，広島市（X）が25条に基づく損害賠償請求訴訟を提起した事件において，「Yは，Xに損害が発生していないと主張し，その根拠として，①X水道局の予定価格の設定が正規のものであれば，その範囲内での落札・契約締結によってXに損害が生ずることはないこと，②公取委の審査が開始されて以降原告が被告らを指名停止処分にするまでの平均落札率が，それ以前の平均落札率を大幅に下回ったのは，Xが，公取委がYらを摘発，審査を開始するまでは，競争範囲を限定して極力上限で落札させようとして複数回での応札で落札するように指導していたのに対し，審査開始後は1回の入札で終わらせるように指導した結果であること，③Xの主張する損害について，公取委の審査開始後，Yら26社はXに利益を生じさせ，利益を還元したことを挙げる。

　しかしながら，上記①については，予定価格（設計価格と同じ）はXが契約を締結する上限価格であり，Xは予定価格以下の入札等参加者間の自由な競争により形成された価格で契約を締結することになるから，予定価格の範囲内で落札・契約の締結がされたからといって，原告に損害が生じていないとはいえないし，上記②については，平均落札率が大幅に下回ったのがY主張の事実によることを認めるに足りる証拠はない。また，上記③については，公取委の審査開始後にYら26社が本件各違反行為を取り止めた結果，自由な競争が実現して落札価格が従前よりも低くなったものと認められるのであって，これをもってYら26社がXに利益を生じさせたとか，Xに利益を還元したなどということはでき

ない」。

〔東京高判平18・2・17審決集52巻1003頁〕

上記事例の訴訟過程で，裁判所からの損害額の求意見に対し，公取委は，違反行為がなければ存在したであろう落札想定価格について，違反行為終了後の競争が行われていると考えられる物件の落札率を用いるのが適当であるとし（公取委意見書＝平16・5・19審決集51巻1041頁），裁判所もこれを採用した。

(2) **民法709条訴訟（不法行為損害賠償請求訴訟）**

独禁法違反行為の被害者からみると，25条に基づく損害賠償請求訴訟は，公取委から発出された排除措置命令が確定した後でなければ提起できないから，当該命令が違反事業者によって争われている限り，請求ができないという制度ゆえの限界がある。独禁法違反行為が民法の不法行為に該当することが確認されれば，民法709条に基づく損害賠償請求訴訟が，命令の確定にかかわりなく，提起できることになる。

事　例〔18-2〕　鶴岡灯油事件

公取委が1974年2月22日に行った石油元売会社12社の石油製品値上げカルテルおよび石油連盟による生産調整に対する勧告審決に係る事件について，当該12社が販売した灯油を購入した消費者である鶴岡生協組合員らが選定当事者訴訟により民法709条に基づく損害賠償請求訴訟を当該12社に対し提起した上告審（第一審：山形地裁鶴岡支部〔消費者側敗訴〕，控訴審：仙台高裁秋田支部〔消費者側値上げカルテル分勝訴〕）において，「独占禁止法の定める審判制度は，もともと公益保護の立場から同法違反の状態を是正することを主眼とするものであって，違反行為による被害者の個人的利益の救済を図ることを目的とするものではなく，同法25条が一定の独占禁止法違反行為につきいわゆる無過失損害賠償責任を定め，同法26条において右損害賠償の請求権は所定の審決が確定した後でなければ裁判上これを主張することができないと規定しているのは，これによって個々の被害者の受けた損害の塡補を容易ならしめることにより，審判において命ぜられる排除措置とあいまって同法違反の行為に対する抑止的効果を挙げようとする目的に出た附随的制度にすぎないものと解すべきであるから，この方法によるのでな

ければ，同法違反の行為に基づく損害の賠償を求めることができないものということはできず，同法違反の行為によって自己の法的利益を害された者は，当該行為が民法上の不法行為に該当する限り，これに対する審決の有無にかかわらず，別途，一般の例に従って損害賠償の請求をすることを妨げられないものというべきである」。

〔最判平元・12・8民集43巻11号1259頁〕

上記判決では，カルテル直前価格をもってカルテルがなかった場合の想定購入価格と推認した仙台高裁判決には法令の解釈適用を誤った違法があることなどを理由に高裁判決を破棄し，消費者側の控訴を棄却したが，独禁法違反行為を民法上の不法行為として損害賠償請求できることを肯定した。法論理的には，独禁法違反行為が民法上の不法行為に該当するとするためには，民法の論理で独禁法違反行為をどのように評価するかというステップがなければならない。そのような視点から私法上の不法行為該当性を論じたものが次の事例である。

事 例〔18-3〕 日本遊戯銃協同組合事件

エアーソフトガンとプラスチック製弾丸（BB弾）の製造販売業者（X）が，エアーソフトガン等を製造する中小事業者で構成する日本遊戯銃協同組合らに対して，同組合らがユーザーの安全を守るという名目の下にX製品を仕入れ販売しないよう問屋に要請し，またX製品を販売している小売店に他の製品を供給しないと告げるなどしたことを独禁法違反行為として，民法719条（共同不法行為）に基づき，損害賠償請求訴訟を提起した事件において，「独禁法は，原則的には，競争条件の維持をその立法目的とするものであり，違反行為による被害者の直接的な救済を目的とするものではないから，右に違反した行為が直ちに私法上の不法行為に該当するとはいえない。

しかし，事業者は，自由な競争市場において製品を販売することができる利益を有しているのであるから，右独禁法違反行為が，特定の事業者の右利益を侵害するものである場合は，特段の事情のない限り，右行為は私法上も違法であるというべきであり，右独禁法違反行為により損害を受けた事業者は，違反行為を行った事業者又は事業者団体に対し，民法上の不法行為に基づく損害賠償請求をすることができると解するのが相当である。

> そして，本件においては，本件妨害行為により，Xの自由な競争市場で製品を販売する利益が侵害されていることは明らかであり，私法上の違法性を阻却するべき特段の事情は何ら認められないから，民法上の不法行為が成立するというべきである」。
>
> 〔東京地判平9・4・9審決集44巻635頁〕

　民法の基本原理から私有財産権の不可侵と契約自由の原則に着目すると，民法は財の交換・取引により経済価値の増加・分配を図っていく自由市場経済を形作る基本法である。したがって，公正・自由な競争秩序が存在する市場で財の交換・取引ができることは，民法上も保護すべき利益として当然に考えるところであり，独禁法違反行為がかかる競争秩序を侵害するものである以上，違反行為の被害者は民法上保護すべき利益を侵害されていることになる。上記判決が，特段の事情がない限り，独禁法違反行為は私法上も違法であるというゆえんである。

　近時，不公正な取引方法に該当する行為を不法行為として民法709条に基づく損害賠償請求を認容した事例に，競争事業者からの従業員の大量引き抜き等を不当な取引妨害（一般指定14項）としたUSEN損害賠償請求事件（東京地判平20・12・10判時2035号70頁）と，コンビニエンスストア本部が加盟店に対して弁当，おにぎり，サンドウィッチ等のデイリー商品の見切り値下げ販売をやめるよう指導したことを不当な拘束条件付取引（一般指定12項）としたコンビニ本部損害賠償請求事件（福岡地判平23・9・15判時2133号80頁）がある。

(3) 不当利得返還請求訴訟

　独禁法違反行為を不法行為としてその被害者が損害賠償請求をするほかに，独禁法違反行為に係る取引契約を無効としてすでに支払った代金のうちの不当利得相当額の返還を請求すること（民703条）も可能である。

事　例〔18-4〕シール談合不当利得返還請求事件

　シール談合事件（公取委勧告審決平5・4・22審決集40巻89頁）において，発注者

である国（社会保険庁）が談合に係るシール製造契約は無効であると主張して，シール納入事業者（Y）に対し，不当利得返還請求権に基づき，支払い済みの代金とシールの客観的価格相当額を相殺した残金の返還とその利息の支払いを求めた事件で，Y側が，課徴金制度との関係で，課徴金を納付したのは国に対してであり，本件において不当利得返還請求をしているのも国であるから，国はすでに課徴金の支払いを受けたことで損失の一部は回復している旨主張したことについて，「独占禁止法は，カルテル行為に対しては別途刑事罰を規定しているから，課徴金の納付を命ずることが制裁的色彩を持つとすれば，それは二重処罰を禁止する憲法39条に違反することになる。したがって，課徴金制度は，社会的にみれば一種の制裁という機能を持つことは否定できないとしても，本来的には，カルテル行為による不当な経済的利得の剥奪を目的とする制度である。そして，このような課徴金の経済的効果からすれば，課徴金制度は，民法上の不当利得制度と類似する機能を有する面があることも否めない。

しかしながら，課徴金制度は，カルテル行為があっても，その損失者が損失や利得との因果関係を立証して不当利得返還請求をすることが困難であることから，カルテル行為をした者に利得が不当に留保されることを防止するために設けられたものである。そのような制度の趣旨目的からみるならば，現に損失を受けている者がある場合に，その不当利得返還請求が課徴金の制度のために妨げられる結果となってはならない。すなわち，利得者はまず損失者にその利得を返還すべきであり，現実に損失者が損失を回復していないにもかかわらず，利得者が課徴金を支払ったことだけで，損失者の不当利得返還請求権に影響を及ぼすべきものではない」。

〔東京高判平13・2・8判時1742号96頁〕

損失者の損失を回復すべく不当利得を直接返還することが優先して考えられている。課徴金制度の趣旨が違法行為者に不当な利得を保持させないことであることから，民法の不当利得返還制度と重なる部分があるとしても，制度として根拠法を異にして別個に設けられた以上，一方の制度が他方の制度の執行を妨げるという関係にはならない。

(4) 住民訴訟による損害賠償請求訴訟

2002年改正前の地方自治法242条の2第1項では，地方公共団体の住民が，

当該地方公共団体の長等が怠る事実について監査請求をした場合に，監査委員の監査の結果に不服があるときは，裁判所に対し，その怠る事実につき，訴えをもって，当該地方公共団体の執行機関に違法確認の請求ができ（同項 3 号），かつ，当該地方公共団体に代位して怠る事実に係る相手方に対する損害賠償の請求ができること（同項 4 号）が規定されていた（2002 年改正後は，住民が損害賠償請求を代位してできるのではなく，地方公共団体の執行機関等に相手方に損害賠償請求等をすることを求める間接的な制度に改められた）。

2002 年改正前の地方自治法に基づき，独禁法違反行為（特に入札談合）の被害者となった地方公共団体（発注者）が損害賠償請求を違反事業者にしない怠る事実があるとき，住民が当該地方公共団体に代位して違反事業者に地方公共団体が受けた損害の賠償請求訴訟を裁判所に提起する事例が多くみられた。

事　例〔18-5〕　多摩ニュータウン環境組合発注ごみ焼却施設入札談合住民訴訟事件

地方公共団体が発注するごみ焼却施設の入札談合を行った事件（公取委審判審決平 18・6・27 審決集 53 巻 238 頁，東京高判平 20・9・26 審決集 55 巻 910 頁）に関して，発注者である多摩ニュータウン環境組合（Z 組合。地方公共団体の一部事務組合）が指名競争入札の方法で発注したごみ焼却施設の建設工事も入札談合の対象となり，日立造船（Y）が受注したことについて，Z 組合を構成する地方公共団体の住民である原告が，2000 年に，2002 年改正前の地方自治法 242 条の 2 第 1 項 4 号に基づき，Z 組合に代位して，Y に対し，Z 組合への損害賠償の支払いを求めるとともに，同項 3 号に基づき，Z 組合管理者が当該損害賠償請求権の行使を怠る事実が違法であることの確認を求めた住民訴訟の控訴審（原審は原告勝訴）において，控訴人ら（Y および Z 組合）が，Z 組合管理者は民法 709 条の損害賠償請求と独禁法 25 条の損害賠償請求とはその要件に軽重があり，秘密裡に行われた談合を立証する証拠としても事実上公取委での審判記録に頼るほかないのであるから，Z 組合管理者としては民法 709 条の損害賠償請求と独禁法 25 条の損害賠償請求のいずれを提起するかの選択権を有し，公取委の審判が確定していない現時点においては独禁法 25 条の損害賠償請求権は行使しえないのであるから，民法 709 条の損害賠償請求権の行使を留保していたとしても，違法に怠る事実は存しないこととなる旨主張したことについて，「地方自治法その他の法令上，独占禁止法第

> 25条に基づく損害賠償請求権と民法第709条に基づく損害賠償請求権とについて，地方公共団体の長等に，専ら独占禁止法第25条に基づく損害賠償請求権の行使を選択して審決の確定まで訴えの提起をしないことができることとする権限を付与する旨の規定は何ら存在しないのであり，地方自治法第242条及び地方自治法第242条の2第1項が地方公共団体の長等にそのような権限が付与されていることを前提にしているものとは解し難いのであって，控訴人らの主張はその法的根拠を欠くものであるといわざるを得ない。……Yは，本件談合によって本件組合に対して損害を与えており，控訴会社Yの行為は民法第709条の不法行為を構成するにもかかわらず，控訴人Z組合管理者は，同条に基づく損害賠償請求権を行使していないことが明らかである」。
>
> 〔東京高判平18・10・19審決集53巻1110頁〕

　上記事例では，地方自治法242条の2にいう怠る事実との関係で，独禁法25条に基づく損害賠償請求権と民法709条に基づく損害賠償請求権を，いずれかがより容易であるということにはせず，平準化してみており，独禁法25条を待たずに，民法709条が一般的に働きうるものとしている。

　ところで，民法709条による損害賠償請求訴訟が提起されて，原告敗訴の判決が確定した後に，独禁法違反行為の存在を認定する排除措置命令等が確定した場合，改めて独禁法25条に基づく損害賠償請求訴訟が起こせるかという前訴・後訴の既判力の関係（民訴114条以下）がありうる。両訴訟は制度の設定趣旨を異にするもので，訴訟物は同一ではないと解されるので，民法709条に基づく訴えを起こしたことがあっても，それとは別に，公取委の命令が確定した後に，独禁法25条訴訟を提起することも可能であり（熱海市ごみ焼却炉談合事件＝東京高判平成25・3・15審決集59巻第2分冊311頁），かつ，既判力の消極的作用が直ちに働くことはなく，訴訟要件を欠くとして却下すべきものとはされない。

(5)　株主代表訴訟
　会社法355条は，取締役が法令その他を遵守し，株式会社のため忠実にその職務を行わなければならないと規定し，同法423条1項は，取締役等は，その

任務を怠ったときは，株式会社に対し，これによって生じた損害を賠償する責任を負うとする。そして，同法847条1項が，6か月前から引き続き株式を有する株主は，株式会社に対し，取締役等の責任を追及する訴えの提起を請求することができると規定し，さらに同条3項は，株式会社が第1項の規定による請求の日から60日以内に責任追及等の訴えを提起しないときは，当該請求をした株主は，株式会社のために，当該株式会社に代位して責任追及等の訴えを提起することができる株主代表訴訟を定める。法令遵守義務に独禁法を守ることも含まれるから，独禁法違反行為を行って課徴金納付命令や罰金判決，被害者からの損害賠償請求などを受けて会社に損害を与えた取締役は，株主代表訴訟の被告とされる可能性がある。

事　例〔18-6〕野村證券損失補塡株主代表訴訟事件

野村證券の株主である上告人らが，特定金銭信託について同社が専ら指図して運用していた事情から，大口顧客の東京放送に対して行った有価証券の売買による損失補塡を支出したことは，同社の代表取締役であった被上告人（Y）らが取締役の義務に違反して会社に損害を被らせたものであって，その損害を会社に賠償すべきことを求めた事件において，「証券会社が，一部の顧客に対し，有価証券の売買等の取引により生じた損失を補てんする行為は，証券業界における正常な商慣習に照らして不当な利益の供与というべきであるから，野村証券が東京放送との取引関係の維持拡大を目的として同社に対し本件損失補てんを実施したことは，一般指定の9（不当な利益による顧客誘引）に該当し，独占禁止法19条に違反するものと解すべきである。そして，独占禁止法19条の規定は，同法1条所定の目的達成のため，事業者に対して不公正な取引方法を用いることを禁止するものであって，事業者たる会社がその業務を行うに際して遵守すべき規定にほかならないから，本規定〔旧商法266条1項5号，現会社法355条〕にいう法令に含まれることが明らかである。したがって，Yらが本件損失補てんを決定し，実施した行為は，本規定にいう法令に違反する行為に当たると解すべきものである。

しかるに，原審は，独占禁止法19条に違反する行為が当然に本規定にいう法令に違反する行為に当たると解するのは相当でないと判断しているのであって，この点において，原審は法令の解釈を誤ったものといわなければならない」。

〔最判平 12・7・7 民集 54 巻 6 号 1767 頁〕

　上記事例で，独禁法違反行為を会社の取締役が行うことで会社に損害を及ぼした場合には，株主代表訴訟の対象になることが明らかにされた。ただし，本事例においては，行為の時点で，損失補塡の行為が独禁法に違反するとの認識を有するに至らなかったことにはやむをえない事情があったというべきであって，違法性の認識を欠いたことにつき過失があったとすることもできないとして，損害賠償責任を是認するまでには至らなかった。

テーマ2　損害額の算定

　損害賠償請求訴訟に共通することとして，被害者が違反行為の存在と受けた被害との因果関係や損害額を立証しなければならないことは，独占禁止法違反行為に対する損害賠償請求訴訟においても変わらない。しかし，独占禁止法違反行為の場合，その損害は間接的であり，他の経済的要因も影響し，拡散する特徴がある。これらの難点を超えて，損害賠償請求は可能となるか。

(1) 違法行為の存在の立証

　損害賠償請求訴訟においては，従前より旧 80 条（審決取消訴訟における実質的証拠法則）のような明文の規定がないことから，公取委の命令等における事実認定が裁判所を拘束することは認められていない。

事　例〔18-7〕東京灯油事件

　石油価格カルテル事件（公取委勧告審決昭 49・2・22 審決集 20 巻 300 頁）の確定審決により，独禁法 25 条に基づき，灯油の購入者である消費者（上告人。主婦連合会会員・神奈川生協組合員）が違反行為者である石油元売会社（被上告人）に対して起こした損害賠償請求訴訟において，上告人側が，原判決（東京高判昭 56・7・17 行集 32 巻 7 号 1099 頁）が勧告審決の存在が被上告人らの独禁法違反行為の存在につき裁判所を拘束するものとは考えられないと判示したことを争ったことについ

て,「私的独占の禁止及び公正取引の確保に関する法律(以下「法」という。)25条の規定による損害賠償に係る訴訟については,法80条1項のような規定を欠いており,また,いわゆる勧告審決にあっては,公取委による違反行為の認定はその要件ではないから,本件審決の存在が違反行為の存在を推認するについて一つの資料となり得るということはできても,それ以上に右審決が違反行為の存在につき裁判所を拘束すると解することはできない〔石油価格カルテル勧告審決取消訴訟事件=最判昭53・4・4民集32巻3号515頁〕。右と同旨の原審の判断は正当であり,論旨は採用することができない」。

〔最判昭62・7・2民集41巻5号785頁,同旨**事例**〔18-2〕鶴岡灯油事件〕

2005年改正前にあった勧告審決は,違反行為者が公取委からの排除措置をとるべきとの勧告に応諾したことをもって,勧告と同趣旨の審決(行政処分)を審判手続を経ずに行うものであった。勧告・勧告審決が廃止された2005年改正後は,意見聴取手続を経た排除措置命令が相当することになるが,同命令による事実の推定力も審判手続を経ないことにより,勧告審決と同程度になるものと考えられる。しかし,なお勧告審決についてであるが,25条に基づく損害賠償請求訴訟において,「被告は,前記審決により本件違反行為があったことを推認することは許されないと主張するが,前提となる事実及び弁論の全趣旨によれば,本件違反行為があったことを認めることができる」(町田市発注公共工事損害賠償請求事件=東京高判平19・3・23審決集53巻1069頁)とする判決があるように,近時は,裁判所も,公取委の行政処分における事実認定等から比較的容易に違反行為の存在を認定する傾向にあるといえる。

(2) 違反行為と損害発生の相当因果関係

損害賠償請求が成り立つためには,違反行為と損害発生の間に因果関係が存在することを必要とする。ただし,その因果関係とは,無限定に連鎖するものではなく,違反行為によって生じた損害を賠償するのであって,民法における不法行為責任の一般論から外れるものではない。したがって,その一般論によれば,不法行為による損害賠償の範囲も,債務不履行の場合の損害賠償の範囲を規定する民法416条1項を類推適用し,通常の予見可能性の範囲に限定する

相当因果関係が妥当する。相当因果関係とは，①違反行為がなければその損害が生じなかったと認められるものであって，かつ，②違反行為があれば通常はその損害が生じるものと認められるものでなければならない。

この点について，独禁法違反行為に係る損害賠償請求訴訟で，最高裁は，**事例〔18-7〕**において，「元売業者の違法な価格協定の実施により当該商品の購入者が被る損害は，当該価格協定のため余儀なくされた余計な支出であるから，本件のような最終の消費者が右損害を被ったことを理由に元売業者に対してその賠償を求め得るためには，当該価格協定に基づく元売仕切価格の引上げが，その卸売価格への転嫁を経て，最終の消費段階における現実の小売価格の上昇をもたらしたという関係が存在していることのほかに，かかる価格協定が実施されなかったとすれば，右現実の小売価格よりも安い小売価格が形成されていたといえることが必要であり，このことはいずれも被害者たる消費者において主張立証すべき責任があるというべきである」とした上で，結論として，協定に基づく元売仕切価格の引上げが，卸売段階での価格転嫁を経て現実の小売価格の上昇をもたらしたという関係が存するかどうかはともかく，協定が実施されなかったならば，現実の小売価格よりも安い小売価格が形成されていたといえないのであるから，結局，協定の実施によって損害を被ったということができないことに帰すると述べて，相当因果関係の成立を否定した。

このような考え方では，メーカーの出荷段階での価格カルテルが流通経路の末端になる小売価格へ間接的に影響する程度を他の需給要因からの影響と切り離して立証することは困難にならざるをえない。ただし，上記の最高裁判決においても，「この価格協定が実施されなかったとすれば形成されていたであろう小売価格（以下「想定購入価格」という。）は，現実には存在しなかった価格であり，一般的には，価格協定の実施前後において当該商品の小売価格形成の前提となる経済条件，市場構造その他の経済的要因等に変動がない限り，協定の実施直前の小売価格をもって想定購入価格と推認するのが相当であるといえるが，協定の実施以後消費者が商品を購入する時点までの間に小売価格の形成に影響を及ぼす顕著な経済的要因の変動があるときは，協定の実施直前の小売価格のみから想定購入価格を推認することは許されず，右小売価格のほか，当該商品の価格形成上の特性及び経済的変動の内容，程度その他の価格形成要

因を検討してこれを推計しなければならない」として，合理的蓋然性による推計を許し，その推計の基礎資料となる価格形成要因について立証がなされていないことを指摘するに至るものであるから，要証事実が煩雑になることはやむをえないとすれば，メーカーの価格カルテルと間接的な購入者である消費者の損害との間の相当因果関係の立証を可能とする余地は残されている。

なお，独禁法25条に基づく損害賠償訴訟を民法709条に基づく損害賠償訴訟とは切り離した特別規定によるものとして，因果関係についても特則を設けて容易にすべきとする考え方も参考にすべきである（**事例〔18-2〕**鶴岡灯油事件最高裁判決における補足意見・少数意見参照）。

相当因果関係の問題は，損害賠償を要する範囲の問題として論じられるところであり，そこでは想定購入価格の考え方にみるとおり，合理的蓋然性を有する推計手法が許容されており，新規参入妨害事件で獲得しえたであろう市場シェアに推計手法が用いられたのが，次の事例である。

事 例〔18-8〕 日本遊戯銃協同組合事件

事例〔18-3〕において，エアーソフトガン等の製造販売業者（X）が新規に発売したエアーソフトガン（92 F）の販売を日本遊戯銃協同組合（Y）らのボイコットにより妨害されたことで，賠償を命ずべき損害額の範囲について，「Xは，本件92Fに関して，本件妨害行為によって，平成2年12月から平成3年5月までの半年間にわたり，前記推定シェアと販売実績の差額相当の売上げを喪失したと算定し，同年6月以降の売上実績についてはいまだ相当因果関係について証明がないものとして考慮しないことにするのが相当である。そこで，Yらの妨害行為がなかったと仮定した場合の右半年間の売上げを計算する。

平成2年12月から平成3年3月までの市場全体の月平均売上丁数はおよそ24万7855丁（平成2年度のシール発給枚数297万4260枚÷12か月。〔証拠略〕）であり，そのうち本件92Fが0.6パーセントのシェアを占めたとすれば売上げは毎月平均1487丁，4か月で5948丁であると推定できる。

また，平成3年4月及び同年5月の市場全体の月平均売上丁数はおよそ23万8724丁（平成3年度のシール発給枚数286万4690枚÷12か月）であり，同様に本件92Fの売上げは毎月1432丁，2か月で2864丁であると推定できる。

したがって，平成2年12月から平成3年5月までの半年間の本件92Fの売上

げは，合計8812丁，金額にして7715万7872円と推定される（正常販売時期の数値から計算すれば1丁あたりの平均価格は8756円であると認められる。〔証拠略〕)。

これに対して，同期間の実際の売上げは4473万4266円（〔証拠略〕）であったから，その差額である3242万3606円が売上喪失額と認めることができる。

Xの平成2年12月から平成3年5月ころまでの粗利益率は50パーセントを下らないと認められるため（〔証拠略〕)，Xの損害額は右売上喪失額に0.5を乗じた額であるというべきであるから，Xの本件92Fに関する損害額は，少なくとも1621万1803円を下らないと認めるのが相当である。

したがって，本件妨害行為と因果関係のあるXの損害額は，BB弾と本件92Fを併せて，合計1846万1634円となる」。

〔東京地判平9・4・9審決集44巻635頁〕

上記事例中，0.6％とされるのが，妨害行為がなければ獲得しえた92Fの市場シェアであり，発売開始から妨害行為開始前の21日間の販売実績による市場シェアの約7割を根拠とするもので，Xが算定方法として予備的に主張した手法が採用された。

(3) 損害額の算定

独禁法違反行為によって生じた損害の額は，損害賠償を請求する被害者である原告の要証事項である。しかし，損害は，違反行為がなかった場合という想定状態との比較から導き出される事柄であるから，その想定を基にした損害額の算定の成否をすべて原告の客観的証明責任に付するとすれば，究極のところで不可能を強いることになるおそれがあるので，1998年新設の民事訴訟法248条は，「損害が生じたことが認められる場合において，損害の性質上その額を立証することが極めて困難であるときは，裁判所は，口頭弁論の全趣旨及び証拠調べの結果に基づき，相当な損害額を認定することができる」と規定して，損害の存在と違法行為との相当因果関係が証明されても，損害額の算定が容易でない場合に，原告の立証努力の限界を裁判所が採用する合理的な心証により認定することで補充するものとした。

不公正な取引方法のうち，取引上の優越的地位の濫用事件の損害賠償請求訴

訟において，民事訴訟法248条に基づく損害額算定の方法を示した事例に次のものがある。

> **事　例〔18-9〕　セブン－イレブン・ジャパン損害賠償請求事件**
>
> 　事例〔12-5〕の排除措置命令が確定した後，フランチャイズ加盟店である原告らがコンビニエンスストアに係るフランチャイズ事業を営むセブン－イレブン・ジャパンの見切り販売禁止行為による損害賠償請求訴訟を独禁法25条に基づき提起した事件において，「本件においては，原告らに損害が生じたことは認められるものの，損害の性質上，その額を立証することが極めて困難であるから，民訴法248条に基づき，口頭弁論の全趣旨及び証拠調べの結果に基づき，相当な損害額を認定すべきものである。
> 　そこで，原告らそれぞれにつき，その店舗における商品の販売により得られる利益の多寡に影響を及ぼすと考えられる諸要素，すなわち，見切り販売を妨害されていた期間（以下「見切り販売妨害期間」という。）の長さ，見切り販売妨害期間及び見切り販売開始後における，売上高，商品等仕入高，商品廃棄等（不良品）額，売上総利益，セブン－イレブン・チャージ額及び利益の各総額及び年平均額を記載した別紙損害算定のための参考数値表を参照し，それぞれの額の変動等を踏まえながら，本件に顕れた全ての事情を総合して，原告らの損害を認定することとする。
> 　なお，損害額の算定が困難であるにもかかわらず，被告に対し損害賠償義務を負わせる以上，当該賠償額の算定に当たってはある程度謙抑的かつ控え目に認定することを避けられない」。
>
> 〔東京高判平25・8・30審決集60巻第2分冊261頁〕

　独禁法違反行為によって生じる財産的損害は，違反行為の形態が妨害的行為による場合と搾取的行為による場合とでその内容を区別できる。排除型私的独占や不当な取引拒絶，排他条件付取引，取引妨害等の不公正な取引方法が相当する競争者に対する妨害的行為の場合は，被害者となった競争者が当該妨害がなかったならば展開しえた事業活動から得られたであろうと想定される利益から，妨害下で得ていた現実の利益を差し引いた逸失利益（違反行為がなかったら，増加していた利益ということで，消極的損害に相当する）が損害額となるもので，

上記の**事例〔18-9〕**が該当する。

　ただし，**事例〔2-3〕**の審判審決が確定したことにより，排除型私的独占の被害事業者が提起した独禁法25条に基づく損害賠償請求訴訟において，損害額算定の容易性を求める原告らに対して，「損害賠償制度は，被害者に生じた現実の損害を塡補することを目的とするものであり，原告らはそれぞれ別の法人であるから，まずは，本件独禁法違反行為によって，各原告にそれぞれどのような損害が現実に生じたのかが検討されるべきである」（ニプロ損害賠償請求事件＝東京高判平24・12・21審決集59巻第2分冊256頁）として，個別取引の事実認定を積み上げて損害額を算定している。

　価格カルテルや入札談合などのように，取引相手から当該違反行為がなければありえたであろう競争価格（想定購入価格）より高い価格（現実の購入価格）での購入を余儀なくさせて被害を与えた場合は，取引相手の財産を不当に減少させる搾取的行為に相当し，現実の購入価格から想定購入価格を差し引いた差額（違反行為がなかったら，減少せずにすんだ財産ということで，積極的損害に相当する）が損害額となるもので，次の事例が該当する。

事 例〔18-10〕 クボタ事件

　四日市市が水道用鋳鉄管を購入するための入札を実施した際，クボタ（Y）が他業者と談合して価格をつり上げ，同市職員もこれを看過した重過失があるとして，2002年改正前の地方自治法242条の2に基づき，同市の住民が原告（X）となって，市に代位して損害賠償請求をした住民訴訟事件において，市の損害額が争点となったことについて，「Yら3社は入札案件において談合することによって単価の下落を避け，単価をつり上げていたのであるから，それによって四日市市に対して損害を与えたことになる。その損害額は，現実の落札価格と自由競争によって形成されるであろう価格との差額であるということができる。〔中略〕
　結局，本件においては談合が行われなければ落札価格が下落するという意味において，四日市市に財産的損害が生じたこと自体は推認できるものの，同損害額の算定には極めて種々の仮定的条件を基礎としなければならないため，その算定には著しい困難を伴うものである。また，損害賠償請求事件においては，その性質上，確度の高い損害率を選ぶ必要がある。
　そこで，当裁判所は，本件においては民事訴訟法第248条を適用し，証拠調の

> 結果及び弁論の全趣旨を考慮した結果，その損害額を契約金額の 10 パーセントと認定することとする。落札価格合計は 1 億 1503 万 7600 円であるので，消費税を加算すると，契約金額合計は 1 億 2078 万 9480 円である。したがって，損害額は，1207 万 8948 円となる。X は四日市市に対して X の弁護士費用を請求できるので（地方自治法第 242 条の 2 第 7 項），これに相当する金額は同市の損害となるから，その損害額として 100 万円を認めることとする。よって，損害額合計は 1307 万 8948 円となる」。
>
> 〔津地判平 13・7・5 審決集 48 巻 645 頁〕

　上記事例では，想定購入価格に相当する自由競争価格は，諸条件が複雑に絡み合って形成されるので，その算出はほとんど不可能であるとの認識の下，損害が生じたことは推認できるとした後，民事訴訟法 248 条に基づき，裁判所として，合理的な心証形成によって得られた確度の高い損害率 10％ を適用して，損害額を認定した。同趣旨の判決例（契約額または予定価格の 5％ 以上）は増えており，独禁法違反行為に係る損害賠償請求訴訟は困難との印象は解消しつつある。

　ところで，違反行為がなかった場合に実現したであろうと想定される価格や市場シェアは，損害額の算定を必要とされる損害賠償請求訴訟で共通して問題になるところである。例えば，米国反トラスト法の運用事例においても，価格引上げ協定前の価格または当該協定破棄後の価格との比較（前後理論），価格引上げ協定がなかった地域の価格との比較（物差理論）や参入妨害行為を受けなかった地域・時期の市場シェアの伸びから違反行為がなかった場合の利益を推定すること（市場占拠率理論）が紹介されている。

　なお，独禁法 25 条損害賠償請求訴訟における裁判所からの求意見（84 条）に対する公取委の回答のうち，入札談合事件については，談合が破棄された後の低下した落札率の調査データが示されている。

テーマ3　差止請求制度

不公正な取引方法を行っている事業者に対しては，被害を受ける者が裁判所を通じて差止めを請求できる制度が2000（平成12）年に導入された。私人間では，金銭による事後的な損害賠償請求が原則であるのに，例外的に差止請求制度が設けられた理由は何か。事前規制にならないように，限定的に認められた差止請求は，どのような前提条件の下に可能なものとされているか。

(1) 差止請求制度の特徴

2000（平成12）年改正で導入された独禁法24条に基づく差止請求制度は，公取委による行政処分が介在することなく，私人である被害者が直接裁判所に訴えて，違反行為の差止めを実現するところに特徴がある。公取委も，緊急の必要があると認めるときは，排除措置命令の前に，東京地裁に申し立てて，非訟事件手続法を準用して，違反の疑いのある行為をしている者に緊急停止命令を発出してもらうことができる（70条の4・70条の5・85条2号）。緊急停止命令があくまでも仮の措置であるのに対し，差止請求制度は，被害者が原告となって違反行為者を被告として，当該被告に違反行為の差止めを命ずる判決を裁判所に求める民事訴訟である。原告は違反行為の存在を立証し，裁判所が認めた上で差止めを命じなければならないことになる。したがって，被害者である私人が自ら裁判所を通じて直接独禁法の適用を図ることで，被害者救済の観点からは公取委の活動資源に限界がある場合も考えられるので，それを補完する制度的機能が差止請求制度の導入理由であった。ただし，公取委中心主義の観点から，差止請求が提起されたとき，裁判所から公取委への通知や求意見が可能との規定（79条）がある。

差止請求制度の対象となる違反行為は，不公正な取引方法（19条・8条5号）に限られている。不公正な取引方法が事業者の通常の取引行為に関わるものであるので，被害者が当該行為が行われていることや加害者が誰であるか特定しやすく，また，特定の私人に被害が発生するケースが多いと考えられるので，被害者である私人による差止請求制度に最も馴染みやすいと思料したものであ

る。受訴裁判所も，地方裁判所である（東京地裁や高裁所在地の地裁に訴えを提起できる等の特例については，84条の2・87条の2参照）。差止請求が不正の目的で行われたことを被告が疎明すれば，裁判所は決定で相当の担保を立てるべきことを原告に命ずることができる（78条）。

なお，侵害行為を行っているとされる者の側に証拠物が偏在することから，差止請求訴訟の当事者（主として原告側）の調査・立証活動の困難さにかんがみ，2009（平成21）年改正で，当事者の申立てにより，他方の当事者に対し，侵害行為について立証するために必要な書類の提出を，これを拒む正当な理由があるとき（侵害行為と関係のない事業者の秘密や個人情報等）以外は，営業秘密等を含む文書であっても，裁判所が命ずることができる制度が設けられた（80条）。同時に，営業秘密（秘密として管理されている生産方法，販売方法その他の事業活動に有用な技術上または営業上の情報であって，公然と知られていないもの。不正競争2条6項）について，裁判所が当事者の申立てにより秘密保持命令を発することができる制度も設けられた（81条～83条）。

(2) 原告適格

差止請求ができる者は，不公正な取引方法によって利益を侵害され，または侵害されるおそれがある者である。競争事業者や取引先事業者のほか消費者も，その利益を侵害される場合は，差止請求が可能と解されている。差止請求訴訟の原告適格は，不公正な取引方法により利益侵害があるとの実体法上の主張をする者には認められるもので，次の事例が示すように，それより狭く24条で限定を付するということはない。

事　例〔18-11〕　日本テクノ電気保安業務事件

本件原告（X）らは，自家用電気工作物の設置者（顧客）と電気保安業務委託契約を結んで設置者の事業用電気工作物の保安監督に当たっている電気管理技術者（個人事業主）である。被告日本テクノ（Y）は，自社が開発した自家用電気工作物の自動遠隔監視装置（ESシステム）を設置者に販売するとともに，日本電気保安サービス協会（日電協）と提携し，日電協所属の電気管理技術者にESシステムの管理を委託した。ESシステムを購入した設置者が日電協技術者と契約を結

び，従前の電気管理技術者との電気保安業務委託契約を解約したことについて，解約されたXらがYの行為を取引妨害等の不公正な取引方法に当たるとして差止請求した事件において，YがXらの原告適格を争ったことについて，「Yは，……Xらの活動範囲において，Xは現に営業活動を行っておらず，かつ近い将来営業活動を行う計画を有しないのであるから，当該原告らはYの営業活動により利益を侵害され，又は侵害されるおそれのある者でないため，独占禁止法24条に基づく差止請求の原告適格を欠くと主張する。

独占禁止法24条は，独占禁止法違反の行為による被害者の民事的救済手段を充実するとともに，これに付随して違反行為の抑止を図るとの観点から，私人に対して差止請求権を付与するものであるところ，独占禁止法24条の文言は，実体法上の差止請求権の発生要件事実とは別異に，当該差止請求権に基づき訴訟を遂行し得る資格を定めるものとは解されない。したがって，Yの主張は，まさに本案の問題であるというべきであるから，本案前の抗弁は失当である」。

〔東京地判平16・3・18判時1855号145頁〕

(3) 著しい損害

差止請求が認められるためには，生じる損害が著しいものであるという実体要件が法定されている。損害が著しいものでない場合は，差止請求は認められないことを意味するから，不公正な取引方法に該当する行為のうち，さらに差止めが必要な不法行為であるか否かを判断する要件となる。

不法行為による権利や法律上保護される利益の侵害がある場合，その是正は，事後の金銭的損害賠償によるのが民法の原則である。近代の産業社会では，まずもって個人や事業者が相互にその自由な活動を保障し，そのことが自由な競争を可能にする基盤となっている。したがって，私人による差止請求制度のような行為規制は，自由な活動を抑制する過剰規制のおそれを含むもので，上述の原則に対し，例外的に行為規制が必要な場合には，どれほどの重大性があるからという規制基準の引上げがあっても妥当な事柄となる。「著しい損害」には，損害賠償請求制度に比し，差止請求制度の発動が相対的に慎重にならざるをえない判断要因が込められる。

このように考えてくると，差止請求を認容するほどの「著しい損害」とは，不公正な取引方法と目される行為を放置しておいたのでは，事後の損害賠償請

求では回復が不十分とならざるをえないような被害の拡大（損害の量的程度）と，過剰規制とはならないことが明らかなほど悪性を有する行為からもたらされる被害であること（損害の質的程度）があいまって，高度の違法性が基準となって判断されるべきものといえよう。

事例〔18-12〕 関西国際空港新聞販売事件（控訴審）

新聞小売業者である原告（X）が関西国際空港島内での新聞の仕入れ・販売をしたいとして新聞卸売業者5社（Y_2ら）に取引を申し込んだところ，Y_2らは空港島での新聞販売のために共同で設立した関西国際空港新聞販売（Y_1）との取引を理由に，Xとの取引を拒絶したことについて，Xが不公正な取引方法（共同の取引拒絶）に当たるとして，Y_1およびY_2らに差止請求訴訟を提起した事件の控訴審で，裁判所が，新聞小売業者である控訴人（X）が主張する被控訴人Y_1らの共同の取引拒絶の公正競争阻害性を否定した後，念のため著しい損害の有無についても判断するとして，「差止請求が認められるためには，正当な理由のない共同の取引拒絶により『著しい損害を生じ，又は生ずるおそれがある』（以下「著しい損害」という。）ことが必要である。

ここにいう著しい損害とは，いかなる場合をいうかについて検討するにそもそも，独禁法によって保護される個々の事業者又は消費者の法益は，人格権，物権，知的財産権のように絶対権としての保護を受ける法益ではない。また，不正競争防止法所定の行為のように，行為類型が具体的ではなく，より包括的な行為要件の定め方がされており，公正競争阻害性という幅のある要件も存する。すなわち，幅広い行為が独禁法19条に違反する行為として取り上げられる可能性があることから，独禁法24条は，そのうち差止めを認める必要がある行為を限定して取り出すために，『著しい損害を生じ又は生ずるおそれがあるとき』の要件を定めたものとも解される。

そうすると，著しい損害があって，差止めが認められる場合とは，独禁法19条の規定に違反する行為が，損害賠償請求が認められる場合より，高度の違法性を有すること，すなわち，被侵害利益が同上の場合より大きく，侵害行為の悪性が同上の場合より高い場合に差止が認容されるものというべきであり，その存否については，当該違反行為及び損害の態様，程度等を勘案して判断するのが相当である」。

〔大阪高判平17・7・5審決集52巻856頁〕

上記事例では，不公正な取引方法に該当する行為がなかったとの判断が先行しているので，行為自体の悪性を論ずることなく，専ら被害の量的程度が検討されている。一般的に考えれば，不公正な取引方法に該当する行為の諸類型の中でも悪性の程度には差異があり，被害の拡大も様々であるから，より差止請求が認容されやすいもの，すなわち著しい損害を生じさせるものとしては，独占的な事業者や複数の有力な事業者が共同して戦略的に他の事業者の事業活動を困難にする妨害的行為や，欺まん的取引行為，取引上優越した地位を利用して取引先に対して不利益を強制する搾取的行為などを挙げることができよう。

24条該当の差止可能な不公正な取引方法と初めて裁判所で認容された事件として，独禁法の差止請求権を被保全権利とする次の妨害排除禁止仮処分申立事件がある。

事 例〔18-13〕 ドライアイス仮処分事件

X（債権者）はドライアイスの加工・販売等を行う事業者であり，Y（債務者）はドライアイスの製造・販売等を行う事業者であって，国内のドライアイス製造市場で約49％のシェアを占める首位事業者で，大企業である。Xは中小企業で，Yからドライアイスを仕入れ，角ドライアイスに加工して販売し，YとXの間の業務委託契約には，XがYのドライアイス販売事業と競合する他のドライアイス商品類の業務について一切これを避止する義務を負う競合避止義務条項が含まれていた。Xは，Yの工場プラントのトラブルからYからの供給量が不足したため，他のドライアイス製造業者であるZからも仕入れるようになった。Zからペレットドライアイスの製造委託をXが受けるようになってから，当初容認していたにもかかわらず，Yは，Xが競合避止義務に違反し，Xがドライアイスの供給ができなくなる，Xが近々倒産するなどと，ZやXの顧客に告げて，Xの取引を妨害した。XがYの行為に対する差止請求権を被保全権利とする仮処分を求めたことについて，「両者は，国内の角ドライアイス加工製品及びペレットドライアイスの販売市場において，競争関係にあるというべきである。〔中略〕これらの諸点に照らすと，XがZとの間で行ってきたペレットドライアイスの製造受託を含む取引は，本件代理店契約等で定められた競合避止義務に違反するものではないというべきであり，少なくとも，債務者が上記取引を競合避止義務の範囲外の取引として承認していたことは明らかであって，Yにおいて，上

記取引を了知した上でこれを容認し，Xのために Zとの契約内容の助言までしていたにもかかわらず，これを解除するのは信義則に反し許されない……。〔中略〕

〔Yの行為は〕Xに対する誹謗中傷に当たり，Yは，Xが独自販売ルートによって角ドライアイス加工製品を販売していた顧客やZに対し，Xを誹謗中傷して取引を停止するよう働きかけたものであるから，上記行為は，それ自体，公正な競争を阻害するものであるというべきである。〔中略〕Xの年商の大半は，ドライアイス事業によって占められており，Zとの取引が停止されると，顧客に販売するドライアイス加工製品の原料である角ドライアイスを確保することができず，ドライアイス事業を継続することは著しく困難となること等を指摘することができる。これらの諸点に加え，……Yの取引妨害行為の態様，経緯等をも併せ考慮すると，Xがこれによって利益侵害を受け，著しい損害を被るおそれがあることは明らかであるというべきである」。

〔東京地決平23・3・30 判例集未登載〕

さらに，物理的な妨害について著しい損害を認容した事例として，次のものがある。

事 例〔18-14〕 神鉄タクシー事件

神戸市等で個人タクシー事業を営む原告らが，神戸電鉄沿線の駅前タクシー待機場所に乗り入れ，利用客を乗車させようとしたところ神鉄タクシー（被告）の従業員らから物理的に妨げられたことなどを，不公正な取引方法一般指定14項に該当する競争者に対する不当な取引妨害に該当するとして，独禁法24条に基づく差止請求を提起した事件の控訴審において，「被告は，……平成23年4月から同年5月までの延べ4日間，一般指定14項にいう不当な取引妨害によって，競争関係にある事業者である原告 P_1 及び原告 P_3 から，北鈴蘭台駅前タクシー待機場所においてタクシー利用者と旅客自動車運送契約を締結する機会をほぼ完全に奪ったものであり，今後も本件各タクシー待機場所において，同様の行為をして原告らからタクシー利用者と旅客自動車運送契約を締結する機会をほぼ完全に奪うことが予想されるのであって，これは，公正かつ自由な競争を促進するという独禁法の目的ないし理念を真っ向から否定するものといい得る。また，その手段としても，待機場所に進入しようとした原告側タクシーの前に立ちはだからせ

たり，その前に被告タクシーを割り込ませて待機場所への進入や，待機場所内で先頭車両となることを妨害し，先頭車両となった原告側タクシーの扉の横に座り込ませたり，その前に立ちはだからせたりして，原告側タクシーが利用者を乗せて発進することを妨害するという物理的な実力を組織的に用いるというものであるから，このような損害の内容，程度，独禁法違反行為の態様等を総合勘案すると，原告らが被告の独禁法19条違反行為によって利益を侵害され，侵害されるおそれがあることによって生じる損害は著しいものというべきである」。

〔大阪高判平26・10・31審決集61巻260頁〕

(4) 差止めの内容

被害者が請求できることは，差止めを請求した被害者に対する侵害の停止または予防である。私人の差止請求権であるから，訴えとしては，被告違反行為者に侵害の停止・予防に必要な行為をとることを求める給付訴訟の形態をとる。具体的にどのような行為を求めるかは，原告である被害者からの請求の趣旨に記載される。裁判所は，差止請求を認容すべき場合には，原告が被告に求める行為が原告に対する侵害の停止・予防に必要な限りで，原告が求める行為を被告に命ずることになる。例えば，間接の取引拒絶の事案で，原告との取引をしないように，被告が他の事業者にさせている場合に，原告が被告にかかる行為の取止めを求めた場合には，裁判所は，認容できる限りでその取止めを被告に命ずることになる。

24条中の「侵害の停止又は予防」の用語から侵害の不作為と解して，不作為義務は課せるが，作為義務は課せないとの議論がある。しかし，侵害の不作為のための手段・方法（不公正な取引方法に該当する行為の停止のための手段・方法を含む）として，原告が求める範囲内でいかなる行為を被告に行わせるかという次元の問題であると考えれば，その手段・方法が作為・不作為のいずれの形態もとることがあるもので，かかる議論は無意味である。

事　例〔18-15〕三光丸事件

和漢胃腸薬「三光丸」の製造販売業者（Y）から家庭用配置薬の仕入れをしている配置販売業者である原告（X）らが，Yから既存の商品供給契約に代えて，

その顧客台帳上の情報を提供すること，Xらの営業活動範囲についての地域指定をして制限することおよび得意先の譲渡を制限することを内容とする商品供給契約の締結を求めたところ，Xらが応じなかったため，既存の商品供給契約を解約したことから，XらがYに対し，既存の商品供給契約を有効として，当該契約上の地位を確認のうえ，必要数量の商品の引渡しを求めるほか，解約は不公正な取引方法（一般指定2項・単独の取引拒絶）にあたるとして，解約に伴う商品の出荷停止の禁止と必要数量の商品の引渡しを独禁法24条の差止請求により求めた事件において，同条に基づく引渡請求の適法性について，「独占禁止法24条は，『侵害の停止又は予防を請求することができる』と規定しているものであり，この文理からすれば，独占禁止法24条に基づく差止請求は，相手方に直接的な作為義務を課すことは予定していないというべきである。また，仮に直接的な作為義務を認めたとしても，強制執行は不可能であり，この点からも，直接的な作為義務を課すことは，法制度上，想定されていないと解すべきである。

よって，原告らの独占禁止法24条に基づく引渡請求は不適法というべきである」。

〔東京地判平16・4・15判時1872号69頁〕

　上記事例の判決の結論は，原告Xらの一部について，契約上の地位を確認する請求を認容するほかは，不公正な取引方法の存在も，商品の引渡請求も認めなかった。ただし，商品の引渡しのような作為の請求が認められるとしても，契約関係から生ずる権利関係からの判断が優先されるべきで，24条に基づいてかかる作為を求めることはできないと付言した。

　私人間の権利関係を判断するにあたって，契約から生ずる関係を不法行為（独禁法違反行為）から生ずる関係に優先すべきという私法上の一般的な考え方は首肯できるにしても，その判断の順序と24条に基づく差止請求で被告に作為を求めうるかどうかというのは別個の問題である。24条自体でその可否を考えるべきで，仮に，問題となった取引拒絶が不公正な取引方法に該当し，取引拒絶による商品の出荷停止によって，Xらが利益を侵害されていて，その侵害を停止するために，出荷の再開，すなわち商品の引渡しが必要な手段・方法であるならば，かかる作為の請求は認容すべきもので，単純に作為・不作為の区別を施して，24条の差止めの内容には作為義務を課すことは含まない

とすることは不適当である。

その後，FTTH サービス接続拒否の差止請求事件の傍論で「不公正な取引方法に係る規制に違反する行為が不作為によるものである場合もあり得ることから考えると，差止請求の対象である『その侵害の停止又は予防』は，不作為による損害を停止又は予防するための作為を含むと解するのが相当である」（ソフトバンク対 NTT 東西差止請求事件 = 東京地判平 26・6・19 審決集 61 巻 243 頁）とする判断が出てきている。

テーマ4　違反行為の私法上の効力

　独占禁止法に違反する契約（法律行為）の私法上の効力は，独占禁止法に規定はなく，原則に戻って民法により判断される。裁判所は，民法の規定により民法自体の価値に置き換えて独占禁止法違反の法律行為を判断する。そのとき，民法は，独占禁止法の保護法益である市場における競争秩序をどのように考えるか。

(1) 民法と独禁法違反の法律行為の効力

　民法が「所有者は，法令の制限内において，自由にその所有物の使用，収益及び処分をする権利を有する」（民 206 条）あるいは「法律行為の当事者が法令中の公の秩序に関しない規定と異なる意思表示をしたときは，その意思に従う」（民 91 条）と規定するように，民法は，私的財産権の処分と契約の自由の原理に基づき，財（商品・役務）を交換・取引する市場を法的に創り出し，そこで競争が行われることを期待する。

　独禁法は，民法が法的に可能にした市場における競争の秩序を阻害する不当な行為が事業者によって行われた場合，公的機関（公取委）が規制して同法が規定する競争阻害行為を除去し，公正・自由な競争秩序を維持しようとする。

　独禁法違反行為に該当する契約の締結や契約解除の意思表示が行われた場合，当該契約や契約解除の私法上の効力が問題とされる場合がある。契約内容を独禁法違反として，その契約の履行義務の不存在や，契約無効による不当利得の返還が主張される場合や，契約解除が独禁法違反の行為であるとして，契約の

継続履行が主張される場合などである。

　独禁法は上述のように公取委の規制権限を規定することを基本とする法規であるから，契約や契約解除の効力の判断は，法律行為の有効・無効を規定する民法が受け持つ役割である。民法は，民法の準則に基づき，法律行為の効力を判断することになる。民法 90 条「公の秩序又は善良の風俗に反する事項を目的とする法律行為は，無効とする」の規定が，この準則に相当する。

事　例〔18-16〕岐阜商工信用組合事件

　岐阜商工信用組合（Y）がその組合員である X 社（提燈・屏風を製造する零細な個人会社）に 750 万円の貸付けを行う金銭消費貸借契約を締結する際に，貸付条件として即時両建預金（金融機関が貸付けに際し，貸付金の一部を定期預金などとして預金させること。本件では，別口の貸付けを受けざるをえず，その額を「むつみ定期預金」とすることなどが加わった）をさせられたことについて，Y が取引上の地位を利用して不当に不利益な取引条件を強制したもので，不公正な取引方法（旧一般指定 10 項）に該当し，独禁法 19 条に違反するとして，X が Y に対して貸付契約の無効確認を主張して争った事件において，「独禁法 19 条に違反した契約の私法上の効力については，その契約が公序良俗に反するとされるような場合は格別として，上告人のいうように同条が強行法規であるからとの理由で直ちに無効であると解すべきではない。けだし，独禁法は，公正かつ自由な競争経済秩序を維持していくことによって一般消費者の利益を確保するとともに，国民経済の民主的で健全な発達を促進することを目的とするものであり，同法 20 条は，専門的機関である公正取引委員会をして，取引行為につき同法 19 条違反の事実の有無及びその違法性の程度を判定し，その違法状態の具体的かつ妥当な収拾，排除を図るに適した内容の勧告，差止命令を出すなど弾力的な措置をとらしめることによって，同法の目的を達成することを予定しているのであるから，同法条の趣旨に鑑みると，同法 19 条に違反する不公正な取引方法による行為の私法上の効力についてこれを直ちに無効とすることは同法の目的に合致するとはいい難いからである。また，本件のように，前記取引条件のゆえに実質金利が利息制限法に違反する結果を生ずるとしても，その違法な結果については後述のように是正されうることを勘案すると，前記事情のもとでは，本件貸付並びにその取引条件を構成する本件別口貸付，本件定期預金及び本件むつみ定期預金の各契約は，いまだ民法 90 条にいう公序良俗に反するものということはできない。それゆえ，これらの契約

を有効とした原審の判断は，その限りにおいて，正当というべきである」。

〔最判昭52・6・20民集31巻4号449頁〕

　上記事例で，最高裁は，利息制限法の利率を超える実質金利の超過部分を違法としたほか，貸付契約が独禁法違反を構成するものであることは認めたが，貸付契約自体は無効とまではしなかった。しかし，独禁法違反の法律行為を強行法規違反（民91条）として無効とはしないが，公序良俗違反（民90条）の場合は無効とするとの判断枠組みが示された。

　市場を法的に創設する民法にとって，市場における競争秩序は，民法自体で考える公の秩序の一つと考えてよいもので，かかる競争秩序を侵害する独禁法違反の法律行為は，民法上無効であるとの評価を導きうる。法律行為の効力は，当事者間の争訟において，裁判所が依拠する準則になりうるか否かという問題であるので，当事者間の信義・公平や取引の安全という要素も考慮することになるから，一義的に独禁法違反の法律行為が民法上の公序良俗違反として無効との定義をなしうるわけではない。しかし，裁判所が問題となった契約を該当事案を裁く準則として用いえないと判断するような場合には，独禁法違反の契約であるとき，当該契約を公序良俗違反として無効とする次のような判示が傍論ながら東京高裁の裁判例にある。「独禁法に違反する私法上の行為の効力は，強行法規違反の故に直ちに無効となるとはいえないが，違反行為の目的，その態様，違法性の強弱，その明確性の程度に照らし，当該行為を有効として独禁法の規定する措置に委ねたのでは，その目的が充分に達せられない場合には，公序良俗に違反するものとして民法90条により無効になるものと解される」（花王化粧品販売事件〔控訴審〕＝東京高判平9・7・31高民集50巻2号260頁）。

(2)　独禁法違反の契約解除の効力

　契約自由の原則から，事業者らが取引先選択の自由を生かして適当な取引相手を求めて競争できることを考慮すると，取引の拒絶がそれ自体で独禁法違反に問われないことは当然の前提となるが，競争制限に協力しない取引先との契約解除のように，独禁法違反行為に該当する解除の行使の効力は，特に継続的

取引関係にある場合に当事者間で問題となる。

事　例〔18-17〕　マックスファクター事件

　化粧品等の販売業者Xが，製造業者であるマックスファクター社（Y）との間でマックスファクターパートナーストア契約を締結して，Yの商品を仕入れて販売していたが，Yが契約書17条（契約条項違反時および信頼関係破壊時の解約）のほか，契約書18条（相当の予告期間を設けた解約または更新拒絶による契約終了）に基づいて，契約を解消する旨の意思表示をしたことについて，Xが商品の引渡しと引渡しを受けるべき地位の確認をYに対して請求した事件において，「本件解約の目的について検討するに，上記認定のとおり，Y側は，平成9年4月17日，近所の店がうるさいなどの理由により，Xの各支店と契約を締結することを拒否したこと……，同月27日，Xが全国に支店を開設するなどし，Xに対する売上高が増大していることから，職域販売と安売り店の広がりを危惧し，出荷の調整を検討していたこと……，平成10年3月17日，Xが名古屋市にディスカウント店を出店することを予定しているとの情報を得たことから，近隣の定価販売をしている契約店舗の売上げに大きな影響が出ることを懸念し，メーカーに対応を求める声が高まっていることから，出荷を控える等の手段は公正取引委員会との関係で難しいものの，契約店舗の店頭販売に見合う数量の納品だけにとどめるなどの対策を取る必要があると考えていたこと……，平成11年4月30日付けで，Xに対し，Xの本店への商品の出荷量を本店の一般消費者に対する予想販売額である月額50万円とする旨を通告し……，その後，Xの注文にかかる商品を出荷しなかったこと……を総合考慮すると，本件解約は，主としてXの各支店における商品の値引販売を阻止する目的で行われたものと推認するのが相当である。そして，本件解約は，Xによる商品の値引販売を阻止するのみならず，一般的に商品の値引販売を萎縮させて，その再販売価格を不当に拘束するという結果をもたらし，公正な競争を阻害するおそれがあるから，私的独占の禁止及び公正取引の確保に関する法律の趣旨に照らし，公序良俗に違反するものというべきである。

　したがって，本件解約は，別紙契約書18条に基づくものとしても無効というべきである」。

〔神戸地判平14・9・17審決集49巻766頁〕

上記事例で、裁判所は、契約解除権の行使について、その目的が値引き販売阻止の再販売価格拘束であると推認し、独禁法の趣旨に照らし、公序良俗に違反し無効であるとし、独禁法が維持しようとする競争秩序を民法の規範概念である公序良俗に積極的に重ねる姿勢をみせた。ただし、本件の控訴審では、裁判所は、継続的供給契約の解約であることから、相当の合理的理由がないことと予告期間前に供給停止をしている信義則違反をもって原審の解約無効の結論を支持したが、解約が値引き販売阻止の目的とすることまで認めるには足りないとして、独禁法の趣旨に照らした公序良俗違反を理由にはしなかった（大阪高判平16・2・25判例集未登載）。

(3) 独禁法違反行為に基づく法律行為の効力

価格カルテルの対象となった商品を違反事業者が需要者や消費者に販売した売買契約や、入札談合の受注調整を受けた落札者と発注者との受注契約のように、独禁法違反行為に基づいて行われた法律行為の効力が問題となることがある。違反行為を基に複数の取引先と多数の売買契約が結ばれたような場合や、製造業者の価格カルテルの効果が小売業者と消費者の間の取引に及んでいるような場合は、他の市場要素も介在し、法的安定性の観点からそれらの売買契約が直ちに無効とされることはないものと考えられる。しかし、入札談合の対象となった個別調整物件のように、限定された当事者間での取引それ自体のために違反行為が行われた場合は、違反行為（入札談合）と契約（落札・受注決定）が表裏一体の関係をなすものであるから、当該契約が無効とされることを免れない。

事 例〔18-18〕 シール談合不当利得返還請求事件（控訴審）

事例〔18-4〕の事件で、原判決（東京地判平12・3・31判時1734号28頁）が、談合と極めて密接に関連するシール製造契約は公序良俗に反し無効であると判示したことについて、控訴した事業者側が、談合そのものと、それに基づく入札および契約とは、別個の行為であり、談合が行われたというだけでは契約が当然に無効となるわけではなく、会計法上も、談合による入札に基づく契約を無効とする規定はないと主張したことについて、「競争の参加者の間において談合が行われ

> た場合には，競争自体が存在しないのであり，競争による価格の形成はない。談合により指名競争入札制度の根幹が否定されるのである。そして，談合による入札が無効であることは，入札者心得書にも記載されており，官報公示でも明らかになっている。そうすると，その入札が談合を理由に無効とされることがあっても，入札した者にとって，予想された事態が現実化したにすぎないのであり，入札の無効によってその者が不利益を被っても，これを保護すべきであるとはいえない。他方，入札を有効とすると，国民全体が不利益を受けるのである。したがって，入札制度の趣旨それ自体からみて，このような談合に基づく入札は当然無効であり，これを契約の申込みであるとしてされる契約も，公序良俗違反性を別途検討するまでもなく，当然に無効であるといわねばならない」。
>
> 〔東京高判平 13・2・8 判時 1742 号 96 頁〕

入札制度は予定価格の制限の範囲内で調達の場合は最低の価格をもって申込みをした者を契約の相手方に自動的に決するシステム（会計 29 条の 6 第 1 項本文）であるから，談合が行われた場合，その公序良俗違反性が減衰することなく当該談合に基づく入札に直接引き継がれ，さらに当該入札により自動的に成立する契約に伝わる。入札制度に反する「談合行為は，性質上，自由競争経済秩序という公の秩序に反する行為として，本件談合当時においても，社会的に強い非難に値する行為であったというべきであり，談合の結果に基づきこれを実現するために締結された契約は，公序に反するものとして無効であると解するのが相当である」との判示（自衛隊専用電池入札談合不当利得返還請求事件＝東京地判平 22・6・23 審決集 57 巻第 2 分冊 395 頁）がある。

第Ⅵ部
経済社会と独占禁止法（応用領域）

　独禁法は，孤立して隔絶した法領域を創り出しているわけでは全くない。行政法や民法，刑法の法領域と交差する関係は，第Ⅴ部でも触れられた。独禁法の運用に関して，他の法制度と交錯して，事業者が競い合う市場において特別な配慮を要する場面や，市場の捉え方について一層の考察を要する分野がある。

　第1は，市場における最終需要者である消費者との関係である。事業者と消費者（BtoC）の取引関係では，情報の非対称性から，玄人である事業者に比して，素人である消費者が，保有する情報量の面でも，交渉力の面でも劣位にある。そのため，事業者間取引に比べて，事業者と消費者の間の取引では，消費者への正確な情報の伝達と，消費者に不利な交渉結果とならないように，補強・援護するシステムが必要となる。消費者法の分野と交錯する領域であり，第19章では，公正・自由な競争を支える消費者の合理的選択を誤導するような不当景品類や不当表示を不公正な競争手段とみなす独禁法の発想から立法された景表法を中心とする問題を扱う。

　第2は，市場で競い合う事業者には，大企業と中小企業が混在し，事業者間（BtoB）の取引関係においても，対等当事者間の取引とはいえない，一方当事者が他方の当事者に対して劣位にあって，恒常的に従属する取引実態が，二重構造と称される産業構造の中で見られる。大企業が，搾取的な機会主義的行動をとって，中小企業の利益を不当に侵食することは，中小企業の市場における競争力を損ない，産業全体の底力を弱める。第20章では，独禁法の取引上の優越的地位の濫用規制の発想から下請関係への適用のために立法された下請法と，複数の中小企業が協力して競争単位を形成できる協同組合の問題を扱う。

　第3は，政府調達の分野である。国，地方公共団体等は，租税収入等を財源として，それぞれの政策実現に必要な物品役務の調達を図る。その際，恣意的運用を回避し，公平・平等な手続として，国，地方公共団体等が発注者となって，事業者に対して競争入札を実施することが会計法や地方自治法上の原則となっている。入札制度が創り出す市場における競争を制限する行為が入札談合であり，これには事業者のみならず，発注者も関係する場合がある。入札談合は，独禁法が禁じる不当な取引制限の一態様であるが，発注者によって制度化された入札市場において特徴となる論点を，第21章で検討する。

　第4は，事業者間の競争により市場メカニズムを機能させる独禁法の原則に対し，例外と位置付けられる規制産業の分野である。ただし，電気通信，電力・ガス，航空，道路運送のような事業特性から，監督官庁と各事業法による規制に委ねることを原則とした分野においても，独禁法の適用が全面的に除外されるわけではない。規制産業におい

ても，競争を通じた市場メカニズムを生かす方向，すなわち規制緩和と自由化が図られてきており，そこに産まれた競争を制限することがあれば，独禁法が適用される。第22章では，規制産業における独禁法適用の意義を論じる。

　第5は，人間の頭脳が創造した発明技術や著作などの無形の知識・情報について，その利用独占を認める知的財産権と，市場独占を規制する独禁法との関係である。独禁法は，知的財産権法による権利行使について，適用除外規定（21条）を設けている。知的財産権法と独禁法は，果たして抵触するものであるかどうか。第23章では，むしろ，知的財産権法と独禁法が協働する観点から，知的財産権が関係した事例を検証する。

　第6は，独禁法の適用範囲の国際的広がりである。事業者の事業活動が国内にとどまることなく，国境を越えて国際的に展開し，外国事業者との国際カルテルが行われたり，外国事業者が日本市場における競争制限行為を行ったりすることは，現代では常にありうることである。このような事象に対する国際独禁法が存在しない以上，各国の国内法としての独禁法が協力して対処することになる。最終章の第24章では，独禁法の渉外事例と各国独禁当局の国際協力を展望する。

第19章

消費者(景表法)

テーマ1　消費者と景表法

消費者は,価格,品質,性能,サービスなどを比較し,どれを購入するのが一番いいかを決定する。消費者が最適な選択をするために必要なのは何だろうか。

(1) 消費者と競争政策

経済社会が拡大するにつれて,様々な消費者問題も生じるようになってきた。かつては,消費者が一方的に受ける被害を食い止め救済することが急務であり,「消費者保護」がかつての消費者法の中心であった。そして,消費者政策は次の段階へ進み,消費者の自立を促し,自らの合理的な選択ができるように環境を整えることが,消費者法の主目的になりつつある。そこで必要とされるのは,「情報の非対称性」を解消することである。

一般的に,消費者等の末端需要者に比べて,製造業者や販売店などの方が正しい情報へのアクセスが容易であり,逆に消費者は正しい情報かどうか判断できず不利な立場になる傾向がある。このような正しい情報へのアクセスの容易さ・困難さの違いを,「情報の非対称性」といい,これを是正することが公正な取引には必要である。消費者基本法5条は事業者の責務として,安全確保,取引の公正とともに,情報を適切に伝えることを求めている。

独禁法は,従来から,消費者も需要者として市場の一部を構成するものと考えており,公正な取引を確保して消費者の合理的な購買行動を支えることが必要であると考えている(1条)。事業者間の自由競争を促すことは,消費者が適正な市場価格で必要なものを購入することを可能とする。さらに,不十分な情

報しか与えず，あるいは誤った情報を与えることにより誤解させて契約させる行為は，ぎまん的な顧客誘引として規制できる場合もある（第10章テーマ1）。公取委は，消費者の味方として独禁法を活用し，競争政策を展開してきた。1962（昭和37）年の不当景品類及び不当表示防止法（以下「景表法」とする）の制定も，公取委による消費者政策の展開の一つである。

(2) 景表法の制定

戦後，経済成長期に入ると，様々な消費者問題が起こるようになり，消費者運動も活発になった。様々な規制が導入されたが，景表法も，そのような消費者問題から生まれた法律の一つである。

事 例〔19-1〕 ニセ牛缶事件

1960年，消費者から，「缶詰にハエが入っていたので調べてほしい」という相談が保健所にあり，持ち込まれた牛缶を検査した。保健所は，異物混入についてだけでなく，缶詰の肉についても検査をした。

缶詰のラベルには，牛の絵とともに「ロース肉大和煮」と表示されていた。しかし，使用されている肉はクジラ肉であった。さらに市販されている他の缶詰も調査すると，牛缶として売られていても，牛肉に馬肉などを混ぜて使用することが業界では当たり前のように行われていたことが明らかになった。このことが消費者たちに伝わると，消費者から，本物の牛缶はどれか，という問合せが保健所等に殺到した。

この事件を契機に，不当な表示に対して有効な規制を求める声が高まり，公正取引委員会は，1962年，不当景品類及び不当表示防止法（景表法）の案をとりまとめ，国会に提出した。同年5月，景表法は成立した。

〔消費者庁資料を参考に作成〕

この**事例〔19-1〕**は，景表法が制定されるきっかけとなった事件であり，不適切な表示が野放しだった事例である。牛の絵があれば，牛肉であると考えるのが普通である。当時，牛肉は高価であり，牛肉だと思ってこの缶詰を買った消費者は不利益を被った。牛肉でないと知っていたら，この缶詰は買わなかっ

たかもしれない。このような消費者の商品選択を惑わす不当な表示に対する規制の重要性を示し、国の消費者行政を見直すきっかけとなった事例である。

景表法は、独禁法におけるぎまん的顧客誘引と不当な利益による顧客誘引に対する規制を、消費者保護に役立つようアレンジした特別法として制定された。

2009（平成21）年、消費者庁が設置され、消費者行政が一本化されることになり、景表法も消費者庁の管轄に移管された。とはいえ現在も、公取委は、消費者庁から権限の一部を委任され、調査等を行い、景表法の執行に協力している。また、公取委が運用していたため、現在も公取委によって制定された告示が引き継がれている。

テーマ2　不当表示

消費者は、価格、品質、性能、サービスなどを比較するために、正しい情報が必要である。どのような場合に、不当な表示とされるのだろうか。不当表示には、(1)優良誤認表示、(2)有利誤認表示、(3)その他の誤認されるおそれのある表示、の3つがあるが、何が違うのだろうか。

(1) 優良誤認表示

優良誤認表示は、品質や規格等について、実際のものまたは競争者のものよりも著しく優良と見せかける表示である（景表法5条1号）。

事　例〔19-2〕　ココナッツジャパン事件

ココナッツジャパン株式会社は、例えば、次の通り記載することにより、あたかも、対象商品を摂取することにより、認知症、ガン等の各種疾病を予防する効果等が期待できるかのように示す表示をしていた。

・「ココナッツオイルで認知症の予防・改善」と記載
・「ココナッツオイルでガン予防」と記載
・「ココナッツオイルでウイルス感染を防ぐ」と記載
・「ココナッツオイルが心臓病を予防する理由」と記載

・「ココナッツオイルがアルツハイマー病に効果がある理由」と記載
・「ココナッツオイルに含まれるのは中鎖脂肪酸ですから，すぐにエネルギーとなってくれるため体内に溜まることはありません。むしろ体内に溜まっている脂肪をエネルギーに換えてくれるので，便秘だけでなく，ダイエットにも効果を期待することができます。」と記載

　これらの表示について，消費者庁は，ココナッツジャパン株式会社に対し，当該表示の裏付けとなる合理的な根拠を示す資料の提出を求めた。ココナッツジャパン株式会社から資料は提出されたが，当該資料は当該表示の裏付けとなる合理的な根拠を示すものとは認められなかった。

〔消費者庁措置命令平28・3・31〕

　このほかにも例えば，ダイエット食品で「1ヶ月で○○kgやせる」などと表示しているのにそれほどの効果がない，通常の牛肉なのに有名なブランドである「○○牛」と表示する，予備校で合格実績を実際よりも多く表示する，自動車の燃費を実際よりも良い数字で表示するなど，いろいろな事例がある。

　表示する効果・性能については，合理的な根拠が要求される。優良誤認表示の疑いがある場合，消費者庁は，表示の裏付けとなる合理的な根拠を示す資料を提出するよう，当該事業者に求めることができる。資料が提出されない場合，不当表示とみなされる（景表法7条2項）。提出された資料は，客観的に実証された内容か，表示された効果・性能が適切に対応しているか，について合理的な根拠があるか判断される。これらは，「不実証広告規制」と呼ばれる。

(2) 有利誤認表示

　有利誤認表示は，価格などの取引条件について，実際の条件または競争者の条件よりも著しく有利に見せかける表示である（景表法5条2号）。

事　例〔19-3〕ミート伊藤事件

　ミート伊藤は，毎月29日等に実施する「肉の日」等と称する売出しに際して，対象商品を一般消費者に販売するに当たり，商品パッケージにおいて，対象商品ごとの価格を記載するとともに，次のように記載等することにより，あたかも，

> 特定日の売出しにおいては，対象商品を通常時の販売価格の半額で販売するかのように表示していた。
> - 愛媛県宇和島市内に配布した新聞折り込みチラシにおいて，「5月29日（水）肉の日限り」と記載した上で，「牛肉 豚肉 鶏肉 当日表示価格より 半額」と記載
> - 愛媛県内及び高知県内で放送されたテレビコマーシャルにおいて，「毎月29日は肉の日！！」等の映像等を放送した上で，「牛肉が半額！当日表示価格より」等の映像及び「牛肉が半額」等の音声を放送
>
> しかし，実際には，特定日の売出しにおいて，ミート伊藤が対象商品の商品パッケージに記載した個別価格の多くは，通常時の販売価格が一旦引き上げられたものであって，通常時の販売価格の半額ではなかった。
>
> 〔消費者庁措置命令平26・7・24〕

この**事例**〔19-3〕のように，割引額を大きく見せるため架空の価格を比較対象として表示する行為は「二重価格」と呼ばれ，これまで多くの事例がある。類似の例として，期間限定の割引であるかのように見せかけて，実際には常に割引価格である場合も，同様に有利誤認表示となる。

(3) その他の誤認されるおそれのある表示

その他の誤認されるおそれのある表示として，内閣総理大臣（消費者庁の主任大臣）により6つの指定が定められている。
- 無果汁の清涼飲料水等についての表示
- 商品の原産国に関する不当な表示
- 消費者信用の融資費用に関する不当な表示
- 不動産のおとり広告に関する表示
- おとり広告に関する表示
- 有料老人ホームに関する不当な表示

これらは，(1)優良誤認表示や(2)有利誤認表示の規制だけでは，複雑な経済社会において，消費者の自主的かつ合理的な選択を確保するには不十分であるとして，不当表示を指定するものである。

> ### 事　例〔19-4〕　ベイクルーズ事件
>
> 　Y（ベイクルーズ）は、Y独自の視点から選択した商品群を消費者に提示するといういわゆるセレクトショップという業態で衣料品の小売業を営んでいた。平成11年に商品Aの購入を始めるにあたり、卸売業者Xの説明に基づき、商品Aがイタリア製であると認識し、その認識の下に、品質表示タグおよび下げ札の作成および取付けをXに委託し、Xがこれに応じて「イタリア製」と記載した品質表示タグおよび下げ札を作成し、本件商品に取り付けた。こうしてYが店舗で販売した商品Aは、実際にはルーマニアで縫製されたものであった。
>
> 　「4条1項3号〔現行5条1項〕」に該当する不当な表示を行った事業者（不当表示を行った者）の範囲について検討すると、商品を購入しようとする一般消費者にとっては、通常は、商品に付された表示という外形のみを信頼して情報を入手するしか方法はないのであるから、そうとすれば、そのような一般消費者の信頼を保護するためには、『表示内容の決定に関与した事業者』が法4条1項の『事業者』（不当表示を行った者）に当たるものと解すべきであり、そして、『表示内容の決定に関与した事業者』とは、『自ら若しくは他の者と共同して積極的に表示の内容を決定した事業者』のみならず、『他の者の表示内容に関する説明に基づきその内容を定めた事業者』や『他の事業者にその決定を委ねた事業者』も含まれるものと解するのが相当である。そして、上記の『他の者の表示内容に関する説明に基づきその内容を定めた事業者』とは、他の事業者が決定したあるいは決定する表示内容についてその事業者から説明を受けてこれを了承しその表示を自己の表示とすることを了承した事業者をいい、また、上記の『他の事業者にその決定を委ねた事業者』とは、自己が表示内容を決定することができるにもかかわらず他の事業者に表示内容の決定を任せた事業者をいうものと解せられる」。
>
> 〔東京高判平20・5・23審決集55巻842頁〕

　この**事例**〔19-4〕は、「商品の原産国に関する不当な表示」に該当するものとされた。原産国については、その優劣について数値ではかれるものではなく、優良誤認であると断言しにくい。しかし、原産国表示の偽装が消費者に与える影響は無視できるものではないため、このような指定を別途用意したものである。

　小売業者Yは、卸売業者Xに「イタリア製」であると説明され、「イタリ

ア製」と表示したタグを商品につけてもらい，それを仕入れて消費者に販売した。小売業者Yも「イタリア製」と認識していたのであり，すべての元凶は卸売業者Xである。もちろん，卸売業者Xも違反行為者として同時に排除命令を受けている。しかし，判決によると，「イタリア製」というタグを作成し商品に取り付けるよう指示したのは小売業者Yであるから，Yも違反行為者になる，ということである。

テーマ3　不当な景品

> 抽選で当たる賞品や，必ずついてくるおまけなどは，実際に商品を選ぶ際にどの程度影響を与えているものだろうか。これらは，消費者にとって利益になるようにも考えられるが，なぜ規制されるのだろうか。

(1) 景品と懸賞

景表法2条3項によると，「景品類」とは，(a)顧客を誘引するための手段として，(b)事業者が自己の供給する商品・サービスの取引に付随して提供する，(c)物品，金銭その他の経済上の利益である。商品を買うと必ずついてくるおまけも，買った人が応募して当たるともらえる賞品も，ここでは「景品類」に該当する。他方で，商品等を購入しなくても応募できる抽選による賞品や，道端で配るサンプルなどは，(b)にあてはまらず「景品類」ではない。

景品類をどのような方法で与えるかによって，いくつかに分類されている。抽選や応募の優劣により賞品を与える方法を「懸賞」という。誰でも応募できる懸賞は「オープン懸賞」と呼ばれるが，上記の通り「景品」にあたらず，景表法の対象ではない。購入者が応募して賞品を与える懸賞は「景品」にあたり，「クローズド懸賞」と呼ばれる。懸賞ではなく購入者や来店者全員に与える景品は，「総付景品」と呼ばれる。

これら景品について，どのような規制を行うかは，日本と諸外国とでは差違がある。

資　料〔19-5〕　各国の景品規制

	総付景品	クローズド懸賞	オープン懸賞
日　本	上限規制	上限規制	制限なし
米　国	制限なし	禁　止	制限なし
イギリス	制限なし	一部禁止	制限なし
フランス	上限規制	禁　止	制限なし
ド イ ツ	制限なし	禁　止	制限なし
カ ナ ダ	制限なし	禁　止	制限なし
豪　州	制限なし	ほぼ制限なし	ほぼ制限なし

〔公取委資料より作成〕

　総付景品の金額に制限がない国が多い理由は，消費者は商品本体と景品の両方を合算した価値を見極めることができるため，消費者の合理的な判断が可能だと考えるためであろう。クローズド懸賞を禁止している国が多い理由は，抽選という偶然性により当たるかどうかわからないにもかかわらず，「もしかしたら当たるかもしれない」という消費者心理を導き，商品本体の価値を合理的に判断して選択することを妨げ誘引する，と考えるためであろう。
　日本の景表法は，総付景品も，クローズド懸賞も，禁止ではなく，景品の上限額を規制する制度になっている。これは諸外国と比較すると，特色ある規制に見える。総付景品について上限額を規制している理由は，商品等の取引対象本体の価格や品質で競争すべきである，という能率競争の考えが影響しているのかもしれない（第10章参照）。
　オープン懸賞については，宣伝としての効果はあっても，実際の商品の購入に際して大きな影響を与えるものではないと考え，各国とも制限はほとんどない。日本は，かつてオープン懸賞についても上限額を規制していたが，現在は撤廃されている。

(2) 景表法による規制

　景表法4条が景品類を規制しているが，実際の基準は告示により定められて

いる。クローズド懸賞と総付景品について，景品の金額について一定の上限を定めて規制している。クローズド懸賞については，商店街の福引きのように複数の事業者が参加して行う「共同懸賞」と，それ以外の「一般懸賞」に分けて規制している。

資　料〔19-6〕　景品類の上限

一般懸賞（「懸賞による景品類の提供に関する事項の制限」告示2項・3項）

懸賞による取引価額	景品類限度額	
	最高額	総　額
5000円未満	取引価額の20倍	懸賞に係る売上予定総額の2%
5000円以上	10万円	

共同懸賞（「懸賞による景品類の提供に関する事項の制限」告示4項）

景品類限度額	
最高額	総　額
取引価額にかかわらず30万円	懸賞に係る売上予定総額の3%

総付景品（「一般消費者に対する景品類の提供に関する事項の制限」告示1項）

取引価額	景品類の最高額
1000円未満	200円
1000円以上	取引価額の10分の2

〔消費者庁資料より作成〕

　この**資料**〔19-6〕にある「取引価額」とは，購入対象となる商品・サービスの価格である。一般懸賞と共同懸賞については，景品類（賞品）の最高額だけでなく，総額も規制されている。総額は，当選の数をいくつにするか，についての上限を規制するものである。例えば，一般懸賞の応募者の99％が当選するなら，総付景品の最高額の制限を脱法することになるから，景品の総額で規制している。

　例えば，1本130円の缶コーヒーを20本買い，シールを集めて応募すると，

抽選でブルゾンが当たるキャンペーンを実施するとする。このキャンペーン期間における缶コーヒーの販売予定数が100万本と見込まれ，ブルゾンの価値が1着1万円に相当するものとする。この場合，当選の数の上限はいくつになるだろうか。

130円の缶コーヒー20本なので，取引価額は2600円である。景品の最高額は，その20倍の5万2000円なので，1着1万円のブルゾンは限度額の範囲内である。缶コーヒーの販売予定数が100万本なので，売上予定総額は1億3000万円。その2％は，260万円。ブルゾンは1着1万円なので，当選数の上限は260着までということになる。

ただし，懸賞の方法については，禁止されている方法もある。「二以上の種類の文字，絵，符号等を表示した符票のうち，異なる種類の符票の特定の組合せを提示させる方法を用いた懸賞による景品類の提供は，してはならない」と規定されている（「懸賞による景品類の提供に関する事項の制限」告示5項）。このような懸賞方法は，「絵合わせ」あるいは「カード合わせ」と呼ばれる。全面禁止されている理由は，その方法自体に欺まん性が強く，子供向けの賞品に用いられることが多く，子供の射幸心をあおる度合いが著しく強いため，と説明されている。

事 例〔19-7〕 コンプガチャ事件

「ここでいう『ガチャ』とは，オンラインゲームの中で，オンラインゲームのプレーヤー……に対してゲーム中で用いるキャラクターやアイテム…を供給する仕組みのことです」。

「『コンプガチャ』は，……一般的には，『ガチャ』によって，例えば，特定の数種類のアイテム等を全部揃える……と，オンラインゲーム上で使用することができる別のアイテム等を新たに入手できるという仕組みです。この別のアイテム等は，その希少性から，『レアアイテム』などと呼ばれたりします。……『ガチャ』でどのアイテム等を入手できるかは偶然に支配されていますから，特定の数種類のアイテム等を全部揃えるためには，『ガチャ』を何度も行わなければならないことが一般的です」。

「消費者が行う有料のガチャは，オンラインゲームを提供する事業者と消費者

との，オンラインゲーム上のアイテム等に関する取引と認められるところ，有料のガチャを通じて特定の数種類のアイテム等を全部揃えることができた消費者に提供されるアイテム等は，有料のガチャという取引に消費者を誘引するための手段として，当該取引に付随して提供される経済上の利益であって，『便益，労務その他の役務』に当たるもの，すなわち，景品表示法第2条第3項の『景品類』に該当します」。

「数種類のアイテム等は，互いに種類が異なるものですから，端末の画面上に表されるそれぞれのアイテム等を示す図柄はそのアイテム等を他の種類のアイテム等と区別する印であり，こうした端末の画面上に表されるアイテム等を示す図柄も，懸賞景品制限告示第5項にいう『符票』に該当します。

したがって，上記のような形で，オンラインゲームの中で有料のガチャを通じて特定の数種類のアイテム等を全部揃えることができた消費者に対して別のアイテム等を提供することは，懸賞景品制限告示第5項にいう『……二以上の文字，絵，符号等を表示した符票のうち，異なる種類の符票の特定の組合せを提示させる方法を用いた懸賞による景品類の提供』に該当し，同項の規定によって禁止されます」。
〔消費者庁「オンラインゲームの『コンプガチャ』と景品表示法の景品規制について」平24・5・18〕

以上の規制の他に，特定の業種については，業界の実情等にかんがみ，一般的な景品規制とは異なる内容の業種別の景品規制がなされている。新聞業，雑誌業，不動産業，医療用医薬品業・医療機器業・衛生検査所業について，各業界において提供される景品類に制限が告示により設けられている。

テーマ4　法　執　行

景表法は，消費者庁の下に移管されてから，様々な改正がなされた。独禁法と異なり，消費者政策ゆえに必要となる制度とは，どのようなものだろうか。

(1) 措置命令

景品類の制限（景表法4条）および不当表示の禁止（景表法5条）について違反行為があるとき，措置命令として，違反行為の差止めその他必要な措置を命じることができる（景表法7条）。都道府県知事が措置命令を出せるよう，権限の一部が委任されている（景表法33条11項，「不当景品類及び不当表示防止法第十二条の規定による権限の委任等に関する政令」10条1項）。

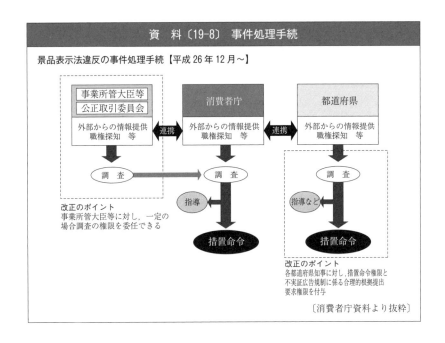

国（消費者庁・公取委）による措置件数は，2006（平成18）年度から2015（平成27）年度の10年間で225件である。都道府県知事による措置命令は2015（平成27）年度は3件のみであり，2014（平成26）年改正前の都道府県知事による指示は2006（平成18）年度から2014（平成26）年度の9年間で247件である。

(2) 課徴金納付命令

優良誤認表示（景表法5条1号）および有利誤認表示（景表法5条2号）につい

ては，2016（平成28）年4月より，課徴金制度が導入された（景表法8条）。課徴金額は，原則として，違反行為による売上額に3％を乗じた額となる。被害回復を促進するため，返金した場合に課徴金額を減額する措置が盛り込まれているのが特徴的である。

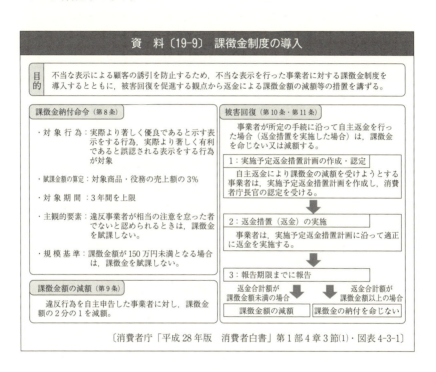

最初の課徴金は，三菱自動車工業による燃費の不当表示に対する4億8507万円となった（消費者庁課徴金納付命令平29・1・27）。

(3) 適格消費者団体

適格消費者団体は，優良誤認表示および有利誤認表示について，差止請求訴訟を提起することができる（景表法30条）。

「適格消費者団体」とは，不特定かつ多数の消費者の利益のためにこの法律の規定による差止請求権を行使するのに必要な適格性を有する法人である消費

者団体として，内閣総理大臣の認定を受けた者である（消費契約2条4項）。2016（平成28）年6月時点で，14の適格消費者団体が認定されている。

　消費者自身が差止請求することにより不当表示を抑制する目的であるが，消費者個人に差止請求権を認めると濫訴になることが考えられたため，これを防ぐ目的から適格消費者団体に差止請求権を与える制度が導入された。

　手続として，まず事業者に対して差止請求を行い，それから裁判所に訴えを提起することになっている。そのため，実際に訴えを提起する前に，裁判外で和解される事例がほとんどである。判決および和解の概要については，消費者庁により公表される（消費契約39条1項）。

　消費者被害の回復のため，消費者裁判手続特例法が制定された（2013〔平成25〕年成立，2016〔平成28〕年10月1日施行）。第1段階として，特定適格消費者団体の共通義務確認訴訟により，事業者に金銭支払義務等の共通義務を確定させる（消費者裁判手続特例法3条，2条4号）。その後，第2段階として，消費者が適格消費者団体に授権することで迅速に被害回復を受けることができる（消費者裁判手続特例法31条，2条7号）。

(4) 公正競争規約

　公正競争規約とは，事業者または事業者団体が，消費者庁長官および公取委の認定を受け，表示または景品類に関する事項について自主規制の協定または規約を締結する制度である（景表法31条）。公正競争規約は認定されたものであるため，これを遵守していれば，景表法に違反することは通常ない。

　公正競争規約により，その業界の商品特性や取引の実態に即して，広告やカタログに必ず表示すべきことや，特定の表現を表示する場合の基準，景品類の提供制限などを定めて，一般消費者がより良い商品・サービスを安心して選ぶことができる環境作りをするものである。例えば，食品に関する表示規約では，必要表示事項として，商品の名称，原材料名，内容量，賞味期限，保存方法，原産国名，製造業者名等を容器・包装に表示することが定められている。

　公正競争規約に沿った表示をしていることを示すマークが，業界によっては用意されている。

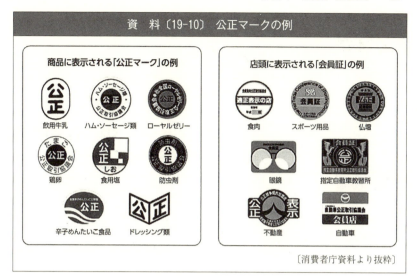

〔消費者庁資料より抜粋〕

　公正競争規約は，景品について37，表示について67，合計104が認定を受けている（2016年3月31日現在）。

第20章

中小企業

テーマ1 下 請 法

下請法と独禁法の関係はどうなっているだろうか。下請法を特に設けている理由は何だろうか。独禁法との違いは何だろうか。

(1) 下請法の役割

下請代金支払遅延等防止法（以下「下請法」とする）は，独禁法を補完する法律として位置づけられる。目的（第1条）には，下請取引の公正化，そして，下請事業者の利益の保護が掲げられている。

実際の経済において，下請取引は重要な役割を果たしており，日本の製造業の特徴として紹介されることもある。下請取引の典型例として，規模が大きい製造業者（いわゆる商品等のメーカー）が，部品その他の製造等を，中小規模の下請事業者に委託する取引，をイメージしてもらいたい。メーカーは商品の製造工程のすべてを自社内で完結させるのではなく，外部の下請事業者に，重要な部品の製造やその他の製造工程の一部を委託している。そして，その下請取引関係は長期にわたって繰り返し行われるとともに，下請事業者は特定のメーカーとのみ取引をする系列的な関係が形成されている。密接な関係を築くことにより，製品の開発段階から下請事業者が関わることができ，共同作業により技術的な水準を高めることができる。また，メーカーにとっては，内製せず外部化することによって，リスク低減や費用削減などの効率性を達成することができる。これらの下請取引が，日本の製造業を支えてきた，といわれている。

他方で，このような状況においては，下請事業者は特定のメーカーとの取引

に依存した事業活動をすることになり，当該メーカーとの関係において「仕事をもらう」という相対的に弱い立場になりやすい。このような立場を利用した「下請いじめ」とも呼ばれる過酷な取引条件（例えば，代金の支払遅延や事後の代金減額要求など）の押しつけが，製造業において多く見られた。そして，その被害者である下請事業者は今後の取引関係の悪化をおそれ，その取引条件の一方的な押しつけや一方的な事後的変更，その他の強要行為について，裁判を提起することも，当局に告発することもできない場合が多い。独禁法では優越的地位の濫用の適用が考えられるが，その要件である「優越的地位」と「正常な商慣習に照らして不当」であるという公正競争阻害性の認定基準は必ずしも明確でない。また，優越的地位の濫用を受けた下請事業者は報復をおそれ，公取委の審査に協力することは期待できない。

　下請法は，これらの困難を回避するため，規制当局が客観的に外部から違反行為を識別し法適用できるように規定されたものである。これは同時に，メーカー等の行為者が，禁止される行為を客観的な基準で自覚し，違反行為を未然に防ぐことを可能にする。

(2)　規制対象と内容

　下請法には，優越的地位の濫用行為（前出第12章）に該当する可能性のある行為が規定されており，独禁法を適用することも可能である。しかし，独禁法では，「取引上優越した地位」を利用し，「正常な商慣習に照らして不当」かどうか，を個別に認定する必要があるため，審査・審判手続上の困難がある。これを克服するため，独禁法における「取引上優越した地位」に代えて，下請法では，下請取引をする事業者の資本金の額を基準として，「親事業者」と「下請事業者」を定め，「親事業者」に対しては一定の義務と禁止行為を定める。「親事業者」とは，仕事を委託する事業者の意味であり，「下請事業者」とは委託を受ける事業者である（親子会社の関係ではない）。

　下請法が適用される対象は，従来，前出(1)のような経緯から製造業に限定され，製造委託と修理委託のみが対象であったが，近年の状況の変化に対応し，2003（平成15）年改正により，情報成果物作成委託と役務提供委託が適用対象に追加されている。同時に，違反行為者に対し，原状回復措置に加えて，その

他必要な措置を命ずることを定めた。

　下請法は，親事業者の義務と禁止事項を規定する。独禁法における優越的地位の濫用よりも具体的な規定となっている。

　下請法の適用対象となる資本金額の基準，および，義務・禁止事項は，以下の通りである。

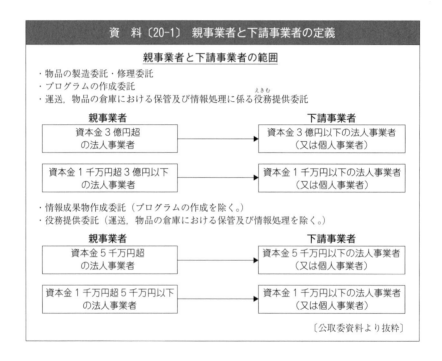

資　料〔20-2〕　親事業者の義務・禁止事項

a. 義　　務
　　（ア）書面の交付義務（3条）
　　（イ）書類の作成・保存義務（5条）
　　（ウ）下請代金の支払期日を定める義務（2条の2）
　　（エ）遅延利息の支払義務（4条の2）

b. 禁止事項
　　（ア）受領拒否の禁止（4条1項1号）
　　（イ）下請代金の支払遅延の禁止（4条1項2号）
　　（ウ）下請代金の減額の禁止（4条1項3号）
　　（エ）返品の禁止（4条1項4号）
　　（オ）買いたたきの禁止（4条1項5号）
　　（カ）購入・利用強制の禁止（4条1項6号）
　　（キ）報復措置の禁止（4条1項7号）
　　（ク）有償支給原材料等の対価の早期決済の禁止（4条2項1号）
　　（ケ）割引困難な手形の交付の禁止（4条2項2号）
　　（コ）不当な経済上の利益の提供要請の禁止（4条2項3号）
　　（サ）不当な給付内容の変更・やり直しの禁止（4条2項4号）

〔公取委資料より抜粋〕

　公取委および中小企業庁は，書面調査を実施し，必要に応じて立入検査を行う。違反があるときは，公取委は違反行為者に対し，勧告（下請法7条）や警告などの行政指導を行う。中小企業庁は，公取委に対して措置請求することができる。勧告された事件については原則として公表される。違反した親事業者が勧告に従う場合には，独禁法は適用されないが（下請法8条），従わない場合は独禁法が適用され，不公正な取引方法として排除措置命令が（場合によっては課徴金納付命令も）なされる可能性がある。

(3) 書類作成・交付義務

　親事業者の義務のうち，（ア）書面の交付義務は，違反行為の証拠保全および未然防止の観点からも，発注時の取引条件等を明確にする書面の交付が必要で

ある，との考えによる。下請法3条は，親事業者は発注に際して下記の具体的記載事項をすべて記載している書面（3条書面）を，直ちに下請事業者に交付する義務を定めている。①親事業者および下請事業者の名称，②製造委託，修理委託，情報成果物作成委託または役務提供委託をした日，③下請事業者の給付の内容（委託の内容が分かるよう明確に記載），④受領する期日（役務提供委託の場合は，役務が提供される期日または期間），⑤受領する場所，⑥給付の内容について検査をする場合は，その検査を完了する期日，⑦下請代金の額（具体的な金額・算定方法），⑧下請代金の支払期日，⑨手形を交付する場合は，その手形の金額と手形の満期，⑩一括決済方式で支払う場合は，金融機関名，貸付けまたは支払可能額，親事業者が下請代金債権相当額または下請代金債務相当額を金融機関へ支払う期日，⑪電子記録債権で支払う場合は，その債権の額および支払期日，⑫原材料等を有償支給する場合は，その品名，数量，対価，引渡しの期日，決済期日，決済方法（「下請代金支払遅延等防止法第3条の書面の記載事項等に関する規則」1条1項）。

　日本の製造業においては，製品開発の非常に早い段階から下請事業者との協力関係が見られる。このような下請取引の場合，初期の段階では上記記載事項を具体的に記した書面を作成することが困難である。その場合，公取委の運用基準（「下請代金支払遅延等防止法に関する運用基準」第3・2(1)）によると，次のように述べられている。必要記載事項のうち，その内容が定められないことについて正当な理由があり記載しない事項（以下「特定事項」）がある場合には，これらの特定事項以外の事項を記載した書面（当初書面）を交付した上で，特定事項の内容が定まった後には，直ちに，当該特定事項を記載した書面（補充書面）を交付しなければならない。また，これらの書面については相互の関連性が明らかになるようにする必要がある。

　以上の(ア)書面の交付義務のほか，親事業者の義務は以下の通りである。

　(イ)親事業者は，下請事業者に対し製造委託，修理委託，情報成果物作成委託または役務提供委託をした場合は給付の内容，下請代金の額等について記載した書類を作成し，2年間保存する義務がある（下請法5条，「下請代金支払遅延等防止法第5条の書類又は電磁的記録の作成及び保存に関する規則」3条）。

　(ウ)親事業者は，下請代金の支払期日を物品等を受領した日（役務提供委託

の場合は,下請事業者が役務の提供をした日)から起算して60日以内でできる限り短い期間内で定める義務がある(下請法2条の2)。

(エ)親事業者は,下請代金をその支払期日までに支払わなかったときは,下請事業者に対し,物品等を受領した日(役務提供委託の場合は,下請事業者が役務の提供をした日)から起算して60日を経過した日から実際に支払をする日までの期間について,その日数に応じ当該未払金額に年率14.6％を乗じた額の遅延利息を支払う義務がある(下請法4条の2)。

(4) 契約通りの履行の確保

上記**資料〔20-2〕**の親事業者の禁止事項のうち,親事業者に契約内容通りの履行を求めるものとして,注文した商品・役務の(ア)受領拒否,(エ)返品,(サ)不当な変更ややり直しの要求を禁止し,代金について(イ)遅延なく,(ウ)契約通りの金額を円滑に支払うよう規制している。(ケ)下請代金の支払期日までに一般の金融機関による割引(買取り)を受けることが困難な長期の手形による支払も禁じている(繊維業は90日,その他は120日が基準として運用されている)。

本来,これらの行為がなされた場合には,親事業者を相手に債務不履行として私訴を提起することもできるはずであるが,下請事業者の立場では現実的にはそれを期待することはできない。そして,すでに必要なコストをかけ契約通りに履行している下請事業者は,予期せぬ親事業者の行動によりコストを迅速・確実に回収することができなければ,事業経営に大きな影響が出かねない。そこで,契約通りの履行確保につき規制当局の監視が必要とされる。

実際の勧告事件のほとんどは(ウ)下請代金の減額要求の事例である。様々な名目で費用として下請事業者から金銭を徴収しているが,実質的には下請代金の減額として違法とされている。

事 例〔20-3〕 ファミリーマート事件

ファミリーマートは,消費者に販売する食料品の製造を下請事業者に委託しているところ,下請事業者に対し,次のアからオまでの行為により,下請代金の額

を減じていた。
　ア　平成26年7月から平成28年6月までの間,「開店時販促費」を支払わせていた。
　イ　平成26年7月から平成28年6月までの間,「カラー写真台帳制作費」を支払わせていた。
　ウ　平成26年7月から平成28年6月までの間,「売価引き」を支払わせていた。
　エ　下請事業者に前記アの「開店時販促費」,前記イの「カラー写真台帳制作費」または前記ウの「売価引き」を自社の指定する金融機関口座に振り込ませる方法で支払わせた際に,振込手数料を支払わせていた。
　オ　平成26年7月から平成27年9月までの間,下請代金を下請事業者の金融機関口座に振り込む際に,下請代金の額から自社が実際に金融機関に支払う振込手数料を超える額を差し引いていた。
　減額金額は,下請事業者20名に対し,総額約6億5000万円である。

〔公取委勧告平28・8・25〕

次の事例〔20-4〕は,(ウ)下請代金の減額要求と(エ)返品の事例である。

事　例〔20-4〕　はるやま商事事件

　衣料品等の製造委託に関し,
(1)ア　「オンライン基本料」等として一定額等
　　イ　「超過保管料金」として物流センターへの納品後一定期間を経過した商品の在庫数量に一定額を乗じて得た額
　　ウ　「マークダウン」として自社の店頭販売価格を引き下げることとした商品の在庫数量に一定額を乗じて得た額
のいずれかの額を差し引くことにより,下請代金の額を減じていた。減額金額は,下請事業者153名に対し,総額5948万1436円である。
(2)下請事業者に対し,給付を受領した後,販売期間が終了し在庫となった季節商品であること等を理由としてまたは受領後6か月を経過して引き取らせていた。返品分の下請代金相当額は,下請事業者63名に対し,総額10億3332万1966円である。

〔公取委勧告平24・1・25〕

製造業者だけでなく流通業者も，独自ブランドの商品の製造を委託する場合には，下請法にいう親事業者となる可能性がある。その他にも，例えば，放送業やIT企業において，コンテンツ製作を委託したりする場合には，下請法の対象となる可能性がある。

(5) 契約内容の適正さの確保

契約締結において，(オ)通常より著しく低い代金で買いたたくことを禁止しているが，これは契約後の事後的な変更ではなく，契約における取引条件設定の交渉であるため，受け入れがたい内容であれば拒絶すればよいことかもしれない。しかし，取引依存度が高く，他の取引先への転換が難しい下請取引においては，そのような状況でなければ受け入れられないような水準の代金を強要することが可能になる。ただ，それがどの水準の金額であるかは，はっきりと示すことは難しい。運用基準（第4・5(1)）では，「下請代金の額の決定に当たり下請事業者と十分な協議が行われたかどうか等対価の決定方法，差別的であるかどうか等の決定内容，通常の対価と当該給付に支払われる対価との乖離状況及び当該給付に必要な原材料等の価格動向等を勘案して総合的に判断する」とされている。

事　例〔20-5〕 ホーチキメンテナンスセンター事件

ホーチキメンテナンスセンターは，消防用設備の保守点検業務の全部または一部を下請事業者に委託している。ホーチキメンテナンスセンターは，下請代金の減額を行い，その後買いたたきをしていたため，下請法4条1項3号および5号違反とされた。

ホーチキメンテナンスセンターは，自社の経費削減を図るため，下請事業者に対して，「出精値引」と称して，下請代金の額に一定率（10.5%から17.5%の間の率）を乗じて得た額を負担するよう要請し，平成18年1月から同19年4月までの間，下請代金の額に一定率を乗じて得た額を当該下請事業者に支払うべき下請代金の額から差し引くことにより，下請事業者の責に帰すべき理由がないのに，当該下請事業者に支払うべき下請代金の額を減じていた（減額した金額は，下請事業者計20名に対し，総額2億1551万5911円）。

この行為につき公取委が下請法の規定に基づき調査を開始したことから，上記行為を取りやめることとした上で，下請事業者に対して，それぞれの事業者と十分な協議を行うことなく一方的に，平成19年4月末日支払分まで下請代金の額から一定率を乗じて得た額を差し引いて支払っていた額を，一律に，そのまま同年5月末日以降に支払う下請代金の額とすることを定めた。当該下請代金の額は，下請事業者の給付の内容と同種または類似の内容の給付に対し通常支払われる対価に比し著しく低いものであった。

　公取委は，下請事業者に対する平成19年5月末日以降に支払う額として定めた下請代金の額について，下請事業者との間で協議を行い，下請事業者の給付の内容と同種または類似の内容の給付に対し通常支払われる対価に比し著しく低いものではない相当額まで，同年5月末日支払分にさかのぼって引き上げること等を勧告した。

〔公取委勧告平19・12・6〕

　この事例では，下請代金減額という違反行為がすでにあり，その減額後の金額と実質的に同じ金額を下請代金とした行為が(オ)買いたたきと評価された。過去の事例では，買いたたきは，警告で処理された事例がほとんどであり，詳細はわからない。概要を見る限りでは，その金額の水準については明らかでなく，親事業者が一方的に額を決めていた，という点が強調されている。他の警告事例の概要を見ても，協議なく一方的に額を決めていた旨の説明がなされている。

(6)　**不当な要求の禁止**

　親事業者が下請取引につけ込み，不当な要求をすることを禁止している。押し付け販売や抱き合わせ販売など(カ)下請契約とは合理的な関係のない商品・役務の購入の強制を禁止し，金銭その他の(コ)不当な経済上の利益の提供を要請することも禁止している。

　次の**事例〔20-6〕**は，(カ)購入強制の事例である。

事　例〔20-6〕　日本セレモニー事件

　株式会社日本セレモニーは，業として消費者から請け負う結婚式の施行に係るビデオの制作および冠婚葬祭式の施行に係る司会進行，美容着付け，音響操作等の実施を下請事業者（個人または法人）に委託しているところ，平成26年5月から平成27年11月までの間，下請事業者の給付の内容と直接関係ないにもかかわらず，下請事業者に対し，上記下請取引に係る交渉等を行っている冠婚葬祭式場の支配人または発注担当者から，おせち料理，ディナーショーチケット等の物品（以下「おせち料理等」という）の購入を要請し，あらかじめ従業員または冠婚葬祭式場等ごとに定めていた販売目標数量に達していない場合には再度要請するなどして，購入要請を行っていた。

　下請事業者144名は，前記の要請を受け入れて，総額3302万1500円のおせち料理等を購入し，おせち料理等の購入に当たって，日本セレモニーの指定する金融機関口座に購入代金を振り込むための振込手数料を負担していた。

〔公取委勧告平28・6・14〕

次の**事例**〔20-7〕は，(コ)経済上の利益提供要請である。

事　例〔20-7〕　マルハニチロ食品事件

　マルハニチロ食品は，冷凍調理食品等の製造を下請事業者に委託している。マルハニチロ食品は，下請代金の減額とともに不当な経済上の利益の提供の要請を行った（下請法4条1項3号および2項3号）。

　マルハニチロ食品は，自社が卸売業者等に支払う販売促進費用の一部に充当するため，下請事業者に対し，事前に算出根拠等を明確に説明することなく，かつ，金銭の提供とそれによって得られる下請事業者の利益との関係を明らかにすることなく，「販売対策協力金」等と称して，仕入数量に一定額を乗じて得た額または販売数量に一定額を乗じて得た額を負担するよう要請し，この要請に応じた下請事業者に対し，平成19年2月から同20年4月までの間，当該額を支払わせていた（支払わせた金額は，下請事業者22社に対し，総額1709万5550円）。

〔公取委勧告平21・4・24〕

継続的な取引関係にあり，相手方が断ることができない状況で，「これ買え」

あるいは「金出せ」という要求であり，言葉は悪いが，押し売りや金銭のまきあげを行っているようなものである。その他にも，一定の商品を無償で納入するよう要求したり，人員を派遣するよう要求したりする行為が，同様の不当な要求として禁止される。

(7) その他

親事業者が下請事業者の従属を確保するための行為に対しては，(キ)報復措置の禁止がある。

また，(ク)有償支給原材料等の対価の早期決済の禁止は，親事業者が原材料等を有償で支給した場合に，この原材料等を用いて下請事業者が製造または修理した物品の下請代金の支払期日より早い時期に，この原材料等の代金を支払わせたり，下請代金から控除したりすることを禁止する。これは，通常は代金支払により相殺されるべき金銭を，代金支払よりも先に下請事業者に支払わせることで，その期間の当該金銭にかかる利息を奪い，下請事業者の資金繰りを悪化させ，自立した事業活動をする力を削ぐ可能性があるため禁止されている。

テーマ2　協同組合の行為に対する適用除外

協同組合は何のために設立されるのだろうか。協同組合には，なぜ適用除外の定めがあるのだろうか。適用除外とされるのはどのような行為だろうか。適用除外とされずに違法とされるのはどのような行為だろうか。

(1) 適用除外制度の趣旨

独禁法22条は，法律に基づいて設立された組合に対する適用除外制度を定めている。ただし，①小規模事業者・消費者の相互扶助目的であり，②任意に設立され，任意加入・脱退でき，③組合員に平等の議決権があり，④利益配分の限度が法令または定款に定められていること，が必要である。中小企業協同組合や農業協同組合などが，対象に含まれる。

なぜ，このような適用除外制度が置かれているのだろうか。

> **事　例〔20-8〕　岐阜生コン協組事件**
>
> 　独禁法22条において,「組合の行為を一定の条件のもとに同法の適用除外としている趣旨は,事業規模が小さいため単独では有効な競争単位たりえない事業者に対し,組合組織による事業協同化の途をひらくことによって,これらの事業者の競争力を強め,もって,公正かつ自由な競争を促進しようとするにある。同条第1号の要件は,右の趣旨を示す規定とみるべきであるから,同号にいう小規模の事業者の相互扶助とは,右に摘示した意味での小規模の事業者の間における相互扶助と限定して解すべきである。したがって,小規模の事業者か否かについては個別具体的な判断を要するが,いやしくも小規模と認められない事業者が加入している限り,その組合は,同条同号の要件を具備しているとは認められない」。
>
> 　　　　　　　　　〔公取委審判審決昭50・12・23審決集22巻105頁〕

　22条は,協同組合により競争がより促進されることを期待して定められたものである。すなわち,小規模な事業者が単体で事業活動を行う場合よりも,協同組合を形成することにより費用削減などの効率化がなされるならば,市場における競争を促進する効果を持つ。したがって,協同組合を形成し共同行為を行うことについて,独禁法の適用を除外する規定を設けたものである。

　しかし,「小規模の事業者」以外のものが組合員である場合には,この**事例〔20-8〕**のように,22条1号(小規模事業者の相互扶助目的)の要件を充足しないことになる。逆に,中小企業等協同組合法は,同法に定める中小企業等協同組合は,独禁法22条1号の要件を備える組合とみなす,としている。

(2)　**適用除外とならない行為**

　22条但書は,「不公正な取引方法を用いる場合」,または,「一定の取引分野における競争を実質的に制限することにより不当に対価を引き上げることとなる場合」は,適用除外にならないとしている。

> **事　例〔20-9〕　網走管内コンクリート製品協同組合事件**
>
> 　網走協組(網走管内コンクリート製品協同組合)は,中小企業等協同組合法に基づいて設立された事業協同組合である。

> 　網走協組は，オホーツク地区におけるコンクリート二次製品（生コンクリートを型枠に流し込み，あらかじめ，成型，硬化させて製品化したもので，道路や水路に用いる）について，共同受注事業と称して，あらかじめ，需要者ごとに見積価格を提示し契約すべき者（契約予定者）として組合員のうち1社を割り当て，その販売価格に係る設計価格（自治体等が予定価格の積算に用いる単価）からの値引き率を10%以内とすることを決定し，その実施に当たっては，対象とする品目および需要者ごとに契約予定者として割り当てる組合員を事前に運営委員会において決定することとした。
> 　公取委は，取引の相手方および対価を制限することを定めたものであって，網走協組の当該行為は，独禁法22条に規定する「組合の行為」に該当せず，独禁法の適用を受けるものである，として，8条1号を適用した。
> 〔公取委排除措置命令・課徴金納付命令平27・1・14審決集61巻138頁・188頁〕

　組合内部で競争を回避させ価格を拘束する調整であり，競争を制限する目的の行為である。この事例では，非組合員にも協力を要請し，高値での契約を実現していた。協力した非組合員も組合の賛助会員とされていたことから，8条1号の適用において排除措置命令の対象とされている。

　では，一定の取引分野における競争を実質的に制限するが不当に対価を引き上げることとならない場合はどうか，という問題があるように見える。しかし，市場支配力を価格支配力と考える場合には，価格を引き上げる「こととなる」という程度の蓋然性はあるだろう。また，排除・支配行為については，不公正な取引方法と構成することも可能であろう。したがって，多くの独禁法違反行為は22条の適用除外の対象外になりそうである。

　ただし，8条3号・4号は「競争を実質的に制限する」までには至らない行為であり，不公正な取引方法でもないので，適用除外になる，という主張があるかもしれない。また，8条5号も，不公正な取引方法を他の事業者に「させる」行為であるので，自ら不公正な取引方法を「用いる」のではない，という主張があるかもしれない（1999〔平成11〕年に廃止された「私的独占の禁止及び公正取引の確保に関する法律の適用除外等に関する法律」2条は，独禁法8条の規定は協同組合に適用しない，と定めていた）。

　それでは，22条で適用除外とされる「組合の行為」には，8条3号・4号・

5号に該当する行為も含まれるのであろうか。例えば，小規模販売店の組合が，組合員たる販売店に対して，ある特定メーカーの特定商品についてのみ小売価格を守らせるような場合はどうか。事業者団体による価格カルテルとして8条1号を適用するには，特定メーカーの特定商品だけで市場が成立し価格を引き上げたと認定しなければならないが，その認定は簡単ではない。また，組合が販売店に供給した商品でなければ，再販売価格の拘束にはならない。8条4号を適用するのがよさそうであるが，22条により適用除外とされ違法とはできないのであろうか。

事 例〔20-10〕 中山太陽堂事件

「被審人組合は私的独占禁止法第24条〔現22条〕各号に掲げる要件を備えており且つ中小企業等協同組合法に基いて設立されておるものであるが，被審人ら本舗各自の指示する化粧品の卸売価格について，団体協約をもつて被審人ら本舗とそれぞれ協定を遂げ次いでその協定の実施に関して日本粧業紙上又は東京商報紙上を通じて全国の卸売業者及び小売業者に対し卸売価格の維持励行方を通告して，価格維持を図るが如きは，正当なる団体協約の範囲を超えているものであつて協同組合本来の目的を逸脱しているものと認められる。

従つて右の価格協定及びその維持に関する行為については私的独占禁止法第24条の規定を適用する限りでないから，被審人組合の前記の行為は事業者たる被審人ら本舗と共同して対価を決定し維持したるものとして，私的独占禁止法第4条第1項第1号（現行法では削除）違反の責を免るゝを得ない」。

〔公取委同意審決昭26・3・15審決集2巻255頁〕

このように審決は，協同組合本来の目的を逸脱している場合には適用除外の対象ではない，と判断した。その後の学説の進展により，「組合の行為」とは「組合に固有の行為」に限定される，との解釈が主流となっている。「組合に固有の行為」とは，準拠法に定められた固有の行為，あるいは，準拠法上の事業を行うのに合理的に必要な行為と解する説が多い。したがって，競争制限を目的とした行為は適用除外の対象とはならず，独禁法を適用することができる。

第21章

入札談合（官製談合防止法）

テーマ1 不当な取引制限としての入札談合

　入札談合は，不当な取引制限に該当する独禁法違反行為である。入札談合は，ほとんどが複数の入札物件について事業者間で継続的に調整を繰り返すもので，その継続を約束した基本合意（基本ルール）と個々の入札物件ごとの個別調整行為からなる。このような特性がある入札談合について，不当な取引制限の行為要件（相互拘束）への該当性に関して議論すべき点は何か。

(1) 入札談合の基本合意と個別調整行為

　入札談合は，ハードコア・カルテルの範疇に入り，価格カルテル，数量カルテル等と同様に競争制限効果が強い行為類型である。入札談合事件の特徴として，長期に継続して行われていることから，当初に事業者間で個別の入札物件ごとに調整を行うことを相互に義務付け，受注予定者をどのような順番で決定するかというルールに相当する基本合意が必要である。かかる基本合意だけで競争制限効果をすでにもちうるもので，事業者の事業活動は相互に拘束する不当な取引制限の行為要件を充足する。

　公取委は，入札談合事件において，基本合意の存在を立証することを原則としている。ところが，長期に継続されてきた入札談合事件の場合，当初の基本合意の存在を立証することは時日の経過により，必ずしも容易でないことが多い。その場合，個別調整行為が繰り返されている事実から基本合意の存在を推定する手法がとられている。

事　例〔21-1〕　協和エクシオ審決取消請求事件

　事例〔2-1〕の米国空軍契約センターが発注する電気通信設備に係る入札談合事件において、ほとんどの物件が話合いなどするまでもなく、無競争で日電インテク（A）が受注することが決まり、また、A以外の他の会員が受注を希望した場合であっても、真に受注する意思はなく形だけにすぎないとして、基本合意の不存在を被審人が主張したことについて、①「本件のように入札参加者に真に受注を希望するかどうかを聞くことは、仮にその段階で真に受注を希望する者が無く、その結果、あたかも競争することなくAに受注予定者が決まったとしても、話し合って受注予定者を決定することが必要かどうかを判断するための前提行為としての『話合い』であり、本件基本合意に基づいて当該物件につき受注予定者を決める具体的交渉の場に上程する行為の一環と評価することができる。
　右によれば、被審人主張のように、話合いによって受注予定者を決定するまでもなく、いわば無競争でAが受注予定者になることが多かったとしても、右は本件基本合意を認定する妨げにならず、右各社の本件27物件についての対応は本件基本合意の存在を推認する事実といえる」〔協和エクシオ課徴金事件＝公取委審判審決平6・3・30審決集40巻49頁〕。
②「原告は、本件審決において個々の話合いが行われたことが具体的に認定されているのは4件にすぎず、これらから遡って本件基本合意の存在を認めることはできないと主張する。しかし、現実に話合いが行われたのが4件にすぎないとしても、そのほかの物件についても、その都度現場説明会等の機会にかぶと会の会員が会合し、受注希望の有無の打診が行われたが、従前からの当該設備の受注者以外に受注を希望する者がなかったため話合いに入らずに終ったものであることは《証拠略》によって明らかであるから、同会会員の間では契約センター発注の全物件について話合いを行う体制が継続的に維持されていたものであり、この事実は本件基本合意の存在を推定する有力な根拠ということができる」。

〔東京高判平8・3・29審決集42巻424頁〕

　上記事例においても、談合組織と目される「かぶと会」が設けられたのが1981年であり、公取委の調査が開始されたのは10年近く経過した後であったので、基本合意の存在を立証する直接証拠を得ることは難しく、公取委は、個別の入札物件における事業者間の協力状況から基本合意の存在を推認した。この手法は、その後の東京高裁判決においても是認されたことになる。

したがって、入札談合事件において、基本合意の存在が認められれば、不当な取引制限に該当する相互拘束行為は成立し、そのほかに、すべての個別の入札物件ごとに具体的な受注予定者等を決定する個別調整行為が行われることを必要としない（ごみ焼却施設入札談合審決取消請求事件＝東京高判平20・9・26審決集55巻910頁）。また、個別の入札物件ごとに具体的な意思の連絡行為等の立証ないし認定がされること自体も必ずしも必要ではない（日本道路興運審決取消請求事件＝東京高判平24・3・9審決集58巻第2分冊200頁）。

ところで、上述のことは、基本合意の存在を立証すれば、入札談合における不当な取引制限の相互拘束性が満たされることだけを意味するのであって、個別調整行為だけではそれぞれ不当な取引制限の相互拘束性を満たさないということを意味しない。個別調整行為も、それぞれ対象となった個別物件に係る競争を制限する合意であって、それ自体を相互拘束行為として評価することが可能であり、その個別合意に従って行われた各参加事業者の入札行為が遂行行為である。刑事事件において、個別調整行為に参加した者が実行行為者になりうることについては、個別合意を行うことが基本合意の確認・合意となり、または基本合意の一部となるとの見方が示されている（第一次東京都水道メーター談合刑事事件＝東京高判平9・12・24高刑集50巻3号181頁、防衛庁石油製品談合刑事事件＝東京高判平16・3・24判タ1180号136頁）。

さらに、郵政省発注の郵便番号自動読取区分機の入札に参加できる事業者が2社しかない状況で、郵政省から情報の提供を受けたいずれか一方の事業者のみが個別物件ごとの入札に参加していることについて、個別調整行為が行われていない場合においても、個別物件ごとの競争のあり様から、基本合意に相当する暗黙の意思の連絡を推認した次の事例がある。「入札に付されたすべての物件について実際に競札が生じておらず、原告ら2社においては、情報の提示を受けた者のみが情報の提示を受けた物件の入札に参加し情報の提示を受けなかった者は情報の提示を受けなかった物件については入札に参加しないという不自然に一致した行動をとっていること、そもそも原告ら2社は区分機類を巡っては本来的に競争関係にあるはずのものであり、実際にも原告ら2社は区分機類の読取性能が比較されて発注見込台数に差が付けられるとの認識の下に技術開発競争を継続してきた経緯があること、等……の事実に徴すると、郵政省

内示を受けなかった原告が当該物件の入札に参加しなかったという事実を郵政省内示を受けなかったという事実のみによって説明することすなわちその事実のみによって生じたものであると認めることは困難というべきであり，郵政省内示に加えて，この郵政省内示の有無によって入札に参加するか否かを決めるという原告ら2社間の暗黙の意思の連絡によるものと認めるのが相当であって，このような意思の連絡なくして原告ら2社がたまたま結果的に同じ行動をとったものとは考え難いものである」（郵便番号自動読取区分機事件〔差戻審〕＝東京高判平20・12・19審決集55巻974頁）。

(2) 基本合意の拘束性

不当な取引制限における事業活動を相互に拘束する度合いが入札談合の場合，どの程度必要とされるかという問題がありうる。言い換えると，基本合意がその後に物件ごとに特定する事業者の受注を可能にする効果があるものであったかという問題である。

事　例〔21-2〕　公成建設ほか談合事件

京都市が発注する舗装工事の入札談合事件において，自ら受注を希望しない事業者が行っている行為は，基本合意に拘束されてのものではないとの被審人（Y）らの主張について，「(1) Yらは，受注希望を表明するとの合意や，受注予定者が受注できるように協力するとの合意だけでは価格連絡を伴っても相互拘束に該当しない，相互拘束に該当するためには受注調整合意が必要であるなどと主張する。

しかし，本件基本合意は，入札に当たり，受注予定者を決定し，受注予定者が受注できるようにすることであって，受注希望の表明はその実施手段の一つにすぎず，これを，受注希望を表明する合意，受注予定者を絞り込む合意，受注予定者に協力する合意などに分解して，それぞれ不当な取引制限に該当すると認定しているものではないので，受注希望を表明するとの合意だけでは相互拘束に該当しないなどのYらの主張は，その前提から失当である。〔中略〕

(2) 念のため，71物件について受注を断念した事業者がいないことをもって，受注希望者が1社しかいない場合にその者を受注予定者とし，相指名業者は受注予定者が受注できるように協力するとの合意は相指名業者を拘束するものではな

いとの主張について検討すると，本件基本合意は，入札に当たり，受注予定者を決定し，受注予定者が受注できるようにするとの内容であり，合意への参加事業者は，いずれも，自己が受注を希望する物件については受注希望を表明し，必要に応じ話合いを行って，受注予定者を決定し，自己が受注予定者となった場合には相指名業者の協力を得て受注し，また，自己が受注予定者とならなかった場合には受注予定者が受注できるよう協力することとしていたのであるから，相互にその事業活動を拘束し，受注をめぐる競争を回避していたことにほかならない」。

〔公取委審判審決平16・9・17審決集51巻119頁〕

入札談合についても，不当な取引制限のうちのカルテルに相当する複数の競争事業者間で行われる意思の連絡の意義は妥当する。すなわち，競争事業者間で連絡を取り合うのは，他の競争事業者が積極的な競争的行動に出てくるというリスクを減少させるためであり，言い換えれば，かかる競争的行動に出てこないということが確認できれば十分なのであって，基本合意によって相互に受注意欲の有無を確認できる協力システムを形成することは，その下で各事業者は他の事業者の行動を懸念することなく自らの事業活動（入札談合の場合は，入札行為）を遂行できているものであって，それらの事業活動は基本合意によって拘束されているといって差し支えない。

(3) 基本合意の拘束の相互性

入札談合事件について，不当な取引制限における相互拘束の相互性を満たすかという点を再論してみよう。**事例〔5-9〕**では，入札談合参加事業者4社のうち，1社だけが受注し，他の3社は発注物件について受注する希望もなく，受注予定者を割り振られることはないというものである。したがって，落札・受注する1社と他の3社の事業活動が異なり，拘束の相互性を満たさないのではないかという疑問が生じる。

拘束の相互性についてまず考えると，この事例においても，基本合意の主旨は，入札にあたり，受注予定者を決定し，受注予定者が受注できるようにすることであるから，中国地区3社（$Y_2 \sim Y_4$）はY_1という受注予定者が受注できるよう行動しているものであり，他方，Y_1も中国地区3社が落札すべく行動

しないという点を確認して、かかるリスクが減少した中で、受注予定者である自らが受注するように行動しているものである。Y_1の事業活動も中国地区3社の事業活動も、いずれも基本合意を遵守して行われている、すなわち、基本合意にそれぞれ拘束された事業活動を遂行しているものであって、一方だけが拘束されているという、拘束の相互性を欠くようなことはない。

テーマ2　不当な取引制限の罪と談合罪

独占禁止法の不当な取引制限の罪と刑法の談合罪について、規制対象の重なりと異なる点は何か。入札談合事件に対する刑事罰は、実行行為者のほか、発注機関側も含め、どこまで及びうるものであるか。

(1) 不当な取引制限の罪と談合罪の関係

刑法96条の6第2項に規定する談合罪は、談合が「公正な価格を害し又は不正な目的を得る目的」で行われることを要し、官公庁等の発注機関の利益が害されることを防止しようとするもので、広義の公務執行妨害罪に属する。これに対し、独禁法89条1項1号の不当な取引制限の罪は、市場における公正・自由な競争の機能が害されることを防止しようとするもので、適用範囲は談合罪よりも広い。加えて、罰則も、不当な取引制限の罪（5年以下の懲役〔2009（平成21）年改正前は3年以下の懲役〕または500万円以下の罰金）の方が談合罪（3年以下の懲役もしくは250万円以下の罰金または併科）よりも重いことから、次の事例の判決のように、傍論ではあるが、不当な取引制限には継続的な入札談合が対象となって、単発的な入札談合は該当しないという考え方も出てくる。

事　例〔21-3〕　神戸市工事談合事件

神戸市発注の特定の建築工事にかかる競争入札において談合を行った事業者が、刑法96条の6第2項（談合罪）違反に問われた事件にあって、被告人側の主張として、「所論は、談合罪における公正なる価格を害し又は不正の利益を受ける目的というのは予定価格の範囲乃至実費に適正な利潤を加えたものを超えるもので

なければならないというのであるが，当裁判所判例（昭和 28 年 12 月 10 日第一小法廷判決・集 7 巻 12 号 2418 頁，同 32 年 1 月 22 日第三小法廷判決・集 11 巻 1 号 22 頁，昭和 29 年（あ）668 号同 32 年 7 月 19 日第二小法廷判決）に照して理由がない。また所論は本件は特別法たる〔旧〕独占禁止法 4 条 1 項 1 号にいう業者が共同して対価を決定し，維持し又は引き上げることの禁止に触れるもので一般法たる談合罪を構成しないというのであるが，所論の独占禁止法の条文は一定の取引分野における競争に対する共同行為を取り締ろうとしたものであつて本件のように所定の目的の下に各特定の取引について談合するものに適用されるべきものではない」。

〔最判昭 32・12・13 刑集 11 巻 13 号 3207 頁〕

　上記事例は，不当な取引制限の罪を適用しようとした事件ではないので，不当な取引制限の罪の構成要件の解釈として先例的価値があるとは必ずしもいえない。一定の取引分野における競争に関係付けて，継続的な入札談合と単発的な入札談合を区別するのは適当ではなく，1 回限りの入札談合であってもそこで期待された競争を制限する効果がある行為を不当な取引制限の対象から外すことは合理的とはいえない。

　談合罪と不当な取引制限の罪の重要な違いは，不当な取引制限の罪については両罰規定（95 条）・三罰規定（95 条の 2）があり，法人の刑事責任を追及しうるものとなっていることである。したがって，個人の罪責を問うよりも，会社の組織犯罪ととらえることが適しているとみられるような入札談合事件については，独禁法上の不当な取引制限の罪を問う方が適している。入札談合の担当者個人に対して談合罪での訴追が行われた後，法人については不当な取引制限の罪で有罪とされたケースがある（社会保険庁シール談合刑事事件＝東京高判平 5・12・14 高刑集 46 巻 3 号 322 頁。担当者個人については，東京地判平 5・3・30 審決集 41 巻 553 頁）。

(2) 発注担当者側の刑事責任

　入札談合が不当な取引制限に該当する場合，その行為者は当該入札談合に参加した事業者であるが，さらに不当な取引制限の罪に問われたとき，犯罪とし

ての実行行為者は事業者（法人である場合）に不当な取引制限を行わせた自然人である。刑事事件となった入札談合の実行行為に発注者側の自然人が関与した場合，発注者は入札談合の実行行為者の立場にはないが，発注者側の自然人を身分なき共犯（刑65条1項）として刑事責任を追及することは可能である。いわゆる官製談合に対して，事業者側の責任のみではなく，発注者側の責任をも問うべきであるという見方について，刑法上の可能性としては，①幇助犯（刑62条），②教唆犯（刑61条），③共同正犯（刑60条）の3段階がありうる。

事　例〔21-4〕　日本下水道事業団談合刑事事件

　日本下水道事業団が発注する電気設備工事の入札談合刑事事件において，同事業団の職員である工務部次長 r が事業者側に工事件名，予算金額等を教示していたことについて，「被告会社9社は，下水道事業団（G事業団）の前身の下水道事業センターの時代から，電気設備工事について受注調整を行ってきた。すなわち，指名競争入札の方法により発注される分について，入札施行前に話合いによる工事件名ごとに受注予定社を決めた上，その予定社が確実に落札し，受注できるように協力し合っていたのである。

　ところで，G事業団が自治体から工事を受託する際，自治体の側からその工事を特定の業者に施工させてほしい旨の要望が付けられることがしばしばあった。この自治体からの要望を被告会社9社の受注調整担当者は『意向』と呼び，受注予定社を決めるに当たっては，『意向』を獲得したのがどの被告会社であるかが最も重視されてきた。

　一方，G事業団においても，自治体はいわば顧客であってその『意向』に沿うことが業務の円滑な遂行とその拡大につながるという配慮から，工事発注担当者の工務部次長らが，被告会社9社による右のような『意向』中心の受注調整を承知した上で，各被告会社の受注調整担当者に『意向』の有無及び内容を伝えるなどしていた。そのため，各被告会社の営業の重点が，自治体に働きかけてその『意向』を獲得することに置かれ，その間の受注実績に『意向』獲得の多寡による格差が生じるようになった。〔中略〕

　被告人 r〔G事業団工務部次長〕の判示〔第2〕の所為は，平成7年法律第91号による改正前の刑法62条1項〔幇助犯〕，独禁法95条1項1号，89条1項1号，3条に該当するところ，所定刑中懲役刑を選択し，右は従犯であるから右改正前の刑法63条，68条3号により法律上の減軽をした刑期の範囲内で同被告人を懲

役8月に処し,情状により同法25条1項を適用してこの裁判の確定した日から2年間その刑の執行を猶予することとする」。

〔東京高判平8・5・31高刑集49巻2号320頁〕

　上記事例は,事業者である被告会社9社にその自由な意思による入札談合行為(受注予定者等の決定)が存在し,かかる入札談合行為を容易に行いうるようにした幇助行為として,下水道事業団工務部次長が顧客である自治体の「意向」を被告各社の受注調整担当者に伝える行為を捉えたものである。発注者側にも刑事責任を認めた初めてのケースとなった。

事　例〔21-5〕　緑資源機構談合刑事事件

　独立行政法人緑資源機構(C)が発注する地質調査等の業務の入札談合事件において,Cの職員が,事業者側にあらかじめその受注予定者を割り振り,入札価格を示唆するなどしていたことについて,「被告人aは,C森林業務担当理事として,同機構が発注する緑資源幹線林道事業に係る地質調査及び調査測量設計業務に関する業務全般を統括していたもの,同bは,C森林業務部林道企画課長として,前記地質調査及び調査測量設計業務の発注等に関する業務に従事していたものであり,分離前の相被告法人財団法人D,同株式会社E,同財団法人F及び同株式会社G(以下「4法人」と総称する。)は,いずれも林道事業に係る地質調査及び調査測量設計業務の請負業等を営む事業者で,〔中略〕被告人両名は,〔中略〕他の事業者の従業員らと共謀の上,4法人の業務に関し,

第1　Cが平成17年度において指名競争入札又は見積合わせの方法により発注する緑資源幹線林道事業に係る地質調査及び調査測量設計業務(106件,最終契約金額合計8億6816万7000円)について,平成17年3月ないし4月ころ,川崎市所在のCの主たる事務所において,面談する方法により,被告人両名を介して,各事業者の受注実績等を勘案して,被告人両名らの意向に従って受注予定事業者を決定するとともに当該受注予定事業者が受注できるような価格で入札を行う旨合意した上,そのころから平成18年2月ころまでの間,東京都千代田区所在の前記財団法人Fの主たる事務所等において,面談ないし電話連絡の方法により,前記合意に従って前記業務についてそれぞれ受注予定事業者を決定するなどし,もって4法人らが共同して,前記業務の受注に関し,相互にその事業活動を拘束し,遂行することにより,公共の利益に反して,前記業務の取引分野にお

ける競争を実質的に制限し〔たものである〕」。

〔東京地判平 19・11・1 審決集 54 巻 805 頁〕

　上記事例は，発注者（C）側の担当幹部（a および b）が，事業者側の担当者とともに，不当な取引制限の罪について，入札談合における共謀共同正犯とされた初めてのケースである。受注予定者の決定が，発注者側の担当幹部を介して各事業者の受注実績等を勘案し，担当幹部の意向に従って決定されたことで，発注者側が入札談合の成立に積極的に関与しているものとの評価を受け，実行行為者の一員であるとの刑事責任を認めるに至った。

　発注者側の入札談合関与行為を共謀共同正犯そのものとみた判決は，その後に日本道路公団鋼橋上部工事談合刑事事件があり，そこでは受注予定者の割り振りを発注者側から積極的に行っていることについて「被告人〔日本道路公団の担当幹部〕は，……将来の自分を含む JH〔日本道路公団〕職員の再就職先の確保という自分達の利益を図るために，このような行為を行っているのであるから，まさに自らの犯行として，本件独占禁止法違反行為を行ったということができるのである。これらの事情に照らすと，被告人は，本件独占禁止法違反の犯行において，その対象工事の発注者側の責任者の一人として，自分達の利益を図るために，極めて重要かつ必要不可欠な役割を果たしているのであるから，被告人は，本件独占禁止法違反の犯行について，単に幇助犯にとどまるのではなく，……本件 47 社の担当者らと共謀の上，これを自己の犯罪行為として行った者として，身分なき共謀共同正犯の責任を負うというべきである」と指摘した（東京高判平 19・12・7 判時 1991 号 30 頁）。

テーマ3　発注機関と入札談合

　公的調達において，競争入札は，現在，どのような制度的位置付けになっているか。なぜ，発注機関が自ら実施する競争入札をないがしろにする入札談合行為に関与することがあるのか。公取委と発注機関は，官製談合を含む入札談合の防止のために，緊張と協力関係を構成することができるか。

(1) 入札制度の在り方

　官公庁の調達方法は一般競争入札，指名競争入札，随意契約の3種類に大別され，国および地方公共団体の契約は，原則として一般競争入札によらなければならないこととされている（会計29条の3第1項，自治234条2項）。ところが，従前，ＷＴＯ政府調達協定により一般競争入札が義務付けられている一定金額以上の大型物件を除き，発注者側に事前に登録した事業者のうちから，個別の入札物件ごとに特定の条件により発注者が10名ないし20名ほど指名した者が当該物件の入札参加資格を得て，指名を受けた事業者の間での競争を期待する指名競争入札が多く採用されてきた。入札制度は最も安価な価格で入札した者を必ず落札者としなければならないことを原則とするので，発注者が示した入札参加資格や条件を満たせば，希望者は自由に参加できる一般競争入札においては，発注者側に事業遂行能力や信用力の点でどのような事業者が落札業者となるか分からないという不安があったからである。指名競争入札であれば，発注者は入札参加者を選定できるので，中小企業への配慮や地元業者の優先などの政策的視点も反映させやすいことから，「契約の性質又は目的により競争に加わるべき者が少数で第1項の競争〔一般競争入札〕に付する必要がない場合及び同項の競争に付することが不利と認められる場合において」（会計29条の3第3項，自治令167条）行いうるにもかかわらず，指名競争入札が一般競争入札よりも多用されてきた。

　指名競争入札は，発注者に事業者が入札に参加できるか否かの決定権限を与えることで，発注者と事業者の癒着を生じさせやすく，かつ，当該発注者の入札に参加する事業者の顔ぶれの予想が付きやすく，恒常的な入札談合グループを形成しやすい状況がもたらされることも容易に推測しうることである。

　したがって，発注者と事業者の関係における官製談合と事業者間の入札談合の弊害を防止するために，競争性を高める施策の1つとして，一般競争入札の対象範囲の拡大を図る方向にあるが，他方で，一般競争入札のもつ信用ある事業者の確保への懸念を解消するために，入札ボンド（金融機関による契約履行保証制度）の導入や，入札価格だけによらない総合評価方式（「公共工事の品質確保の促進に関する法律」2005〔平成17〕年制定）など，入札環境をめぐる改善工夫が試みられているのが現況である。

(2) 発注者側が入札談合に関与する理由

　競争入札制度は，入札に参加する事業者の競争を通じて，発注者に最も有利な調達条件を提示する事業者を選び出すものである。発注者の利益のために入札を主催する側が，競争があるように見せかけながら，自ら競争をないがしろにする行為（最も悪質な行為が，発注者側から受注予定者を示唆する「天の声」）をなぜ行うのかは，大きく分けて2つある。1つは，次の事例にもあるような公団等の特殊法人や国の機関にみられることで，職員の再就職先（いわゆる天下り先）に利益を配分する手段としてであり，公的機関である発注者を支える国民の利益を考えずに，職員組織の利益が優先される実態である。もう1つは，地方公共団体の首長にみられがちなことであるが，選挙によって選ばれた地位を維持するために，自らを支援する事業者に利益を配分する手段としてであり，これも税収を私物化するもので，納税者の利益が貶められている。

事　例〔21-6〕　日本道路公団鋼橋上部工事談合刑事事件

　「(1)　日本道路公団（JH）では，かつては，JH発注の鋼橋上部工事等について，担当の現職理事が，工事ごとに受注予定会社を自ら割り振り，JH元副総裁で分離前相被告会社株式会社三菱重工業株式会社顧問を務めていたdを通じて，『意向』や『天の声』などと呼ばれるその結果を鋼橋工事会社の担当者らに伝達する受注調整を行っていたが，平成5年ころ，ゼネコン汚職事件の摘発等を切っ掛けに，官製談合に対する社会的な批判が高まったのを受け，そのような取扱いを中止した。

　(2)　鋼橋工事会社の担当者らは，以前から，『K会（旧称は紅葉会）』及び『A会（旧称はあづま会）』と称する入札談合組織を結成し，JH発注の鋼橋上部工事等について入札談合を行っており，JHの現職理事による受注調整が中止された平成5年以降も，JH側に代わって，dが受注予定会社を割り振る受注調整を行うことによって，入札談合を継続していた。

　(3)　dは，平成5年ころ，JHの建設第一部（後の有料道路部）担当の理事であるe理事に対し，『今後は，私が割り振りの案を作る。OBや業界の人を陳情に来させるので，それで判断してくれ。』などと頼んだところ，e理事から，『分かりました。ただ，全体が分からないと困るので，全体を見せてもらえませんか。』などと言われたので，以後，毎年2回くらい，各社に割り振った工事名等

を記入した割振表をe理事及びその後任の理事であるf理事に届けるようにした。なお，JHでは，建設第1部（後の有料道路部）担当の理事が橋梁関係の窓口業務を担当し，建設第2部（後の高速道路部）担当の理事がゼネコン関係の窓口業務を担当するのが慣例になっていた」。

〔東京高判平19・12・7審決集54巻809頁〕

　上記事例に見られるように，事業者の側は「K会」・「A会」という入札談合組織を結成し，JHのOBは「かづら会」を組織して，その間の意思疎通は，効率的に極めて巧妙に行われて，相互扶助の意識により違法感覚は麻痺している。

　社会構造に根深く入り込んだ官製談合・入札談合の問題の改善には，独禁法・刑法の厳正な運用のみで達成するには限界があり，わが国の行政組織および産業界の構造改革・意識改革も併せて必要とされるゆえんである。前出の**事例〔21-5〕**では，裁判所から「本件は，事業活動への不当な拘束を排除することにより，公正かつ自由な競争を促進し，一般消費者の利益の確保と国民経済の民主的で健全な発達の促進を目的とした独占禁止法の趣旨に背馳する大規模かつ組織的な談合事案である。近時，市場における適切な自由競争の重要性が高まる中，その重要性を無視し，従来の因習から脱却することなく，血税を無駄に費やす官製談合を続け，国民の犠牲の上に立って，自分たちの組織の温存を図ろうとしたものであって，国民の信頼に背く恥ずべき犯行である」との厳しい指摘がなされた。

(3) 入札談合防止のための施策

　1992年5月に公取委が勧告した大手ゼネコンによる入札談合の埼玉土曜会事件（公取委勧告審決平4・6・3審決集39巻69頁）を契機とする談合問題への対応として，公取委は，独禁法による取り締まりと並行して，発注者と事業者に改善努力を促すために，1993年9月，中央建設業審議会公共工事に関する特別委員会で「独占禁止法の運用からみた入札制度やその運用の在り方について」を説明し，一般競争入札制度が好ましい旨の提言もした。さらに，1994年7月，入札談合の防止を図るために公共的入札ガイドラインを公表した。

公取委が1993年度以降毎年，各発注官庁等と「公共入札に関する公正取引委員会との連絡担当官会議」を開催しているほかに，「公共工事の入札及び契約の適正化の促進に関する法律」(2000〔平成12〕年制定)の10条では「各省各庁の長，特殊法人等の代表者又は地方公共団体の長は，それぞれ国，特殊法人等又は地方公共団体が発注する公共工事の入札及び契約に関し，独占禁止法3条又は8条1号の規定に違反する行為があると疑うに足りる事実があるときは，公正取引委員会に対し，その事実を通知しなければならない」との通知義務を発注機関に課している。

テーマ4　入札談合等関与行為と公契約関係競売等妨害罪

入札談合等関与行為と刑法の公契約関係競売等妨害罪に該当する行為は，どのように異なるか。公契約関係競売等妨害罪の適用による官製談合防止策を超えて，官製談合防止法でできる対策は何か。入札談合に関与した発注機関に対して，独占禁止法で対応できることと，官製談合防止法でなければ対応できないことは何か。

(1) 官製談合防止法制定の経緯

官製談合防止法は，2002（平成14）年，正式の題名を「入札談合等関与行為の排除及び防止に関する法律」（2006〔平成18〕年改正後は「入札談合等関与行為の排除及び防止並びに職員による入札等の公正を害すべき行為の処罰に関する法律」）として，議員立法により成立した。1999年の防衛庁調達実施本部石油製品談合事件（公取委勧告審決平11・12・20審決集46巻352頁）や2000年の北海道上川支庁農業土木工事談合事件（公取委勧告審決平12・6・16審決集47巻273頁）において，発注者側から予定価格を指名業者に伝達したり，受注予定者を示唆したりする行為があったため，公取委から発注者（防衛庁調達実施本部，北海道）に改善要請がなされたことが契機となった。発注者は事業者ではないため，独禁法の対象とはならず，法的措置がとりえないことに対して，事業者側だけが制裁を受けている印象となり，不公平感からの批判が集中した。特に，事件が刑事告発された場合は，発注者側の職員を共犯として責任を問うことも可能であ

るが,公取委による行政処分が事業者になされた段階では,発注者に対する法的な手続は存在しなかったことが法の不備を連想させた。また,刑法96条の6第1項に規定する公契約関係競売等妨害罪を適用して,偽計を用いて入札の公正を害したものとすることも可能であるが,行政機関である公取委の調査・処分と連動して,機動的に同罪を適用することは困難であった。

官製談合防止法の3条1項では「公正取引委員会は,入札談合等の事件についての調査の結果,当該入札談合等につき入札談合等関与行為があると認めるときは,各省各庁の長等に対し,当該入札談合等関与行為を排除するために必要な入札及び契約に関する事務に係る改善措置を講ずべきことを求めることができる」として,公取委から発注機関に対する措置要求を法定した。

事　例〔21-7〕　岩見沢市建築工事談合事件

岩見沢市（I市）が発注する建築工事の入札談合事件において,「2(1) I市が建設部及び産業経済部において建築工事として発注する工事の発注業務担当職員は,かねてから,地元企業の安定的及び継続的な受注の確保等を目的として,毎年度,I市が建築工事として発注する工事を含む建設工事について事業者ごとの年間受注目標額を設定していた。

(2) I市の発注業務担当職員は,前記2(1)の年間受注目標額をおおむね達成できるようにするために,I市が指名競争入札の方法により建設部及び産業経済部において建築工事として発注することを予定している工事のうちI市の発注業務担当職員が北海道I市内又はその周辺に本店又は支店を置く者が落札することが適当であると判断した工事について,指名競争入札の執行前に,物件ごとに,過去の受注実績等を勘案して落札予定者を選定し,落札予定者の名称及び設計金額の概数を,平成13年9月まではかつて岩見沢建設協会の事務局長の職にあった者に,同年10月以降は岩見沢建設協会の会長の職にある者に示していた」。

〔公取委勧告審決平15・3・11審決集49巻292頁〕

上記事例は,官製談合防止法が成立した翌2003年に同法が適用された第1号事件である。I市の発注業務担当職員の行為は,入札談合等関与行為のうち,官製談合防止法2条5項の①事業者に入札談合等を行わせること（1号）,②受

注予定者を教示すること (2号), ③工事の設計金額等の秘密情報を教示すること (3号) のいずれにも該当するものであり, 公取委は, 本件の勧告時に, I市長に対して, 同市職員の行為の排除のために, 必要な改善措置の要求を行った。

(2) 公正取引委員会から発注機関への改善要求

発注者側が入札談合等関与行為を行った場合, 公契約関係競売等妨害罪を適用しても, 実行行為者である担当職員の刑事責任が追及されるもので, 発注者の組織としての責任を問うことには限界がある。官製談合防止法に基づく公取委から発注機関の長に対する改善措置要求は, 発注者側に組織としての対応を求めるもので, 官製談合の実態が構造的に行われたものであることを考えると, よりきめ細かい官製談合防止策を実現できる。官製談合防止法によって 2015 年までに公取委が発注機関に改善要求した事例は, 13 件ある。

次の資料は, 水門設備工事談合事件 (公取委排除措置命令平 19・3・8 審決集 53 巻 891 頁・896 頁・902 頁・907 頁) に際して, 公取委が発注者により具体的な再発防止措置を求めて工夫したケースである。要職にあった職員の退職後についても指導を求めていることに, 官製談合が各職員個人の問題ではなく, 組織を縦貫して構造的に行われている深刻さを見てとることができる。

資　料〔21-8〕「国土交通省, 独立行政法人水資源機構及び農林水産省が発注する水門設備工事の入札参加業者らに対する排除措置命令, 課徴金納付命令等について」

「国土交通省又は水資源開発公団を退職した者が, 以下の各行為を行っていた事実が認められた。
(1) 国土交通省総合政策局建設施工企画課に在籍の特定の職員は, 〔中略〕それぞれ, 当該工事の発注前に, 当該工事の落札予定者についての意向を世話役に示していた。
(2) 旧建設省において東北地方建設局道路部機械課等に在職し既に退職していた特定の者は, 〔中略〕それぞれ, 当該工事の発注前に, 国土交通省総合政策局建設施工企画課に在籍の特定の職員が示す当該工事の落札予定者の意向を世話役に伝達していた。
(3) 旧建設省において国土地理院院長の職等にあって既に退職していた特定の者

及び旧建設省において技監の職等にあって既に退職していた特定の者は，平成13年8月1日以降入札が行われた各地整発注の特定ダム用水門設備工事のうち，既設のダムに新規に水門設備を製作し据え付けるものを除く新設工事について，当該工事の発注前に，世話役から当該工事の落札予定者についての提示を受け，これを承認していた。
(4) 水資源開発公団において常務参与の職等にあって既に退職していた者は，平成13年9月ころ，その後に発注が見込まれる水資源機構発注の特定ダム用水門設備工事について，発注前に，当該工事の落札予定者についての意向を世話役に示していた。
(5) 水資源開発公団において理事の職等にあって既に退職していた者は，平成16年1月ころ，その後に発注が見込まれる水資源機構発注の特定ダム用水門設備工事について，発注前に，当該工事の落札予定者についての意向を世話役に示していた。

前記(1)から(4)までの者は，いずれも国土交通省が所管する公益法人に勤務している時期に各行為を行っていたものである。

また，……各行為は，いずれも競争入札の制度の趣旨に反するものであり，これらの行為に基づいて……違反行為が行われていたことを踏まえれば，これらの行為が各違反行為を誘発し，助長したものと認められる」。

〔公取委報道発表資料・平19・3・8〕

(3) 発注機関側の取組み

官製談合防止法は，発注者側に①組織的な再発防止措置（3条），②発注機関による職員への賠償請求（4条），③発注機関による職員への懲戒処分（5条）および④発注機関が指定した職員による発注機関自らの調査（6条）を求める。

職員への損害賠償請求については，官製談合防止法制定以前は，予算執行職員に限って，故意・重過失があれば，発注機関に賠償請求責任が生じた（予算執行3条，自治243条の2）が，それ以外の職員への賠償請求責任は規定されていなかった。官製談合防止法は，4条5項で予算執行職員以外の職員に対しても，入札談合等関与行為を行って故意・重過失により損害を生じさせた場合には賠償請求責任が発注機関に生ずる旨規定した。また，関係した職員に対して，懲戒免職等の処分がなされた事例も少なくない。

資 料〔21-9〕 過去の事件における損害賠償の例

発注機関 (改善措置要求日)	損害賠償請求の概要
新潟市 【建設工事】 (H16・7・28)	新潟市は，平成19年10月，入札談合等関与行為が認められた元職員4名に対し，独禁法違反を認定された事業者との連帯債務として，総額7430万円の損害賠償請求を行った。
日本道路公団 【鋼橋上部工工事】 (H17・9・29)	東日本高速道路株式会社，中日本高速道路株式会社，西日本高速道路株式会社及び独立行政法人日本高速道路保有・債務返済機構は，平成20年7月，入札談合等関与行為が認められた元総裁及び元理事職員等に対し，独禁法違反を認定された事業者との連帯債務として，総額86億8300万円（事業者が既に支払った額を控除済）の損害賠償請求を行った。
国土交通省 【水門設備工事】 (H19・3・8)	国土交通省は，平成22年1月，入札談合等関与行為が認められた元職員2名（うち1名は死亡しているため，その相続人）に対し，独禁法違反を認定された事業者及びOB3名との連帯債務として，総額7億8636万円（事業者が既に支払った額を控除済）の損害賠償請求を行った。
防衛省航空自衛隊 【什器類】 (H22・3・30)	防衛省は，平成25年1月，損害賠償責任が存するとした職員等8名に対し，違反事業者の6社との連帯債務として，総額1億7045万円の損害賠償請求を行った。
青森市 【土木工事】 (H22・4・22)	青森市は，平成22年12月，入札談合等関与行為が認められた元特別職員1名並びにその当時の上司2名及び部下1名に対し，独禁法違反を認定された事業者との連帯債務として，総額16億6545万円の損害賠償請求を行った。
茨城県 【土木・舗装工事】 (H23・8・4)	茨城県は，平成24年3月，入札談合等関与行為が認められた職員等12名に対し，独禁法違反を認定された事業者との連帯債務として，総額9200万円の損害賠償請求を行った。
国土交通省 【土木工事】 (H24・10・17)	国土交通省は，平成27年6月，入札談合等関与行為が認められた職員等（元副所長7名）に対し，独禁法違反を認定された事業者との連帯債務として，総額2億9440万円（事業者が既に支払った額を控除済）の損害賠償請求を行った。

〔公取委事務総局「入札談合の防止に向けて——独占禁止法と入札談合等関与行為防止法（平成28年10月版）」から〕

なお，官製談合防止法の2006（平成18）年改正で，同法8条に「職員が，その所属する国等が入札等により行う売買，貸借，請負その他の契約の締結に関し，その職務に反し，事業者その他の者に談合を唆すこと，事業者その他の者に予定価格その他の入札等に関する秘密を教示すること又はその他の方法によ

り，当該入札等の公正を害すべき行為を行ったときは，5 年以下の懲役又は 250 万円以下の罰金に処する」との直罰規定を導入した。2016 年までにすでに 20 件超の有罪事例がある。

第22章

規制産業

テーマ1　電気通信

電気通信の事業としての特性はどこにあるだろうか。従来なされてきた規制はどのようなもので、その理由はどのようなものだったろうか。現代においても、その理由や規制内容は同じだろうか。

(1) 規制産業と競争

わが国の経済体制は、事業者の自由な経済活動を市場メカニズムで調整することを基本としている。この市場メカニズムが健全に機能するよう、公正かつ自由な競争が制限されることのないよう規制するのが独禁法の役割である。

他方、産業の特性から必然的に市場メカニズムになじまないと考えられた事業分野がある。例えば、電力、鉄道、電話など、巨額の設備投資が必要で、生産規模が拡大するほど単位あたりの費用が低下する規模の経済性があり、1つ整備されれば二重に存在する必要がない、といった特性を持つ事業が自然独占と考えられた。これらの事業については、参入等を制限して一定範囲において事業を独占させる代わりに、行為や料金等の取引条件を国家が監視する制度が採用されてきた。このような規制産業については、個別の事業ごとにその特性に応じた立法がなされ（事業法と総称される）、規制・監督官庁が運用してきた。

様々な理由で定められ運用されてきた規制につき、1980年代頃から、その必要性を見直す動き、いわゆる規制改革が進められてきた。これにより、事業法により規制されてきた事業分野においても、自由化が推し進められた。しかし、残存する規制により与えられた地位、あるいはそれまでに公的に援助され

建設されてきた施設，その他の規制下で獲得され拡大されたアドバンテージ等を用いることで，新規参入を阻止したり，競争を抑制したりすることがある。自由化により事業法の規制下からはずれた経済活動については，独禁法により公正かつ自由な競争を確保しなければならない。また同時に，規制・監督官庁も，積極的に競争を促進させるための制度や措置をとることがある。

規制改革は多くの分野で進められているが，本章では，その代表例として，電気通信，電気・ガス，航空，タクシーの4つの分野を取り上げる。

(2) 電気通信事業の特性と規制

電気通信は，電信事業は1869年に，電話事業は1890年に，国営独占事業として当時の逓信省により開始された。1952年，日本電信電話公社（電電公社）に改組し公社化されたが，独占のまま維持された。

1985年に日本電信電話株式会社（NTT）が民営化されると同時に，電気通信事業法が制定され，許認可の下に電話事業への民間事業者の参入が認められるようになった。しかし，それからしばらくの間は，需給調整条項ゆえに限定的な参入しか認めない運用がなされ，長距離電話にNTTとNCC（新規電話会社）3社の計4社，地域電話はNTTの独占とされてきた。1990年代に入り，携帯電話の普及と，電話以外の通信事業分野が大きく拡大することになり，規制緩和はいっそう推し進められ，従来の電気通信政策は大きく転換されることとなった。NTTは，1999年，持株会社の下に東西地域会社および長距離事業会社が分離されるという組織再編がなされた。

現行の電気通信事業法（2003〔平成15〕年改正法）では，一定規模以上の回線設置事業者について登録制とし，その他の事業者は届出制とされ，新規参入は制度上は容易になっている。ただし，各家庭・事業所につながる銅線や光ファイバーは事実上NTT東日本とNTT西日本がそのほとんどを保有しており，その他の事業者が独自に新設・保有することは実際上不可能である。また，携帯電話等の電波を利用する移動体通信については，電波の周波数の割り当てが必要なため，電波法で新規参入は規制されている。したがって，競争に必要な一定の設備については，競争事業者であっても一定の条件で接続し貸し出すよう，電気通信事業法により義務づけられている（電通事32条・33条・34条）。現

在，NTT 東日本と NTT 西日本の保有する地域電話回線に関する設備（第一種指定電気通信設備）と，NTT ドコモと KDDI（および沖縄セルラー），ソフトバンクモバイルが保有する移動体通信設備（第二種指定電気通信設備）が指定されている。

　総務省は，移動体通信分野においてさらなる競争促進を図り，一層多様かつ低廉なサービスの提供による利用者利益の実現を図るため，また，電波の公平かつ能率的な利用を確保するため，「MVNO に係る電気通信事業法及び電波法の適用関係に関するガイドライン」を策定している。MVNO とは，Mobile Virtual Network Operator であり，自前の無線通信施設を保有せず，MNO の無線ネットワークを活用して多様なサービスを提供する事業者である。MNO とは，Mobile Network Operator であり，電波の割り当てを受け自前の無線通信施設を保有して通信サービスを提供する既存の移動体通信事業者である。MVNO が MNO のネットワークを利用しやすくなれば，新規参入が増え，競争がより活発になるだろう，というものである。実際に MVNO による通信事業者が新規参入し，機能を限定した格安 SIM（Subscriber Identity Module：加入者識別モジュール）や，特定のサービスやソフトウェアに最適化された SIM など，サービスの多様化が始まっている。

　また，総務省は，2014 年 12 月，移動通信端末の SIM ロック解除を義務化するよう，「SIM ロック解除に関するガイドライン」を改正した。これにより，ユーザーは従来の端末を使い続けながら，通信事業者を変更することが可能になり，スイッチングコストを抑えることができるようになった。これもまた，ユーザーが自由に通信事業者を選択することを容易にし，競争を促進させるものである。

(3) 電気通信と独禁法

　電気通信事業法が適用される事業分野であっても，独禁法の適用対象となりうる。NTT 東日本は，上記(2)にあるように，電気通信事業法により，競合する事業者にも，各家庭への回線接続をしなければならない義務を負っている。次の事例は，DSL によるブロードバンド接続サービスを開始しようとした事業者との接続にかかる警告事例である。接続義務を前提とした競争においては，

接続の過程においてどのような配慮が必要だろうか。

事　例〔22-1〕　NTT東日本DSL警告事例

　NTT東日本は，DSL（デジタル加入者線）サービスの試験提供を開始するにあたり，同社と相互接続協定を締結して加入者回線への接続を希望する事業者に対し，以下の行為を行っている事実が認められた。(1) MDF（主配線盤）接続によるサービスの提供条件について，試験サービスであることを理由に，エリア，数量，サービスの種類を限定したり，拒絶したりしていた。(2)接続交渉に際し，「事前協議」と称する交渉を行い，工事業者を限定するなど，時間のかかる手続を採用していた。(3)接続交渉等の場に，競争部署の担当者が同席していた。

　NTT地域会社は，加入者回線をほぼ独占し，地域通信市場において支配的地位を有している。また，自社およびグループ企業において加入者回線を用いたインターネット接続サービスを提供している。NTT東日本の加入者回線を用いてDSL事業に参入しようとする事業者は，取引関係と同時に競争関係にもあった。

　NTT東日本の前記(1)，(2)および(3)に掲げる行為は，DSLサービスへの新規参入を阻害し，DSL事業者の円滑な事業活動を困難にさせ，DSL事業者の競争上の地位を著しく不利にしている疑いがある。これらの行為は，結果として，地域通信市場におけるNTT東日本の地位を維持・強化し，加入者回線を利用したインターネット接続サービス市場における競争を実質的に制限し，独占禁止法第3条の規定に違反するおそれがある。

　公取委は，NTT東日本に対し警告を行い，例えば，①DSL事業者が希望しない場合には事前協議を行わないこと，②営業部と相互接続推進部との間で情報を遮断するファイアーウォールを設けること，③NTT東日本とグループ企業との間で情報を遮断するファイアーウォールを設けること，④グループ企業が有する情報と同等の情報をDSL事業者に対しても開示すること等の改善措置を講じることを求めた。

〔公取委報道発表資料・平12・12・20〕

　NTT東日本自身が接続の相手方と競争関係にあるため，競争者に対する接続を制限したり遅延させたりすることにより，自己の地位を維持しようとしていた。競争者であるDSL接続業者は，NTT東日本の保有する加入者回線を利用しなければ，事業に参入することができない。単に接続さえしてもらえばい

いというのではなく，実際のビジネスにおいてはサービス提供までのスピードが重要な競争要因となる。無駄に時間と手間をかけさせ競争者の事業を遅延させる行為が，市場に対する新規参入を阻止し競争を実質的に制限するおそれがあるとして，公取委は警告をした。公取委が求めた改善措置にあるように，競争者を不利に扱わないためには，自己の組織内でファイアーウォールを設けることが有効である。

　加入者回線は，従来から使われてきた銅線による回線から，光ファイバを用いた回線へと置き換えが進みつつある。したがって，NTT東日本・西日本が保有する加入者光ファイバ設備についても接続義務が課され，その接続料金と接続条件は総務大臣の認可が必要とされている。次の事例は，光ファイバを用いたFTTH接続の料金につき，一部のユーザーに対して認可された条件よりも低い価格でサービス提供した事例である。

事　例〔22-2〕　NTT東日本事件

　※判決の詳細については，**事例〔4-7〕**および**事例〔4-14〕**を参照。

　戸建て住宅向けのFTTHサービスには，光ファイバについて1芯を1人で使用する芯線直結方式と，1芯の光ファイバを複数人で使用する分岐方式とがある。芯線直結方式に比べて分岐方式は，接続速度が低下する可能性がある。

　NTT東日本は，光ファイバ接続サービスにつき，東日本地区で約86.9％のシェアを有している。NTT東日本は，ユーザー数の早期拡大を優先するため，分岐方式として契約したユーザーの一部につき，実際には分岐させず芯線直結方式でサービス提供していた。芯線直結方式を他の事業者に貸し出す際の接続料金が月額6344円（加入者光ファイバ5074円およびメディアコンバータ1270円の合計金額）であったのに対して，分岐方式のユーザー料金は当初5800円，その後4500円としていた。いずれも，他の電気通信事業者がNTT東日本の光ファイバ設備に芯線直結方式で接続してFTTHサービスを提供する際に必要となる接続料金を下回るものであった。

　公取委は，接続料金を上回るユーザー料金を設定しなければ，継続的合理的な事業の実施を見込むことができないことなどから，加入者光ファイバ設備を保有しない他の電気通信事業者が，NTT東日本の加入者光ファイバ設備に接続して戸建て住宅向けFTTHサービス事業に参入することを困難にし，これを排除し

ていたものと認めることができる，とした。そして，東日本地区における戸建て住宅向けFTTHサービスの取引分野における競争を実質的に制限するものに該当する，として2条5項の定義規定を満たし3条前段の私的独占の禁止に違反する，と判断した。

最高裁は，「加入者光ファイバ設備接続市場における事実上唯一の供給者としての地位を利用して，当該競業者が経済的合理性の見地から受け入れることのできない接続条件を設定し提示したもので，その単独かつ一方的な取引拒絶ないし廉売としての側面が，自らの市場支配力の形成，維持ないし強化という観点からみて正常な競争手段の範囲を逸脱するような人為性を有するものであり，当該競業者のFTTHサービス市場への参入を著しく困難にする効果を持つものといえるから，同市場における排除行為に該当するというべきである」とし，独禁法違反を認めた。

〔最判平22・12・17民集64巻8号2067頁〕

この事例は，芯線直結方式での接続であるのに，その卸値ともいえる接続料金を下回るユーザー料金（いわば小売価格）を設定したことが問題となっている。これにより，卸値を高く設定することにより他の競争者に対して実質的に取引拒絶した，あるいは，自己が加入者に対して費用割れ販売をすることにより競争者から顧客を奪い排除した，ということである。廉売の側面だけに着目すると，ユーザーは芯線直結方式であるとは認識せず契約しているのであるから，顧客を集める効果があったか，については疑問がある。学説においては，プライス・スクイーズ，あるいはマージン・スクイーズと呼ばれる排除行為である，との指摘もあった（第4章テーマ2(3)参照）。最高裁判決は，廉売だけでなく取引拒絶の側面も認めるものであり，こういった学説からの指摘にある程度答えるものとなっている。

なお，そもそも，届出した芯線直結方式のユーザー料金に従っていない点が，事業法上の問題となるのではないか，という指摘もある。

公取委と総務省は共同で「電気通信事業分野における競争の促進に関する指針」（平28・5・20）を公表している。そこでは，「電気通信事業分野においては，①不可欠性及び非代替性を有するため他の事業者がそれに依存せざるを得ないいわゆるボトルネック設備の設置，市場シェアの大きさ等に起因して市場支配

力を有する事業者が存在するために十分な競争が進みにくいこと，②いわゆるネットワーク産業であり，競争相手の事業者と接続することにより利用者の効用が大きく増加するとともに，逆に接続しなければ事業者はサービスの提供が困難であるため，他事業者への依存を余儀なくされること，③市場の変化や技術革新の速度が大変速いことといった事情がある。このような電気通信事業分野の特殊性を前提にすれば，電気通信事業分野における公正な競争をより積極的に促進していくためには，規制緩和の推進と競争の一般的ルールである独占禁止法による競争制限行為の排除に加えて，電気通信事業法（昭和59年法律第86号）において，公共性・利用者利益の確保の観点から必要な規制を課すとともに，公正競争促進のための措置を講じていくことが必要である」との認識が示されている。

テーマ2　電気・ガス

　電気（電力）事業の特性は何だろうか。ガス事業の特性は何だろうか。それぞれに対して，どのような規制がなされてきただろうか。現在，どのように変わりつつあるだろうか。

(1) 電気（電力）事業の規制と競争

　現在まで続く電力会社10社による電力供給の基礎は，1938（昭和13）年の電力管理法および日本発送電株式会社法により，電力事業を国家の管理下に置いたことによる。民間の発電・変電・送電設備を統合させ，9つの電力会社に再編した。戦後も民有・民営ではあるが，地方ごとの独占が維持され，電力会社10社（北海道，東北，東京，中部，北陸，関西，中国，四国，九州に沖縄を加える）による電力供給がなされてきた。電力事業は，発電，送電，配電の段階を経て，需要者に供給される。従来，これらは垂直的に統合され，各電力会社がそれぞれ保有し，一体的に運営してきた。そして，独占による弊害を防止するため，電力会社には供給義務を課し，料金等の取引条件も認可制の下に置かれてきた。

電力事業においても規制緩和が進められている。まず，発電部門から自由化が進められ，1995（平成7）年の電気事業法の改正により卸供給（発電）が自由化された。新規事業者が自家発電した余剰電力を，電力会社に供給することが可能になった。そして，1999（平成11）年改正により，小売の部分自由化がなされた（2000〔平成12〕年3月開始）。電力会社らと対等の交渉力を有するであろう大口需要家（電圧20kV以上・需要2000kW以上）を対象とする特別高圧電力の小売供給について，取引当事者間の自由な交渉により，取引相手の選別と取引条件を決定できるようにした。その後，2004（平成16）年4月に電圧6kV以上・需要500kW以上，2005（平成17）年4月に需要50kW以上の高圧電力の小売供給が自由化された。そして，2016（平成28）年4月，ついに一般家庭を含む小口需要家に対する電灯・低圧電力（100～200V）の小売供給の自由化が実施された。

小売供給の自由化にあたって必要となるのは，発電した電気を需要者に届ける送電線と配電設備の確保である。従来からある10電力会社以外の事業者が，全国の需要者に対して独自の送電・配電設備を新設・保有することは現実的ではない。そこで，新規参入者は，10電力会社に対して，これら設備を経由して需要者に届ける「託送」をしてもらう必要がある。

2014（平成26）年，電気事業法は，規制対象となる事業区分を一新する改正をした。

①小売電気事業（登録制）
②一般送配電事業（許可制：需要適合要件・託送供給義務）（10電力会社の送配電部門）
③送電事業（許可制：需要適合要件・振替供給義務）（一般送配電事業者以外の者）
④特定送配電事業（届出制）（特定地域における熱電併給を行う者）
⑤発電事業（届出制）

上記のように，①小売電気事業は登録制となり，自由化された。2016（平成28）年現在，300以上の事業者が登録されている。他方，送配電部門については，上記②のように許可制のままになっている。そして，小売自由化にとって必要となる託送料金は，認可制となっている。

新規参入した小売電気事業者の電力の調達が容易になるよう，卸電力取引所

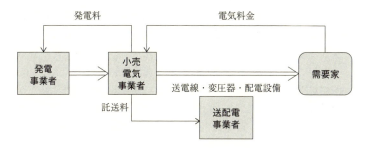

が2005（平成17）年から稼働している。しかし，実際の取引量は低迷しているため，その取引量を確保できるようにする政策が必要とされている。

自由化された電力取引において，競争が制限される場合には，独禁法の適用対象となる。公取委は，経済産業省と共同で，「適正な電力取引についての指針」を公表している。

> **資　料〔22-3〕　公正取引委員会・経済産業省「適正な電力取引についての指針」（平29・2・6）**
>
> 「平成26年改正法の施行前においては，一般電気事業者はその供給区域内において100パーセント近いシェアを有しており，かつ，一般電気事業者間の競争が活発に行われていなかった。平成26年改正法の施行後においては，電気の小売業への参入の全面自由化により全国的な競争が期待されるところ，一方で，周波数変換設備や地域間連系線の送電容量に制約があることや，一般送配電事業者の供給区域ごとに託送供給契約の締結や同時同量を行う必要があること，当該区域を越えた卸電力取引が限定的にしか行われていないこと等から，当該区域ごとに競争が行われる実態が当分の間は変わらないことも考えられる。
>
> また，一般送配電事業者の供給区域内の電源の大部分を一般電気事業者であった者が保有し又は調達している実態が変わらない現状においては，当該区域において一般電気事業者であった小売電気事業者は依然として有力な地位にあり，当分の間，需要家の多くは当該小売電気事業者から引き続き電気の小売供給を受け続けることも考えられる」。
>
> 「このような状況において，一般送配電事業者の供給区域において一般電気事業者であった小売電気事業者（以下「区域において一般電気事業者であった小売

電気事業者」という。）が，当該区域において，供給に要する費用を著しく下回る料金で電気を供給し，他の小売電気事業者と取引しようとする需要家に対して従来の条件に比して不利益となる条件に変更したり，需要家の解約を不当に制限することなどにより，他の小売電気事業者の事業活動を困難にさせ，市場における競争を実質的に制限する場合には，私的独占に該当し，独占禁止法第3条の規定に違反することとなる。また，市場における競争を実質的に制限するまでには至らない場合であっても，正当な理由なく他の小売電気事業者の事業活動を困難にさせるおそれがあるときには，個々の行為が不公正な取引方法に該当し，独占禁止法第19条の規定に違反することとなる」。

　この指針では，上記の考え方に続いて，独禁法上問題となる可能性のある行為を例示している。①セット販売における不当な取扱い，②特定の需要家に対する不当な安値設定等，③部分供給における不当な取扱い，④戻り需要に対する不当な高値設定等，⑤自家発補給契約の解除・不当な変更，⑥需給調整契約の解除・不当な変更，⑦不当な違約金・精算金の徴収，⑧物品購入・役務取引の停止，⑨複数の行為を組み合わせた参入阻止行為。これらの行為が，取引拒絶，差別対価等，排他条件付取引，抱き合わせ販売，優越的地位の濫用，取引妨害などに該当し，新規参入者を排除する場合には違法となる。
　次の警告事例は，長期契約を締結した事例であるが，それはどのような効果を持つであろうか。

事　例〔22-4〕　北海道電力警告事例

「北海道電力は，新規参入者等に対抗するため，平成12年10月ころ以降，契約期間に応じて契約保証電力（注）に係る基本料金を割り引くこと等を内容とする「長期契約」を自由化対象需要家との間で締結し，相手方に対し，
　(1) 同契約において，途中解約した場合等には，既に適用した長期契約割引額の返還に加え，契約残存期間における契約保証電力に係る基本料金の20パーセントに相当する額等を支払うことを義務付け，
　(2) これらの支払について，事業撤退等による契約解消の場合等は対象外とし，同社から新規参入者に契約先を切り替えた場合等には支払を求めることとしている疑いが認められた。

> （注）契約保証電力とは，長期契約において契約期間を通じて維持することを約束した電力（kW）のことをいう」。
>
> 〔公取委報道発表資料・平14・6・28〕

　この事例において，公取委は，3条（私的独占の禁止）の規定に違反するおそれがあるものとして警告を行った。北海道電力は，自由化対象である需要家を，自己の顧客として維持するためにこのような契約を締結した。契約期間が長期になるにつれ割引を大きくする契約は，一定の経済合理性のある契約であり，その割引を得ていた取引相手が途中解約した場合に何らかの補償を求めることも合理性がある。しかし，この事例では，違反のおそれがあるとして警告されている。既存一般電気事業者の市場における地位や市場の状況から，長期の排他条件付取引による競争制限効果は，通常の市場における効果とは異なる著しい排除効果を有すると判断されたのであろう。

(2) 電力会社と優越的地位の濫用

　自由化対象の需要家と電力会社は，その価格について契約により価格を決定する。

　燃料費などの費用の増大を理由に，自由化対象需要家に対し値上げを一方的に通知した場合，優越的地位の濫用にならないだろうか（第12章テーマ2参照）。

> **事　例〔22-5〕　東京電力注意事例**
>
> 「(1)　東京電力は，東京電力の供給区域における自由化対象需要家向け電力供給量のほとんどを占めており，一方，当該供給区域における特定規模電気事業の電力供給の余力は小さい。これらの事情から，東京電力と取引しているほとんどの自由化対象需要家にとって，東京電力との取引の継続が困難になれば事業経営上大きな支障を来すため，東京電力が当該需要家にとって著しく不利益な取引条件の提示等を行っても，当該需要家がこれを受け入れざるを得ない状況にあり，東京電力は，当該需要家に対し，その取引上の地位が優越していると考えられる」。
>
> 「(2)　東京電力は，……平成24年1月頃から同年3月頃までの間，東京電力と

> 当該需要家との間で締結している契約上，あらかじめの合意がなければ契約途中での電気料金の引上げを行うことができないにもかかわらず，一斉に同年4月1日以降の使用に係る電気料金の引上げを行うこととするとともに，当該需要家のうち東京電力との契約電力が500キロワット未満の需要家に対しては，当該需要家から異議の連絡がない場合には電気料金の引上げに合意したとみなすこととして書面により電気料金の引上げの要請を行っていた事実が認められた」。
> 「(3) 前記(1)を踏まえると，東京電力の前記(2)の行為は，独占禁止法第2条第9項第5号（優越的地位の濫用）に該当し同法第19条の規定に違反する行為につながるおそれがある」。
>
> 〔公取委報道発表資料・平24・6・22〕

2011年3月11日の東日本大震災により引き起こされた原子力発電所の事故のため，火力発電所用の燃料費が大幅に増加し，電気料金を引き上げる必要が生じた。だからといって，取引相手との交渉が不十分なまま，同意なく，一方的に値上げする行為は，継続して取引する相手方に対する不利益となる取引条件の設定・変更・実施にあたり，優越的地位の濫用となる可能性がある。自由化対象需要家は，他の電力供給者と契約する自由を有するが，実際には取引先の転換可能性が低く，東京電力について優越的地位を認めることができる。

(3) ガス事業の規制と競争

一般ガス事業（いわゆる都市ガス）についても，規制改革が進められ，大口需要者に対する小売りが自由化され，託送が必要になった。電気の場合と同様に，ガス事業法による規制のほか，競争を制限する場合には独禁法の適用の可能性がある。公取委と経産省は共同で，「適正なガス取引についての指針」（平16・8・6）を公表している。同指針で示されている問題となる行為は次の通りである。①不当に低い価格設定，②つなぎ供給における不当に高いガス料金の設定等，③不当に高い解約補償料の徴収，④複数の行為を組み合わせた参入阻止行為，⑤設備等の無償提供，⑥物品購入・役務取引の停止，⑦事実に反する情報の需要家への提供，⑧他の事業分野における独占的な地位の利用。また，託送供給についても，差別的取扱いの禁止が問題となることが示されている。

(4) 電気とガスの競争

エネルギー産業として見た場合，電力事業者とガス事業者は競争関係に立つ。次の事例は，電力事業者によるオール電化の売り込みに対する警告事例である。

事 例〔22-6〕 関西電力警告事例

関西電力は，平成14年頃から，集合住宅および戸建て開発地への電気供給のための設備に関する協議の機会を用いて，住宅開発業者等に対し，以下の行為を行い，オール電化等を採用する住宅開発業者等に比べて，住宅の熱源としてガスを併用する住宅開発業者等を不当に不利に取り扱っている疑いがある事実が認められた。

ア 負荷想定容量（集合住宅の共用部分および全戸における予想電気使用量）が50kW以上となる集合住宅の場合，当該集合住宅にオール電化を採用し，または大容量機器（電気温水器およびIHクッキングヒーター等の200V定格機器）が導入されるときには，低圧引込み（電圧100Vまたは200V）により電気を供給することができることとし，住宅開発業者等にとって負担となる受電室（集合住宅の建物内において変圧器を設置するための区画）の設置を免除して柱上変圧器（公道上の電柱や集合住宅の敷地内に立てた電柱に取り付けられる電圧を高圧から100Vまたは200Vの低圧に下げる変圧器）を設置して電気を供給する一方，大容量機器が導入されずに電気・ガスが併用されるときには，将来需要の見込みによっては受電室に変圧器を設置する方法以外の方法によって電気を供給することが可能であるにもかかわらず，その旨を当該集合住宅の住宅開発業者等に説明することなく，当該集合住宅の建物内に受電室を設置することを求めていた。

イ 戸建て開発地において無電柱化（景観の向上等を理由とする住宅開発業者等の希望により，特定の区域において地中配電設備を採用して電柱を無くすこと）が要望された場合，地中配電設備の維持管理費および再建設費用の増分を将来の電気料金収入の増加で回収するとの考え方に基づき，将来の電気使用量が増加するよう，当該戸建て開発地の住宅に可能な限りオール電化を採用することを要請することとし，無電柱化に応じる条件としてオール電化を採用することを求めていた。

関西電力のアおよびイの行為は，独占禁止法第19条・一般指定4項（取引条件等の差別取扱い）の規定に違反するおそれがあるとして，公正取引委員会による警告を受けた。

〔公取委報道発表資料・平17・4・21〕

新築マンション・住宅でオール電化が採用された場合，後からガス管を設置することは困難であり，住民は調理や暖房などの熱源を電気に頼ることになる。したがって，電力会社としては，マンション等の建築時に，その建物をまとめてオール電化にするようにすれば，顧客を囲い込むことができ将来の安定した需要を獲得することになる。そのための手段として，オール電化を採用することを条件に，配電設備の設置の免除や無電柱化に応じたりしていた。これらは，結果として建設費用の削減になるとも考えられるが，ガス事業者の将来にわたる排除の効果もある。

しかし，2016年4月の電力小売完全自由化によって，ガス事業者が電気を消費者に販売することも可能になった。オール電化のマンションでも，ガス事業者が電気を販売することで，電力会社と競争することができるのである。オール電化でない家庭に対しては，ガスと電気のセット割引も行い，価格競争も生じているようである。

逆に，ガスの小売については，すでに大口需要家に対して，電力会社がガスの小売販売に乗り出している。もともと電力会社は火力発電用の燃料としてLNG（液化天然ガス）を輸入しており，実は，ガス会社よりも電力会社の方がLNG輸入量が多い。そのため，電力会社のLNGの供給力は高く，顧客までのガス導管の確保や託送などの条件が整えば，競争は活発になるはずである。小口需要家や一般家庭を含む小売完全自由化は，2017年4月から始まった。ただし，ガス小売事業者として登録し供給しようとしている事業者の数は，電力小売に比べると少ない。

テーマ3　航　空

> 航空旅客運送について，どのような規制が行われてきただろうか。国際線と国内線とでは，どのような違いがあるだろうか。どのような変化が生じただろうか。競争には何が必要だろうか。

(1) 航空旅客の規制と競争

　国内航空旅客分野は,「45・47体制」と呼ばれる閣議決定と運輸大臣通達によ る住み分けがなされてきた。すなわち,日本航空 (JAL) は国際線・国内幹線,全日空 (ANA) は国内幹線・地方線,東亜国内航空 (後の日本エアシステム〔JAS〕) は国内地方線・一部幹線,という住み分けである。しかし,1980年頃から始まった米国における航空自由化が日本にも波及し,1985年の日米航空交渉暫定合意により JAL の国際線独占は崩れ,45・47体制は廃止,規制緩和・自由化へと政策転換され,国内・国際の各路線において航空3社は競争することになった。そして,1998年には,スカイマークとエアドゥが低価格を武器に一部の国内幹線に新規参入し,それに続いていくつかの新規航空会社の参入があった。大手3社はこれらに対抗し競争が激化した。

　次の事例は,新規参入のあった路線に限定して運賃を割り引く行為が問題とされた警告事例である。割引は価格競争とも言える行為であるが,なぜ警告されたのだろうか。

事　例〔22-7〕　大手航空3社警告事例

　東京－宮崎・鹿児島・福岡路線に,新規の航空会社が参入した。既存の大手航空3社 (JAL, JAS, ANA) は,特定便割引運賃として,新規参入者の設定している割引運賃等と同等またはこれを下回る運賃を設定した。また,当該特定便割引運賃は,新規参入者と競合がある路線の割引の程度が大きく,一部の路線の運賃水準がコストからみても低いものとなっており,さらに,東京－宮崎・鹿児島路線のみを対象としたマイレージの優遇を行うなどの事実が認められた。

　公取委は,これらの運賃設定行為は,大手航空3社の市場における地位・状況,総合的事業能力,当該運賃水準,新規参入者に及ぼす影響等からみて独禁法3条 (私的独占の禁止) の規定に違反するおそれがある,として警告した。

〔公取委報道発表資料・平14・9・30〕

　公取委も述べているように,効率化・合理化による運賃引下げを否定するものではないが,他の路線で利益を確保しつつ,新規参入のあった路線でコスト度外視の割引を行うことは,他に利益を確保する路線を有しない新規参入者が

同等に効率的であっても競争しえない水準の運賃になりかねない。したがって，このような特別の割引による排除に対して警告を与えたものである。

(2) 構造的問題点

　航空会社の結合による集中化が問題とされた事例もある。2002年，JALとJASが事業統合をすると発表した。公取委は，これに対して，独禁法上の問題点を指摘した（3月15日）。しかし，その後，当事会社の自主的な問題解消措置と国土交通省による競争促進政策を評価し，事業統合を承認した（4月26日）。なぜ，評価が変わったのだろうか。

事　例〔22-8〕　JAL・JAS事業統合事例

1　公取委が指摘した問題点

(1) 大手航空会社（JAL，JASおよびANA）が3社から2社に減少することにより，これまでも同調的であった大手航空会社の運賃設定行動がさらに容易になる。

(2) また，就航企業数が少ない路線ほど特定便割引運賃が全便に設定される割合およびその割引率が低くなっており，大手航空会社数の減少は競争に重大な影響を及ぼす。

(3) このような状況の下，混雑空港における発着枠の制約等により，新規参入等が困難であることから，新規参入が同調的な運賃設定行動に対する牽制力として期待できない。

(4) その結果，航空会社が設定する運賃について，価格交渉の余地がない一般消費者がより大きな不利益を被ることとなる。

2　当事会社から提出された対応策等

　(ｱ) 羽田空港の発着枠の一部返上
　(ｲ) 新規航空会社に対する空港施設面での対応
　(ｳ) 航空機整備業務等各種業務受託による新規航空会社への協力
　(ｴ) 普通運賃を，主要なすべての路線について，一律10%引き下げ，少なくとも3年間は値上げしない。
　(ｵ) 特定便割引運賃・事前購入割引運賃を，全便に同水準で設定する。
　(ｶ) 路線網の拡充による競争促進と利便性の向上

3　国土交通省による競争促進策の強化

> 　新規航空会社が大手航空会社と競争して新たな事業展開を図るために使用するための発着枠として，新たに「競争促進枠」を創設し，当事会社が対応策として返上する羽田発着枠を繰り入れる。
> 　平成17年2月の発着枠配分の見直しにおいては，新規航空会社が大手航空会社と伍して競争し，事業活動を拡大していくために十分なものとなり，有効な牽制力を有することが可能となるよう，既存のすべての発着枠を抜本的に見直して競争促進枠を拡充する。
> 　4　公取委の判断
> 　本件統合計画の実施により，国内航空運送分野における競争を実質的に制限することとはならないものと考えられる。
> 〔公取委「平成13年度における主要な企業結合事例」事例10〕

　上記事例は企業結合の事例であるが，ここでは，自主的にとられた問題解消措置および国土交通省による措置に，羽田空港の発着枠の返上と新規参入者に対する発着枠の優先割り当てが盛り込まれている点に特徴があるので，その点のみを解説する。国内航空旅客事業における需要は，東京が最も多く，羽田空港発着の路線への参入希望が多い。しかし，羽田空港はすでにその能力の限界まで混雑しており，総発着数を増加させることは容易ではない。この発着枠の割り当ては，国土交通省によりなされる。従来から事業を営む大手3社はすでに発着枠を獲得しているが，新規参入者は十分な数の発着枠を確保できず，効率的な運行ができないため競争上不利になる。このような状況では，新規参入者は有効な競争圧力とはなりえない。公取委による3月15日の問題点の指摘は，このような状況を前提としたものである。そして，国土交通省による競争促進枠の設置という新たな方針は，実質的に新規参入の障壁となっている発着枠不足を緩和しようとするものである。

　ただし，企業結合事例としてみた場合に，公取委の判断のように，新規参入者が結合後の大手2社に対して有効な競争者たりえたかは疑問がある。その後，2002年6月に，エアドゥは経営破綻しANA傘下に入った。2002年8月に新規参入したスカイネットアジアも，2年後には産業再生機構の支援を受けることとなった。

また,当事会社から提出された対応策(エ)「普通運賃を,主要なすべての路線について,一律10%引き下げ,少なくとも3年間は値上げしない」については遵守されず,1年後の2003年4月に値上げしている。その経緯は以下の通りである。2002年12月,いくつかの空港の着陸料の値上げに伴い,ANAが運賃の値上げを表明した。JALもこれを見て,追随して値上げすることを発表した。この時,国土交通省と公取委が上記の問題解消措置の申出に反するとして,JALに対し値上げをしないよう指導した。2002年3月,JALが値上げを断念すると,今度はANAがこれに追随して値上げの撤回を表明した。このような,将来の値上げの表明に競争相手がどのように反応するかを見て,実際の値上げをするか否かを決める行動は,寡占的な協調行動の典型例である。この2002年の値上げ表明については,国土交通省と公取委の反対により実現しなかったが,そのすぐ後に新型肺炎SARSが流行し,国際線が壊滅的な打撃を受け,その穴埋めのために国内線の運賃値上げが必要となった。これについては,国土交通省も公取委も反対することができず,2003年4月に値上げされ,上記対応策(エ)は意味を失った。国土交通省および公取委が反対しなかったという対応も,当時の状況においては仕方なかったとはいえ,規制により保護された国内線を値上げして,自由化されている国際線の損失を穴埋めすることについては,問題がないとはいえない。

羽田空港の国内線の発着枠の配分は,2003年に新規航空会社の発着枠の割合は10%弱であったのが,その後の追加配分により,2009年には18.1%になった。さらに,2010年10月から新滑走路が利用可能になり,新たに発着枠が追加配分され,その後もさらに追加配分がなされている。2012年11月30日に発表された2013年夏からの発着枠は,JALが183.5,ANAが171.5,スカイマークが36,エアドゥが23,スカイネットアジアが25,スターフライヤーが19となり,新規航空会社の発着枠の割合が約22.5%となった。新規航空会社への配分枠は増えており,競争は以前より活発になっているように見える。しかし,最も多いスカイマークでさえJALやANAの5分の1程度であり,しかもスカイマークは2015年に経営破綻しANAの出資を受けている。JALは2010年に経営破綻し産業再生機構による法的整理と再建が行われ国内線で50路線(2009年と2010年の合計)を運休・廃止した。さらに,エアドゥが

ANAの傘下にあり，他の新規航空会社もANAとのコードシェア便を運航するなどANAに依存している。このような状況などを考えると，現状では十分に競争的な市場となっているか疑問が残る。

近年，LCC（Low Cost Carrier）と呼ばれる格安航空会社の参入が相次いでいる。低コスト・低価格を武器とするLCCと既存の航空会社との間で競争が活発になった。しかし，LCCは，羽田空港への乗り入れはできないでいる。

現在，羽田空港はさらなる機能強化を計画しているが，主として国際線の増便に向けられることになっている。

テーマ4　タクシー

タクシーに対する規制はどのようなものだろうか。それはどのように変わってきただろうか。現在，問題とされているのはどのような点だろうか。

(1) 運賃の認可制度

タクシー事業は，道路運送法により「一般乗用旅客自動車運送事業」として規制されている。従来，運賃は認可制であった。現在は改正され届出制になっているが，不適切であると判断された場合には，大臣による変更命令が可能になっている。

1980年代まで，運賃は認可制であり，運輸省（当時）は「同一地域同一運賃」の方針の下，個別の事業者が運賃の変更を申請しても受け付けず，当該地域におけるすべての事業者が同じ幅での変更を同時に申請するよう行政指導していた。これにより，定期的に一斉に値上げ申請をし，認可を受ける，ということが繰り返されてきた。このような認可権の行使は行政裁量の範囲内であろうか。

> **事　例〔22-9〕　MKタクシー事件**
>
> 1982年，MKタクシーは，乗客が減少したことから，運賃の値下げを考えた。

運輸省に対し，単独で値下げ申請をしたが，「同一地域・同一運賃」に沿うものでないため却下された。そこで，MKタクシーは，申請却下処分の取消請求訴訟を提起した。

当時の認可要件（8条2項）は，適正原価・適正利潤を含む料金であること（1号），特定の利用者に対し不当な差別的取扱いをするものでないこと（2号），利用者の負担能力にかんがみ利用を困難にするおそれがないものであること（3号），他の事業者との間で不当な競争を引き起こすこととなるおそれがないものであること（4号），を定めていた。

裁判所は，以下のように判断した。

道路運送法における運賃認可の裁量性について，申請された運賃の変更が8条2項各号の基準に適合する限り認可しなければならないのは明らかであるから，いわゆる法規裁量（羈束裁量）の性質を有する。したがって，8条の要件を満たす場合には却下処分は違法ということになる。そして，同一地域同一運賃の原則は，「タクシー利用者（消費者）の利益を無視してタクシー事業者の保護のみを招く一種のカルテルであつて，タクシー運賃の分野における公正な競争を実質的に否定するものというべきであるから，独禁法8条に違反する疑いがあるというべきであるし，経営内容のよいタクシー事業者の運賃値上げを認める点で，適正原価，適正利潤の原則を定めた法8条2項1号の規定の趣旨に反するものというべきである」。8条2項に定める基準に該当するか否かの点について十分な調査を行わないまま，同一地域同一運賃に反することを理由に申請を却下することは8条に違反する。

〔大阪地判昭60・1・31行集36巻1号74頁〕

この判決により，タクシー運賃の多様化が進むと同時に，1990年代後半から規制改革が推進された。

(2) 独禁法の適用

タクシー事業者間に価格競争が生じると，共同して価格カルテルを形成したり（例えば，新潟市タクシー運賃協定事件＝公取委排除措置命令平23・12・21審決集58巻第1分冊251頁），低価格のタクシー事業者に対して不利益となるような共同行為をしたりすることがある。これらについては，独禁法による規制がなされる。

第22章 規制産業

事 例〔22-10〕 新潟市タクシーチケット取引拒絶事件

$X_1 \sim X_3$は，低額なタクシー運賃等を適用している新潟市のタクシー事業者である。新潟市のタクシー事業者$Y_1 \sim Y_{21}$は，共通乗車券事業（いわゆるタクシーチケットを発行し，個々のタクシー事業者に代わって官公庁や企業等から利用代金を回収する事業）に係る契約を，$X_1 \sim X_3$が締結することができないようにしようとした。

具体的には，共通乗車券事業を行ってきたZ_1の株主でもある$Y_1 \sim Y_{21}$は，Z_1を解散させるとともに，新たに共通乗車券事業者$Z_2 \sim Z_4$を設立した。$Y_1 \sim Y_{21}$は，$X_1 \sim X_3$との間の共通乗車券事業に係る契約を締結することを認めないようにすることとし，共同して，Z_1および$Z_2 \sim Z_4$に，$X_1 \sim X_3$に対し新潟交通圏における共通乗車券事業に係る契約を拒絶させていた。

公取委は，$Y_1 \sim Y_{21}$の行為は，共同の取引拒絶（旧一般指定1項2号・現2条9項1号ロ）であるとして，独禁法19条違反とした。

〔公取委排除措置命令平19・6・25審決集54巻485頁〕

この事例では，旧一般指定1項が適用されているが，現在であれば，共通乗車券事業にかかる役務の供給を拒絶させる行為であるので，2条9項1号に該当する。$X_1 \sim X_3$は，共通乗車券事業にかかる契約を締結できなければ，独自にタクシーチケットを発行することは現実的ではないため，タクシーチケットを利用する顧客を失うことになる。タクシーチケットを利用する顧客は，頻繁に高額の利用がある顧客であると見込まれるため，$X_1 \sim X_3$の売上げに対する打撃は大きいであろう。

なお，公取委は不公正な取引方法として19条違反としているが，市場画定によっては，競争の実質的制限を認定し，3条前段または後段を適用する余地があったのではないか，との指摘がある。例えば，新潟交通圏における共通乗車券利用者を対象とするタクシー運送役務供給市場を画定できるのであれば，従来は低価格の事業者$X_1 \sim X_3$が存在し価格競争があったが，$Y_1 \sim Y_{21}$の行為により，当該市場には低価格の事業者が存在せず，価格が引き上げられている。したがって，$Y_1 \sim Y_{21}$は市場における価格を引き上げる力を形成したのであり，競争を実質的に制限したと評価できた可能性がある。

(3) 増車・参入の自由化と再規制

道路運送法改正（2000〔平成12〕年成立，2002〔平成14〕年施行）により需給調整条項が撤廃され，新規参入と増車が容易となり競争が激化した。運賃認可の弾力的な運用がなされることで，タクシーを用いた新しいサービスも提供されるようになった。

ところが，値下げにより乗務員の収入が減少することによる過重労働が問題となり，2008年には，供給過剰と判断された一定の地域については，緊急調整地域として指定し，増車と新規参入を制限した。2009（平成21）年には，タクシー特措法（タクシー事業適正化・活性化特別措置法）が制定され，2013（平成25）年には，議員立法によりさらに強化された改正タクシー特措法が成立した。

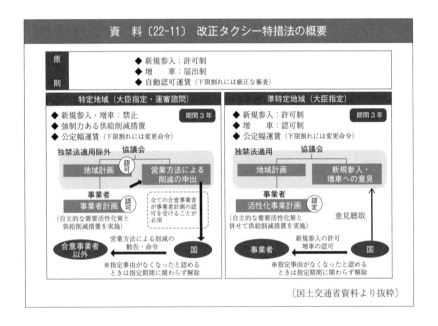

資料〔22-11〕 改正タクシー特措法の概要

〔国土交通省資料より抜粋〕

供給輸送力の削減をしなければ，タクシー事業の健全な経営を維持し，輸送の安全および利用者の利便を確保することにより，その地域公共交通としての機能を十分に発揮することが困難な場合に，国土交通大臣が「特定地域」を指定する。特定地域については，地方公共団体の長，タクシー事業者，運転者組

織,住民等から構成される協議会で,減車などの「特定地域計画」が作成され,大臣の認可を受ける。認定を受けた特定地域計画は,独禁法の適用除外となる。また,大臣は,特定地域への新規参入と増車の許可を禁じる。2016年10月現在で,全国の27営業地域が特定地域の指定を受けている。

供給過剰となる「おそれ」があると認める場合で,輸送需要に的確に対応しなければ,タクシー事業の健全な経営を維持し,輸送の安全および利用者の利便を確保することにより,その地域公共交通としての機能を十分に発揮することができなくなる「おそれ」がある場合に,「準特定地域」を指定する。準特定地域についても,同様の協議会で「準特定地域計画」を作成するが,大臣による認可や独禁法の適用除外はない。したがって,共同で減車する合意などは含まれない。大臣は,準特定地域への新規参入・増車について,供給過剰とならないように,許可または認可に際して審査することになる。

減車の合意は,一種の減産カルテルあるいは生産能力制限カルテルであり,不況カルテル・合理化カルテルの制度が廃止された現在では,違法となる可能性が高い行為である。しかし,この改正タクシー特措法は,特定地域については,立法によって独禁法の適用を除外する措置を盛り込んだ。競争を制限することになっても,タクシー事業を健全化し,安全を維持することを優先する,という政策目的が強く現れている。

(4) 公定幅運賃と価格競争

改正タクシー特措法より前の運賃認可は,行政運用上の措置として,運賃の上限と下限を定めその範囲内の運賃であれば個別の審査を省略して認可していた(自動認可運賃)。この下限を下回る運賃については,個別の申請者ごとに「適正な原価」に「適正な利潤」を加えたものかどうか審査して認可をしていた。

前出資料〔22-11〕にあるように,改正タクシー特措法では「公定幅運賃(下限割れには変更命令)」が導入されている(改正タクシー特措法16条・16条の4)。特定地域および準特定地域においてはタクシーの運賃はすべて公定幅運賃の範囲内となり,従来よりもタクシー運賃は高くなり,価格競争は制限されてしまうのだろうか。

事　例〔22-12〕　タクシー運賃変更命令差止請求事件

　タクシー事業者Xは，2006（平成18）年11月30日には，自動認可運賃を下回る下限割れ運賃で，道路運送法9条の3の認可を受けていた。2014（平成26）年1月24日，改正タクシー特措法に基づき準特定地域の指定を受けた。これにより定められた公定幅運賃の上限額および下限額は，当時の自動認可運賃の上限額と下限額に消費税増額分を上乗せしたものだった。

　2014（平成26）年3月31日，Xは，これまで認可を受けていた下限割れ運賃と同額で，改正タクシー特措法16条の4第1項の運賃の届出をした。これに対し，近畿運輸局長は，公定幅運賃の範囲内の運賃に変更届出するよう勧告した。Xは，国を相手に，改正タクシー特措法16条の4第3項による運賃変更命令（および17条の3第1項による輸送施設使用停止命令・事業許可取消処分）をしないよう差止請求訴訟を提起した。

　大阪地裁は次のように判示し，大阪高裁もこれを認めた。
　「公定幅運賃制度は，タクシー事業の営業形態を決する上で中核的な要素である運賃の設定自体を直接的に規制するものであり，タクシー事業者の営業の自由を相当程度制約するものであることからすると，公定幅運賃の範囲の指定に関する国土交通大臣等の判断が，事実の基礎を欠く場合，又は事実の評価を誤ることや判断の過程において考慮すべき事項を考慮しないこと等によりその内容が合理性を欠くものと認められる場合には，裁量権の範囲を逸脱し，又はこれを濫用したものとして違法となると解するのが相当である」。

　「特措法改正の経緯等に照らすと，特措法が公定幅運賃制度を導入した趣旨は，タクシーの供給過剰による運転者の労働条件の悪化や，それに伴う安全性やサービスの質の低下等を防止し，利用者の利便を確保することにあると解される。そして，前記認定事実によれば，道路運送法9条の3に基づく認可を受けて下限割れ運賃で営業していたタクシー事業者は，個別の審査により，能率的な経営の下における適正な原価に適正な利潤を加えたもの（又は加えたものを超えないもの）であることのほか，他の一般旅客自動車運送事業者との間に不当な競争を引き起こすこととなるおそれがないものであること等の基準を満たすものとして当該運賃の認可を受けたものといえるから，準特定地域において，当該事業者に当該運賃による営業を認めたとしても，直ちに低額運賃競争が行われ，運転者の労働条件の悪化や，それに伴う安全性やサービスの質の低下等が生ずるということはできない。ところが，公定幅運賃は，自動認可運賃と異なり，その範囲内にない運賃での営業を許さないものであって，自動認可運賃の下限額をもって公定幅

運賃の下限額とした場合には，上記のような下限割れ運賃でのタクシー事業が禁止されることになる。これらの点を考慮すれば，国土交通大臣等は，公定幅運賃の範囲の指定に当たって，当該地域に下限割れ運賃で営業していたタクシー事業者が存在する場合には，当該事業者の運賃や経営実態等をも考慮した上で当該地域における公定幅運賃の下限額を定めることを要するものというべきである。そうであるところ，近畿運輸局長は，上記のとおり，大阪市域交通圏において下限割れ運賃で営業していた原告等のタクシー事業者の運賃や経営実態等を全く考慮せずに公定幅運賃の範囲を指定したものであるから，その判断は，判断の過程において考慮すべき事項を考慮しなかったことにより合理性を欠くものと認められる」。

〔大阪地判平 27・11・20 判時 2308 号 53 頁，大阪高判平 28・6・30 判時 2309 号 58 頁〕

　この**事例**〔22-12〕における判決は，公定幅運賃という制度自体を否定するものではない。従来，下限割れ運賃が個別審査により適正な運賃であると自ら認可していたにもかかわらず，公定幅運賃の下限額の設定においてそれを考慮せずに指定したことが，裁量権の逸脱であると判断されたものである。

　前出(3)で見たように，改正タクシー特措法は，タクシーの台数については競争を制限し減車することを法的に定めるものであるが，従来から存在した低価格運賃を直ちに違法とする趣旨のものではない。**事例**〔22-12〕の判決が維持されるなら，従来，下限割れ運賃が認可されていた場合には，公定幅運賃は従来の自動認可運賃よりも広く範囲を設定することが求められることになり，その範囲内での価格競争は維持されることになろう。

第23章

知的財産権

テーマ1　知的財産権と独占禁止法の関係

　知的財産は，発明，考案，植物の新品種，意匠，著作物，商標など，人間の頭脳が創造した産業上あるいは文化上の無形の価値をいい，限度なく同時に使用可能であるから，容易に模倣しうる。このような価値に独占的権利を創設して，権利者以外の使用を不可とするものが，特許権，著作権，商標権などの知的財産権である。知的財産権による知的財産の独占と，競争を制限することを禁止する独禁法の関係は，どのように理解すればよいのだろうか。

(1) 独禁法から見た知的財産権

　知的財産権の対象となる知的財産は，人間が発見し創作した産業上または文化上有用な価値がある知識・情報である。知的財産を保護し，創作者以外の者は対価を払って利用しようとするようになるには，先進工業国から開発途上国まで経済的豊かさがある程度充実することを要する。現代社会では，知的財産の創造，保護および活用は，経済発展の重要な要素となっている（知財基1条）。競争の促進を通じて事業者の創意を発揮させ，事業活動を盛んにすることを目指す独禁法から見ても，目的が共通するから，知的財産を保護するために知的財産権という排他的権利（利用独占）を創設するからといって，競争と独占という対立軸が直ちに生ずるわけではない。知的財産権は，所有権と同様に，市場で取引される財を確定するもので，自由市場経済の中で，独禁法と知的財産権は共に経済発展に資する役割を果たしている。

　知的財産権で総称されるものは，特許権，実用新案権，育成者権，意匠権，

著作権，商標権その他の知的財産に関して法令により定められた権利または法律上保護される利益に係る権利である（知財基2条2項）。その排他的権利は，所有物返還請求権や所有物妨害排除請求権を有する所有権と同じように見えるが，知的財産について法律をもって創設された知的財産権では，対象とする知的財産のみに限られず，その無体性と同時利用が可能なゆえに，それが一部でも含まれた製品・設備等に係る事業活動として現れたところで差止めができる拡張された権限となっている。特許権であれば，特許発明による物の生産，使用，譲渡，輸出または輸入等の行為を無権利者が行う場合，当該侵害行為は差止請求の対象となる（特許2条3項・100条・101条）。

事 例〔23-1〕 生理活性物質測定法特許権侵害予防請求事件

「生理活性物質測定法」とする特許権を有する製薬会社である控訴人Yが，被控訴人の製薬会社Zが製造販売する医薬品について特許権侵害予防請求をし，一部認容された控訴事件において，「本件特許方法は，概念的にはいわゆる方法の発明（単純方法）として区分し得るものではあるが，もともと，薬事法上の『確認試験』は医薬品を構成する物質又は医薬品中に含有されている主成分などについてそれぞれの特異な反応を用いて特性に応じて試験し，その医薬品の同定に役立つ試験であって，医薬品としての品質を一定に保つための試験であるという特殊性から，また，本件特許方法はZ医薬品の製造工程に必然的に組み込まれ他の製造作業と不即不離の関係で用いられていると考えられることから，本件の場合には，『方法の使用』即『物の生産』という関係が成立しているものとみることができる。してみると，本件特許方法は，その実質に即して，『物を生産する方法の発明』（製造方法）と同じく，本件特許方法を用いて製造された物の販売にまで，侵害停止を求め得る効力を有するものと解するのが相当である〔中略〕そして，これに付随して，Yは，本件特許方法を用いて生産された物（Z医薬品）の廃棄を求め得るというべきである。

さらに，Zが，Z医薬品の……製剤について健康保険法に基づき薬価基準の収載申請をしているということは，医薬品の販売行為そのものとは異なる行為であるとはいえ，少なくとも医薬品販売行為の準備行為として位置づけることができ，販売目的を離れては意味をもたない行為であるから，Z医薬品を薬価基準から削除するための措置（薬価基準収載申請の取下げ）を求めることは本件特許権に対する侵害の予防に必要な行為（特許法100条2項）として許されると解するのが

相当である」。

〔大阪高判平9・11・18 知裁集29巻4号1066頁〕

　上記事例にみるように，特許権の権利行使は，製品の廃棄のみならず，販売行為の準備行為まで差し止めることができるもので，他の事業者の事業活動を制約できる範囲は広めに設定されている。
　独禁法は自由な事業活動を制約することが市場における競争を制限する原因となると考えている法律であるから，この点で知的財産権の権利行使が抵触しないことを確認することも必要と考えられるもので，同法21条に「この法律の規定は，著作権法，特許法，実用新案法，意匠法又は商標法による権利の行使と認められる行為にはこれを適用しない」との適用除外規定が明文で置かれている。その趣旨は，種苗法や半導体集積回路の回路配置に関する法律等にも及ぶ。

(2)　**知的財産権と独禁法適用の可能性**
　知的財産権は，対象とする知的財産の利用について権利者に排他的権利を与えるものであるから，当該知的財産を独占する。知的財産の独占は，当該知的財産を用いた商品役務の独占を意味しない。当該知的財産を利用しなくとも，他の方法で同種の商品役務を生産することが可能となるのがほとんどだからである。さらに，ある知的財産の独占により同種の商品役務を他の事業者が作りえず，同種の商品役務の独占が現出する場合であっても，類似の商品役務が他の方法で供給されることが多いであろうから，知的財産の独占が市場の独占に至る可能性は小さい。新技術による新製品が新市場を形成して，そこでの市場の独占に至ったとしても，新規参入の誘因となって，動態的競争を促進するもので，知的財産の独占を弊害がある市場の独占として考えなければならないことは，通常はありえない。
　しかし，知的財産権制度は，事実上の知的財産の独占を超えて，政策的に知的財産の独占を保護するために，公開とともに排他的権利を創設して，一定期間（例えば，特許権の存続期間は特許出願の日から20年。特許67条1項），創造者に

付与する法的制度であり，これにより取引の対象となる譲渡性も高められる。逆に，与えられた権利を奇貨として，知的財産権の存在を前提として行われる行為が，知的財産権制度で許容される範囲を超えるものであったり，同制度の趣旨に反する方向のものであったりする場合は，制度外にはみ出ることになる。その次元で，独禁法21条の反対解釈として，知的財産権法による権利行使と認められない行為には，独禁法が適用になる。

独禁法が適用になるとは，独禁法によるチェックが及ぶとの趣旨で，制度外に逸脱した行為が直ちに独禁法違反になるという意味ではない。ただし，実体判断では，実質的な競争制限効果や公正競争阻害性が認められる事業活動の制約を行うことは，同時に，知的財産権制度で許容される範囲を超え，同制度の趣旨に反することになるので，かかる競争制限効果がなければ，権利行使と認められる行為であり，競争制限効果があれば，権利行使と認められない行為との判断過程を経ることになる（参考：知財基10条「知的財産の保護及び活用に関する施策を推進するに当たっては，その公正な利用及び公共の利益の確保に留意するとともに，公正かつ自由な競争の促進が図られるように配慮するものとする」）。

事　例〔23-2〕　日之出水道機器損害賠償請求事件

人孔（マンホール）鉄蓋を製造し，特許権等を有する日之出水道機器（Y）が，各自治体に人孔鉄蓋を納入する他の事業者と特許権等の通常実施権許諾契約を締結しているところ，契約で定められた許諾数量を超えて製造販売をした事業者に損害賠償請求をし，認容された控訴事件において，「Yは，上下水道用の人孔鉄蓋について日之出型鉄蓋を仕様として指定している各自治体においては，本件特許権等の実施許諾を通じてその市場を支配し得る地位にあることからすると，Yがその支配的地位を背景に許諾数量の制限を通じて市場における実質的な需給調整を行うなどしている場合には，その具体的事情によっては，特許権等の不当な権利行使として，許諾数量制限について独禁法上の問題が生じ得る可能性があるといえる。

しかし，本件においては，通常実施権許諾契約において，本件特許権等を無償で実施できる許諾数量の上限が各自治体における推定総需要数（これが実際より著しく低く見積もられているなど，推定総需要数の設定自体が不合理であることを窺わせる証拠はない。）の75％を基準として決定され，その上限を超過する分

> についてはYに製造委託することが義務づけられていることによって，各自治体における鉄蓋市場において，その結果としての需給調整効果が実際に実現されているとか，業者間の公正な競争が実際に阻害されているといった事情を認めるに足りる的確な証拠はなく，本件各契約における許諾数量の制限が，本件特許権等の不当な権利行使に当たり，独占禁止法に違反すると認めるには足りない」。
>
> 〔知財高判平 18・7・20 判例集未登載〕

　知的財産権の実施許諾者（ライセンサー）による実施許諾契約（ライセンス契約）における被実施許諾者（ライセンシー）に対する数量制限は，市場全体の供給量を制限する効果がある場合には権利の行使とは認められず（2007年公取委公表・知的財産ガイドライン・第4・3(2)イ），上記事例では，かかる効果がないと認定して，不当な権利行使に当たらないとしている。

　なお，公共機関が，調達する製品の仕様を定めて入札の方法で発注する際，ある技術に権利を有する者が公共機関を誤認させ，当該技術によってのみ実現できる仕様を定めさせることにより，入札に参加する事業者は当該技術のライセンスを受けなければ仕様に合った製品を製造できない状況の下で，他の事業者へのライセンスを拒絶し，入札への参加ができないようにする行為は，権利の行使と認められず，一定の取引分野における競争を実質的に制限する場合には，私的独占に該当する（知的財産ガイドライン・第3・1(1)エ）。

(3) 知的財産権と独禁法の限界領域

　上述のように，知的財産権で保護された知的財産の存在が市場の独占の原因となる場合がそうあるわけではないが，全くないということでもない。例えば，1959年に普通紙複写機という新しい市場をつくる新製品が米国ゼロックス社によって開発され，その特許権が他に許諾（ライセンス）されなければ，普通紙複写機の市場はゼロックス社の独占となる状況にあった。ただし，その市場の独占は，その後の将来的な動態的競争を考えれば，新規参入の誘因となる。実際，ゼロックス社による普通紙複写機市場の独占は11年間しか続かず，1970年には日本キヤノン社がゼロックス社の特許発明に抵触しない技術で普通紙複写機の製造に成功し，その後も他の新規参入が続いた。したがって，知

的財産権を攻撃的に行使して他の事業者の研究開発活動に干渉しない限り，通常は，知的財産権の存在が市場の独占をもたらすに至った場合でも，独禁法適用による競争促進を積極的に考える必要はあまりなさそうに見える。

しかし，知的財産権と独禁法が交錯する限界領域が全くないとも断言できない。例えば，一国の経済全体を支える基幹産業であるインフラストラクチャア分野においてネットワーク効果と相まって，高速電気通信事業の部門などで，新技術を最初に確立した事業者がその知的財産権をもって事実上の標準（de facto standard）の地位を得て，参入障壁が高い市場の独占を形成し，長期間にわたって競争がないことにより，国民経済全体として看過できない技術停滞をもたらすおそれがあることが考えられるからである。

特許権者が単独で他の事業者にライセンスしない行為や，ライセンスを受けずに当該特許技術を利用する事業者に対して差止請求や損害賠償請求の訴訟を提起する行為は，特許権の権利行使の中核にあるもので，通常それ自体で独禁法上問題とされることはないものである。しかし，その技術が不可欠なほど重要な地位を占め，かつ，その地位を利用して競争者の事業活動を妨害する悪意を持って権利行使がなされるとき，不可欠施設（essential facilities）と同様に，単独の行為であっても，独禁法を適用すべきか否かという議論になる。

資　料〔23-3〕　知的財産ガイドライン・第3・1(1)

「イ　ある技術が一定の製品市場における有力な技術と認められ，多数の事業者が現に事業活動において，これを利用している場合に，これらの事業者の一部の者が，当該技術に関する権利を権利者から取得した上で，他の事業者に対してライセンスを拒絶することにより当該技術を使わせないようにする行為は，他の事業者の事業活動を排除する行為に該当する場合がある。（横取り行為）

　　例えば，多数の事業者がパテントプールに参加し，プールの管理者から一定の製品市場において事業活動を行うために必要な技術のライセンスを受けて事業活動を行っている場合に，プールに参加する事業者の一部が，他の参加者に知らせることなく，プールの管理者からプールされている技術を買い取って他の参加事業者に使わせないようにする行為はこれに該当する場合がある。

ウ　一定の技術市場又は製品市場において事業活動を行う事業者が，競争者（潜

在競争者を含む。）が利用する可能性のある技術に関する権利を網羅的に集積し，自身では利用せず，これらの競争者に対してライセンスを拒絶することにより，当該技術を使わせないようにする行為は，他の事業者の事業活動を排除する行為に該当する場合がある。（買い集め行為）

　例えば，製品市場において技術Aと技術Bが代替関係にあり，技術Aに権利を有する者と技術Bに権利を有する者が，それぞれの技術が事実上の標準となることを目指して競争している状況において，技術Aに権利を有する者が，技術Bを利用するためにのみ必要であり，かつ，技術Aを利用するためには必要のない技術について，その権利を買い集め，製品市場において技術Bを利用して事業活動を行う事業者に対して，ライセンスを拒絶して使わせないようにする行為は，これに該当する。

エ　多数の事業者が製品の規格を共同で策定している場合に，自らが権利を有する技術が規格として採用された際のライセンス条件を偽るなど，不当な手段を用いて当該技術を規格に採用させ，規格が確立されて他の事業者が当該技術についてライセンスを受けざるを得ない状況になった後でライセンスを拒絶し，当該規格の製品の開発や製造を困難とする行為は，他の事業者の事業活動を排除する行為に該当する」。

　上記のような害意のあるパテントポリシーは，一定の取引分野における競争を実質的に制限する場合には，私的独占に該当することになるというのが，公取委の見解である。

　なお，公取委は，2016年1月に知的財産ガイドラインを一部改正し，標準規格必須特許のライセンスに関する取扱いを定めたパテントポリシーにおいて，公正，妥当かつ無差別な（Fair, Reasonable And Non-Discriminatory）条件でライセンスする用意がある意思を公的な標準化機関に明らかにするFRAND宣言をした者が，FRAND条件でライセンスを受ける者に対し，ライセンスを拒絶し，または差止請求訴訟を提起することや，FRAND宣言を撤回して，FRAND条件でライセンスを受ける意思を有する者に対し，同様のことをすることは，規格を採用した製品の研究開発，生産または販売を困難にすることにより，他の事業者の取引機会を排除し，またはその競争機能を低下させる場合があるとして，私的独占または不公正な取引方法（一般指定2項，14項）に該当

するおそれがある旨を明らかにした。

その後，特許権者が FRAND 条件でのライセンスを表明しているブルーレイディスク（BD）の標準規格必須特許について，その管理等を行っているパテントプール会社が，公正で妥当なライセンス料を支払う意思がある事業者と合意せず，記録用 BD を販売した当該事業者の有力販売先に特許権侵害行為について差止請求権を有していること等を内容とする通知書を送付した行為を，公取委が不当な取引妨害（一般指定 14 項）に該当すると指摘した事件がある（ワン・ブルー・エルエルシー事件＝公取委報道発表資料・平 28・11・18）。

適用例はないが，独禁法には，独禁法違反刑事事件の有罪判決において，裁判所が，違反行為に供せられた特許権の特許または特許発明の専用実施権や通常実施権は取り消されるべき旨の宣告ができる規定（100 条）がある。

テーマ2　知的財産権の権利行使と濫用

> 独禁法 21 条は，知的財産権の権利行使と認められる行為には独禁法を適用しないことを規定する。これは，権利行使と認められない行為には独禁法が適用されることでもある。権利行使か否かは，どのように区別したらよいのか。独禁法を適用しないとか，適用するとかいうが，何に対して適用したり，適用を除外するのだろうか。

(1) 知的財産権の権利行使と独禁法適用の考え方

前出事例〔23-2〕で，知財高裁は，独禁法 21 条の趣旨は，特許権は，業としての特許発明の実施の独占権であり（特許 68 条），実用新案権，意匠権等もこれと同様の実施の独占権であること（新案 16 条，意匠 23 条等）から，特許権等の権利行使と認められる場合には，独禁法を適用しないことを確認的に規定したものであって，発明，考案，意匠の創作を奨励し，産業の発達に寄与することを目的（特許 1 条，新案 1 条，意匠 1 条）とする特許制度等の趣旨を逸脱し，または上記目的に反するような不当な権利行使については，独禁法の適用が除外されるものではないと解される，と判示した。

知的財産権制度の趣旨を逸脱した行為は権利行使とはならず，同制度の目的に反する権利行使は不当として，いずれも独禁法適用除外を求める抗弁事由にはならないことを意味する。ただし，考え方としては，上述の害意のない単独行為の場合を除き，他の事業者の事業活動を制約する手段として知的財産権が行使され，その結果，実質的な競争制限効果や公正競争阻害性を生じさせた場合には，かかる行為は当然に独禁法違反に該当するもので，本来，所有権等の権利行使の場合と変わるところはないといった方が正確である。すなわち，知的財産権の権利行使であっても，独禁法に違反する場合は，独禁法の適用除外とされることはなく，その場合の権利行使は，独禁法21条から見て権利の行使と認められない行為とするという説明になる。知的財産権の存在をもって独禁法違反行為を正当化することは，私人に特許された権利をもって，公益である公正自由な競争秩序を破ることになり，成り立つことではないからである。

したがって，独禁法21条がなければ，独禁法の適用にあたって，知的財産権の権利行使か否かの議論は必要とされない。それでは，21条は不要かといえば，そうとも即断できない。知的財産権が及ぶ範囲の広さや知的財産権の種類によってその及ぶ範囲が異なることにかんがみ，独禁法適用にあたって知的財産権との関係を必ず説明することにより，法適用の説得力を増し，理解を得やすくする工夫と考えることができるからである。

事　例〔23-4〕　パチスロ機パテントプール事件

パチスロ機製造に係る特許技術のパテントプールの管理会社であるZは，保有する特許権等を1年ごとに多数のパチスロ機製造業者と再実施許諾権付きの実施許諾契約を締結している。その中には，本件パテントプールに参加する控訴人Yが保有する特許権等も含まれている。Yが，被控訴人Xが製造するパチスロ機がYの特許権を侵害するとして，損害賠償請求をした事件において，XがZからの実施許諾を主張したのに対して，Yは本件パテントプール自体が独禁法に違反する旨主張したことについて，「本件パテントプールは，パチンコ機製造業界のパテントプールの運用の在り方とは異なり，その運用において，販売数量の制限や販売価格の統制，競合機種の製造・販売に対する先行業者の事前承認，販売業者の登録制といった競争制限的な内部規制は存在せず，また，日電協〔本

件パテントプールの参加者の団体〕やZにおいて，新規参入の防止を何らかの方針として掲げ，この方針を確認したようなこともなかったことが認められる。さらに，本件パテントプールでは，権利者たる参加者がパチスロ機に関する特許権等のすべての権利を拠出していたわけではない上，上記特許権等は，上記権利者たる参加者だけが有しているものではなく，パチンコ機製造業界のA社やB社等もその特許権等を有していたものであり，実際上も，Zの設立前，パチスロ機に関する特許権等の管理会社3社が鼎立していた時期には，どの特許権等管理会社にも帰属しないでパチスロ機を製造する会社もあったのであり，平成9年当時もこの状況に格別変化があったとは認められないから，本件パテントプールが，現在及び将来においてパチスロ機の製造に不可欠な特許権等を網羅する仕組みであったとは認められない。

　結局，平成8年度契約等をその内容とする本件パテントプールの運用は，特許法等の技術保護制度の趣旨を逸脱し，一定の製品分野又は技術市場における競争を実質的に制限するものではなく，特許権等の行使と認められる範囲にとどまるものと考えられる。したがって，Y主張のように平成8年度契約等をその内容とする本件パテントプールが独禁法3条等に違反し，又はその具体的なおそれがあるものであったということはできない」。

〔東京高判平15・6・4判例集未登載〕

　上記事例でみるように，本件パテントプールが権利の行使と認められる範囲にとどまっているから，独禁法違反に当たらないというのではなく，本件パテントプールがX等の事業活動を排除するまでの効果がなく，実質的な競争制限効果を惹き起こさないから，独禁法違反とならず，パテントプール自体も特許権制度の趣旨を逸脱したり，不当な権利行使になるようなことはなかったといっている。したがって，特許権との関係を確認しているが，実際は，専ら独禁法の論理によってのみ判断していることになる。

　要するに，知的財産権の権利行使か否かの判断を関係させなくとも，独禁法上の次のような判断を積み重ねていけば足りる。単独行為であれば，独禁法から見て不適切と評価される要素が加わった権利行使であるかどうか。共同行為であれば，パテントプールについても，取引先選択の余地を失わせる共同の取引拒絶となって，他の事業者の事業活動を排除する効果を生じさせているかど

うか。生じさせているとすれば，パテントプールに伴わざるをえない付随的制限（ancillary restraint）であるかどうか。また，市場における実質的な競争制限効果をもたらしているとすれば，偽装された共同行為（disguised cartel）であるかどうか。その結果，独禁法違反行為が認められる場合に，パテントプールがその手段として用いられたときは，当該パテントプールは知的財産権の権利行使と認められない行為となり，独禁法の適用除外となる抗弁事由にはならない。

(2) 知的財産権の権利行使と内在的制約

独禁法違反となる競争制限行為に知的財産権の権利行使が関係した場合に，当該権利行使は独禁法21条における権利の行使とは認められない行為になるが，その理由を説明する方法は2つある。第1の方法は，知的財産権制度の在り方自体に由来する内在的制約である。

知的財産権は存続期間（特許権であれば，出願後20年）が定められた権利であるから，存続期間が終了した後の行為は，権利行使とは認められない。

次に，知的財産権は，各知的財産に個別に付与される権利であるから，複数の知的財産権を集結し，集合的に権利行使を行うことは，権利行使とは認められない。パテントプールのように，複数の事業者がそれぞれの知的財産権を共同して集結させる場合も同様であり，独禁法上の共同行為の評価と交錯する（**事例〔23-7〕**）。

また，知的財産権の対価を回収する機会は，制限なく付与されるものではない。特許技術を用いた製品を権利者が自らの意思によって適法に販売したところで，当該製品に関して特許権は消尽し，その後に他の事業者が行う当該製品の取引について侵害行為があるとして干渉することは，権利行使と認められない。

なお，知的財産権は各国の知的財産権法により，属地主義的に成立するから，例えば，外国で適法に販売された特許製品について，当該外国での特許権はその段階で消尽する（国内消尽）が，その特許製品がわが国へ並行輸入された場合に，わが国の特許法に基づく権利行使も消尽しているかどうかという国際消尽の有無の問題がある。属地主義の考え方を貫けば，国際消尽はせず，わが国の特許法に基づく権利行使はなお可能であることになるが，特許権者がわが国

国外において特許製品を販売した場合に，特許製品の販売先等を制限する特段の合意があり，その合意が当該特許製品に明示されていない限り，わが国国内の流通について特許権行使の対象とはならないと判断し，国際的な商品流通に配慮した最高裁判決（BBS 自動車ホイール並行輸入事件＝最判平 9・7・1 民集 51 巻 6 号 2299 頁）がある。したがって，並行輸入阻害事件が独禁法違反事件となった場合に，特許権の正当な権利行使であると抗弁できるときも限定される方向にある。

ところで，ノウハウとして保護される技術は，非公知の技術的知識と経験の集積であって，その経済価値を事業者自らが保護・管理するものをいい，おおむね，不正競争防止法上の営業秘密のうちの技術に関するものが該当するところ，ノウハウは特定の法律で独占的排他権が付与されるものではない不確定さがあるものの，保護される知的財産である特質があるので，独禁法 21 条が適用される技術と同様に取り扱われる（知的財産ガイドライン・第 2・1 注 5）。

事　例〔23-5〕 旭電化工業事件・オキシラン化学事件

　エポキシ系可塑剤で業界 1 位の旭電化工業およびオキシラン化学（Y）が台湾の石油化学事業者（Z）にそのノウハウを供与し，ライセンス契約終了後における日本向けの輸出を制限することとしていたことが，Z の事業活動を不当に拘束する条件を付けて取引していたものとして不公正な取引方法（現一般指定 12 項）とされたうちの，Y についてみると，「1　Y は，平成 5 年 4 月 12 日，……Z との間に，契約期間を 10 年とするエルソ〔エポキシ系可塑剤であるエポキシ化亜麻仁油〕製造に係るノウハウの供与に関する国際的契約（以下「ライセンス契約」という。）を締結するとともに，ライセンス契約に関連して覚書を締結した。
2　Y は，右覚書第 4 条において，ライセンス契約終了後，Z はエルソの我が国における販売又は市場に出すための供給をしてはならない旨規定することにより，ライセンス契約終了後における Z のエルソの我が国向けの供給を制限することとしていた」。

〔公取委勧告審決平 7・10・13 審決集 42 巻 163 頁・166 頁〕

ライセンサーがライセンシーに対し，ライセンスする技術を用いた製品を輸

出しうる地域を制限することは，原則として不公正な取引方法に該当しない（知的財産ガイドライン・第4・3(3)）。技術の活用に沿って，ライセンサーにライセンスしやすくする合理性が認められるからである。ノウハウについても同様で，ライセンス契約期間中の輸出地域制限は認められる行為である。しかし，ライセンス契約期間終了後あるいは特許権存続期間終了後は，競争阻害効果が上回って認められる場合，知的財産権の内在的制約から権利行使と認められない行為となる。上記事例では，有効な競争相手となりうるZが日本市場に輸出する機会を将来的にも閉鎖することに，わが国のエポキシ系可塑剤の市場における競争を阻害するおそれを認める実態があったものと推測される。

(3) 知的財産権の権利行使と外在的制約

　独禁法21条における権利の行使とは認められない行為となる理由を説明する第2の方法は，知的財産権制度の外にある独禁法が設定する政策的見地から不当とする外在的制約を逸脱したとすることである。この場合でも，知的財産権制度と独禁法は，方法を異にしても，文化を含む産業の発展のためにあるという目的が共通するから，独禁法からみて不当な行為は，知的財産権制度からみても不当ということになる。

　例えば，競争事業者の事業活動を妨害するためだけに，根拠の乏しい特許侵害差止訴訟を頻りに提起するようないやがらせ行為は，特許権の権利行使であるとしても，独禁法からみて不当である。また，特許権者が行う独禁法違反行為に協力する事業者には特許権をライセンスし，非協力事業者には特許権をライセンスしないという行為は，自らの特許権をどのようにライセンスするかというのは本来自由なことであるが，独禁法違反行為を行わせるための利益供与として用いることになると，不当な権利行使となる。さらに，特許権を複数の事業者にライセンスする際に当該特許技術を使用して生産する数量を制限したりすることが行われるが，それが生産数量カルテルを偽装して行うための手段である場合には，独禁法からみて不当である。いずれの場合も，知的財産権制度からみても不当な権利行使であり，独禁法適用除外事由にはなりえない。

事　例〔23-6〕　北海道新聞社商標登録拒絶事件

　事例〔4-5〕で北海道新聞社（Y）が，函館地区で日刊新聞を創刊する構想をもったOが設立したH社の事業活動を妨害するために，「函館新聞」等の新聞題字をあらかじめ特許庁に商標登録出願したことが，H社の異議申立てにより特許庁から拒絶査定を受けたことに対して，Yが特許庁に審判請求をした事件で，「商標法4条1項7号は，『公の秩序又は善良の風俗を害するおそれがある商標』は商標登録を受けることができない旨の規定である。ここでいう公の秩序とは国家社会の一般的利益をいい，善良な風俗とは社会の一般的道徳観念をいうが，本号は，その時代の一般的な社会的通念からして，社会の一般的秩序を乱すおそれがある商標登録を認めない趣旨と解される。

　すなわち，具体的には，出願された商標の構成自体が矯激，卑わいなものであって社会秩序や風俗を乱すおそれがある場合だけでなく，商標の構成自体はそのようなものでなくても，その商標を特定の商品または役務に使用する事が社会公共の利益に反したり，社会一般の道徳観念に反するような場合，さらには，商標法の趣旨，目的からみて登録することが社会的妥当性を欠くこととなるような場合（たとえば，第三者の営業行為を不当に制限するような出願）に，その登録を拒絶すべきことを定めているものと解される。

　そこで，本願商標はその構成自体が公の秩序または善良な風俗を害するおそれがないものであることは明らかであるので，本願にかかる出願行為等に商標法の目的を逸脱し社会的妥当性を欠くところがあったかどうかについて検討する。

　本願についての出願の経緯や出願当時の状況，新聞業界における新聞発行の実状等からみて，本願にかかるYの多数の出願は，Oによる新聞創刊構想に対抗し同人の題字選択行動や事業活動を阻害することが主要な動機になっており，ひいては，商標法に定める先願主義を濫用するものと認めざるをえないものであり，事実上H社の新聞題字の選択を著しく制限しているという事実も認められることに加えて，Y自身が出願時に商標として使用する意思があったと主張するにしても，実際に使用されているとするのは，新聞の中に折り込みに表示するもので商標の使用とは到底認められないものであり，その表示とても，H社から登録異議申し立てを受けて急遽開始したこと等を総合すると，本願の出願行為に係る商標は，適正な商道徳に反するものであり，このようなものを登録することは実際上の使用により形成される業務上の信用の保護を目的とする商標法の期待に反するものと認めざるをえない。

　してみると，本願商標は，公の秩序又は善良な風俗を害するおそれがある商標

であると言わなければならない。したがって，原査定における法解釈に誤りはない」。

〔特許庁審判部審決平11・3・10 特許ニュース 10080 号 6 頁〕

　上記事例では，「第三者の営業行為を不当に制限するような出願」との例示も掲げて，独禁法の私的独占における不適切な行為を用いた「他の事業者の事業活動を排除」することによる競争制限を違法とする考え方と呼応する，知的財産権法における同趣旨の考え方を示している。

テーマ3　知的財産権と競争制限行為

　知的財産権が関わって競争を制限したという独禁法違反事件には，どのようなケースがあったのか。知的財産権がありながら，どうして独禁法が適用除外されずに，違法とされたのか。その場合，知的財産権法よりも独禁法が優先して適用されたことになるのだろうか。

(1) 知的財産権と私的独占

　画期的な特許発明を有する事業者が，その特許製品が好調に売れたことで市場を独占し，他の事業者に実施許諾しようとせず，実施許諾を受けずに当該特許発明を利用した競争事業者に対して，特許権に基づく差止請求訴訟を提起する行為は，権利行使と認められる行為であって，それが排除型私的独占とされることはない。このことは特別なことではなく，通常の場合でも，優良な原材料を独占する事業者が，それらを用いる最終製品も製造していて，他の最終製品製造事業者に自社の原材料を供給せず，不正に入手しようとする他の事業者に対して所有権に基づく妨害排除請求権を行使するなど，結果として原材料ないし最終製品の市場を独占しても，排除型私的独占に問われないこと（押し付けられた独占の抗弁："thrust-upon monopoly" defense）と同じことである。

　しかし，上記の権利行使に独占禁止法から見て不適切と評価される要素が加わった場合は，別である。例えば，パテントプールを形成している複数の事業

者が新規参入者や特定の既存事業者に対するライセンスを合理的理由なく拒絶することにより当該技術を使わせないようにする行為は，排除型私的独占に該当する場合がある。

事　例〔23-7〕　ぱちんこ機パテントプール事件

事例〔4-1〕のぱちんこ機パテントプール事件において，「昭和58年春ころ，いわゆるフィーバー機と称するぱちんこ機が登場し，ぱちんこ機の市場規模が大きく拡大して魅力あるものとなってきた中で，非組合員である回胴式遊技機の大手製造業者が既存のぱちんこ機製造業者である組合員の株式の取得を通じてぱちんこ機の製造分野に新規参入を図ろうとする動きが生じたこと等を契機として，10社のうちE社を除く当時ぱちんこ機の製造に関する重要な特許権等を所有していた9社及び遊技機特許連盟は，同年6月ころ行った遊技機特許連盟が管理運営する特許権等の実施許諾に当たり，遊技機特許連盟のほか，右特許権等の所有者も実施許諾契約の当事者に加えて三者契約の形を採ることとし，当該契約において，契約の相手方の企業の構成及び営業状態を変更した場合は特許権等の所有者に届け出てその承認を得なければならない旨及びその承認が得られない場合には当該契約は効力を失う旨の営業状態の変更に関する条項を定めて，買収等による参入の抑止策を強化した」，「10社及び遊技機特許連盟は，〔参入排除〕の方針に基づき，遊技機特許連盟が所有又は管理運営する特許権等の実施許諾契約の右営業状態の変更に関する条項を実施するとともに，遊技機特許連盟が所有又は管理運営する特許権等の集積を図り，既存のぱちんこ機製造業者である組合員以外の者に対しては当該特許権等の実施許諾を行わないことにより，参入を排除してきている」。

〔公取委勧告審決平9・8・6審決集44巻238頁〕

上記事例では，複数の事業者が共同して，合理的な理由なく，専ら新規参入排除のためにパテントプールが用いられているところに，不適切な要素が加わっているとみることができる。**事例〔4-5〕**の北海道新聞社事件では，自ら使用する具体的な計画がないにもかかわらず，函館地区に新設される新聞社に使用させない意図で9つの新聞題字を商標登録出願したことに，また，**事例〔4-13〕**のパラマウントベッド事件では，自ら所有する実用新案権による構造

であることを伏せて，入札仕様書に同構造を盛り込ませたことに，それぞれ不適切な要素を見いだすことができる。

　なお，知的財産権と支配型私的独占の関係については，テーマ4の拘束条件付取引との関係と同じ議論が可能である。

(2) 知的財産権と不当な取引制限

　パテントプール（複数の知的財産権者が組織を設け，それぞれ有する権利をその組織に集中し，当該組織を通じて必要なライセンスを受けさせるもの）やクロスライセンス（複数の知的財産権者がそれぞれの権利を相互にライセンスしあうもの）は，知的財産が技術であれば，事業活動に必要な技術の効率的利用に資するものであり，それ自体が直ちに不当な取引制限に該当するものではないが，複数の競争事業者間で行われる場合，その共同利用の場で，技術のライセンス条件や技術を利用した製品の価格・数量・取引先等を共同して相互に拘束するとき，技術市場または製品市場の競争を実質的に制限するに至ると，不当な取引制限に該当する。

　ライセンサーおよびライセンシーたちが競争事業者である場合，マルティプルライセンス（ある技術を有するライセンサーがライセンス契約を結んで，ライセンシーに当該技術の使用を許諾する場合に，複数の事業者にライセンスすること）の形態を利用して，製品の販売価格，販売数量，販売先等を共通に制限する行為は，製品市場の競争を実質的に制限する場合，不当な取引制限に該当する。また，当該技術の改良・応用研究や改良技術についてライセンスする相手方，代替技術の採用等を制限する行為も，技術市場の競争を実質的に制限する場合は，不当な取引制限に該当する（知的財産ガイドライン・第3・2(2)）。

事　例〔23-8〕　コンクリートパイル事件

　建設資材のコンクリートパイルの主要な製造業者6社が，各社の技術供与先を含めた出荷比率および引合の割当方法ならびに技術供与に関する条件を決定し，実施したことが，コンクリートパイルの販売分野における競争を実質的に制限した不当な取引制限事件について，「6社は，それぞれ，パイル製造にかかわる有力な特許権および実用新案権（以下これらを「工業権」という。）を所有してお

り，……6 社から同工業権の通常実施権の許諾を受けなければ，新たにパイル製造業として営業を開始することは，かなり困難である。

6 社は，昭和 41 年 12 月 15 日，東京都港区所在の芝プリンスホテルにおいて，各社の代表者の会合を開催し，コンクリートパイル市場の安定策について協議した結果，

　ア　各社のコンクリートパイルの出荷比率を取り決め，販売数量を決めること
　イ　前項については，まず関東地方を対象とし，その実施については，各社の代表者によつて構成する運営委員会を設け，運営委員会は，A 社の M 社長の指導によつて運営し，関東地方における施策が軌道に乗つた場合は，さらに地方においても，同様の施策を実施すること
　ウ　各社がパイル製造にかかわる工業権の供与を行なう場合は，技術供与契約において，6 社の決定する市場安定策を遵守することを条件とすること

を決定した」。

〔公取委勧告審決昭 45・8・5 審決集 17 巻 86 頁〕

上記事例では，6 社の間で出荷比率等を決めていることのほかに，6 社以外の技術供与先の製造業者についても出荷比率等を遵守させていることも含めて，不当な取引制限としているところ，技術供与先の事業者に対しては，6 社が通謀して支配行為を行った私的独占として捉えることも可能と考えられる。

事　例〔23-9〕　公共下水道用鉄蓋事件（福岡地区，北九州地区）

下水道マンホール用鉄蓋の製造業者である日之出水道機器（被審人 Y）が他の競争事業者とともに，福岡地区および北九州地区で共同して市型鉄蓋の販売価格，販売数量比率および販売先を決定し，市型鉄蓋の販売分野における競争を実質的に制限した不当な取引制限事件のうち，福岡地区における販売数量比率の決定について，「福岡市は，昭和 55 年に市型鉄蓋の仕様を Y の実用新案を採り入れたものに改定している」，「（被審人らの主張）福岡市が市型鉄蓋の仕様を改定して Y の実用新案を採り入れた際に，他の指定業者に当該実用新案の実施を許諾することを条件にしたので，Y はこれを受け入れたが，実施許諾料を放棄したことはない。本件販売数量比率は，Y が実用新案権の権利行使として他の被審人らに対し実施許諾したものであり（ロイヤルティを総需要量の 20 パーセントとし，残りの 80 パーセントを被審人 7 社に等分になるように許諾した。），被審人

> 各社が福岡鉄蓋会で相互に協議して定めたものではない。〔略〕
> 　（審判官の判断）……本件決定は本件鉄蓋の年間の総需要量を配分割当しており，その割当分については相互に販売量が保証されることになるが，そのような趣旨の決定は全員で協議し決定することが必要であること，Yは福岡市から本件実用新案を採用する際の条件で他の被審人6社に実施許諾をせざるを得なかったことに照らすと，措信できない。また，実施許諾料を放棄したかどうかと本件販売数量比率がどのような形式で行われたかどうかとは直接関係がない。そして，本件は，絶対的な数量ではなく本件鉄蓋の年間の総需要量を配分し割当をしており，相互に競争することなく右決定した割当数量までは販売量が確保，保証されることとなり，被審人ら相互の販売数量競争を完全に排除することとなり，福岡地区における市型鉄蓋取引の競争を実質的に制限するものであり，独禁法2条6項に該当し，同法3条に違反することは明らかである。福岡市から被審人らに対し，本件市型鉄蓋の安定供給の要請がされていたとしても，そのことは右の結論に影響を与えないことは明らかである」。
> 　　　　　　　　　　〔福岡地区〕＝公取委審判審決平5・9・10審決集40巻3頁〕
> 　　　　　　　　　　〔北九州地区〕＝公取委審判審決平5・9・10審決集40巻29頁〕

　上記事例は，マルティプルライセンスが関係した事件であるが，被審人の実用新案権の権利行使であるとの主張から，偽装されたカルテルの態様を呈している。ライセンサーであるYの販売数量比率も販売価格や販売先と同様に決定されたことから，事業活動の相互拘束となって，不当な取引制限に該当するものとされた。仮に，上記事例のように共同して決定したのではなく，ライセンシーのみに販売数量の上限が個別にライセンサーから実施許諾された場合は，ライセンサーによる一方的拘束となって，不当な取引制限にはならない。知的財産ガイドライン・第4・3(2)イでは，製造数量の上限を定めることは，市場全体の供給量を制限する効果がある場合には権利の行使と認められず，公正競争阻害性を有する場合には，不公正な取引方法（一般指定12項〔拘束条件付取引〕）に該当するとしている。

(3) 知的財産権と不公正な取引方法

　知的財産権と独禁法の関係について検討が必要となるのは，大別して2つの

場面がある。1つは、知的財産権の権利行使が実施許諾の拒絶や差止請求となって、事業者の事業活動の制約に直接向かう場合である。もう1つは、知的財産権のライセンス契約が結ばれる場合に、ライセンサーがライセンシーの事業活動を拘束する条件を付帯するときである。後者については、テーマ4でまとめて検討することにして、ここでは前者の事例で不公正な取引方法に該当するとされたものを見る。

事 例〔23-10〕 着うた審決取消請求事件

事例〔7-8〕、事例〔8-1〕において、レコード制作会社であって、着うた（原盤に録音された演奏者の歌声等の一部を携帯電話の着信音として設定できるよう配信するサービス）を提供する事業者である原告ソニー・ミュージックエンタテインメント（Y）が、他のレコード制作会社4社（以下、Yを含めて「5社」という）と共同出資子会社の着うた提供業者L社を設立し、5社間で意思の連絡を図って、他の着うた提供業者に対して原盤権（著作23条）の利用許諾を拒絶していることについて、公取委から不公正な取引方法（共同の取引拒絶）に該当するとして審決を受けたことから、他の3社とともに審決取消請求訴訟を提起した事件において、「確かに、原盤権を保有等する5社が個別に特定の着うた提供業者L社には業務委託を行いそれ以外の着うた提供業者には利用許諾を拒絶するということは、何ら違法ではなく、自らが出資したレーベルモバイルの利益ひいては自らの利益を図るために、L社にのみ楽曲を提供し他の着うた提供業者には利用許諾を拒絶するという行為は、経済的合理性に適った行為ということもできるから、結果的に5社のいずれもがL社以外の着うた提供業者に利用許諾を拒絶したことは、それ自体は不自然な行為とまではいえないものである。

しかしながら、5社それぞれが個別に行う原盤権の利用許諾の拒絶行為が上記のとおり適法かつ自然な行為と評し得るとしても、5社が意思の連絡の下に共同して取引拒絶をすれば、それは独禁法19条、2条9項、本件告示1項1号〔現行独禁法2条9項1号イ〕に違反する違法な行為となるものであり（5社それぞれが有する著作隣接権に基づく原盤権の利用許諾の拒絶行為も、それが意思の連絡の下に共同してなされた場合には、それぞれが有する著作隣接権で保護される範囲を超えるもので、著作権法による「権利の行使と認められる行為」には該当しないものになる。）、そして、意思の連絡があったというためには、……事業者相互間で明示的に合意することまでは必要ではなく、他の事業者の取引拒絶行為を認

識ないし予測して黙示的に暗黙のうちにこれを認容してこれと歩調をそろえる意思があれば足りるものと解すべきであるから，Yの上記主張は採用することができないものである」。

〔東京高判平22・1・29審決集56巻第2分冊498頁〕

　上記事例では，原盤権という著作隣接権を共同して行使したところで，当該権利で認められた範囲を超えた内在的制約に抵触すると判断している。

事　例〔23-11〕　第一興商事件

　カラオケ店等に通信カラオケ機器を販売・賃貸し，カラオケソフトを制作・配信する事業者で第1位の第一興商（Y）が，同社の子会社としたレコード制作会社K社およびT社に，両社の管理楽曲を競争事業者であるE社に使用を許諾させないこと等により，E社とその取引の相手方（カラオケ店等）との取引を不当に妨害する不公正な取引方法（現一般指定14項）に問われた事件で，「Yは，……E社の事業活動を徹底的に攻撃していくとの方針の下，K社及びT社をして，E社との間でそれまで平穏かつ継続的に行われてきていた管理楽曲使用承諾契約の更新を突如拒絶させ，卸売業者及びユーザーに対し，E社の通信カラオケ機器ではK社及びT社の管理楽曲が使用できなくなる旨告知したものである。このように，当該更新拒絶は，E社の事業活動を徹底的に攻撃していくとのYの方針の下で行われたものであり，また，……Yによる卸売業者等に対する前記告知と一連のものとして行われ，……E社の通信カラオケ機器の取引に影響を与えるおそれがあったのであるから，知的財産権制度の趣旨・目的に反しており，著作権法による権利の行使と認められる行為とはいえないものである。したがって，独占禁止法21条に規定する，独禁法の規定を適用しない場合には当たらないものというべきである」。

〔公取委審判審決平21・2・16審決集55巻500頁〕

　上記事例でも**事例〔23-10〕**と同様にレコード制作会社からの楽曲利用許諾の拒絶が手段となっていて，競争関係にある事業者を徹底的に攻撃していくという方針から，知的財産権の外在的制約に抵触したところに不適切さを見いだせるYの単独行為とみることができるが，YがK社およびT社に取引拒絶を

行わせた間接の取引拒絶であって，共同行為の範疇に入るものとみれば，知的財産権の内在的制約に抵触したから，権利の行使とは認められないという説明もできよう。

テーマ4　知的財産権のライセンス契約と事業活動の拘束

　創り出された知的財産は，囲い込まれているよりも，利用できる場があれば，活用された方が産業や文化の発展に役立つ。知的財産を利用できる権利でもある知的財産権を利用したい他の事業者にライセンスすることは，競争促進の面からも望ましいことである。それでは，ライセンス契約するときに，ライセンサーがライセンシーの事業活動を拘束する条件を付けることは，独禁法上問題ないだろうか。

(1)　知的財産権のライセンスと抱き合わせ販売

　ライセンス契約において，ライセンサーがライセンシーに対してライセンシーの求める技術以外の技術についても，一括してライセンスを受ける義務を課す一括ライセンスは，技術の効用を保証する場合もある。他方，かかる合理的理由がなく，ライセンシーの技術の選択の自由が制限され，競合する他の技術を用いないようにさせる効果が生じる場合は，不公正な取引方法の抱き合わせ販売（一般指定10項）に該当する（知的財産ガイドライン・第4・5(4)，事例〔10-5〕）。

(2)　知的財産権のライセンスと価格拘束

　ライセンサーがライセンシーに対し，ライセンスした知的財産を用いた商品役務に関し，販売価格または再販売価格を制限する行為は，ライセンシーまたは当該商品等を買い受けた流通業者の事業活動の最も基本となる競争手段に制約を加えるものであり，競争を減殺することが明らかであるから，原則として不公正な取引方法（一般指定12項。独禁法2条9項4号は商品を仕入れて販売する場合に適用）に該当する。

事　例〔23-12〕　ヤクルト本社事件

　醗酵乳の原液の製造事業者であるヤクルト本社（Y）が，醗酵乳の原液を加工業者に販売し，加工業者は，これを稀釈し，びん詰加工し，「生菌ヤクルト」の商標を付し，小売業者に販売するにあたり，製品の販売価格を維持するために，次のような契約規定を設けて実施したことを，公取委は，特許法または商標法による権利の行使とは認められないものとした。「(1)　Yは，加工業者との間に，特許の実施権および商標の使用権の許諾に関する契約（以下「加工契約」という。）を締結しており，また，小売業者との間に，前記商標を付した醗酵乳（以下「ヤクルト」という。）の小売に関する契約（以下「小売契約」という。）を締結している。
(2)　Yは，ヤクルトの流通機構を確立するため，加工契約において，
　ア　加工業者は，Yと，小売価格，小売地域および小売数量の遵守ならびに競争商品の販売禁止を内容に含む小売契約を締結した者以外の者に，ヤクルトを販売してはならない，
　イ　加工業者は，小売契約において定められた小売価格および小売地域を，小売業者に守らせなければならない，
という趣旨の規定を設け，これを実施している」。

〔公取委勧告審決昭40・9・13審決集13巻72頁〕

　映画作品の配給事業者が上映者（映画館）に上映権（著作22条の2）をライセンスするにあたり，上映者が入場者から徴収する入場料を割り引かないなど約束させることも一般指定12項に該当する不公正な取引方法である（20世紀フォックス事件＝公取委勧告審決平15・11・25審決集50巻389頁）。

　なお，ライセンス契約でライセンシーの事業活動を拘束する条件を課すことが一般的に不可とされるものではない。知的財産の効率的な利用や円滑な取引の促進の観点からライセンスしやすくする効果があるとともに，知的財産権を設けた趣旨から合理性がある場合も少なくないからである。知的財産権の本来的行使・非本来的行為とか，物権的行使・債権的行使のそれぞれ前者に当たるとして，正当な権利行使としてきた事柄である。

　知的財産ガイドラインでは，例えば，特許権のライセンスにおいて生産・使用・譲渡・輸出等のいずれかに限定するというように，ライセンサーがライセ

ンシーに対し，当該技術を利用できる事業活動や，利用できる期間あるいは分野，さらに，製造できる地域，最低製造数量，輸出地域などを制限する行為は，原則として不公正な取引方法に該当しない，とされている。

(3) 知的財産権のライセンスと非価格拘束

　ライセンス契約において，ライセンス技術に関係して，ライセンサーがライセンシーに義務を課することがある。ライセンシーに対して，ライセンス技術に係る権利の有効性について争わない不争義務は，円滑な技術取引を通じ競争の促進に資する面が認められ，競争を減殺するおそれは小さいとされる。他方，ライセンシーが所有または取得することとなる権利をライセンサーまたはライセンサーが指定する事業者に対して行使しない非係争義務（Non-Assertion of Patent, NAP 条項）は，ライセンサーの技術市場や製品市場における有力な地位を強化することにつながること，またはライセンシーの権利行使が制限されることによってライセンシーの研究開発意欲を損ない，新たな技術の開発を阻害することにより，公正競争阻害性を有する場合には，不公正な取引方法（一般指定 12 項）に該当する（知的財産ガイドライン・第 4・5(6)）。

事　例〔23-13〕　マイクロソフト非係争条項事件

　事例〔7-3〕において，米国マイクロソフト社（Y）が，パソコン用基本ソフトウェアであるウィンドウズシリーズをパソコン製造販売業者（OEM 業者）に OEM 販売（相手先商標での販売）する際に締結するライセンス契約に，Y から使用の許諾を受けたウィンドウズシリーズに関して，OEM 業者が特許権侵害を理由に Y または他のライセンシー等に対して訴えを提起しないことを誓約する非係争条項を設けたことについて，「Y は，遅くとも平成 13 年 1 月 1 日以降平成 16 年 7 月 31 日まで，パソコン用 OS 市場における有力な地位を利用して，パソコン AV 技術取引市場における有力な競争者である OEM 業者に対して，極めて不合理な内容である本件非係争条項の受入れを余儀なくさせたものであり，当該行為は，OEM 業者のパソコン AV 技術の研究開発意欲を損なわせる高い蓋然性を有するものである。また，……直接契約から本件非係争条項が削除された平成 16 年 8 月 1 日以降においても，本件非係争条項の将来的効力により，OEM 業者のパソコン AV 技術に対する研究開発意欲が現在に至るまでなお損なわれて

いる高い蓋然性を有するものであり，これらにより，……本件非係争条項は，パソコン AV 技術取引市場における OEM 業者の地位を低下させ，当該市場における Y の地位を強化して，公正な競争秩序に悪影響を及ぼすおそれを有するものである。そして，……本件非係争条項には，パソコン AV 技術取引市場における公正な競争秩序への悪影響を覆すに足りる特段の事情も認められないことから，平成 13 年 1 月 1 日以降における Y 及び OEM 業者の間の本件非係争条項の付された直接契約の締結並びに本件非係争条項による OEM 業者の事業活動の拘束行為は，公正競争阻害性を有し，一般指定告示第 13 項〔現 12 項〕の不当な拘束条件付取引に該当すると認められる」。

〔公取委審判審決平 20・9・16 審決集 55 巻 380 頁〕

　上記事例では，拘束条件付取引の公正競争阻害性について，具体的な競争減殺効果の発生を要するものではなく，ある程度において競争減殺効果発生のおそれがあると認められる場合であれば足りるが，この「おそれ」の程度は，競争減殺効果が発生する可能性があるという程度の漠然とした可能性でもって足りると解すべきではなく，当該行為の競争に及ぼす量的または質的な影響を個別に判断して，公正な競争を阻害するおそれの有無が判断されることが必要であるとする。非係争条項の存在が直ちに不公正な取引方法に該当するというのではなく，競争減殺効果が増す事案であるかどうかの判定が必要との意味である。

　ライセンシーの研究開発意欲を損なうことにより，公正競争阻害性が認められる拘束条件付取引に該当しやすいライセンシーの義務には，そのほかに研究開発活動の制限やライセンシーが開発した改良技術のライセンサーへの譲渡義務あるいはライセンサーに独占的ライセンスをする義務が相当する（知的財産ガイドライン・第 4・5(7)(8)）。

第24章

国際関係

テーマ1　実体管轄権と手続管轄権

　企業の事業活動は国境を越え，競争も国境を越える。国際カルテルを含め，国際的な競争制限行為に対して，国際独占禁止法が現時点で存在しない以上，各国の国内法である独占禁止法が国境を越えても適用されることで対応することになる。国境を越えれば，他の国の国家主権と抵触するおそれがある。独占禁止法の域外適用は，実体面と手続面からどこまで可能となっているか。

(1)　国家主権の抵触

　独禁法は日本という国家の国内法であるから，日本市場に影響がある行為で国内で行われたものや国内に所在する人（事業者を含む）に適用があることは当然であるが，国外の行為あるいは人に対しては，どこまで適用しうるかという国家管轄権の問題がある。国家管轄権を国外に及ぼして独禁法の域外適用を行うことは，外国の国家主権（外国主権）と抵触するおそれがあるから，国際法上の問題でもある。国家管轄権は，国境を越えて活動する事業者とその事業活動を自国内に限定することなく独禁法の規制対象とすることができるかという実体管轄権（立法管轄権）と，具体的な法適用に当たって国境を越えて調査・執行ができるかという手続管轄権（調査管轄権・強制管轄権・執行管轄権）に分けて考えることができる。

(2)　実体管轄権

　実体管轄権の考え方は，次の3つの態様がある。①属地主義（国内で行われ

た行為のみに独禁法を適用する），②客観的属地主義（行為の一部が国内で行われていれば外国で行われた行為も含めて独禁法を適用する），③効果主義（行為が国外で行われていても，その競争制限効果が国内に影響する場合には，独禁法を適用する）であって，③が規制対象を最も広く捉えていることになる。米国反トラスト法やEU競争法は，③の効果主義を採用している。

> **事　例〔24-1〕　第一次日本光学（オーバーシーズ）事件**
>
> 　被審人である日本光学（Y）が米国カリフォルニア州所在の販売業者に米国，カナダおよびメキシコにおけるYの全製品の一手販売権を許与する国際契約を締結したことについて，独禁法3条・6条・19条の各規定に違反するものとして審判開始決定がなされた事件において，「Yは，私的独占禁止法は，日本の領土内にのみ適用せられ日本における公正かつ自由なる競争を阻害せんとする企図とその企図を遂行する結果，日本における事業活動について公正かつ自由なる競争が阻害せられる場合に限り適用を見るべきものと主張しているが，私的独占禁止法は，日本国内または日本の国際通商に影響を与える限りその適用を妨げられないものと解すべく，本件契約の前記条項については，当然同法の適用を見るべきものであるから，Yのこの点の主張は理由がない」。
>
> 〔公取委審判審決昭27・9・3審決集4巻30頁〕

　上記事例は，審決において結論として独禁法違反に問わなかったものであるので，引用した部分は傍論となり，日本国外に及ぶいかなる範囲までを独禁法の規制対象としたかという積極的な結論を導くことはできないが，独禁法を属地主義に依らしめるものではないという解釈方針は示された。

(3)　手続管轄権

　外国事業者が日本国外で行った行為について独禁法の規制対象とする実体管轄権を認めたとしても，独禁法施行官庁が公権力を行使して，これらの事業者とその行為に対してその権限を及ぼしうるかどうかは，手続管轄権として外国主権との抵触も含めて別途検討しなければならない。手続管轄権は，調査活動や処分・執行が国外に向けてどこまで可能かという問題に収れんされる。域外

適用にあって公取委のような行政機関が強制力をもって行う調査活動や処分・執行は，外国主権との摩擦を惹き起こしかねないので，国外における直接の権限行使は控えることとなる。任意の事情聴取や文書・電子メールにより協力依頼することになる。さらには，相手国との独禁協力協定により，事件の現実的な解決を立案することになる。

　国外にある外国事業者が，公取委から送達される文書を受領して，当該文書の指示内容に従うことは独禁法の域外適用になっても，外国主権と抵触するものではない。ただし，文書送達そのものが外国主権との抵触を惹き起こさないものであることが必要である。したがって，国外の外国事業者であっても，日本国内に支店，支所，営業所，駐在員等の拠点を有するか，または文書受領権限を有する代理人の選任があれば，送達方法に，国内事業者以上の配慮を必要とするものではない（前者〔拠点〕の例として，日本郵船ほか5名に対する三重運賃事件＝審判審決昭47・8・18審決集19巻57頁，20世紀フォックス事件＝勧告審決平15・11・25審決集50巻389頁。後者〔代理人〕の例として，**事例〔24-3〕**ノーディオン事件，**事例〔24-6〕**マリンホース国際カルテル事件）。

事　例〔24-2〕　三重運賃（外国企業）事件

　外国の船会社を含む船舶運航事業者を被審人として，荷主が正当で合理的な理由があって海運同盟に参加していない船舶運航事業者を利用した場合にも，違約金や運賃等の運送条件について不利な取扱いをしたことを旧海運業における特定の不公正な取引方法の四に該当するとの審判開始決定を行った三重運賃事件において，「被審人らは，本件審判開始決定当時，わが国に代理店を置いて事業活動を行っていたところ，当委員会は，これら被審人らに対して，独禁法69条の2〔現70条の17〕において準用する民事訴訟法169条1項〔現103条1項〕の規定に基づいてそれぞれの代理店の代表者を被審人の日本における代表者と見て，審判開始決定書の謄本をその事務所において送達した。

　しかしながら，被審人らは，審判開始決定書の謄本の送達について，それらの代理店には当該謄本を受領する権限がなく，また，事実上受領されていても被審人代表者の追認がなければ無効であり，公正取引委員会がこれらのことを立証しない限り，当該送達は違法であると主張しているが，当委員会は，その主張をくつがえす証拠を得るに至らなかった。

> よって，当委員会は，本件審判開始決定はこれを取り消すことが相当であると
> 認め，主文のとおり決定する」。
>
> 〔公取委決定昭 47・8・18 審決集 19 巻 197 頁〕

　上記事例は，在外の外国事業者 10 社の日本国内の代理店に審判開始決定書の謄本を送達したことについて，代理店には当該謄本を受領する権限がなく，当該送達は違法であるとの当該 10 事業者の主張をくつがえす証拠を得るに至らなかったとして，文書送達が有効でなかったとしたものである。

　その後，日本国内に支社，営業所等を有しない在外事業者への送達手続を整備すべく，2002（平成 14）年改正に至って，独禁法 70 条の 7（書類の送達）に民事訴訟法 108 条の準用が追加された。外国においてすべき送達は，公取委がその国に駐在する日本の大使・公使や領事に嘱託・依頼して行うというものである。ただし，名宛人に対し送達する書類の内容が出頭，排除措置の執行，課徴金の納付など強制的義務付け効果を発生させるものである場合は，かかる送達は日本国の公権力の行使に当たるから，外国での当該書類の送達をその国の同意なくして行うことは主権抵触の問題となる。したがって，自国の外交ルートを通じて相手国の承認を取り付け，その上で日本の領事等の当該国駐在外交官から在外者に送達することになる。

　2002（平成 14）年改正では，外国においてすべき送達の円滑な実施を見込むことができない次のような場合もあることから，補充的な送達方法として公示送達の規定（70 条の 8）が追加された。

① 外国において送達すべき場合であって，当該相手国の同意が得られず，または当該相手国に日本の外交官が駐在していないとき，または，当該相手国の国内事情が戦乱，災害等によって混乱していて，送達が事実上不可能と判断しうるとき（70 条の 8 第 1 項 2 号）
② 外国の管轄官庁に嘱託した場合であって，半年が過ぎても送達を証明する書面の送付がない場合（70 条の 8 第 1 項 3 号）。ただし，現時点において，相当する外国の管轄官庁は，まだない。

　公示送達とは，送達しなければならない書類をいつでも交付する旨を一定の

掲示場に一定期間（原則2週間であるが，外国においてすべき送達については6週間。70条の8第3項・4項）掲示することにより送達の効果を生じさせる方式である。

2008年9月には，英豪系資源大手BHPビリトンによるリオ・ティントの買収計画について，公取委は，70条の17（現70条の7）に基づき，在豪の日本領事を通じて資料提出の命令書を同社に送達したが，受け取りを拒否されて，70条の18（現70条の8）に基づく公示送達を行うことを明らかにした。

(4) 渉外事件の例

事例〔24-3〕 ノーディオン事件

カナダに所在する外国事業者であるノーディオン（Y〔放射性医薬品の原料であるモリブデン99の世界における生産数量の過半を占め，かつ販売数量の大部分を占めている〕）が日本企業の日本メジフィジックス（A）と第一ラジオ（B）と結んだ排他的供給契約が私的独占に該当するとした。日本国内にモリブデン99を使用する放射性医薬品を製造する事業者はAとBの2社のみであり，Yがその2社と排他的供給契約を結び，Yの競争事業者を排除したものであるが，「Yは，〔中略〕Aとの間で，平成8年8月26日に，東京都に所在するAの東京本部において，『Aが取得，使用，消費又は加工するモリブデン99の全量をYから購入しなければならない』旨の規定を含む平成17年末までの10年間の契約を締結した。〔中略〕

Yは，Bとの間で，同8月27日に，東京都に所在するBの本社において，『Bが取得，使用，消費又は加工するモリブデン99の全量をノーディオンから排他的に購入しなければならない』旨の規定を含む平成17年末までの10年間の契約を締結した。〔中略〕

Yは，A及びBとの間において，それぞれ，〔中略〕モリブデン99の全量をYから購入する義務を課す契約を締結して，他のモリブデン99の製造販売業者の事業活動を排除することにより，公共の利益に反して，我が国におけるモリブデン99の取引分野における競争を実質的に制限していたものであり，これは，独占禁止法2条5項に規定する私的独占に該当し，独占禁止法3条の規定に違反するものである」。

〔公取委勧告審決平10・9・3審決集45巻148頁〕

上記の事例において、契約の締結地はいずれも東京であるから、①排除行為の原因となる契約は日本国内で締結され、②当該契約に基づく排除行為は日本国内で継続し、③かかる排除行為により日本国内のモリブデン 99 の市場における競争を制限する効果があったものであるから、属地主義によって実体管轄権が認められるものであり、Y が日本国内に支店、営業所等の拠点を有さない在外事業者であることを考慮しても客観的属地主義により実体管轄権を認めることができる事例である。したがって、純粋に効果主義が採用されたとの事例（在外事業者により日本国外で行われた行為であるが、日本市場に影響を及ぼすケース）はまだないことになるが、企業結合規制の分野では会社には外国会社を含む（9条2項）として、外国会社同士の企業結合についても日本市場の競争に影響を及ぼす場合には規制対象となることが明らかにされているから、独禁法の実体管轄権について効果主義が採用されていることは紛れのないことである（前出の BHP ビリトンとリオ・ティントという鉄鉱石等の資源メジャーの外国会社同士の企業結合計画〔ジョイント・ベンチャーの設立〕について、2010 年に入って、公取委は両社から事前相談〔当時〕を受け、正式審査に入り、問題点を指摘したが、その後、両社は計画を撤回し、審査も中止された）。

なお、本事例では、Y は代理人として弁護士を選任したので、手続管轄権上の問題も生じることはなかった。

テーマ2　国際的競争制限事件

21 世紀に入ってからも、国際カルテルが多く潜在していることが分かり、各国の競争当局は、様々な工夫をこらして、これらの国際的競争制限事件の摘発に熱意を見せている。日本の独占禁止法は、国際的な違反事件にどこまで迫ることができているか、独占禁止法6条を適用した初期の事例から同法3条を適用するに至った最近の事件まで、その進展の過程を検証してみよう。

(1) **独禁法6条と不公正な取引方法**

独禁法6条は、事業者が不当な取引制限または不公正な取引方法に該当する

事項を内容とする国際的協定または国際的契約の当事者となることを禁止する。したがって，不公正な取引方法の行為主体でなくとも，不公正な取引方法が向けられた相手方事業者であっても，当該不公正な取引方法を内容とする国際的契約の当事者であることで，6条の禁止規定の対象事業者となり，また，不当な取引制限を内容とする国際的協定を例にとれば，国際カルテルについて，日本国内に営業拠点を有しない外国事業者は除いて，6条に基づき，日本国内にいる事業者のみに国際的な不当な取引制限にかかる国際的協定の破棄を命ずることが可能である。

事 例〔24-4〕 ノボ・インダストリー事件

外国事業者であるZは不公正な取引方法（不当な排他条件付取引）を行う者であるが，当該不公正な取引方法を内容とする国際的契約の相手方当事者である国内事業者Yを6条違反としてとらえ，排除措置を命じた勧告審決に対して，勧告審決の名宛人とされなかったZが審決取消訴訟を起こしたものである。「本件は，デンマーク・コペンハーゲン市に本店を置く上告会社ノボ・インダストリー〔Z〕とわが国の事業者である訴外天野製薬〔Y〕との間に締結された『アルカラーゼ』と呼ばれる蛋白分解酵素の継続的販売に関する契約……において契約終了後の競争品の製造，販売及取扱いの禁止を定めた部分が……独禁法……6条1項〔現6条〕の規定に違反するとして，被上告委員会〔以下「公取委」という〕が，昭和44年12月16日……Yに対し勧告を行い，その応諾を得たうえ，昭和45年1月12日……Yに対してした右契約条項の削除を命ずる審決（以下「本件審決」という。）に対し，Zがその取消しを求めて提起した訴訟である。原審は，本件審決はYに対し本件契約条項の削除を命じたものであつて，Zに対してされたものではなく，Zが本件審決によつて直ちにその権利又は法律上の利益に影響を受けることはないとの理由で，Zの原告適格ないし訴えの利益を否定し，本件訴えを不適法として却下した。

〔中略〕 本件審決は，前記のとおり，Yが公取委の勧告を応諾したことに基づき，Yに対して本件契約条項の一部削除を内容とする排除措置を命じたものであつて，Zに対してかかる排除措置を命じたものではない。それゆえ，Zは，右契約の一方の当事者ではあるが，本件審決の名宛人ではなく，前述のいわゆる審決の名宛人以外の第三者にすぎない。そうすると，Zは，特段の事情のない限り，本件審決によつてその権利又は法律上の利益を害されることはないものといわな

524 第Ⅵ部　経済社会と独占禁止法（応用領域）

ければならない。論旨は，本件審決は，名目的にはYに対して排除措置を命じたものであるが，実質的には，Zを違反行為をした者と認定したもので，Zに対して向けられたものであるというが，さきに述べたとおり，勧告審決においては，違反行為の認定は，審決の基礎をなすものではないし，まして，その名宛人以外の第三者に対する関係において違反行為の存在を確定する効果を有するものではないから，本件審決においてZを違反行為をした者と認定していても，これをもってZの権利又は法律上の利益の侵害があつたということはできない」。

〔最判昭50・11・28民集29巻10号1592頁〕

上記事例は，Zに対し直接に6条違反または19条違反の排除措置命令を発せずに，Yを通じて当該国際的契約の破棄を実現したもので，Zには日本の独禁法を間接的に域外適用された効果を生じさせたものとなった。

審決取消訴訟では，勧告審決の名宛人ではないZに原告適格が認められるか否かが争点となったが，最高裁は，勧告審決が名宛人以外の第三者を拘束するものではなく，Yは自由な意思で勧告を応諾したもので，Zとの契約を破棄するとしても，審決の強制によるものでなく，Zの法律上の利益が侵害されたとはいえないとして，Zの原告適格を認めなかった。

外国事業者への法適用の手続が整備されてきた今日では，6条を用いた間接的な域外適用となる法適用を選択することは，当該外国事業者が日本の独禁法の適用を争う道を閉ざすもので，適正手続の保障の観点からも，Zを名宛人に含めた法適用をすべきものと考えられる。

(2)　**独禁法6条と国際カルテル**

事　例〔24-5〕　レーヨン糸国際カルテル事件

(1)　旭化成工業ほか日本の化合繊製造業者3社（以下これらを「3社」という）は，レーヨン糸の製造業を営む者であり，その輸出量の合計は，日本におけるレーヨン糸の輸出量のほとんどすべてを占めている。3社は，昭和34年5月，イタリア・ミラノ市において，西ヨーロッパにおけるレーヨン糸の製造量の大部分を製造している事業者ら（以下「西欧事業者ら」という）と会合し，レーヨン糸の輸出

について協議した結果,
> ア 日本国の地域を3社の伝統市場,西ヨーロッパの11か国の地域を西欧事業者らの伝統市場とし,それぞれの相手方の伝統市場に輸出しない
> イ 3社および西欧事業者らのそれぞれの伝統市場ならびにアメリカ合衆国の地域を除く地域を共通市場とし,これに対する両者の年間総輸出数量を100として,このうち3社は14.5,西欧事業者らは85.5の比率となるよう双方の輸出数量を制限する
> ウ 両者の会合を毎年数回開催し,輸出数量については,共通市場を数地域に区分し,前記イの範囲内において,それぞれについて限度量を設定し,また,販売価格については,共通市場の各国の地域別に最低価格を設定する
>
> ことを決定した。
>
> (2) 3社は,西欧事業者らとの間に3社のレーヨン糸のアメリカ合衆国の地域を除く地域向けの輸出地域,輸出限度量および最低販売価格を決定することにより,公共の利益に反してレーヨン糸の当該地域向けの輸出取引の分野における競争を実質的に制限しているものであり,これは,不当な取引制限に該当する事項を内容とする国際的協定を締結しているものであって,独禁法6条1項（現6条）の規定に違反するものである。
>
> 〔公取委勧告審決昭47・12・27審決集19巻124頁〕

　上記事例は,外国事業者と国内事業者で形成した国際カルテルについて,外国事業者を対象とすることなく,6条を用いて,不当な取引制限を内容とする国際的協定を締結している当事者のうち,国内事業者のみを勧告審決の名宛人としたものである。その意味では,前出**事例〔24-4〕**の不当な取引制限の場合のようにみえるが,当該事例の勧告審決の名宛人であるYは不公正な取引方法の行為者ではなかったが,本事例では,名宛人である国内事業者は,不当な取引制限（国際カルテル）の行為者であるという違いがまずある。

　次に,競争が制限された市場を輸出取引分野として国内市場の延長ととらえて,国際カルテルから国内事業者による輸出カルテルに質を変化させることにより内容の渉外性を薄め,専ら当事者の渉外性（外国事業者と締結していること）により国際的協定を認定しているようにみえる。これにより,外国事業者に対する独禁法の直接適用を回避した根拠付けが見えてくる。

しかし，本事例は，国際的な市場分割と価格協定を本体とする国際カルテルであり，しかも市場分割の対象には日本市場も含まれているのであって，独禁法の実体管轄権が否定される事案ではない。本事例についても，今日では，国内事業者と同列に外国事業者も3条違反の当事者として規制すべきであったと考えられる。

なお，外国事業者への法適用が整備されてきたので，3条・19条とは別に6条が存在する実質的な意義も今後は失われていくものとみられる。国際的競争制限事件についても，3条・19条が原則として適用されるべきという趣旨である。

なお，独禁法8条2号で，事業者団体が6条に規定する国際的協定・国際的契約をすることが禁じられているが，これまで適用例はない。

(3) 独禁法3条と国際カルテル

事 例〔24-6〕 マリンホース国際カルテル事件

「(1) ア 石油備蓄基地施設を運営する事業者等の我が国に所在するマリンホース〔タンカーと石油備蓄基地施設等との間の送油に用いられるゴム製ホース〕の需要者は，〔ブリヂストン（Y_1）ら〕5社，横浜ゴム（Y_6）〔を含め，わが国，英国，フランス，イタリアまたは米国に本店を置くマリンホースの製造販売業を営む〕の8社〔Y_1～Y_8〕（以下「8社」という。）その他マリンホースの製造販売業者の中から複数の者に対して見積価格の提示を求める方法により，マリンホースを発注していた。この場合においては，見積価格の提示を求めた者の中で最も低い見積価格を提示した者を受注者としていた。〔中略〕

(2) 8社は，平成11年12月10日ころ以降〔中略〕，マリンホースの需要者が……発注するマリンホース（以下「特定マリンホース」という。）について，受注価格の低落防止を図るため

　ア(ア) 8社のうちY_8を除く7社が本店を置く我が国，英国，フランス共和国及びイタリア共和国の4か国（以下「本店所在国」という。）を特定マリンホースが使用されることとなる地（以下「使用地」という。）とする場合には，使用地となる国に本店を置く者を受注すべき者（以下「受注予定者」という。）とし，複数の事業者がこれに該当する場合には，当該複数の事業者

> のうちのいずれかの者を受注予定者とする〔中略〕
> 　イ　受注すべき価格は，受注予定者が定め，受注予定者以外の者は，受注予定者がその定めた価格で受注できるように協力する
> 旨の合意の下に，受注予定者を決定し，受注予定者が受注できるようにしていた。
> 〔中略〕
> 　8社は，共同して，特定マリンホースについて，受注予定者を決定し，受注予定者が受注できるようにすることにより，公共の利益に反して，特定マリンホースのうち我が国に所在するマリンホースの需要者が発注するものの取引分野における競争を実質的に制限していたものであって，これは，独占禁止法第2条6項に規定する不当な取引制限に該当し，独占禁止法第3条の規定に違反するものである」。
>
> 　　　　　　　　　　〔公取委排除措置命令平20・2・20審決集54巻512頁〕

　上記事例は，わが国の独禁法を適用するにあたって，国際カルテル事件に対して6条違反ではなく，3条違反として，かつ，外国事業者を含めて，法的に正式な処分を行った初めてのケースとして特筆される。これまでは，人造黒鉛電極やビタミンの国際カルテル事件があったが，いずれも警告（前者は1999年3月18日，後者は2001年4月5日）にとどまっていたからである。これらの国際カルテル事件の摘発には，制裁減免制度の導入の効果が大きい。

　本事例における競争制限効果は，「我が国に所在するマリンホースの需要者が発注するものの取引分野における競争」の実質的制限として，日本市場に対する直接的なものであることも明らかにされている。

　なお，この事件は，米国司法省，欧州委員会等とほぼ同時期に調査を開始したもので，国際カルテルに対して，各国競争当局がそれぞれの競争法を用いて，協力して取り締まりにあたっている今日的状況を示すケースともなっている（米国では，2007年5月2日，コーディネーターと5社の営業担当者が逮捕された。EUでは，2009年1月28日，5社に総額1億3151万ユーロの制裁金が科され，うちY_1には5850万ユーロであった。Y_6は，調査に協力したことで1440万ユーロの制裁金を全額免除された。なお，日本でY_1が課された課徴金額は238万円であった）。

　ところで，競争制限効果が及ぶ範囲については，インドネシア，マレーシア，タイ，韓国の事業者も加わったテレビ用ブラウン管価格国際カルテル事件（公

取委排除措置命令平21・10・7審決集56巻第2分冊71頁）においても，「特定ブラウン管の販売分野における競争」の実質的制限であるとし，その特定ブラウン管とは，わが国ブラウン管テレビ製造業者5社が東南アジア地域に所在するそれぞれの現地製造子会社や製造委託先会社に購入させるテレビ用ブラウン管であると定義されるから，日本企業の購入分であることになり，日本市場への直接効果が示唆されている。

なお，この事件は，課徴金納付命令が日本に拠点を有しない外国事業者に宛てられた初めてのケースとなった（公取委課徴金納付命令平21・10・7，平22・2・12審決集56巻第2分冊173頁）。各命令に対する審判審決（平27・5・22審決集62巻27～118頁）の取消請求訴訟を外国事業者が提起した事件で，価格交渉等の実行行為が日本に所在するブラウン管テレビ製造販売業者を対象にして行われていたものであるから，実体管轄権上の域外適用にはならない旨を判示した下記事例がある。

> **事　例〔24-7〕　テレビ用ブラウン管国際カルテル審決取消請求（サムスンSDI（マレーシア））事件**
>
> 「本件合意は，正に本件ブラウン管の購入先及び本件ブラウン管の購入価格，購入数量等の重要な取引条件について実質的決定をする我が国ブラウン管テレビ製造販売業者を対象にするものであり，本件合意に基づいて，我が国に所在する我が国ブラウン管テレビ製造販売業者との間で行われる本件交渉等における自由競争を制限するという実行行為が行われたのであるから，これに対して我が国の独占禁止法を適用することができることは明らかである。
> 　この点，原告は，我が国の独占禁止法を適用できるか否かは，いわゆる効果主義に基づくべきであるところ，本件においては，日本国外で本件合意が行われ，日本国外で本件ブラウン管が購入されており，本件ブラウン管を使用したテレビの一部しか我が国に輸入されていないことから，我が国の独占禁止法は適用できないと主張する。
> 　しかし，いわゆる効果主義の考え方は，もともと国外における行為について例外的な域外適用を認めるためのものであるところ，本件においては，本件合意に基づく本件交渉等における自由競争制限という実行行為が，我が国に所在する我が国ブラウン管テレビ製造販売業者を対象にして行われているのであるから，そ

もそもいわゆる効果主義に基づく検討が必要となる余地はなく，我が国の独占禁止法を適用できることは明らかである」。

〔東京高判平28・1・29審決集62巻419頁〕

テーマ3　各国競争当局の国際協力

　国際カルテルなどの国際的競争制限事件は，一国の独占禁止法と施行機関だけでは対処できない。当初の他国の域外適用に対する反発から，二国間協力や多国間協力・国際機関での協力への変化，そして二国間独占禁止協力協定の締結や自由貿易協定（FTA）や経済連携協定（EPA）での競争条項の設定など，世界貿易機構（WTO）においても課題とされる国際協力の発展をみてみよう。

(1)　国際独禁法の構想

　第二次世界大戦を引き起こした経済的原因の1つに，1929年の世界大恐慌以降，列強各国が自国製品と自国の経済圏のみを優遇する保護貿易主義と差別的・排他的ブロック主義に走り，国際的な利害対立を先鋭化させたことがある。その反省に基づき，大戦中の1941年8月の大西洋憲章（ルーズベルト米大統領とチャーチル英首相によって調印された8項目の戦後の世界構想）の第4項で自由貿易の拡大（「両国は，その現存義務を適法に尊重し，大国たると小国たるとまたは戦勝国たると敗戦国たるとを問わず，すべての国がその経済的繁栄に必要な世界の通商および原料の均等条件における利用を享有することの促進に努めるものとする。」）をうたい，戦後の国際貿易機関（ITO）構想につながった。

資　料〔24-8〕ハバナ憲章（国際貿易憲章）　第5章　制限的商慣行

（制限的商慣行に対する）

第46条　各締約国は，私企業又は公企業による，競争を制限し，市場へのアクセスを制限し，又は独占的支配を促進する国際貿易に影響する商慣行を防止するため，かかる商慣行が生産又は貿易の拡大に有害であり，かつ，第1条で示す他の目的の達成を妨害する場合には，適切な措置をとり，かつ，国際貿易機

関と協力しなければならない。

　ハバナ憲章は，米国の提案に基づき，1948 年に 53 か国が調印した国際貿易憲章である。その中には，GATT（関税と貿易に関する一般協定）に引き継がれる第 4 章の自由貿易政策（16 条〜45 条）に続いて，第 5 章に制限的商慣行（Restrictive Business Practices, RBP）を防止するための条項（46 条〜54 条）が規定された。制限的商慣行とは，企業による競争制限行為に相当し，国際独禁法が構想されたことになる。ハバナ憲章は，自国の戦後復興を優先する各国の逡巡の中で 2 か国が批准したにとどまり，自由貿易に関する部分は GATT に形を変えたが，国際独禁法に相当する部分は日の目を見ることはなかった。その後，国連貿易開発会議（UNCTAD）の制限的商慣行国連会議において，1980年，拘束力はないが国際独禁法の内容をもつ「制限的商慣行規則のための多国間の合意による一連の衡平な原則と規則」が採択され，国連総会でも加盟国に対する勧告として採択された。しかし，現に国際独禁法として実行可能な共通の統一ルールが存在するわけではなく，国際カルテル等については，各国の独禁法でそれぞれ対応してきているのが実状である。

　なお，GATT を包摂して 1995 年に成立した世界貿易機関（WTO）の場においても，翌 1996 年のシンガポール閣僚宣言で貿易と競争の相互関係について検討を行うことが明らかにされたが，その後のドーハ・ラウンド（2001 年開始）では，国内法としての独禁法の整備もない発展途上国が多い現状で，国際的な独禁法制への合意の可能性がなお現実的でないとの見方から，貿易と競争の問題は交渉の対象としないとされた。

(2) 各国競争当局の協力

　EU を含め，独禁法制を有する国・地域の数は，2012 年現在，80 か国を超える。これらの国の競争当局は，様々なレベルで国際的に協力するに至っている。最も早いものは，市場経済を基本とする先進国で構成される経済協力開発機構（OECD）の競争委員会で，1961 年に設けられた制限的商慣行専門家委員会から続く活動は，他の加盟国に関係する調査事件の通報義務から始まって，

加盟各国の年次報告・情報交換，テーマ別作業部会，規制改革の国別審査などで展開されている。

近時では，国際競争ネットワーク（ICN）が世界各国の競争当局の幅広い協力の場として機能している。ICN は，2001 年に各国・地域の競争当局がメンバーとなって発足した国際的なネットワークである。2016 年現在，120 か国・地域から 133 の競争当局が参加し，そのほかに法曹団体，産業界，消費者団体等の非政府組織も加わっている。年次総会（2008 年 4 月には，公取委の主催により京都で開催された）のほか，カルテル作業部会や企業結合作業部会などのテーマ別の検討が行われている。

そのほかに，国連貿易開発会議やアジア太平洋経済協力（APEC）等での定期的な議論や，先進諸国から発展途上国への独禁法制とその運用に関する技術協力も盛んである。ただし，具体的な事件をめぐる協力は，次の資料に掲げる二国間協力協定等のレベルに入ることになる。

資　料〔24-9〕　反競争的行為に係る協力に関する日本国政府とアメリカ合衆国政府との間の協定

第 2 条第 1 項　それぞれの締約国政府の競争当局は，他方の締約国政府の重要な利益に影響を及ぼすことがあると認める自国政府の執行活動について，他方の締約国政府の競争当局に通報する。

第 3 条第 1 項　それぞれの締約国政府の競争当局は，自国の法令及び自国政府の重要な利益に合致する限りにおいて，かつ，自己の合理的に利用可能な資源の範囲内で，他方の締約国政府の競争当局に対しその執行活動について支援を提供する。

第 4 条第 1 項　両締約国政府の競争当局は，関連する事案に関して執行活動を行おうとする場合には，その執行活動の調整を検討する。

第 5 条第 1 項　締約国政府の競争当局は，他方の国の領域において行われた反競争的行為が自国政府の重要な利益に悪影響を及ぼすと信ずる場合には，管轄権に関する紛争を回避することの重要性及び他方の締約国政府の競争当局が当該反競争的行為に関してより効果的な執行活動を行うことができる可能性があることに留意しつつ，当該他方の締約国政府の競争当局に対して適切な執行活動を開始するよう要請することができる。〔中略〕

> 第6条第1項　それぞれの締約国政府は，執行活動のあらゆる局面（執行活動の開始，執行活動の範囲及びそれぞれの事案において求められる刑罰又は救済措置の性格に関する決定を含む。）において他方の締約国政府の重要な利益に慎重な考慮を払う。

　第二次世界大戦後，米国反トラスト法の運用において，外国で行われた行為に対しても，米国内に競争制限効果が及べば同法を適用する，いわゆる域外適用の事件が増え，外国企業が米国の競争当局や裁判所の執行管轄権の対象とされることとなった。米国反トラスト法の域外適用は，外国企業が所在する他の国々の反発を招き，1976年のウラニウム国際カルテル事件を契機として，1980年代には，イギリス，カナダ，オーストラリアなどで，米国からの文書提出命令に従って自国内の文書を提出することを禁ずる趣旨の対抗立法が設けられることがあった。

　各国の国内法である独禁法を国際的競争制限事件に適用する場合に生じる摩擦を回避し，さらに各国の競争当局が協調して積極的に国際事案に対処するために，独禁法執行の相互支援を含む二国間協力協定が1976年の米国・ドイツ協力協定をはじめとして，EUを含む先進各国間で結ばれるようになった。上記事例に掲げた日米独禁協力協定は，1999年に，日本が初めて締結した二国間協力協定である。

　同協定では，まず第2条が通報義務を定める。相互に知らせ合うことがなければ協力も始まらないからである。第3条では，調査の協力・相互支援を規定する。ただし，自国の法令に合致する限りであるので，相手国の競争当局の要請に協力して収集する情報は公開情報に限られる。なお，秘密情報の共有も可能とする協定は，第二世代の協定と呼ばれ，米国・オーストラリア間の1999年の二国間協力協定が相当し，新たな国内法の整備を必要とした。それぞれの国内法の変更を必要とせず，政府間協定にとどまる日米独禁協定は，第一世代の協定に位置付けられる。ただし，2014年9月に，OECDの「国際的通商に影響を及ぼす反競争的慣行についての加盟国間の協力に関する理事会勧告」において，情報源の事前の同意のない場合においても競争当局間での秘密情報の交換を可能とする法令の整備等により，効果的な競争法執行に係る競争当局間

の国際協力を促進することを各国に求める内容の改正が承認されたので，わが国においても，今後，第二世代に向かう動きがありうる。

　第4条は，執行調整で，関連する事案に両国の競争当局が並行して調査を進めている場合に，調整して効率的な執行を図ろうとするものである。第5条は，積極礼譲（positive comity）と呼ばれるもので，自国へ影響がある反競争的行為が相手国側で行われているとき，相手国の独禁法の発動を要請するものである。第6条は，消極礼譲（negative comity）を意味し，自国の独禁法の特に域外適用について相手国の利益を考慮するという摩擦回避のための条項である。

　2009年改正で，外国競争当局への情報提供に係る規定（43条の2）が追加されて，公取委は，外国競争当局に対し，その職務の遂行に資すると認める情報の提供を行うことができることとなった。ただし，提供される情報については，外国における刑事手続に使用されないよう適切な措置がとられなければならない。

　なお，日本は，米国のほかに，EU（2003年）およびカナダ（2005年）と二国間協力協定を締結し，公取委は，2013年にフィリピン，ベトナム，2014年にブラジル，韓国，2015年にオーストラリア，中国（国家発展改革委員会），2016年に中国（商務部），ケニアの各国競争当局と協力に関する覚書または取決めを結んできている。

　国際市場において自由貿易を促進するとき，国家が設ける貿易障壁（国別差別，数量制限，関税・租税措置，補助金等）の撤廃と同時に，企業が自由貿易を阻害する行為（それは取りも直さず国際カルテル等の競争制限行為である）が取り除かれなければならない。国家が行う施策についてはGATT/WTOの主題とされてきたが，企業の行う競争制限行為については，WTOでも意識はしながらも，その検討は既述のとおり進んでいない。

　しかし，自由貿易を推進しようとするとき，独禁法の厳正な執行は不可欠の事柄である。近年，2国間で貿易障壁を取り除く自由貿易協定（FTA）が多く締結されてきているが，日本はこれに人的交流や技術協力なども盛り込んだ経済連携協定（EPA）を推進している。経済連携協定による両締約国間の自由貿易の促進のためには，貿易障壁の削減と同時に，両締約国の企業が競争制限行為を行って私的に貿易障壁を形成することは防止しなければならず，そのため

に両締約国の競争当局が協力してそれぞれの独禁法と競争政策を運用することが必須である。したがって，日本が最初に結んだシンガポールとの経済連携協定（2002年）には「競争」の章が設けられて，両国が反競争的行為に対して適当と認める措置をとり，反競争的行為の規制の分野において協力することが規定されている。メキシコ（2004年），マレーシア（2005年），フィリピン（2006年），チリ，タイ，インドネシア（2007年），ASEAN，ベトナム（2008年），スイス（2009年），インド，ペルー（2011年），オーストラリア（2014年），モンゴル（2015年）との経済連携協定においても，次の資料に掲げたように，「競争」の章が設けられていることでは一貫している。

資　料〔24-10〕　経済上の連携に関する日本国とインドネシア共和国との協定

第11章　競　争
　（反競争的行為に対する競争の促進）
第126条　各締約国は，自国の市場の効率的な機能を円滑にするため，自国の法令に従い，反競争的行為に対する取組により競争を促進する。
　　（注釈）この章の規定の適用上，「反競争的行為」とは，いずれかの締約国の競争法令の下で罰則又は排除に係る措置の対象とされる行動又は取引をいう。
　（競争の促進に関する協力）
第127条　1　両締約国は，それぞれ自国の法令に従い，かつ，自国の利用可能な資源の範囲内で，反競争的行為に対する取組による競争の促進並びに競争政策の強化及び競争法令の実施のための能力開発に関して協力する。
2　この条の規定に基づく協力の詳細及び手続については，実施取極で定める。
　（無差別待遇）
第128条　各締約国は，同様の状況にある者の間で国籍を理由とした差別を行うことなく，自国の競争法令を適用する。
　（手続の公正な実施）
第129条　各締約国は，反競争的行為に対して取り組むため，自国の関係法令に従い，行政上及び司法上の手続を公正な方法で実施する。

　2013年3月にわが国が参加交渉を表明した環太平洋パートナーシップ協定

(TPP) は，2015年に12か国で政府間合意が成立した。その中の第16章が9条からなる競争政策の章で，「各締約国は，経済効率及び消費者の福祉を促進することを目的として，反競争的な事業行為を禁止する競争に関する国の法令……を制定し，又は維持し，並びに反競争的な事業行為に関連して適当な手段をとる」との規定以下，締約国間の協力等の詳細な取決めが列記されている。そのうち，「各締約国は，自国の国の競争当局に対し，違反の疑いについて，当該国の競争当局とその執行の活動の対象となる者との間の合意により自主的に解決する権限を与える」との確約手続の導入は，独禁法の改正を必要とし，環太平洋パートナーシップ協定に伴う関係法律の整備に関する法律（2016年12月成立・未施行）に含まれていることは，本書第16章（テーマ2(2)）でも触れた今後の独禁法の国際的な平準化・標準化に関わる現時点の関心事項であるが，2017年1月の米国の新政権によるTPP離脱表明によって，施行の見通しは当面なくなった。

事項索引

A-Z

EU 競争法（EU 機能条約）………………… 19
FRAND 条件 ………………………………… 498
FTTH ………………………………………… 471
HHI ……………………………………… 316, 317, 323
MVNO ………………………………………… 469
SIM ……………………………………………… 469
SSNIP 基準 …………………………………… 302

ア 行

赤字経営……………………………………… 208
悪質商法……………………………………… 219
安　　全……………………………………… 228
安全基準……………………………………… 70
威圧・脅迫…………………………………… 280
域外適用……………………………………… 517
意見聴取……………………………………… 346
　　――手続………………………………… 346
意識的並行行為……………………………… 108
意思の連絡……………………………… 114, 119
委託販売……………………………………… 247
1 円入札……………………………………… 212
著しい損害…………………………………… 405
一定の事業分野……………………………… 141
一定の取引分野……………………… 43, 45, 124, 301
一般競争入札………………………………… 458
一般懸賞……………………………………… 427
一般指定……………………………………… 150
一般集中規制…………………………… 293, 327
移動体通信…………………………………… 469
違法性阻却……………………………… 63, 67
違法性の意識………………………………… 378
営業の事実…………………………………… 4
役務提供委託………………………………… 435
大口需要家…………………………………… 474
大口需要者…………………………………… 478
押し付けられた独占の抗弁……………… 27, 53
おとり広告…………………………………… 423
オープン懸賞………………………………… 425
親事業者……………………………………… 435
　　――の義務……………………………… 437
　　――の禁止事項………………………… 439

カ 行

外在的制約…………………………………… 504
会社分割……………………………………… 295
回避可能費用………………………………… 201
外部成長……………………………………… 294
解約金負担…………………………………… 283
価格圧搾……………………………………… 86
価格維持のおそれ……………………… 250, 258
価格支配力……………………………… 59, 134
価格先導制…………………………………… 109
確約手続………………………………… 345, 535
貸し借りの関係……………………………… 122
ガス事業……………………………………… 478
寡　　占……………………………………… 53
仮想的独占者テスト………………………… 302
固い結合………………………………… 293, 299
課徴金減免制度……………………………… 358
課徴金制度……………………………… 272, 431
課徴金納付命令……………………………… 350
合　　併……………………………………… 295
カード合わせ………………………………… 428
加入者回線……………………………… 470, 471
株式保有……………………………………… 295
株主代表訴訟………………………………… 393
可変的性質を持つ費用………… 200, 201, 214
可変費用……………………………………… 201
カルテル……………………………………… 102
環境保護……………………………………… 72
関係特殊投資………………………………… 263
勧告審決……………………………………… 349
官製談合防止法……………………………… 461
間接支配……………………………………… 94
間接の取引拒絶・二次ボイコット………… 171
完全競争……………………………………… 49
完全競争市場………………………………… 7
環太平洋パートナーシップ協定…………… 535
機会主義的行動……………………………… 263
企業結合規制………………………………… 293
企業結合集団………………………………… 324
企業集団……………………………………… 327
　　――規制………………………………… 293
技術革新……………………………………… 52

規制改革……467, 468
規制産業……467
偽装された共同行為（disguised cartel）……502
規模の経済性……52, 310
基本合意……448
ぎまん的顧客誘引……217, 421
客観的属地主義……518
供給過剰……488
供給曲線……50
供給しなければ発生しない費用……200, 201
供給者にとっての代替性……46
供給に要する費用……199, 200, 201
供給余力……309, 312
行政裁量……485
行政指導……70, 485
強制性……224
行政調査権限……343
競争相手の費用を引き上げる（raising rivals' costs〔RRC〕効果）……83
競争回避……114
競争回避型……19, 232
競争回避的行為……43
競争関係……114
競争者
　　──性……109, 123
　　──排除……226
　　同等に効率的な──……214
　　有効な牽制力ある──……56
競争手段の不公正……162, 219, 281
競争制圧的行為……43
競争制限効果……126, 129
競争促進効果……53, 126, 133
競争の実質的制限……43, 47, 54, 124
競争排除型……18, 232, 258
競争排除力……59, 133, 134
競争を実質的に制限する「こととなる」……296
協調行動……104, 119, 484
協調的行動……117, 298, 313, 314, 315, 319
共通義務確認訴訟……432
共同株式移転……295
協同組合……444
共同研究開発……129
共同懸賞……427
共同行為……44, 81, 107
　　──規制……19
共同して……107, 114
共同して・相互に……106, 124

共同性……107, 114, 123
共同の取引拒絶……171, 487
共同ボイコット……59, 133
共謀共同正犯……457
緊急停止命令……363
金融会社……330, 330
組合に固有の行為……447
組合の行為……446
クラスター市場……302
クレイトン法……13
クローズド懸賞……425, 427
訓示規定……67
経済協力開発機構（OECD）……530
経済法……6
経済連携協定（EPA）……533
継続犯……375
景表法……218, 419, 420
景品類……425
契約の不履行の誘引……283
結　合……75
結合関係……295, 296
限界収入……7
限界費用……7
厳格な地域制限……255
原告適格……359
原産国……423, 424
減　車……489
懸　賞……425
行為規制……18
行為主体……34
行為の広がり……225, 265
行為要件……36, 43
公　営……68, 205, 208
公益性……60, 64, 68, 73, 229
効果主義……518
公共の利益……60, 63, 64, 66, 67, 69
航　空……481
公契約関係競売等妨害罪……462
公示送達……520
公序良俗違反……413
公正競争規約……432
公正競争阻害性……159
構成事業者……32
公正取引委員会……335
構造規制……20, 293, 307
拘　束……232
　　──「内容」の共通性……122

事項索引　539

──の相互性……………………… 120, 124
──「目的」の共通性……………… 123, 124
拘束条件付取引…………………………… 249
公訴時効……………………………………… 375
公定幅運賃………………………… 489, 490
効率性………………………………………… 53
合理の原則（rule of reason）……… 39
国際カルテル……………………………… 525
国際競争ネットワーク（ICN）…… 530
国際消尽…………………………………… 502
国際的協定………………………………… 523
国際的契約………………………………… 523
国内消尽…………………………………… 502
互恵取引…………………………………… 224
国家管轄権………………………………… 517
固定費用………………………… 201, 214
個別調整行為……………………………… 450
混合型企業結合………… 298, 318, 319
コンテスタブル・マーケット…………… 26
コンプガチャ……………………………… 428
コンプライアンス・プログラム……… 381

　　　　　　サ　行

財閥……………………………… 327, 329
再販適用除外制度………………………… 248
再販売……………………………… 243, 250
再販売価格拘束………………… 232, 239
裁量権……………………………………… 490
搾取的濫用行為…………………………… 155
差止請求制度……………………………… 403
差止請求訴訟……………………………… 431
差別対価…………………………………… 186
差別取扱い………………………………… 192
参入障壁…………………………………… 309
参入阻止……………………………………… 59
三罰規定…………………………………… 381
三分類説…………………………………… 117
シェア配分カルテル……………………… 125
事業…………………………………………… 30
　──の譲受け…………………………… 295
事業支配力の過度の集中………………… 327
事業者……………………………………… 29
　──間の競争…………………………… 23
　市場における有力な──…………… 35
　他の──……………………………… 109
　同等に効率的な──………………… 202
　有力な──………………… 237, 260

事業者団体…………… 32, 64, 66, 137
事業者団体法…………………… 66, 137
事業法………………………………… 6, 467
事実上の標準（de facto standard）…… 497
自主規制…………………………… 70, 72
市　場………………………………………… 45
　──の開放性…………………… 59, 133
　──の機能……………………………… 48
　──の自動調節作用…………………… 49
　──のメカニズムとしての競争…… 23
　──を支配する………………………… 48
市場画定………………………… 45, 301
市場構造………………… 293, 297, 307, 314
市場財……………………………………… 30
市場シェア……………………… 57, 301
市場支配力……………… 55, 57, 98, 133, 134
市場集中規制…………………… 293, 295
市場占拠率理論…………………………… 402
市場分割カルテル………………………… 125
市場メカニズム………………… 48, 49
事前相談…………………………………… 299
自然独占…………………………………… 467
事前届出…………………………………… 324
事前届出・審査………………… 299, 323
下請事業者……………………… 434, 435
下請代金の減額…………………………… 439
下請取引…………………………………… 434
下請法…………………… 268, 276, 434
死重損失（dead weight loss）
　　　　　　………… 8, 51, 54, 58, 310
実行期間の始期・終期…………………… 354
実質的競争関係…………………………… 114
実体管轄権………………………………… 517
指定再販…………………………………… 248
私的独占………………………… 75, 481
自動認可運賃…………………… 489, 490
支配型私的独占………………… 77, 89
司法審査…………………………………… 359
指名競争入札……………………………… 458
社会全体の利益………………… 50, 51
シャーマン法……………………………… 12
自由化…………………… 467, 474, 478
自由競争基盤の侵害…………… 162, 264
自由競争経済秩序……………… 62, 69
自由市場経済体制………………………… 4
囚人のジレンマ…………………………… 105
自由な競争の侵害………………………… 162

自由貿易協定（FTA）………………… *533*
住民訴訟………………………………… *391*
重要な加功者…………………………… *112*
重要部分………………………………… *324*
修理委託………………………………… *435*
需給調整条項……………………… *468, 488*
需要曲線………………………………… *50*
需要者からの競争圧力……………… *312, 315*
需要者にとっての代替性……………… *46*
準司法機関……………………………… *336*
準特定地域……………………………… *489*
消極的損害……………………………… *400*
消極礼譲………………………………… *533*
状態犯…………………………………… *375*
消費者裁判手続特例法………………… *432*
消費者庁………………………………… *421*
消費者の利益…………………………… *50*
消費者保護……………………………… *419*
消費者問題………………………… *419, 420*
消費者余剰……………………………… *8*
商品市場…………………………… *46, 303*
商品の範囲………………………… *46, 301*
情報交換………………………………… *117*
情報遮断措置…………………………… *313*
情報成果物作成委託…………………… *435*
情報の非対称性…………………… *217, 419*
職権行使の独立性……………………… *337*
処分取消訴訟…………………………… *362*
新規参入………… *54, 133, 468, 481, 483, 488, 489*
審査手続………………………………… *342*
真正商品………………………………… *290*
真正の委託販売………………………… *247*
審判審決………………………………… *349*
審判手続………………………………… *349*
「遂行」行為…………………………… *118*
垂直型企業結合…………… *298, 318, 319, 320*
垂直的関係……………………………… *114*
垂直的制限……………………………… *230*
水平型企業結合………………………… *298*
制限的商慣行…………………………… *530*
生産者の利益…………………………… *50*
製造委託………………………………… *435*
静的な競争……………………………… *52*
正当化事由……………………………… *40*
正当な独占……………………………… *53*
世界貿易機関…………………………… *530*
責任地域制……………………………… *255*

積極的損害……………………………… *401*
積極礼譲………………………………… *533*
接続義務………………………………… *469*
セット割引……………………………… *480*
セーフハーバー…………………… *316, 322*
前後理論………………………………… *402*
潜在的競争関係…………………… *23, 26*
専属告発制度…………………………… *383*
選択的流通……………………………… *254*
専売店制………………………………… *235*
総合わせ………………………………… *428*
相互拘束…………………………… *102, 118*
相互取引………………………………… *224*
増車……………………………… *488, 489*
相当因果関係…………………………… *397*
総販売原価…………………… *200, 201, 214*
総付景品…………………………… *425, 427*
属地主義………………………………… *517*
措置命令………………………………… *430*
それなりの合理的な理由……………… *258*
損害額の算定…………………………… *399*
損失補填………………………………… *221*

タ　行

第一世代の協定………………………… *532*
第一種指定電気通信設備……………… *469*
待機期間………………………………… *324*
大規模一般事業会社…………………… *329*
大規模会社の株式保有総額規制……… *330*
大規模金融会社………………………… *329*
大規模小売業者…………………… *267, 273*
第二種指定電気通信設備……………… *469*
第二世代の協定………………………… *532*
対面販売………………………………… *256*
抱き合わせ……………………………… *221*
タクシー特措法………………………… *488*
託　送…………………………………… *474*
立入検査………………………………… *344*
縦のカルテル…………………………… *241*
他に代わり得る取引先…………… *237, 260*
談　合…………………………………… *102*
談合罪…………………………………… *453*
単独行為………………………………… *81*
　　――規制…………………………… *19*
単独行動…………………… *298, 307, 318*
単独の取引拒絶…………………… *179, 184*
地域外顧客への販売制限……………… *255*

事項索引　*541*

地域制限……………………………… *254*	届出料金……………………………… *144*
地域電話回線…………………………… *469*	取引条件等の差別取扱い……………… *479*
地域分割……………………………… *111*	
知的財産権……………………………… *492*	**ナ　行**
中小企業庁…………………………… *437*	内在的制約…………………………… *502*
中小企業等協同組合法………………… *445*	内部成長……………………………… *294*
忠誠（占有率）リベート……………… *85*	仲間取引……………………………… *253*
直接の取引拒絶・一次ボイコット…… *171*	二国間協力協定………………………… *531*
著作物再販…………………………… *248*	二重価格……………………………… *423*
地理的市場…………………………… *46, 304*	二商品性……………………………… *222*
地理的範囲…………………………… *46, 301*	偽物扱い……………………………… *290*
追　　随……………………………… *58*	入札談合……………………………… *448*
通　　謀……………………………… *75*	入札談合等関与行為…………………… *462*
定　　価……………………………… *248*	認可制……………………………… *66, 473*
適格消費者団体………………………… *431*	認可料金…………………………… *144, 205*
適正な原価………………………… *489, 490*	値崩れ防止…………………………… *240*
適正な利潤………………………… *489, 490*	ネットワーク産業……………………… *473*
適用除外……………………………… *489*	ノウハウ……………………………… *503*
適用除外カルテル……………………… *41*	能率競争………………………… *220, 225, 426*
適用除外制度…………………………… *444*	
手続管轄権…………………………… *518*	**ハ　行**
電気事業法…………………………… *474*	排　　除……………………………… *59*
電気通信……………………………… *468*	排除型私的独占……………………… *77, 82*
電気通信事業法………………………… *468*	排除措置命令…………………………… *346*
電　　力……………………………… *473*	排他条件付取引…………………… *232, 235*
電力小売完全自由化…………………… *480*	破綻会社の抗弁………………………… *311*
同意審決……………………………… *349*	発着枠…………………… *307, 482, 483, 484*
同一地域・同一運賃……………… *485, 486*	パテントプール………………………… *501*
統合型市場支配………………………… *98*	パテントポリシー……………………… *498*
当然違法（per se illegal）…………… *39*	ハードコア・カルテル…………… *104, 124*
動態的競争………………………… *494, 496*	非――………………………………… *106*
同調的価格引上げ……………………… *107*	ハバナ憲章…………………………… *530*
動的な競争…………………………… *52*	ハーフィンダール・ハーシュマン指数
道路運送法…………………………… *485*	……………………………… *316, 317*
特殊指定…………………… *150, 267, 273*	ハーフィンダール指数………………… *317*
独　　占……………………………… *49, 51*	犯則調査手続…………………………… *369*
独占化行為…………………………… *44*	反トラスト法………………………… *13*
独占禁止法…………………………… *13*	販売拠点制…………………………… *255*
――の究極目的……………… *9, 62, 63, 69*	光ファイバ…………………………… *471*
――の直接目的……………………… *9, 62*	非係争義務…………………………… *515*
独占市場……………………………… *7*	誹謗・中傷…………………………… *280*
独占的状態…………………………… *325*	秘密保持命令…………………………… *404*
特定地域……………………………… *488*	標準化………………………………… *129*
特定地域計画…………………………… *489*	費用割れ……………………………… *197*
特定荷主……………………………… *276*	フォーク定理………………………… *105*
独立行政委員会………………………… *335*	不可欠施設…………………………… *88*
都市ガス……………………………… *478*	不可欠施設（essential facilities）…… *497*

不完備契約論 263
不公正な取引方法 149
不実証広告規制 422
付随的制限（ancillary restraint） 40, 502
不正競争防止法 218
不争義務 515
物差理論 402
物理的妨害 280
物流指定 276
不当な景品 425
不当な取引制限 102
不当な利益による顧客誘引 421
不当に 164
不当表示 421
不当利得返還請求訴訟 390
不当廉売 197
不法行為損害賠償請求訴訟 388
プライス・スクイーズ 472
プライス・リーダーシップ 109
フランチャイズ 269
ブランドイメージ 240
ブランド間競争 231, 246
ブランド内競争 231
フリーライダー問題 245
文書送達 519
弊害要件 37, 43
併合罪 375
並行輸入 287, 289
並行輸入品の修理等の拒否 291
閉鎖型市場支配 98
ボイコット 171
妨害 278
妨害の濫用行為 155
包括一罪 375
法人重科 381
法定類型 149
法律行為の効力 411
ホールドアップ理論 263
保護に値しない競争 40
保護に値する競争 64, 66
ボトルネック 472

マ 行

埋没費用 201
マージン・スクイーズ 472
マージン圧搾 86
マルチ商法 219
マルティプルライセンス 508
民業圧迫 205
無過失損害賠償請求訴訟 386
メーカー希望小売価格 234
「黙示」の意思の連絡 116
持株会社 327, 330
問題解消措置 299, 311, 312, 313, 322, 324

ヤ 行

役員兼任 295
安売り 197
優越的地位 262, 266
——の濫用 261, 435, 477
優遇措置 209
有利誤認表示 422
優良誤認表示 421
輸入圧力 312, 315
輸入総代理店 287
横流し 253

ラ 行

ライセンサー 496
ライセンシー 496
ライセンス契約 513
リサイクル 72, 131
立法事実 3
略奪的価格設定（predatory pricing） 82, 198
両罰規定 380
隣接市場 309
累進リベート 85
廉売 197
連邦取引委員会 13
六大企業集団 327, 329

事 例 索 引

※〔 〕は本文中の事例・資料の番号を指す。

裁判所

東京高判昭 26・9・19 高民集 4 巻 14 号 497 頁（東宝・スバル事件〔3-2〕〔14-6〕）
　　　　　　　　　　　　　　　　　　　　　　　　　　　　　　　　　　　47, 49, 54, 56, 124, 296, 304
東京高判昭 28・3・9 高民集 6 巻 9 号 435 頁（新聞販路協定審決取消請求事件〔1-5〕〔5-3〕〔7-1〕）
　　　　　　　　　　　　　　　　　　　　　　　　　　　　　　　　　　　16, 109, 112, 118, 120, 122, 153
東京高判昭 28・12・7 審決集 5 巻 118 頁（東宝・新東宝事件〔3-3〕） *55, 118*
東京高決昭 32・3・18 審決集 8 巻 82 頁（第二次北国新聞社事件〔8-14〕） *187*
最判昭 32・12・13 刑集 11 巻 13 号 3207 頁（神戸市工事談合事件〔21-3〕） *453*
東京高判昭 32・12・25 高民集 10 巻 12 号 743 頁（野田醤油事件〔4-11〕） *94*
最大判昭 33・4・30 民集 12 巻 6 号 938 頁（法人税額更正決定取消等請求事件） *357*
東京高判昭 36・4・26 行集 12 巻 4 号 933 頁（全国消費者団体連絡会事件） *361*
最判昭 40・3・26 刑集 19 巻 2 号 83 頁（外国為替及び外国貿易管理法違反被告事件） *381*
東京高判昭 46・7・17 行集 22 巻 7 号 1022 頁（第一次育児用粉ミルク〔明治商事〕事件） *349*
最判昭 47・11・16 民集 26 巻 9 号 1573 頁（エビス食品企業組合事件〔16-4〕） *342*
最大判昭 47・11・22 刑集 26 巻 9 号 554 頁（川崎民商事件） *345*
東京高決昭 50・4・30 審決集 22 巻 301 頁（中部読売新聞社事件〔9-4〕〔16-12〕） *204, 364*
最判昭 50・7・10 民集 29 巻 6 号 888 頁（第一次育児用粉ミルク（和光堂）事件〔7-2〕〔11-2〕
　〔11-7〕） *157, 232, 235, 244*
最判昭 50・7・11 民集 29 巻 6 号 951 頁（第一次育児用粉ミルク（明治商事）事件〔7-6〕） ... *164*
名古屋高判昭 50・8・28 税務訴訟資料 93 号 1198 頁（法人税法違反被告事件） *370*
最判昭 50・11・28 民集 29 巻 10 号 1592 頁（ノボ・インダストリー事件〔24-4〕） *523, 525*
最判昭 51・7・9 税務訴訟資料 93 号 1173 頁 *370*
最判昭 52・6・20 民集 31 巻 4 号 449 頁（岐阜商工信用組合事件〔12-6〕〔18-16〕）
　　　　　　　　　　　　　　　　　　　　　　　　　　　　　　　　　　　267, 268, 271, 412
最判昭 53・4・4 民集 32 巻 3 号 515 頁（石油価格カルテル勧告審決取消訴訟事件） *396*
東京高判昭 55・9・26 高刑集 33 巻 5 号 359 頁（石油連盟生産調整刑事事件〔2-7〕②〔17-6〕）
　　38, 377
東京高判昭 55・9・26 高刑集 33 巻 5 号 511 頁（石油価格カルテル刑事事件〔2-6〕〔2-7〕①）
　　　　　　　　　　　　　　　　　　　　　　　　　　　　　　　　　　　　　　35, 37, 385
東京高判昭 56・7・17 行集 32 巻 7 号 1099 頁（東京灯油事件） *387, 395*
東京高判昭 58・11・17 審決集 30 巻 161 頁（東京手形交換所事件〔8-7〕） *178*
東京高判昭 59・2・17 審決集 30 巻 136 頁（東洋精米機事件〔11-4〕〔11-5〕） *236, 238*
最判昭 59・2・24 刑集 38 巻 4 号 1287 頁（石油価格カルテル刑事事件〔2-7〕③〔3-5〕〔5-7〕
　〔6-1〕） *9, 38, 62, 69, 70, 119, 120, 138*
大阪地判昭 60・1・31 行集 36 巻 1 号 74 頁（MK タクシー事件〔22-9〕） *485*
最判昭 62・7・2 民集 41 巻 5 号 785 頁（東京灯油事件〔18-7〕） *395, 397*
最判昭 63・3・31 判時 1276 号 39 頁（法人税法更正処分取消等請求事件） *371*
最判平元・12・8 民集 43 巻 11 号 1259 頁（鶴岡灯油事件〔18-2〕） *6, 388, 396, 398*
最判平元・12・14 民集 43 巻 12 号 2078 頁（都立芝浦と畜場事件〔2-3〕〔3-9〕〔9-7〕）
　　　　　　　　　　　　　　　　　　　　　　　　　　　　　　　　　30, 68, 69, 169, 206, 208, 401
東京地判平 4・4・22 判時 1431 号 72 頁（豊田商事東京訴訟事件） *32*
東京地判平 5・3・30 審決集 41 巻 553 頁 *454*

東京高判平 5・5・21 高刑集 46 巻 2 号 108 頁（業務用ストレッチフィルム価格カルテル刑事事件〔17-2〕〔17-3〕〔17-8〕〔17-9〕） ·················· 105, 368, 372, 374, 379, 383
大阪高判平 5・7・30 審決集 40 巻 651 頁（東芝昇降機サービス事件〔10-6〕） 169, 225, 228, 285, 292
東京高判平 5・12・14 高刑集 46 巻 3 号 322 頁（社会保険庁シール談合刑事事件〔1-1〕〔5-4〕）
··· 5, 47, 112, 122, 454
大阪高判平 6・10・14 判時 1548 号 63 頁（お年玉付年賀葉書事件〔9-5〕） ··················· 30, 206
東京高判平 7・9・25 審決集 42 巻 393 頁（東芝ケミカル事件〔5-5〕） ···················· 114, 117
東京高判平 8・3・29 審決集 42 巻 424 頁（協和エクシオ審決取消請求事件〔2-1〕〔21-1〕）
·· 25, 122, 449
東京高判平 8・5・31 高刑集 49 巻 2 号 320 頁（日本下水道事業団談合刑事事件〔21-4〕） ········· 455
東京地判平 9・4・9 審決集 44 巻 635 頁（日本遊戯銃協同組合事件〔3-10〕〔6-5〕〔18-3〕〔18-8〕）
·· 68, 70, 140, 145, 179, 389, 398
東京高判平 9・6・6 審決集 44 巻 521 頁（シール談合課徴金事件〔16-10〕） ····················· 356
最判平 9・7・1 民集 51 巻 6 号 2299 頁（BBS 自動車ホイール並行輸入事件） ··················· 503
東京高判平 9・7・31 高民集 50 巻 2 号 260 頁（花王化粧品販売事件（控訴審）） ··············· 413
大阪高判平 9・11・18 知裁集 29 巻 4 号 1066 頁（生理活性物質測定法特許権侵害予防請求事件〔23-1〕） ·· 493
東京高判平 9・12・24 高刑集 50 巻 3 号 181 頁（第一次東京都水道メーター談合刑事事件〔17-4〕）
··· 373, 450
大阪高判平 10・1・29 審決集 44 巻 555 頁（豊田商事国家賠償請求大阪訴訟事件〔2-4〕） ·········· 31
最判平 10・10・13 審決集 45 巻 339 頁（シール談合課徴金事件） ······························· 357
最判平 10・12・18 民集 52 巻 9 号 1866 頁（資生堂東京販売事件〔11-15〕） ·················· 256
最判平 10・12・18 審決集 45 巻 467 頁··· 206
東京高判平 12・2・23 審決集 46 巻 733 頁（ダクタイルシェア配分カルテル刑事事件） ·········· 125
東京地判平 12・3・31 判時 1734 号 28 頁··· 415
最判平 12・7・7 民集 54 巻 6 号 1767 頁（野村證券損失補填株主代表訴訟事件〔18-6〕） ········· 394
最判平 12・9・25 刑集 54 巻 7 号 689 頁（東京都水道メーター談合（第一次）刑事事件〔3-6〕） ···· 63
東京高判平 13・2・8 判時 1742 号 96 頁（シール談合不当利得返還請求事件（控訴審）〔18-4〕〔18-18〕） ··· 390, 415
東京高判平 13・2・16 判時 1740 号 13 頁（観音寺市三豊郡医師会事件〔6-3〕） ············ 142, 143
津地判平 13・7・5 審決集 48 巻 645 頁（クボタ事件〔18-10〕） ································· 401
東京地判平 14・6・25 判時 1819 号 137 頁（パチスロ機特許プール事件） ························ 29
神戸地判平 14・9・17 審決集 49 巻 766 頁（マックスファクター事件〔18-17〕） ········· 258, 414
東京高判平 14・12・5 判時 1814 号 82 頁（ノエビア事件） ·· 185
東京高判平 15・3・7 審決集 49 巻 624 頁（岡崎管工事件〔5-16〕） ································ 135
東京高判平 15・6・4 判例集未登載（パチスロ機パテントプール事件〔23-4〕） ··············· 29, 500
東京高判平 16・2・20 審決集 50 巻 708 頁（土屋企業課徴金事件〔16-8〕） ····················· 353
大阪高判平 16・2・25 判例集未登載··· 415
東京高判平 16・3・18 判時 1855 号 145 頁（日本テクノ電気保安業務事件〔18-11〕） ········· 404
東京高判平 16・3・24 判タ 1180 号 136 頁（防衛庁石油製品談合刑事事件） ····················· 450
東京地判平 16・4・15 判時 1872 号 69 頁（三光丸事件〔18-15〕） ································· 409
東京高判平 17・4・27 審決集 52 巻 789 頁（LP ガス販売差別対価差止請求（ザ・トーカイ）事件〔8-16〕） ·· 190
東京高判平 17・5・31 審決集 52 巻 818 頁（LP ガス販売差別対価差止請求（日本瓦斯）事件〔8-15〕） ·· 189
東京地判平 17・6・9 審決集 52 巻 832 頁··· 161
大阪高判平 17・7・5 審決集 52 巻 856 頁（関西国際空港新聞販売取引拒絶事件〔8-4〕〔18-12〕）

事例索引　**545**

.... *175, 406*
山口地下関支判平 18・1・16 審決集 52 巻 918 頁（下関市福祉バス事件〔9-6〕）........................... *207*
東京高判平 18・2・17 審決集 52 巻 1003 頁（広島市管工事談合損害賠償事件〔18-1〕）............... *387*
知財高判平 18・7・20 判例集未登載（日之出水道機器損害賠償請求事件〔23-2〕）............ *495, 499*
東京高判平 18・10・19 審決集 53 巻 1110 頁（多摩ニュータウン環境組合発注ごみ焼却施設入札談
　合住民訴訟事件〔18-5〕）... *392*
東京高判平 18・11・10 審決集 53 巻 1133 頁（鋼橋上部工事談合刑事横河ブリッジ等事件〔17-7〕）
.... *378*
東京高判平 19・1・31 審決集 53 巻 1046 頁（ビル管理契約の継続拒絶等差止請求控訴事件〔7-4〕）
.... *161*
大阪地判平 19・3・12 審決集 53 巻 1146 頁（し尿処理施設工事談合刑事栗田工業事件）........... *382*
東京高判平 19・3・23 審決集 53 巻 1069 頁（町田市発注公共工事損害賠償請求事件）............... *396*
最判平 19・4・19 審決集 54 巻 657 頁（郵便番号自動読取区分機審決取消請求事件）................ *347*
東京高判平 19・9・21 審決集 54 巻 773 頁（鋼橋上部工事談合刑事宮地鐵工所等事件〔17-5〕）
.... *118, 375*
東京地判平 19・11・1 審決集 54 巻 805 頁（緑資源機構談合刑事事件〔21-5〕）................ *456, 460*
東京高判平 19・11・28 審決集 54 巻 699 頁（ヤマト運輸対日本郵政公社事件〔9-8〕）........ *205, 209*
東京高判平 19・12・7 判時 1991 号 30 頁（日本道路公団鋼橋上部工事談合刑事事件〔21-6〕）
.... *457, 459*
東京高判平 20・4・4 審決集 55 巻 791 頁（元詰種子カルテル事件）... *116*
東京高判平 20・5・23 審決集 55 巻 842 頁（ベイクルーズ事件〔19-4〕）.. *424*
東京高判平 20・9・26 審決集 55 巻 910 頁（ごみ焼却施設入札談合審決取消請求事件）...... *392, 450*
東京地判平 20・12・10 判時 2035 号 70 頁（USEN 損害賠償請求事件）............................... *98, 390*
東京高判平 20・12・19 審決集 55 巻 974 頁（郵便区分機談合審決取消請求事件（差戻審）〔5-6〕）
.... *116, 451*
東京高判平 21・5・29 審決集 56 巻第 2 分冊 262 頁（NTT 東日本事件）... *100*
東京地判平 21・9・15 審決集 56 巻第 2 分冊 675 頁（亜鉛めっき鋼板価格カルテル事件）.......... *384*
東京高判平 22・1・29 審決集 56 巻第 2 分冊 498 頁（着うた審決取消請求事件〔23-10〕）.......... *511*
東京地判平 22・6・23 審決集 57 巻第 2 分冊 395 頁（自衛隊専用電池入札談合不当利得返還請求事件）
.... *416*
最判平 22・12・17 民集 64 巻 8 号 2067 頁（NTT 東日本事件〔4-7〕〔4-14〕〔22-2〕）...... *86, 99, 471*
東京地決平 23・3・30 判例集未登載（ドライアイス仮処分事件〔18-13〕）............................. *281, 407*
東京地判平 23・7・28 判時 2143 号 128 頁（東京スター銀行事件）.. *184*
福岡地判平 23・9・15 判時 2133 号 80 頁（コンビニ本部損害賠償請求事件）.................................. *390*
東京高判平 23・10・28 審決集 58 巻第 2 分冊 60 頁（ダクタイル鋳鉄管事件〔16-7〕）............... *351*
最判平 24・2・20 民集 66 巻 2 号 796 頁（多摩談合事件〔5-8〕）................ *49, 106, 120, 122, 353*
東京高判平 24・3・2 審決集 58 巻第 2 分冊 188 頁（ごみ焼却設備課徴金審決取消請求〔日立造船〕
　事件）.. *354*
東京高判平 24・3・9 審決集 58 巻第 2 分冊 200 頁（日本道路興運審決取消請求事件）............... *450*
東京高判平 24・5・25 審決集 59 巻第 2 分冊 1 頁（防衛庁石油製品入札談合課徴金事件）......... *353*
東京高判平 24・12・21 審決集 59 巻第 2 分冊 256 頁（ニプロ損害賠償請求事件）........................ *401*
東京高判平 25・3・15 審決集 59 巻第 2 分冊 311 頁（熱海市ごみ焼却炉談合事件）....................... *393*
東京高判平 25・8・30 審決集 60 巻第 2 分冊 261 頁（セブン-イレブン・ジャパン損害賠償請求事件
　〔18-9〕）.. *400*
東京高判平 25・11・1 審決集 60 巻第 2 分冊 22 頁（日本音楽著作権協会私的独占取消審決の取消等
　請求事件〔16-11〕）.. *79, 359*
東京高判平 26・4・25 審決集 61 巻 204 頁（大東建設課徴金審決取消請求事件）.......................... *354*

東京地判平 26・6・19 審決集 61 巻 243 頁（ソフトバンク対 NTT 東西差止請求事件）............... *411*
大阪高判平 26・10・31 審決集 61 巻 260 頁（神鉄タクシー事件〔18-14〕）.................. *6, 281, 408*
最判平 27・4・28 民集 69 巻 3 号 518 頁（日本音楽著作権協会私的独占審決取消上告審事件〔4-3〕）
.... *79*
大阪地判平 27・11・20 判時 2308 号 53 頁（タクシー運賃変更命令差止請求事件〔22-12〕）....... *490*
東京高判平 28・1・29 審決集 62 巻 419 頁（テレビ用ブラウン管国際カルテル審決取消請求（サムスン SDI（マレーシア））事件〔24-7〕）
.... *528*
大阪高判平 28・6・30 判時 2309 号 58 頁（タクシー運賃変更命令差止請求事件〔22-12〕）......... *490*

公正取引委員会・その他

公取委同意審決昭 26・3・15 審決集 2 巻 255 頁（中山太陽堂事件〔20-10〕）..................... *447*
公取委審判審決昭 26・6・25 審決集 3 巻 73 頁（日本石油運送事件〔14-14〕）.................... *320*
公取委審判審決昭 27・4・4 審決集 4 巻 1 頁（醤油価格カルテル事件〔1-4〕）................. *15, 25*
公取委審判審決昭 27・9・3 審決集 4 巻 30 頁（第一次日本光学（オーバーシーズ）事件〔24-1〕）
.... *518*
公取委勧告審決昭 30・12・10 審決集 7 巻 99 頁（第二次大正製薬事件〔8-13〕）................. *184*
公取委審判審決昭 31・7・28 審決集 8 巻 12 頁（農林中金事件〔4-4〕）................. *81, 179, 185*
公取委勧告審決昭 32・3・7 審決集 8 巻 54 頁（浜中村主導農業協同組合事件〔8-20〕）........... *195*
公取委勧告審決昭 32・10・17 審決集 9 巻 11 頁（家電電気器具市場安定協議会事件〔8-2〕）...... *174*
公取委勧告審決昭 35・2・9 審決集 10 巻 17 頁（熊本魚事件〔13-2〕）......................... *280*
公取委勧告審決昭 38・1・9 審決集 11 巻 41 頁（東京重機工業事件〔13-3〕）.................... *282*
公取委勧告審決昭 39・1・16 審決集 12 巻 73 頁（除虫菊事件〔8-19〕）......................... *194*
公取委勧告審決昭 40・9・13 審決集 13 巻 72 頁（ヤクルト本社事件〔23-12〕）................... *514*
公取委審判審決昭 43・10・11 審決集 15 巻 84 頁（森永商事事件）............................. *344*
公取委勧告審決昭 43・11・29 審決集 15 巻 135 頁（中央食品事件〔3-4〕）................... *57, 124*
公取委同意審決昭 44・10・30 審決集 16 巻 46 頁（八幡・富士製鉄合併事件〔14-5〕）..... *16, 56, 303*
公取委勧告審決昭 44・10・31 審決集 16 巻 109 頁（所沢市牛乳販売店組合事件〔6-2〕）.......... *140*
公取委勧告審決昭 45・8・5 審決集 17 巻 86 頁（コンクリートパイル事件〔23-8〕）.............. *508*
公取委審判審決昭 47・8・18 審決集 19 巻 57 頁（三重運賃事件）............................... *519*
公取委決定昭 47・8・18 審決集 19 巻 197 頁（三重運賃（外国企業）事件〔24-2〕）................ *519*
公取委勧告審決昭 47・9・18 審決集 19 巻 87 頁（東洋製罐事件〔4-10〕）........................ *92*
公取委勧告審決昭 47・12・27 審決集 19 巻 124 頁（レーヨン糸国際カルテル事件〔24-5〕）....... *524*
公取委勧告審決昭 49・2・22 審決集 20 巻 300 頁（石油価格カルテル事件）..................... *395*
公取委勧告審決昭 50・6・13 審決集 22 巻 11 頁（ホリディ・マジック事件〔10-1〕）............ *218*
公取委勧告審決昭 50・12・11 審決集 22 巻 101 頁（日本油脂ほか 6 社事件）.................... *129*
公取委審判審決昭 50・12・23 審決集 22 巻 105 頁（岐阜生コン協組事件〔20-8〕）............... *445*
公取委勧告審決昭 51・5・13 審決集 23 巻 25 頁（伊勢新聞社事件〔8-6〕）...................... *177*
公取委審判審決昭 52・11・28 審決集 24 巻 106 頁（第二次育児用粉ミルク（森永乳業）事件）..... *247*
公取委勧告審決昭 55・2・7 審決集 26 巻 85 頁（東洋リノリューム事件〔8-17〕）................ *191*
公取委勧告審決昭 56・2・18 審決集 27 巻 112 頁（岡山県南生コンクリート協同組合事件〔8-9〕）
.... *180*
公取委勧告審決昭 57・5・28 審決集 29 巻 13 頁・18 頁（マルエツ事件・ハローマート事件〔9-12〕）
.... *215*
公取委審判審決昭 57・6・17 審決集 29 巻 31 頁（三越事件〔12-4〕）....................... *268, 273*
公取委勧告審決昭 58・3・31 審決集 29 巻 104 頁（ソーダ灰輸入カルテル事件〔5-13〕）..... *130, 179*
公取委勧告審決昭 58・7・6 審決集 30 巻 47 頁（小林コーセー事件〔11-10〕）................... *250*
公取委勧告審決平 2・2・20 審決集 36 巻 53 頁（全国農業協同組合連合会事件〔8-8〕）........... *180*

事 例 索 引　547

公取委勧告審決平3・11・11審決集38巻115頁 ··· *331*
公取委勧告審決平3・12・2審決集38巻134頁（野村證券事件〔10-2〕）·························· *220, 221*
公取委審判審決平4・1・20審決集38巻41頁（藤田屋事件〔10-3〕〔10-4〕）····················· *222, 224*
公取委勧告審決平4・6・3審決集39巻69頁（埼玉土曜会事件）·· *460*
公取委勧告審決平5・4・22審決集40巻89頁（シール談合事件）··· *390*
公取委審判審決平5・9・10審決集40巻3頁（公共下水道用鉄蓋事件（福岡地区）〔23-9〕）······· *509*
公取委審判審決平5・9・10審決集40巻29頁（公共下水道用鉄蓋事件（北九州地区）〔23-9〕）
　·· *509*
公取委勧告審決平5・11・18審決集40巻171頁（滋賀県生コンクリート工業組合（第二次）事件）
　·· *143*
公取委審判審決平6・3・30審決集40巻49頁（協和エクシオ課徴金事件）······························· *449*
公取委審判審決平7・7・10審決集42巻3頁（大阪バス協会事件〔3-7〕）················· *7, 64, 69, 70, 139*
公取委勧告審決平7・10・13審決集42巻163頁・166頁（旭電化工業事件・オキシラン化学事件
　〔23-5〕）··· *503*
公取委同意審決平7・11・30審決集42巻97頁（資生堂事件〔11-3〕）······························ *233, 235*
公取委勧告審決平8・3・22審決集42巻195頁（星商事件〔13-6〕）······································ *288*
公取委勧告審決平8・5・8審決集43巻209頁（日本医療食協会事件〔4-8〕）···························· *89*
公取委勧告審決平9・8・6審決集44巻238頁（ぱちんこ機パテントプール事件〔4-1〕〔23-7〕）
　·· *76, 133, 179, 502, 507*
公取委審判審決平9・9・25審決集44巻131頁・164頁（水田電工事件〔16-5〕）······················ *344*
公取委勧告審決平9・11・5審決集44巻275頁（東北セルラー事件）······································· *252*
公取委勧告審決平10・2・18審決集44巻358頁（第三次北国新聞社事件）································· *276*
公取委勧告審決平10・3・31審決集44巻362頁（パラマウントベッド事件〔4-13〕）············· *98, 507*
公取委勧告審決平10・7・30審決集45巻136頁（ローソン事件）···································· *269, 273*
公取委勧告審決平10・9・3審決集45巻148頁（ノーディオン事件〔24-3〕）····················· *519, 521*
公取委勧告審決平10・12・14審決集45巻153頁（日本マイクロソフト事件〔10-5〕）········ *226, 513*
特許庁審判部審決平11・3・10特許ニュース10080号6頁（北海道新聞社商標登録拒絶事件
　〔23-6〕）··· *84, 505*
公取委勧告審決平11・12・20審決集46巻352頁（防衛庁調達実施本部石油製品談合事件）········ *461*
公取委勧告審決平12・2・2審決集46巻394頁（オートグラス東日本事件〔8-18〕）··················· *193*
公取委同意審決平12・2・28審決集46巻144頁（北海道新聞社事件〔4-5〕）·············· *83, 88, 507*
公取委審判審決平12・4・19審決集47巻3頁（日本冷蔵倉庫協会事件〔6-4〕）························ *143*
公取委勧告審決平12・5・16審決集47巻267頁（サギサカ事件〔8-12〕）······························· *183*
公取委勧告審決平12・6・16審決集47巻273頁（北海道上川支庁農業土木工事談合事件）········ *461*
公取委勧告審決平12・10・31審決集47巻317頁（ロックマン工法事件〔8-10〕）···················· *182*
公取委報道発表資料平12・12・20（NTT東日本DSL警告事例〔22-1〕）······························· *470*
公取委審判審決平13・7・27審決集48巻187頁（松下電器産業事件〔8-11〕）························ *182*
公取委審判審決平13・8・1審決集48巻3頁（ソニー・コンピュータエンタテインメント事件
　〔11-12〕）·· *248, 252*
公取委勧告審決平13・9・12審決集48巻112頁（福岡市造園工事談合事件）··························· *122*
公取委報道発表資料平13・11・22（日立製作所警告事例〔9-10〕）······································· *211*
公取委報道発表資料平14・3・15（JAL・JAS事業統合事件〔14-7〕）································· *305*
公取委報道発表資料平14・6・28（北海道電力警告事例〔22-4〕）·· *476*
公取委審判審決平14・7・25審決集49巻16頁（岡崎管工事件）··· *387*
公取委勧告審決平14・7・26審決集49巻168頁（三菱電機ビルテクノサービス事件〔13-4〕）····· *284*
公取委報道発表資料平14・9・30（大手航空3社警告事例〔22-7〕）································ *216, 481*
公取委勧告審決平14・12・4審決集49巻243頁（四国ロードサービス事件〔5-9〕）··········· *121, 452*

公取委勧告審決平15・3・11審決集49巻292頁（岩見沢市建築工事談合事件〔21-7〕）············ 462
公取委勧告審決平15・11・25審決集50巻389頁（20世紀フォックス事件）············ 251, 514, 519
公取委勧告審決平15・11・27審決集50巻398頁（ヨネックス事件〔13-5〕）············ 285, 289
公取委勧告審決平16・4・12審決集51巻401頁（東急パーキングシステム事件）············ 285
公取委意見書平16・5・19審決集51巻1041頁 ············ 388
公取委審判審決平16・9・17審決集51巻119頁（公成建設ほか談合事件〔21-2〕）············ 451
公取委勧告審決平16・10・13審決集51巻518頁（有線ブロードネットワークス事件〔4-12〕）
 ············ 97, 191
公取委勧告審決平17・4・13審決集52巻341頁（インテル事件〔4-6〕）············ 85, 194
公取委報道発表資料平17・4・21（関西電力警告事例〔22-6〕）············ 479
公取委勧告審決平17・11・18審決集52巻396頁（日本道路公団発注鋼橋上部工事入札談合事件
〔16-6〕）············ 347
公取委勧告審決平17・12・26審決集52巻436頁（三井住友銀行事件）············ 272
公取委排除措置命令平18・5・22審決集53巻869頁（日産化学除草剤再販売価格維持行為事件
〔11-6〕）············ 242
公取委審判審決平18・6・5審決集53巻195頁（ニプロ事件〔2-2〕）············ 27
公取委審判審決平18・6・27審決集53巻238頁 ············ 392
公取委排除措置命令平19・3・8審決集53巻891頁・896頁・902頁・907頁（水門設備工事談合事
件）············ 463
公取委審判審決平19・3・26審決集53巻776頁（審決集53巻776頁）············ 340
公取委排除措置命令平19・6・18審決集54巻474頁（滋賀県薬剤師会事件〔2-5〕）············ 33
公取委排除措置命令平19・6・19審決集54巻78頁（日本ポリプロほか課徴金事件〔16-9〕）············ 354
公取委排除措置命令平19・6・25審決集54巻485頁（新潟市タクシーチケット取引拒絶事件〔8-3〕
〔22-10〕）············ 174, 487
公取委排除措置命令平19・11・27審決集54巻502頁（シンエネコーポレーション等事件〔9-3〕）
 ············ 203
公取委勧告平19・12・6（ホーチキメンテナンスセンター事件〔20-5〕）············ 441
公取委排除措置命令平20・2・20審決集54巻512頁（マリンホース国際カルテル事件〔24-6〕）
 ············ 341, 519, 526
公取委審判審決平20・7・24審決集55巻294頁（着うた事件〔7-8〕〔8-1〕〔8-5〕）······ 166, 173, 176
公取委審判審決平20・9・16審決集55巻380頁（マイクロソフト非係争条項事件〔7-3〕〔7-10〕
〔23-13〕）············ 160, 168, 250, 340, 515
公取委審判審決平21・2・16審決集55巻500頁（第一興商事件〔23-11〕）············ 279, 281, 512
公取委排除措置命令平21・2・27審決集55巻712頁 ············ 79
公取委勧告平21・4・24（マルハニチロ食品事件〔20-7〕）············ 443
公取委排除措置命令平21・6・22審決集56巻第2分冊6頁（セブン－イレブン・ジャパン事件
〔12-5〕）············ 268, 270
公取委排除措置命令平21・9・18審決集56巻第2分冊65頁 ············ 340
公取委排除措置命令平21・10・7審決集56巻第2分冊71頁（テレビ用ブラウン管価格国際カルテ
ル事件）············ 527
公取委課徴金納付命令平21・10・7審決集56巻第2分冊173頁 ············ 528
公取委排除措置命令平21・12・10審決集56巻第2分冊79頁（大山農協事件〔11-16〕）············ 258
公取委課徴金納付命令平22・2・12審決集56巻第2分冊173頁 ············ 528
公取委排除措置命令平22・5・21審決集57巻第2分冊13頁 ············ 340
公取委審判審決平22・6・9審決集57巻第1分冊28頁（ハマナカ毛糸再販事件〔7-7〕）············ 165
公取委排除措置命令平22・7・30審決集57巻第2分冊35頁（ロイヤルホームセンター事件
〔12-8〕）············ 275

公取委課徴金審決平 22・11・10 審決集 57 巻第 1 分冊 303 頁（ごみ焼却施設入札談合事件）……… *352*
公取委排除措置命令平 22・12・1 審決集 57 巻第 2 分冊 50 頁（ジョンソン・エンド・ジョンソン事件〔11-11〕）……………………………………………………………………………………… *251*
公取委排除措置命令平 23・6・9 審決集 58 巻第 1 分冊 189 頁（ディー・エヌ・エー事件）…… *279, 340*
公取委課徴金納付命令平 23・6・22 審決集 58 巻第 1 分冊 312 頁（山陽マルナカ事件）…………… *272*
公取委排除措置命令平 23・12・20 審決集 58 巻第 1 分冊 247 頁（LP ガス供給機器カルテル事件〔5-1〕）…………………………………………………………………………………………… *103*
公取委排除措置命令平 23・12・21 審決集 58 巻第 1 分冊 251 頁（新潟市タクシー運賃協定事件）
………………………………………………………………………………………………… *486*
公取委勧告平 24・1・25（はるやま商事事件〔20-4〕）…………………………………………… *440*
公取委課徴金納付命令平 24・2・16 審決集 58 巻第 1 分冊 384 頁（エディオン事件）…………… *272*
消費者庁「オンラインゲームの『コンプガチャ』と景品表示法の景品規制について」平 24・5・18
（コンプガチャ事件〔19-7〕）…………………………………………………………………… *428*
公取委審判審決平 24・6・12 審決集 59 巻第 1 分冊 59 頁（日本音楽著作権協会私的独占取消審決事件〔4-2〕）…………………………………………………………………………………… *77*
公取委報道発表資料平 24・6・22（東京電力注意事例〔22-5〕）………………………………… *477*
公取委報道発表資料平 24・8・1（酒類卸売業者警告事例〔9-9〕）……………………………… *210*
公取委報道発表資料平 25・4・24（林野庁衛星携帯端末事件〔9-11〕）………………………… *213*
公取委課徴金納付命令平 25・7・3 審決集 60 巻第 1 分冊 435 頁（ラルズ事件）………………… *272*
公取委排除措置命令平 26・3・18 審決集 60 巻第 1 分冊 413 頁・417 頁（自動車運送船舶運航運賃カルテル事件）………………………………………………………………………………… *42, 341*
公取委課徴金納付命令平 26・3・18 審決集 60 巻第 1 分冊 492 頁（自動車運送船舶運航運賃カルテル事件）………………………………………………………………………………………… *352*
公取委課徴金納付命令平 26・6・5 審決集 61 巻 161 頁（ダイレックス事件）…………………… *273*
消費者庁措置命令平 26・7・24（ミート伊藤事件〔19-3〕）……………………………………… *422*
公取委排除措置命令・課徴金納付命令平 27・1・14 審決集 61 巻 138 頁・188 頁（網走管内コンクリート製品協同組合事件〔20-9〕）………………………………………………………… *445*
公取委排除措置命令平 27・1・16 審決集 61 巻 142 頁（福井県経済農業協同組合連合会事件〔4-9〕）
………………………………………………………………………………………………… *91*
公取委審判審決平 27・5・22 審決集 62 巻 27～118 頁 ………………………………………… *528*
公取委審判審決平 27・6・4 審決集 62 巻 119 頁（日本トイザらス事件〔7-5〕〔7-9〕）…… *162, 167, 272*
公取委審判審決平 28・2・24 審決集未登載（塩化ビニル管及び同継手価格カルテル事件）……… *124*
消費者庁措置命令平 28・3・31（ココナッツジャパン事件〔19-2〕）…………………………… *421*
公取委勧告平 28・6・14（日本セレモニー事件〔20-6〕）………………………………………… *443*
公取委勧告平 28・8・25（ファミリーマート事件〔20-3〕）……………………………………… *439*
公取委報道発表資料平 28・11・18（ワン・ブルー・エルエルシー事件）………………………… *499*
消費者庁課徴金納付命令平 29・1・27 ……………………………………………………………… *431*

企業結合事例

公取委「平成 10 年度における主要な企業結合事例」事例 11（大和証券・住友銀行業務提携事例）
………………………………………………………………………………………………… *331*
公取委「平成 12 年度における主要な企業結合事例」事例 1（みずほフィナンシャルグループ設立事例）……………………………………………………………………………………………… *329*
公取委「平成 12 年度における主要な企業結合事例」事例 5（三菱東京フィナンシャルグループ設立事例）……………………………………………………………………………………………… *329*
公取委「平成 12 年度における主要な企業結合事例」事例 9（三井化学・武田薬品工業ウレタン事業統合事例）………………………………………………………………………………………… *313*

公取委「平成 13 年度における主要な企業結合事例」事例 10（JAL・JAS 事業統合事例〔22-8〕）
　　　　.. *307, 482*
公取委「平成 21 年度における主要な企業結合事例」事例 3（三井金属鉱業・住友金属鉱山伸銅品事
　業統合事例）.. *313*
公取委「平成 23 年度における主要な企業結合事例」事例 2（新日本製鐵・住友金属合併事例〔14-9〕
　〔14-11〕）... *311, 315*
公取委「平成 24 年度における主要な企業結合事例」事例 4（ASML・サイマー垂直統合事例
　〔14-15〕）.. *321, 323*

事例で学ぶ独占禁止法
Competition Law and Case Studies in Japan

2017年5月25日　初版第1刷発行

著　者	鈴　木　孝　之
	河　谷　清　文
発行者	江　草　貞　治
発行所	株式会社　有　斐　閣

〔101-0051〕東京都千代田区神田神保町2-17
　　　　　　電話(03)3264-1314〔編集〕
　　　　　　　　(03)3265-6811〔営業〕
　　　　　　http://www.yuhikaku.co.jp/

印刷・精文堂印刷株式会社　　製本・大口製本印刷株式会社
© 2017, Takayuki Suzuki, Kiyofumi Koutani. Printed in Japan
落丁・乱丁本はお取替えいたします。
★定価はカバーに表示してあります。
ISBN 978-4-641-14457-6

|JCOPY| 本書の無断複写(コピー)は、著作権法上での例外を除き、禁じられています。複写される場合は、そのつど事前に、(社)出版者著作権管理機構(電話03-3513-6969、FAX03-3513-6979、e-mail:info@jcopy.or.jp)の許諾を得てください。